文化大革命の真実

天津大動乱

王 輝［著］

橋爪大三郎／張 静華［監修］

中路陽子［訳］

The Great Cultural Revolution in Tianjin

ミネルヴァ書房

『天津文革親歴紀事』
王輝著，橋爪大三郎、張静華監修，中路陽子訳，2013年5月

The Great Cultural Revolution in Tianjin,
by WANG Hui;
supervised by Daisaburo HASHIZUME and ZHANG Jinghua;
translated by Yoko NAKAJI,
May 2013

序　文

毛沢東[※]が自ら発動したプロレタリア文化大革命（以下、文革とする）は、一九六六年五月一六日に始まり、一九七六年一〇月六日に終わるまで、実に一〇年間も続いた。歴史上前例のないこの文化大革命で、どの地域、どの事業単位、どの個人もよく似た歴史を経験したが、全く同じというわけではない。天津の「文革」史にも、独自の特徴が表れている。そのなかでも、直轄市レヴェルの政府機関が二度にわたって解体されたのは、重要なポイントである。文化大革命が始まると間もなく全国で、上からの呼びかけに応じて奪権[*]闘争が展開され、当時の天津市の党と政府の指導機関が徹底的に破壊された。そして文化大革命が終結すると、清査（徹底調査）がしらみつぶしに行われた。そこで、天津市の党と政府で権力の座にあった指導層はまたもや解体されたのである。

私は長年、中国共産党天津市委員会[*]弁公庁で仕事をしてきた。文化大革命初期には天津市委員会文革弁公室の副主任（弁公室の仕事全般を担当）を務め、文化大革命が終結した当時は、中国共産党天津市委員会及び天津市革命委員会[*]の弁公庁主任、天津市委員会清査弁公室主任を兼任していた。そのため、二度にわたる天津市の党と政府の指導層解体の全過程を、身をもって経験したのである。当時の党・政府指導層を一人の個人に例えるとするなら、彼が病床で必死にもがき続け、ついに命を終えて死に至るその全過程を、私はこの目で目撃したのである。当然この私も、彼と共にもがき苦しみ、運よく解職を免れるわけにはいかなかった。私のささやかな「役人ポスト」も、二度にわたって「死」を経験したわけだ。それから数十年の歳月が流れるとともに、「文革」の当事者たちも多くがすでに亡くなっている。その数少ない証人、幸運な生存者として、私は一種、歴史的責任感に駆られて、この二度にわたる歴史事件を、事実に忠実に、記述しようと思う。文化大革命について深く掘り下げて評価する能力などないのではないかと、私は自問する。それでも、ここに記された事実が、天津市の、そして全国の、一〇年にわたる「文革」の「一端」をうかがう役に立つなら、幸いである。

日本語版への序文

『文化大革命の真実　天津大動乱』が日本語に翻訳され、そろそろ出版されるということを知り、私がまず思い至ったのは日本社会学会との学術交流についてだった。一九九〇年代の初期に、社会学を専門とする東京工業大学名誉教授の橋爪大三郎氏が数度にわたって天津社会科学院を訪問され、既に私や同院の社会学研究所の学者達と交流を行っていた。私は中国国内で一九八九年に『中国官僚天国』（原題は『中国的「官場病」』）を出版していたが、同書が橋爪大三郎氏、張静華博士らによって日本語に翻訳され、一九九四年三月に日本の岩波書店から出版された。本書の出版前、内容の一部が日本の雑誌である『思想』で発表され、学術界から注目を集めた。私は、一九九三年と一九九七年の二度、日本へ行き学術講演を行った。東京工業大学、東京大学、大阪市立大学、立命館大学、早稲田大学、中央大学、山梨学院大学、さらに在東京華人聯誼会などを前後して訪れ、講演を行った。一九九三年一〇月二五日に行った東京工業大学での講演は「改革開放下の中国経済社会」というタイトルであった。『朝日新聞』がこの講演についての記事を掲載し、その後共同通信社が講演の一部の内容について記事を掲載した。中国の新華通訊社がこのことを知ると、記者を天津に派遣して、私のところで独占インタビューを行った。そして、やや長い記事を発表し、国外の一〇余りのメディアがこれについて報じた。アメリカの華字紙『国際日報』は記事の表題を「社会学者、中国一五年の変化を評す――改革は観念の解放を伴い、個人の価値は日に日に重視されている」とした。

日本訪問の影響をこのように贅言することによって言いたいのは、当時橋爪大三郎教授ら日本の友人の助けの下で、私は日中学術交流のために微力を尽くしたのであり、今日『文化大革命の真実　文化大革命の真実』が日本において出版されるということは、まさしく当時の日中学術交流の延長上にあるということなのだ。

周知のように、中国で発生した文化大革命という歴史上前例のない動乱は、まさしく中国人民を覚醒させ、そこから改革開放という輝かしい道を歩ませることになった。中国の歴史において発生した文化大革命は、中国特有の現象であり、また世界的な現象でもある。そのため、日本版の拙著がいよいよ世の中に出るにあたって、筆者は大変嬉しく思う。特に監修及び翻訳をしてくださった橋爪大三郎氏、張静華博士、及び橋爪大三郎氏の指導する博士課程学生である中路陽子女史に深く感謝するとともに、またこの本を出版してくださるミネルヴァ書房に心からの感謝を表したい。

文化大革命の真実　天津大動乱

目次

第Ⅱ部　一九六七〜七八年　中共天津市委員会、市人民委員会の再組織から崩壊まで

凡　例

・原注は側注とした。番号は原文に従って通し番号とし、（番号）とした。

・補足説明が必要と思われる箇所に関しては、以下のようにした。頻出する重要語に関しては、初出の箇所に〔＊〕を付して、頻出語句註で説明を記した。またそれ以外の語に関しては、番号を付し、訳注で説明を記すか、文中に〔　〕を設けて、訳者による補足を記した。なお、原著者による補足は文中に（　）で記してある。

・原著者が注で説明を付していない主要な登場人物については、極力「主要人名註」に説明を付した。「主要人名註」に説明のある登場人物には、初出の箇所に〔※〕を付した。

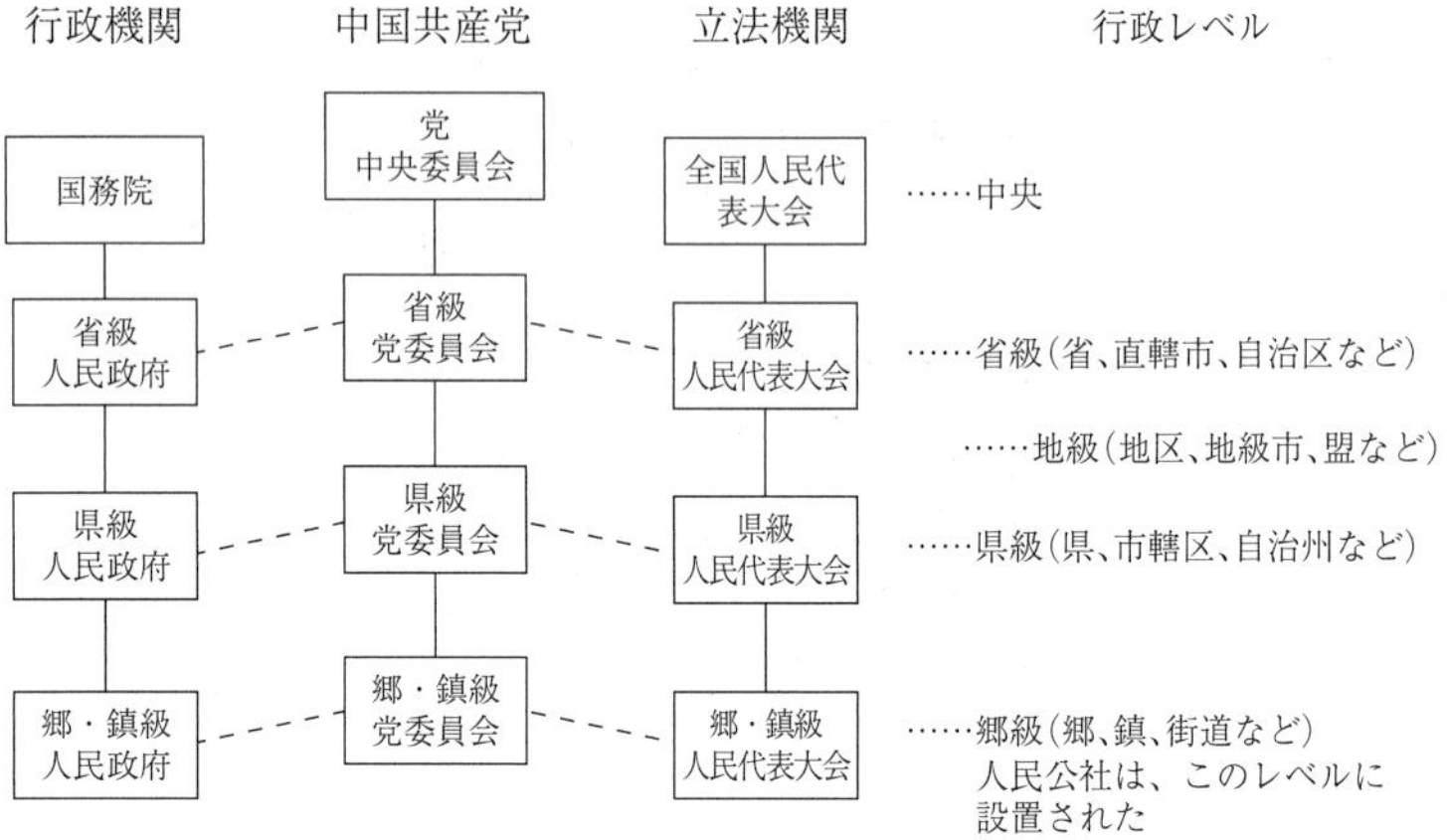

中国党・国家機関の構造

（注）訳者作成。

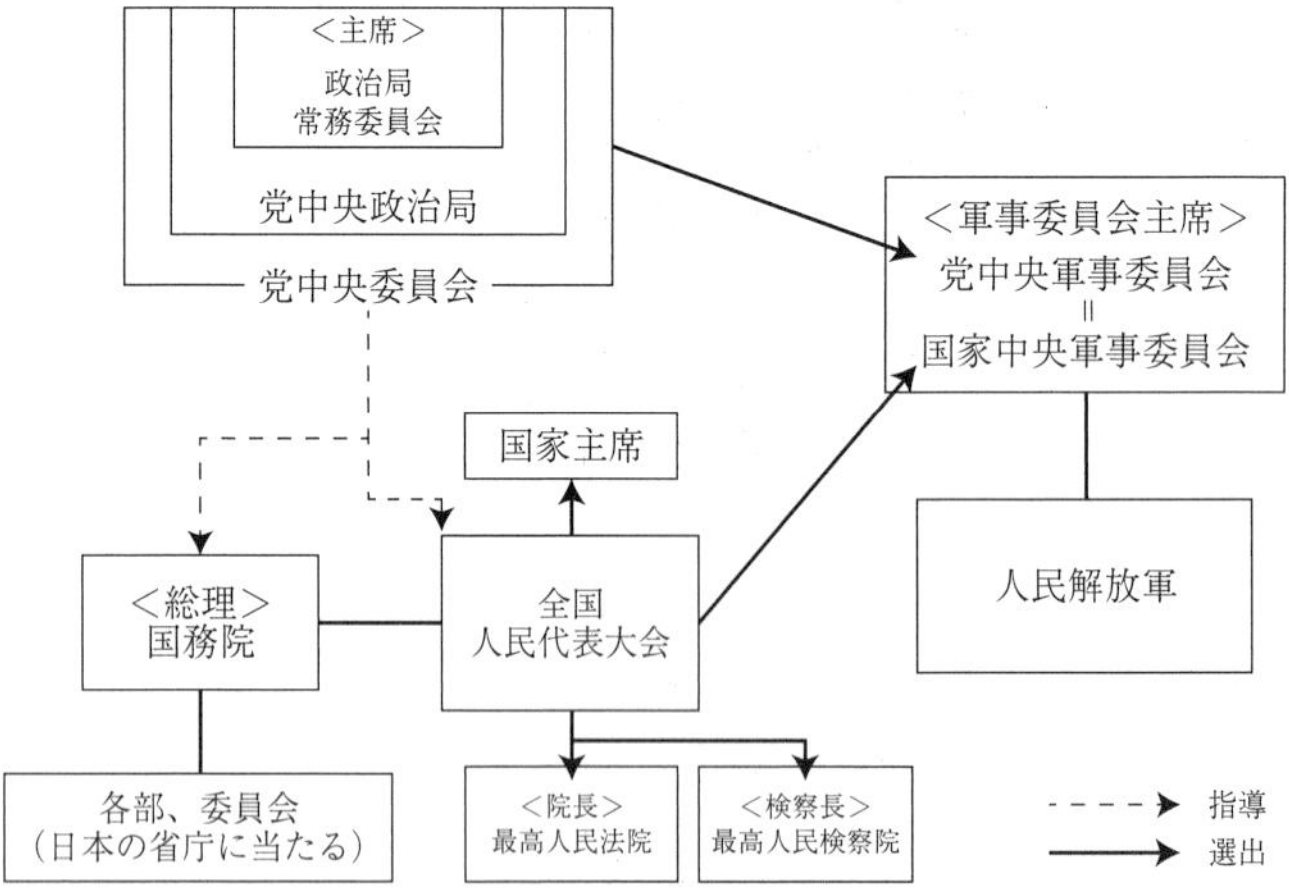

中央の組織図

（注1）訳者作成。
（注2）党の主席ポストは、一九八二年以降は、党総書記である。
（注3）憲法に記載されている通り、共産党指導が絶対の原則であり、破線矢印がない場合も、あらゆる機関に対して党からの指導が働いていることを明記しておく。

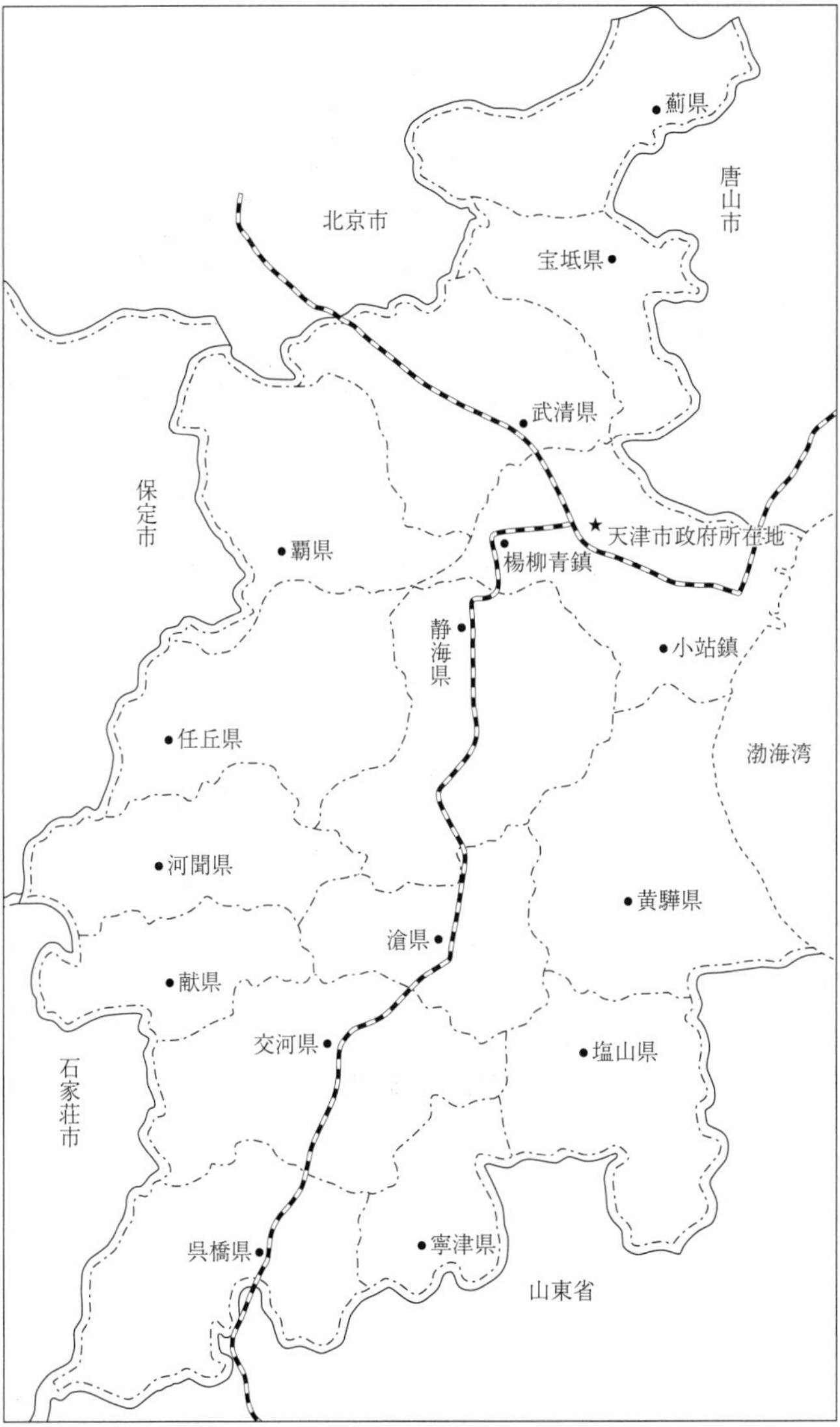
薊県
唐山市
北京市
宝坻県
武清県
保定市
覇県
★天津市政府所在地
楊柳青鎮
静海県
小站鎮
任丘県
渤海湾
河間県
黄驊県
滄県
献県
交河県
塩山県
石家荘市
呉橋県
寧津県
山東省

文化大革命期の天津市

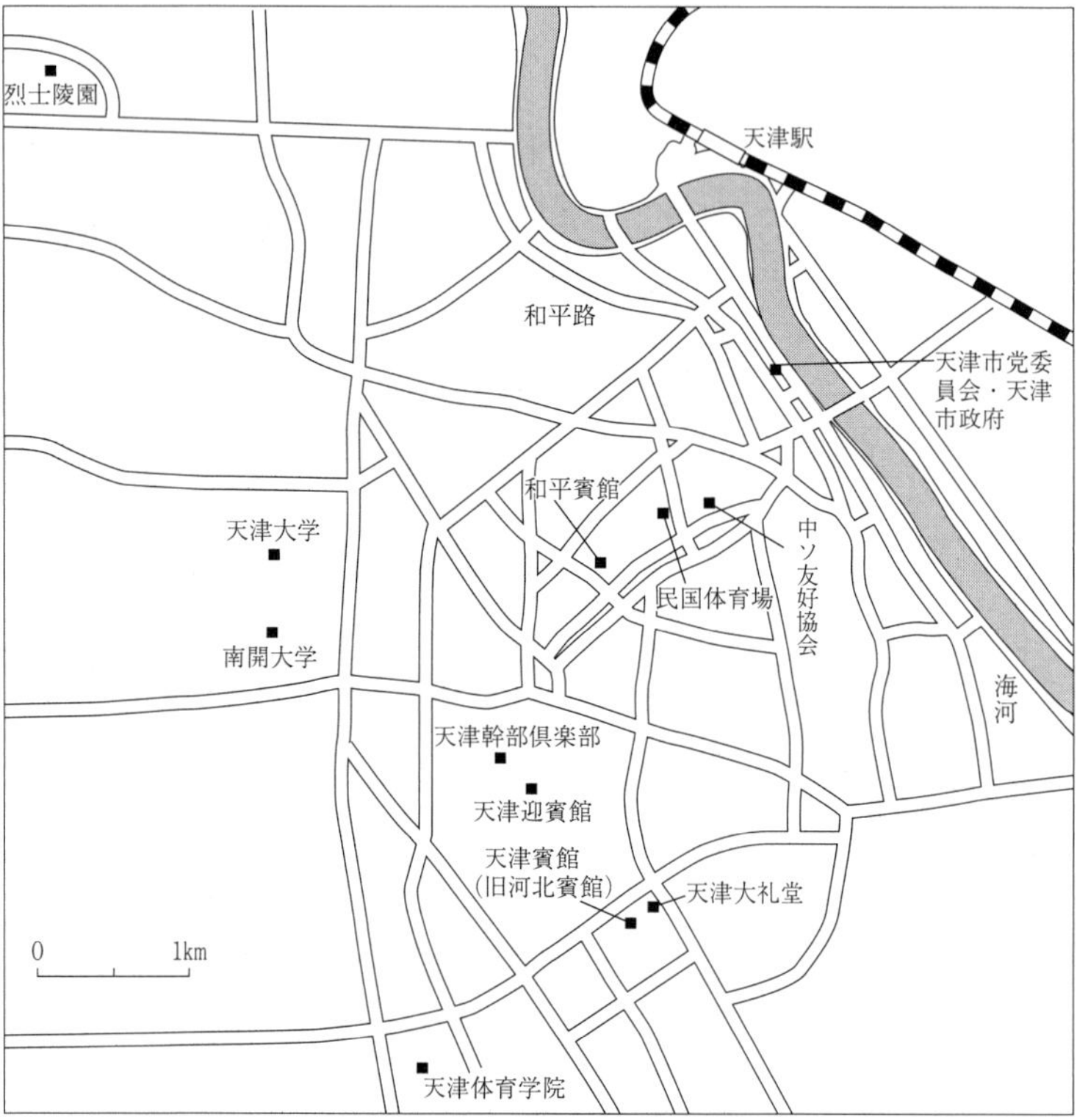
烈士陵園
天津駅
和平路
天津市党委
員会・天津
市政府
和平賓館
民国体育場
中ソ友好協会
天津大学
南開大学
海河
天津幹部倶楽部
天津迎賓館
天津賓館
(旧河北賓館)
天津大礼堂
0
1km
天津体育学院

天津市中心部地図

第Ⅰ部　一九六六〜六七年　中国共産党天津市委員会、市人民委員会の崩壊

第一章　文化大革命の前奏——農村の整風整社運動

1　行き過ぎた「左」傾がもたらす巨大な災禍

エンゲルスは、「一つの運動は、もう一つの運動の原因となる」と言う。深刻な指摘である。「文化大革命」を引き起こした数多くの原因を、文革が始まる前の一〇年間に見つけることができるし、さらにその根源を探れば、中国共産党〔以下、中共、党などとも略記する〕内に長く存在してきた「左」傾思想とその誤りにたどり着く。「文革」の発生原因を明らかにするためには、歴史のカーテンを開かねばならない。

建国から「文革」が始まるまでの一七年間、党はどの方面でも一定の成果を上げていた。一九五六年の中共第八回全国代表大会[1]〔八大〕から一九六六年上半期までの諸政策の効果をみれば、好調なことは誰の目にも明らかで、困難を伴いながらも社会主義への道を前進していた。ただマイナス面はと言えば、「左」傾によって引き起こされた誤りがわずかずつ段々と増加していたことだ。八大以降、「左」傾による誤りは不断に増加し続けたのである。多くの誤りはすぐに正されたものの、指導思想における「左」はむしろ強まった。これが、文化大革命までの一〇年間の情勢で、この結果、「文化大革命」という大きな内乱が発生したのである。是非、当時の情況をふり返ってみよう。

2 整風整社運動を展開せよ！

一九六〇年、大躍進運動[*]や人民公社[*]運動が引き起こした国内経済の深刻な困難は、すでに全国的に拡がっていた。食料不足、住民の流出、栄養失調による浮腫の蔓延、「非正常死」者の激増といった現象が起こり、なかでも農村の情況はとりわけ深刻だった。毛沢東は、農村問題の深刻さに気づき始めたが、そのきっかけとなったのは、党中央中南局書記の陶鋳《とう・ちゅう》[2][※]による報告書である。陶鋳は、農村問題を解決するには、「三反運動」を展開すべきだとした。三反とは、反官僚主義、反浪費、反形式主義である。具体的な内容は、基層幹部の「違法乱紀」（違法な規律の乱れ）や強迫的命令などといった誤りの是正である。毛沢東はこの陶鋳の報告書を読むと、広東《かんとん》省委員会が「提起した問題とその問題に対する処理方法はまことに正しい」[3]と賞賛した。一九六〇年六月以降、毛沢東はこの大飢饉の解釈を次第にはっきりさせていき、問題は主として「五風」（共産風、誇張風、命令風、でたらめな指揮風、幹部特殊化風）によるものだと結論づけた[1]。毛沢東は、農村で、整風整社[4][*]をすぐさま開始し、階級闘争の方法で三反運動を行うべきだと提起した。一九六〇年一一月三日、中央は「農村人民公社の当面の政策問題に関する緊急指示」（いわゆる「一二条」）を下達し、全面的な反「五風」運動の展開を指示した。

一九六一年一月、党中央は中共八期九中全会（中国共産党第八期中央委員会第九回全体会を指す。以下、同様に略す）を召集し、毛沢東はその会議の場で、彼の形勢判断をもう一歩深めて体系化し、理論化した。彼が指摘するには、全国の三分の一の地方政府が共産党の手中にない。誤りの原因がどこにあるかというと、民主革命が不徹底で、地主富農が復活し、悪質幹部と結託し、「和平演変」（社会主義の平和的転覆）を実行していることにあるとした。これらの問題を解決する方法は何かと言えば、農村で社会主義教育運動[*]（社教運動）を展開し、扎根串聯《ジャーゲンチュアンリエン》[5]（しっかりと根を下ろして連帯する）の方法で階級隊伍（隊列、グループ）（貧農・下層中農協会）[6]を組織し、敵を打倒する闘争を展開することだとした。また、階級闘争の対象は二種類あり、党内に潜り込んだ階級異分子及び社会の「地富反壊右《ディーフーファンファイヨウ》」（地主、富農、反革命分子、壊分子（悪質分子）、右派）の五類分子であるとした[2]。

中共八期九中全会の後、資本主義の復活に反撃すべく、農村において整風、整社、整党運動[7]を展開せよという毛沢東の「社教運動」に関する指示が各地で徹底され始めた。一九六一年一月、保定《ほてい》市の党委員会書記は農村へ行き、「扎根串聯」を行い、貧農・下層中農協会を組織した。社教運動の実施に伴って、基層の幹部の思想や仕事における態度に関する調査が行われた。その結果、基層の地方政府は残らず悪質分子に握られ、貧農や雇農出身の幹部は残らず地主や富農に買収されていると結論づけられ、その根本原因は土地改革が不徹底であるためだとされた。天津の経験（調査結果に対する解決策）は、誤りを犯した幹部は「憶苦思甜《イークースーティエン》」[8]（昔の苦しみを思い、今日の幸せを考える）の階級教育を受ければよいというものだった。一方、河北《かほく》省の経験（指摘）は、大きな困難が生まれた原因の一つは、過去の「地富反壊」の「摘帽」（名誉回復）をやりすぎたからだという内容であった。天津市は当時、河北省の省轄市で、省都[9]でもあったため、中央と省委員会の指示に従って多くの幹部を農村に送り、整風整社運動に参加させた。

〔☆〕本書に列挙される大量の資料は、筆者個人の業務におけるメモ、工作日誌、内部書類、档案を調べた際のメモなどに基づいており、それらは全て非公開の出版物で、出典を明記することができないことを断っておく。また、本書に掲載されている全ての写真は、四、五〇年前党内で配布された新聞や、紅衛兵らが編集したパンフレットなどに掲載されていたもの、あるいは筆者個人が保管しているものや友人が提供してくれたものである。

（1）高華「大災荒与四清運動的起源」、『華夏文摘』増刊第二七四期。

（2）高華「大災荒与四清運動的起源」、『華夏文摘』増刊第二七四期。

中共八期九中全会（一九六一年一月）
左から順に、陳雲《ちん・うん》、周恩来《しゅう・おんらい》、劉少奇《りゅう・しょうき》、毛沢東、朱徳《しゅ・とく》、鄧小平《とう・しょうへい》。

3　農村調査――「両停一転」に向けて

当時私は、中共天津市委員会弁公庁に勤務していて、市委員会秘書長から次のような通知を受けた。万暁塘《ばん・ぎょうとう》(3)が、呉橋《ごきょう》県の農村の整風整社運動と生活情況を視察する準備をしているので、私と市農民委員会、市委員会研究室の同志が先に行って、調査研究をするようにとのことだった。

万暁塘は当時、河北省委員会書記処書記兼天津市委員会第一書記であり、主に天津市の業務を担当していた。では彼は、どうして呉橋県の視察に行くことになったのか。もともと天津市は一九五八年二月に、中央の直轄市から河北省の省轄市に変更され、同年一二月には天津専区(10)、滄州《そうしゅう》専区が合併して、共に天津市の指導を受けることになった。当時、塩山《えんざん》県、黄驊《こうか》県、静海《せいかい》県、任丘《にんきゅう》県、武清《ぶせい》県、覇《は》県、河間《かかん》県、献《けん》県、呉橋県、寧《ねい》津《しん》県、滄《そう》県の一二県が、天津市に属していた。この頃は合併がよく行われていて、いくつかの県が合併して大きな県になった。河北省委員会のある指導者が、天津市は世界最大の都市であると会議で述べたことがあるが、その実、天津市は当時、農村地域を兼併《けんぺい》した最大の都市にすぎなかったというのが正しいだろう。

呉橋県は、津浦《しんぽ》鉄道〔天津と江蘇《こうそ》省南京市の浦口《ほこう》を結ぶ鉄道〕の東側、河北省の東南の端に位置しており、総面積は五八二・九平方キロメートルである。呉橋県はその年、「五風」の破壊と自然災害による被害が比較的深刻な地区だった。一九六〇年冬、呉橋県公安局幹部が匿名で、同県の非正常死の問題を告発した。河北省委員会と天津市委員会は、共同で工作組を派遣して検査を行った。工作組は一九六一年一月五日に、省委員会と市委員会に対して検査報告書を提出した。一九六〇年以来、同県の非正常死亡者は三一五人、そのうち幹部の違法乱紀〔でたらめな指揮〕が原因で死に至った者は五一人であった。

例を挙げると、山東《さんとん》省に住むある村民が隣の県の呉橋県にある桑畑公社の姉の家を訪ねてきた。姉はその村民に五キロの大根を持たせて帰した。帰り道、ある村を通ると、その村の支部書記と治安保護主任に尋問され、「盲流《マンリウ》」〔不法出稼ぎ労働者〕だ、大根は盗んだものだと決めつけられ、責め立てられた。村民は違うと言ったが、鉄の棒でひどく殴られた。結局、村党支部書記と治安保護主任は、その村民に桑畑公社に戻って証明書を取ってこさせることにしたが、村民は戻る途中で死亡した。また、呉橋県の県級機関もやはり、民衆の利益を著しく損う事件を起こしている。例えば一九五九年五月に公会堂と映画館の建設工事を始め、民家九五三軒を取り壊したが、その補償をきちんとしておらず、一九三戸は代替住宅が与えられないままであった。

---

(3) 万曉塘（一九一六〜六六年）。元の名は万興詩、字は効唐。後に曉塘と改名する。山東省斉河《せいが》県の出身。一九三七年九月に中国共産党に入党する。天津市公安局局長、市政治法律委員会主任、市人民検察署検査長、天津市副市長、中共天津市委員会第一書記、河北省委員会書記処書記、中共中央華北局委員、天津警備区第一政治委員などを歴任。一九六六年九月一九日、病のために逝去。

当時は、三年にわたる経済的苦難（大躍進運動や人民公社運動が引き起こした大飢饉）に直面していた時期で、天津市内でも節糧度荒《チエリャンドホワン》〔11〕（食糧節約で飢饉を乗り越える）の任務が徹底されていた。市委員会は、都市部の住民と農民の両方の圧力の板挟みにならざるを得なかった。そこで市委員会は、一九六一年二月七日から一四日にかけて、県委員会書記会議を招集し、農村の整風整社、生活、生産問題について討論した。この会議は、当時、深刻な食糧欠乏による栄養失調とそれが原因の浮腫の患者が大量に発生した情況にかんがみ、「両停一転」（健康な人の発病を停止し、病人の病状悪化を停止する。一ヶ月で情況を好転させ、二ヶ月で健康を回復させ、三ヶ月で生産に復帰させる）の実現を提起した。今日から見れば、このようなスローガン式の目標はひどく滑稽に思えるが、当時はそれほどに切迫した情況だったのだ。万暁塘はこの会議後、人々に率先して、重点県である呉橋県へ自ら視察に向かった。

事前調査のため、ひと足先に呉橋県へ入ったのは四人。私を含む弁公庁の職員二人に、農村委員会、市委員会研究室から一人ずつである。呉橋県へ向かう前に四人は、市委員会候補書記の牛勇《ぎゅう・ゆう》に呼ばれた。牛勇は、元天津地区委員会の責任者であり、抗日戦争時期からの老革命家である。頭を剃り上げ、農村幹部のような素朴で実直な性格の人物であった。残念なことに、一九七六年の唐山《とうざん》大地震〔12〕で夫婦共に亡くなられた。牛勇は、天津東駅で我々四人と落ち合った。我々四人は、彼の乗用車の前に立って、農村での調査について注意を受けた。彼は私を、調査班の責任者に任命した。

私たち調査班は、津浦鉄道の鈍行列車に乗って、呉橋県に向かった。ひと駅ごとに停車し、暗くなってからやっと呉橋県の桑園《そうえん》鎮（呉橋県の県人民政府所在地）にたどり着いた。呉橋県委員会弁公室の担当者が私たちの夕食を用意してくれた。一皿は白菜の煮物、油は全く入っていない。もう一皿はサツマイモの窩頭《ウォートウ》（粉を水で捏ねて中心に空洞のある円錐形にし、それを蒸したもの）だった。薄暗くともる電灯のもと、黙々と食事をした。談笑どころではない。そして、県委員会の庁舎の近くにある、県の招待所に泊まった。

小さく粗末な平屋で、周囲は静かであった。

4 「危険村」の惨状――吹き飛ばされるほど軽い糞便

呉橋県に到着すると、整風整社運動の進行情況を一通り見て回ることに加え、私たち調査班は主に、最も困難な村、いわゆる「危険村」を訪れて、調査を行った。各人が一日一元の自転車を借り、二人一組となって、県や現地の幹部の案内なしに村民に直接話を聞いてまわった。毛沢東の教えに従って、自分で質問し、それを書き留めて記録した。[13]とはいえ畦や塀際、道端など、ノートを取り出すことができないこともままあり、その場合は後で記録した。自転車を毎日数十里〔一里＝五〇〇メートル〕も漕ぐことになった。

立春を過ぎたとは言えまだ春の気配はなく、寒風が土ほこりを巻き上げ、草も木も茶色に枯れ果て、荒涼として、真冬さながらだった。村に入ると、印象はさらにひどくなった。人々の顔は土気色で、目は死んだ魚のように、まるで生気がなかった。あるときは、村に入るとすぐに、墓の前で泣いている人が目に入った。老人も弱者も病人も障害者も、飢えに耐えられず、多くの人々が亡くなり、どの家でも死者が出ていたのだった。その晩、自転車に乗って招待所に戻る際、冷え冷えとした月と星の明かりを頼りに、遠く続く行く手の路に目をやると、白く光って、水を一面にたたえているように見えた。いわゆる「近処怕鬼、遠処怕水」[14]〔近くは死者が怖い、遠くは水が怖い〕である。都会で自転車に乗るときは、自動車や人をよけなければならないが、農村で自転車に乗る際は、下を向いて道を見なければならない。全くコツが違うのである。

村々を調査して、村民が飢えに苦しむ惨状を目の当たりにした。ある村では一九六〇年一一月の一〇日間に、一人一日あたりたった一・六両〔八〇グラム〕の穀物しか口にしておらず、その後四両〔二〇〇グラム）に増えたものの、一二月になるとあらゆる穀物をほとんど食べ尽くしてしまっていた。一九六一年一月からは国家による食糧配給が始まったが、五日に一度、一人一日あたり五両（二五〇グラム）の配給のみで、トウモロコシと干したさつまいもが半分ずつだった。村にいた大型の家畜は飼料にありついておらず、腹が異常に膨れ、脚は痩せ細り、よろよろと歩いていた。これでどうして農作業ができようか。

村民の一人が私に言った。私たちが何を食べているか、便所に行って糞便を見ればわかるはずだ。ちょっと風が吹いただけで、糞便なんか飛ばされてしまうよ。

村民の言うとおりで、糞便の質にも良い悪い、上等下等があるのだ。糞便の汲取業をやっていた人の話によると、糞便をすくって水に入れ、ひと掻きしたときに、油の粒が浮いてくるかどうかで、その糞便の成分がわかるという。ある村でこの手の、「瓜菜代」（瓜や雑草など、食用になる植物を穀物の代用とした食料）を食べたことがあるが、とても食事とは言えないしろもので、トウモロコシの芯やサツマイモの葉を臼でひいて、サツマイモの粉と混ぜたものだった。トウモロコシの芯はもともと燃料に使っていたものだ。それをどうして人間が食べることができよう。こんな食事をしていれば、糞便も風で吹き飛ばされるのに違いない。

こういう情況は当時、「天災人禍」（天災と人為的な災禍）によるものだといわれたが、実際のところ、「人禍」が主なものだった。かつてはみな「憶苦思甜」とよく言ったものだが、私から見ればそれは「憶苦思左」だ。いわゆる「人禍」とは、要するに「左」傾の誤りが引き起こしたものなのだ。農村で吹き荒れた「共産風」が生み出した人的被害は、戦火で生まれたものよりもずっとずっと大きなものだった。

村全体が飢餓に瀕している情況では、幹部が普通の人々よりたった一口でも多くの食糧を口にすれば、村人の不満を買うことになる。ある時、一人の子供が走っているのを見かけたので、私は村民にどの家の子どもかと尋ねた。村民は、あれは村長の子どもだよと答え、ごらんよ、痩せ細っていないのはみんな村の幹部の子どもばかりさ、とつけ加えた。

その晩、一軒の村民の家に泊めてもらったが、白い掛け布団は何年も洗っていないと見えて、真っ黒になっていた。私が昔、解放区〔*〕の古い農家で泊めてもらったときの布団よりも、もっとずっと汚れていた。翌朝、その家のおばあさんがふいごを使って、朝食の準備をしていた。私はしゃがんで彼女に代わってふいごを吹かせながら、ついでに、村の幹部が多めに食べたり多めに物を取ったりしているのか尋ねてみた。おばあさんは、聞かれたことにはっきり答えなかったが、ひとこと言ったのは、「食糧のそばにいれば、飢えることはないよ！」。当時、村の幹部が食糧を管理していたので、言いたいことはすぐにわかった。それ以上言わなくても、なにを言いたいのか明らかだった。村にはほかにも幹部への不平・不満を口にする者がいた。「一天一両、餓不煞隊長、一天一銭、餓不煞管理員」〔一日五〇グラム、隊長は飢え死にしない。一日一銭、管理員は飢え死にしない〕。当時の幹部が食糧を余分に得ていたことに対する批判である。

私たち調査班が呉橋県へ到着してから一週間後、万暁塘と秘書の高書田《こう・しょでん》がやってきた。私たちは万暁塘に口頭で報告を行ったほか、それまでに整理の済んだ資料をいくつか提出した。調査班は二組に分かれ、それぞれ一つの村に行くたびに、詳細な報告書をまとめた。報告書は、村の基本情況のほか、多くの村民へのインタビュー記録も含んでいて、通り一遍の抽象的な分析方法を改めたものである。万暁塘は全ての報告書を仔細に閲覧し、いくつかの情況については質問をした。

万暁塘は、呉橋県委員会に対して整風整社運動及び村の生産活動、生活情況などについて詳細な聞き取りを行った。さらに我々が訪れた村のなかから一つの村を選んで自ら赴き、情況を見て回った。その際には、前もって何も手配せず、また呉橋県や人民公社の幹部などは同行しなかった。万暁塘自ら自転車にまたがって、我々調査隊と共に村へ行き、村民と話をし、彼らの家を訪問した。当時、万暁塘は河北省委員会書記処書記であり、省の会議に出席しなければならず、また同時に天津市の全面的な責任者でもあった。

前例の無い困難に直面していた当時、彼は日夜仕事に勤しんだ。身体は柴のように痩せ細っていたが、それでも自転車を自ら漕いで村を見てまわった。まさに「軽車簡従[15]」である。彼がこのように自らの足で村を調査したということは、今まで新聞に載ったこともなければ、内部資料に掲載されたことも無かった。また、天津に戻った後、彼が天津市委員会書記処に対して呉橋県の調査情況を報告する際も、自分で自転車を漕いで村へ行ったことには当然触れなかった。私が数年前に書いた回想文で初めて明かした事実である[4]。彼の振る舞いこそが、当時の共産党の優れた仕事のやり方であった。万暁塘は自らに厳しい要求を課し、それでいてその事実をひけらかすことは決して許さなかった。

万暁塘は我々調査班の調査報告から多くの事実を把握することができたとして、十分に満足した。彼は私に、君たちの今回の農村調査は非常に役立ったと言った。彼は「危険村」を特に重視しており、「危険村」へ向かう前に呉橋県委員会責任者を召集して話をした。関係部署に対し、整風整社の実施、「五風」の是正を命じ、さらに領導幹部[*]に対して、これまでのやり方を改めること、自らが第一線へ身を投じること、実情を理解すること、民衆が直面する困難に心を配ることといった点を強調した。

万暁塘は平素から下級単位《ダンウェイ》[*]に対して特別な接待を厳しく禁じた。彼は呉橋県で一度も接待を受けず、また当時の情況もそれを許さなかった。彼は呉橋県委員会の庁舎に寝泊まりし、県委員会の指導者と一緒に食事をし、料理は全て雑穀やトウモロコシの窩頭であった。しかし、出された窩頭は全てトウモロコシの純粋な粉で作られたものであり、「瓜菜代」は無く、当時にしては悪くない食事だった。我々が寝泊まりをした招待所ではサツマイモを粉にして作った窩頭《ウォートウ》しか食べることができなかったのである。万暁塘はこのことを知ると、自分自身であろうと県委員会の幹部であろうと特別待遇があってはならないと呉橋県委員会指導者に指示した。

万暁塘は呉橋県に四日間滞在し、その後滄県で南部八県県委員会書記座談会を召集した。我々調査班も彼に同行して滄県へ行き、二日間の座談会が開かれた。各県委員会書記が整風整社運動及び生産・生活情況を報告しあうなどの交流を行い、万暁塘が講話を行った。彼は、党中央の「農村人民公社の当面の政策問題に関する緊急指示」（いわゆる「一二条」）に従って継続して調査を実行すること、整風整社運動を展開すること、「農村人民公社工作条例」（「農業六〇条」）について学習・討論すること、生産活動と生活をしっかりと行うこと、幹部が第一線に身を投じること、調査・研究を大々的に呼びかけることといった点について主に話をした。

5 横行する「五風」

呉橋県委員会は天津市委員会からの指示内容に従って、「五風」是正問題について積極的に調査を開始した。呉橋県委員会は、三月二三日に「強迫的命令、違法乱紀に関する問題についての市委員会に対する調査報告」を提出した。この報告のなかには、四級幹部会議、呉橋県委員会拡大会議、人民公社社員代表会議で公にされた事実が、以下のように述べられている。全県における強迫的命令、違法乱紀などの過ちを犯した幹部の総数は二四九七名であり、全幹部総数に占める割合は一〇・二％。そのうち県委員会委員級以上の者が四名、同級幹部に占める割合が一三・七％。呉橋県科局長幹部が一四名で、同級幹部に占める割合が九％。人民公社書記・主任が四八名であり、同級幹部に占める割合が三〇％であった。

この「報告」で明らかになった幹部による強迫的命令や違法乱紀は非常に深刻なものであった。幹部による民衆への違法な行為の具体的内容は様々だ。縄で縛り上げる、吊るす、殴る、凍えさせる、日にさら

（4）王輝『王老漢雑憶』北京、中国文聯出版社、二〇〇九年、一一一頁。

す、強風にさらす、雨にさらす、雪の上に立たせる、針を刺す、手でつねる、罵る、尿を飲ます、食事を与えないあるいは減らす、労働改造[16]を受けさせる、街中を引き回す、背に侮辱する言葉が書かれた板を掲げる、高帽子[*]をかぶせる、労働点数[17]を天引きする、「揺煤球」（人間を豆炭のようにゆする）、「下雹子」[18]（人間に頭から石つぶてをぶつける）、太い棒を押し付ける、つま先を踏みつける、踏み台の上に立たせる、香炉の上に跪かせる、便器を頭にかぶせる、レンガを頭の上にのせる、鉗子ではさむなど四〇種類あまりに及ぶ虐待や侮辱の方法が報告された。

不完全な統計に基づけば、全県で被害を受けた者は一七万九六一八名（強制的で違法な家宅捜索（翻箱倒櫃[19]）による被害を受けた家は三四二八戸、一戸あたり四人の計算に基づく）にも及び、これは全県の総人口の二四・八％にあたる。縄で縛り上げる、吊るす、殴るなどの被害にあった者は五九七二名、食事を与えられないまたは減らされるといった被害を受けた者が一万五三六名。跪かす、立たせる、凍えさせる、日にさらす、雨にさらすなどの虐待を受けた者が六四一八名。強制的な労働、労働点数の天引き、罰金などの被害を受けた者が六七六七名、徴収された罰金は四万八二八〇元。これらの被害によって死に至った者が一八三名、自殺未遂者が一〇三名、障害が残った者が七六名、病気になった者が二七五名、耐えきれずに逃亡した者が二九九八名である。なお、「報告」はこのような幹部による強迫的命令や違法乱紀が発生した原因を分析すると共に、善後策について提案している。

当時を思い返すと、様々な感慨がわき起こってくる。一つは農民のことである。中国の農村は土地改革を経て、農民は一旦皆自作農となったが、間もなくして人民公社化が始まった。「共産風」などの「五風」が吹き荒れ、「一平二調三収款」[20]が行われた。農民にとっては多難な時代であった。しかし、このような天災・人災に襲われる情況下でも、農民達は動乱を起こさず、非常に忍耐強かった。万曉塘はかつて、南部八県の県委員会書記座談会において、農民が幹部の不正に対する弁償に対し、「夢にも思わなかった」、

「昔よりは余程良い」、「『平調』が再び行われるようなことがなければそれで良い」といった反応を示したことに触れた。そして、中国の農民は非常に温厚だと語った。

また、もう一つには、こうした困難な情況下でも、党中央の一部の指導者達は、万曉塘と同じように民衆と交流し、民衆と同じ空気を吸い、命運を共にしていたということだ。「五風」の横行は非常に深刻なものではあったが、それでも全体的に見れば、党の良き伝統は完全には破壊されていなかった。こうした良き伝統が残されていたことが、困難を乗り切ることができた大きな理由でもある。

今となってわかることではあるが、農村における整風整社運動は「文革」の前兆であった。毛沢東はその年、全国の県・社・隊は、おおよそ三・五・二の割合である。すなわち三〇%が良く、五〇%が中間、二〇%が悪いと指摘し、さらに、「階級と階級闘争の観点が必要であり、階級分析の方法を用いて一切を取り扱い、分析する」と提起した。それ以後、行き過ぎた「左」傾はだんだんと強まっていき、階級闘争の重点は党内へと移っていった。整風整社運動の開始以降、一種の階級闘争「強迫症」が中国政治に出現した。人々はどのような情況も階級闘争によって解釈し、どのようなことを処理するときもそれを階級闘争と見なすようになった。毛沢東の言葉を用いれば、「階級闘争、一抓就霊」（階級闘争、行えばすぐに効果が出る）である。「階級闘争」はだんだんと高まっていき、文化大革命という巨大な災禍を形成することになったのである。

第二章　文化大革命の序幕「天津『小站四清』」の一部始終

――「小站四清」の起草人として――

四清《スーチン》運動(*)とは、一九六三年から六六年にかけて、中国共産党が全国で展開した社会主義教育運動である。四清運動の内容は、初期においては農村の「労働点数・帳簿・倉庫・財産の整理(21)」、後期においては都市・農村の「思想・政治・組織・経済の整理整頓(22)」であった。四清運動では、様々な問題が階級闘争そのものだ、あるいは階級闘争が党内において反映されたものだと安易に断定され、多くの基層幹部が誤って打倒されることになった。四清運動は、「文革」発動のための事実上の準備期間となったのである。

四清運動の始まりと、当時天津市を管轄していた河北省とは深い関係がある。「四清」はもともと、河北省保定地区委員会が整風整社運動を行うなかで、収穫に関する年末の分配問題の解決のために始めた取組であった。具体的には、党中央の農村経済調整政策に基づいて、勤労倹約及び民主によって農業合作社(*)や人民公社を運営する方針を徹底するというもので、労働点数・帳簿（勘定）・倉庫・財産の整理（これを簡単に「四清」と呼んだ）を行ったのである。保定における四清の経験は河北省委員会へと伝えられ、党中央と毛沢東に注目されることとなった。その後、党中央は保定地区委員会の四清運動報告と共に「前一〇条(5)」を発表し、全国各地で農村四清運動が試験的に展開されることになった。四清運動の開始後、劉《りゅう》少奇《しょうき》はわざわざ天津に足を運んで情況を視察し、関係者から報告を聞いた。

加えて挙げれば、有名な「桃園の経験(23)」も河北省撫寧《ふねい》県盧王荘《ろおうそう》公社の桃園大隊(24)でのことである。さらに、天津の「小站《しょうたん》四清」（小站における四清）が有名である。小站四清は「天津市委員会の小站地区奪権闘争に関する報告」（小站報告）が毛沢東の賞賛を得たことによって有名になった。そして、天津市委員会のこの報告書は、党中央からの大きな支持を得ることとなった。私の知るところでは、この報告書は天津市が解放されて以降、党中央の支持を得た報告のなかで最も重要なものであり、また全国に最も悪影響を与えた報告書である。私はこの報告書の起草人であり、同時に小站鎮における四清工作にも三ヶ月間にわたって参加した。小站四清という重大事件について、これから記そうと思う。

1　序幕は「四清《スーチン》」——修正主義の出現を示した「小站報告」

小站地区[25]（小站公社、北閘口《ほくこうこう》公社と小站鎮を含む）は天津市の南の郊外に位置し、「小站稲」の生産で有名な地区である。明代の万暦年間、科学者の徐光啓《じょ・こうけい》は天津を訪れ、津南で四度の屯田を行い、また調査を行った。そして、この地における開墾・水利・荒政に関する実践及び成果について『農政全書』のなかにまとめた。清朝末期には、周盛伝《しゅう・せいでん》[26]が李鴻章《り・こうしょう》[27]の命を受けて軍を率いて駐屯・開墾し、小站稲の生産に初めて成功した。

小站は軍閥を出したことでも有名な土地である。一八九五年、袁世凱《えん・せいがい》[28]は小站に駐屯していた「定武軍」の統率を引き継ぐと、軍の整頓と拡充を行い、「定武軍」を「新建陸軍」と改名した。これ以後、清朝軍の近代化が始まったのであり、中国の軍事史における重要な転換が小站で行われた。一九〇五年に「北洋六鎮」[29]が形成され、袁世凱は八万の兵を統率することになった。この兵力が後に中華民国臨時大総統、さらには皇帝となるための資本となった。「小站練兵」は数々の歴史上の重要人物を輩出しており、そのなかには四人の総統、一人の臨時執政、一人の政府総理（第一七代）が含まれ、また、軍事長官以上の地位に着いた者は三四人に昇る。例えば、馮国璋《ふう・こくしょう》〔30〕、曹錕《そう・こん》〔31〕、段祺瑞《だん・きずい》〔32〕らは、小站練兵をきっかけとして支配権を獲得し、ここから中国の政治舞台へと駆け上っていった。津南という決して広くはない土地が、中国近代史に大きな影響を与えたのである。

　歴史上卓出したこの地において、一九六四年、「四清」奪権闘争が行われ、「文革」の前奏曲を奏でた。それは、陳伯達《ちん・はくたつ》〔※〕が直接介入して作り上げた「事件」であった。

　一九六四年三月、天津で調査研究を行っていた党中央政治局候補委員の陳伯達は、小站地区を訪れ、西《せい》右営《ゆうえい》村〔33〕と小站公社を視察した。小站鎮を非常に大雑把に視察し、四清工作隊の報告を簡単に聞いたうえで、「小站地区の基層組織は酷く不純であり、多くの村の党政指導権が悪人の手に落ちている」と断定した。彼は非常に誇張して、「ここの天下は我々のものではない」、「反革命詐欺政権である」〔34〕といい、工作隊に対して地元の幹部とは一定の距離をおくようにと指示した。そして、西右営村で「張鳳琴《ちょう・ほうきん》反革命集団」を、坨子地《いしち》村〔35〕では「姜徳玉《きょう・とくぎょく》反革命集団」を、小站鎮では「張玉倉《ちょう・ぎょくそう》反革命集団」をそれぞれでっち上げたのである。

（5）一九六三年五月二日、毛沢東は杭州において一部の政治局委員及び大区〔大区とは、経済協作区を指す。当時、全中国は中共中央六局に対応して、六つの経済協作区に分けられていた〕の書記を召集して小規模な会議を開催した。この会議で制定された「当面の農村工作における若干の問題に関する決定（草案）」の別名が「前一〇条」である。「前一〇条」は、国内の政治情勢に関する過度に深刻な推測と、当時の中国社会に非常に厳しい階級闘争の情況があるという考えに基づいている。革命的階級隊伍を新しく組織し、大規模な民衆運動を展開することで資本主義と封建的勢力の猛り狂う攻撃を撃退しなくてはならないとした。「前一〇条」が下達されると、この主旨に基づいて、幹部を訓練し、試験的事業を実施した。「前一〇条」は、間もなく展開される農村の四清《スーチン》運動や都市の「五風」運動を準備したと言える。

天津小站練兵園

城壁、講武堂、軍事博物館、新建陸軍督練処及び袁世凱野戦司令部、野戦司令部「売買街」〔マーケット〕などからなる。

一九六四年七月下旬、陳伯達は小站地区内の三つの工作隊責任者に対して、北京に行って西右営村党支部書記の張鳳琴、坨子地村の姜徳玉、小站鎮党総支部書記の張玉倉の反革命集団に関する資料を創作するように指示した。指示を受けて北京に向かった十数名は武王候《ぶおうこう》〔北京市西城区の地名〕にある天津市の駐北京弁事処に滞在し、また、陳伯達も毎日武王候を訪れて資料の創作について討論した。陳伯達は既にこの頃、ある魂胆を持って先を見据えた行動をしていた。人によってはその魂胆をよく理解できず、陳伯達から批判された。彼らは一週間という短い時間で、三人を首謀者とする三つの反革命集団の人物関係図と三人の首謀者に関する経歴を捏造した。

八月四日、陳伯達は人物関係図と経歴を党中央へと送り、添えた手紙には、次のように記した。「天津小站地区における姜徳玉、張鳳琴、張玉倉の反革命集団の人物関係図と各首謀者の経歴を各一部ずつ提出致します。この三つの反革命集団が起こした問題と彼らの悪行については、早くから民衆の訴えるところとなっていました。〔中略〕しかし、姜徳玉の問題であれ、張鳳琴と張玉倉の問題であれ、今年の四清《スーチン》運動のなかで民衆が十分に積極的に行動することで徹底的に明るみになりました。現在、運動は進行中であり、彼らの政治問題と経済問題についても清査〔徹底調査〕を継続しております。主席は、これらの資料を県級機関へ配布し、各

小站公社で開催された「社教」運動宣判処理大会（一九六四年七月）
社会主義教育運動中に開催された、問題があるとされた者を闘争にかけ、処分を言い渡す大会。建物には「罪を自白した者は寛大に、抵抗する者は厳重に処分する」と書かれている。

機関で参考とするようにと指示されました。いかに処理するべきか、中央のご決裁〔批示〕をお願い致します」。陳伯達はさらに、「これらの人物関係図及び経歴のほかに、工作組は闘争発展過程に関する資料を準備しておりますが、もうしばらくの時間がかかります。作成が終わり次第、中央へ提出致します」。

八月一二日、党中央は陳伯達からの手紙と共に、天津小站地区反革命集団の問題に関する資料を河北省委員会と小站地区委員会、天津市委員会、呉橋県委員会へ転送した。党中央は「陳伯達同志が党中央に宛てた手紙と天津小站地区反革命集団に関する資料を配布するので参照すること」とした。こうして小站地区問題なるものの性格が決定されたのである。

陳伯達は三つの「反革命集団」を懸命にでっち上げ、多くの幹部を攻撃・迫害し、また多くの民衆や幹部の親族を巻き添えにした。「張鳳琴反革命集団」とされた八八名のうち、一二名は党籍剥奪やその他の処分を受け、一一名は地主や富農といったレッテルを貼られ、[*]四名は刑務所に収監された。そのほかにも、こうした人々の親族一三八名がなんらかの影響を受けた。「姜徳玉反革命集団」とされた七七名のうち、六名は免職、一八名は党籍剥奪やその他の党紀処分を受け、三名は投機分子のレッテルを貼られ、三名は刑務所へ送られた。「張玉倉反革命集団」とされた八九名のうち、九名は党籍剥奪、三名は党紀処分、三名は刑務所へ送られた。また、小站地区当時運動に参加していた生産大隊〔*〕の幹部が三一四名おり、そのうち様々な攻撃や迫害を受けた者が二五八名と、実に全体の八二・七%に達した。

人々にとって「文革」の一〇年に関する記憶は依然として鮮明である。一九六六年に紅衛兵運動〔*〕が始まり、一九六七年に上海市での「一月風暴[36]」が起きると、各地で奪権闘争が開始された。小站地区での「四清」奪権闘争は、実際には「文革」における奪権闘争の予行演習となった。この予行演習を経て、一九六四年一〇月二四日、党中央は、天津市からの報告「天津市委員会の小站地区奪権闘争に関する報告」（「小站報告」）を添付し、「社会主義教育運動奪権闘争問題に関する中央からの指示」を発表した。これによって「四清」奪権闘争が全国へと広がったのである。

2　著名な労働模範と反動分子の親玉

一九六四年一月、党中央の指示に基づいて、全国の農村地区において社会主義教育運動が展開された。一月一四日には、天津市委員会郊区委員会書記会議が開かれ、四清《スーチン》運動に関する工作を手配し、南郊《なんこう》区所轄の小站地区を最初の試験的実施単位《ダンウェイ》〔職場、機関〕とした。一月中・下旬から二月中旬にかけて、区委員会は小站地区へ工作隊を派遣した。

三月下旬、当時党中央宣伝部副部長であった周揚《しゅう・よう》〔※〕は北閘口公社の西右営村に入り、蹲点《トゥンディエン》〔*〕を行うことになった。河北省委員会宣伝部副部長の遠千里《えん・せんり》と天津市委員会宣伝部副部長の方紀《ほう・き》もそれに同行することになり、当然南郊区委員会宣伝部部長の陳喜栄《ちん・きえい》も参加することになった。実に錚々たる顔ぶれである！当時、西右営村では彼らを「四進士」と呼んだ。周揚は西右営村党支部書記である張鳳琴の家に滞在した。

張鳳琴は解放前、少年工や乞食などをして生活していた。解放後、土地改革運動に積極的に参加し、一九五二年に西右営村における最初の互助組を結成した。翌年には西右営村最初の初級合作社を組織した。それと前後して村と郷の婦女聯合会主任を務め、初級農業生産合作社、高級農業生産合作社の社長及び区委員会委員、さらに天津市婦女聯合会委員などを務めた。かつて河北省党代表大会や全国婦女代表大会に出席し、何度も天津市の労働模範[*]に選ばれた。さらに、一九六〇年には全国三八紅旗手[37]として表彰された。

一九六四年三月二六日、陳伯達は「四清」の情況を視察するために西右営村へやってきた。まず工作隊から報告を受け、周揚が滞在する張鳳琴の家を見に行った。陳伯達は張鳳琴の家にたった二〇分しか滞在しなかった。陳伯達はそのあいだに、張鳳琴と少し会話をし、また、建物のなかや外をぶらぶらと歩いて見てまわった。そして、張鳳琴の家の窓に二重ガラスがはめ込まれているのを目にすると、「問題」を見出した。

当時張鳳琴は「靴を履き、帽子を被った」日干しレンガでできた、三つの寝室を持つ家を新築しており、家のなかにはいくらかの籾米が蓄えられていた。「靴を履き」とは、部屋を造る際に外壁の下の部分を七段だけレンガを積み上げて造り、その他は日干しレンガを使っていることを指し、「帽子を被った」とは、屋根に一層の瓦を葺いていることを指している。また、窓には確かに二重ガラスがはめ込まれていた。とはいっても、これは数年来の農業生産合作社化の実施及び数年続いた増産の必然的結果であり、西右営村のような大都市近郊の地域では多くの合作社社員の生活情況は改善されていたのだった。

しかし、陳伯達は工作隊に戻ると一方的に決断を下した。「張鳳琴は貧農のようには全く見えず、党支部書記を務めることで金持ちになり、村のトップとなったのである。二重ガラスが張鳳琴の悪事を暴露している。私が見るに、彼女は貧農ではなく、労働模範でもなく、政治化した人物である」。陳伯達の指示に基づいて、西右営村工作隊は慌ただしく張鳳琴の政治上、経済上の「四不清《スープチン》」を示す資料を探しはじめた。彼女は闘争の重点的対象と決めつけられたのだ。

その頃、西右営大隊ではちょうど幹部の「手洗い入浴」（四清中に行われた、問題が無いかどうか幹部一人ひとりを検査する「関門」）を行っていた。陳伯達は工作隊に対して、民衆を動員し、張鳳琴の問題を討論しなければならないと支持を与えた。そこで、工作隊はそこら中から張鳳琴を批判する意見を集めて無実の罪をでっち上げ、次のように言った。彼女は「偽の貧農、偽の労働模範」であり、「一〇数年来、反革命的詐欺的方法で上級の者を騙し、下級の者を抑圧し、指導者の信頼を勝ち取り、合法的な地位を得た。（中略）陰から党の政策に対抗し、腹心を任用して分派活動を展開し、反革命の階級路線を推進した。そして、地主富農分子と公然と結託し、貧農下層中農を攻撃した」。四月二五日、陳伯達は天津市委員会に対して張鳳琴の党支部書記の職務を剥奪するよう命令した。

陳伯達は張鳳琴を党内の階級敵対分子の一人に仕立て上げた後、時間を置かず、張鳳琴の問題をさらに大きな問題とするために「張鳳琴反革命集団」なるものを作り上げた。五月五日、彼は西右営村における「四清」の性質について話すなかで、「張鳳琴問題は孤立した一つの問題ではなく、悪人達が結託して起こした反革命である！　彼らは自らを貧農、労働模範、党員、幹部、羊頭狗肉などと称して権力を握っており、彼らの上には支持者がいる」と発言した。六月末、陳伯達は相次いで二度も西右営村にやってきて、「張鳳琴の問題と、彼女と関係のある人々を結びつけ、そのあいだに一体どのような関係があるのかを見極めなければならない」、「どのような問題も原則の質が一定の高さまで高められなければ解決することはできない」と何か企むことがあるように言い、張鳳琴に関する報告書の作成を催促した。

これを受けて、工作隊は資料をかき集め、次のような報告書を提出した。「三年間の困難な時期（大躍進運動や人民公社運動が引き起こした経済的苦難の三年間を指す〕、張鳳琴の三つの大隊（もともとは一つの大隊）は農業をほったらかしにして商売を始め、工場を経営し、違法な投機取引を行い、農業の減産を招き、国家の農民に対する十数万元に昇る貸し付けを浪費して非常に大きな損失を生んだ」。これを主とし、さらに張鳳琴に関係のある者の問題と張鳳琴とを十把一絡げにし、いわゆる「張鳳琴問題を中心とし、反革命活動を主な路線とする、仕事における関係、歴史的な関係、交友関係及び親族関係などが組み合わさって構成された張鳳琴反動集団」を作り上げた。この集団の範囲を拡大するために、東右営《とうゆうえい》村、西右営村、北《ほく》義心荘《ぎしんそう》村の三つの大隊の七名の幹部が偽りの貧農であり、党内に紛れ込んだ階級異分子だと決めつけられ、張鳳琴反動集団の中核とされた。張鳳琴は「反動集団」のボスとされ、東右営村、西右営村、北義心荘村の三つの村の党政権力を握って、「反革命的反動組織」を形成し、「資本主義の復活を実現した」と断定された。

張鳳琴らが「反革命集団」とされて以降、陳伯達は七月一二日、一七日、九月二三日に西右営村に行って工作組や積極分子のところを訪れて話をし、張鳳琴への批判を行って闘争を展開するよう煽動した。陳伯達は矛先を南郊区委員会にも向け、「我々は張鳳琴の足下の根子〔運動の骨幹分子〕へも目を向けなければならず、また上部にも根子がいる」と発言した。彼は張鳳琴は重大な汚職問題を抱えているとでっち上げ、張鳳琴が稲わらを売って得た七〇元すらも没収した。工作組が張鳳琴には追求すべきお金は無いと陳伯達に報告すると、「こんなに大人数で一人を相手にしているのに七〇元しか没収できないなんて情けない。こんな少額では問題にできないし、口に出して言うこともできない。『秀才造反、三年不成……』〔学者がするような大人しいやり方では、造反は三年経ってもできないだろう……〕」。彼はまた、「張鳳琴は反動的で頑固な石であり、自らをあまり改めない。資料を詳しく見る必要は無く、彼女の家、彼女の一面をみればすぐに彼女がどのような人間かわかる。敵であるのか、それとも我々の側の人間であるのか」と言った。

当時、陳伯達は党の高級幹部〔*〕として、「党内の理論家」と称していたが、一体どうしたら人の一面を見ただけで敵か敵でないかを見分けることができるというのだろうか。「罪を着せようと思えば、いくらでも理由はある」と言わんばかりに、公然とでっちあげによって罪を着せるこうしたやり方が、驚くことに党内で何の障害もなくまかり通ってしまったのである。これは人々が深く考える価値のある事実である。

周揚は三月下旬から五月下旬にかけて西右営村で短期間の蹲点《トゥンディエン》を行い、その後北京へ戻った。六月八日、周揚は「西右営大隊の張鳳琴問題に関する報告」を執筆した。冒頭に「天津市委員会、河北省委員会、華北局〔*〕による中央への報告」とあるこの報告書は、約六〇〇〇字からなり、張鳳琴がどういう人物かということについて、陳伯達の判断と決定に従って書かれていた。

陳伯達が作り上げた二つ目の「反革命集団」は、「姜徳玉反革命集団」である。

解放以前、姜徳玉はアシを収穫しそれを売ってお金を稼ぎ、また地主から土地を借りて生計を維持していた。解放後、彼は社会における互助・合作化を率先して進め、一九五二年に農業生産合作社を組織した。そして合作社社長、坨子地村の大隊党支部書記、人民公社副社長、党委員会委員、天津市政治協商会議委員などの職を務めた。一九五四年、天津市労働模範に選ばれ、さらに一九五六年には全国労働模範となり、全国労働模範大会に出席した。一九五八年、河北省人民代表大会代表に選出され、中国科学院[38]研究員、河北省農学院教授に招聘された。一九五九年には河北省参観団に同行してソ連を訪問している。また、毛沢東主席との接見の機会を三度賜った。

姜徳玉の問題は、「四清《スーチン》」の時に初めて取り上げられたわけでは決してない。一九六〇年、陳伯達が小站地区を訪れた際、姜徳玉は偽労働模範であり地主富農分子であると陳伯達に報告をした者がおり、陳伯達は天津市委員会監督管理委員会に対してこの事を調査するよう提案していた。翌年五月、陳伯達は再度小站地区を訪れ、さらに姜徳玉を偽労働模範や富農分子だとする「証拠」を手に入れた。天津市委員会監督管理委員会は一九六二年一月、姜徳玉を富農分子と断定し、党から除名、そして党内外の一切の職務と全ての栄誉ある称号を剥奪した。

　陳伯達は西右営村から市中心部に戻った数日後、また坨子地村へやって来た。正午に「憶苦飯《イークーファン》」[39]を食べてから、村を大雑把に見て回り、「指示」を出し、以下のように結論を下した。「姜徳玉は一〇年余りのあいだ、反革命的、詐欺的手法[40]によって彼の支配を維持してきた。彼は共産党員の衣を纏い、労働模範の仮面を被り、表面上は社会主義の道を積極的に進んでいるように見せているが、実際は『地富反壊』と結託して、反動階級に便宜を図り、群衆を圧迫し搾取している」。

　陳伯達の「指示」に基づいて、工作隊は直ちに姜徳玉を四清《スーチン》運動における闘争の重点的対象と決定した。それだけでなく、陳伯達は、毛沢東から表彰されたことのある元幸福《こうふく》之《の》路《みち》大隊党総支部書記の陳徳智《ちん・とくち》に対しても闘争の矛先を向けた。一一月中旬、陳伯達は小站に来て、公然と言った。「彼が真の共産党員か、それとも偽の共産党員か、それをよく考えなくてはならない」。「もし陳徳智問題をまだ調査していないのであれば、調査してもよいだろう。私が考えるに時期は熟している」。陳伯達の煽動の下、初めから一貫して四清運動を支持していた陳徳智を、たった一週間のうちに「階級敵対分子」へと変えてしまい、彼の職務を剥奪し、批判闘争を展開した。しかし、一〇ヶ月余りに及ぶ追求・調査を経ても「階級敵対分子」であることを示す証拠は出てこなかった。結局、陳徳智のいくつかの欠点や誤りを取り上げ、誇大宣伝・歪曲し、原則的政治路線の問題に際限無く格上げし〔上綱〕[41]、その挙げ句に党から除名した。「姜徳玉反革命集団」とされた七七人のうち、七人が集団の中核的分子とされた。

　陳伯達は、彼ら「反革命集団」の成員達に恨みでもあったのだろうか。いや、そんなことはない。陳伯達はなぜ恣意的に冤罪をでっちあげたのか。これは、この「一部始終」の最後で答えなければならない問いである。

3　総支部書記と匪族

陳伯達が小站地区を舞台に捏造した三つ目の反革命集団は、「張玉倉反革命集団」である。

小站鎮党総支部書記であった張玉倉は、解放以前、雇農や日雇い労働などをして生計を立てていたが、解放後は積極的に土地改革と農業合作化運動に参加し、改革の中核メンバーとなった。一九五五年、区第一期人民代表大会において人民委員会委員に選出され、また回教徒理事会会長も務めた。

一九六四年二月、工作隊が小站鎮に派遣された。陳伯達は坨子地村へ行った後、小站鎮へ到着した。彼は以前西右営村と坨子地村を訪れた時と同様に、あちこちをぶらぶらと歩き、小站鎮の「四清《スーチン》」工作隊の報告を簡単に聞き、その場で次のように断言した。小站鎮党総支部書記の張玉倉は「匪族の家の出身であり、党内に紛れ込んだ階級敵対分子である」。また、「張玉倉が掌握する政権は、反革命詐欺政権である。私は一〇日以内、遅くても半月以内に張玉倉の職務を解任し、政権を奪回することを命令する」。陳伯達の命令を受けて、張玉倉はすぐに解任された。「四清」工作隊は陳伯達の「指示」内容に基づいて、張玉倉に関する資料を急いでかき集め、残酷な闘争を展開した。

工作隊がかき集めた張玉倉に関する資料によれば、「一九四二年までの二〇年余り、張玉倉の家には匪族が頻繁に出入りしたり滞在したりするなど、連絡を取り合う拠点となっていた。日本軍による占領及び国民党傀儡政権時には張玉倉は国民党の甲長を務めたことがあり、また国民党統治時期には民衆自衛団の班長と反共産党特務〔スパイ〕摘発組の班長を務めた」。さらに、「張玉倉の叔父は匪族である。父親も匪族であり、塩の管理を行う役人で、塩を密売し、人質取り戻す際の匪族との交渉役をした」。

こうして、張玉倉に関する次の五つの罪状がでっち上げられた。一、匪族の家系出身であること及び反動の経歴を隠して党内に紛れ込み、党の基層幹部の地位を手に入れたこと。二、四類分子〔地主、富農、反革命分子、壊分子（悪質分子）〕と結託し、反動勢力を拡大させたこと。三、職権を利用し、悪人を庇護・重用したこと。四、党の政策をぶち壊したこと。五、資本主義を復活させる活動を積極的に行ったこと。「張玉倉は反革命的、詐欺的手法[42]を使って、表面上は積極分子を装い、成果を偽って報告し、区や社の数人の指導者の信用を得て、各種の栄誉を盗み取り、小站鎮の指導権を少しずつ簒奪していった」。張玉倉は即刻職務を解任され、党籍も剥奪された。一九六四年一二月、張玉倉は逮捕され、一九六六年一月、「反革命罪」によって一〇年の刑が確定した。「張玉倉反革命集団」とされたのは八九名、そのうち一〇名が中核メンバーとされた。

私は小站鎮の「四清《スーチン》」に対して切実な思いがある。一九六四年九月下旬、私は、国慶節〔中国の建国記念日の一〇月一日〕の後に小站鎮に赴き「四清」工作に参加せよという通知を受けた。「世界観を改造する」という決心のもと、一〇月一日の一日だけ休暇をとり、二日に組布団を持って自転車で小站鎮へ向かった。当時、小站地区では疫病が発生しており、道中は異様な静けさであった。三時間ほどで小站鎮に到着した。

天津市委員会書記処書記の王亢之《おうこうし》(6)が当時小站鎮で蹲点《トウンディエン》を行っていた。小站鎮では一五〇人余りからなる四清工作団が組織され、その下にいくつかの工作隊が設置されていた。私はわら編み工場工作隊で蹲点《トウンディエン》を行った。この工場では数十人の

四清《スーチン》運動中、農村で行われた批判闘争会（批闘会）の様子

労働者が働いていたが、その多くは女性であった。稲わらを原料としたわら布団、いわゆる「畳」を生産していた。工場長の李と廬は「張玉倉反革命集団」の一員と見なされ停職中で、闘争の重点的対象となっていた。そのため、「苦しみは大きく恨みは深い」[43]女性労働者が臨時の責任者となっていた。この隊には、数名の党政府機関の幹部のほかに、「鍛錬」〔政治意識や思想を高めること〕にやってきた軍隊医院の医務人員も数名いた。工作隊は毎日、民衆のもとを訪れて話を聞く、いわゆる「訪貧問苦」や、内部調査と外部調査を行い、時間があるときには労働に参加したりした。

工場長であった李と廬が「張玉倉反革命集団」の一員とされたのは、二人が不当に分け前を多くもらい、利益分配を不当に操作し、給料を不当に多く受け取っていたとされたからだった。何度計算しても、李は数百元、廬は一〇〇〇元弱を受け取っていたはずだとされた。当時、わら編み工場の責任者は毎月一二〇〇元の給料を受け取っていた時期があったが、労働者は彼らの給料が高過ぎることに当然不満があり、そこで工作隊はこの事実を取り上げて原則的政治路線の問題に格上げし〔「上綱上線」[44]〕、不当な所得だと糾弾した。

数日おきに夜になると李と廬それぞれに対する批判闘争会が開かれた。大きな部屋で、参加者は円になって座り、李や廬は円の中央に立たされ釈明を行い、ほかの参加者は詰問し、批判し、怒鳴りつけた。こうした会で、結果と言えるようなものはほとんど何も得られない。私は工作隊の責任者であったので、ほかの隊員などから離れて座り、ほとんど口を開かなかった。しかし後になって、工作隊もただ見ているだけでなく、直接先頭に立って批判をしなければならないと上から指示があった。私は、自分のようなペンで仕事をする人間は労農出身の幹部に全く及ばず、怒りで声を震わせながら人を批判するといったことができないと痛感した。しかし、上からの一切の「革命化」という命令に従って、「地獄に行く」、「心を入れ替えて真の人間に生まれ変わるがごとく自己を改造する」といった態度で、懸命に努力した。

工作団には集団食堂があったが、私はわら編み工場の女性労働者だった張の家で「三同」（共に食べ、共に住み、共に労働する）を行った。張の父親は口がきけないという障害を持っており、毎晩一両の白酒を飲んだ。つまみはなく、臭豆腐[45]と海老味噌だけだった。私は酒は飲まずに、ネギと海老味噌だけを食べたが、心から信じれば必ず叶う（「心誠則霊」）もので、その時は心から美味しいと思えたのである！

上からまた通達があり、工作隊の隊員は批判闘争の重点的対象とされている者の家に滞在し、彼らが財産をどこかに隠してしまわないよう見張るようにと「老夫子[46]」（陳伯達を指す。当時党内では陳伯達のことをこう呼ぶ習慣だった）が指示したという内容であった。二人の工場長のうち、李は非常に貧しく、盧は比較的裕福だと聞いたため、私はほかの隊員一名と共に進んで盧の家に滞在することにした。我々は結婚して間もない盧の息子夫婦の部屋に滞在することになったが、火の入っていない土でできた冷たいオンドル[47]で眠った。その年の冬は非常に寒かった。解放戦争の頃、私は解放区にも行ったが、あんなに冷たいオンドルで眠ったことはなかった。部屋のなかには新しい戸棚や色鮮やかな瓶、鏡などがあったが、それらが特別に高価な物というわけではなかった。私たちはこの家で一体誰を痛めつければいいのか。

当時の私は三〇歳を既に過ぎていたが、心から承服してこのような愚かなことをしていたのであり、正常な状態だったとは言えない。当時の人々の心や思想は既に異常を来していた。私は小站鎮での三ヶ月に及ぶ蹲点《トゥンディエン》のあいだ、二度しか自分の家に帰らなかった。しかし、こうした懸命の任務遂行によって一

（6）王亢之（一九一五〜六八年）。河北省深沢《しんたく》県の出身。一九三八年に中国共産党に入党。中共深沢県委員会宣伝部部長、冀中七地区委員会宣伝部副部長、冀中導報社社長、『晋察冀日報』編集長、華北『人民日報』副編集長などを務める。建国後、天津日報社社長、中共天津市委員会宣伝部部長、市委員会書記処書記、天津市第二〜四期政治協商会議副主席を歴任した。

体どのような「戦果」が得られただろう。何も得られはしなかった。今からは考えられないことだが、私は上からの指示に盲従し、運動のやり方は間違っていないと信じており、徹底して運動を展開しなくてはならないと考えていた。

一九六四年の末、市委員会秘書長の路達《ろ・たつ》は、当時小站地区で蹲点《トウンディエン》をしていた天津市委員会書記処書記の王亢之《おう・こう し》に電話をかけた。そして、私を市委員会四清《スーチン》弁公室の仕事に就かせるようにと伝えた。こうして、私はわら編み工場を逃げ出し、天津へ戻ることになった。工作隊はその後も継続して農村にとどまり、経済的損失だけでなく、大きな人的損失をも生むことになった。歴史の曲折のなかで、工作隊は哀れむべき「盲従者」である。苦労し、懸命になって悲劇を作り上げたのである。

4　全国を駆け巡る奪権闘争

陳伯達は天津市委員会に対して、小站四清《スーチン》での奪権闘争の発展過程に関する正式な報告書を作成して党中央へ提出するよう指示し、王亢之がその任務に当たった。一九六四年八月中旬、市委員会常務委員会議において、王亢之は陳伯達からの指示を伝え、私は報告書の起草に参加するよう命じられた。私は中共天津市委員会弁公庁で長年働き、様々な資料や文書の執筆を行ってきたが、今回の任務を引き受けた際には恐れ多く、また光栄なことだと感じた。私は小站「四清《スーチン》」の具体的な情況についてはよく知らなかったし、そのうえ党内の「理論的権威」が命じた任務であった。細心の注意を払って取り組まなくてはならない仕事であった。

まず、私は王亢之に伴って小站地区の三つの地域を訪れ、情況を把握した。二週間かけて調査を行ったが、そのうち西右営村に滞在した時間が比較的長かった。その時には、周揚は既に北京に戻っており、方紀[7]が西右営村で蹲点《トウンディエン》を行っていた。我々は皆日干しレンガの家に寝泊まりし、あたりの道は舗装されていない土の道で、そこら中が土だらけであった。雨が降ると道路はぬかるんでしまい、歩くのも非常に困難であった。家には穴を掘っただけのトイレさえ無く、用を足すのも一苦労であった。今から考えれば、そのような場所に行かなくてはならないとは何かの罰かとさえ思えるが、当時は喜んで鍛錬に赴いたのである。西右営村の工作隊には数十人の隊員がおり、そのなかには北京から来た者もおり、夏衍《か・えん》[※]の娘もこの村にやってきていたという。ここへ来て何の鍛錬をするのか。まさか批判を受けている農村幹部の「赤い心」を鍛えるとでもいうのか。我々は都市でトイレや浴室を備えた家に住み、一方農村の基層幹部は日干しレンガの家に住んでいるのだ。彼らの生活は小農経済であり、資本主義の復活などというものとはかけ離れたものであった！　しかし、当時の人々は非常に単純であり、謙虚であった。

小站地区のこの三つの地域ではそれぞれ強大な工作隊が活動しており、それぞれの工作隊が総括として長い文書を作成した。私は王亢之と共に二週間かけて各地を見て回り、その後天津に戻り、家にこもって報告書を起草した。私は各工作隊が作成した三つの報告書を基礎とし、工作隊が整理した陳伯達の話からその主旨について繰り返しよく考えた。まさに「日間揮写夜間思」[48]〔昼間は一心に書き、夜深く考える〕である。夢のなかでもこのことを考え続け、常に頭から離れなかった。こうして二週間かけて第一稿をたった一人で書き上げた。

---

(7) 方紀（一九一九〜九八年）。元の名は馮驥。著名な作家。河北省辛集《しんしゅう》市に生まれる。十数部の中長編小説及び詩歌集を著した。延安根拠地時代には、中華全国文芸界抗敵協会、マルクス・レーニン学院及び『解放日報』社に勤務。抗日戦争勝利後、熱河省文学芸術界連合会の主席を務める。一九四九年以降は、『天津日報』編集委員、文芸部主任、天津市文化局局長、中共天津市委員会宣伝部副部長、天津市文学芸術界連合会党組織書記などの職を務めた。

王亢之に第一稿を提出すると、彼はその内容に大方満足した。その日、彼は午前一一時から第一稿の修正を始め、その日の午後から晩にかけて修正を続け、翌日の早朝五時に修正を終えた。王亢之は元編集長という経歴に恥じない仕事をし、文章を書く技術という観点から見て、非常に立派に修正をやり遂げた。彼は原稿の片方の端に糊で同じ大きさの白紙を貼り、そこに毛筆で修正や加筆などの指示を書いており、とてもわかりやすかった。報告書のタイトルや文中の標題は修正されたことで観点がより鮮明になり、また、多くの修正や補充を施し、重要な内容を一部加筆した。それによって、報告書が大いに輝きを増した。この二万語に達する長い文書は、私が執筆に関わった文書のなかで最も長いものの一つである。また、上司による修正のなかで最も立派なものだとその当時感じた。

報告書のタイトルは「天津市委員会の小站地区奪権闘争に関する報告」（「小站報告」）である。第一部は「小站地区の歴史」。第二部は「四清《スーチン》運動以前、ここは誰の天下だったか」であり、「社会主義教育運動以前、ここは我々の天下ではなかったか、あるいは相当程度我々の天下ではなかった」と書かれている。第三部は「悪人には区政府の後ろ盾がいる」。第四部は「工作組は区、社、村の幹部の抵抗に遭遇」。第五部は「民衆は発動するも、革命の気勢は不足」。第六部は「大軍が押し寄せ、奪権闘争が展開」。第七部は「区委員会指導者の改組」。第八部は「経済問題の清算が運動の重点に移る」。最後の第九部は「九つの体験」。九つの体験の内容は以下である。一、「優れた兵力を集中し、敵を殲滅する」。二、「工作組は旗印を鮮明にし、三同の継続によって群衆の信任を得る」。三、「闘争のなかで強力な階級隊伍を組織する」。四、「問題の性質を明らかにし、時期を外さず即断する」。五、「敵を最大限分裂させ、孤立させる」。六、「運動の肝心な時期を掌握する」。七、「公安工作と民衆の運動を結合し、闘争を展開する」。八、「社会主義教育運動において隊伍を不断に訓練し、基本的技術を習得し、社会主義革命の経験を積む」。九、「一方で運動を行い、もう一方では建設に取り組み、階級闘争を要としながら、生産とその他の工作を促進する」。

ここまで読んだ読者のなかには次のように思う方もいるだろう。「筆者は報告書を執筆する際、自らの判断能力というものを一切働かせなかったのだろうか。まさか、このような〔「小站報告」にあるような〕内容が筆者の本当にいいたいことだったのだろうか」。これには二つの訳がある。まず一つに、当時私は党の路線や政策に対して少しの疑いも無く、その正しさを深く信じており、四清《スーチン》運動の展開も積極的に擁護し支持していた。また、二つ目に、我々は「書き手」として、そもそも党の道から外れることは許されず、何を書くかは上級機関の意図に沿ったものでなくてはならなかった。上級機関からの指示と異なった考えを持っていたとしても、指示から少しでも外れ出ることはできなかった。たとえ自分が重要な責任ある立場にあったとしてもである。中国共産党は党中央との思想上及び行動上の高度な一致を強調していたからである。

この報告書は修正の後すぐに印刷工場に送られた。そして、私と王亢之が校正刷をさらに修正し、その後、方紀に修正をお願いした。修正を重ねるうちに時は過ぎ、九月中旬になっていた。陳伯達が原稿を審査するということで、新しく印刷し、党中央に向けた報告として四号[49]の字の書類に校正した。

九月二〇日、中秋節の日曜日、王亢之は運転手に私を迎えに来させ、その自動車に乗って私が王亢之の家に行くと、陳伯達が昨晩天津に来たことを聞かされた。王が言った。「老夫子はこの報告書を読んで、基本的にこれで問題ないと考えているようだ。いくつかの指摘をされたが（後略）」、「老夫子は今年六〇歳になるにも関わらず、徹夜で原稿に目を通した。今日は中秋節だが君も休暇をとっている暇はない」。私は答えた。「当然私も今日すぐに修正を終わらせるつもりです」。陳伯達は報告書全体の構成に対しては何も言わなかったが、報告書のなかで触れている若干の問題について彼の考えを示した。例えば、集団の一般成員について、彼らに誤りを全て白状させなくてはならず、それによって彼らが誤った道から正しい道へと立ち返るよう促さなければならないなどといったことである。また、陳伯達は、若干の言葉の使用上の修正を求めた。

　我々は陳伯達の指摘に基づいて報告書を修正した後、天津市委員会常務委員会議に提出し、議論した。「老夫子」が既に目を通しているため、市委員会では個別の言葉の使用上の問題を指摘されただけで順調に通過し、九月二五日に市委員会名義で中央へ提出された。

　一〇月二四日、党中央は「社会主義教育運動奪権闘争問題に関する中央からの指示」を発行し、その副題は、「天津市委員会の小站地区奪権闘争に関する報告の転送」となっていた。この党中央の指示は、劉少奇自らが起草し、毛沢東がサインしたうえで、発行されたものであった。

「指示」ではまず初めに、「天津市委員会の小站地区奪権闘争に関する報告を転送する。県級以上の各級党委員会及び社会主義教育工作隊隊員に転送し、閲読させること。この報告書がまとめた経験は良いものである」とあった。「指示」は小站地区奪権闘争の方法を分析した後、以下のように指摘した。「小站地区における敵味方の対立[50]は、形式上は主に人民内部の矛盾として、甚だしいものでは党内矛盾として現れており、これが一部の人々を惑わしている。このような情況が長期に渡って解決できずにおり、党と人民に非常に大きな損失をもたらした。しかし、当地の多くの民衆は潔白である。我々の党が当地の多くの民衆から乖離した情況においてのみ、敵の陰謀が成功してしまう。我々党は民衆と団結し、敵をあばき出し、彼らの陰謀を直ちに失敗させなくてはならない。これからわかるのは、現在我々の国内における敵味方の対立の一部分は形式上人民内部の矛盾として現れており、また甚だしいものは党内の矛盾として現れている。敵味方の対立は人民内部の矛盾及び党内矛盾と入り交じっているのである。多くの人民内部の矛盾と党内矛盾のなかには、危険な敵味方の対立が一部含まれている。この部分を明らかにしなくてはならない。現在の階級闘争の複雑さはここにある。しかし、我々が真摯に対処し、責任ある幹部が積極的に蹲点《トゥンディエン》を行い、現在の階級闘争の特徴に注意し、警戒心を高め、さらに民衆を十分に動員すれば、人民内部、党内に潜んでいる敵味方の対立を明らかにすることができるのであり、かつそれは難しいことではない。（中略）敵によって支配された地方あるいは指導権を簒奪された地方、堕落した分子が指導権を握った地方では、奪権闘争を行わなければならず、そうでなければ重大な誤りを犯すことになる」。

社会主義教育運動において、党中央は「前一〇条」、「後一〇条」(8) など一連の文書を発行した。薄一《はくいっ》波《ぱ》(※)は後に著書『若干重大決策与事件的回顧』のなかで、こうしたためた。「これらの文書が発行されたことで、運動における『左』傾の誤りを深化させた。そのなかで最も影響力が大きかったものが、『桃園の経験』と天津小站地区の『経験』であった(9)。「この指示と小站『経験』の発行は、当時既に盛んに行われていた奪権闘争をさらに勢いづかせ、建国初期の土地改革中における『搬石頭』〔石を運ぶ。ここでは幹部を不当に処分することを意味し、石は革命の邪魔となる人間を指す〕の過ち、即ち多くの基層幹部が不当に処分されるという過ちを繰り返した」。

5 「四清《スーチン》」奪権の根源

この小站地区での大災禍は陳伯達個人が作り上げたものである。陳伯達は当時党中央政治局候補委員に

(8) 一九六三年九月、中共中央は社会主義教育運動の試験的実施情況に基づいて、「農村社会主義教育運動におけるいくつかの具体的政策規定（草案）」を制定した。この草案が「後一〇条」と呼ばれている。「後一〇条」は「階級闘争を要とする」ことを強調する一方で、社会主義教育運動において実行すべき明確な方針、政策などについて規定している。

(9) 薄一波『若干重大決策与事件的回顧』下巻、北京、中共党史出版社、二〇〇八年、七八八頁。

過ぎず、第一線の要職についた経験はなかった。なぜ彼は北京で悠々と仕事をしていることができるにも関わらず、そうはせず、労を厭わずに何度も天津へ足を運んだのだろうか。張鳳琴、姜徳玉、張玉倉は全て農村の基層幹部であり、陳伯達とは何の関係も無かった者達である。陳伯達はなぜ彼らを捕らえ、強引に三つの「反革命集団」に仕立て上げたのか。当時の天津市委員会の関係する指導者達はなぜ心を尽くし、力を尽くして陳伯達の指示を実行したのか。数百の工作隊員はなぜ命令を確固たる信念を持って徹底して実行し、ただの一人も異議を唱えなかったのだろうか。こうした疑問が人々を深く考えさせる。

　このような大災禍の発生は、当時の政治的、社会的背景と切り離して考えることはできず、また特に、毛沢東の階級闘争に関する新しい考えと非常に深く結びついている。五〇年代末から六〇年代初めにかけての一連の重大事件を経るにつれて、毛沢東の社会主義の発展法則に関する認識は、反右派闘争[*]や大躍進運動以来の、重大な思想上の転換と突破を行うに至った。

　第一に、毛沢東の関心領域が経済から文化へ、建設から政権へ、経済発展の統計データから国家及び社会発展の根本的方向へと変化した。この変化故に、大躍進運動や人民公社運動と四清《スーチン》運動とのあいだには大きな違いが見られるのである。前者は、数量のうえで英国を超え、アメリカに迫ることや、時間と競争し、速度を競い、「共産主義へ駆け込む」[51]ことを目的とし、「政治主導」ではあっても、単純な経済建設に主な重点を置いていた。それに対して、後者は、重大な是非の問題である方向性の問題においてソ連やユーゴスラビアの修正主義[*]の道に陥らないようにすることを目的としていた。

　第二に、主要な闘争対象が党外から党内へと移ったことが挙げられる。解放初期においては、毛沢東は打倒された旧搾取階級の復活の企みについて何度も提起し、彼らがいつでも国民党や米帝と結託して中国大陸に攻めて来る可能性があることを指摘していた。当時、プロレタリア階級が奪取したばかりの政権が直面する危機は、主に、打倒された反動派や旧搾取階級の武力による政権転覆や帝国主義からの軍事干渉とされた。一九五七年の反右派闘争はまさにこうした雰囲気の下で展開された。六〇年代に入ると、旧搾取階級そのものの政治的影響力や経済的影響力は非常に弱いものとなっていたが、毛沢東は共産党内に彼らの利益の代弁人がいることに気づいた。その代弁人たちは、資本主義の導入に夢中であり、旧搾取階級と手を組み協力する準備をしている共産党幹部であった。そしてとうとう、毛沢東は党内にブルジョア階級が現れたと確信し、彼らは社会主義体制内の異化要素であり、社会主義革命の対象だとした。こうして、四清《スーチン》運動の内容は次第に経済から政治や文化へと移っていき、闘争の矛先も旧搾取階級から党内の「労働者の血を吸うブルジョア階級分子」へ、そしてとうとう最後には「資本主義の道を歩む実権派〔＊〕」へ直接向けられることになった。

第三に、五〇年代と比較し、六〇年代後半に入ると毛沢東は社会主義から共産主義への「和平長入」〔平和的移行〕の前途に対して非常に楽観的ではないという見通しを持つようになった。「共産主義へ駆け込む」といわれた大躍進においては、彼は社会主義の前途に対して急進的であり、また楽観的であった。しかし反修正主義闘争の時期になると、社会主義の未来に対して、非常に危険な挑戦であり不確定なものだとという感覚に満たされるようになった。毛沢東は自らが主張した「九評[52]」において、フルシチョフによる「二〇年で共産主義を打ち立てる」という似非共産主義の受け入れを批判した後、こう述べている。「政治思想の領域において、社会主義と資本主義のどちらが勝利しどちらが敗北するかという闘争は、非常に長い時間をかけて初めて解決することである。数十年では不可能であり、一〇〇年から数百年の時間をかけてやっと解決するだろう。時間のことを言えば、短い時間で準備するよりは長い時間をかけて準備

---

(10)『人民日報』編集部及び『紅旗』雑誌編集部「関於赫魯暁夫的假共産主義及其在世界歴史上的教訓」(「フルシチョフの似非共産主義及びその世界歴史上における教訓」)『人民日報』、一九六四年七月一四日付。

をする方がよく、また、仕事上のことを言えば、容易だと考えるよりも困難だと考えた方がよい」。さらに、毛沢東は次のようにも書いている。「プロレタリア階級は政権を取ることもできるが、失うこともできる」。「一代や二代の者達で解決する問題ではない」[10]。

一九六二年の中共八期一〇中全会が「絶対に階級闘争を忘れてはならない」を発表した後、毛沢東は「反修防修」〔修正主義に反対し、修正主義を防止する〕のため、また「和平演変」〔社会主義の平和的転覆〕を防ぐために、全国の都市や農村において社会主義教育運動を発動し、大規模な階級闘争を展開することを決定した。この会議の後、毛沢東は何度も視察に出かけ、幾度となく会議上で講話を行い、また党の内部文書にコメント〔批示〕を書いたが、そのいずれにおいても階級闘争について論じている。毛沢東は杭州での会議において行った四度の講話全てで階級闘争について触れている。彼は、中国社会に深刻な階級闘争が現れており、実際に地方によっては人民公社や生産隊[*]における指導権は既に地主富農分子の手に落ち、その他の機関でも一部では地主富農分子の代理人がいると考えていた。そして、「階級闘争、一抓就霊」〔階級闘争、行えばすぐに効果が出る〕と呼びかけた。一九六三年五月九日、毛沢東は浙江《せっこう》省の七つの資料に対する指示のなかで、階級闘争、生産闘争、科学的試験を行わなければ、マルクス・レーニン主義の党が修正主義の党へと変貌し、中国全体の色が変わってしまうのに長い時間を必要としないだろうとの考えを明確に示した。

一九六四年六月八日、毛沢東は中共中央工作会議上で修正主義を防ぐ問題について言及した際に、現在世界には二種類の共産党が存在すると発言した。一つは真の共産党であり、もう一つは偽の共産党である。そこで、劉少奇が口を挿んで次のように言った。ソ連における今回の修正主義の出現と一〇月革命、このどちらも偉大な国際的意義がある。我々は考えなくてはならない。我々が将来修正主義を出現させるのか出現させないのか。もし注意を怠れば、きっと出現させてしまう。すると毛沢東は言った。既に出現している！　白銀工場[53]と同じように、陳伯達が調査した小站公社では既に出現しているのではないか。周恩来と彭真《ほう・しん》は敵に掌握されてしまった少なくない基層政権の情況を説明した。毛沢東は続けた。私が考えるに、我々の国家は三分の一の権力が我々の手中には無く、敵の手にある。劉少奇が言った。現在党の基層組織で起きている問題は、調査されてはいないが、実際にはまさに党の上層部にあるのだ。撫寧県の農民が言っているではないか。下にのみ根子〔運動の骨幹分子〕があるのではなく、上にも問題の根子があるのだ。「朝里有人好作官」〔親しい者が権力を握っていれば、自分も重用される〕である。この言葉は私の注意を引くものである。[11]

こうして、小站地区の問題が中共中央工作会議上において、全国で修正主義が出現したことを示す典型的事例とされてしまったのである。一体なぜだろうか。毛沢東が触れた白銀工場は甘粛《かんしゅく》省の全民所有制の大型聯合企業であり、小站地区の例と並んで、「奪権闘争」のもう一つの「モデル」である。党中央は正式に党内部文書の発表を指示し〔批発〕、以下のようにはっきりと指摘した。このような建設されたばかりの社会主義全民所有制の大型聯合企業は、「時間を経ずに、すぐに地主・ブルジョア階級に企業の指導権を簒奪されてしまい、彼らが統治する独立王国になってしまった。このような深刻な事件について、皆が深く考えるべきである」。

当時の三分の一の政権が我々の手には無いという推測については、実際には一九六一年一月に開かれた中共八期九中全会において毛沢東が講話のなかで既に提起していた。毛はその時点では、我々の党内には地主階級やブルジョア階級を代表する者がいる、各地の二〇パーセントは腐敗しており、指導権は敵の手中に落ちて、県・社・隊のおおよそ全てが反革命と関係していると発言していた。社会主義教育運動の開

(11) 中共中央文献研究室編『毛沢東伝　一九四九～一九七六』北京、中央文献出版社、二〇〇三年、一三四五頁。

始以後、毛沢東のこのような認識は発展し、三分の一の政権は我々の手には無いと明確に指摘するに至り、こうした毛沢東の考えが社会主義教育運動における「左」傾の発展に大きな影響を及ぼした。中央や省、地区、県の党委員会、各中等都市の市委員会は多くの幹部を各地へ派遣して、社会主義教育運動に参加させた。

階級闘争を「毎年、毎月、毎日展開せよ」[54]という理論の下、党の修正主義への転向、国家の「変色」が現実の危機として誤って認識された。「階級闘争、一抓就霊」（階級闘争、行えばすぐに効果が出る）が一気に大波を形成して、止めることのできない勢いとなり、運動が進めば進むほどに偏ったものとなっていった。多くの基層幹部が打撃を受け、広範囲の幹部や民衆を緊迫した情況へ陥れた。一九六六年に発動された文化大革命の理論と実践はこうして準備されていったのであり、「小站経験」はこのような背景と政治的空気の下で生まれたのであった。

6　恐ろしい「寧左勿右《ねいさぶつゆう》」[55]思想

陳伯達による小站地区での「反革命集団」に関するでっちあげ工作が、何の障害も無く成し遂げられてしまった原因。それは、彼の特別な身分にある。彼は党中央の指導者というだけでなく、毛沢東の身辺で仕事をし、党内の特別秀でた「大秀才」[56]であった。彼が小站で「蹲点《トウンディエン》」を行っただけで、それをもとに毛沢東は発言し、さらに小站問題を提起した。陳伯達の「指示」は「一言九鼎《いちげんきゅうてい》」[57]以上のものである。どうして無視できようか。もちろん、彼の指示とはいえ一〇〇パーセント、全てそのまま実行されたというわけではない。一九六四年、彼が天津の鋼工場を調査した際、工場における食糧の生産責任制の実行について、その方法を提案したが、天津市委員会第一書記の万暁塘が反対した。万暁塘は陳伯達の提案した方法は実際の情況から乖離しており、実行できないと考えたのだ。しかし、社会主義教育運動の展開、修正主義への転向の阻止、国の「変色」といった重大な是非の問題に関して、誰が「ノー」と言えるだろうか。誰が敢えて「ノー」と言うだろうか。

元南郊区委員会書記の劉晋峰《りゅう・しんほう》(12)、南郊区委員会宣伝部部長の陳喜栄、農村工作部部長の于蔭田《う・いんでん》などは農村での長期に渡る仕事を通して張鳳琴らを知っていたため、彼らだけは陳伯達と違った考えを持っていた。そしてそのために、陳伯達によって「反革命集団」の上級の後ろ盾に仕立て上げられてしまった。陳伯達は中央へ手紙を出し、党中央はそれを各機関へ転送した。そのなかには、三つの反革命集団の人物関係図が報告されており、既に劉晋峰らの名は全て集団の上部にいる「根子」〔運動の骨幹分子〕として挙げられていた。当時、天津市には四つの郊区しかなく、劉晋峰は南郊区委員会書記のなかで最も有力な一人であった。劉晋峰は抗日戦争の最中、最も困難な時期であった一九四〇年、当時数え年で一五歳であったが、共産党に入党し、津南県で長く公安工作に携わり、津南県公安局長を務め、天津解放を迎えるために重要な貢献をした。彼は一九五三年から南郊区委員会書記を任され、勤勉に働き、立派な業績を収めた。こうした彼の功績にも関わらず、陳伯達が市委員会に対して南郊区委員会の改組を行うよう指示すれば、当時の情勢のなかで誰が命令に逆らうことができただろうか。陳伯達は、王亢之に南郊区委員会書記を兼任させるよう提案したが、王亢之はそれに同意せず、結局天津市委員会が別の者を派遣した。

(12) 劉晋峰。河北省蠡《れい》県の出身。一九四〇年に中国共産党に入党する。津南県公安局局長を務める。建国後は、中共天津市南郊区委員会書記、南郊区区長、中共天津市河西区委員会書記処書記、天津市委員会農村工作委員会書記、天津市農業委員会主任、天津市副市長、中共天津市委員会副書記、紀律検査委員会書記、天津市第八期政治協商会議主席などを歴任。

陳伯達が小站地区の三つの「反革命集団」をでっち上げたのは、毛沢東の「三分の一の政権が我々の手中にはない」という指摘が正しいと証明するためであったことは明らかである。陳伯達は党中央において行政に実際に携わったことはなく、調査研究を行っていただけであり、至る所で「とるに足らぬ老百姓〔小小老百姓〕」を自任していた。一九五七年後半には早くも、彼は天津市委員会庁舎の一階にやってきて、天津市委員会書記の黄火青《こう・かせい》(13)を伴って各弁公室を見てまわったことがあった。弁公室にいた私と同僚の王《おう・》左《さ》は陳伯達と握手することができ、身に余る光栄に驚き喜んだ。そして、今回、彼は小站地区で、今までのように調査研究や発言を行うだけでなく、とうとう実際の行動を起こしたのである。「とるに足らぬ老百姓」は命令を下し、自らの手で三つの「反革命集団」を捕らえることで毛主席に対して手柄をたてようとしたのである。陳伯達の社会主義教育運動での積極的な働きや、さらに「小站経験」で果たした様々な行為は、実際には、一九六六年彼が「中央文化革命小組(58)」〔以下、中央文革小組とする〕組長という要職を獲得するための下地となったのである。

陳伯達が小站地区で「反革命集団」をでっち上げるのに何の障害も無かった、その根本的な原因は、党内に根深く存在する「寧左勿右」〔左に偏り過ぎる分には構わないが、右に偏ってはならない〕の思想である。言うまでもなく、民主革命の時期、我々の党は三度の「左」傾、二度の「右」傾(59)の重大な過ちを犯したことがあり、建国以後も粛正や幹部の審査など人の処分等に関する処理において「寧左勿右」の誤った傾向があった。このことは、不当な処分を受けた多くの人々の名誉が一一期三中全会(60)において回復されたことで証明された。

私個人としてはこうした事実に胸をしめつけられる。私は一九五五年一月に区委員会から天津市委員会弁公庁へ異動となった。七月にいわゆる「馮楊《ふうよう》事件」があり、「馮楊」を批判する天津市委員会拡大会議の記録作業に参加した。「馮楊事件」とは、元天津市委員会常務委員の馮文彬《ふう・ぶんぴん》と天津市委員会常務委員の楊英《ようえい》による「反党分派活動」を指す。この「事件」は一一期三中全会後に完全に名誉回復がなされている。後年、私は楊英の告別式に参加したが、そこで彼の一生について聞く機会があった。私は聞きながら非常に痛切な思いだったのだが、それは、彼が一九三二年という早い時期から革命に身を投じたからではなく、また彼が天津での党の地下活動の指導者であったからということでもなく、次のような一節があったからだった。「一九五五年七月、いわゆる『馮楊事件』によって楊英は誤って処分され、八級から一三級へと降職となり、その後は双林《そうりん》農場副場長、後に場長を務めた」。天津における党の地下活動の責任者であり、八級の高級幹部がいとも簡単に不当に処分され、一九七九年七月になってようやく名誉回復されたのである。もちろん、私はこの事実を既に知っていた。しかし改めてその事実を聞かされた時、私は鼓動が早くなり、そして深く考えさせられた。高級幹部でさえこのような情況であったのだから、一般の幹部がどうであったかは言うまでもない。

一九五七年からの反右派闘争以後、我々党は「左」傾思想に支配され、二〇年ものあいだ、損害を被った。「左」は革命の色彩を帯びており、政治的レッテルを貼ることで人々を脅かす。「左」であればあるほど革命的であるように捉えられ、誰も異なる考えを口にすることができない。もとより陳伯達は毛沢東の意図を覗き見て、冤罪をでっち上げたのであるが、地方の党委員会や大多数の指導者達も陳伯達の意図に沿って行動し、妄信盲従し、自らの部下のために弁解せず、陳伯達によるありもしない話と批判を真に受けたのである。なぜこのような思想傾向と悲惨な事態が起きたのか。社会学の視点、社会・文化的な視点

---

(13) 黄火青（一九〇一～一九九年）。湖北省棗陽《こほくそうよう》の出身。一九二六年に中国共産主義青年団に入団、同年八月に中国共産党党員となる。中華人民共和国成立後、中共天津市委員会副書記兼工作委員会主席、中共天津市委員会第一書記、天津市市長を務める。

から考えてみることができるだろうか。

毛沢東はかつて新民主主義の政治・経済・文化を打ち立てるという賢明な論断を下した。しかし、建国以後、新民主主義の制度は確立・整備されず、社会主義から共産主義への移行が性急に求められた。長いあいだ存在してきた小農〔小規模農業を営む貧しい農民〕的な愚昧《ぐまい》〔中国共産党からみて守旧的〕な文化はそのまま残っていた。この小農的な愚昧な文化は政治のうえでの盲従となって現れ、またそれは残酷な闘争や排他的態度となって現れた。人々の潜在意識のなかには、組織があっちだといえばあっちを攻撃するという盲目で過激な衝動が存在し、自分で冷静かつ理性的に思考することがほとんどできない。階級闘争を行うために、また「反修防修」のために、各級幹部は次々と社会主義教育運動に加わり、色眼鏡をかけて「敵」を探し出し、奪権闘争を展開した。政治運動は多くの人々を傷付け、「左」傾思想を多いに盛り上げた。九〇歳になった元天津市委員会第二書記の趙武成《ちょう・ぶせい》(14)は、詩で自らの体験を記した際、「政治運動に休息なし」と表現した。

一九六二年以来、特に社会主義教育運動が始まると、毛沢東と党中央は階級闘争に関する指示を党内の隅々にまで伝達させ、階級闘争はますます緊迫したものとなっていった。劉少奇の講話が伝達されたのを覚えている。「現在、我々はプロレタリア独裁の下に階級闘争を行っており、階級闘争は至る所に存在している。過去一五年、何度も繰り返された運動のなかで、階級の敵は我々との闘争の方式を既に変えている。現在、敵は合法的なやり方で我々と闘争している〔後略〕」。劉少奇はさらに強調して、各級の担当責任者は自ら蹲点《トゥンディエン》を行い、始めから終わりまで「四清《スーチン》」の全過程に参加しなくてはならないと言い、もし幹部が直接体験することを怠れば指導的な仕事はできないとした。省委員会書記は務まらないし、地区委員会書記も県委員会書記も務まらない、中央の部長も恐らく務まらないだろうし、中央の委員も恐らく務まらないだろうと言いきった。劉少奇のこの講話は非常に痛烈に耳に届いた。この言葉によって、多くの領導幹部が率先して蹲点《トウンディエン》へ向かい、「四清」に参加したのである。

「左」傾思想に支配された社会のどこに「実事求是《じつじきゅうぜ》〔*〕」があっただろうか。まず、問題ありと決めつけ、証拠を後から示す。既に述べたように、周揚が西右営村で蹲点《トウンディエン》を行い、その後に陳伯達が短時間だけ村に滞在し、張鳳琴の家の窓が二重ガラスであることを見つけ、すぐに彼女は問題ありと決めつけた。最初に問題があると決めてしまい、その後に証拠探しのために調査をする。調査は一方的で偏った立場からの資料集めであり、そして原則的政治路線の問題に格上げする〔上綱上線〕のだ。

例えば、張鳳琴の問題を実証するために、張鳳琴の結婚の時のことを証拠として持ち出した。「オーバーをはおり、革靴を履き、赤い繻子の帯を締め、一尺あまりも垂らしていた」とある者が証言し、党中央への報告書「三名の反革命親玉に関する年代記[62]」のなかでは、このことが重要証拠として書かれている。実際は、張鳳琴が結婚して西右営村へやってきた時、実家から見送りはなく、後から中古のオーバー一着と中古の革靴一足を買って送ってよこしただけであった。「赤い繻子の帯」など全くのありもしない話であった。また例えば、一九六二年に国民党が中国大陸を攻撃しようとした時、張鳳琴は消極的で、「仮病を使って働かず」、実際には避妊手術を受けに行っていたという報告があった。さらには、一人の元地主の証言を基に、張鳳琴は「両頭吃」〔二つの飯を食う〕であり、「一頭吃共産党、一頭吃国民党」〔一方で共産党の飯を食い、また一方で国民党の飯を食っている〕と断罪した。このように「反革命詐欺政権」の証拠は捏

---

(14) 趙武成。山西《さんせい》省昔陽《せきよう》県の出身。一九三七年に中国共産党に入党する。建国後、中共鄭州市委員会書記、中共中央中南局統一戦線工作部副部長、中共広東省委員会書記処書記、広州市委員会第二書記、第一書記代理、河北省委員会書記処書記、天津市委員会第二書記、国家建設委員会副主任を歴任する。また中共第七回、一〇回、一二回代表大会代表、中共第一一期中央候補委員、中共中央顧問委員会委員なども務めた。

造された。張鳳琴が一体どのように「吃国民党」というのだろうか。元地主の話は、拷問によって無理に自供させられたものだった。

「左」傾思想は、多くの幹部を迫害しただけでなく、農民の労働に対する積極性も奪った。「四清」以前、小站地区の各社、隊は「三包一奨四固定[63]」責任制を実施しており、労働に応じた分配の原則が比較的うまく実施されており、民衆の積極性を有効に引き出すことができていた。「四清」では、こうしたやり方は「物質的刺激」、「労働点数優先」だとして資本主義的傾向と批判され、廃止されてしまった。「四清」以後、「大寨《だいさい》労働点数制」が実施された。三ヶ月に一度あるいは一年に一度評価が行われるが、評価の際に強調されるのは政治的態度であった。そのため、実際の労働は、やってもやらなくても、多くやっても少なくやっても、真面目にやっても適当にやっても同じであるといった風潮が広がり、農民の労働に対する積極性が酷く損なわれることになってしまった。民衆は言った。「大寨点数」とは「大概点数（おおよその点数）」であり（中国語では、発音がやや似ている）、口が達者であるものが多くの労働点数を得る制度だ。

「左」傾思想は小站地区で行われていた様々な商売も破壊した。一九六二年以後、小站地区では養豚や養鶏、養魚、養兎などの「一〇大養」を主要な産業とする多種経営が発展していた。一万人余りが個人経営に従事しており、こうした経済活動は農村経済の活性化や生活情況の改善に寄与してきた。しかし、四清運動中、これらの経済活動は「資本主義のしっぽ」とされ、「一〇大養」は禁止された。個人の保有地は回収され、個人での商売も取り締まられた。さらに、小站地区の人々が営んでいた藁縄やアンペラ[64]、簀などを編む副業についても、ブルジョア階級の思想によって支配された非合法の経済活動だと見なされた。民衆のあらゆる個人的経済活動は、「原則的政治路線の問題に格上げ」されることによって、投機的取引や資本主義活動の復活と見なされたのである。あらゆる人々が説明や釈明を強いられ、各戸の収入を調査し、罪の軽いものは検査を行い、重い者は財産の返還を強要され、先頭切って裕福になった何人かの幹部や住民は批判闘争にかけられた。農村で始まったばかりの多様な経営は破壊され、人民公社社員の収入源は減少した。こうした経済活動の破壊が、四清運動の後期における「清経済」（経済の整理整頓）のなかで行われた。小站地区北閘口公社によれば、一九六四年の経済状況を一九六三年と比較すると、副業収入は四四・四％減少、畜産業収入が四六・四％減少、その他の収入が一八・六％減少した。

ある流行歌の歌詞に次のようなフレーズがあった。「私は役者。私が話すことは全て他人の言葉」。私はこの曲を聴いた時、何ともいえない感情がわき起こり、心のなかでつぶやいた。「私は物書き。私が書くことは全て他人の考え」。当時、私が作成していた「小站報告」がまさにそうである。

私は、本書の執筆を構想した際、「四清」という大きな災禍の過程やその原因・結果だけでなく、「四清」工作隊に参加した非常に多くの人々のことに思いを馳せた。当時小站鎮村で活動する工作隊には一五〇人（全鎮の人口は一万一〇〇〇人）、西右営村で活動する工作隊には二六人（全村の人口は一一〇〇人）、坨子地村で活動する工作隊には二五人（全村の人口は四九〇人）が参加していた。工作隊の人数は、それぞれ各地の人口の一・五％、二・五％、五％（訓練に参加した学生は加算していない）にあたる。私は工作隊の多くの人々を、特に指導者達を比較的良く知っている。例えば、方紀は「一二・九」運動[65]時代に北京大学で革命に参加した老同志であり、「老延安[66]」でもあり、また才能溢れる作家であり、私は彼に非常に敬服していた。しかし、歴史とは何と不可思議なものだろう。当時、誰が二年後に「文化大革命」という奪権闘争の嵐が吹き荒れることを予測できただろうか。多くの指導者達が張鳳琴や姜徳玉、張玉倉と同じような目に遭うことになり、方紀もまた迫害を受け障害を負った。

また、天津市委員会書記処書記であった王亢之も「一二・九」運動時代に革命に参加した老同志である。彼は一九五六年から市委員会書記処書記を務め、イデオロギーや、文化・教育方面の工作に携わった。陳伯達が何度も天津を訪問した際には、王亢之は立場上、陳伯達と連絡を取ることが頻繁にあった。王亢之にとっては当然、この党内の「理論的権威」は崇敬する存在であった。歴史の偶然によって、彼は「四清」において小站地区で蹲点《トゥンディエン》を行うことになった。実事求是の精神に則っていえば、王亢之は陳伯達の「指示」を非常に忠実に実行した。また同様に実事求是の精神に則っていえば、彼は決して「左」の人ではなかった。彼は幹部を気にかけ、保護し、人を苦しめることをせず、友情を大切にする人であったことは皆が認めるところである。王亢之は公明正大であるがゆえに、「文革」初期の一九六八年三月一日、迫害が原因で死に至った。

党内で政治闘争が行われている間は、ほとんど全ての人が相反する二つの立場のあいだを揺れ動く。ある引退した老同志がかつて私にひそかに語った。「私は革命に数十年参加した。ある時は人を打倒し、またある時は人から打倒され、そんなことの繰り返しであった」。この時代の複雑な政治闘争は、自分自身が実際に経験した者でなければ理解することは難しい。

四清運動が発展するに従って、毛沢東と劉少奇とのあいだには運動の性質や進め方などの問題で食い違いが生じ、ついには毛沢東が劉少奇を公然と批判するに至った。運動の重点的対象は党内の資本主義の道を歩む実権派へと移っていき、運動の方向性が変化したことによって四清運動は自ずと継続不可能となった。そして間もなく、全国を席巻する「文化大革命」にとって代わられるのである。

第三章　殺気立つ華北局工作会議

1　最も特別な会議の、最も奇異なこと

四〇年前に勃発した歴史上前例のない「文化大革命」は、党内で起きた運動ではなく、「全国初のマルクス・レーニン主義の大字報〔67〕」によって始まった、民衆による運動である。多くの人がこう考えているかもしれない。一九六六年五月二五日、北京大学の聶元梓《じょう・げんし》〔※〕ら七名は学内に大字報を貼り出し、中共北京市委員会大学工作部と北京大学党委員会の主要な指導者達、宋碩《そう・せき》、陸平《りく・へい》、彭珮雲《ほう・はいうん》を攻撃した。六月一日、毛沢東は中央人民広播電台〔中国の国営放送局〕で全国に向けてこの大字報を全て読み上げることを決定し、下から上への、各級指導者を攻撃する民衆運動に火がついた。毛沢東は「全国初のマルクス・レーニン主義の大字報」を褒め讃え、これによって文化大革命という民衆運動が始まった。一般にはこのように考えられているのだ。

　では、党内の「文革」は一体いつから始まったのか。私が言っているのは、まさしく党内の「文革」である。それは一九六六年五月、北京市で開催された中共中央華北局工作会議から始まったと言って良い。

　建国以前、解放区では次のような民謡が歌われていた。「国民党は税が多い、共産党は会議が多い」。確かに、私は中国解放のための革命に参加してから一体どれだけの会議に参加したかわからない。しかし、そ

のなかでもこの会議は非常に特殊なものであった。

李雪峰
（一九九〇年代に撮影）

　中共中央華北局工作会議は五月二二日から七月二三日まで開催された。先にも後にも例の無いほど、非常に長い時間をかけた会議であった。会議には北京市委員会、河北省委員会、山西省委員会、内モンゴル自治区党委員会などの責任者、及び地区委員会、市委員会書記、盟[68]委員会書記、一部の県委員会、旗委員会、区委員会書記などが参加した。天津市からこの会議に参加したのは五三名で、そのなかに幹部が多く含まれることも前例に無いことであった。天津市委員会一七名の常務委員のうち、長期間病を患っている者と、留守を預かり業務をこなすことになった馬瑞華《ば・ずいか》[15]を除いて、全ての者が会議に参加した。大部分の部・委員会、区委員会、局の主要幹部、また、少数ではあるが等級[*]の比較的低い若い幹部達も会議に参加した。私は天津市委員会弁公庁に長く勤務し、会議に関する業務担当として多くの会議に参加していたが、今回の会議においては、後者ではあるけれども正式に出席することになった。まるで当時の天津市委員会常務委員会が丸ごと北京に場所を移したようであった。

　また、この会議は開催の方式も非常に特別であった。会議は華北局が統一して取り仕切り、参加者は地区ごとに分かれて活動した。天津から会議に参加した者は、華北局が用意した東方飯店に滞在した。非常に多くの時間を滞在場所での小組会議や大組会議などに費やし、さらに河北省が開催する地区全体会議にも参加した。二ヶ月余りの会議期間中、華北局工作会議の全体会議は二、三回しか開かれず、そこでは華北局第一書記の李雪峰《り・せつほう》[16]が党中央からの指示の主旨を伝えた。会議は主に簡報〔各地区が議論の様子や内容など、活動について伝えるために発行する通信〕のやりとりによる進行に頼っていた。簡報には統一の号数が記されており、また各地区の簡報ごとの号数も記されていた。毎日、様々な簡報が雪片のごとく舞っていた。

これらは会議事務の技術的な問題に過ぎないが、最も奇異であったことと言えば、この会議の名称は「工作会議」であるにも関わらず、「工作」〔仕事、業務〕について全く議論されず、各地区の指導者に対する公然とした批判〔掲発批判〕ばかりが行われたということだ。

華北局が党中央に代わって管轄するのは三省〔自治区〕一市、つまり河北省、山西省、内モンゴル自治区及び北京市である。当時天津市はまだ河北省管轄の省轄市であった。北京市委員会は毛沢東に名指しされ、「針を刺す隙も、水を漏らす隙もない」[69]独立王国と批判された。そして、党中央によって改組され、新たに李雪峰が北京市委員会第一書記に就いた。河北省委員会第一書記の林鉄《りん・てつ》、内モンゴル自治区党委員会第一書記のウランフ〔烏蘭夫〕もそれぞれ公然とした批判を受け、また、山西省委員会書記処書記の衛恒《えい・こう》、王謙《おう・けん》、王大任《おう・だいにん》、及び同省太原《たいげん》市委員会第一書記の袁振《えん・しん》なども皆公然とした批判を受けた。天津市委員会書記処書記兼市長の胡昭衡《こ・しょうこう》や市委員会常務委員兼宣伝部部長の白樺《はく・か》は地区会議上で公然とした批判に遭った。さらに、林鉄、ウランフに対する批判はほかの領導幹部を巻き込むことになり、河北省委員会書記処書記の裴仰先《はい・ぎょうせん》や河北省副省長の胡開明《こ・かいめい》なども批判された。華北局書記処書記の李立三《り・りつさん》[17]も会議上で批判を受けた。

---

(15) 馬瑞華。河南《かなん》省清豊《せいほう》県の出身。一九三八年に中国共産党に入党する。建国後、中共天津市六区区委員会書記、天津市委員会組織部副部長、同部長、中共天津市委員会常務委員、河南省第五・六期人民代表大会常務委員会副主任を歴任。

(16) 李雪峰（一九〇七～二〇〇三年）。山西省永済《えいさい》県の出身。一九三三年一〇月に中国共産党に入党する。一九六〇年九月、中共中央華北局第一書記兼北京軍区党委員会第一書記、第一政治委員となる。一九六六年六月、北京市委員会第一書記を兼任する。一九六七年一月から四月まで、天津市で仕事をする。一九六八年二月から一九七〇年一二月まで河北省革命委員会主任、河北省軍区第一政治委員を務める。

前門飯店で開かれた全体大会では、李雪峰が長い講話を行った後、河北省の一人の書記が壇上で発言を始めた。彼は言った。私は今日、李立三同志に関する反党反社会主義反毛沢東思想の重大な問題を公然と指摘〔掲発〕しなければならない。

彼の発言は会議出席者を驚かせた。続けてこの書記は、李立三が河北省、天津市などで行った反党発言を「公然と指摘」し、さらにほかの人々が発言するよう「煽動」した。当時最前列に座っていた李立三はかんかんに怒り、団扇を扇ぎながら、舞台の後ろへと大股で歩いていったのを私は今も覚えている。六月四日、華北局弁公庁秘書処は李立三に対して書面でこう通知した。「中央弁公庁があなたの華北局書記処会議への参加を停止すると通知してきたと、雪峰同志が口頭で伝えてきた」。李立三は華北局からの通知を受け取った翌日から、李雪峰と華北局書記処へ何度も手紙を書き、面談を要求したが、会議が終わるまで誰からも何の反応も無く、無視され続けた。

現在においても、実際の情況をあまり理解していない人々は、「文革」は紅衛兵運動から始まり、造反派があちこちで「走資派」[*]をつかまえて公然と批判を行ったと思っている。映画などにおいても、一般的にこうした理解に基づいて文革が描かれていることが多い。しかし、これは大きな間違いである。私がこの特別な会議において明らかなかたちで目の当たりにしたように、「文革」は党上層部で始まったものであり、党内から党外へと広がったものである。紅衛兵や造反派がまだ組織されていない時に、批判闘争が党上層部で開始されたのである。友よ見えるかい、「黄河の流れは天から流れてくる」[70]、と李白《り・はく》[71]の詩にあるが、「文革という禍は天から流れてくる」のである！

思い返してみると、当時この会議に参加した時の私の心情は非常に複雑で、嬉しさと憂鬱さが半分ずつ占めていた。一九六二年、中共八期一〇中全会が「絶対に階級闘争を忘れてはならない」という文書を提出してから、各工作で「階級闘争を要とする」よう方向転換が行われ、続いて都市や農村で四清《スーチン》運動を展開することが全党の中心的工作となった。私は天津小站地区で四清に参加し、全国を汚染した「小站報告」の起草にも参加した。その後、天津市委員会四清弁公室に異動となって、都市の四清を担当したが、市委員会の主要幹部から特別重視されるようになっていた。当時の天津市委員会第一書記の万暁塘と第二書記の趙武成は、華北局や河北省委員会の会議で四清の問題に話が及ぶ際はほとんど私を同行させた。趙武成は自ら都市での四清をしっかり行うよう直接指導し、会議での講話原稿の起草や工作の手配などは、全て私を中心として実施させた。こうした経緯から、私はこの重要な会議に正式に出席できることになったのであり、これは私にとって非常に驚くべきことであり喜ばしいことであったのである。

しかしまた一方で、一九六五年一一月一〇日に姚文元《よう・ぶんげん》〔※〕によって「新編歴史劇『海瑞《かいずい》の免官』を評す」[72]が発表され、さらに一九六六年五月一〇日には「『三家村』を評す」[73]が発表された。これは「文革」の重要なシグナルであった。論文には裏の意味があったのである。まさに「山雨欲来風満楼」[74]〔山雨来らんと欲して風楼に満つ〕といった様子で、大きな災禍を前に情勢は緊迫していた。天津市では早速『文匯報』に発表された論文をチェックし、イデオロギー工作を主管していた天津市委員会書記処書記の王亢之の秘書は、数年を遡って天津の新聞・雑誌で掲載された全ての記事をスクラップし、北京へ持っていった。

---

(17) 李立三（一八九九～一九六七年）。湖南《こなん》省醴陵《れいりょう》県の出身。一九一九年、フランスに渡り、働きながら勉学に励む。一九二一年に帰国し、中国共産党に入党する。一九二八年から一九三〇年まで、上海において中共中央の工作にあたり、中共中央常務委員兼秘書長、宣伝部部長などの職に就く。一九三〇年、「左」傾冒険主義の誤りを犯し、「立三路線」と称される。建国後、中央人民政府委員、政務院政務委員、労働部部長を歴任する。一九六〇年、中共中央華北局書記処書記に就任。一九六七年六月二二日、睡眠薬を服用し自殺。享年六八歳。一九八〇年、中共中央により正式に名誉回復がなされた。

私は五〇年代後期から六〇年代初期にかけていくつかの文章を新聞に発表していたため、非常に心配で気が気ではなかった。全ての文章でペンネームを使い分けていたが、スクラップ上では本名と所属する単《ダン》位《ウェイ》が記されており、問題があれば逃れることはできない。この会議では『燕山夜話』[75]と似たような文章が公然と批判されるのだろうか。私が発表した文章に問題はなかっただろうか。『海瑞の免官』に触れるような敏感な問題はなかっただろうか。私には全く判断がつかず、恐ろしかった。私はこのような恐れをも抱きながら、会議に参加したのである。

2 もう一つの会議と「五・一六」通知――「文化大革命」発動！

天津市から華北局工作会議に参加する人員は、一九六六年五月二一日午前に自動車で北京へ向かった。通常、このような場合はまず大会会務組に到着を報告し、さらに会議日程などに関する書類を受け取るのだが、この会議の際には事前の通達に従って、まず華北局が用意した滞在場所の東方飯店へ向かった。天津市から会議に参加する五三名は、三つの組に分けられ、全ての者が「中国共産党中央委員会通知」を一部ずつ受け取った。会議をいつ、どのように、どれだけの時間をかけて開くかといったことは、会議参加者達には知らされなかった。

また、華北局工作会議と同時にもう一つの、中国の進む方向を変える重要な会議が北京で開かれるということも、我々は全く知らされていなかった。五月四日から二六日、劉少奇主導の下で、党中央政治局が拡大会議を北京で開催したのである。この会議において、彭真、羅瑞卿《ら・ずいけい》、陸定一《りく・ていいつ》、楊尚昆《よう・しょうこん》[76]が徹底的に批判され、この四人が「反党分子」に仕立て上げられた。五月一六日、党中央の会議は、毛沢東による多くの修正が入った党中央の通知を通過させた。この通知が、我々が北京に到着して最初に受け取った書類

「中国共産党中央委員会通知」、通称「五・一六」通知である。私は自分の手に渡されたこの薄い書類が、その後一〇年にも渡って繰り広げられる「文化大革命」の発動を知らせるものだとは思いもよらなかった。

党中央政治局拡大会議の決定に基づいて、当時党中央書記処書記と華北局第一書記を兼務していた李雪峰が彭真に代わって北京市委員会第一書記も兼務することになった。李雪峰は党中央政治局拡大会議に参加し、同時に華北局工作会議の開催の責任者でもあった。そして、これは後になってわかったことであるが、華北局工作会議とは工作に関して議論する会議ではなく、中央に続いて彭真、羅瑞卿、陸定一、楊尚昆に対する批判を行い、さらに華北地区において省や市の指導者達を批判する会議であったのだ。

「五・一六」通知

大会が始まると、我々は各組に分かれ、書類に目を通した。「五・一六」通知の最初にはこうある。「一九六六年二月一二日に公布された「当面の学術討論に関する文化革命五人小組の報告要綱」（略称「二月提綱」）を破棄し、さらに「文化革命五人小組」及びその事務機関を廃止し、新たに文化革命小組を設け、政治局常務委員会の下におく」。この「通知」では、彭真が「毛沢東自らが指導し発動した文化革命」に反対していると名指しで批判されていた。さらに、「二月提綱」は「実際には彭真同志一人によるものであり、彭真同志が康生《こう・せい》（※）とその他の同志に背いて、自分の意見に基づいて作り上げたものだ」として、彭真を激しく非難している。

しかし、これは完全に事実と異なることが、後に明らかになっている。「二月提綱」を議論・作成した会議には五人小組のメンバーである康生、陸定一、周揚、呉冷西《ご・れいせい》〔※〕が揃って参加しており、さらに許立群《きょ・りつぐん》〔※〕、胡縄《こ・じょう》〔※〕、劉仁《りゅう・じん》〔※〕ら七名も出席していた。さらに、この提綱は劉少奇主催の党中央政治局での討議と同意を経ており、彭真、康生、陸定一、許立群が武漢《ぶかん》市〔湖北省の省都〕にわざわざでかけて行き、毛沢東にも報告をしている。それにも関わらず、彭真はほかの者に背いて、勝手に「二月提綱」を作り上げたと断定されてしまった。中共は実事求是を強く提唱している。しかし、歴史が証明しているように、党内の「左」傾闘争は実事求是とは最も遠いものだった。

私は大きく目を見開いて書類を読み、一字一句全てを理解しようとした。読んでいくと、次のように二段落にわたって太字で書かれていた。

> プロレタリア文化革命の大旗を高く掲げ、反党反社会主義のいわゆる『学術的権威』のブルジョア階級反動的態度を徹底的に暴き出して批判し、学術界、教育界、マスコミ、文芸界、出版界のブルジョア反動思想を徹底的に批判し、こうした文化領域における指導権を奪取しなければならない。また、これを行うために、党内・政府・軍隊と文化領域の各界に紛れ込んだブルジョア階級の代表人物を批判し、これらの者達を一掃し、あるいは一部の者達の職務を変えなくてはならない。とくに、この信用ならない者達は文化革命の仕事を指導している。過去あるいは現在において多くの者がこのような仕事に従事していることは、非常に危険である。
>
> 党内・政府・軍隊と文化領域の各界に紛れ込んだブルジョア階級の沢山の代表人物達は反革命的修正主義分子であり、ひとたび時期が熟せば彼らはただちに政権を奪取しようとし、プロレタリア独裁からブルジョア階級独裁へと変貌してしまうだろう。このような者達のなかには、既に我々に見破られた者もおり、まだ見破られていない者もいる。また、現在我々の信用を得て、我々の地位を引き継ごうとし

ている者もいる。例えばフルシチョフのような人物であり、彼らは要するに我々の身近に眠っているのであり、各級党委員会はこの点に十分に注意しなくてはならない(18)。

フルシチョフのような人物が我々の身近に眠っている！ なんと恐ろしいことだろう！ 李雪峰から、こうした重要な部分は毛沢東自らが書いたものだと伝えられた。二ヶ月余りの会議期間中、二、三度しか開かれなかった全体会議で、我々は主に李雪峰から党中央政治局拡大会議の主旨を聞いた。そして、伝えられた話のなかで私に最も強い印象を与えたのは、林彪《りん・ぴょう〔※〕》が五月一八日に行った講話であった。

林彪の「政変経」とも言われる「五・一八講話」の内容は、聞いた者達を驚愕させるものだった。「最近の多くの奇怪なこと、奇怪な現象に注意すべきである。反革命政変が起こり、殺人が行われ、政権が簒奪され、ブルジョアジーが復辟し、社会主義が打ち砕かれようとしている」、「毛主席の話は全て真理であり、その一言は我々の一万言を超えた意味を持つ」、「彼の話は全て我々の行動規則である。もし誰かが反対しようとするならば、全党、全国を挙げて闘うのである」。

林彪の講話を伝え聞くと、その場の雰囲気は急に張りつめたものとなった。李雪峰はほかの数名の常務委員の講話も伝達した。周恩来の講話が印象深かった。ブルジョアジーの復辟を防ぎ、修正主義分子を逐次取り除く、主席はそれを「剥ぎ取る」というが、つまり逐次排除していくのが、強固なプロレタリア階級独裁の重要なやり方である。例えば、高（崗）《こう・こう〔※〕》、饒（漱石）《じょう・そせき》を剥ぎ取り、彭（徳懐）《ほう・とくかい〔※〕》、黄（克誠）《こう・こくせい〔※〕》を剥ぎ取った。今回は彭（真）、羅（瑞卿）、陸（定一）、楊（尚昆）を剥ぎ取った。彼らは我々を剥ぎ取ろうとし、我々も彼らを剥ぎ取ろうとする……。

---

(18) 中共中央文献研究室編『毛沢東伝 一九四九～一九七六』北京、中央文献出版社、二〇〇三年、一四〇九頁。

そして、次の言葉が最も人の注意を引いた。現在我々の党内の指導的核心は主席、少奇同志、林彪同志及び小平同志の四人である。李雪峰は、この周恩来の言葉を我々に伝えた際、総理が話したこの点は非常に重要であると同志達に注意するよう特に指示した。

この周恩来の発言からわかるように、当時周恩来は毛沢東が書いた「フルシチョフのような人物」が誰を指しているのか、私達と同じように全く知らなかったのである。毛沢東が劉少奇を打倒しようなどと考えていることを一体誰が知っていただろう。様々な説がある。ある者は当時誰も知らなかったと言い、ある者は林彪、康生、陳伯達の三人だけが知っていたと言う。真相がどうであったか、これは更なる史実の解析を待たなければならないだろう。

会議秘書処が編集した大量の「華北局工作会議簡報」は、各組での討論の情況を伝えた。天津市の第一期の簡報には「皆が集中し、精力的に書類を閲読した。「五・一六」通知と「二月提綱」を繰り返し読み、心を震わせ、そして同時に深い反省に心を沈ませた。ある同志は、思想的に劣悪な劇や映画を観たということを、ほかの者が自分を批判せず、上級の者も非難しなかったら、自分ではその問題に気付くことができなかったと自ら反省した（後略）」。

まるで思想の点検を行って皆の思想認識を高めあっているようであるが、実際にはそうではなかった。党内で地区の指導者を公然と批判する〔掲発批判〕闘争がすぐに開始され、以後一〇年間続く政治的「大風暴」の前ぶれとなったのである。

3　風波を起こす『老生常談』

華北局工作会議が始まると、天津市からの参加者達は各組に分かれて学習討論を行い、思想認識について話し合い、問題を公然と指摘した〔掲発〕。とは言え、まず「二月提綱」を批判するということ以外、会議の方向性については多くの人が何もわかっていなかった。そのため、むやみやたらな議論が行われた。ある人は、国家教育部の一人の局長が一九六二年に天津にやって来て、かつての南開の伝統を復活させ〔南開中学の復活を指す〕(77)、一九五八年の教育改革による伝統を全て否定したと公然と指摘した。またある人は、天津文芸界では反動的な独裁が行われており、例えば『日出』、『雷雨』(78)、『釵頭鳳《さいとうほう》』(79)、『フィガロの結婚』(80)、『主人二人の召使い』(81)、『椿姫』(82)などを上演したと言った。

当時、私は第二小組で学習討論に参加していたが、突然通知があり、天津市委員会常務委員会が開かれるため記録係として来るように命じられた。私は五〇年代からずっと天津市委員会常務委員会の会議で記録係を担ってきたが、この時は会議室に入るなりただならぬ緊張感を感じ取った。その会議には河北省委員会書記処書記の李頡伯《り・けっぱく》も出席しており、また驚くべきことに、胡昭衡(19)のエッセイ集『老生常談』に対する批判が始まったのである。党内の政治闘争の矛先はまず知識分子(83)へと向けられる。これはほとんど法則と言ってよいものである。天津小組〔天津市関係者からなる組及びその会議〕で文才豊かな胡昭衡《こ・しょうこう》が批判対象となっていた時、山西小組〔山西省関係者からなる組及びその会議〕では著名な作家の趙樹理《ちょう・じゅり》や李東為《り・そくい》がいわゆる「三反」に背く行為をしたとして批判されていた。趙樹理には「ブルジョア階級学術権威」、「反革命修正主義分子」、「反党反社会主義の反動作家」、「叛徒」などの「罪名」が強制的に着せられた。李東

---

(19) 胡昭衡（一九一五〜九九年）。河南省滎陽《けいよう》の出身。北京大学で学ぶ。一九三六年に中華民族解放先鋒隊に参加する。一九三八年に中国共産党に入党。八路軍一二〇師科長、東蒙軍政幹部学校政治委員、内モンゴル軍区政治部第一副主任を務める。建国後は、中共天津市委員会書記処書記、天津市市長、衛生部副部長兼国家医薬管理総局局長、国家経済委員会経済管理研究中心副主任を歴任。

胡昭衡の著書
『老生常談』

為には、「周揚反動組織の忠実な手先」、「完全な修正主義分子」などの「罪名」が着せられ、山西省文学芸術界聯合会（文聯）党組書記、文聯主席の職務を解任された。[84]

胡昭衡は、一九三三年、北平匯文中学在学中に「中国左翼作家聯盟」に参加し、一九三五年に北京大学に入学、有名な「一二・九」運動に参加した。その翌年には抗日民族解放戦争に参加し、内モンゴル騎兵一師団政治委員を務めた。解放後には内モンゴル自治区党委員会書記処書記を、さらに一九六三年からは天津に移り天津市委員会書記処書記や天津市市長を務めた。胡昭衡は三〇年代に文学作品の創作を始めた。『老生常談』は彼が内モンゴルで勤務していた期間に書かれた政治的なエッセイ集であり、一九六四年に出版された。優れたエッセイ集であり、後に陸定一は『老生常談』について「毛沢東思想が繰り返し述べられており、実事求是の精神に基づいている」、「『大躍進』での失敗以後の思想闘争が記録されている」と述べている。

天津市委員会常務委員会議はきな臭い雰囲気が充満していた。『老生常談』が『燕山夜話』と同じ類いの「毒草」（人民にとって有害な言論や文学作品）とされた。最初に胡昭衡の作品について、次に彼の仕事や党員としての思想的態度の問題について批判が行われた。市委員会常務委員会で彼に対する激しい攻撃が行われると、天津市からの会議参加者が学習討論を行っていた各組においても胡昭衡に対する公然とした批判が始まった。そこでは『老生常談』だけでなく、彼の小説『一人の共産党員の誕生』、短編小説『跳崖』、『乃紅子』などに対しても批判が行われた。その後、天津組（天津市関係者からなる組及びその会議）の全体人員会議でも大々的に公然とした批判が展開された。

胡昭衡の『老生常談』のなかのエッセイが当時『天津日報』に掲載されたことがあった。私はエッセイを読むことが好きだったため、書店で『老生常談』を購入した。全体を読んだ印象は非常に良く、問題があるなどとは思わなかった。それが一夜にして「大毒草」に変貌してしまった。私は一体どのように批判すればよいのか。通常であれば私も発言しなければならないところであったが、その時私は会議の記録作業に当たっていたため、幸運にも発言せずにやり過ごすことができた。

　大部分の人がこの本を読んだことがなかったにも関わらず、多くの人が情勢にぴったりと従って積極的に発言した。どのように批判したか。文章の都合の良い部分を取り出して意味を歪曲し、無理にこじつけ、原則的政治路線の問題に格上げした〔上綱〕のである。会議期間中、胡昭衡を批判した内容の簡報がいくつか発行されたが、そのうち第六七期簡報の標題は「胡昭衡同志の『老生常談』は大毒草だ」である。このように書かれてある。「これらの政治的エッセイは皆一九六一年から六二年にかけて書かれており、その背景には我が国が直面していた一時的な経済的困難がある。国際的には帝国主義、修正主義、反党派が連合して中華に反抗し、国内では牛鬼蛇神[85]が次々に現れて、党中央や毛主席を攻撃し、三面紅旗[86]〔総路線、大躍進、人民公社の三つの政策〕を攻撃した。胡昭衡はこの時『長い槍、短い刀』をとって党を攻撃した。胡昭衡の『老生常談』と『燕山夜話』は相通じるところがある」。

　ここで引用された「長い槍、短い刀」は、胡昭衡の『老生常談』の「内容提要」に書かれている。そこには、政治的なエッセイには焦点を的確に捉えることが必要であり、「筆鋒は、長い槍や短い刀のように、尖鋭にして明快でなければならず、古を論じることで現在を説明し、小さなことから教訓を得て大きなことを説明しなくてはならない（後略）」と書かれていた。これは単にエッセイというものの特徴について論じているだけではないか！　それにも関わらず、これが胡昭衡に罪を着せる口実とされてしまったのである。

　『老生常談』に含まれるエッセイはそのほとんどが思想的エッセイで、党幹部の思想認識に関する問題について論じている。各組で展開された批判のなかでは、これが反党反社会主義だと無理矢理こじつけられた。胡昭衡は『一知半解』のなかで「生半可な理解しかないにも関わらず全てを完全に理解しているつもりになる」現象について論じた際、古人の「半部の『論語』が天下を治める[87]」という説について触れ、批判した。この論じ方のどこに問題があるというのか。当時は胡昭衡を次のように批判した。「『毛沢東選集』の第四巻が出版されると、党中央は全党に対してきちんと学習するよう呼びかけた。『紅旗』、『人民日報』の社説は、『毛沢東選集』の第四巻は、国内の革命及び建設に対して偉大な意義があるだけでなく、世界革命の発展に対して偉大な指導的意義があると指摘した。また軍委員会は、毛沢東思想に基づいて一切の工作を指導している。まさにこのような時に、胡昭衡は『一知半解』を執筆したのであり、半部の『論語』は暗に『毛沢東選集』第四巻を指している（後略）」。

胡昭衡のもう一つのエッセイ『教学相長』の冒頭では、『論語』のなかの一つの話が引用されている。「対君主的話要分清是非、対一郷衆人的話也要分清是非、善者従之、好之、不善者違之、悪之」（君主の話が全て正しいとは限らず、一般民衆の話も全て正しいとは限らない。正しいものは擁護し、正しくないものには反対しなくてはならない）。この引用に対して、毛主席の話に反対している、毛主席の指示に従わずに行動しようと人々を煽動し呼びかけていると頑なに言い張って批判する者がいた。このような批判は今から思えば荒唐無稽であるが、当時においては大真面目に主張されていたのである。批判しながら義憤に燃えて激昂する者すらもいた。「左」という字が人々の視界を遮り、彼らから最低限の判断能力をも奪ってしまった。そして、狂気じみた愚かな行動へと導いたのである。一人の同志が会議中、ある二人の学者は以前『老生常談』を賞揚する批評文を発表したと発言した。これを聞いたある河北省委員会指導者は、テーブルを叩いて「恥知らずな輩め！」とこの二人の学者を罵った。

胡昭衡の小説に対する批判も出鱈目なものであった。例えば、胡昭衡の小説は戦争の残酷さや恐怖を誇張して表現し、毛主席の詩「戦地黄花分外香」[88]〔戦地の菊の花はことのほか香しい〕と反対の行動をとっているとして批判された。馬鹿馬鹿しい話である！

当時、私は『老生常談』に対して系統立てた発言をせずに済んでいたのだが、もう一人の責任者と共に批判論文を執筆するよう命じられた。一体どのように書けばよいだろうか。結局、私たちは『燕山夜話』に対する批判論文の書き方をまねるほかなかった。会議上で噴出した批判をまとめ、主に私が原稿を書き、八月に開かれた天津市委員会の拡大会議に提出した。九月には、私と天津市委員会弁公庁、新聞社からの人員を合わせ、計四名で執筆グループを組み、天津市委員会のある書記から直接の指導を受けながら、天津市総工会[89]の建物内で新聞に掲載する批判記事を執筆した。四つの記事を執筆したのを記憶している。報道記事「ブルジョア階級代表人物であり野心家の胡昭衡」、批判記事「老生常談――資本主義復活のための宣言書」、『老生常談』を要約・編集した記事、批判記事「一人の共産党員の誕生を評す」である。天津市委員会はこれらの記事の原稿を河北省委員会と華北局へ提出した。それらは結局、上級機関の正式な承認を得ることはなかった。今となってはどこの反故の山に埋もれてしまったのかわからない。

政治運動と動乱がもたらす最大の変化、それは人間関係の変化だろう。昨日の指導者が一瞬にして今日の闘争の対象となる。旧来の友人が一夜にしてまるで敵のようになる。こうした残酷非情な毎日のなかで、通常の良心を保つことは簡単なことでは無く、多くの人々の生活の重心が社会の天秤にかけられてしまう。社会全体が傾けば、個人も正しい選択をすることができなくなってしまうのである。当時のことを思い出すたびに、私の心のなかにはやましさや慚愧の念が際限なくわき起こってくる。

第四章　矛先は実権派に

1　民衆への献身は売名行為

胡昭衡は、自身の著作『老生常談』が批判されただけでなく、天津市での工作や党員としての思想的態度についても激しい批判を受けた。実事求是の精神に則って言えば、胡昭衡は、一九六三年に天津市にやってきて市長に就任して以来、真面目にこつこつと仕事をこなした。民衆の生活のなかに自ら深く入り込み、街の様相を良くし、環境衛生を改善し、民衆が生活のなかで遭遇している実際の困難を解決するために多くの仕事をした。また、工業生産の発展に力を入れ、二、三年という短期間で天津市の経済建設に大きな進歩をもたらした。周恩来総理やその他の中央の指導者達から賞賛を受け、幹部や民衆からも広範な支持を得た。

しかし、一旦批判の重点的対象にされたら、一つの過ちが一〇〇の過ちとされ、さらには全てが過ちとされ、甚だしいときには正しい行いまでが過ちとされる。残酷な党内闘争ではこれが一つの流れであった。会議の「簡報」のなかで胡昭衡がどのように批判されたか見て欲しい。

「胡昭衡が天津にやってきて二年余りが経った。彼は自分を目立たせ、売名行為をし、様々な機会を利用し、各方面で個人的な影響力を拡大させてきた。このため、民衆のあいだでは彼に関する多くの噂が流れている。ある噂はまるで『神話』のようであり、至る所に話が広まって、その内容も入り乱れ、悪影響は甚だしいものである。多くの民衆が『頻繁に民衆の生活の様子を見て、民衆と直接話している』、『あちこちで人民のために良いことをしている』、『胡市長だけが問題を解決できる』などと言っている。さらには、彼を『清廉なる殿様』、『包拯《ほうじょう》〔90〕そのもの』、『現代の海瑞』などと呼ぶ者までいる。ある民衆などは、胡〔昭衡〕の乗る自動車を止めて窮状を訴え、跪き大声で不満を訴える。こうした伝説は、党の指導に対するイメージを悪くし、社会主義制度を中傷し、政治的に大きな悪影響を及ぼしている」。民衆の生活に寄り添うことが人心を買収していると見なされ、問題を解決することが自分だけが目立とうとしていると批判される。完全に白黒を混同してしまっているのである。民衆が自動車を止めて窮状を訴えることは、我々党の工作に問題があることを示しているのに、それがどうして「党の指導のイメージを悪く」するというのか。

当時、党中央は「階級闘争を要とする」ことを強調しており、天津市委員会の主要な指導者達は「四《スー》清《チン》」を徹底して行っていた。胡昭衡は市長として、経済建設と民衆の生活に関する問題の解決に取り組んでいた。彼の秘書の記憶によれば、彼は市長を務めた二年半のあいだ、民衆が直面する多くの生活上の問題に徹底して向き合い、解決に努めた。例えば、環境衛生、危険で劣悪な住居の補修、バス路線の拡張、道路の整備、上水道の水道管の延長、就業支援、食品衛生と短斤欽糧〔目方を多く偽って販売すること〕などの問題があった。彼はこうした問題の解決のために仕事をする際、民衆の労苦に対して非常に心を配り、自らの手で問題を解決していった。

胡昭衡自らが提唱した制度である幹部の週末衛生日〔毎月最後の日曜日に掃除を行う〕には、外出やほかの重要な活動などの予定があるといった事情が無い限り、毎回参加した。彼が労働を行う際には実際に労働をするのであり、労働しているパフォーマンスを見せることではない。胡昭衡は何度か、掃除の後区内の指導者達を集めて報告させたことがあった。彼が言うには労働は労働であり、労働の後にはその報告を聞くかねばならないと言う。胡昭衡が掃除を行う際には疲労を厭わず、さらに体が汚れることなどを全く気にしなかった。一九六五年二月一八日、彼は南市一体の「磕灰」（清掃労働者が糞便を清掃すること）労働に参加した。彼は青いズック（麻や綿を使用して地を厚く平織りにした布地）の作業服を着て、麦わら帽子を被り、マスクをかけ、糞便を入れる籠を肩に掛け、建物のトイレを一つひとつ廻って石炭の灰を混ぜた糞便を回収したのである。市長が専門の「磕灰」労働者と一緒になって、民衆のために肥桶を担ぐのである。真面目に人民の為に尽くしていると言って良いではないか。それが何故「売名行為」とされてしまうのか。

ある人はこう公然と批判した（掲発批判）。「胡昭衡は時々工場へ視察に行くが、その時は事前連絡無しに突然訪れる。ある晩、一つの工場へ行った。工場長は呼ばず、労働組合主席に作業場へ案内させて、労働者達に何か言いたいことがないか聞いた。ある労働者は、『胡市長は本当に我々のことを気にかけて下さる』と言い、労働者の工場に対する不満は却って大きくなった」。直接民衆の生活に深く入り込んでその実態を知るというやり方は、本来毛沢東が一貫して提唱してきた党の優れたやり方であった。しかし、是非が顚倒した時代においては、「罪状」の一部とされる。

「左」傾思想の下、胡昭衡に対する批判は段階的に拡大していった。初めは主に党員としての思想的態度の問題に対してであったが、次第に天津で仕事をしていた時期の「反党的言行」に対する批判が行われるようになった。例えば、「胡昭衡同志はどんな役割を果したか」と題された「簡報」にはこう書かれている。「胡昭衡は、一、党指導者は不要であると言った。二、党中央と毛沢東に反対した。三、文化大革命を拒んだ。四、極端な個人主義である。五、至る所で権力を握ろうとしている。彼は確かにブルジョア階級の代表的人物であり、党内の資本主義の道を歩む実権派であり、野心家であり陰謀家である」。

政治学習における形式主義について、胡昭衡はかつて「毛主席の著作を学ぶ際には形式化に陥らないよう注意が必要である。過去には、うまく卓球ができたことまで、毛主席の著作を学んだ結果だと報道されたことがある」と発言した。これが「毛主席の著作を学ぶことに対して冷水を浴びせかけた」として批判された。全国で『海瑞の免官』に対する批判が始まると、胡昭衡は「批判する際は慎重さが必要である。重要な原稿については党中央宣伝部に指示を仰がなければならず、批判は学術の範囲内に留めるべきである」と発言した。これが「文化大革命を抑え込もうとした」と批判された。また、胡昭衡は「三家村」批判について江青は思うままに呉晗《ご・がん》〔※〕を名指しして批判しているが、呉は北京市副市長である、どうして江青の勝手で批判できようかと発言した。これがさらなる罪となってしまった。胡昭衡は大胆にも「旗手」の悪口を言ってしまったのである！

　胡昭衡に対するさらに一層根拠の無い批判は、彼が天津市を「中央直轄市」へと変えようという陰謀をめぐらしているというものだ。ある者がこう批判した。「今年四月、市委員会工業領導小組は会議で工業体制の問題について討議した。楊拯民《よう・じょうみん》(20)〔天津市副市長〕が次のように発言した。天津は省轄市であるために、計画や財政問題がうまく解決できないことがある。中央が企業を下放しただけでは問題は解決しない。彼は実質的には、省轄市を中央の直轄市にする必要があると発言したのだ。胡昭衡は、楊〔拯民〕の意見を工業領導小組の意見として上級機関へ報告した。胡昭衡は省轄市から直轄市にすることに熱心だったが、それは、もし直轄市となれば彼の市長という地位は現在より大きな権力を持つことになるからだ」。

　実際には胡昭衡という一人の地方指導者が省級の行政区画の決定に影響を及ぼすはずはなく、全く道理の無い批判と言うほかない。河北省は、天津市を分離させることを以前から準備していた。四月九日、中共河北省委員会と河北省人民委員会は省都を保定市へ移すことを決定し、後にさらに石家荘市《せっかそう》〔河北省の現在の省都〕へと移した。一九六五年冬、河北省委員会書記処は「四清《スーチン》」に関する会議を開いたが、その場所が石家荘であった。その時は、私も万暁塘に同行して石家荘へ行った。後の一九六七年一月二日、党中央は天津市を河北省の省都から直轄市へと復帰させることを決定した。こうして、胡昭衡の「陰謀」は中央の決定となったのである。

不思議なことに、誰であれ一旦重点的批判対象とされた者は、人々から「左」に偏った目で見られ、一種の深い恨みを、それも社会全体から恨みを抱かれる。一切のとりなしは不可能となる。今日では当時のこうした社会全体を覆う感情を理解することは難しい。ある組織がある者に対して抱く不満、あるいは一人の指導者が別の指導者に対して抱く不満、こうした感情がどのようにして社会全体の人々に伝わり、人々が同じような感情を抱くようになったのか。こうした感情を生んだある種病原のようなものは、どうやって社会の細胞のなかに複製されていったのだろうか。

2　些細な意見が命取り

華北局工作会議が開かれているあいだ、天津市からの参加者らが構成する三つの組のうち、第一組の組

---

(20) 楊拯民（一九一二〜九八年）。陝西省蒲城《ほじょう》県の出身。楊虎城〔中華民国の軍人。西安事件を起こし、国共合作、つまり抗日戦争期、中共と国民党とのあいだで結ばれた一時的な協力関係への道をひらくが、日中戦争勃発後に蒋介石によって捕らえられ、一九四九年、獄中で殺害される〕の長男。一九三八年に延安抗大〔中国人民抗日軍事政治大学を指す〕、マルクス・レーニン学院で学ぶ。同年、中国共産党に入党。中共米脂県委員会統一戦線工作部部長、銀城市委員会書記、関中軍分区、延属軍分区副指令員、大荔軍分区指令員などを務める。建国後、玉門石油砿務局党委員会書記、及び玉門石油砿務局局長、西北石油管理局副局長、陝西省副省長、中共陝西省委員会書記、天津市副市長を歴任。建築材料工業部副部長、中共八大代表、第一期全国政治協商会議代表、第二〜四期全国政治協商会議委員、第五・六期全国政治協商会議副秘書長、第五〜九期全国政治協商会議常務委員を務める。

長を天津市市委員会常務委員兼宣伝部長の白樺が担当していた。王亢之もこの組に参加していた。天津市委員会弁公庁から第一組に参加し、記録係を担当していた同志から聞いたところによると、河北省委員会も第一組に人員を派遣して情況を把握させていたという。通常の情況把握が目的ではなく、彼らは天津市委員会書記処書記の白樺と王亢之とに限定して照準を合わせていた。白樺と王亢之は共にイデオロギー工作に関する指導者であり、この二人に対する意見や不満を積極的に発言するよう会議の外で会議参加者を鼓舞していたにも関わらず、会議では何の意見も出て来なかったからである。華北局工作人員は『簡報』のなかで、「会議に参加している同志達の重要な提案を冷淡に抑えつけている」として白樺を批判した。白樺はこれを読み、事実と異なると思い、良く知る華北局弁公庁の責任者に電話をかけた。電話の相手は白樺に、意見があるならば手紙を書くように言った。白樺は事実に基づいて釈明の手紙を素早く書いた。これが大変な事態を引き起こすなどとは全く考えていなかった。

一九六六年六月六日、「華北局工作会議簡報」は、華北局秘書組が執筆した白樺を公然と批判する〔掲発批判〕記事を掲載した。記事の名前は「これは一体どのような問題か？」であった。『簡報』の編者の言葉によると、「総号第三二号（河北組第一一号）の簡報が出された後、我々は白樺同志の釈明の手紙を受け取った。彼は簡報が彼の発言を歪曲して伝えていると指摘し、訂正を要求した。これを受けて、河北省秘書組は調査を行った。調査に基づく資料と白樺同志の手紙を公表する」。白樺を見せしめにする意図は明らかであった。

河北省の調査に基づく資料では、白樺の六つの問題を取り上げて公然と指摘して〔掲発〕いる。一つ目の問題の標題は「会議上で突き詰めるべきではないのか？」であった。「呉晗や楊献珍《よう・けんちん》〔※〕などが天津を訪れて報告を行ったことは、誰の要請によるものか。一体どれだけの人々が彼らの有害な報告を聞いて悪影響を受けたか。『燕山夜話』は天津でどれだけ売れたか。積極的な『セールスマン』がいたのか。上層部に支持者がいたのかどうか。これは深く突き詰めなくてはならないことだ。それなのに、白樺はこれらの問題を解明するには時間がかかり、会議上では解決されない、どのみち天津に戻って民衆を発動して解決するのだと言った」。この批判は全く道理が無い。呉晗、楊献珍を天津に呼んだことがなぜ「悪影響」を及ぼすのか。出鱈目を言って批判することは問題とされないのに、白樺が弁解をすれば罪となる。「簡報」は白樺が「水をさした」と伝えた。

二つ目の問題の標題は「始めから『定調子』（問題がないと決めてしまう）」。白樺はこう発言したという。「来る前に天津市の情況を考えたが、文化工作の隊伍の年配の者達に大きな問題はない」。「天津市は黒線[91][*]からのコントロール及び影響を受けたが、直接一緒になって行動したわけではない。影響を受けただけである」。「簡報」はこれらの発言を根拠に白樺は運動に対して「定調子」、党中央が発布した「通知」の主旨に「背いている」とした。党内の会議では話をさせず、発言すれば「定調子」と批判する。一体どこに民主主義の精神があるのか。

三つ目の問題の標題は「発言すれば弁解ばかりであり、弁解以外は発言しない」。四つ目が「言を左右にして逃げ、責任を回避する」。五つ目は、「会議外で隠れて活動し、目標をすり替える」。ここでは、白樺が食後の散歩の際に言った一言半句全てを取り上げて、原則的政治路線の問題に格上げした（「上綱上線」）。例えば、彼が天津の文化工作に対して「問題はそれほど深刻ではない」などと発言したことを挙げ、「会議の外で隠れて活動し」ているとして批判しているのである。六つ目の標題は、「会議に『散錐』を打ち込み、発展をさせなかった」。「簡報」は、「ある人が発言すると白樺同志は『散錐』を打ち込み、また重要な問題を提起した者がいても、集中的な公然とした指摘や討論を行うよう導かなかった。会議が終わる際、白樺同志は何度かいい加減にごまかして、『皆帰宅してからよく考え、思い返してみるように』と言ったという」。この言葉がどうしていい加減にごまかすことになるのか。いくら考えても納得がいかないのである。
食後の散歩の際のちょっとした発言すら簡報のなかで罪状として取り上げられてしまう情況では、すぐに人間関係も緊張したものとなった。私は胡昭衡が毎日食後に黙って散歩していたのを覚えている。彼の妻である林以行《りん・いこう》（天津市委員会組織部副部長。会議参加者）だけが彼に伴って歩き、ほかの会議参加者は彼と出会っても誰も何も話さなかった。会議参加者達は休憩時間での発言にも非常に気を使った。唯一の余暇活動は屋内のバドミントン場で、毎日夕食後にバドミントンをすることであった。ダブルスの試合なども行われ、私はある書記の秘書と組んで一位になったりした。会話はバドミントンの技術に関することだけで、政治のことには触れなかった。政治的に緊張した冷たい空気が流れるなかで、バドミントンは皆にとって小さな楽しみであった。

白樺は一九三八年に革命に参加した老同志であり、抗日戦争では冀魯豫《きろよ》抗日根拠地[92][*]で県委員会書記、地方工作委員会書記兼支隊政治委員を務めた。一九五四年、平原省が廃止されると天津へ異動となり、天津市委員会宣伝部副部長、後には部長を務めた。一九五五年、天津市委員会がある臨時任務を彼に命じた際、私は彼の下で一定期間仕事をすることになった。彼は一貫して謙虚であり、勤勉で誠実、真面目に職務に取り組んでおり、私に深い印象を残した。しかし、私は白樺批判の「簡報」を読んだ時、白樺が所属する宣伝部は運動が重点的に行われている部門のため、彼は降り掛かった災難からもう逃れることはできないだろうと思った。

案の定、「簡報」が発行されると、会議において名指しで批判された時と同様の影響が、天津の各組にもすぐに現れた。一九六六年六月八月、「華北局工作会議簡報」は「これは一体どのような問題か？」を発行するに至った天津の各組における討論情況を掲載した。『簡報』は四つの大きな標題からなっている。一、「『簡報』は完全に実際の情況と合致している」。二、「自ら跳び出てきた反面教師」。三、「白樺との論戦」。四、「会議の進展を押し進める」。第一部ではこのように書かれている。「討論のなかでは、皆が活発に発言し、力強く呼応した。討論を行ったある組の同志達は、一致して、『簡報』は問題を正確に報じており、実際の情況と合致していると考えており、『簡報』の考え方に完全に同意すると表明した。ある同志は、『簡報』には一切の事実の歪曲がなく、事実に背いてないだけでなく、むしろ批判が不十分な部分さえあると発言した。多くの同志は、『簡報』は皆の闘志を鼓舞しており、自らの思想を原則的政治路線の問題に格上げする〔上綱〕ことを促したと発言した」。後の部分では、一つの組の考えを伝えるだけでなく、各組で一致した考えが伝えられている。あの時代、誰が異を唱えることができただろうか。誰があえて異を唱えるだろうか。異を唱えれば、「党に従わない」者とされ、すぐに「反面教師」と批判され、また、次の批判対象とされるのだ。

党内におけるこのような「一辺倒」の「一致」は非常に恐ろしいものである。『周易・系辞』のある部分で「天下同帰而殊途、一致而百慮」〔道は異なっているが行き着く所は同じであり、目的は一つであってもそこへ至るための考えや方法は一つでなく、多くある〕と書かれているではないか。しかし、党内は「一言堂」であり、何であれ全て「一致」しなくてはならない。こうしたやり方を進めたことによる深刻な結果が早くも現れていた。階級闘争を徹底的に行おうと言うと、一致して賛成し、至る所で階級闘争が行われた。「躍進」だと言えば一致して支持し、至る所で「大躍進」となり、「人が大胆にやれば、地にも大いなる実りがある」[93]などと豪語するようにさえなるのである。劉少奇を打倒することが会議で満場一致で通過し（聞いたところによると、陳少敏《ちん・しょうびん》〔※〕など一人二人が挙手しなかったようであるが）、後に劉少奇の名誉回復が満場一致で通過したのである。[94]このような「一致」の情況で、どうやって人に「百慮」させないことができるというのか。

3　批判の口火を切る――指導者たちの悲劇

華北局工作会議は地区ごとに日程が進められていた。河北省の各組では当然省委員会の主要指導者が討論を取り仕切っていた。こうした情況で、河北省委員会第一書記である林鉄(21)に対する公然とした批判〔掲発批判〕はどのように行われたのか。林鉄自身が主催する会議で彼の批判を行うことがどうして可能だったのか。当時、党中央や華北局は、林鉄に対して批判を行う決定を公式には発表していなかったが、今回の会議で彼への公然とした批判を決定し通過させたいと考えていた。そのため、華北局第一書記の李雪峰に批判の口火を切らせることで、河北省委員会のほかの指導者や会議に参加する者達に批判するよう圧力をかけたのだ。

林鉄は早くから中国共産党に参加した古参の共産党員である。一九二二年に中共の革命活動に参加し、一九二六年に入党。北京で中国大学と法政大学で学び、党支部組織委員や代理支部書記を務めたこともある。一九二八年、フランスのパリ大学統計学院で学んでいた時には、中共留仏委員会委員、訓練部部長、中共留仏委員会書記などを相次いで務めた。一九三三年にモスクワ東方大学に入学し、大学の中国部で支部書記を務めた。一九四九年以降は、一貫して河北省第一書記の職に就いていた。

林鉄の地位が高かったため、会議開催期間の中頃になってようやく彼に対する公然とした批判が始まった。六月二〇日以降、華北局の指導に従って、河北省委員会幹部層が林鉄に対する公然とした批判を始めた。李雪峰は河北省委員会書記処書記の発言記録に目を通すと、省委員会第二書記の劉《りゅう》子厚《しこう》に電話をして厳しく叱咤した。「河北〔省〕と山西〔省〕はどちらも良くないが、河北がより良くない。なぜ行動を起こすべきなのに動かないのか。なぜ何もせずに無関心を決め込んでいるのか。今では河北省における下級の同志達は不満を持っている。しかし、依然としてブルジョア階級の卑俗な自由主義が存在しているために、彼らは面と向かって言わないのだ。これには長い歴史がある。なぜこの期に及んで見て見ぬふりをし、頑固に行動しようとしないのか。河北省の指導者はどのように結果を報告するのか。あなたは隠し通すことはできない。あなたが始めなくても、私が始めるし、中央も始めるし、〔毛沢東〕主席もすでに始めているのだ（後略）」。

李雪峰の話には裏付けがある。当時、林鉄と同様に批判されたウランフは華北局の第二書記である。ウランフと林鉄の経歴や地位を考えれば、党中央や毛沢東の意向なしに、李雪峰が二人の古参共産党員を名指しで批判することなどできるはずがない。また、当時毛沢東は北京を離れており、代わって劉少奇が主導的立場で仕事をしていた。よって、ウランフと林鉄に対する批判に関しては、劉少奇らも同意していたはずである。毛沢東が文化大革命を発動したのは劉少奇を打倒するためだったと言う者があるが、「反証」〔そうでない証拠を示す〕の方法でこの説を否定することができる。もっとも本書では紙幅の関係もあり、この大きなテーマを議論することはできないだろう。

李雪峰は電話で河北省委員会書記処書記兼天津市委員会第一書記の万曉塘の発言を「軟弱無力」、「なま

（21）林鉄（一九〇四～八九年）。四川《しせん》省万《まん》県の出身。若くして北京の中国大学、中露大学などで学ぶ。一九二六年に中国共産党に入党。一九二八年、フランスへ留学。一九三二年、モスクワレーニン学院、東方大学で学ぶ。一九三五年に帰国。東北軍第五三軍中共工作委員会書記、中共河北省委員会委員、北岳区党委員会委員兼民衆運動部部長及び組織部部長、北岳区党校校長、中共冀中区等委員会書記兼冀中軍区政治委員などの職に就く。建国後は、中共河北省第一書記兼省軍区第一政治委員、河北省省長、河北省政治協商会議主席、中共中央華北局第三書記、中共第八期中央委員、中共中央組織部顧問、全国人大常務委員会委員、中央顧問委員会委員などを務める。

林鉄（右）と周恩来（左）が会議を主宰

ぬるい」と批判した。こうした批判は、万曉塘が実事求是の原則を一貫して堅持していたことや、他人に対して思うままに原則的政治路線の問題に格上げして〔「上綱上線」〕批判するようなことがなかったことと切り離すことができない。李雪峰は期限を決め、その期日までに天津市を含む河北から会議に参加している全員に自分の意見を伝えるよう命じた。

李雪峰の指示が伝わると、情勢は急転直下、すぐに動きがあった。天津市の組を含む、河北省の各組で、直ちに林鉄に対する公然とした批判が中心的話題となった。天津の組は「簡報」のなかでこのように記している。「六月二四日午前、全ての同志は、李雪峰同志が省委員会へ電話で指示した内容及び雪峰同志が伝えた省委員会常務委員拡大会議の内容を聞いた。そして全員一致で、雪峰同志の河北省に対する批判と指示は非常に正確かつ時機にかなっており、また有力であると考え、完全な支持を表明すると共に、断固として指示を実行することにした。ある同志曰く、林鉄の反党行為、反社会主義の黒線が公然と指摘された〔掲発〕時には、非常に驚いたという。もし北京と河北が一緒になったら大変なことになる。ひとたび事件が起これば、何人が命を落とすことになるかわからない。また別の同志が言うには、会議がそろそろ終わろうとするのに、もし華北局の正確な指導が無く、雪峰同志が適切な時に指示を出さなかったら、時限爆弾が見逃されてしまっただろう」。

林鉄への公然とした批判のために、河北組〔河北省関係者からなる組及びその会議〕は何度か全体大会を開き、私は天津からの会議参加者として全ての全体大会に出席した。まず林鉄本人が検査をし、その後ほかの参加者達が彼への公然とした批判を始めた。林鉄の検査を肯定する者はおらず、皆彼の態度が非常に不誠実だと非難した。河北省委員会責任者の一人は、林鉄の検査は決して容認できるものではなく、陰謀をめぐらし、事実を歪曲しようとするものだと発言した。また別の河北省委員会責任者は次のように発言した。林鉄は我が省の党内の資本主義の道を歩む実権派のリーダーであり、右傾日和見主義即ち修正主義反党集団の頭《かしら》である。政治においては右傾日和見主義路線を実行し、徹頭徹尾修正主義路線を進んでいる。組織においては、セクト主義路線を実行し、右派を拠り所として左派を攻撃している。[95]

林鉄への公然とした批判のために、省内では「林鉄とその一味がどれだけ毒を放ったか見よ」と題する資料が大量に配布され、そのなかには河北省の「四年にわたる仕事のまとめ」なども掲載されていた。一九六一年八月一日、林鉄はかつて農村の凶作を少しでも解決しようと、農民の「保命田《バオミンティエン》」[96]を残しておくことを提案したことがあった。林鉄は上級機関に手紙でこの件の決定を催促し、「今年はひどい凶作に見舞われており、非常に困難な情況に置かれている地区では速やかに『保命田』（一時的なものであっても）を残すことを明確にしなくてはなりません。この件はもうきちんと執行されているのでしょうか。（中略）でなければ、時間が長引けばそれだけ対処するのが難しくなります」と進言している。今日から見れば、この進言には何の問題も無い。それだけでなく、むしろ、林鉄は民衆の生活を非常に気にかけているということを示している。しかし、「右傾日和見主義」の動かぬ証拠とされてしまった。林鉄の批判と同時に、林鉄の夫人である弓彤軒《きゅう・とうけん》が巻き添えとなって、批判に遭った。弓彤軒は省委員会研究室で、ずっと林鉄の身辺で仕事に従事してきたのである。さらに、林鉄が批判の対象となったことで、彼に関わる多くの人々も批判を受けることになった。会議上、ある人が言った。林鉄がボスであり、ボスが摘発されたのだから、ボスの「車馬」も引っ張り出されるべきである。

林鉄に対する公然とした批判では、彼の生活態度に対する不満を口にする者もあった。そうした批判のなかには道理の無いものもあった。河北省委員会のある指導者が、林鉄の思想の変質を公然と指摘し、林鉄は『金瓶梅』[97]を読み強精剤を注射したなどと批判したのがその良い例である。冗談としか思えないような批判である！　かつて毛沢東は内部講話のなかで『金瓶梅』について触れたことがあり、この小説は社会を暴露しているだけであり、『紅楼夢』[98]のように社会に対する批判がないと発言している。当時、『金瓶梅』は高級幹部だけが買うことのできた本で、読むだけでも等級による制限があったことは確かである。いずれにせよ、林鉄に対する批判はどう考えても、幹部としての行いに対してだけではなく、個人的な思想や行動に対する攻撃が含まれていた。

林鉄に対する公然とした批判が行われている間、私は発言せずに済んでいた。主に天津市委員会のある書記のために、林鉄への批判の文書を準備する任務に当たっていたのだ。当時、「華北局工作会議簡報」では多くの林鉄に対する公然とした批判及び彼の問題に関する資料を掲載した。皆が林鉄に関して盛んに発言している情況のなかで、その市委員会書記も天津市の指導者の一人として発言しないわけにはいかなかったのである。

私は徹夜で大量の資料に目を通し、林鉄の問題を八つにまとめた。一、毛主席、党中央を攻撃し、総路線に反対し、三面紅旗に反対した。二、個人経営を支持し、資本主義の道を走り続けている。三、様々な決定を覆し、地富反壊右の反抗を支持した。四、毛主席の階級、階級闘争に関する学説に反対するとともに、四清《スーチン》運動にも反対し、運動を抑え込もうとした。五、毛主席の提出した社会主義文化革命路線に反対し、反抗した。六、毛沢東思想の偉大な紅旗に反対し、彭真の修正主義の黒旗を掲げている。七、プロレタリア独裁に反対し、資本主義独裁の全面的な復活を画策した。八、徒党を組んで私利をはかり、裏切り者を抱き込んで結託する路線を実行した。

党内闘争はこんなにも複雑怪奇なものである。当時の情況の下で、こうした内容の林鉄への批判論文を書き上げた私は、この任務をやり遂げたという自負すらあった。しかし、今となっては自責の念にかられている。

華北局工作会議の後、林鉄は徹底的に打倒された。林鉄の家族全てが巻き添えとなり、造反派によって「抄家《チャオジア》」に遭った。「文化大革命」収束後になって初めて林鉄は名誉回復を果たし、党中央組織部[99]顧問、党中央顧問委員会委員を務めた。

歴史においては、時に人を驚かせるほど似たようなことが起こるもので、これは嘘ではない。この華北局工作会議から五年後の一九七一年春節、北京ではやはり一ヶ月余りもかけた非常に長い華北会議が開かれていた。そして、この会議では李雪峰が悪運に見舞われていた。李雪峰は当時党中央政治局候補委員の職に就いており、九期二中全会前後に起きたいくつかの些細な事件において毛沢東の反感を買い、陳伯達の「反党活動」に関与したとして毛沢東から糾弾されることになってしまったのだ。この華北会議では、毛沢東は李雪峰に検査を迫り、江青が彼を名指しで批判した。結局、彼は党籍を剥奪され、安徽《あんき》省の農場に拘禁され、あらゆる苦難を受けた。李雪峰は「四人組」の逮捕後にようやく名誉回復を果たし、復党した。

党内闘争が長いあいだ続き、ある時はこの人が打倒され、またある時はあの人が打倒された。人々の心に心配や疑問がなかったわけではないだろう。しかし、これは党中央や毛主席の指示なのだと言われると、そうした気持ちはすぐにかき消されたのである。国家の上層部から一般の民衆に至るまで、ほとんど全ての人が毛沢東は絶対に正しく、間違いがなく、さらに間違いを犯すはずはないと考えていた。毛沢東が話した是非はすなわち是非であった。毛沢東が正しいと言えば正しく、間違いだと言えば間違いなのだ。たとえ自分の考えが毛沢東のそれと異なっていても、まず自己の考えを省みて、毛沢東の考えと異なっているその原因を探した。私はかつてある人からこんなことを聞いたことがある。薄一波の戦友のある老指導者が、薄一波を戒めて言ったという。毛主席の話すことを、もし間違っていると思っても、決してそれを口にしてはいけない。家に帰って、何度も考えれば、段々と毛主席が正しいということがわかってくるはずである。こうした態度があの時代の指導者達の悲劇であったのかもしれない。

4　党内闘争の哲学

なぜここで党内闘争の哲学の話をするのか。今回の華北局工作会議はまさに党内闘争の舞台であった。ここで繰り広げられた党内闘争には、それまでの党内闘争と共通した思考様式や行動様式が見られる。会議で多くの人々が行った発言や行動、また私個人の心理状態などを考え合わせることで、闘争の哲学を分析することはそれほど難しくはない。

党内闘争の一つの突出した特徴は、「惟上是従」〔上の者の命令に下の者が唯々諾々と従う〕という普遍的な政治理念である。私の考えでは、党内では民主集中制[100]が誤って執行されたことによって、上級からの指示であればどんな指示でも無条件に従うという情況が作り出された。華北局工作会議の進行過程を見れば明らかである。先に述べたように、白樺は当時「三家村」問題とは何の関係もなく、市委員会書記処も彼を公然と批判する〔掲発批判〕意図は無く、彼を組の組長に就けた。しかし、ひとたび『華北局工作会議簡報』で彼が名指しで批判されると、すぐに天津の各組が有無を言わせない勢いでそれに呼応し、皆で彼に対する攻撃を始めたのである。上級の者が一と言うと、下級の者が二と言い、さらに原則的政治路線の問題に格上げする〔上綱〕。河北省委員会が「簡報」上に、白樺が「陰でけちをつけている」と書けば、天津組〔天津市関係者からなる組及びその会議〕が彼は「民主を抑えつけ、公然とした指摘〔掲発〕を抑制して

冀中における抗日将校

左から、林鉄、楊成武、(不明)、李志民、羅玉川。

いる」と言う。河北省委員会が「簡報」上に、白樺は「会議外で隠れて活動し、目標をすり替える」と書けば、天津組はすぐに彼の会議外の活動は「組織原則に違反している」と言う。河北省秘書組が白樺は会議に対して「定調子」だ〔問題がないと決めてしまう〕と言うと、天津組は彼が「ブルジョア階級の保皇派」[101]だと批判するのである。

皆に共有された政治理念については、林鉄に対する公然とした批判の様子からより明らかなかたちで説明することができる。林鉄は三〇年代初期にソ連から帰国した後、一貫して河北地区で仕事に取り組んできた。河北省委員会委員、北岳《ほくがく》区党委員会委員、民運部部長[102]、組織部部長、北岳区[103]党委員会党校校長、北方分局組織部副部長、冀中区[104]党委員会書記兼軍区政治委員など、様々な職を歴任し、河北には数十年をかけて築いた基盤がある、徳望の高い元老である。党中央、華北局は林鉄に関して何の決定もまだ下しておらず、また、中央の指導者が現場で指揮をとったわけでもない。李雪峰からの一、二本の電話が拠り所となって、会議に参加していた多くの者が一斉に批判を開始し、林鉄という大きな壁は音を立てて崩れ去ったのである。数百の会議参加者達が「共にこれを討つ」として立ち上がり、林鉄が数十年間に渡る仕事のなかで築いてきた基盤は、一瞬にして打ち壊された。こんなことがどうして起こるのか。それが、皆に強固に共有されてきた「惟上是従」という政治理念なのである。上級の者が号令をかければ、下級の者が必ず行動を起こす。非常に多くの党員幹部が、気配を感じると直ちに行動を起こし、ちょっと耳にした噂をすぐに真実だと思い込む。一度起こされた行動は、まるで雷雨がやってきたように勢いが激しく、阻むことができず、どんな異なった意見も口にすることもできない。非常に危険な情況なのである。

党内闘争のもう一つの特徴は、「『左』であればあるほどより革命的である」という情緒だ。胡昭衡は一九六三年一一月に天津へ派遣されて来た。彼が天津で精力的に仕事をこなしていたことを誰もが知っている。それでも一旦批判の対象とされると、もう逃げることはできない。胡昭衡は三回検査をしたが、それらが認められることは決してなかった。ある人が言った。「胡昭衡の三度の検査〔自己批判〕では、二度目までは質的には何も批判しておらず、三度目になると文章が長くなり、自らに罪名を与えた。しかし、文章のうえではその罪名を背負っているものの、陰では下ろしており、心の奥底には何も触れていないのである」。

ある人は胡昭衡に六つのレッテルを貼った。「党内に潜り込んだブルジョア階級の代弁人、党内の資本主義の道を歩む実権派、党内右派、国内外の階級の敵の手引き者、党内の『時限爆弾』、人民に害を及ぼす者」。胡昭衡は自ら自分にレッテルを貼ったが、それでも受け入れられなかった。彼は検査のなかで、「もともと持っていたブルジョア階級の個人主義的傾向が、近年の情勢や政治的雰囲気の下で、さらに天津での仕事における客観的条件が加わり、悪化してしまった」と言った。しかし、ある人は即座に彼を批判し、それは天津での情況があなたの個人主義を助長してしまった、天津が悪のるつぼと化しているという意味で、これは天津の党と人民に対する中傷ではないかと言った。林鉄は河北省の全体大会上、数度真摯に検査を行ったが、彼の検査をきちんと聞く者などおらず、皆彼の検査が「ひどく反抗的」、「非常に有害」などと言うだけであった。こうしたやり方は既に当時の慣例となっていた。林鉄には、「陰謀家」、「野心家」、「党閥の首領」といったレッテルが貼られた。

一方、党内闘争においてはもう一つの「潜在的規則」がある。ある者の性質に関して組織としての公式の判断や決定が出される前は、言葉のうえではその者はまだ「同志」と呼ばれている。しかし、批判の論調はだんだんと厳しいものとなっていき、その批判内容は「同志」と呼べる域を超えてしまうのである。「『左』であればあるほどより革命的である」という情緒に支配されている情況で、検査、批判、再検査、再批判……を永遠と繰り返し、最後に組織による公式な処分が出るのを待つ。これが党内闘争の慣例となったやり方であり、考え方であった。私が入党するにあたって紹介人となった人物の話になるが、彼は地主であった彼自身の家との決裂といった自己の経験を題材として、党員としての思想的教育を私に行ってくれた。解放後、彼はその家の問題が原因となり不当な処分を受けた。名誉回復後、彼が私に語った。党内闘争においてはこうした「左」の伝統があり、一旦問題があるとされてしまうと弁明はできず、ただ罪を認めるしかない。さもなくば、それは党に徹底的に抵抗するということになってしまうのだ。非常に恐ろしいことだ。

党内闘争にはさらにもう一つの特徴がある。それは、ほとんど全ての人が自己防衛のために行動するということだ。人は本能的に利益を求め、そして害を避けるように行動するものである。一方、共産党の党員としての行動は政治的価値観に支配されており、いかなる反党、反革命的行為もすることができない。「左」傾思想の指導の下、これまでの党内闘争の経験から、人々は批判の対象となる者とはっきりと一線を画し、なおかつ積極的に彼らを公然と批判〔掲発批判〕しなくてはならないということを知った。なぜならば、そうすることで初めて自己を守ることができるからだ。会議参加者はよく理解できない情況のなか、それでも雲を掴むような公然とした指摘〔掲発〕を行い、際限なく原則的政治路線の問題に格上げして〔「上綱」〕批判を行わなくてはならないのである。正しいと言うか正しくないと言うかは認識上の問題であり、言うか言わないかは立場上の問題である。発言をせず態度で示さないことは許されない。

胡昭衡は天津にいた二年余りのあいだ、仕事のうえで人と接することが比較的多かったため、様々な場所で彼を讃える話をした者もいた。これは本来非常に正常なことである。しかし、そうした者達は、その発言が原因となって、胡昭衡との関係が問題だと公然と指摘されてしまった。河北が災害に見舞われた際、林鉄は北部の各県ではまず災害に対する救済を先に行い、それから「四清《スーチン》」を行うべきだと主張した。これが階級闘争に反対しているとして糾弾された。林鉄が地方で療養していたことについては、療養という名目で陰謀活動を行っていたのではないか、調査をすべきだとある者が提案した。

河北省のある指導者が非公式な場でこう話した。指導層においては、階級闘争の火蓋を切って落とすことでのみ主導権を獲得できるのだ。この一言は、まさに真実を言い表している。確かに、河北省のある地区では、多くの人々が混乱に巻き込まれてしまうにも関わらず、階級闘争の火蓋が切って落とされた。例えば、「華北局工作会議簡報」において、唐山には総路線に反対する黒線があるとされ、唐山地区委員会、唐山市、河北省委員会、華北局計画委員会、中央の関係部門などに所属する多くの者が太字で名前を強調して書かれ、批判された。

闘争が開始されると、人間関係に異常な緊張がもたらされ、自己を防衛し、他人を公然と批判することが人々の行動規範となるのだ。誰を責めることもできないと私は思う。「惟上是従」という信念、「『左』であればあるほど革命的である」という情緒、自己防衛の行動、この三つに支配された情況で、皆「左」傾の洪水に流され、その流れに逆らうことなどできないのである。批判する際に、どの程度原則的政治路線の問題に格上げするかは人によって違うだろうが、しかし誰であれ一定程度はそうせざるを得ないのである。我々の党における闘争哲学は、結局のところ、党内民主を全く欠き、極端に深刻な結果をもたらしてしまった。

実際、「文革」だけにおいてこうした党内闘争が展開されたわけではない。党の歴史を振り返ってみれば、行き過ぎた「左」傾路線がもたらした災禍は非常に大きいのである。第二次世界大戦中の革命根拠地[*]

では、誰それが「ＡＢ団[105]」〔アンチ・ボリシェビキ団〕の疑いがあるとされただけで山へ連れて行かれ、その場で銃殺刑となった。延安の整風運動中には「搬石頭」〔石を運ぶ。ここでは幹部を不当に処分することを意味し、石は革命の邪魔となる人間を指す〕が行われ、特務〔スパイ〕や階級の敵とされるとすぐに監禁され、「石」と見なされた。一九五七年の反右派闘争の際には、党支部書記に意見があるというだけで反党とされ、右派分子というレッテルを貼られた。年齢の若い者は農村で労働改造を強制された。右派とされた者は全国で数十万に昇る。一九五九年の反右傾日和見主義運動の時期には、彭徳懐《ほう・とくかい》〔※〕が中央の毛主席に一通の手紙を送り、多くの人が言いたいが恐ろしくて言えなかった真実を勇敢に伝えた。その結果、彼を含め彼の考えに賛成した者全てが右傾日和見主義反党集団とされてしまったことは有名である。全国で展開された四清《スーチン》運動で、一体何人の粛清されるべきでない基層幹部が粛清されてしまったか。それはわからない。

私が考えるに、「文革」という大きな災禍はそれまでの党の政治運動の流れの単なる必然であり、これまでの政治運動における「左」の集大成であった。そしてまた、中国において長期に渡って存在してきた封建主義専制と「極左」が一時に発露したものであり、中華民族にとって貴重な反面教師的教材となったのである。

第五章　狼煙上がる市委員会工作会議

1　休会を繰り返す市委員会工作会議

一九六六年五月二一日から七月二三日まで開催された華北局工作会議が終わり、天津市から出席した五三名が開催地の北京から天津に戻ると、天津市委員会工作会議の準備が慌ただしく始められた。華北局工作会議はその名に「工作会議」とあるが、実際には党内「文革」が開始された会議であり、省・市幹部に対する公然とした批判〔掲発批判〕が行われた。市委員会工作会議は必然的に上級機関のやり方に倣って開催され、会議の内容は次の四項目に定められた。一、華北局工作会議の主旨を伝達し学習する。二、公然とした指摘〔掲発〕を活発に行う。三、批判を大々的に展開する。四、「文革」の手配について討論する。

七日間の鳴り物入りの準備を経て、天津市委員会工作会議は七月三一日に開始された。期間は一ヶ月間と予定された。会議に参加した市、区政府・局、処の幹部は計九七六名。今回の工作会議は天津市の歴史のなかで最も長い会議であり、また、参加者が寝食を共にした会議であった。参加者は河北賓館〔現在の天津賓館〕に宿泊し、一人一日あたり一元の食費のうち、本人が四角負担し、六角が補助され、各個人にあらかじめ決められた糧票[106]〔穀物の配給を受けるための券〕が交付された。

天津市委員会は会議のために周到な準備を行い、大会秘書処を設置した。宣伝・文化・教育〔以下、宣伝文教と略す〕、農業、政法〔治安、公安、検察、司法など〕、統一戦線[107]、財政・貿易、工業・交通・建設の五つの部門に分け、各部門に指導組織と臨時の党組織を設けた。宣伝文教が今回の会議での重要な部門であったため、市委員会とその他の部門から領導幹部が派遣され、この部門と部門に属する各組のリーダーを担当した。宣伝文教部門の会議参加者達は会議の外でこう言い合った。「宣伝部、文教部の指導者達は皆会議に参加しているにも関わらず、指導工作には参加していない。これはこの部門に問題があるということを意味しているのではないか。いくつかの組のリーダーは別の部門の者である。実際には市委員会が派遣して来た工作隊だ」。宣伝文教部門の者達はこう言い合い、非常にびくびくしていた。

各部門と各組は、それぞれ会議簡報を発行するための人員を配置し、各々から発行された簡報を大会がまとめて編集・印刷し、会議参加者全員に配布した。さらに、大会秘書処は毎日各組の討論情況をすぐさま把握し、「会議動態」を編纂し、市委員会書記処に報告した。このように、今回の会議は非常に周到な準備・手配がなされていた。それにも関わらず、「文革」の火の手が上がり、それが燃え広がって至る所で煙が上がった。市委員会は内と外との板挟みにあい、しばしば計画通りに進行できない情況に追い込まれた。

会議が始まってわずか数日しか経っていない八月三日、自殺事件が発生した。自殺したのは某局所属の単位《ダンウェイ》〔職場、機関〕のある副職〔副部長級幹部〕であった。「文革」中ある人が彼を批判する大字報を貼り出し、彼が「反革命を庇った」と主張した。このことで彼は大きな精神的ストレスを抱え、上級の主管局政治部主任に対して、「ある人は私が反革命を支持していると言っている。私は反革命とされてしまうのか」と話した。二日午後、彼が所属する組で討論を行った際、リーダーが彼に少し話をさせようとすると、まだ十分な準備ができていないからと彼は断った。夕飯の時には饅頭《マントウ》を一つ食べただけで、食堂をすぐに出た。夜七時半、組での学習会の際に彼が戻っていないことがわかり、すぐに人をやって四方を探させた。

私たちは報告を受けた後、早急に「会議動態」を発行した。翌日になって彼が川で投身自殺したと報告を受けた。実際のところ、彼には重大な政治的経歴上の問題は何も無く、過去に犯した重大ではない問題に関しても既に結論が出ていた。一九五九年の反右傾日和見主義運動の際、「誤った」発言を行い、ごく一般的な批判を受けた。彼は古典文学を好み、幾分視野の狭いところがあった。彼にとって「文革」大字報はあまりにも刺激が強過ぎた。彼はこの会議に参加する際、反右傾日和見主義運動の際に行った検査の資料を全て持参していた。それほどまでに、彼は精神的に非常な緊張を強いられたのだった。

「文革」初期の自殺者数は中期や後期に比べて非常に多い。その理由は、私の考えでは、不意に起こった大動乱によって従来の社会規範が一瞬にして打ち壊され、多くの人々がどうしたら良いかわからないといった不安に襲われてしまったからである。フランスの社会学者のエミール・デュルケムは『自殺論』のなかで「アノミー」によってこのような自殺現象が引き起こされると分析している。

会議期間中の中頃、いくつかの単位《ダンウェイ》が会議宛てに大字報を提出し、指導者に対して単位《ダンウェイ》に戻って批判を受けるように要求し始めた。八月八日午後、市教育局の七名は一〇〇名余りからなる連名の大字報を会議に直接持ってきて、関係幹部五名に対して局に戻るよう要求した。一〇日午後、市衛生局の数十名の幹部が五枚の大字報を持参し提出した。市委員会が集中的に会議を開くそのやり方と、局の指導者達が局内で運動に参加しないことを批判し、さらに一人の指導者に対して局に戻るよう要求した。この幹部はその場で高帽子をかぶせられた。この場面を目にした同志達は大きな不安にかられた。一一日正午、市体育運動委員会体育陪訓班の学生数十名がやってきて、市体育運動委員会の指導者に部署に戻って批判闘争を受けるよう求めた。一三日、市体育運動委員会指導者は高帽子を被せられ、人々が銅鑼と太鼓をたたくなか連れてこられた。大字報を直接提出し単位《ダンウェイ》に戻るよう要求されると、関係する指導者が直接これに応対した。しかし、「造反有理」[108]によって会議に関する規定や社会生活の規範全てが打ち壊されてしまい、会議秘書処は会議全体をコントロールすることが全くできなくなってしまった。

会議期間中に中学校における「文革」が速やかに開始された。八月七日、市委員会書記処では議論を経て、数名の指導者をいくつかの中学校へ派遣し、そこでの「文革」を指導することが決定された。万暁塘は一六中へ、趙武成は南開中学へ、張淮三《ちょう・わいさん》[22]は一八中へ、馬秀中《ば・しゅうちゅう》（市委員会常務委員、財政貿易政治部主任）は二〇中へ、王培仁《おう・ばいにん》（市委員会常務委員、副市長）は八中へ、杜長天《と・ちょうてん》（市委員会調査部部長）は市一中へ……とそれぞれ派遣され、各区委員会は書記の一人を自らの区へ戻し、学校における「文革」を指導させた。

党中央は、一九六六年八月八日に通過させた「プロレタリア文化大革命に関する決定」[109]（いわゆる「一六条」）と八月一四日に公布した「八期一一中全会公報」を発表した。すると、それまでものものしい雰囲気であった天津市委員会や各区委員会の建物が、にわかに騒然としてきた。八月一〇日以後、市委員会や市内各区委員会建物の門前での群衆によるデモが日増しに増えていった。民衆は、主に「一六条」と「八期一一中全会公報」を歓呼し、また陳情を行ったり質問に対する回答を求めたりした。八月一六日、民衆は市委員会の敷地内に一二七枚の大字報を張り出した。そのうち九九枚は、「八期一一中全会公報」を歓呼するものであり、その他はいくつかの問題に対する弁論や市委員会に対する意見などであった。

その当時、学生と労働者とでは、市委員会に対する態度に違いが生じていた。八月一七日夜一〇時から一八日早朝六時、数百名の学生と労働者が市委員会建物の門前で大弁論会を開催した。ある中学二年生の生徒が、北京のガリ版刷りの資料を写して、大字報を張り出した。天津市委員会が紹介状を書いて学生を北京へ追い払っている（事実は決してそうではない）。これは市委員会による「大陰謀」であり、天津の「文革」を破壊し、また北京での「文革」を破壊しようとするものであるという内容であった。この大字報が張り出されると、これに労働者達は猛烈に反発し、学生、労働者双方の代表者がロビーで弁論大会を一晩中開き、結局労働者達が優位を占めることになった。学生達は自分たちが悪人に利用されたことを認め、万歳[110]を大きな声で叫びながら解散した。この時には未だ完全な混乱状態には陥っておらず、市委員会を防衛しようとする陣営がまだ主導的な地位にあった。しかし、民衆の熱狂は既に大きなうねりとなって現れていた。

天津市委員会工作会議は八月二〇日から二五日まで一時休会となった。病人やいわゆる「問題」があるとされた者の一四〇人は会に留まったが、そうした者達を除き、会議参加者は皆それぞれ工場や学校、街道委員会〔人民政府の末端機関〕などに直接赴いて「一六条」を宣伝した。二四日午後から夜にかけて、二つの単位《ダンウェイ》の者が来て、会に留まっているある人員に単位《ダンウェイ》に戻るよう要求した。そのうち一人は群衆の前で高帽子を被せられ批判闘争にかけられた。二六日午前に会議は再開となったが、中共八期一一中全会のいくつかの内部文書が伝達された後、再び慌ただしく休会となった。

---

(22) 張淮三（一九一八～九三年）。天津市の出身。一九三六年九月に中国共産党に入党する。一九四五年、天津市で党の地下工作を展開し、中共天津工作委員会委員及び秘書長、青年工作委員会書記、冀中区党委員会城市工作部の天津市を担当する三人から成る指導小組のうちの一人などを務める。建国後、青年団天津市工作委員会書記、市公用局局長兼等委員会書記、市地方国営工業局局長兼等委員会書記、市計画委員会副主任、中共天津市委員会組織部長、市委員会書記処書記、中共天津市委員会書記、市革命委員会副主任兼科学技術委員会主任、中共天津市顧問委員会主任などを歴任する。

2　最初の公開名指し批判

市委員会工作会議が始まると、闘争の矛先はすぐに宣伝文教部門へと向けられた。八月二日、大会秘書処は「反党反社会主義教育黒線の頭目王金鼎を引っ張り出す」という記事を宣伝文教部門の各組へ配布した。八月三日、『天津日報』が第一面の全段抜き大見出しで、紙面の一面全体を使って市委員会文教政治部主任である王金鼎《おう・きんてい》[23]を名指しで批判した。見出しはこうである。「我が市の広範な革命教師・学生、及び革命幹部は毛沢東思想の偉大な紅旗を高く掲げ、勇ましく奮戦する。ブルジョア階級の代表人物・王金鼎の反革命的犯罪行為を糾弾する」。副題は、「公然と指摘〔掲発〕された大量の事実は王金鼎が革命的な民衆運動を抑圧し、プロレタリア文化大革命を押しやろうとしたことを証明する。毛主席の教育思想に一貫して反対し、ブルジョア階級知識分子に依拠して学校を統治し、修正主義教育路線を力の限り押し進めた。ブルジョア階級のプロレタリアに対する独裁を実行し、労働者、農民及び革命幹部の子女を攻撃し、愚かにも学校をブルジョア階級の後継者を育成する陣地にしようと企んだ。彼は正真正銘の党内に紛れ込んだ反党反社会主義反毛沢東思想のブルジョア階級の代表人物である」。

王金鼎は当時市委員会工作会議に参加していた。彼は会議中、冷静沈着で、突然の批判に直面してもユーモアたっぷりにこう発言した。「私は天津教育界における『創立者』である。毛主席が言ったように、閻魔を打倒しなければ、鬼を解放できないだろう[三]」。

天津市の幹部のなかで、新聞で名指しされ、批判されたのは王金鼎が初めてであった。しかし、文教部門ではこれより前に新聞で名指し批判された者がいた。南開大学党委員会副書記兼副校長の婁平《ろ・へい》と党委員会委員兼副校長の呉大任《ご・だいにん》だ。彼らは既に前後して『河北日報』や『天津日報』上で批判を受けていたのである〔当時、南開大学の党工作は河北省が管轄していた〕。王金鼎は北京で開かれた華北局工作会議には参加しなかったため、天津で仕事を指揮していた。「文革」の波は最初学校で発生した。彼は文教部門の責任者であったため、真っ先にその矢面に立つことになり、難を逃れることはできなかった。華北局工作会議期間中、天津市委員会は河北省委員会の指示に基づいて、王金鼎に対して名指し批判を行うことを既に決定していたのである。さらにこの期間に、市委員会は一部の区政府・局以上の領導幹部を北京に呼び寄せて会議を開き、「文革」のための仕事を手配していたが、その時にある主要な指導者は文教政治部主任の王金鼎に対する公開名指し批判の準備について話していた。

王金鼎は当時天津市の老幹部のなかで唯一教授職に就いたことのある者だった。党が天津市を解放した際に党の成員だった者のなかでは、市委員会宣伝部部長を務めた黄松齢《こう・しょうれい》〔※〕が教授職に就いたことがあった。黄松齢は人々から尊敬を込めて「黄老」と呼ばれたが、一九五二年に既に中央人民政府教育部へ移っていた。

王金鼎が教授職に就いたのは、彼の革命への参加・経歴と直接の関係がある。王金鼎は一九三八年に中国共産党に入党し、延安青年救国聯合会〔青救会〕で活動した。一九四二年に天津に派遣され地下工作に従事した。天津達仁学院に入学し、学生という身分を摘発から逃れる隠れ蓑にしながら革命のための仕事に尽力し、卒業後は天津工商学院〔後に津沽大学に改称〕で講師を、さらにその後教授を務めた。解放前夜、

---

(23) 王金鼎。河北省定州《ていしゅう》の出身。一九三八年、中国共産党に入党する。一九四五年、天津達仁学院経済系を卒業。中共中央青年工作委員会秘書処処長を務める。建国後、天津市文教委員会副秘書長、津沽大学教授及び教務長、南開大学教授、副教務長及び党委員会書記、中共天津市委員会文教部部長、天津市哲学社会科学聯合会副主任、中国人民保衛世界和平委員会天津分会副会長を歴任する。

彼は様々な関係や繋がりを利用して国民党警察隊伍に対する帰順工作を行った。一九四九年四月、軍事管制委員会は王金鼎とほかの二名の幹部を河北女子師範学院に派遣し、党支部の設置及び組織の整頓と教学改革に当たらせた。一九五一年一月、津沽大学の教師と学生は自発的に校政改革委員会を設立し、新中国教育政策を実施しないフランス人副校長の卜相賢《ぼく・そうけん》、さらに教育長や秘書長等の職務解任を要求した。学校理事会はこの要求に基づいて卜相賢などの職務を解任した。その後同大学商学院財会系主任の李宝震が副校長に、王金鼎が教育長に就任し、全校教師・学生の歓呼で迎えられた。一九五六年、天津市委員会が文教部を設置すると、王金鼎が副部長となり、一九六四年には部長に就任した（一九六四年には文教政治部に改められた）。

王金鼎は市委員会常務委員会議にはしばしば出席していた。私も会議の記録をとるために出席しており、王金鼎の発言をいつも注意深く聞いていたが、観点が明確であり、筋道を立てて詳細な分析をする人で、発言はいつでも非常に理にかなったものであった。規則や制度を口実にした逃げ口上を言ったりすることはなく、口先だけで実行しないなどということは絶対にない人であった。一九五七年三月一七日の晩、毛沢東は天津市の人民礼堂で天津の幹部に対して重要講話をしている際に、今ここに座っている人のなかに大学教授はいるかとユーモラスに聞いたことがある。二人だけ手を挙げた。一人が天津医学院院長の朱《しゅ・》憲彝《けんい》、そしてもう一人が王金鼎であった。当時天津日報社の編集長であった石堅《せき・けん》がちょうど王金鼎の隣に座っており、手を挙げることを少し躊躇している王金鼎を見て、手を挙げるよう促したのである。

『天津日報』で王金鼎に対する名指しの批判が行われると、一般民衆のあいだでもすぐに公然とした批判〔掲発批判〕の波が高まり、盛んに行われるようになった。『天津日報』に記事が掲載された当日、南開大学など七〇余りの単位《ダンウェイ》から一万に迫る人々が集まり、市委員会建物の門前で集会を開き、王金鼎を糾弾した。同紙には、労働者・農民・兵士を代表する者達による多くの批判論文も掲載された。一九六六年八月四日付の『天津日報』では次のように報道された。「昨日、天津市の大学、中・小学校の広範な革命的教師・学生は、新聞に発表されたブルジョア階級の代表人物・王金鼎の反革命的犯罪を糾弾する記事を読み、嬉しさに奮い立ち、気持ちを非常に高ぶらせた。午前から始まって深夜に至るまで、幾千幾万の革命的教師・学生が銅鑼と太鼓をたたきながら隊をなして中共天津市委員会へ向かい、我が市におけるプロレタリア階級文化大革命の重大な勝利を熱烈に歓呼し、毛沢東思想の新たな勝利を熱烈に歓呼した」。八月五日付の『天津日報』には、次のような全段抜きの大見出しが掲載された。「本市の広範な労働者、農民、兵士と革命幹部は皆いきり立ち、闘志を高揚させて、それぞれに集会を開き、ブルジョア階級の代表人物・王金鼎の反革命的犯罪を糾弾した」。今日の人々には全く理解できないかもしれないが、こうした報道はあの時代の政治文化を反映したものだった。

これと同時に、市委員会工作会議、特に宣伝文教部門では、小組会議や中規模の会議で、さらに委員会外の人員も参加する形式なども採用し、王金鼎に対する公然とした批判が集中的に行われた。王金鼎は、次のように非難され、毛主席の著作を学習することに反対したとされた。「王金鼎は教育関連部門で毛主席の著作を学習することに反対し、会議を開くとすぐに教学の質の向上について話した。一九五八年の大躍進以降、情勢は非常に良く、人々は労働をしながら教学に励んでいたが、王金鼎は労働が多過ぎると主張した。一九五九年に彼は教学を中心にすることを提案している。さらに昨年には、六分の五の時間を教学に当て、六分の一の時間を党・共産主義青年団[112]の活動時間とすることを提案し、毛主席の著作を学習する時間は全くとることができなくなった」。

また、王金鼎が一九五九年に自動車で承徳[113]〔河北省の東北部に位置する市〕へ行った時の発言を、同行した運転手が次のように批判している。「王金鼎は道中名所旧跡を見ると、滔々と話しを始め、毛主席の教えに関する話などは一切出てこず、それはもう色々と醜態を演じ、少しも革命家の気配など感じなかった！」」。さらに、この運転手は、「階級調和を謳って、悪人を保護している」と批判した。これは王金鼎が、学生達のあいだでは搾取階級の家庭の出身であることを互いに話題にしてはならない、また、そうした家庭の出身者を差別してもいけない、出身の悪い人々に無用な負担を負わせてはならないと主張したことを指して言っている。

一九五七年、『人民日報』は南開大学のある教授の右派言論を編者の言葉を添えて報じようとした際に、王金鼎に意見を求めたが彼は同意せず、それでも『人民日報』はやはりその右派発言を掲載したといった批判も出た。また、王金鼎は右派のレッテルを貼られた天津市の非常に有能な医者二人のために何度も話をし、この二人の所属する単位《ダンウェイ》を「右派に対して闘争をやり過ぎである」と非難し、この二人の医者は希有な才能があり、彼らの積極性を結集しなくてはならないと言ったなどと人々は口々に公然と指摘した〔掲発〕。

歴史はしばしば人を笑わせてしまうようなことをする。当時批判された王金鼎の言動は、実際には正しいことばかりで、後にそのまま実行されねばならないこととなったのである。

3 「学習材料」は「大毒草」

前にも述べたように、華北局工作会議期間中に、天津市委員会常務委員兼宣伝部部長の白樺は実事求是の精神で会議秘書処に意見を提出したため、火を招いて身を焼くことになり、集中的な批判を浴びた。しかし、たとえ彼が何も弁明しなかったとしても、当時の政治的情勢の下では、宣伝部部長として致命的な困難から逃れることは難しかっただろう。華北局工作会議だけでなく天津市委員会工作会議においても、白樺は市委員会宣伝部の責任者として集中的な公然とした批判を受けた。

私は会議の推移を見ていて、少なからぬ参加者が会議における闘争の行方を予想し、準備をして会議に臨んでいることがわかった。ある区委員会の指導者は賓館での会議に来る際に副部長である方紀の著作を持って来ており、またある人は副部長の李麦《り・ばく》が『調査研究の話』[114]のために書いた序言の小冊子を持参していた。後に、「文化大革命」は「大革文化的命」〔文化を大いに革《あらた》める〕であると人々はよく言ったが、「文革」の初期は特にこうした特徴が非常に鮮明である。果たして、会議で集中的な批判を受けたのは市委員会宣伝部が出版した「文芸学習材料」であった。まず、この「文芸学習材料」が出版されたいきさつについて話そう。

一九六〇年以降、党中央の「調整、強化、充実、向上」[115]の八字方針の貫徹・実施という指示に従って、中国の文芸界では大躍進運動の狂騒が急速に沈静化へと向かった。そして、文芸界発展への気運が高まり、基本的な訓練・修業の整備に力を入れ、芸術発展のための規律を積極的に模索した。文芸創作における本当の春を迎えたと言ってよかった。一九六一年、党中央宣伝部は文芸座談会を開催し、周恩来、康生、周揚、林默涵《りん・もくかん》〔※〕、姚臻《よう・しん》〔※〕などが報告や講話を行った。また、座談会開催に伴って、周恩来、陳雲《ちん・うん》〔※〕、陳毅《ちん・き》〔※〕、康生ら党中央の指導者達が一九六〇年から一九六一年にかけて発表した文芸工作に関するいくつかの意見をまとめ、大会の学習資料として発行した。同時に「当面の文学芸術工作に関する意見（草案）」と「戯曲、伝統演芸劇目、曲目を強化する掘り起こし工作に関する通知」（以下簡単に、それぞれ「文芸工作一〇条」、「戯曲工作一〇条」とする）及びいくつかの文芸にまつわる問題をまとめた参考資料が発行された。当時、天津市からは方紀ら二人がこの座談会に参加していた。

座談会終了後、天津市委員会宣伝部は市委員会書記処に報告を行った。そして、市委員会書記処の指示に基づいて、市委員会宣伝部は天津市文芸工作座談会を開催した。参加者のなかには文芸部門の党員を指導する幹部と一部の作家、芸術家などが含まれるほか、白樺や方紀ら八名からなる領導小組も結成され、八月一四日に開会となった。

天津市文芸工作座談会では、党中央宣伝部が開催した文芸工作座談会での周揚による報告と結論、さらに周恩来や陳毅、康生の講話が伝えられた。また、党中央宣伝部が発行した内部文書や資料が配布され、白樺が総括報告を行った。この天津市文芸工作座談会と同時に河北省文芸工作座談会も天津で開催された。河北省文芸工作座談会の期間中、周揚と茅盾《ぼう・じゅん》〔※〕はそれぞれ河北省と天津市の文芸工作者を集めて座談会を開催し、さらに河北省、天津市の各座談会で講演を行った。

会終了後、会議に関する文書が多く、伝達に不便であることを考慮して、「文芸学習材料」が編集・印刷され、内部文書として各区委員会、党委員会、各文芸団体に配布された。この書類は党中央宣伝部が発行した書類に基づいて編集されており、以下の内容を含んでいた。一、周総理による文芸座談会上での報告及び歌舞演目に関する一次講話。二、陳毅が戯曲演出工作座談会上で行った講話及び北京文芸座談会上での講話。三、康生による文芸座談会上での講話。四、周揚の文芸座談会上での報告、会終結時の二度の発言、北京文芸座談会上での講話、高等院校〔大学以上の教育機関を指す〕文科教材選択編集計画会議における講話。

「文芸学習材料」は主に周揚の報告と講話を中心に構成されたが、それ以外にもいくつかの講話などが収録された。さらに、簡単な前書きを付け加え、文中には標題をつけ、言葉上の手直しを行った。白樺、方紀が詳細にチェックした後定稿とし、王亢之の同意を経て、一九六二年一月に発行となった。

この資料は百花斉放、百花争鳴の精神に貫かれている[116]。当時、毛沢東が調査研究を大々的に実施することを提案し、党中央は「農村人民公社工作条例」〔「農業六〇条」〕を制定し、従来の「一大二公」[117]〔一に規模が大きく、二に所有制が公有制であること〕の人民公社制度をかなりの程度否定した。工業においても「六〇条」が制定された。「文芸工作一〇条」、「戯曲工作一〇条」は、こうしたゆるやかな政治的空気のなかで制定されたのである。「文芸学習材料」の作成にあたっては、内容はどうであれ、上級機関の報告や講話の主旨を編集しただけで、決して独自の内容を加えたりはしていない。

この一連の天津市の対応は、一般的な論理的推論によれば、組織の原則上非難される言われはないはずだ。しかし、緊迫した当時の情況でこの理屈は通らなかった。周揚は既に公開名指し批判を受けていた。黒線の頭目である周揚の講話を含んでいることが、非常に大きな過ちだと非難された。内容には周総理などの講話も含んでいると弁解しても、無駄である。文芸黒線の頭目の講話とプロレタリア階級革命家の講話を一緒にして掲載するとはなんという悪辣な下心だ、許されない「大陰謀」だと批判されてしまう。ほかに釈明の仕様があるだろうか。

市委員会工作会議で、大会秘書処が「文芸学習材料」に対する批判論文を発行すると、即座に批判の気運が高まった。ある人は、批判論文は「痛快」だ、この「文芸学習材料」は「徹頭徹尾反党反社会主義反毛沢東思想の修正主義綱領だ」云々と発言した。会議では当然白樺が批判の的となった。幹部の自習班で白樺に会ったことがあるが、革命幹部ではなく資本家のようだったなどという批判まで出た。実際には、白樺は県委員会書記や地区工作委員会書記を務め、また華北文学芸術界聯合会で仕事をした経験もあり、老革命家の気質を持ちながら、かつ文人的な教養・品格を持った人物であった。白樺に対するこうした批判は本当に馬鹿馬鹿しいものであった。

白樺に対してだけでなく、宣伝部の副部長である方紀、侯苛一《こう・かいち》、李麦などその他の者に対しても公然とした批判〔掲発批判〕が行われた。実際には、宣伝部の領導幹部は、非常に有力者が揃っていた。方紀は前にも述べたように「一二・九」運動の時代に革命に参加した「老延安」であり、大作家でもある。侯苛一は一九三四年に革命に参加した老同志であり、県委員会書記を務め、長期に渡って幹部教育の仕事に従事した。李麦は抗日戦争時代からの「老報人」〔経歴の長い新聞部門の幹部〕であり、『天津日報』の編集長を務めたことがある。しかし、その輝かしい経歴にも関わらず、彼らは過酷な運命から逃れることはできなかった。

過去、党内では幾度となく整風運動が展開されてきたが、その際は、「対事不対人」〔事柄に問題の原因があり、人に原因を帰着させない〕としばしば言われ、運動では幹部の教育に重点が置かれた。しかし今回の史上類を見ない大「革命」においては、真逆の「対人不対事」といった態度や風潮が蔓延した。「文芸学習材料」が批判を受けたのは、周揚が打倒されたことに起因している。天津小站の「四清《スーチン》」奪権闘争はそもそも陳伯達が先導したものであり、周揚は一定期間参加したものの、彼が行ったことの多くは陳伯達の考えに基づくものであった。しかし、「文革」初期、陳伯達は非常に地位の高い権力者であったため、人々は口を揃えて周揚が天津小站での「四清《スーチン》」を破壊した悪人達のリーダーであると公然と批判した。

この問題の専案組〔特定の問題を調査検討するために設置された組織〕は私に対して小站四清《スーチン》問題を調査するよう指示した。彼らは档案〔保存されている党文書〕を読み、私が起草した「小站報告」を目にした。そして、原稿の「周揚」という名前の部分一ヶ所を私が線を引いて削除したことがわかり、私の路線闘争に対する自覚の高さを高く評価したのだ。私はそれを聞いて思わず笑ってしまった。王亢之の意見に基づいて報告を修正していたのであり、王亢之が周揚の名前は一度書いてあれば十分だと言った〔から削除した〕のだと私は専案組に伝えた。

歴史の功労と過失、何が正しく何が間違っていたのか。「中共中央の建国以来の党の若干の歴史問題に関する決議[118]」が早々と回答を与えているが、この「革命」のいくつかの細部は、今に至ってもなお回顧と考察に値する。

私は文革当時、既に一〇年以上文章を書く仕事や会議開催に関する仕事に携わっていたが、今回の市委員会工作会議では最大の力を投入した。非常に厳しい会議であった。大会秘書処は秘書・資料・生活の三つの組を設置し、秘書組組長を王左が、資料組組長を私が、副組長を王樹鶚《おう・じゅがく》が務めることになった。資料組だけで一八名の人員が割り当てられていた。この三人の組長は後に、万張反革命修正主義集団の〔*〕「黒秀才」と批判されることになる三人で、批判の際には「三王」と言われた。実のところ、これは我々三人にとって持ち上げ過ぎとも言えるもので、それまで三人は普通の「文章職人」に過ぎなかった。王左は数年前、七〇歳を過ぎて亡くなり、王樹鶚も五五歳の時、市出版局党委員会書記の職にあったが、病気を押して仕事をこなしていて、心臓病の発作で亡くなった。故人已乗黄鶴去、往事如今空悠々〔故人は既に黄鶴に乗って去ってしまった。昔の事は現在も空しく宙に浮いている〕。私は生き残った「幸存者」として、歴史に対する責任感に駆り立てられて往事のことを書きとめているのである。

4　主管書記、災難を免れられず

「亢之亢之、元元党国。一代報人、高山仰止」〔119〕〔亢之亢之、共産党の元老。世代を代表する新聞部門の幹部、高い山があれば誰でも仰ぎ見る〕。これは呉冷西による『王亢之記念文集』の前書きの一節である。中共天津市委員会書記処書記の王亢之は、正に古参の「世代を代表する編集人」であった。

「文革」以前、河北省委員会が彭真を招待し、人民礼堂で彭真が省・市幹部に対して国際情勢についての講演を行ったことがあった。彭真は始めに次のように話した。私は今日基本的な観点についてだけお話しし、多くの具体的なデータや資料については話しません。これらについては、私よりも王亢之が把握しているものの方が多いでしょう……。

その時、王亢之は会場の一番前の列に座っていた。王亢之は一九四七年から『晋察冀《しんさつき》日報』〔120〕の編集長を

王亢之と夫人の許明
（一九五〇年代に撮影）

務めた経歴を持ち、その際には鄧拓《とう・たく》〔※〕が社長を務め、彭真は新聞社の仕事を自ら指揮したという経緯があった。もっとも彭真は謙遜してそのように言っているのであって、その日彼は何か大綱があったわけではなかったが、二時間ほど立ったまま系統立てて滔々と話し、人々を感服させた。

王亢之はまさにこうした経歴によって、五〇年代初期に天津市委員会宣伝部部長、その後宣伝文教部門を主管する書記という地位に就いた。そしてまた、まさにその地位によって「文革」における批判の重点的対象とされてしまったのである。

一九六六年五月から七月の華北局工作会議上では、天津組で公然とした批判〔掲発批判〕の対象となった胡昭衡や白樺以外に、王亢之も集中的で公然とした批判の対象とされた。八月に開催された天津市委員会工作会議上では、王金鼎が新聞上で名指しされ批判を受けたが、王亢之は市委員会で文教部門の仕事を主管する書記であったため、「上挂下連」〔上下に影響が広がっていくこと〕、当然の成り行きとして王金鼎の背後にいる「黒幕」と見なされた。

蘇軾《そ・しょく》〔121〕は『明君可与為忠言賦』のなかで次のように書いている。「目有昧則視黒為白、心有蔽則以薄為厚」〔目は隠され、黒を白と見ることがあり、心は遮られ、薄いものを厚いと思うことがある〕。「文革」の時代においては、「左」傾思想に支配され、鹿を指して馬と言い、黒白が顛倒してしまった。市委員会工作会議上での王亢之に対する公然とした批判の中身は、彼の過ちを明らかにするものでは全くない。それだけではなく、むしろ賞賛に値するような彼の長所を示すものですらあった。

ある者は、王亢之は一貫して右傾しており、右派を庇っていると公然と指摘した〔掲発〕。また、ある文芸工作部門を主管する人員はこう公然と指摘した。一九五九年以来、関係部門は方紀の作品を審査し問題があることがわかった。そして、それを王亢之にも報告した。しかし、王亢之は「方紀は非常に多くの良い作品を書いている。なぜそれを集めないのか。問題のある作品を集めているだけだ」と答えたという。それ以降も方紀に関する審査を継続し、その結果を王亢之に報告したが回答はなかったという。また一九五九年、関係部門が雑誌『新港』に掲載されている「自由談」のコーナーを審査していた。そして「右派文章」があることがわかったため、それを王亢之に報告したが彼からの返答はなかったという。また別の例では、ある作家が大量のエッセイを執筆しており、その者は「批判を免れている右派」であると関係部門が王亢之に報告した。しかし、やはり王亢之からの返答はなかったという。

一九六〇年春、天津市が会議を開き、一九五九年の年末に北京で開催された文芸会議について伝え、毛沢東の『延安における文芸座談会における講話』を学習し、方紀や王昌定《おう・しょうてい》〔※〕ら数名の作家を批判した。そして、関係部門は批判論文を執筆して発表する必要があるかどうかを問題にした。しかし、王亢之はその時頷かず、ただ「党史」について話し、「残酷な闘争や非情な攻撃をしてはならない」と話したという。

ある者はまた、労働者達が孫犁《そん・れい》〔※〕の小説に対して批判論文を書き、王亢之に指示を求めたが、彼からの反応はなかったと発言した。後になって、「ソ連修正主義」の刊行物が孫犁の『鉄木前伝』を転載していることがわかり、再度王亢之に伝えたが、やはり何ら対応はとられず、逆に「あなた達の情報はいったいどこから得たものなのか。根拠はあるのか」と問いただされたという。さらに王は「孫犁は精神的ストレスを感じている」と言ったという。周谷城《しゅう・こくじょう》〔※〕が『新建設』に一遍の論文を発表したが、ある人がその論文に対して批判記事を書いた。関係部門は王亢之に指示を仰いだが、周谷城は全国的に影響力のある人物であり、天津市は批判しないと王亢之は答えたという。こうした話が、すべて王亢之の「罪状」とされた。

こんな批判もある。王亢之は天津の作家・王昌定から受け取った手紙を、天津市委員会の党刊行誌『天津工作』に掲載するよう指示した〔批示〕。内容は、党員が互いに「同志」と呼び合うことを提唱するものだった。市委員会弁公庁が編集・印刷を担当していた党刊行物だったため、私も印象深く覚えており、掲載後の反応も良かった。もともと、市委員会では互いに同志と呼び合う伝統があり、例えば、王亢之に対しても、王書記とは誰も呼ばなかった。良く知った間柄の者であれば、「老亢」と呼んだ。万暁塘が我々の党小組会議に参加した時も、皆彼を暁塘同志と呼び、万書記と呼ぶ者はいなかった。党刊行誌に王昌定からの手紙を掲載し、党内の民主と平等を改めて促進することは良いことではないか。しかし、ある者はこれを採り上げ、こう批判した。同志と呼び合うことに関しては、早くから中央より指示を受けていた。それにも関わらず、批判を受けた王昌定の手紙を発表するよう王亢之が指示したのは、悪人の「反攻」を助けるためである！

また、ある人が「『四郎探母』[122]と『南北合』[123]は修正主義的作品である」という内容の批判論文を執筆した。その論文に対して王亢之は非常に不満で、ある会議上でこの考え方を批判し、さらに一九六四年に開かれた会議でも次のような発言をした。舞台の上には帝王将相や才子、佳人などが多くいるが、彼らが皆反社会主義的というわけではない。例えば、『梁山伯与祝英台』[124]、『将相和』[125]などは社会主義的ではないが、反社会主義でもない。こうしたエピソードも王亢之を公然と批判するための材料となり、「右」傾の証拠とされたのである。

王亢之の中国作家協会天津分会での仕事に対しても、公然とした批判が行われた。王亢之は、一、作品を見出すこと、二、才能を見出すことと皆に要求してきた。作家は広範な知識を持ってなければならず、画家は見聞を広めなくてはならないと話し、各級党委員会の「重官不重学」〔幹部ばかりを重視し、芸術家を重視しないことを意味する〕の傾向を批判した。王亢之のこのような態度は、プロレタリア階級による政治を最優先することに反対し、文学や芸術をブルジョア階級の道へと誘導しようとしたと批判された。

また、王亢之はかつて「雅俗共賞」〔文芸作品などに精通する人もしていない人も共に楽しめる〕な夕刊を出すべきであり、「文人による編集・発行」が良いと提案したことがあった。それをある者は、新聞をブルジョア階級の新聞にしようとしたとして公然と批判した。王亢之は一九六一年の文芸座談会において、「積極的に刊行物を発行し、出版社をきちんと運営し、作品に対する討論を活発に行い、さらに一般庶民が読み、参加し、理解できる方法を用いて影響力を高め、活性化を図るべきだ」と話した。ある者は、実際にはこれはブルジョア階級の自由化を提唱するものだと批判した。

天津市委員会工作会議上、王亢之の出身家庭が地主であったことについても批判が集まった。王亢之は青少年時代に北京で学び、「一二・九」運動の時に、最初の中華民族解放先鋒隊[126]に参加した。彼の家は河北省の深沢県《しんたく》〔河北省石家荘市に位置する県〕で有名な地主で、「王宅半辺城」〔村の半分が王家のもの〕と言われた。しかし、二〇年代以降一族が次々と破産し、変化・分裂を始めた。王亢之の時代になると、家は既に没落し、多くの田地が既に売り払われ、三棟からなる古いが立派な住居と何ムー[127]かの野菜畑を所有するのみとなっていた。王亢之の父親も知識人で、以前はずっと仕事をしていたが、晩年は仕事をせず、王亢之と一緒に暮らしていた。私は王亢之の家に行ったことがあり、その時に王亢之の父親にも会って話をしたが、教養のある人であった。王亢之は自分の父と母〔継母〕によくしていた。会議においては、王亢之の出身や家庭について、王亢之は働きもしないで利益を得ている二人の搾取階級分子を養っていると公然と批判された。

天津市委員会工作会議の後、王亢之は指導工作を停止させられ、自宅で自己批判書〔検査〕を書き、一〇月になってやっと仕事に復帰した。私が最後に王亢之に会ったのは一九六七年の冬であった。その頃私は、彼が天津市革命委員会の仕事にそろそろ参加するということを聞いていた。しかし、彼は悲観的な態度を見せており、自分は天津で長いあいだ宣伝文教工作を担当してきた、本当に順調にこのまま許されるのだろうかと話していた。彼の表情は非常に重苦しいものであった。私の悪い予感は当たった。それから数ヶ月後の一九六八年二月、彼は江青によって「日本の特務〔スパイ〕」、「深沢県叛徒集団[128]」の頭目という罪を着せられ、迫害を受け亡くなった。

人というものは複雑な複合体である。王亢之は一九六四年、小站四清《スーチン》において、積極的に陳伯達の指示を実行し、多くの幹部や民衆の迫害に関わった。しかし、自分の担当した仕事においては行き過ぎた「左」傾を押しやり、幹部を保護した。そして、最後には自分が「左」傾の殉難者となってしまった。「左」傾の非道さは、簡単には言い表すことができない。

5 事実を話した市長夫人――夫婦艱難を共にする

一九六六年八月に開催された天津市委員会工作会議、それは北京で開かれた華北局工作会議の続きであった。華北局工作会議上で批判された中共天津市委員会書記処書記兼市長の胡昭衡については、市委員会工作会議においても依然として第一の重点議題とされた。この市委員会工作会議に参加した者のなかには華北局工作会議に参加した者も含まれており、また、大会秘書処は「華北局工作会議天津各組における胡昭衡同志の錯誤に対する公然とした批判の情況[129]」を発行していた。そのため、市委員会工作会議では最初から胡昭衡に対する公然とした批判の波が沸き起こった。

「華北局工作会議天津各組における胡昭衡同志の錯誤に対する公然とした批判の情況」は三つの部分からなる。第一部は「胡昭衡同志は二年半に渡る天津における在職期間に、政治において及び党の日常業務において一連の重大な過ちを犯した」。第二部は「『老生常談』を批判する」で、資料が付いている。第三部では『一人の共産党員の誕生』、短編小説『跳崖』、『乃紅子』をそれぞれ批判している。胡昭衡に対する公然とした批判では、事の大小に関わらず、一つひとつ原則的政治路線の問題に格上げ〔「上綱」〕された。

例えば、ある区の者は以前胡昭衡が視察工作に来た時のことを公然と批判した。視察中、四度も金銭の問題について口をはさんで尋ねたという批判である。この区内での住民の生産問題について胡昭衡に報告している最中、彼はどのように住民に賃金を与えているのかと尋ねた。ある街道〔末端の行政区画〕の幹部が報告している際には、胡昭衡は青年幹部の収入がいくらかを尋ねた。居民委員会が報告している際には、保育員の一ヶ月の収入を尋ねた。住民の代表が工場から石炭の灰を運んで胡同の道を補修することについて報告すると、住民が運んだ石炭の灰の量に応じて、工場は住民に対して引き取り代を支払わなければならないと言った。これらは、普通に考えれば、胡昭衡が住民の生活情況に対して十分に気にかけていたことを表すもので、非常に正常なことであり、当然非難すべきことではない。しかし当時は、彼は至る所で「金銭第一だと言い広めている」として批判されたのである。

会議期間中の半ばに、胡昭衡夫人で市委員会組織部副部長の林以行が胡昭衡の問題について個人の考えを述べた。林以行は抗日戦争の時代に革命に参加した老同志である。一九三八年夏、彼女は湖北襄陽師範学校を卒業した直後に、二人の同級生と武漢へ行き、紹介者を通じて共産党が指導する青年訓練班で学習した。紆余曲折を経て、その年の八月に延安に至り、抗日軍政大学に入学、軍の仕事に関わることになった。彼女は天津へやってくる以前、内モンゴル自治区フフホト市委員会書記処書記を務めていた。

林以行は組ごとの会議において、次のように述べた。「党において正式な結論が出る前ではありますが、『老生常談』に書かれている内容から考えても、これまでの胡の経歴から考えても、私は胡昭衡は反党反社会主義反毛沢東思想分子ではないと思っています。私は昭衡のことをよく知っています。私達は一九四〇年に八路軍一二〇師隊で知り合いました。私が話すことは、同志達の批判や分析の助けになるはずです。毛主席の教えによれば、問題を分析する際には主観性、一面性、表面性を排除しなくてはいけません。胡昭衡は抗日戦争の前は学生で、出身家庭は富農、父母は労働に参加しましたが、搾取階級でもありました。

彼は一九三三年から中国左翼作家聯盟（略称「左聯」）に参加し、その時は北平匯文中学で学んでおり、文章を書くことが非常に好きでした。一九三三年、反帝大同盟に参加し、五月に逮捕され、一ヶ月間投獄されました。証言や物証がなかったために、学校を通して保釈されました。釈放後は学校での勉学を継続し、後に北京大学で二年間学びました。一九三七年に八路軍に参加し、一二〇師隊に所属しました。捕虜になったことはありません。旧社会では、彼は軍に参加した以前には何も政治的な活動をせず、学生でした。抗日戦争中、二年間の組織工作を行い、その他は宣伝工作にも関わりました。日本の投降後、東北へ行き、一九四六年には内モンゴルに移り、その後一八年間ずっと内モンゴルで仕事をし、騎兵師団政治委員を務めたこともあります。一九六〇年、内モンゴル自治区党委員会書記処候補書記兼宣伝部部長を務め、農業に関する仕事も担当し、調査をするために現場を見に行くことも多くありました。一九六一年から『老生常談』の執筆を始めました。彼の経歴から考えて、反党反社会主義反毛沢東思想の意識があったでしょうか。私が考えるに無かったはずです。彼は仕事に対して一貫して積極的に取り組み、順風満帆で、これが彼の個人主義を助長したのでしょう。その後、大都市に異動となり、大都市で市長という地位に就いたことで人の前に立つ機会が増え、やはり彼の個人主義を助長したのかもしれません。胡昭衡は間違ったことをしたことのある、間違った発言をしたことのある、いくつかの良くない論文、作品を書いたことのある者です。『二六条』第五条に書かれているように、ブルジョア階級の世界観を克服できなかった知識分子なのです」。

林以行はこうも発言した。「総合的に見ると、これは良いことであり、歓迎すべきことです。文化大革命がなければ、こうした意見は聞くことができなかったでしょう。皆が少しも遠慮することなく発言できるということは、良いことです。幾人かの同志が告発したいくつかの事例は事実ではありませんでしたが、それでも悪いことではなく、将来党において、調査によって事実が確かめられ、結論が出されるでしょう。

例えば、ある同志は、私たち夫婦が天津に来た後、私たちの住居の修繕に一万元余り使用したと発言しましたが、実際には私達が来る以前に、市政府の人民委員会が修理したのです。また、例えば『簡報』には、私たちの家で使用する石炭や家具など全てが公費で賄われていると書かれています。実際には私たちの家でくべる石炭は今まで一貫して自費で賄っており、家具は規定に従って『折旧』〔減価償却に基づく費用〕を負担しています。数誌の新聞をとって読むことは国家の規定で定められたことであり、全ての書記の家はこの規定に従っています。ここで言いたいことは、これは制度が間違っているのであって、胡昭衡一人の問題ではないということです」。

林以行の発言が『簡報』に掲載されると、すぐに各組から批判の声が巻き起こった。いくつかの組では、このテーマで『簡報』を発行し、林以行の発言に対する批判を行った。ある記事にはこう書かれていた。「林以行の発言を読み、義憤で胸がいっぱいになった。これは林以行のプロレタリア文化大革命に対する公開の挑戦であり、徹底して彼女を告発し、断固として反撃しなくてはならない」。また、ある記事には次のように書かれていた。「皆が激昂し、非常に憤った。そして、次のように皆の見解が一致した。林以行の発言は大毒草であり、胡昭衡の表面を取り繕い、公然と胡昭衡を弁護するものである。さらに彼女の発言は、胡昭衡の問題を公然と指摘した〔掲発〕同志に対して反撃しようとするものである」。ある『簡報』は三つの横書きの標題を掲げた。一、「反党反社会主義の夫婦経営」。二、「反動的立場を堅持し、胡昭衡のために詭弁を弄する」。三、「自ら跳び出て来た反面教師」。各組は多くの大字報を張り出し、胡昭衡と林以行の罷免を要求し、胡昭衡に対する新聞上での公開名指し批判を要求した。同時に、林以行を「反動組織」の一員と見なし、「決心と信念を持って、この胡昭衡反党反社会主義反動組織を徹底的に叩き潰し、打ちのめし、壊滅させよう」と激しく非難した。

当時、私は「簡報」の編集・印刷の責任者をしていた。この胡昭衡と林以行に対する公然とした批判

〔掲発批判〕の勢いを助長させたという咎から逃れることはできない。歴史とは非常に曲折している。その年、この会議で多くの人が胡昭衡を公然と批判したが、会議後には彼らが公然と批判される運命が待っていた。

胡昭衡夫妻はこの「文革」という困難のなかで、何度か浮き沈みを繰り返し、あらゆる苦しみを味わった。市委員会会議で、胡昭衡夫妻は「反動分子」のレッテルを貼られた。その後、情勢が変化し、胡昭衡は天津市革命委員会準備小組と天津市革命委員会の仕事に参加し、それに伴って林以行も仕事を与えられた。しかし、思いかけず、一九七一年一月には再び情況が悪化し、胡昭衡は「悪人」、「天津五・一六総黒幕[130]」とされ、この罪によって三年間、「軍事監護[131]」〔軍隊の監視下に置かれ、自由を奪われ、審査されること〕の処分を受けた。林以行も自由のない「学習班」に二年間送られた。

一九七八年初め、胡昭衡は再び仕事に復帰した。彼は同年の元旦に夫人の林以行へ詩を贈った。

嘉年喜登臨　　行楽に出かけることを好み
患難夫妻親　　夫婦艱難を共にする
花甲存芳澤　　花は香気を保ち
芝蘭生林深　　白芷《びゃくし》と蘭は深い林にあっても香しい〔徳が高い人はどんな時であっても変節しない〕
天秋气肅殺　　厳しい秋や冬の寒さで草木が枯れ
野寒森凌阴　　野は寒く森は暗い
風雷激蕩久　　暴風と雷によって長く激しく揺り動かされるが
健我与尔身　　私とあなたの身は健やかだ
雖遭斧柯頻　　斧が繰り返し襲いかかってきても

削株難掘根　株は切り倒せても、根を掘ることは難しい
厳霜見后凋　ひどい霜が無くなり
原燎露真金　燎原は金を露す
戦士暮年志　戦士晩年志し
鞠躬尽瘁心　献身的に心と力を尽くす

胡昭衡は中央の国家衛生部党組成員、副部長、さらに国家医薬管理総局党組書記、局長を相次いで務めた。一九八四年二月に退職し、一九九九年一一月九日、北京にて、八四歳で亡くなった。

第六章　天津市委員会司令部を砲撃せよ

1　高まる熱狂、深まる混乱

一九六六年夏、堪え難いほどの厳しい暑さのなか、気温よりもさらに高まったのは人々の運動に対する熱狂であった。全ての都市で「ペンをとって武器としよう！　反動組織に集中砲火を浴びせよう！[132]」という造反の声が響き渡り、皆気がふれたように闘争の標的を探した。八月七日、毛沢東は「司令部を砲撃せよ――私の大字報[133]」を発表し、劉少奇、鄧小平へ批判の矛先を向けた。すると、すぐに各省・市で司令部に対する凄まじい砲撃が開始された。市委員会司令部を砲撃せよ、これが当時ちょうど開催されていた天津市委員会工作会議での中心的議題となった。

まず最初に、矢が様々な方向へ一斉に放たれると同時に、集中的な批判が行われた。「文革」中の「大鳴、大放、大字報、大弁論」〔大いに意見を出し、大いに討論し、大字報を書き、大論争をする。これを「四大」という〕は紅衛兵と造反派が始めたと一般的には考えられている。しかし、天津市における市委員会工作会議の情況を見ればわかるように、「四大」はまず党内で開始された。当時の「大鳴、大放」では、組ごとの会議上で矢が一斉に放たれた。市委員会書記処、市委員会常務委員から市委員会各部委員会の権力者に至るまで、多くの人々が組ごとの会議上で公然とした批判〔掲発批判〕を浴びた。運動に協力するため、会議の「簡報」にはどんな些細なことも全て掲載された。不完全な統計に基づけば、組ごとの会議上で公然と批判され、かつ会議の「簡報」において名指しで批判をされた者は合わせて五〇名を超している。市委員会書記処の八名の書記のうち重点的な公然とした批判を浴びたのは、半数の四名に昇る。

続いて、市委員会指導者に対する公然とした批判が開始された。ある者は政治路線を高く掲げ、天津の経済的落後を批判し、その原因は、市委員会が政治を突出させず〔政治を一番の大事とせず〕、「階級闘争を要」としなかったこと、そして毛主席の著作を積極的に学び活用しなかったこと、解放軍に学ばず、大慶に学ばなかった[134]ことにあると批判した。これより前、華北局の主要な責任者達は、一九六四年以来何度か天津市の経済的落後について問題にし、批判してきた。一九六四年二月、市委員会は全体委員会拡大会議を開催し、毛沢東の「相互学習を強化し、保守化や驕りを克服することに関する指示」を学習し、互いに批判を行い、自ら反省もし、業務における問題を点検した。市委員会第一書記の万曉塘は「気力を奮い立たせ、やり方を刷新し、天津の落後状態を改善するために奮闘しよう」という報告書を作成した。

だが実際には歴史が証明しているように、天津市の当時の経済的な衰退は、一九五八年に直轄市から省轄市へと変更されたことが原因だった。この変更は、全国に向かって開かれていた大型工商業都市を、一つの省の方向を向き、省のためだけに貢献する都市に無りやり作り変えるものであり、その当然の結果として、天津市の経済発展は大きな挫折を余儀なくされたのである。一九五七年、天津の工業総生産値は全国のそれの五・五六%を占め、上海は一六・一%、北京は二・九%を占めていた。しかし一九六一年になると、天津は四・八%に減少し、一方上海と北京はそれぞれ一八・五%、五・三%と上昇している。

次に、市委員会の文化大革命に関する指導力不足に対して批判がなされた。毛沢東が「司令部を砲撃せよ——私の大字報」のなかで書いている。「過去五〇日のなかで、中央から地方に至る全国において、数人の指導者同志は、反動的ブルジョア階級の立場に立ち、ブルジョア階級独裁を実行し、プロレタリア階級によるすさまじい勢いの文化大革命を攻撃し、是非を顛倒させ、白黒を混同し、革命派を包囲討伐し、異なる意見を抑え込み、白色テロ（反革命派による恐怖政治）を実行し、得意になり、ブルジョア階級の威勢をふるい、プロレタリア階級の志気を奪っている。なんと有害なことか」。毛沢東はここで、劉少奇に対して大きな砲弾を撃ち込んだだけでなく、「中央から地方に至る全国において」ブルジョア階級反動路線が実行されていると断言した。これ以降、市委員会はブルジョア階級反動路線の実行について検査を延々と迫られることになる。検査し、批判を受け、再度検査し、また批判を受け、こうした繰り返しが崩壊に至るまで続けられたのである。

華北局工作会議期間中は、市委員会の一七名の常務委員は、長期療養中の者を除くと、市委員会常務委員兼組織部部長の馬瑞華一人が天津に残って業務を全面的に受け持ち、それ以外の者は皆北京で会議に参加していた。

馬瑞華が天津市の工作を全面的に受け持っていた期間中の六月一一日、中央が高考改革[135]を決定したことを全市を挙げて祝う大会上で、第一六中学の一部の学生が全市青年に向けて一通の手紙を配布し、馬瑞華が学生に対して行った講話のなかに重大な誤りがあると批判した。また市委員会は文化大革命に関して指導力不足であると非難し、さらには市委員会には黒線が存在すると主張した。馬瑞華はこのことに関して北京で会議に参加していた市委員会書記処に報告した。市委員会はすぐに「旗印をはっきりさせ」、市委員会が革命的であると主張し、各校の教師や生徒を組織してこの手紙に対抗する弁論大会を一六中で行わせることにした。さらに、一六中に工作隊を増派することを決めた。六月一三日、各学校の学生が一六中の門前に集まり弁論大会を行い、現場は混乱した情況になった。馬瑞華は公安部隊三二名を現場に派遣することを決定し、秩序維持に当たらせた（午前九時半現場到着、一一時半撤退）。学生達に対しては何の規制も敷かれなかった。

この事件が党中央に伝わると、党中央と華北局は河北省委員会、天津市委員会の対処の仕方を非難した。これを受けて、河北省委員会第二書記の劉子厚（河北省委員会第一書記・林鉄は当時既に停職中で検査を強いられていた）が八月五日に党中央と華北局に対して自己批判書を提出し、省委員会及び市委員会は以下の二つの施策を速やかに実行することを決定したと報告した。一、馬瑞華市委員会常務委員兼組織部部長の職務を取り消す。二、市委員会第一書記・万曉塘は一六中の全ての教師、学生、職員及び各校の教師、学生、職員の代表者が参加する万人大会を開催し、公の場で検査を行い、馬瑞華に対する処分の決定を発表する。

2 「メビウスの輪」――誰に過ちがあったのか

八月六日、党中央と華北局に対する報告内容に従って、万曉塘は万人大会上で検査を行い、馬瑞華の処分に関する決定について発表した。しかし、事態は収束しなかった。万人大会後、ある集団は市を擁護したが、ある集団は市に対し断固として反対し、馬瑞華だけに罪を着せるというその「捨車保帥」（飛車を捨てて王将を守る）のやり方を批判した。

八月一〇日、市内の五〇余りの単位《ダンウェイ》及び二万余りの群衆が市委員会建物の門前に集まった。それほど大きくなく、穏やかであった通りが人々で埋め尽くされ、水も漏らさないような状態になった。ある小学校の代表である教師と学生が批判の声を挙げた。「中共天津市委員会のお役人様、あなた方が行おうとしているのは真の革命か、それとも偽の革命か。あなた方は王金鼎と馬瑞華に過ちを押しつけ、自分自身の責任から逃れようとしている。あなた方のやり口で私たちを騙すことはできない（中略）市委員会のお役人様、私たちはあなた方の黒線をきっと掘り起こし、排除する！」。また、市委員会を擁護する学校の教師や学生も市委員会の決定に対して次のように問いただした。今になって市委員会は一六中が革命的だと肯定している。私たちは以前彼らに反対した。では、我々は非革命的だとでも言うのか。彼らが左派ならば、我々は右派だとでも言うのか。当時は非左派を即座に右派と決めつける時代であった。こうした非論理的な考え方が人々を苦しい立場に陥れたのである。

この事件の是非、功罪を問うたとしても、誰も責めることはできない。一六中の学生は、毛主席の呼びかけに応えて率先して革命のために立ち上がった。その他の学校の教師や学生達にしても、市委員会からの呼びかけに応じて、共産党という組織を防衛しようと立ち上がった。どちらも責めることはできないのである。馬瑞華は天津に一人残って重役を一手に引き受け、起きた事件に全力で対処した。彼にも責めるべきところはない。馬瑞華は抗日戦争の初期に革命に参加した老同志で、県委員会書記、地区委員会の指導者を務め、天津に入城[136]してからは河西区委員会書記を長年務めた。指導者としての仕事経験は十分に豊富であり、今回の問題の処理に関しても軽はずみな盲動というわけでは決してない。河北省委員会と天津市委員会は、党中央や華北局からの非難や監督を受ける立場にあったのであり、この事件については上級機関の決定を執行しただけで、またそうせざるを得ない立場にあった。それならば、誰に過ちがあったのか。当時の全体的な情況を考慮しなくてはならない。

「文革」中の最も奇異な現象の一つは、造反と保守、攻撃する者と攻撃される者が互いに自らを革命的だとし、自分こそが毛主席の教えに従って行動していると考えていたということだ。「一つの共通の革命目標のために共に進む[137]」無数の人々が、同じ目標の実現のために行動していたにも関わらず、生きるか死ぬかといった情況で対峙することになってしまい、武器まで持ち出す事態となり、多くの人の血が流れることになった。道理といったものが人々の政治的熱狂のなかに完全に埋もれてしまった情況で、正しいかそうでないかを判断する基準などどこにあるというのだろう。大局が間違っているのだから、部分的にも疑いなく間違っているのである。

市委員会の立場に立って想像してみよう。当時の群衆が市委員会には黒線があると公然と指摘し〔掲発〕、上級機関もそうだと判断した。この批判を市委員会は認めることができるだろうか。認めるとすれば、それは自己を否定したことになり、「資本主義の道を歩む実権派」とされてしまう。逆に認めなかったとすると、革命を抑え込み、ブルジョア階級反動路線を実行していると見なされてしまう。天津に限らず、地方の党委員会指導者は一種の論理の「メビウスの輪」に陥ってしまい、身動きがとれなくなってしまったのである。馬瑞華が真っ先に攻撃の矢面に立ってスケープゴートとなった。とは言え、当時は誰もが安全とは言えず、一度ふりかかった災難からは誰であれ逃れられない。こうした情況が市委員会指導者と機関そのものが徹底的に「破壊」されるまで続いたのである。特異な時代であった。

3　奇妙な「文革」——闘争が続いた理由

華北局工作会議から市委員会工作会議までのあいだに行われたことは、領導幹部の公然とした批判〔掲発批判〕を中心とした党内闘争であった。それは、これまでの党内闘争に共通する特徴を持つと同時に、「文革」期特有の特徴も持っていた。この闘争は毛沢東が自ら発動したものであり、誰も予測できず、把握もできず、また事態が進展するにつれ、その様相は毛沢東自身の最初の予測とも違ったものとなっていった。

私の友人であり、日本の社会学者・橋爪大三郎氏は、著作のなかで中国の「文革」と日本の新左翼とを比較し、中国の「文革」は「歴史上前例の無い奇妙な運動」と述べている。なぜ「奇妙」なのか。彼の話は示唆に富んでいる。「マルクス主義の公式見解によれば、近代の政治革命には、ブルジョワ革命、そして、プロレタリア社会主義革命の二つが（そして二つだけが）あることになっていた。中国は、革命の結果曲がりなりにも社会主義国家を樹立し、中国共産党の指導のもと、社会主義建設に邁進していた。その党と政府が、蜂起したプロレタリア大衆によって批判され、打倒された。あるはずのないことが起こったのである[24]」。橋爪氏の説明は完全に正しいとは言えない。第一に、党と国家の全体が打倒されたわけではなく、共産党の執政の地位は依然として強固であるという点だ。国体と政体にはいささかの変化もなく、中央から地方の各級に到る指導機関が一度覆され一新されたのである。第二に、造反派プロレタリア階級大衆に打倒されたのではなく、毛主席をトップとする党中央が党内で「文革」を開始し、さらに紅衛兵と造反派の造反を発動した。そして、自らの手で創建した政権にいわゆる「王朝交代」をもたらしたのである。社会学の観点から見て、この二つの点は社会組織及び指導機関の正常な交代の特徴を備えていない。どちらも無法の限りを尽くす無政府主義的行為である。それゆえ人々は互いに衝突し、内戦の様相を呈し、闘争が続いたのである。

4　文革における「批判」の特徴

一九六六年八月、天津市委員会が工作会議を開催した日がまさに、「文革」初期において党内の「左」傾思想が最高潮に達した時であった。会議における指導者に対する公然とした批判からいくつかの特徴を見出すことができる。以下にまとめてみよう。

まず一つ目に、「寧左勿右」（右に偏るよりも左に偏る方がよい）という思想であり、これは疾風豪雨の勢

(24) 橋爪大三郎「紅衛兵与「全共闘」——兼談６０年代日本的新左翼」、劉青峰編『文化大革命：史実与研究』香港、香港中文大学出版社、一九九六年、二八九頁。

いである。左であれば問題は方法上のものであるが、右であれば問題は立場に関するものであり、党の敵ということだ。こうした考えが党内幹部の思想に当時根強く存在した。「現在、党内、政府内、軍隊内及び各種文化界に紛れ込んでいるブルジョア階級の代表人物は、一旦時期が熟せば、すぐに政権を奪取しようとするだろう。プロレタリア独裁はブルジョア階級独裁となるだろう。フルシチョフのような人物は我々の身近に眠っているのである」。「五・一六」通知は、言ってみれば、まるで各人の背後から激しい一撃を食らわし、党員幹部が「左」の道を疾駆するよう駆り立てるようなものであった。

会議はもともと学習のための時間が設けられていたが、実際には学習など一度か二度しか行われず、すぐさま公然とした批判が展開された。過去党内で実施された整風は「そよ風霧雨」であり、「治病救人」[138]（病気を治して人を救う）といったものだったが、今回は「敵との闘争」であり、当然暴風驟雨であった。「太く長い黒線」、「反革命修正主義」、「資本主義の復活」といったレッテルが盛んに使用され、至る所で懲らしめが行われた。ある者は、天津市の建設計画は資本主義を発展させる計画であり、三大差別を拡大する計画だと批判した。当時、天津市では正真正銘の計画経済が行われていて、一体資本主義の発展などどうしてあり得るのだろう。一九五九年の反右派闘争において、「党内の中央から基層の民主生活が破壊された」（「中国共産党中央委員会建国以来の党の若干の歴史問題に関する決議」より）ため、党中央は一九六二年から名誉回復を行ってきた。しかし、ある人々はこれについても否定し、「実際には反右傾以後、再び右傾の過ちを犯した」と主張した。ある人は、一九五七年に王亢之が文芸界において右派を分類する際に出した指示（批示）を引っ張り出し、これを批判して「走資派」の証拠だとした。数ヶ月間、一切を疑い、一切を否定し、一切を打倒する思想がもてはやされた。そして、ほかのどのような声も圧倒され、かき消されてしまったのである。

二つ目に、「この一点に問題があるから、ほかは論ずるまでもない」（「攻其一点、不及其余」）といった思想や態度である。毛沢東は党内闘争について話した際、何度も『昭明文選』のなかの宋玉《そうぎょく》[139]による『登徒《とうと》子好色賦《しこうしょくふ》』を引用し、人々を教え導くには宋玉が登徒子を批判した時のような「この一点に問題があるから、ほかは論ずるまでもない」というのは良くないと言っている。しかし、劉少奇や彭徳懐らをはじめ多くの人々に対する批判や処遇は「この一点に問題があるから、ほかは論ずるまでもない」といったものが多く、これが党にとって大きな悲劇だった。例えば、北京と天津が距離的に近いために周揚が天津を比較的頻繁に訪れていることを取り上げて、ある人は天津が周揚の黒い拠点であると批判している。また、例えば、市委員会統一戦線工作部は、「統」（統一、一致を図る）だけで「戦」（戦うこと）がない、「神仙会」[140]（これは実際には毛沢東が盧山で発明した呼び方）を開くことを提唱し、階級の敵を「放」すことを許し、プロレタリア階級の反撃を許そうとしないなどと批判された。

また、「この一点に問題がある」どころか、完全なこじつけや出鱈目な批判もあった。例えば、胡昭衡の小説『一人の共産党員の誕生』のなかで、一人の党員名を羅驢駒と書いたが、これは共産党員がラバとロバとの雑種だと中傷しているという批判だ。全く荒唐無稽としか言いようがない！　また、ある年の春節、王亢之は皆と会った際に皆に胸の前で手を合わせて拱手《きょうしゅ》の礼をした。ある人はこれを取り上げて、これは『燕山夜話』が提唱していることを行っているのだとこじつけた。[141]また、一九六二年、王亢之が文芸界の代表と接見した際、各人が一元も使って食事をし、また、皆に体を大事にするよう言ったという。ある人はこれを取り上げて王亢之を公然と批判し、「これは何という精神状態だ」と言った。

三つ目に、皆が口をそろえて同じことを言い、一切の申し立てを許さないという態度である。公然とした批判は段階的に拡大していき、皆が原則的政治路線の問題に格上げし（上綱上線）、いくら声を張り上げてもやり過ぎといったことはないような状態である。北京で「三家村」批判が始まると、市委員会工作会議でも「三家村」探し[142]が始まった。とは言え、天津では三人で書いたエッセイのコラムなど無かったし、個人で書いたものすら存在しない。そこで、ある人は白樺、王金鼎、方紀が「三家村」だと無理やりにこじつけた。またある人は、王金鼎と衛生関連部門、体育関連部門、この三つが「三家村」だと言った。これではまるで『喬太守乱点鴛鴦譜《きょうたいしゅらんてんえんおう》』(143)である。しかし誰がこの情況で敢えて異議を唱えるだろうか。ある者は華北局工作会議において、天津市委員会弁公庁主任の楊騰《よう・とう》が胡昭衡は「生きた焦裕禄(144)」と発言したと告発した。楊騰は市委員会工作会議で発行された「華北局工作会議天津各組における胡昭衡同志に対する公然とした批判の情況」のなかの自分の問題を公然と指摘する〔掲発〕記事を見て、大会秘書処に対して申し立てを行った。楊騰は根拠を示してこの批判を否定し、一体「いつ、どこで、誰が」自分がこんな話をしたのを聞いたのかと問うた。答えることができた者はいなかった。それでも、楊騰の申立書が発表されると、今度はこの申し立てが批判の的となった。このような発言を実際にしたとしてもしなかったとしても、楊騰は弁公庁主任として胡昭衡の御輿を担ぎ上げなかったとでも言うのかとある者は糾弾した。

四つ目に、攻撃の対象となった者は、大衆に背かれ、親しい者にも見放され、完全な孤立に陥るという点である。「左」傾思想に覆い尽くされるなか、人々は皆自分の身の危険を感じ、自衛のための態度をとる。特に批判の重点的対象とされた者のそばで働く者、仕事上の内情を知っている者、重用を受けた者らの精神的な重圧は相当なものとなる。もし、自ら積極的に公然とした批判を行わなければ、批判対象となっている者と明確に一線を画すことができず、巻き添えになるかもしれないのである。王金鼎批判の際、会議での批判だけでなく、何度か中規模の会を開催し、会議外の知人などが参加した。重点的批判を受けた数人の指導者たちにとって、最終的に「同じ塹壕の戦友」〔自分と同じ立場に立ってくれる人〕は自分の妻しか残らなかった。

五つ目が、証拠の無い件、結論の出ない件はそのまま棚上げにされ、正式な処理を延々と待たされるという点だ。棚上げにされているあいだの情況についてはここでは詳しくは述べないが、それぞれによって異なり、ある者は停職処分となり自宅にこもって自己批判書を書くよう命じられ、またある者は投獄され、結論が出るのを待った。

劉少奇は一九六六年七月末のある会議上で次のように述べた。「この運動はそれ自身の理論を持っており、我々に左右できるようなものではない」。劉少奇は「文革」という党内闘争の残酷さをはっきりと口に出すわけにはいかなかった。国家主席であっても憲法による保護を受けられず、無実の罪を着せられ、迫害された。その他の幹部の受けた仕打ちがどんなものであったかは言うまでもない。

私はかつて、当時行われた全てのいわゆる「批判」を分析した。それらは、党内闘争の「左」傾、簡単に事を判断し、都合の良い部分だけを引用し、是非を混同し、原則的政治路線の問題に格上げし、一切を否定し、他人の名誉を傷つけ、申し立てを許さないといった特徴で覆い尽くされていた。このような党内闘争によってもたらされた被害は甚大であり、我々が得た教訓は非常に深刻なものである。

第七章　天津市委員会文革弁公室日誌

1　狂風荒波の中の小舟

一九六六年八月、天津市委員会が工作会議を開催している期間中に、「文革」が大地を揺るがし、動乱が開始された。業務部門が日常の業務を何とかこなし、市委員会のそれ以外の精力は全て「文革」への対応に投入されることになった。市委員会は八つの「文革」工作機構を新設し、情況に対応しようとした。この機構は、市委員会文化革命弁公室（以下、市委員会文革弁公室とする）、市級機関文化革命小組、政法文化革命小組、街道文化革命小組、宣伝教育文化革命小組、中学文化革命弁公室、農村文化革命小組からなる。工業、交通、建設、財政貿易の各部門は文化革命小組を立ち上げていなかった。宣伝・教育部門の主要責任者は既に批判を受けていたため、宣伝・教育部門及び中学部門の「文革」責任者はほかの部門の責任者が担当した。

市委員会文革弁公室は全市における「文革」情況の総合的把握と関係書類の起草を担当した。主任は市委員会秘書長の李定《り・てい》〔※〕が兼任した。私は副主任を任され、日常の業務を担当した。弁公室の下には秘書・資料・巡視の三つの組が設置された。成員は主に市委員会弁公庁や研究室、及び元四清《スーチン》弁公室の一部の人員からなり、全部で三〇名余りで構成されていた。

市委員会文革弁公室は和平区鄭州道《ていしゅうどう》にある元市委員会高級幹部自修班の建物内に置かれた。二棟の建物が並列して建っており、各棟は面積や間取りなど全て同じ造りであった。ここはもともと、覇県勝芳鎮《しょうほう》の大地主である蔡《さい》の住宅であり、二人の兄弟がそれぞれ一棟ずつ使っていた。天津が解放されるとすぐに、一〇区で仕事をしていた私と別の一人の同志はこの地を訪れ、蔡兄弟の一人と会った。私は彼に家が所有する土地の広さはどれくらいか尋ねたが、彼は、正確な数値ははっきりしないと答えた。蔡は清朝においては「千頃牌《せんけいはい》」〔145〕を持つ主人であったらしいが、解放後どのような運命を辿ったのかはわからない。一九六二年、私はこの自修班での学習に一度参加したことがあり、そのときは二ヶ月ほど過ごした。その時の学習内容は非常にゆるやかなもので、いわゆる「ストレス解消」や「観劇」、それから「三不主義」の実行、つまり攻撃しない・レッテルを貼らない・あら探しをしないなどがその内容であった。しかし、今回の文革弁公室を取り巻く空気は完全に異なっていた。毎日ここで寝起きし、昼夜を問わず仕事に取り組み、しばしば造反組織の攻撃を受け、恰も狂風荒波のなかの木舟のようであった。

市委員会文革弁公室は各部門・各区局を通して情況を理解し、毎日簡報を編集して市委員会へ報告を行った。通常の簡報とは異なり、毎日憂慮すべき深刻な内容ばかりが伝えられた。内容は自殺の発生についてや、騒ぎがどこで起きたといったもので、吉報はほとんど無かったと言ってよい。

文革弁公室巡視組の成員は直接市井に出て情況を把握したが、その際には、市委員会文革弁公室の肩書きを表向きにすることはできず、新華通訊社天津支社の記者を名乗った。しかし後に、ある造反組織にこのことが知れてしまい面倒を引き起こすことになった。また、我々は北京に人を派遣して常駐させ、首都・北京の動向を常に把握するよう努めた。ある時、北京に派遣されていた一人の幹部が他人に自転車を借り、大字報を見に行ったところ、自転車をなくしてしまい、その賠償に一五〇元支払わなくてはいけないという事件が起きた。しかし弁公室のどこにお金があるというのか。私は主管する秘書長に指示〔批示〕し、弁公庁行政処会計課が一〇〇元支出することになったが、まだ足りない。結局、個人として食堂に借用書を書いて五〇元を借り、急場に間に合わせた。しかし、その後党機関が麻痺状態になってしまったため、結局食堂への借金は私個人が支出せざるを得なかった。苦心惨憺である。

文革弁公室のもう一つの任務は講話原稿や文書の草稿を起草したりすることであった。ほとんどが自己批判書の類いのものであり、市委員会指導者に代わってレッテルを自分に貼り、原則的政治路線の問題に格上げし〔上綱上線〕、最後には何度か「万歳」のスローガンを入れる。実にくだらない内容であった。

一二月になると、市委員会内部でも造反が起き、機関全体が麻痺状態に陥った。市委員会文革弁公室もしばしば攻撃を受け、仕事を行うことは不可能になった。一部の幹部は連帯し、連名で市委員会書記処に対し上書した。当時、市委員会書記処は既に弁公室の場所を公けにはしていなかったため、彼らは「十二万分に至急」と明記されたその文書を私に託した。内容は次のようであった。

趙武成、谷雲亭《こく・うんてい》(25)、張淮三、胡昭衡同志：

民衆は我々を罵り、我々を追い払い、我々を攻撃している。我々は民衆の造反の対象となっており、ブルジョア階級反動路線に固執する天津市委員会のスケープゴートとなってしまった。これには諒とすべき事情もあるが、しかし、市委員会の特務〔スパイ〕、保皇派、ペテン師などといった、民衆が罵るそ

---

(25) 谷雲亭（一九一三〜八三年）。河北省豊潤《ほうじゅん》県の出身。一九三〇年に中国共産党に入党。中国共産主義青年団灤県県委員会書記、中共冀東特別委員会組織部部長、延安中央党校六部主任、中共冀東一五地区委員会書記を務める。建国後、中共河北省委員会組織部部長及び書記処書記、天津市委員会書記兼組織部部長、天津市第五期政治協商会議副主席を歴任する。

の激烈な言葉は、我々にとってこのうえない恥辱である。解決できない問題について論争が起こると、相反する立場の民衆のあいだで闘争が起きることがあるが、それらは全てあなた方が引き起こしたことである。

あなた方は知らなくてはならない。我々は革命的幹部であり、革命的民衆である。我々は造反する勇気がある。民衆が我々を罵ることで我々の革命への闘志はかき立てられた。我々も造反に立ち上がり、既に毛沢東思想防衛戦闘隊を結成した。市委員会に対し火急に文革指導機構を整備することを激烈に要求する。

一つの対聯《ついれん》〔146〕を献上する。上聯『敢字当頭、徹底革命、快快快』〔勇敢ということばを常に念頭に置けば、革命を徹底でき、その速度は早い〕。下聯『怕字当頭、堅持錯誤、慢慢慢』〔恐れという言葉を常に念頭に置いていては、過ちを続けるだけであり、革命は遅々として進まない〕。横批『当機立断』〔時機を外さず即断せよ〕。

どのように「当機立断」したか。私は急いで市委員会の数名の書記に報告した。そして、市委員会文革弁公室を撤廃し、文革弁公室に派遣されていた人員は元の単位《ダンウェイ》へ戻し、「革命を行う」ことを提案した。皆しばらくの沈黙の後、胡昭衡がまず頷き、その他の指導者達からも異議が出なかったため、私の提案が採用された。私は文革弁公室へ戻り、すぐにこの決定を伝えた。その晩、皆慌てて資料をまとめた。物が散乱し、資料などが乱雑に散らかる様は、まるで映画のなかで国民党軍が撤退する場面のようであった。文革弁公室秘書組組長の陳文毅《ちん・ぶんき》は皆が返却した鍵の束をどうしたらよいかわからずに持っていた。私は自分に渡すように言った。私の心中は暗く、今にも悲鳴をあげんばかりであった。市委員会が発行した紅頭文件〔147〕〔赤い書類〕で成立した天津市委員会文革弁公室は、たった四ヶ月の無意味な時を過ごし、「幕引き」となった。

この「文革」は各級党組織を「革《あらた》」めてしてしまえという「命」であり、全面的な奪権と、指導部〔領導班子〕の交代が行われた。我々は、各級党組織が文化大革命を指導するべきだと単純に考えていたため、過去の運動と同じように、弁公室を設置し、人を派遣して簡報を発行すればよいと考えていた。そのため「運動を全く理解していない」と批判されてしまった。一九六七年初め、上海でまず「一月風暴」が吹き荒れると、瞬く間に全国を奪権の波が襲った。一九六七年一月一八日、市委員会書記処もこの波に跡形もなく押し流されてしまった。それに比べれば、文革弁公室は正式な撤廃が既に言い渡されていたため、短命ではあったが破壊されたわけではなく、なんとか「安楽死」できた訳である。「安楽死」を迎えるまでの四ヶ月間、私は市委員会文革弁公室で一連の重要な出来事を経験した。

2　全市を揺るがした「八・二六」事件

一九六六年八月二六日、北京からやってきた一部の学生及び天津市労働局の某技術学校の一部の学生が市委員会の職員と衝突し、有名な「八・二六」事件を引き起こした。市委員会文革弁公室は省委員会と華北局に対してこの事件の報告を行った。事件の経緯は以下のようである。

一九六六年八月二五日午後、天津市副市長の一人がある技術学校で「一六条」について説明を行ったところ、北京から天津へ串聯《チュアンリエン》〔*〕をしてきた北京紅旗学校と技術学校の一部の学生に包囲され攻撃された。彼は高血圧を患っており、その場で卒倒してしまった。そして、技術学校内の工場で働く年配の労働者と一部の学生が組織した赤衛隊[148]によって病院に護送され、手当を受けた。その晩、異なった意見を持つ学生と数名の労働者が弁論会を行い、その最中、一部の学生が労働者に対して暴力を振るった。二六日午前、暴力を受けた年配の労働者が市委員会へやってきて事情を説明し、暴力をやめさせるよう求めた。

二六日午後四時過ぎ、北京紅旗学校の「孫大聖」(孫悟空を指す)と自称する学生が五〇名余りの「紅衛兵」を集め、市労働局の某技術学校の一〇〇名余りと共に市委員会庁舎の門前に集結した。まず、石段の下の両側に陣取り、午後六時過ぎに市委員会庁舎の正門へ攻撃を開始したが、当直職員に遮られた。彼らは人を増やして再度攻撃を試み、当直職員に対して殴る蹴るなどの暴力を働き、建物のなかに侵入した。その後、会議室へと向かい、市委員会へ事情を説明した技術学校の労働者とそれに応対した担当責任者を包囲した。さらにこの責任者の持っていた資料(そのなかには党中央の資料三つと「一六条」に関する説明の要綱が含まれていた)と、一人の接待係の記録ノートを奪い、さらに彼らを遮ろうとした者数名を会議室に押し込め、包囲攻撃した。ここで言う会議室とは、市委員会庁舎一階の大会議室で、五〇年代において市委員会常務委員が会議を行った場所である。私はかつて何度もこの会議室で会議の記録をとったことがある。ここは天津のなかでも最も神聖な場所で、普段は会議卓の上に魔法瓶が置かれ、会議期間中は服務員さえ入ることができないような特別な部屋だった。

「孫大聖」らは庁舎を襲撃する前、市委員会の主要な指導者の名前を挙げて大声で罵った。反動組織のリーダー〇〇、出てこい。我々は反動的市委員会を破壊せねばならない! お前達留守番犬は、早くどこかへ行ってしまえ!

彼らは建物に押し入ると、あちらこちらを捜索し、各弁公室のドアを壊し、〇〇を引っ張り出さなくてはならないと大声で喚き、「お前達の主人を捕まえた。お前達は一人として逃げることはできない」などと言い、この場所を破壊すると声を張り上げた。彼らは服務員や接待係三〇名余りを殴打した。多くの者が負傷し、一人は意識不明となった。同時に、二つの正門の鋼鉄のノブを壊し、いくつかの茶碗を割った。

学生達が庁舎に押し入った時、「孫大聖」は革のベルトを持っており、それで人を殴った。数人の職員が彼を取り押さえると、彼は精一杯抵抗し、その時に額を門に打ちつけ血が流れた。すると、彼は門前の主席台に戻り、市委員会幹部が人を負傷させたと大声で喚き、民衆に建物のなかへ入るよう煽動した。この場にいた自称「労働者」の一人が、やはり主席台の上に立ち、市委員会の建物には半旗が掲げられている、国旗も三角形である、これは反動的ではないのか。全く馬鹿野郎だ！　と大声で叫んだ。台上では続いて北京からやってきた紅衛兵が声を張り上げていたが、その場にいた民衆は聞けば聞くほどその内容が馬鹿馬鹿しいものだと感じていた。しかし、ある労働者が立って反論すると、攻撃を受けた。

この事件は二七日早朝五時になってようやく収束した。市委員会は北京紅衛兵の要求に基づいて、彼らを自動車で北京へ送り届けることになった。

この事件が発生した晩、市委員会の主要指導者である万曉塘と趙武成は鄭州道の市委員会文革弁公室におり、一睡もせずにいた。市委員会は民衆への対応にあたる幹部達に対し、忍耐強く民衆の意見を聞き、弁論会は組織しても参加してもならないと強調した。北京の紅衛兵が市委員会庁舎門前で声を張り上げていた際も、庁舎門前では北京紅衛兵にその場を取り仕切らせ、彼らに十分に意見を発表させ、罵られても言い返さず、殴られても手を出してはならないと指示した。

この事件は数名の学生による粗暴で無礼な造反行為が引き起こしたものだったが、この事件については市委員会も「過ち」を犯した。市委員会はその年の一一月に「中国共産党天津市委員会の文化大革命におけるブルジョア階級反動路線の執行に関する初歩的検査」を発行し、そのなかで次のように書いたのである。「『八・二六』事件の発生は、市委員会が民衆を脅かし、革命を脅かし、民衆と接見しようとしないことによって引き起こされた。（中略）学生達は闘争のために立ち上がり、市委員会の問題点を公然と批判し〔掲発批判〕、司令部を砲撃した。大きな方向性は正しいものである。このような革命的造反精神は素晴らしいものである！　しかし、民衆が市委員会司令部を砲撃しようと立ち上がった際、市委員会はよく事情がわかっておらず、不愉快であり、自分達が打倒されることを恐れた。そのために革命学生と対立した。

（中略）もし我々が当時正しい認識を持っており、正しい態度をとることができたなら、市委員会の責任者の同志は学生達と面会し、市委員会の抱える問題に対する学生達からの公然とした批判を支持し、それによって『八・二六』事件も避けられたことだろう」。

実際には、市委員会指導者が表に出たところで何ら問題を解決することはできなかっただろう。相手は市委員会が「反動的」だから打倒せねばならないと言う。それに対して一体どのように答えればよいのか。もし、それを受け入れれば即ち政権を離れることを意味し、受け入れずに釈明すれば、「民衆を抑圧している」とされ、ブルジョア階級反動路線を実行していると言われるのである。

当時の情勢から考えて、この「文革」において、地方の党政組織が打倒されることは既に不可逆の流れであった。九月二日、万曉塘は市委員会の庁舎で北京と天津市のいくつかの学校の学生と何回かに分けて接見した。しかし、事態は全く収束せず、九月二日午前から三日朝まで、北京及び天津のいくつかの学校の紅衛兵が市委員会機関の庁舎へ次々と侵入した。同時に、市委員会庁舎の門前を会場として、いくつかの学校の紅衛兵による主導の下で、多くの人が集まって市委員会の問題点を公然と批判したのである。

なぜ、率先して市委員会に対して造反したのが中学校と技術学校の学生だったのか。その理由は、まず一つには、「文革」前の数年、各種学校で実施された政治教育にある。そこでは、ブルジョア階級の教育思想と人間性論が積極的に批判され、階級と階級闘争が強調された。また、学生の戦闘性と反抗精神が強調された。こうした政治教育によって、学生が自ら次のような発言をするようになった。「我々の唯一の悩みは革命戦争の時代に生まれなかったことであり、我々の革命に対する忠誠をすぐに試し、革命のために犠牲を払うことができないということである」。政治の社会化が一旦完成すると、若者達にとって青年期に形成されてしまった価値観や思考モデルは慣性を持つ。こうした雰囲気の下で、十数歳の学生達は紅衛兵へと向かう情感モデルを形成した。同情心や善良さは決して肯定されず、非情さが革命の強固さと見なされ、野蛮さは革命家が持つべき勇敢さだとされた。このような情感と道徳観が形成されたことで、彼らは当然のごとく造反の最前列へと向かい、最も熱狂的で、非情で、野蛮な世代となり、「文革」初期の「革命的荒武者」となったのである。

理由の二つ目は、彼らが政治闘争のための格好の道具とされたことにある。「文革」が勃発した際、広範な労働者、農民、基層幹部は、長年に渡る党に対する支持と厚い信頼によって、当時の一切を打倒するというやり方にはなかなか賛成できず、いわゆる「保皇派」、「保守勢力」の力が強かった。人生経験の浅い中学生を組織して闘争へ動員することは、こうした局面を打開し、政治闘争を展開するために必要なことであった。八月一日、毛沢東は清華大学附属中学の紅衛兵に手紙を書き、彼らの革命的行動を熱烈に支持した。八月一八日、毛沢東は北京で一〇〇万の紅衛兵と接見した。果たして、「保守派」との闘争において、紅衛兵は大きな影響力を持つことになった。一九六七年一月の奪権風暴〔一月風暴〕の際には、紅衛兵が造反の潮流における先駆けとなり、紅衛兵はこの時期の政治行動の中心となった。天津市の学生は北京の学生の習慣を日頃から真似していた。首都・北京が既に天地がひっくり返ったような情況になるなか、天津の混乱は当然の流れであった。

3　「赤色テロ」の歳月

「文革」初期、造反派が各級党委員会に対して「革命的民衆を鎮圧している」として批判するとき、頻繁に使われた言い回しが「走資派」が「白色テロ」を実行しているというものだった。実際には、「文革」期全てを見渡しても「白色テロ」など存在せず、むしろ、長江の南北、万里の長城の内外、全国至る所「赤色テロ」であったと言った方が正しい。当時の「一打三反」運動[149]、「階級隊伍の純潔化[150]」などが良い例である。そのなかで、社会に突然姿を現わし「紅色旋風」のごとく全国に吹き荒れ、それゆえに最も恐ろしかったのは、やはり一九六六年八月下旬から始まった「四旧」打破〔*〕であった。その頃、私は市委員会文革弁公室で毎日報告をまとめ、情況の把握に努め、情勢を分析していた。しかし、誰もこの破竹の勢いで現れた「四旧」打破を予測できなかった。すさまじい勢いで現れた運動であった。

紅衛兵は誕生するとすぐに街頭に流れ込み、社会へ攻め込んだ。一九六六年八月、林彪は紅衛兵に対し、「搾取階級の一切の旧思想、旧文化、旧風俗、旧習慣を破壊せよ」と呼びかけ、「天地をひっくり返し、大規模に激しく、大風大波のように、大いにかき乱し大いにやる」ようにと言った。そして、北京から全国へ「四旧」打破の運動が巻き起こったのである。

一九六六年八月二三日、首都の紅衛兵による「四旧」打破の様子と「四旧」打破を賞讃する『人民日報』社説「大変良い！」が発表されると、天津市の各学校の紅衛兵がそれぞれに街へ出て「四旧」を破壊し始めた。一〇〇〇にものぼる商店、数百の通り、路地、多くの職種が、いわゆる封建主義、資本主義、修正主義、帝国主義の色彩を帯びた名称とされ、強制的に名称を変更させられた。「勧業場」は「人民商場」へ、「恵中大飯店」は「工農兵飯店」へ、「中原公司」は「工農兵百貨商場」へ、「民園体育場」は「人民体育場」へ、「玉清池」は「工農兵浴池」へと名前を変えた。紅衛兵は和平路という道路の名称を反修路あるいは革命路へと改名しようと提案し、市内の各区で名称が一旦変更となった。

さらに、紅衛兵は各所に「命令」を通達し、全市で「おかしな髪型」〔パーマヘアや極端なロングヘア〕と「細身のズボン」を禁止した。ある理髪店の入り口には一つの対聯が貼り出された。上聯には「剪子不留情、毀你瘦腿」〔鋏は情け容赦なく、あなたの細身のズボンを切り刻む〕、下聯には「推子要革命、剃你阿飛頭」〔バリカンは革命しなくてはならず、あなたのおかしな髪型を刈る〕、横批には「興無灭資」〔プロレタリア意識を高め、ブルジョア意識を滅ぼそう〕とあった。ある紅衛兵は言った。「我々が破壊するのは商店の名称だけではない。我々が破壊するのは、数千年も昔から遺されてきた封建主義的、資本主義的な古臭く劣悪な商品であり、帝国主義的、修正主義的な反動毒素であり、朽ちた空気をまき散らす古いしきたりや陋習である」。

「四旧」打破の革命的時代に乗り遅れないよう、また旧思想や旧風俗との決裂を示すために、多くの人が次々と改名した。ある人は元々の名を魏来喜《ぎ・らいき》といったが、忠誠心を示すために「衛東彪」と改名し、毛沢東と林彪を守り抜くことを命をかけて誓うという決意を示した。数年後、林彪が失脚すると「衛東恩」と改名し、毛沢東と周恩来を防衛する意志を示した。その後すぐに、「四人組」が周恩来を批判すると彼は「衛東青」と改名し、周恩来を江青に変えた。またすぐに、「四人組」が失脚し江青が捕まると、彼は思い切って「衛東」とし、毛沢東以外は誰も防衛しなくなった。「文革」が収束した後、彼は自分の名前の変遷を考えそれを恥じ、元の魏来喜という名前に戻した。当時の「左」傾の情緒と形式主義は既に最高潮に達していた。

「左」傾行為は市委員会庁舎の門前でも突然行われた。八月二三日、民衆は市委員会建物に一〇九枚の大字報を貼り出した。そのなかの重要な内容は「四旧」を打破せよという要求であり、三つの要求があった。一つは、利息と高給制度の即時廃止と、資本家の公債と預金の提出、さらに官僚ブルジョア階級の家屋の没収、各級機関における資本家と改造されない黒五類〔*〕分子を一掃すること。二つ目は、社会主義時代に似つかわしくない大通り、胡同《フートン》〔路地〕、企業、商店、公共施設の名称を革命的な名称へ変更すること。天津市を「衛東市」と改名することを提案する。三つ目は、社会主義時代にふさわしくない商標は焼き捨て、奇抜な服装や奇妙な髪型は禁止。トランプの生産は停止。レスリング場、武術場は閉鎖すること。こうした荒唐無稽で、おおよそ信じ難いような要求は、当時の民衆の熱狂をよく表している。

「四旧」打破運動のなかで行われた、もう一つの恐ろしい行為が抄家打人《チャオジアダーレン》〔*〕であった。当時、文革弁公室は多くの党内部向けの簡報を発行していたが、一般民衆向けのニュースなどの媒体では抄家《チャオジア》について公に報じられることはなく、ただ紅衛兵の革命的行動に対して強固な支持が示されるだけであった。この恐ろしい行為はどのように始まったのか。最近、中共中央文献研究室主編の『毛沢東伝　一九四九〜一九七六』のなかに、抄家打人が始まった経緯が書かれているのを見た。一九六六年八月一八日、首都の百万の群衆は天安門広場で中共八期一一中全会の勝利の閉幕を祝い、毛主席は民衆のデモ隊を観閲した。同書のなかには次のような記載がある。

「八・一八」大会後の一つの大きな変化は、紅衛兵が学校の外へ出ることを開始し、通りにくり出し、大声を張り上げて、いわゆる「一切の旧思想、旧文化、旧風俗、旧習慣に対して猛烈な攻撃を発動する」という「四旧」打破運動を展開した。

こうした紅衛兵の大多数は、熱情に溢れ、自分がしていることは全て正当な「革命的行動」だと考えていた。彼らは政治的に幼稚であり、熱狂的な状態にあり、政策や法律観念が非常に希薄であった。彼らのあいだには無政府主義的思想が急速に広がってきており、多くのでたらめな行為が行われた。ある者は「造反有理」の旗の下で、したい放題に行動し、驚くほどの悲惨な結果をもたらした。二〇日からは、「四旧」打破の大義の下に、北京や上海、天津などの大中都市で強制的抄家《チャオジア》や人格に対する侮辱、暴力などの法を踏みにじる野蛮な行為が至る所で行われた。そして、「黒五類」と一方的に非難された数名の者達は暴力を受けて死亡し、さらに多くの者が強制的に自分の故郷へ帰らされた。(26)

一九六六年八月、天津が「赤色テロ」に染まり始めると、「地富反壊右」のいわゆる黒五類分子が最初の「牛鬼蛇神」として攻撃を受けた。彼らは高帽子を被せられ、街を引き回され、監視下で強制労働させられた。第二波では、過去の資本家が抄家の対象となり、彼らの家が捜索され、強制的に財産を没収された。当時、各学校には抄家で押収した物資が大量に保管された。後に、それらの物資は処理できず、特別に和平区新華体育場で市民に販売されたりした。第三波は、教師に対する暴力であり、これは非常に残酷であった。教師に対する暴力行為は北京から伝わったものであった。暴力を受けた教師は主に三種類に分類することができる。一つ目が学校の責任者。二つ目が業務に長け、経験もあり、教えることの上手な教師であった。当時、彼らは「ブルジョア階級反動学術権威」と批判された。三つ目が、個人の経歴に問題がある、あるいは出身家庭に「問題がある」とされた教師であった。ある者は家が抄家に遭い、また侮辱され、行き場を失い自殺した。

市委員会文革弁公室には毎日多くの自殺事件が報告されてきた。不完全な統計ではあるが、八月二七日から二九日午後六時までに、全市で一一七件の自殺事件が起き、七九名が実際に亡くなった。なかでも和平区の割合が多く、二七日、二八日の二日間で四五件発生し、全市の自殺総件数の半分を占めた。この時期の自殺件数は「文革」期全体のなかで最も多い。

抄家打人に参加した中学の紅衛兵達は十数歳程度であり、皆建国以後に育った者ばかりである。彼らは一体なぜこのような残酷な行為をすることができたのか。当時は非常に不思議に思った。今考えると、まず、彼ら若い紅衛兵達は毛沢東に対する無限の崇拝の念を持っており、それゆえに毛沢東が発動したこの文化大革命に非常に素早く反応し、行動を起こしたということだ。一九六六年六月一日、『人民日報』は「一切の牛鬼蛇神を一掃する」という社説を掲載した。この題目は人々を驚かせ、不安にさせた。八月六日、江青は紅衛兵に接見した際、「旧思想、旧文化、旧風俗、旧習慣を打破しよう」と打ち出した。林彪は八月一八日の大会で再度「四旧」打破を呼びかけた。北京がまず率先して行動を起こし、それに続くよ

(26) 中共中央文献研究室編『毛沢東伝　一九四九〜一九七六』北京、中央文献出版社、二〇〇三年、一四三七頁。

うにして天津で行動が起こされた。

次に、階級闘争の意識が不断に強化され、一切をいわゆる「階級」によって線引きし、社会成員個々人としての存在の合理性を著しく軽視、もしくは無視する風潮が広まったことが指摘できる。「牛鬼蛇神」とされた者を決して許さずに「排除」し、その生命や財産は全く保障しない。またさらに、このような熱狂的集団行動は一旦始まってしまうと、社会はコントロールができないものとなり、行為は盲動となり、人間の邪悪な部分が極限まで膨らんでしまうのである。

「赤色テロ」は極「左」文化の典型的特徴といって良い。人を革命と反革命に峻別すること、人民と牛鬼蛇神との階級闘争というイデオロギー、これらを極端なかたちで出現させた。「赤色テロ」は人々に大きな恐怖をもたらし、屈服・投降し、侵略されるに任せることを身につけさせた。また人々に、情勢を見てうまく立ち回り、自己を守る術を身につけさせた。さらに、自分が生き抜くためにチャンスを狙い、利用することを身につけさせ、そうして尋常でないほど「左」に傾かせてしまったのである!

4　紅衛兵の大串聯《ダーチュアンリエン》

当時の市委員会主管の「文革」に関係する機関のうち、最も多くの任務を任されていたのが市委員会文革接待室であった。文革接待室は市委員会へ陳情にやってくる膨大な数の民衆に対応するだけでなく、各地から天津へやってくる学生や教師の受け入れに関する仕事も担っていた。しばらくして、天津へやってくる人々への対応を専門に行う天津市外地来津革命師生服務站〔以下、天津市服務站と略す〕が立ち上げられた。八月下旬から、紅衛兵運動が全国規模の「大串聯《チュアンリエン》〔*〕」へと発展していた。北京の学生は各地へ赴き、「文革」の火種を全国へまき散らし、同時に各地の学生が「取経[151]」のため次々と北京へやってきた。

天津は首都・北京からの距離が近かったため、北京へやってきた紅衛兵のうち多くの者が天津へも「串聯」にやってきた。八月三一日、毛沢東は二回目の紅衛兵との接見を行った。九月五日、党中央と国務院は「外地高等学校革命学生、中等学校革命学生代表及び革命教職員代表を組織し、北京にて文化大革命を参観することに関する通知」を発表した。これによって、「大串聯」に参加する学生は列車の乗車賃が無料となり、また彼らの食糧や宿泊施設も政府が用意し、そのための費用が国家財政で賄われることになった。そのため、「大串聯」は一層激しさを増すことになった。こうした訳で、天津市の接待業務は異常なほど繁忙であった。

一〇月下旬以降、天津へやってくる学生〔以下、外地学生とする〕の数は大幅に増加した。天津市服務站の報告によれば、毎日二〜三万人が天津へやってきた。二五日零時の時点で、天津市に滞在していたのは約一二万七〇〇〇人で、彼らは学校や九ヶ所の銭湯に寝泊まりしていた。二六日になると滞在者は一六万四一一九人になり、二八日になるとさらに増えて一七万三二四一人となった。外地学生の数が激増し、駅は混乱状態となった。駅前の広場は常に六〇〇〇から七〇〇〇名の学生で混み合っていた。二四日の夜、南部からやってきた八〇名余りの学生がレールの上に横たわって列車を止めたうえ、強引に列車に乗り込んだことで、列車は二時間以上遅れることになった。

気温が下がってくると、天津の外地学生達は防寒できる衣服を要求したが、その要求が満たされないため、多くの学生が天津市服務站に文句を言いにきた。ある学生は、数分内に解決できなければ、「革命的措置」をとるといって脅した。和平区のある学校では布団が足りずに、外地学生に向けて黒板に次のように書かれた。「市委員会の指示に従って、二、三人で一枚の布団を使ってください。もし困難を強調し、苦労を厭うのであれば、すぐに出て行ってください!」。この学校では布団の不足を解消するために、紅衛兵が数十戸の資本家の家を襲い、数百枚の布団を押収し、その際に八台の自転車と二〇〇〇元を引き出すことができる預金通帳も押収した。
紅衛兵による殴打・破壊・略奪〔打砸搶〕行為が続出する一方で、人助けの精神も未だ完全に破壊されてはおらず、一部の民衆は外地学生達を困難から助けようとした。ある小学校に滞在していた東北地方からやってきた学生はお金と配給の券をなくしてしまった。すると小学校の教師はお金や配給の糧票を集めて学生に渡した。また、ある工場の労働者は路上で自分が着ていたメリヤスの厚手のシャツを脱いで学生へ渡し、さらに家に帰った後一〇着の衣服を天津市服務站へ持ってきて、外地学生のために寄付した。

外地学生達の医療の問題も深刻であった。九月一一日から一〇月二八日のあいだに入院した者は一三四名、回復して退院した者は四九名、死亡した者が二名であった。東北中学の劉某は、一七歳で、ジフテリアと心筋炎を併発し、一〇月二七日に伝染病医院に入院した。天津市服務站と市衛生局の責任者は連日病院を訪れて見舞った。全市の医師が総力をあげて治療に当たり、さらに北京伝染病院から医師を招いた。病人の家族も天津にやってきた。外地学生は衣服を取り替えて洗濯することができず、しらみを発生させることも少なくなかった。そこである衛生院は衣服に殺虫剤の「デイクロルヴォス（ＤＤＶＰ）」を噴射するという対処をしたが、このために一〇名が中毒になった。

天津へやってきた外地学生のなかにはさらなる徒歩での「長征」を望む者もいた。東北の某地の中学生一八名は「串聯」で天津へやってきたが、さらに天津から上海へ行くことを断固として望み、一〇月三〇日に出発すると決めた。河北省委員会接待站は紹介状と「長征后継隊」の紅旗を贈った。区飲食公司は各人に一冊ずつ毛沢東の著作の乙種本を贈り、[152]街衛生院は各人に常用薬を渡した。出発前には彼らの宿泊場所で送別会が開かれた。

外地学生は「造反有理」の思想の下、度々理不尽な要求を提示した。南方の某市出身の中学生一三名は、一〇月二九日に市服務站へやってきて五項目の要求を提示した。一、綿入れの衣服を供給すること。二、各人に現金を貸し出すこと。三、毛主席語録〔*〕、語録牌〔*〕、徽章〔バッジ〕を購入できるよう手配すること。四、天津から離れる時には、その三〇日前に列車の切符を渡すること。五、三万部の宣伝ビラを配布し、内容は、まず彼らの出身地の某市委員会の問題を告発し、さらに毛主席の家族の革命烈士の情況を伝えるものとすること。天津市服務站がこうした要求に答えることはできないと伝えると、大声で騒ぎ立て、天津市服務站は「反動市委員会の保皇派」と言って責め立て、さらに五〇〇人を組織して造反のために天津へやってくるぞと騒ぎ立てた。中央某部の駐天津弁事処に滞在する一〇〇名余りの東北出身の中学生は、その弁事処機関内部の二つの派閥間の闘争に巻き込まれ、批判闘争会への参加を要求し、一方の派閥を保皇派と批判し、わめいた。

当時紅衛兵の「大串聯《チュアンリエン》」は既に前代未聞の社会大流動となっており、中央から各地の党政機関に大打撃を与え、次に始まる奪権の準備を整えることとなった。『毛沢東伝　一九四九〜一九七六』の記述によれば、「紅衛兵の『全国大串聯』は強力な輻射作用を生み、北京で始まった党政機関に対する攻撃はすぐに全国へと拡大された。中央から地方へ連なる各級党政機関は次々と包囲され、『砲撃』された。相当数の党政責任者は紅衛兵からの非難や攻撃を受けて検査を迫られたうえ、『パス』することはできず、ある者は野蛮な攻撃によって自由を奪われ、実際には既に業務を正常に行うことができないような状態になっていた。多くの党政機関は麻痺あるいは半麻痺状態だったと言ってよい。社会的な秩序もコントロールを失っていた」(27)。

紅衛兵の「大串聯」が発生した直接の原因は、毛沢東が数度に渡って紅衛兵と接見したことにあり、また彼らの毛沢東個人に対する無限の崇拝にあった。崇拝は全国的な政治的熱狂を生み、小学生ですらその

---

(27) 中共中央文献研究室編『毛沢東伝　一九四九〜一九七六』北京、中央文献出版社、二〇〇三年、一四四三頁。

毛主席語録

熱狂に加わった。一一月三日、北京から天津へやってきた数人の小学生は、最も年長の者でまだ一四歳であったが、徒歩で上海に行くと要求し、各人が小刀を武器として持ち、毛主席の指示によって「荒波にもまれ、世間を知る」ために行くのだと言った。熱狂と盲動は学生のあいだに非常に早く伝播した。「大串聯」へ出ることはすでに一種の流行となっており、実際には異常な「時狂」であった。

当時、中国は閉鎖的な社会であり、異なった地区のあいだには、親類を訪れたり、仕事上の必要で遠出したりする以外ほとんど人の移動が無かった。私は市委員会弁公庁に長年勤務していたが、市委員会書記に伴っての遠出以外は、河北省を出たことが無かった。一中学生が旅に出るなどということは、おそらく夢にも想像出来ないことであっただろう。偉大な領袖の呼びかけによって、至る所で良い条件が提示され、一銭も使わずに全国を渡り歩くことができるとなれば、誰が心引かれずにいられようか。長いあいだ蓄えられた大量の水は、一旦水門の扉が開かれれば、一気に流れ出て、元の場所に戻すことはできなくなるのである。

北京はこうした混乱を容認し続けることはできず、一一月一日から五日までのあいだ、全国の各鉄道は北京行きの専用列車を運行させない旨の通知を中央が出した。天津駅によれば、中央は各地の空き列車を北京駅へやり、北京にいる二〇〇万にも昇る外地学生を他の都市へ分散させようとしたという。しかし、北京へ向かう空き列車には、結局北京へ行きたい大量の学生が乗り込んでしまい、列車はそのまま北京へ向かった。こうした事態に対し、北京ではその列車を駅構内に入構させず、結局学生達は天津で下車させられた。結果として天津へやってくる学生の数は増え続けた。

一二月一日、党中央と国務院は「大中学校革命教師・学生の革命串聯の問題に関する補充通知[153]」を発出した。一一月二六日以前に北京へやってきた教師・学生及び紅衛兵は一二月二〇日以前であれば無料で列車に乗車して出身地へ戻ることができる。一二月二一日以降は、北京で教師・学生及び紅衛兵が食事をする際、また列車やバスに乗る際は無料にならない。串聯で各地へ行っている教師・学生及び紅衛兵は一二月二〇日以前に出身地へ戻らなければならず、一二月二一日以降列車・船・バスに乗る際は無料とならない。出身地へ戻る教師・学生及び紅衛兵は全て、目的地までの直行の切符とし、途中下車することは許されない。「通知」はこうした内容であった。これによって、大串聯による人の大流動はゆっくりと収束へ向かっていった。紅衛兵運動何時了、往事知多少[154]〔紅衛兵運動は何れの時にか了《おわ》らん、往事多少《いくばく》かを知らん〕。

第八章　暴風雨にさらされる天津市委員会

1　力を尽くした市委員会第一書記

一九六六年八月二六日、紅衛兵が天津市委員会庁舎を襲撃した、いわゆる「八・二六」事件から息をつく暇も無く、「九・一八」大会から始まる一連の出来事が、再び全市を沸き立たせた。この一連の出来事のいきさつは以下の通りである。

九月一八日、天津市の一中、一八中、女六中などの一六の学校は連合して市委員会に対する公然とした批判〔掲発批判〕大会を開催した。この大会は北京紅旗学校と天津のいくつかの学校に通う一部の学生が発案したもので、四〇余りの学校が参加し、一週間余りの準備期間を経て民園体育場で開催された。大会は一日で終了した。市委員会第一書記の万曉塘と第二書記の趙武成は大会に参加し、講話を行った。講話の原稿は市委員会文革弁公室が準備した。また、紅衛兵代表の十数名が発言し、多くの人が次々とメモを配布し、ビラをまいた。

万曉塘と趙武成が講話のなかで強調した点は次の通りである。一、皆の批判や公然とした指摘〔掲発〕を熱烈に歓迎し、皆の意見に謙虚に耳を傾け、皆の革命的行動を支持すること。二、市委員会が文化大革命中に犯した過ちを分析し、検査すること。三、市委員会内部における資本主義の道を歩む実権派を公然と批判する闘争の情況。四、林彪の講話と『紅旗雑誌』社説の主旨に基づき、闘争の大きな方向性をしっかりと把握しなくてはならないこと。五、皆が指摘した多くの問題について、大会後に対処し、回答すること。

講話全体の主旨は、市委員会は革命的だという認識を堅持するものであり、同時に天津市委員会は既に「反動組織」の濡れ衣を着せられていた北京市委員会とは異なるというものであった。市委員会は、自らが行ってきた「文革」運動の指導について公式の評価を下すことで、民衆に対して「底線」〔市委員会を批判してもよいが、批判する際にこれ以上悪く言ってはならないという最低のライン〕を示したのである。大会は予想よりも穏やかに始まり、午前には三〇〇〇人が集まったが、午後は六〇〇～七〇〇人程度まで減った。趙武成に言わせれば、これは市委員会が「強弩《きょうど》の末《すえ》」[155]であることを意味するに過ぎないという。とは言え、書記達は当時非常に緊迫した情勢の下に置かれており、若干ほっとしたのは事実である。

万暁塘は一九五八年から既に八年間市委員会第一書記を務めていたが、この八年間は天津解放後五〇年余りのあいだで最も困難な時期の一つだった。この期間には、「大躍進運動」や「節粮度荒」〔食糧節約によって飢饉を乗り越える〕など非常に困難な時期が含まれている。彼は市委員会第一書記として、大局を念頭に置いて、党中央の決定と河北省委員会からの指示を真面目に実行した。また一方で、幹部達の気持ちにも配慮し、天津の発展に力を尽くした。

また、天津市内の十県余りを河北省へ編入する際には、彼は各県の広大な農村にくまなく足を運び、政策の遂行・指揮のために奔走した。一九六三年には天津で大洪水が発生し、彼は自ら復旧・救済活動を指揮した。さらに、天津市が省轄市に改められると、経済的な情況は悪化し、発展の速度は段々と減速していったが、当時の華北局の主要な幹部達はその原因を天津市の政策の失敗にあるとし、数度に渡って公正とは言えない批判を提出した。その際、万暁塘はその重責を負い、天津での仕事のために終始精力、思慮の限りを尽くした。長期に渡って緊張を強いられる仕事のなかで、彼はリューマチ性心臓病、慢性的胃病、習慣性不眠、慢性下痢、座骨神経痛などの疾病を煩ったが、病を押して常に仕事に励んだ。一九六六年四月以来、万暁塘の病状は悪化し、華北局工作会議期間中北京の三〇一医院[156]に二一日間入院した。

万暁塘の献身にも関わらず、彼は文革の開始からずっと困難のなかを進まなくてはならなかった。天津中学で「文革」の火の手が上がると、彼は六月中旬に北京から天津に戻り、幹部や職員及び教師・学生代表のそれぞれに向けて、報告を計四回行った。中学生のある紅衛兵が六月一三日に万暁塘の報告を聞き、次のように日記に書き留めた。「午前、体育館で万暁塘の報告を聞いた。報告は素晴らしかった。彼は今回二つの異なる性質の矛盾をはっきりさせ、区別しなくてはならないと強調した。毛主席の著作と『人民日報』、『紅旗』の社説を良く学び、風雨のなかにあっても鍛錬によって成長し、階級闘争を学習し、革命の後継者とならなくてはならない。闘争には指導者が必要であり、組織が必要であり、また計画が必要である。青年は革命に対する情熱を持ち、革命を恐れない。これは良いことである。しかし、気を落ち着かせることも必要である。闘争は長期に渡るものだからである、等々。その他、市委員会は天津の学生全てに一人一冊の〔毛〕主席語録を配布することを決定し、会場の者達の熱烈な歓迎を受けた。これは正しく、党は我々に対して最大の配慮を示したのであり、それは雪中に炭を送るごとくである」。当時、造反の声が広がっている情況下にも関わらず、紅衛兵が万暁塘をこのように評価していることから、民衆にとって彼の威信がどれだけのものであったのかがわかるだろう。

天津市委員会は当時度々攻撃を受けており、情況は非常に深刻であったが、万暁塘は終始冷静沈着で、運動の展開をなんとかコントロールしようと奮闘していた。市委員会は既に会議の開催や事務などを正常に行うことができなくなっており、数人の書記は睦南道招待所で事務を行い、昼夜に分かれて当直に当たった。場所は非公開とされていた。招待所の上の階には四つの客間があり、万暁塘、趙武成、谷雲亭、張淮三それぞれが一部屋ずつ使って寝泊まりしていた。「九・一八」大会が平穏のうちに終了したため、一九日午後、谷雲亭がこう提案した。最近はまるで抗日戦争で遊撃戦をしていた頃のようであり、あちらこちらに身を潜めなくてはならず、ゆっくり休養できない。今晩は休暇をとることにして、当直の者以外は皆家に帰ることにしないか。

この提案は受け入れられ、谷雲亭と趙武成は風呂に入り、夕飯は招待所でとらずに帰宅した。万暁塘は家族に電話をかけ、今晩は帰宅することを告げた。その後、招待所の服務員と共に理髪室で散髪し、その後部屋に戻って風呂に入った。

張淮三は入浴後、招待所の階下の食堂に行った。そして、一緒に夕飯をとろうと〔万暁塘に〕伝えてくれと上の階にいる万暁塘の護衛である馬《ば》某に大声で声をかけた。馬某は上の階から応答し、万暁塘の部屋の扉が閉まっているのを見た。かすかにシャワーの水の音が聞こえた。きっと風呂に入っているのだろうと思い、また万暁塘は人よりも入浴時間が長かったこともあり、ノックをしないでおいた。数分が過ぎても万暁塘が階下に降りてこなかったため、馬某はまた階上へ昇り、まず軽くドアをノックした。何の応答も無かったため、強めにドアをノックしたがやはり応答は無かった。馬某は不安を覚え、急いで服務員を呼んでドアを開けさせると、万暁塘が裸で風呂桶に浸かっており、顔を上へ向け、蛇口は開いたままになっていた。彼らは万暁塘が寝てしまっているのだと思い、大声で声をかけたが、全く動かなかったため、二人で万暁塘を抱きかかえ風呂桶の外に出した。この時、張淮三は階上に上がってきて、この光景を見ると、すぐに万暁塘の秘書の高書田に市委員会医務室に連絡させ、救助を呼んだ。高書田はさらに第一中心医院に電話をかけ、救助を求めた。まず市委員会医務室の李永陽《り・えいよう》と呂翔之《ろ・しょうし》医師が急いでやってきて救護にあたり、続いて第一中心医院の王金達《おう・きんたつ》や華正行《か・せいぎょう》などの救護員が急いで現場にやってきた。しかし、既に手遅れであり、万暁塘が再び眼を開けることはなかった。市委員会医務室と第一中心医院の救護グループは、万暁塘は心臓病の発作で突然死したと診断した。

その晩、省と市の多くの指導者が次々と召集されて葬儀の予定が話し合われた。『天津日報』の編集長の石堅もやってきた。石堅は別の部屋で万暁塘の訃報を伝える原稿を自ら書き、その場で省や市の主要な指導者達の承認を得た。指導者達は「文革」の真っただ中であり、紅衛兵が「四旧」打破を行っていることを考慮し、大きく報道することはしないと決定した。翌日の朝、告別の儀式は行わず、少数の指導者達が遺体を北倉殯儀館に護送し、荼毘に付した。しかし、万暁塘の党の事業に対する貢献を考慮し、二二日に第一工人文化宮において追悼会を行うこととした。

追悼会は河北省第一書記の劉子厚が主宰し、河北省委員会書記処書記兼天津市委員会第二書記の趙武成が弔辞を読んだ。「弔辞」は私が起草した。執筆の最中、苦しさや辛さが自然とこみ上げてきた。たった数日前には、自分がよく知り、また敬愛するこの老幹部のために大会での講話の原稿を起草していたというのに、彼のために弔辞を書くことになるとは、まさに人生は無常である！

万暁塘（左）**と毛沢東**（右）
（一九六〇年五月一日）
万暁塘は毛沢東主席に伴って海河広場の演壇に立ち、五一国際労働節〔メーデー〕祝賀活動に参加した。

万暁塘は元の名を万星師《ばん・せいし》といい、字《あざな》は効唐《こうとう》。山東省斉河《せいが》の出身だ。斉河県立高等小学で学び、さらに恵民《けいみん》〔山東省浜州市に位置する県〕の郷村師範学校に進んだ。盧溝橋事変後、抗日闘争に参加した。一九三七年九月中国共産党に入党。党から陽信《ようしん》県

〔山東省浜州《ひんしゅう》市に位置する県〕に派遣され工作に従事し、中共陽信県工作委員会書記を務めた。一一月、日本軍が恵民を占領後、中共山東省委員会及び魯西北《ろせいほく》特別委員会から委任され、長清《ちょうせい》県〔山東省に以前あった県で、現在の済南市長清区にあたる〕にて党組織の設立にあたり、抗日闘争へ参加するよう民衆へ働きかけた。一九三八年一月、中共長清県臨時支部書記に就任した。二月に馬湾起義[157]を発動し、長清抗日別動隊を結成した。その後、長清抗日別動隊は山東西区人民抗敵自衛団に編入されて第四大隊となり、中隊長を務めた。五月、大峰山《たいほうざん》抗日根拠地を設置し、大峰山独立営一連副連長となる。六月には中共長清県委員会の主任書記に就任。その後、中共泰西《たいせい》地区委員会組織部副部長、泰西区四大隊中隊長、大隊副教導員、中共冀魯豫区委員会社会部部長兼公安局局長を務めた。一九四五年五月には晋冀豫《しんきよ》辺区[158][*]政府委員に選出された。一九四八年一二月、天津の接収・管理に参加し、天津市公安局副局長、局長、天津市副市長を歴任した。一九五八年以降は、中共天津市委員会第一書記、天津警備区[159]第一政治委員、中共河北省委員会書記処書記、天津市政治協商会議主席、第三期全国人民代表大会代表、第八期中共中央委員を務めた。享年五〇歳という若さであった。

追悼会の中心広場には、彼の死を悼む多くの民衆が集まった。死ぬ直前まで国事に力を尽くした万暁塘の死は、多くの幹部や民衆に深い悲しみをもたらした。彼がこの世を去った三日後から、第一工人文化宮には早朝から深夜まで絶えること無く多くの民衆が訪れ、哀悼の意を捧げた。民衆のこうした自発的な行為に対して、市委員会は「組織しないし、阻止もしない」方針をとった。この時、誰が情勢の急変を予測できただろうか！　万暁塘の死後間もなく、彼が「睡眠薬を服用して自殺した」という流言が広まり始め[160]たのである。そして、万暁塘は「万張反革命集団」の頭目として批判されている人物であり、民衆の自発的な追悼の動きは「党への示威行為であり、死んだ人間を利用して生きている人間を抑えつけようとするものである[161]」との批判が始まった。戚本禹《せきほんう》[※]も次のように非難した。「万暁塘の死後、私は天津へ行き、数十万人によるデモを目撃した。私は一人の小学校教諭に、これは何かと聞いた。彼は書記を追悼していると答えた。私は言った。カール・マルクスが言うように、死んだ人間を祈念するというのは、大方それは生きている人間のためであり、死んだ人間を利用して生きている別の者をやっつけようとしているのだ。彼らは万曉塘を追悼するという名目で、民衆と民衆を闘わせようとしているのだ。今も万曉塘の亡霊が居座っているのである」。

最近読んだ『毛沢東伝　一九四九〜一九七六』のなかにはっきり書いてあったように、毛沢東が「文革」を発動したのは、中央における指導権の問題を解決しようとしたためだけではなく、むしろ主に「資本主義の復活を防ぐ」ためであった(28)。しかし、この運動によって多くの幹部や知識分子が打倒され、中央の呼びかけに応じて造反した多くの民衆にも災いが及んだ。このような事態になることを、彼は予測できなかった。まさしくウラジーミル・レーニンが言うように、「歴史は人をからかうのが好きであり、ふざけるのが好きである。もともとあっちの部屋へ入ろうとしていたのに、別の部屋へ入ってしまう」のだ。

2　半麻痺状態の工作会議

一九六六年一一月四日から二二日まで、市委員会は各区局の領導幹部二八〇名が出席する工作会議を開催した。市委員会が完全に崩壊する前に開催された最後の工作会議となった。会議では主に中央工作会議の主旨、及び毛沢東と林彪の指示、陳伯達と周恩来による講話の内容が皆に伝えられ、さらに劉少奇と鄧小平の二人の問題について報告された。劉少奇と鄧小平は既に中央工作会議において検査を行っていたの

---

(28) 中共中央文献研究室編『毛沢東伝　一九四九〜一九七六』北京、中央文献出版社、二〇〇三年、一四七一頁。

だ。また、これらの報告がなされると共に、市委員会が市工作会議上で検査を行い、会議参加者から意見を聞いた。そして、ブルジョア階級反動路線が批判された。市委員会はこの会議において、「内外からの挟み撃ち」に遭い、自力では抜け出せない苦境に陥ることになる。

この会議が遭遇した一つ目の難題は、中央工作会議の主旨について誰が報告するかという問題である。党中央は一〇月九日から二八日まで工作会議を開催した。陳伯達が「プロレタリア文化大革命における二つの路線」という長篇報告を行い、この会議の主題報告とされた。天津市からは、市委員会第二書記の趙武成と市委員会書記処書記の胡昭衡がこの会議に参加した。当時、胡昭衡は華北局工作会議上で批判を受け、停職処分になっており、検査を行っていた。中央工作会議の前、市委員会は周総理弁公室の童小鵬《どう・しょうほう》から電話を受け、胡昭衡を中央工作会議に出席させるよう指示された。胡昭衡が北京に到着すると、周恩来は彼を呼んで話をし、彼が公然と批判〔掲発批判〕されている情況について聞き、さらに『老生常談』に目を通した。周恩来は本に目を通し終えると、内容に大きな問題がないことを告げ、胡昭衡に天津へ戻ったら仕事に復帰して引き続き任務に専念するようにと言った。周恩来、張春橋《ちょう・しゅんきょう》、江青はこの会議で、天津市委員会の「ブルジョア階級反動路線の執行」を非難し、河北省委員会の劉子厚は検査を行った。会議期間中のある晩、私は趙武成から彼が会議に参加し宿泊している京西賓館に急いで来るよう言われた。私は、指示通り京西賓館に行くと、市委員会の検査の文面について修正するよう直接指示され、その夜のうちにすぐ天津へ戻った。

会議後、趙武成は天津に戻ると病気のため入院してしまい、市委員会工作会議には出席できなくなった。趙武成は当時仕事を主導していた市委員会書記処書記の谷雲亭が中央工作会議の主旨について伝えるよう提案した。しかし、胡昭衡は自分に伝えさせないということに関して不満であったため、[162]すぐに党中央、華北局へ問い合わせた。そして、華北局第一書記の李雪峰から胡昭衡が伝えることに対する同意を得た。

一一月六日夜、市委員会工作会議において胡昭衡が中央工作会議の主旨を伝えた。一一月一一日夜、市委員会の某造反組織は胡昭衡を河北賓館での市委員会工作会議から「引っ張り出して」連れ帰り、批判を行った。さらに、停職と自己調査の継続を「強制執行」し、市委員会工作会議への参加を禁じた。胡昭衡は党中央、華北局に対しこうした情況を手紙で報告した。李雪峰は一五日に胡昭衡を仕事に復帰させるよう指示し、これは「セクト的感情」であると非難した。胡昭衡は一六日になって再び会議に復帰したのだった。

この会議が直面した二つ目の難題が、市委員会の検査が奄々と続き、パスできないということである。中央の「五・一六」通知では、中央から地方に至る各級党委員会がこの文化大革命に対して「全く理解せず、全く真面目でなく、全くちゃんとやっていない（成果が出ない）[163]」と非難された。人々は五月の華北局工作会議上でこの問題について改めて考えたが、だれもこの三つの「全くない」というメビウスの輪から抜け出すことができなかった。全国の各省・市のなかで検査をパスした機関は一つとしてなく、結局は例外無く奪権へと至った。天津市委員会がブルジョア階級反動路線を執行していたことに関する初歩的検査（「中国共産党天津市委員会のブルジョア階級反動路線の執行に関する初歩的検査」）を印刷し、市委員会工作会議の参加者に配布したが、参加者達はその内容に不満を表明し、厳しく非難した。

党内闘争にはおおよそ次のような定型が存在する。ある人またはある組織がいわゆる「重大な過ち」を犯し、「重点的批判対象」となると、まるで「落ちぶれた人は誰にでも馬鹿にされる[164]」のが当然といった情況になり、人々は先を争って原則的政治路線の問題に格上げする（「上綱上線」）。そして、誰も検査をパスすることができないのである。「文革」以来、天津では「一六中事件」などが連続して発生し、上からは党中央や華北局からの批判を受け、下からは造反組織からの攻撃を受け、市委員会は半麻痺状態に陥っていた。地方の党委員会の威信は急激に低落した。

一一月九日、市委員会工作会議では、各組に分かれて討論が進められていたが、そのうちの一つの組に党中央へ上申書を書こうという動きが起こり、それがほかの組へと波及し、結局各組の連名で党中央へ上申書を提出するといった事態になった。以下がその文面である。

周総理

我々は貴方にお願い申し上げます。速やかに中央から指導者となる者を派遣し、天津の三級幹部会議（今回の市委員会工作会議のことを指す）を主導し、天津における文化大革命を指導して頂きたい。天津市委員会には既にその能力はないのです。

天津市委員会が文化大革命において犯したブルジョア階級反動路線の執行という過ちは非常に重大なものです。これらの過ちの多くは一一中全会以後に発生したもので、市委員会は、中央からの厳しい非難の下にありますが、現在に至っても未だ本質に触れるような検査はできておらず、正確な認識には至っていないのが現状です。

市委員会指導部は実際には既に麻痺状態にあります。万曉塘同志は病死し、趙武成同志は入院、さらに張淮三同志は北京で会議に参加しています。書記処のその他の同志は各々異なる程度の過ちを犯しており、残るは谷雲亭同志たった一人であり、委員会の内外から支持を得ることは難しく、このまま現状に対応し続けるのは非常に困難です。

今回の三級幹部会議は非常に重要であり、天津における文化大革命が成功するか否かに関わってくるものです。毛主席のご指示に従って、今回の会議を首尾よく開催・運営しなければなりません。しかし、実際には主席の指示に相反するように、四日の開会以来、会議はだらしのない状態で、指導部は役立たずで、力量不足です。ここに緊急に、迅速な返答をお願い申し上げます。

この上申書が提出されると、会議期間中に、党中央と華北局から華北局書記処常務書記の解学恭《かい・がくきょう》が(29)情況把握のため天津へ派遣された。後に知ったことであるが、当時党中央は既に解学恭を天津に派遣して仕事をさせることを決定していた。解学恭は一九六六年の国慶節に天安門の観礼台で毛主席に会った。毛沢東は解学恭に、中央は既に解学恭を天津へ派遣して仕事に当たらせることを決定した、ついては総理と会うようにと伝えた。解学恭はその後、周総理と会い、周総理から任命書を口頭で伝えられ、解学恭はそれを筆記し、周総理がそれをその場でチェックし、サインした（中央は一九六七年一月二日になっ

(29) 解学恭（一九一六～九三年）。山西省隰《しつ》県の出身。一九三六年七月、中国共産党に入党する。三八年、中共晋西《しんせい》南《なん》〔行政区〕隰蒲《しつほ》特別区委員会書記、隰蒲遊撃第五大隊政治委員を務める。三九年、晋西南洪趙《こうちょう》遊撃第三大隊政治委員。四〇年二月から四一年八月まで、中共晋西区洪趙地区委員会書記、八路軍第一二〇師団洪趙縦隊政治委員、縦隊長。四一年八月から四二年八月まで、中共晋西南工作委員会委員、工作委員会組織部長。四二年八月から四五年まで、中共晋西南工作委員会書記、八路軍第一二〇師団洪趙縦隊縦隊長、洪趙独立支隊政治委員。四五年九月から四八年八月まで、中共呂梁《ろりょう》区委員会副書記兼区委員会社会部部長、区委員会組織部部長（四六年夏まで）、呂梁軍区副政治委員。四八年八月から四九年八月まで、中共晋中《しんちゅう》区委員会副書記兼区委員会社会部部長、晋中軍区副政治委員、中共〔山西省〕太原市委員会副書記兼師委員会組織部部長、農村工作委員会主任、晋中軍区副政治委員。四九年八月から五一年二月まで、中共山西省委員会常務委員、省委員会組織部部長、省委員会規律検査委員会書記（五一年一月から）。五一年二月から五二年七月まで、中共山西省委員会第一副書記、書記代理兼省委員会組織部部長（五二年一二月まで）、省委員会規律検査委員会書記（五一年一二月まで）。五二年七月から五四年八月まで中共中央華北局組織部部長、五二年一一月から五八年四月まで中央人民政府対外貿易部副部長、党組織委員（五五年一月から）。

て正式に電文を発行し、天津を直轄市にすることを決定した。さらに、解学恭を天津市委員会第一書記に、閻達開《えん・たつかい》を第二書記に任命した）。周総理は解学恭と多くは話さず、ただ陳伯達が天津の情況についてよく理解しているから、陳伯達と相談するようにと指示しただけであった。

解学恭は密かに天津を訪れ、胡昭衡や谷雲亭と別々に会談した。二二日、会議が終わる前に解学恭は谷雲亭と胡昭衡を呼び、閉会式についての考えを話した。その際、私はその場で記録をとっていたが、話の大意は、幹部は思い切って大胆に民衆を発動し、民衆の革命を支持しなければならないこと、徹底してブルジョア階級反動路線と決別し、民衆を抑圧するような過ちを再び起こしてはならないことなどであった。また解学恭は、胡昭衡にも閉会式で講話を行うよう指示した。こうして、閉会式では解学恭の講話の主旨が伝えられ、さらに胡昭衡と谷雲亭それぞれによって講話が行われ、慌ただしく閉会となった。

胡昭衡はかつて、限られた市委員会指導層の者達にこう伝えた。毛沢東は中央工作会議での情況について報告を受けている際、会議参加者の幹部達に対して「決して反党反社会主義を容認してはならない！」と最後の一線を引いて示し、強く言い放った。

しかし、実際には、その二ヶ月後に上海で「一月風暴」が起こり、天津市委員会も一九六七年一月一八日に完全に破壊され、全国の各省・市も皆同じ運命を辿った。そして、打倒された領導幹部達の頭に被せられた罪名、それがまさしく「反党反社会主義分子」であったのだ。

3　市委員会、地下工作へ

一九六六年八月以来、天津市委員会庁舎は毎日のように民衆からの攻撃を受け、市委員会書記処と常務委員会は庁舎で会議や業務を行うことができなくなった。九月から翌年の一月まで、市委員会幹部は、市政府交際処所属の常徳道招待所、睦南道招待所、雲南路招待所、河東招待所、天津鉄路分局所属の台児荘《だいじそう》路《ろ》招待所などでひそかに業務をこなし、警備区礼堂や中ソ友好協会、北寧公園などで会議を行った。

　当時私は鄭州道にある市委員会文革弁公室で業務にあたっていた。この場所で市委員会が会議を行うこともあったが、民衆から十分に隠された場所とは言えず、安全は保証できなかった。私は報告のために市委員会が置かれた非公開の場所に行くことが頻繁にあった。市委員会が置かれた数ヶ所の秘密の場所のなかで、私が最も印象深く記憶している場所は雲南路招待所であった。市委員会が置かれた時間が最も長かったからである。

さらに、その間、五四年八月から北京対外貿易学院院長、五六年秋から中共中央国家機関党委員会常務委員、中共中央国家機関監察委員会書記。五八年四月から六一年三月まで、中共河北省委員会書記処書記、六〇年一一月から六六年一二月まで中共中央華北局書記処書記。また、その間、六一年二月から六二年五月まで、中共中央華北局財政貿易弁公室主任を兼任する。六六年八月から、中共内モンゴル自治区委員会第一書記（未就任）を任される。六七年一月から一二月まで、中共天津市委員会第一書記。六七年一二月から七八年六月まで天津市革命委員会主任。またその間、七〇年四月から七一年五月まで天津市革命委員会における党の核心的小組の組長、七一年五月から七八年六月まで中共天津市委員会第一書記。さらに、六九年一〇月から七五年一〇月まで、人民解放軍北京軍区政治委員及び軍区党委員会常務委員（六九年一二月から）、六九年一〇月から七八年六月まで、人民解放軍天津警備区第一政治委員をそれぞれ兼任する。七七年一二月から七八年六月まで、天津市政治協商会議主席。七八年六月、党内外の職務を取り消される。八七年三月、党籍を剥奪される。九三年三月三日逝去。中共第九・一〇・一一期中央委員。

雲南路招待所は現在で言うと和平区大理道の和平賓館の一部であり、もともと正門は雲南路に面していた。解放以前、この建物は孫震方《そん・しんほう》の住宅であった。孫震方は安徽省の出身で、その父親は清朝末期から中華民国初期の、新興の中国人ブルジョア階級に属する孫氏家族による財団の創業者である。彼らが建てたこの邸宅は、レンガを用いた木造三階建てで、みかげ石を用いた石段が設けられ、また室内は堅木で装飾されていた。屋外にはプール、芝生、藤棚、西欧式花壇などが設けられていた。さらに、建物の入口を入ると、螺旋上の階段が上の階へと伸びており、各階にある複数の部屋はそれぞれキッチンや浴室を備えた一つの住居になっていた。こうした構造はスペイン風の建築方式らしい。河北省の省都が天津市に移された後に迎賓館や河北賓館が建てられたが、それ以前は天津市は新しい招待所を建てず、市内に元々存在した古い建物を賓客の接待に使用していた。こうした事情で、雲南路招待所は当時最も「高級」な招待所であった。毛主席や周総理が天津を訪れた際にはこの招待所に宿泊した。

私は何度か会議のためにこの招待所を訪れたことがあり、会議の終了が遅くなったときは宿泊したこともある。当時、二階には空き部屋があり、そこはもともと孫震方の側室の住居だったらしいが、周総理やガーナのクワメ・ンクルマ大統領が天津を訪れた際にはその部屋に滞在したという。従業員は、あなたは一晩「贅沢」ができますねと笑いながら言った。実際には、当時は皆が熱い鍋の上の蟻のごとくであり、どこにも「贅沢」する気持ちの余裕などなかった。

雲南路招待所は隠れるにはうってつけの場所にあった。雲南路は非常に静かな通りで、招待所は一戸建ての家だった。通常正門は閉ざされており、何の表札も看板も掛かっておらず、出入りする人もめったにいなかった。書記は皆、乗用車を軍用ジープに代えて使用し、出入りが終わると門はすぐに閉められた。関係する常務委員や秘書長などのごくわずかな人間がここに報告などの業務で訪れることはあるが、一般の市委員会職員もこの場所を知らされていなかった。当直の者が常にいたが、私を含む市委員会書記の秘

雲南路招待所（現在の和平賓館）

雲南路招待所にかつて宿泊した党及び国家指導者の名簿

雲南路招待所は、現在は天津市機関事務管理局が管理しており、外交に用いられる迎賓館である。敷地内は広々とし、景色も美しい。

書以外は、弁公庁の職員二人がいるのみであった。

通常ならば、市委員会指導者がここで業務を行っても比較的安全だと言えたはずだ。しかし、この秘密の場所からも「避難」しなければならない事態が突然起きた。一一月下旬のある晩、市委員会書記処書記の谷雲亭、張淮三、市委員会常務委員の李守真《り・しゅしん》ら数名が小規模な会議を開いていた。私もその場に参加していた。当時、市委員会第二書記の趙武成は病気のため入院中で、胡昭衡や王亢之などの書記も仕事に復帰しておらず、書記のなかでは谷雲亭と張淮三だけが業務を行うことができた。

谷雲亭はもともと河北省委員会書記処書記だったが、天津市が河北省に編入された後に天津市に派遣され、書記のポストに就いていた。彼は長いキャリアを持ち、人に対し親切で、名利に淡泊な老同志だった。ある会議で彼は次のように言っていた。新中国〔中華人民共和国〕の建国以前は県知事や府知事は着任しても数年しか仕事をしなかったが、我々共産党幹部はこんなにも長いあいだ仕事をしてきた。それにも関わらず、「打倒」が必要だと言われなければならないのか。私を打倒する必要はない、もう自ら倒れるまでだ。

しかし実際には、彼が全面的な業務の指揮をとらざるを得ない情況であった。夜一〇時頃に谷雲亭の秘書から突然緊急の電話を受け、ある大規模な造反組織がこの秘密の場所を知り、もうすぐ幹部達を捕まえにやってくるという。すぐに移転が決定され、二人の書記と常務委員は慌ただしく別々の自動車に乗り、出て行った。私は過去、地下工作に参加した経験があるにはあったが、キャリアは短く、こうした場面に遭遇したことはなかった。私と張淮三の秘書・劉乃賓《りゅう・ないひん》は張淮三の自動車に乗り込んだ。しかし、一体どこに行けば良いのだろう。結局、自動車を走らせながら河東招待所に行くことを決定した。自動車は道を急ぎ、もともとソ連領事館であった、ひっそりとした広壮な邸宅に入った。建物は門から奥まった所に建っていた。その時、突然「カーカー」と甲高いカラスの鳴き声が聞こえ、カラスの一群が一斉に飛び立った。これは魯迅の『薬』に登場するカラス[165]と同じカラスではないか。カラスは凶を意味するのか、それとも吉を意味するのか。

雲南路招待所が皆の知るところとなってしまったため、市委員会幹部が公務にあたる場所は河東招待所へ移された。河東招待所はソ連式建築の特徴を残しており、寝室は広く天井も高くできており、ベッド、バスタブ、トイレの便座、スリッパなど全てが我々のものと比べると随分大きかった。胡昭衡が中央工作会議から戻り、市委員会の指導者の仕事に復帰した。また、趙武成も退院し、この河東招待所で仕事を再開した。

当時、市の機関は既に麻痺あるいは半麻痺状態だったにも関わらず、依然として緊急に処理しなければならない事項が多くあった。ある時は市の糧食局が、市に備蓄されている食糧があと一週間しかもたないと緊急の連絡をしてきた。趙武成は急いで河北省委員会の劉子厚や閻達開に支援を要請し、河北省が緊急に天津市へ食糧を届けることで、なんとか危機を乗り越えた。人々は天津市が河北省へ編入される件について、その弊害ばかりを論じた。それは事実その通りな部分も多くあるのだが、とは言え、どんなことも絶対化はできず、弊害ばかりで何の利益もないなどということはないのである。一九六三年、めったにないような深刻な大洪水が

幹部倶楽部

天津で発生した際も、もし河北省が、省内の多くの農地を犠牲にしながら、全力で天津の支援に当たってくれなかったとしたら、天津は水没を免れなかっただろう。この時もまた、河北省はここぞという肝心な時に天津市を焦眉の急から救ってくれたのである。

文化大革命という異常な時期にあっては、日常業務における問題をなんとかこなしたとしても、造反派からの無理な要求を処理することなど元々不可能であった。趙武成は一度、幹部倶楽部[116]においてある大学の造反組織と面会した。この造反組織は対立する組織と殴り合いの衝突を起こし、相手側に負傷者を出した。彼らは趙武成に対して批判を展開し、包囲・拘束した。そして、彼らが作成した書類にサインするよう迫り、彼らの行為が正しいと認めるよう要求した。もしサインすれば、一つの組織を支持し、もう一つの組織を抑え込むという過ちを犯すことになる。サインしなければ、趙は批判に遭う。当時、中央の指示によって、市委員会指導者は民衆組織に対して支持することとしか許されておらず、反対することはできなかった。権限は与えられないにも関わらず、責任だけを負わされていた。趙武成は当然サインを拒んだ。造反派は彼を「熬鷹[167]」のように一晩中寝かせないようにしていたが、最後には造反派の学生ら自身も疲れ果て、やっと趙武成は解放されたのである。

一九六七年一月、市委員会の場所は河東招待所から天津鉄路分局台児荘路招待所に移された。各級党委員会は、「文革」という政治の渦にのみ込まれ、際限なく続く批判闘争への対応に疲れ果て、既に麻痺状態にあった。ある区委員会書記は電話をよこし、自分達は生きるか死ぬかの状態にあるのに、市委員会幹部は隠れてばかりいるといって厳しく非難した。また、私はある区委員会副書記から電話を受け、助けを求められた。彼は民衆に追い込まれどうしようも無くなり、市委員会になんとかしてくれと泣きつくような口調で電話してきたのである。しかし、市委員会に一体どんな方法がとれよう。手も足も出ない！　と趙武成は小声でつぶやいた。当時、弁公庁では趙占坡《ちょう・せんは》など二人の職員だけで当直にあたっていた。彼らはどんなにか大変だっただろう。

こうした情況のなか、ある者が、市委員会は既に大勢を失い、天運尽きたと判断した。そして、市委員会内部の某造反組織に、市委員会幹部らが台児荘路招待所にいることを密告した。密告を受けた造反組織は、一月一八日、この秘密の場所に押し寄せた。こうして、一九四八年一二月に成立した中共天津市委員会は「幕引き」となったのである。

「魂に触れる」革命は、社会規範をぶち壊し、偽りの仮面を引き裂き、皆の魂を拷問にかけた。革命者も被革命者も、あるいは既に革命したがまだ革命されなければならない者も、その人間性や人格、品性全てが暴露された。こうした情況においても自分の職場を最後まで離れなかった、既に亡くなってしまった趙占坡などの同僚達。そのなかには電話交換台の者達も含まれる。私は彼らに対して心からの敬意を表したい。

4　全市を震撼させた三輪二社事件——「造反有理」の果てに

一九六六年八月末、北京紅衛兵と天津市労働局の技術学校の学生が市委員会の建物を攻撃した「八・二六」事件の後、すぐにまた全市を震撼させるような事件が発生した。「三輪二社事件」（陳良謀《ちん・りょうぼう》書記惨殺事件）である。

天津市河東区の三輪二社（三輪運輸二社）は、一九五八年の社会主義改造の高まりのなかで、もともと個人でオート三輪貨物輸送をしていた労働者が集まって立ち上げた企業である。社員全九〇三名のうち、幹部が四二名、労働者が八六一名であった。車両隊責任者のAは当時社内の分配制度に思うところがあり、党支部に不満を持っていた。「文革」開始以後、Aは八月下旬に数名の労働者と共に「紅衛兵」を組織し、

「奪権」の準備をした。八月二七日、Aらはある中学の紅衛兵と連絡をとり、彼らの協力の下で車両隊の全青年労働者を召集して会議を開き、正式に「紅衛兵」を結成した。Aが主席に選ばれ、ほか四名が副主席となった。党支部は彼ら紅衛兵の赤い腕章に公印を押すことを拒んだ。Aはこのことを甚だ不服とし、ある中学の紅衛兵大隊長と共に党支部へ交渉に行った。

当時、赤い腕章は非常に大きな威力を持っていた。赤い腕章をつけていれば、どこへ行っても道を阻むものはなかった。神聖で不可侵なものとされていたのである。その晩、Aは一〇名余りをばらばらに各隊へ派遣し、幹部に関する資料を集めて奪権のための準備を行った。

八月二九日朝、Aらは、社内の放送員の経歴に問題があるという口実を使って、強制的に放送台を占拠した。

その日の午前中、各隊の従業員や労働者の代表が召集されて会議が開かれ、三輪二社文革計画委員会の委員リストが承認された。しかし、既にその時Aは元人事保衛部の幹部のところから、社内幹部のいわゆる「経歴問題」に関する資料を手に入れていた。Aは会議中、突然壇に上がり、拡声器を使って大声で叫んだ。「党支部は既に変貌してしまった。国民党や三青団[168]〔三民主義青年団〕出身の者ばかりを幹部にする資本主義の道を歩む実権派であり、我々は彼らの手から権力を奪わなくてはならない。彼らが組織した文革計画委員会は非合法である」。Aに呼ばれて来ていたある中学の紅衛兵も壇に上がって演説を始め、Aを勢いづかせた。事情をよく理解できない一部の労働者たちもAらに便乗して騒ぎ始めた。その後、すぐにAらは支部書記の陳及びその他の幹部や労働者など二〇名余りを拘禁し、社内の指導権を奪取した。

彼らによる奪権の後、三輪二社文革計画委員会は「非合法」であることが宣言され、以前からあった紅衛兵は強制的に解散させられた。Aらは党支部や人事部門及び全ての档案、文書、印章などを接収・管理した。さらに、彼らは社員を捕らえ、抄家《チャオジア》を行い、「拳銃や無線電信機を隠し持っていた」、「殺人犯」、

「大窃盗犯」、「暴行犯」などの罪名で、幹部や労働者など四七名を非合法に逮捕・拘束した。一部の幹部や労働者は家を破壊された。彼らは残虐な体刑や拷問を行い、様々な刑罰を用いて拘禁した党員や幹部、一般民衆を虐待した。この虐待によって死亡した者、障害や傷を負った者は合わせて三〇名余りに達した。

そして、より一層深刻な事態が発生した。党支部書記の陳良謀が彼らによって殺害されたのである。八月二九日、彼らは陳を酷く殴り、首にレンガと石をぶら下げ、腰掛けの上に跪かせた。翌日も、陳良謀に対し殴る蹴るの暴行を加えた。棒や鞭なども使用し、全身が青紫色になるまで打った。夜、レンガの上や三角鉄の上に跪かせ、衣服を剥ぎ取り水瓶のなかに入れた。三一日、弓や槍、鉄の棒などで全身をひどく殴り、傷口には塩水をかけた。こうした昼夜を通しての虐待を経て、九月一日一時五〇分、ついに陳良謀は死亡した。陳が無惨に殺害されると、Aらの態度は緊迫感を増した。ある者は人々を煽動するように言った。「恐れてはいけない。陳には重大な問題があったのである（中略）労働者の口、紅衛兵の手をもってすれば、何人殺しても問題はない！」。「造反有理」にのぼせ上がった人々には、陳に問題があったかどうかをまともに調査することなど不可能である。極「左」の時代においては、重大な政治的問題があるというレッテルを貼ってしまえば、その者を「無慈悲に殺す」ことさえも許されてしまうのである。

天津市や河東区がこの事件の噂を聞きつけ、九月二日午後、市公安局と河東区委員会責任者が情況を把握するために幹部を引き連れて社へやってきた。陳良謀の遺体も調べた。Aら造反派は「一切の実権派を打倒せよ！」などのスローガンを叫び、こん棒や鉄製の武器などで威嚇し、市・区の責任者たちを小さな部屋へ無理矢理押し込め拘禁した。さらに、彼らの所持品を取り調べ、法医学の専門家が撮った写真のフィルムを奪った。夜になっても食事をとることを許さず、一〇時間ものあいだ拘束し続けた。

れっきとした公安局長が公務執行中に民衆によって拘束されてしまうなどということは、現在から考えれば滑稽に思えるが、あの時代にあっては、造反有理こそが至上の原則だったのである。一切の「実権派」は紅衛兵や造反派に対して、従順に従うことしかできず、抵抗は不可能であった。その頃、私は天津市委員会文革弁公室で仕事をしていた。もし赤い腕章をした数名の造反派が弁公室へやってきて私を連行すると言ったならば、私はそれに従うことしかできなかっただろう。

当時、市委員会政治法律工作指導小組は、市委員会書記処に対しこの事件についての報告書を作成し、市委員会書記処で議論した。三輪二社事件が人々の知るところとなると、その衝撃的な内容に全市が震え上がった。市内及び市近郊の多くの民衆が次々と集まってデモを行い、一連の暴力行為を批判し、殺害された陳を追悼した。不完全な統計によると、連日の集会・デモ、三輪二社における陳の追悼及び同社に対する批判に参加した者の数は延べ五〇万人に達した。三輪二社を訪れた民衆のなかには憤激のあまりその場で卒倒する者までいた。多くの民衆が大字報を貼り出し、ビラを配布し、市や区の指導機関に対し「犯人」を厳しく処罰するよう求めた。市の司法機関は暴行に参加した「犯人」を逮捕し、「反革命報復罪」の疑いで刑事責任を追及することを決定した。

なぜ事態はこのような展開を見せたのか。これも、党が長期に渡って民衆のあいだに形成してきた威信、及び民衆の党に対する信頼によるものである。先にも述べたように、「文革」初期においては、人々のなかにはこの運動の性質が依然としてよくわからず、従来通り各級党委員会の指導の下で運動を展開したいと考える者が多くいた。そのため、民衆が大まかに言って二つの陣営に分かれて、相対立する現象が起きていた。「保守派」と言われる一方の組織の成員には、党員・共産主義青年団団員や積極的に党に寄り添おうとする者が多く含まれ、現状を守ろうとする傾向が強い民衆が集まっていた。特に、世代間で職業が受け継がれる産業労働者のあいだでは保守派の勢力が比較的強かった。こうした者達は一部の者が無法な造反行為を行うことに反感を持っており、三輪二社事件に対して激しい怒りを露にしたのは当然であった。

多くの民衆が万暁塘の死に対し、彼を追悼するため自発的に弔問に訪れ、また、三輪二社の陳良謀書記惨殺事件に対して批判の声をあげた。こうした民衆の行為について、一九六六年一〇月の中央工作会議において党中央の指導者は天津市委員会を厳しく批判し、これは「死んだ人間を利用して生きている人間を抑えつけようというものである」と断定した。これを受けて、私は市委員会に代わって「中国共産党天津市委員会文化大革命におけるブルジョア階級反動路線の執行に関する初歩的検査」を起草することになり、このなかで三輪二社事件についても自己批判書を書かなければならなかった。実際には、一人の下級党支部書記が迫害を受け、それに対し民衆が憤慨したことに、一体どのような問題があるというのか。また、自発的に万曉塘を追悼し弔問することに、検査を迫られるようなことがどこにあるのか。「生きている人間を抑えつけようとしている」とはどういう意味か。説明の仕様がないのである。

「文革」終結後、天津市中級人民法院〔裁判所〕は再度この陳良謀書記惨殺事件を調査した。中華人民共和国最高人民法院での刑事裁定で、被告人を「『文化大革命』の機会を利用して以前から企図していた反革命階級報復を実行した」とする以前の判決に対し、「反革命階級報復罪は不当、判決の変更を決定する」とした。天津市中級人民法院は被告人に対し、「反革命階級報復罪は成立せず、無罪を言い渡す」との判決を出した[169]。

政治的武力衝突は、全て民衆運動から開始し、運動によって民衆が終わらせる。運動において、人々は皆自分の行為こそが「造反有理」だとし、ほかの人々に「騙されていた者達は過ちを犯しても無罪である。目を覚まし、造反のために立ち上がって反撃すれば、手柄となる[170]」と呼びかけた。しかし実際には、皆が真相を知らず、結局は愚かな道具に成り下がってしまった。三輪二社事件の騒ぎの後に残されたのは、無実の罪で死んだ者の孤独な霊だけであった。

第九章　政治の渦中で

1　あなたたちの自己批判書は臭くて長い！

私は一九五五年一月に天津市南開区委員会から市委員会弁公庁へ異動となったが、その時以来、政治運動は途切れること無く行われていた。そうした時代において、私のような「文筆家」達の重要な任務の一つが市委員会に代わって自己批判書を執筆することであった。そして、何度も自己批判書を執筆した経験を持つ私が、最も深く心に留めているのが、一九六六年の「文革」初期、市委員会に代わって書いたものである。

一九六六年の「文革」開始以来、市委員会は度々攻撃を受け、終始受け身の立場に立たされてきた。市委員会は、まず八月にある事件についての検査を行い、九月には「文革」の期間中に犯した過ちについて検査を迫られた。一〇月になると、党中央でのブルジョア階級反動路線に対する批判の流れを受け、市委員会もブルジョア階級反動路線問題について検査を始めた。私が起草する自己批判書の内容はこのように段々とレヴェルが上がっていった。市委員会第二書記の趙武成は、北京で中央工作会議に参加している最中に、私を北京へ呼び寄せ、ブルジョア階級反動路線に関する自己批判書を執筆するよう指示した。この時から市委員会は際限の無い検査を強いられることになり、それは市委員会崩壊まで続いた。

市委員会に代わって自己批判書を起草するには、まず、党中央のブルジョア階級反動路線に関する表現を十分研究しなくてはならない。当時、林彪が国慶節〔中華人民共和国の建国記念の日〕に行った講話のなかで用いた表現は、「ブルジョア階級が革命路線に反対する」であり、一〇月発行の『紅旗』第一三期の社説からは、「ブルジョア階級反動路線」という表現が使われ始めている。周恩来はかつて毛沢東に対し、ブルジョア階級反動路線という表現は適切かどうか判断を求めたという。毛沢東は三つの英語で次のように答えたという。元々は counter-revolution〔反革命〕であったのが、それが anti-revolution line〔反対革命路線〕となり、そして最後に reactionary line〔反動路線〕となったのであり、適切である。

ブルジョア階級反動路線に対する批判が始まると、各級党委員会指導機関は間違っていると判断され、指導機関や領導幹部を攻撃しようと声を上げる大々的な造反運動が形成されることになった。

私は九月から市委員会の「自己批判書」の起草を担当していたが、それが後にブルジョア階級反動路線の執行に関するものに変わった。私は当時市委員会文革弁公室資料組組長の運起栄《うん・きえい》と共同で起草にあたることにした。文書の起草は一人で担当することが一般的であったが、文書の分量の多さ、時間的な余裕のなさを考慮し、運起栄にも参加するよう要請した。私たち二人はそれぞれ担当する部分を決めて作業を進めた。運起栄は文章が非常に流暢で字句の選定も適切であり、また書くスピードも早いため、非常に良い協力者であった。この「文革」という「魂に触れる大革命」において、幹部が我々に「自己批判書」を代筆させるなどということがなぜ可能なのかと不思議に思う人もいるだろう。これは、それまでの政治運動を通して一貫して行われてきた中国共産党内でのやり方なのである。高崗《こう・こう》〔※〕や彭徳懐なども、かつて、皆秘書に自己批判書を代筆させた。幹部は、最後に自分でそれをもう一段階、原則的政治路線の問題として格上げし〔「上綱上線」〕、教条的で大げさな内容に仕上げるのである。しかし、この「自己批判書」がパスするかしないかは、どう書いたかよりも路線闘争の必要によって決まるのであり、これもまた党内の不文律である。

市委員会のブルジョア階級反動路線執行に関する自己批判書が起草されると、一九六六年一一月四日から二二日まで開催された市委員会工作会議に提出された。すると、すぐに会議参加者から批判が出た。批判はお決まりのもので、事実がはっきりと述べられておらず、批判に深刻さが足りず、問題の根源が掘り起こされていないなどといった内容であった。ある者は、市委員会は「しっぽを出し[171]」、徹底的に革命されなくてはならない！　と言った。ああ天よ！　一体どうすれば徹底的な革命などできるのか。

市委員会の「自己批判書」には最初にこう書かれている。「市委員会はこのプロレタリア文化大革命において、毛主席を代表とするプロレタリア階級革命路線に背き、毛主席自らが制定した「一六条」に違背し、ブルジョア階級反動路線を執行し、方向を間違い、誤った路線を進んだ。市委員会が犯した過ちは非常に重大であり、文化大革命に損害を与え、招いた結果は深刻である。市委員会はこのことを十分に重く受け止め、心は沈んでいる。私は市委員会を代表し皆の前で検査を行い、全市の革命労働者や革命教師・学生、革命幹部に対し犯した罪を謝罪する（後略）」。この「自己批判書」を一体どうやってさらに高めろというのか。もう政権を手放すしか術はないのではないか。集団による政治的行動は常に「極端化」する傾向がある。誰々は良いと言えばとにかく全て良く、反対に、駄目だと言えば全て駄目になってしまうのである。

さて、厳しい批判にさらされ、一体どうすれば良いか。二つの道しか残されていない。一つは、事実を補充し、「文革」中に起こった問題について、一つひとつ記述することである。これは煩雑なほどよい。もう一つの道は、さらに原則的政治路線の問題に格上げすることで、批判者が市委員会にどんなレッテルを貼ったとしても、それを一つひとつ受け入れることである。当然、「自己批判書」の末尾にはいつもの万歳を付けなくてはならない。当時は五つのスローガンが必要であった。「革命造反精神万歳！　プロレタリア文化大革命万歳！　偉大で、栄えある、正確な中国共産党万歳！　偉大で無敵な毛沢東思想万歳！　偉大な導師であり偉大な領袖、偉大な統帥、偉大な舵手の毛主席万歳！　万歳！　万々歳！」。自己批判書は修正が入る度に長くなってゆき、膨張し、最後には一万八〇〇〇字余りに達した。

一九六六年一一月二九日、市委員会は「自己批判書」を全市の各下部党委員会（総支部、支部）へ通知した。「通知」には次のようにある。「ここに、『中国共産党天津市委員会の文化大革命におけるブルジョア階級反動路線の執行に関する初歩的検査』を通知する。幹部や労働者へ伝達して欲しい。この文化大革命において、基層幹部はブルジョア階級反動路線を執行し、各々異なった程度の過ちを犯したが、責任は主に市委員会にある。皆を動員し、市委員会へ意見を提起し、徹底的に市委員会の過ちを公然と批判して（掲発批判）欲しい」。通常、市委員会が責任を負えば、基層幹部は責任追及から逃れられるのだが、この「文革」においては全ての等級の機関が過酷な運命にのみ込まれた。

党中央及び華北局の指示に基づいて、市委員会は民衆の前で検査を行った。当時市委員会第一書記の万曉塘は既に死去し、第二書記の趙武成は入院中であったため、書記処書記の谷雲亭が全面的な工作を指揮した。谷雲亭から中学紅衛兵代表大会に対し、市委員会が検査を行い、意見の聞き取りを行うという旨を通達することが決定された。当日の午前、設定された時間に、私は谷雲亭に伴って第一九中学で行われる中学紅衛兵代表大会の会議に参加した。会議を主催する紅衛兵代表は市委員会のある部署に所属する幹部の子どもであったため、この会議はそれほど厳しい情況にはならないだろうと予測していた。まず、会議主催者が主導して毛主席語録の一部分を皆で読み上げた。その後、谷雲亭が市委員会の検査情況について簡単に説明し、私が「自己批判書」の全文を読み上げた。私はかなり早いスピードで読み上げたにも関わらず、読み終わるのに一時間半も要した。当然、すんなり認められることはなく、批判の声が上がった。ある女学生は至近距離から私の額を指差して言った。あなた達の自己批判書は老婆の纏足に使われている布と同じで、臭くて長い！

私はまさに呆然としてこの女学生の話を聴いていた。「文革」が始まって以来の鍛錬によって、私は既に「不慮の災難に遭っても怒らず、思わぬ出来事に出くわしても驚かない[172]」ようになっていた。

この中学紅衛兵代表大会との接見の後、中学紅衛兵革命造反本部は一二月一四日に活版印刷のビラ「天津市委員会の初歩的審査を評す」を発行し、市委員会は学生の運動を鎮圧しているだけでなく、「労働者の運動までも残酷に鎮圧している」と主張した。自己批判書は「抽象的には（自らの過ちを）認めているが、具体的には否定している」、「故意に罪を隠し、中央の指示に反抗している」と断じ、最後には次のように締めくくった。「我々は強く要求する。天津市委員会を徹底的に改組し、毛主席は人を派遣して下さい！」。大見出しは「勇ましく賊を追求しよう！」となっている。この「文革」における一連の措置によって、確かに市委員会は逃げ場を失った「賊」にまで成り果てたのである。

歴史が明らかにしたように、「文革」は「党と国家、各民族人民に多大なる災難をもたらした内乱」であり、全て誤りであったのである。当然、私が起草したあの「臭くて長い」自己批判書も全て誤りであったということだ。しかしながら、世の中には絶対的に純一な事柄などない。一人の幼い中学生が果敢にも市委員会に対して「ノー」を突きつけたことだけを見れば、「文革」さえも、百害あって一利無しとは言えないのである。

2　捕まった思い出、逃げた思い出

私は当時市委員会文革弁公室の責任者であり、何の実権も持たなかった。ただ市委員会の意図に沿って動き、下級部署へ意図を伝え、報告を受けたりする等の業務を行っていた。日が経つにつれ情況は悪くなり、私本人も「捕まる」運命に直面することになった。

私が初めて捕まった時は、捕まりはしたものの、連行されることは免れた。一九六六年一〇月下旬のある晩、私は会議に参加するため市委員会の非公開の弁公室から雲南路招待所へ行った。しかし、Z組織が雲南路招待所へ我々市委員会の人間を「捕まえに」やってくると知り、各人がばらばらになって逃げた。私は市委員会書記処書記の張淮三の車に乗り、河東招待所に向かい、そこで一夜を明かした。翌日朝、

谷雲亭
（一九七〇年代に撮影）

私は鄭州道の文革弁公室へ戻り、そこで仕事をこなした。しかし、私が弁公室で腰を下ろして間もなくすると、Z組織の十数名がやってきて、市委員会書記処書記の谷雲亭との面会を要求した。Z組織は一般の民衆造反組織ではなく、公安局系統の大きな造反組織である。彼らは弁公室に入るなり表門や裏門へ向かう経路などを確認し、塞いでしまったため、逃げ出すなど到底無理であった。

彼らはなぜ谷雲亭を探しているのか。Z組織はある幹部を罷免することを決定し、その決定に関して、当時市委員会の仕事を全面的に指揮していた谷雲亭の同意を得る必要があったのだ。当時、市委員会は彼らが決定した罷免を許可しない力は持っていなかったが、罷免の責任だけは負わされなければならなかった。

私は天津市委員会文革弁公室の責任者であったため、Z組織は当然私を問いただした。私はもちろん彼らに谷雲亭の行方を教えることなどできなかったが、実のところ、私も居場所を知らなかったのである。のちに聞いたところによれば、彼と秘書は前の晩は比較的安全な場所に住む指導者の家に泊まり、翌朝車で南郊区委員会庁舎へ行って朝食をとった。その後西郊区委員会庁舎へ行ってから、市へ戻った。Z組織の車に尾行されたらしいが、なんとかまいたという。

私は谷雲亭の居場所を言わなかったが、彼らはもちろんそれを許さなかった。彼らは私を取り囲んで責め立て、批判した。そして、彼らとともに毛主席語録を読み上げるよう言われた。ほとんどが「革命は客を招いてごちそうすることではない[173]」という部分の言葉であった。私がトイレに行く際も人が付いて来るため、逃げることはできなかった。昼食の時も、食堂まで人がついてきて監視された。

午後になると、彼らは私に電話で谷雲亭を探すように迫った。当時市委員会幹部は皆市委員会の電話交換台の内線を使用していた。機関内部でも造反が始まってはいたが、交換台のサービスは無事であった。市委員会幹部がどこかへ行った際は、秘書に所在地の電話番号を交換台に伝えさせておくことで、連絡をとることができた。交換台の交換手は耳が鋭く、良く知る者であれば少し声を聴くだけで誰かわかった。知らない人間が市委員会指導者の居場所を聞いたとしても、交換手は教えたりしない。私は仕方なく受話器をとって、谷雲亭はどこかと聞いた。しかし、Z組織の者達が本当に彼の居場所を突き止めてしまったら大変だと思い、交換手の返答を待たずに、そうか、君たちも知らないかと言って受話器を置いた。当然、私のこのようなやり口でZ組織を騙せるわけがなく、また批判された。このようなことを丸一日も繰り返し、やっと彼らは帰っていった。

私が二回目に捕まったのは一九六六年一二月のことであった。臨時雇いの労働者が組織する某造反組織の人間が二人がやってきて、私を捕まえて連行した。私は抵抗せず、文革弁公室のほかの者も抵抗しなかった。「文革」が始まって以来、造反派は自由に実権派を捕まえ、闘争にかけることができるという暗黙の規則ができあがっていた。

建物を出るとすぐ彼らはがっかりすることになった。彼らは私に自動車はどこにあるのかと聞くので、私はおんぼろの自転車があるだけだと答えたからだ[174]。彼らが占有する睦南道の建物に到着しなかへ入ると、廊下は散らかり、多くの人ががやがやと集まっていた。私を捕まえた者が建物内の者に向かって、得意げに私の身分を告げた。もともと彼らは市の責任者を捕まえたかったようだが、私で「間に合わせた」らしい。「朱砂《すさ》が無い時には、紅土《こうど》も貴重となる」〔175〕のである。

私はある部屋に監禁されたが、そこで思いがけず市労働局処長の韓濤《かん・とう》に会った。彼とは解放初期に一緒に仕事をしたことがあったが、長い間会っていなかった。私はいわゆる市の「実権派」として、韓濤は主管部門の「実権派」として捕らえられた。彼らは「珍しいものを時機がくるまでとっておく」つもりでおり、私たちを解放しようとしなかった。私たちは顔を見合わせ苦笑した。天津を解放する際に共に天津へ入城し、解放を果たして国家の主人公となり、そしていま共に囚われの身になっていることを思うと、まるで哲学者がよく言う否定の否定のようであり、仏教の輪廻のようでもあると思った。

この造反組織の者達の議論を聞いたところによれば、彼らは主に造反によって正規労働者の地位を得ようとしているようであった。当時の臨時工は、制度の外に置かれており、政治的にも経済的にも正規労働者と比べものにならないほど苦しい立場にあった。「文革」以前、人々の経済的待遇は比較的平等であったとも言えるかもしれないが、政治的にはより不平等であった。高校を卒業したある学生は成績が良かったにも関わらず、父親が歴史反革命〔過去の経歴に反革命的行為・事実がある者〕であるとして、大学が彼の入学を許可せず、臨時工になるしかなかったという。労働態度も良かったが、やはり家庭の問題で正規労働者にはしてもらえなかった。

当時私は煙草を吸っていたが、夕方には手持ちの煙草を全て吸い終わってしまいそうであった。私は煙草を買いたいから外に出してくれといい、それを口実に出入口の様子を伺い、逃げ出す機会を待った。私は、煙草を買う際、もし上等な煙草を買えば、それを理由にブルジョア思想を持っているとして批判されるかもしれないと思い、二箱で一角余りの「永紅牌」〔176〕という煙草を買った。私はこの「永紅」の煙草を吸い、部屋の明かりも夜通し消されず「永紅」であった。交代で私たちは監視され、居眠りをすると「語録」〔毛主席語録〕を読まされ、まるで「熬鷹」であった。

この尋常ではない「政治」に直面し、私は一本また一本と煙草を吸い続け、一晩で一箱を吸い終わってしまった。どうやら私たちは「珍しい品物」として有用らしい。翌日の午後、別の造反組織がやってきて韓濤を借りて連行していった。私の心は重く沈んだ。韓濤と私は人が貸し借りできる奴隷であり、私もいつどこへ貸し出されるかわからないのだ。前日から私はトイレへ行く機会を利用して逃げようと思っていた。しかし、トイレに行くためにはまず建物の奥へ向かって歩くのだが、出口から逃走するには、逆方向の外に向かって進まなくてはならない。最初、看守は私がトイレへ行く際、トイレの入口で監視していたが、しばらくするとトイレにはついて来なくなり、ただ監禁場所の部屋のドアを大きく開け放して監視し、逃げないよう見張るだけであった。

韓濤が連行されてから二時間ほど過ぎた頃、室内には一人の看守だけが残っていた。私は意図的に椅子にもたれて目を閉じ、精神を落ち着けているような態度を装っていた。この時、部屋のドアが大きく開いて、数人が入って来た。どうやら別の造反組織の者のようで、看守と話し始め議論になった。私はチャンスが来たと思い、ゆっくりと立ち上がり、落ち着き払って煙草に火を付けた。そして、トイレへ行くよう装ってそろそろと部屋を出た。まず建物の奥の方へ進み、その後すぐに向きを変え、ちょうど向かいからやってきた二人の後ろにきびすを返してついていった。煙草の力を借りることで、私は冷静沈着に逃げ出すことができたのである！

これ以後にも二度同じようなことがあった。一度は重慶道に拘禁され、一度は墻子河の川辺に連れて行かれ、凍える思いをした。しかし、適者生存、自然淘汰ではないが、私も対処できる経験がだんだんと増えていったのである。

3　档案保管場所の移転騒ぎ

「文革」初期、日に日に情勢が緊迫するなかで、党と国家の機密を保護するために档案を安全な場所に移そうとすることは、本来ならばいたって正常なことであった。しかし、このことが、私に大きな困難をもたらしたのである。

一九六六年夏に成立した市委員会文革弁公室は、鄭州道にあった市委員会四清《スーチン》弁公室を基礎として成立した。巷では既に「文革」の火の手が上がっていた。ある朝、私と市委員会四清弁公室秘書組長の鄧棣《とうてい》華《か》は鄭州道で当直にあたっていたが、宣伝関連部門のある単位《ダンウェイ》に所属する数十名が単位内の問題のためにやってきた。私たちは彼らを小礼堂に招き入れ、椅子を用意した。この小礼堂は本館の横にある大会議室である。私と鄧棣華は彼らの前に立って、彼らから厳しく問いつめられた。彼らは、小礼堂にはなぜ毛主席の肖像がないのか、なぜ語録牌がないのかと質問した。そして、私たち二人に語録を暗唱させた。この時私は初めて「文革」に引っ張り出され、精神が非常に張りつめたのを覚えている。この小礼堂は、以前市委員会の高級幹部が自修を行っていた場所であり、多くの学者がここで講義をした。「四清」中、華北局書記処書記の李立三がこの場所で話をし、その時の最初の言葉が非常に印象深かった。「私は毛主席を最も古くから知る者の一人だが、毛主席の著作についての理解はまだまだだ」。その時は、領袖の肖像や語録牌を掲げなくてはならないなどと一体誰が考えただろうか。

さて、この事件をきっかけに、私たちは残された問題を迅速に片付けなくてはならないと痛感した。そして、その問題の一つが「四清」に関する档案の安全を確保することだった。市委員会弁公庁には大きな金庫があり、档案はそのなかに保管することができた。この金庫はもともと開灤鉱物局が使用していたもので、非常に堅固なものだった。しかし四清弁公室には金庫はなく、もし攻撃を受けたら、貴重な書類はどうなるか。考えただけでも恐ろしかった。どこに保管すれば良いか、対処方法がなく困っていたところに、ちょうど天津警備区第二政治委員の韓徳富《かんとくふ》が市委員会四清弁公室へやってきた（当時、四清弁公室は民兵組を持っており、それが警備区の指導下にあった）。我々が韓徳富政治委員に事情を話すと、彼は档案を警備区に保管することを提案した。こうして、その年の九月、情勢が混沌とするなか、私の決定によって、夜間密かに数箱分の档案が警備区へ移された。

一九六七年一月一八日、市委員会書記処の秘密の弁公室が造反組織によって捜索を受け、市委員会は終わりを迎えた。一月二一日、市委員会の某造反組織はすぐに奪権を宣言し、市委員会庁舎の大食堂において市委員会領導幹部会議を開催した。当時、市委員会の各書記と常務委員は既に批判を受けて造反組織に連行されていたため、会議に参加したのは一部の部・委員会の指導者だけであった。

造反組織の主要責任者が話を始め、こう言った。以前はあなた方が壇上で話し、我々が壇下で聴いていた。しかし今、立場は逆転し、我々が話し、あなた方が聴くのである。

これを聞き、私は心のなかで苦笑した。私が一体いつ壇上で話をしたというのか。私はただ、壇上で話す人のために「花嫁衣装を作っていた」[17]に過ぎないのだ。この造反組織責任者は市委員会が既に完全に破壊された情況にあることを述べ、正式に奪権を宣言した。最後に、「造反本部」（天津市公安局内部の有力な造反組織）は元領導幹部達に対してその地位に応じた管理・監督を行うと話した。市委員会常務委員と市委員会弁公庁弁公室副主任以上の幹部は造反本部が直接管理し、市委員会のその他の部・委員会の領導幹部は各部・委員会の造反組織が管理することになった。弁公庁は市委員会指導者と接触する機会が多かったため、弁公庁の幹部は「実権派」の管理において「破格の扱い」を受けたのだろう。

「造反本部」の直接の管理の下、毎日出勤して民衆への対応に当たるよう命じられた。いかなる個人的行動も本部への報告が必要だった。当時、市委員会弁公庁は市委員会の建物の一階にある弁公室で業務を行うことは不可能な情況であり、市委員会小礼堂の脇にある建物で民衆への対応を行った。とはいっても、既に機関として麻痺状態にあり、何の権限も与えられず、また、本来弁公庁が備え持っているはずのあらゆる資源が失われていた。問題の解決などできる訳がなく、悲惨な情況であった。

そんな時私は、あるビラを見た。そこには、河北省委員会第一書記の劉子厚が河北軍区に「黒档案」を移し保管していることが摘発され、民衆造反組織が河北軍区を攻撃したことが書かれていた。それを読んだ私は、全身から冷や汗が吹き出るのを感じた！　警備区に档案を移したのは私個人で決定したことであり、もしこれが公然と指摘〔掲発〕されてしまい、民衆造反組織が警備区を攻撃したら、その結果は考えるだけで恐ろしかった。どうすればよいのか。档案を取りに行くべきだが、市委員会は既に破壊されているため、やはりこのことを「造反本部」に報告しないわけにはいかなかった。そして、ある晩、「造反本部」はほかの造反組織に連絡し、私を伴って警備区へこの档案を取りに行くことになった。韓徳富政治委員はおらず、我々はまず警備区のある部門の責任者に会った。面倒なことをしてくれたと彼は非常に怒っており、私に言った。「お前達は本当に蛇みたいな性根をしているな！」。ああ天よ！　私は牛鬼蛇神から本当の「蛇」になってしまったようだ！　私に同行した「造反本部」の者は、以前からの知り合いだったため私を批判しなかったが、態度は非常に厳しいものだった。

彼らは私に責任があることを認める証文を書かせた。責任の所在を上にも下にも持って行くことができず、私は一体どうしたらよいのか！　私は筆に任せてこう書いた。「私は『四清《スーチン》』に関する黒档案を警備区へ移すことを決め、攻撃の矛先を偉大な中国人民解放軍へ向けようと陰謀を企てました。これによりもたらされた一切の結果については私が責任を負います」。私が悔しい思いをしながら文革弁公室にいた数ヶ月は、あたかも正義のために死に臨んだ英雄のようであった。もちろん、私は死んではおらず、造反組織もこの件に関して批判を行わなかった。また、彼らはこの档案を利用して内幕を公然と指摘することはせず、この問題は最悪の事態を免れ、収束したのである。

当時の造反組織が思い出される。一九六六年一〇月から全国でブルジョア階級反動路線に対する批判が始まると、紅衛兵組織に端を発する造反派は一気に勃興した。まずは大学や中学で、次いで工場や企業で、さらに一二月下旬から一月上旬にかけて情勢はますます緊迫し、市の直属機関で次々と造反組織が立ち上げられた。造反組織の勃興は、当時の情勢に対して適応しようとする人々の反応だ。一つには党中央からの呼びかけに対する反応。そしてもう一つには、これは人々が生き残るための必要に迫られて起こした反応である。一旦造反組織を立ち上げてしまえば、「造反有理」の旗を掲げているだけで、どんな行為であれ誰も阻むことはできなかったからである。造反組織は勝手に設立することができ、登録なども必要なく、また指示を受けたり報告したりする必要も無かった。全くの無政府主義の産物である。

天津市委員会機関内部の造反派の徽章

「文革」は無政府主義の下で中央の各部門、各省、市の「有政府主義」を破壊した。ブルジョア階級反動路線に対する批判は、全ての領導幹部を運動の指導者から攻撃の対象に変えてしまった。彼らのイメージも共産党指導の化身、人民の利益の代表から、誤った路線の執行者、民衆を抑圧する官僚へと変わってしまった。「文革」によって「無政府」が「有政府」を破壊した後、支左[178]軍人によって新しい政権――「革命委員会」が樹立され、「有政府」へと回復した。しかし、この「支左」に対しては、支持者もいれば不支持者もおり、「温和」派も「過激」派もおり、この両派のあいだでさらに内戦が行われ、結局武闘が止むことはなかった。

天津の市級機関内部では、造反組織の主流は「温和」派であり、幹部グループの全体としての性質は相対的に言って危険でなかった。実際、殴打・破壊・略奪などの行為を行った分子はいなかった。彼らが造反したのは、大体が情況に迫られてのことであった。もちろん、なかには過去思うように周囲から認められなかったために、「文革」において率先して行動を起こして第一人者となろうとする者もいた。

一九六七年市級機関が中共天津市委党校〔党員幹部に対する教育を行う天津市の教育機関〕において「大いに革命を行う」[179]ときに、ある造反組織のリーダーが我々を鼓舞して言った。「熱式平炉を一体どれだけ多くの人が知っているか。なぜ潘長有《はん・ちょうゆう》だけが有名になったのか。それは彼が最初の人だったからだ」。彼が例に出した潘長有とは、天津の製鋼労働者で、一九五〇年に中国で初めて熱式平炉を完成させたことで、同年全国労働模範に選ばれた。その後、天津市総労働組合や河北省総労働組合副主席、天津市労働局副局長、全国総労働組合第八・九期執行委員を務めた。造反組織リーダーは彼の話を持ち出し、率先して「一撃を加える」ようけしかけたのだが、私は心を動かされなかった。一〇年後、「文革」における「熱式平炉」を完成させた最初の人はどんな運命を辿ることになったか。どんな時であれ、「最初」の人になることは生易しいものではないのである。

第一〇章　天津最大の冤罪事件「万張反革命修正主義集団」事件

天津での「文革」を経験した人々の記憶のなかで、未だ鮮明な印象を残している冤罪事件がある。天津最大の冤罪事件、いわゆる「万暁塘、張淮三反革命修正主義集団」事件である。万暁塘はもともと市委員会第一書記、張淮三は市委員会書記処書記であった。この冤罪に関しては、「四人組」が粉砕された後に名誉回復がなされた。この冤罪は一体どのような経緯で生まれたのか。誰が最初に公然と指摘した〔掲発〕のか。学生による紅衛兵造反組織か。もちろんそうではない。彼らは基本的には情況を良く理解していなかった。では市委員会内部の造反組織が公然と指摘したのか。それも違う。彼らはほとんどが各部・委員会の一般幹部であり、上層部の情況を決して良く理解してはいなかった。では「四人組」が名指しで無実の罪を着せたのかと言えば、これもまた違う。本章ではまず、万暁塘と張淮三が「文革」初期に直面していた情況について詳しく述べようと思う。

1　仕立て上げられた「自殺」と「叛徒」とされた老同志

万暁塘が死に至った経緯については既に記述した通りである。彼は長期に渡って病を押して仕事に取り組み、疲労が極度にたまっていた。そして、突然の心臓病の発作のため、一九六六年九月一九日にこの世を去った。全身全霊で公務をこなした優秀な指導者がこの世を去った後、この死が「睡眠薬服用による自殺」であるという流言が何者かによって広められた。これは後に、彼が万張集団の頭目であったとでっち上げるための伏線であった。

張淮三は「一二・九」運動の際に革命に参加した老同志である。一九四五年の後半、党から天津へ派遣され、地下工作を展開した。中共天津工作委員会委員及び秘書長、青年工作委員会書記などを務め、冀中区党委員会城市工作部では、天津市を担当する三人からなる幹部グループの成員であった。一九四八年一月、彼は天津で国民党反動派に逮捕・投獄され、残酷な拷問、度重なる尋問を受けたが、それに屈せず共産党員の気骨を見せた。そして何より、天津における地下党〔解放前、天津で活動した中共の地下組織〕を守り通した。供述がとれず、証拠がないという理由で、五月に釈放された。出獄後、彼は党組織の決定によって解放区へ戻って革命闘争を続けた。

「文革」が始まると、市委員会のある部・委員会に所属する担当責任者は張淮三の逮捕歴に関する大字報を張り出し、張淮三は叛徒だと告発した。これが大きな騒動となり、市委員会組織部の幹部が大字報でこれを否定する事態となった。しかし、当時は極「左」思想に覆われており、「叛徒」問題は簡単には消えなかった。当時は既に、元地下工作者で逮捕された経歴を持つ者のうち、殺害された者は烈士、釈放された者は叛徒と見なす「左」傾の思考パターンができあがっていたのである。

2 黒幕は党中央華北局

万暁塘は「自殺」し、張淮三は「叛徒」であるとのでっち上げは、「万張集団」の冤罪に証拠を提供するためだった。初めに「万張集団」を公然と批判した〔掲発批判〕のは誰か。市級のある大機関が一九六六年一二月七日、「革命群衆」の名で「天津市を砲撃し、万暁塘を燃やせ」と題する大字報を貼り出した。そして、「万暁塘を頭目とするセクト主義集団」と批判したのが最初である。この大字報はほかの民衆組織によって印刷され、広く出回った。一二月になると、張淮三は通知を受けて山西省の太原市に護送され会議に参加したが、そこで軟禁に遭い、その後天津へ護送されて監護[180]〔監視下に置かれ、自由を奪われること〕下に置かれた。一切のことは極秘に進められた。私は当時市委員会指導部のそばで仕事をしていたにも関わらず、詳細を知らず、ただ華北局の指示だということを知っているのみだった。自分から詳しく聞く勇気はなかった。

一二月上旬、市委員会第二書記の趙武成は、市委員会機関民衆組織代表と接見した際、張淮三の叛徒問題に触れた。さらに、一九六七年一月一三日に市委員会各部・委員会及び文革弁公室責任者が参加する会議上で、趙武成は初めて公式に万張反党セクト主義集団問題を提起し、公然と批判した。これらは明らかに趙武成個人あるいは市委員会書記処の意見ではなく、上から、つまり華北局からの指示であった。事実、一九六六年一一月二九日から三〇日にかけて、華北局書記処では天津での文化革命における問題点が集中的に議論され、「天津市委員会はこの半年、一貫してブルジョア階級反動路線を執行しており、一一中全会以後にこの傾向が強まった」と指摘されていた。そして、「万張反党セクト主義集団」問題を明確に持ち出して、張淮三の停職及び検査などが既に決定されていたのである。

つまり、「万張集団」の公然とした批判を決定したのは、上級機関、つまり党中央華北局なのである。一九六七年四月七日の「中央首長が天津駐屯軍及び幹部民衆代表と接見した際の講話」を読んで初めて知ったことだが、当時大きな影響力を発揮したのは陳伯達であった。接見の最中、周恩来は講話のなかで次のように指摘したという。天津での工作について、〔陳〕伯達は長年気をかけており、実地調査を行い、農業に関しては小站を視察し、工業に関しては製鉄所を視察した。最初に万張集団を告発したのは天津の同志であり、伯達はこの者からの手紙を受け取り、注目するようになった。そして解学恭同志を天津へ派遣し、張淮三を天津から離れさせた。

さらに周恩来は次のように話した。天津では、万張集団が七、八ヶ月に及んで指導権を握り、劉鄧路線[181]を執行・発展させた。趙武成はまだ彼等の一味とは言えないが、彼は自ら検査や釈明をしなくてはならない。陳伯達は一九六七年、某大学の造反組織に接見した際こう発言した。「天津における劉鄧路線の忠実な執行者の代表は万張反党集団であり、この集団が天津で行ってきた数々の悪行を決して忘れてはならず、劉鄧の反動路線に対する批判と万張反党集団に対する批判は関連させて考えなくてはならない」。

「万張反党集団」は後に「万張反革命修正主義集団」と改められた。「集団」の成員とされた多くの者が巻き添えになった。一〇名余りの市級の指導者、部・委員会指導者が「中核メンバー」とされ、軍事監護〔軍隊の監視下に置かれ、自由を奪われること〕とされた。各部・委員会、各区局にも「万張集団」の「代理人」あるいは「やり手」とされ、公然とした批判を受けた者が多くいる。下級党組織責任者では、巻き添えとなった者が一体どれだけいたのかすらわからないが、そのなかの多くの者は万暁塘や張淮三のことをよく知らないか、あるいは全く知らなかったのである。

3 「非常に不純」な天津地下党

一九六七年春、巷には何種類もの万張反党集団の組織系統図が出回った。私の手元に残っているのは、ある大学造反組織が発行した「組織系統分布図」である。それによれば、中核、内務、組織、宣伝、労働者・青年・婦人、政治・法律、統一戦線、工交建設及び財政・貿易の八つの系統に分かれ、計四六名から構成されている。内務系統は、路達、李定、陶正熠《とう・せいゆう》、王左、王輝（筆者）から構成される。当時市委員会には多くの副秘書長や若干の弁公庁処長以上の地位にある幹部がいたにも関わらず、なぜ我々五人ばかりが名前を挙げられたのか。恐らく我々五人が市委員会指導者と特に頻繁に接触していたからであろう。私などを内務系統の成員に数えるというのは持ち上げ過ぎであり、それ以前のビラでは、私はただの「黒秀才」、「黒手下」とされていたのである。それにしても、大学造反組織はどのようにしてこのリストを作成したのだろうか。挙げられた名前からみて、部・委員会の一般幹部では作成できないだろうと思われ、内情を知っている領導幹部数名が情報を提供したのだろうとある者は推測していた。

「万張集団」の冤罪が生まれた経緯には非常に考えさせられるものがある。この文化大革命は、実質的には上から下へ向かって民衆を動員した運動である。それによって党内闘争を進め、いわゆる「劉少奇ブルジョア階級司令部」を徹底的に破壊するという目標を実現した。運動の初期において影響力を持っていたのはやはり党内各級の中核的指導者であり、一般幹部や民衆は彼らに動員され、愚かな役回りをさせられたに過ぎないのである。

張淮三は解放以前、天津地下党学生運動の責任者であった経歴を持ち、北京市委員会委員であった劉仁[182]（当時の華北局城市工作部部長）と関係があった。そうした関係を取り上げて、一九六七年初め以来、いわゆる「万張集団」の公然とした批判が始まると、多くの元地下党員が巻き添えとなり批判された。一九六七年四月七日、中央の高級幹部は天津駐屯軍及び幹部・民衆の代表と接見した際、康生が次のように話した。「あなた方天津の同志は張淮三の手先に対する注意が十分でない。張淮三は元北京市委員会委員の劉仁と関係が深く、非常に劣悪な反革命分子である。万暁塘と張淮三、劉仁について調査団を組織し、詳しく調査するよう提案したい」。

康生の「指示」を受けて、少なからぬ人が素早く行動を起こした。私は天津地下党に関する二つの「調査資料」を見たことがある。一つは「叛徒張淮三が指揮した地下組織を徹底調査せよ」であり、副題は

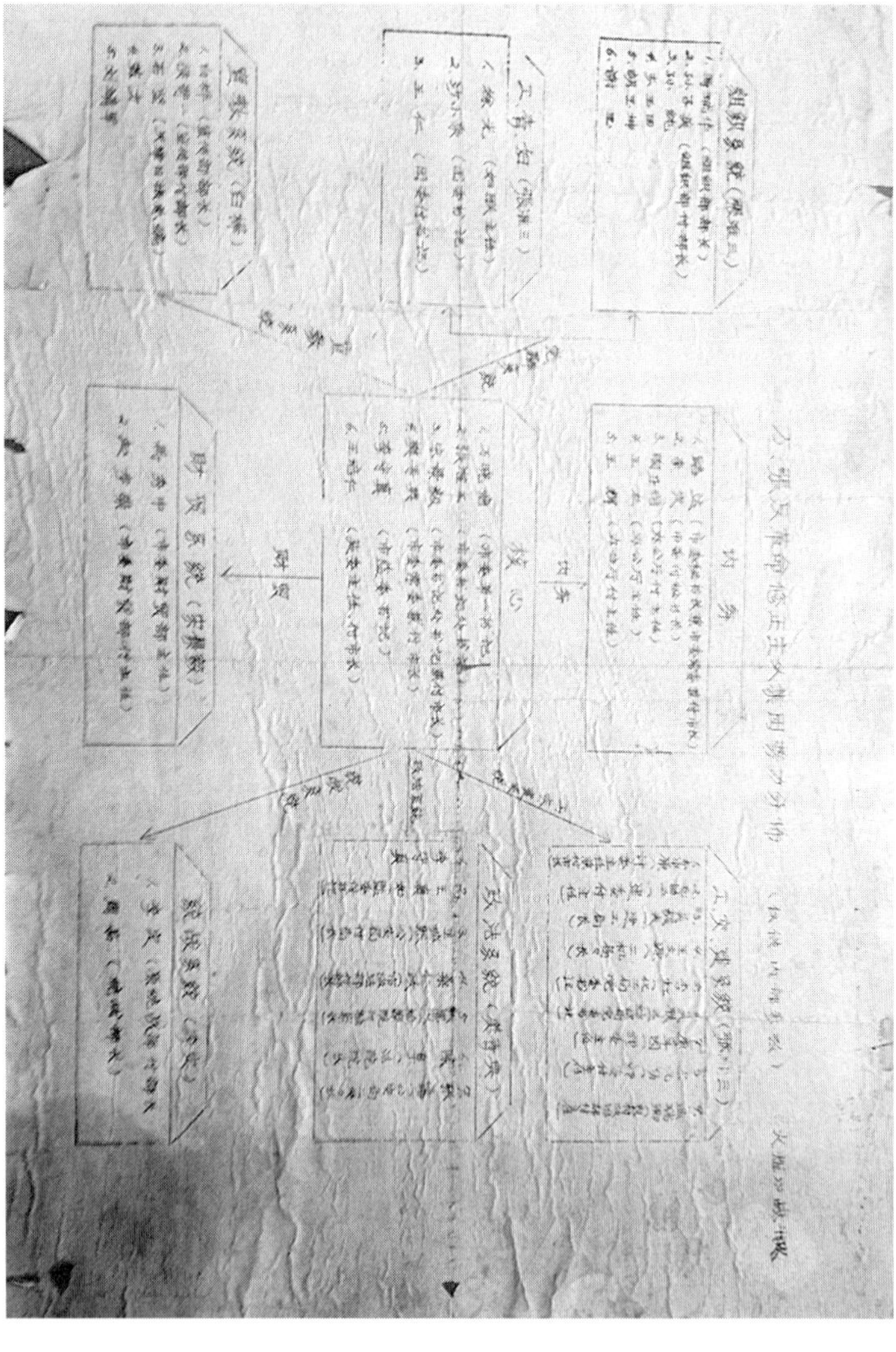

造反派が配布した「万張反革命修正主義集団勢力分布」のビラ
内務系統のなかに筆者「王輝」の名前がある。

「敵が埋めた時限爆弾を探し出せ」となっていた。この「資料」は四つの工場・企業及び二つの学校が連名で発行したもので、署名は「天津工人聯合調査団」とある。「資料」では一二二名の元地下党員の名前が挙げられており、そのうち天津の地下党員が七七名、北京の元地下党員が二二名、河北省の元地下党員が四名、その他活動場所が不明の者が九名いる。解放前、私は天津で活動するただの一般地下党員だったが、意外にも名前が挙げられていた。「資料」のなかに書かれている具体的な人名、活動地などには間違いが非常に多くあった。とは言え、我々は一時期、共産党内部の「時限爆弾」とされてしまったのである！

もう一つの「調査資料」はある大学の造反組織が署名しているもので、「万張反革命修正主義集団の直接の黒幕彭真、劉仁を絞め殺せ」という標題がついている。内容は京津地下党城市工作部専集である。そのなかには、建国前の中央晋察冀分局、冀中区党委員会、華北局城市工作部の幹部から一部の職員の名まで記載されており、また入京・入津以降に幹部となった地下党員の名も記されている。「地下党組織は非常に不純であり、城市工作部において叛徒、特務〔スパイ〕が重用されていた」などと書かれていた。

天津地下党組織は、本当に「非常に不純」であったのか。天津における初期の党の発展及び党組織の確立は、革命先駆者の李大釗《り・たいしょう》〔※〕による育成に依っている。尊敬すべき革命家達、周恩来、劉少奇、陳潭《ちん・たん》秋《しゅう》〔※〕、蔡和森《さい・わしん》〔※〕、彭真、鄧穎超《とう・えいちょう》〔※〕、林楓《りん・ぷう》〔※〕、姚依林《よう・いりん》〔※〕、薄一波、劉瀾濤《りゅう・らんとう》〔※〕らは、皆天津で手に汗握る革命闘争を指揮した経験を持つ。

一九二四年七月に天津で初めての党指導機関が設立され、その後一九四九年一月一五日の天津解放まで、天津地下党は数々の厳しい試練を乗り越え、大きく、強く成長した。地下党は、解放戦争時期には解放区へ多くの幹部を送り出し、一九四八年の解放前夜には、全部門で計九三ヶ所の地下党支部を設け、一三九四名の党員を有するまでになった。地下党員達は協力し、天津での戦役に立派に参加した。党が与えた天津解放を迎えるという任務を全うし、さらに天津市委員会の入城及び天津工作の接収・管理を順調に進めるために尽力した。「調査資料」には、劉仁は城市工作部にいた時、「入城の際、天津へやって来た党員のうち半分が特務でなければ良い方だ」と話したと書かれているが、これは完全な捏造である。事実が証明しているように、入城した地下党員のなかに、党に潜入した特務など一人もいなかった。

地下党に対する調査が行われただけでなく、地下党の元中核メンバーは重点的調査対象とされ、多くの者が公然とした批判〔掲発批判〕を受け、多くの冤罪が生まれた。天津地下党の「地元出身」幹部の中核メンバーであった劉文《りゅう・ぶん》〔※〕、趙琪《ちょう・き》〔※〕、李桐《り・とう》〔※〕、孔昭慈《こう・しょうじ》〔※〕らは叛徒や特務などの濡れ衣を着せられ、一年余り投獄された。劉文、趙琪は共に一九三九年に地下工作に身を投じた老同志である。劉文は、抗日戦争時期に中共平津唐《へいしんとう》点線委員会[183]が天津市に設立した最初の党支部において書記を務めた。ほかにも、天津地下党における秘密連絡を任せられていた趙岩は、天津を解放する際、生命の危険を冒して国民党の都市防衛図を都市工作部まで届け、天津戦役において重大な貢献をした人物だ。しかし、そんな彼でさえ、今回、巻き添えとなって楊柳青《ようりゅうせい》農場[184]に一年以上拘禁された。これらの人々は基本的に皆、河北省天津中学で学んだ者であったため、この学校出身の元地下党員や民主青年聯合会[185]〔民青〕の元成員達も皆巻き添えとなって批判を受け、迫害によって死に至った者、精神に異常を来した者などが発生した。

「文革」中、全ての元地下党員は例外無く調査された。私がかつて所属した市立中学〔現在の天津市一中〕地下党支部は、一九四八年上半期に耀華《きか》中学と工商中学で各一名地下党員を増員し、私が彼らへの連絡を担当していた時期があった。そのうちの一人、耀華中学の馬鉞《ば・えつ》〔※〕が入党したことに関して、私は関連部門から再三取り調べを受けた。「文革」が始まった時、馬鉞はある中学で校長を務めていた。私は初めて取り調べを受けたときには、彼が共産党員であり、学校の革命委員会主任を務めていたとはっきりと証言した。しかし、彼は間もなく校長を解雇となってしまい、再度私は取り調べを受け、彼が共産党員ではないと証言するよう迫られた。馬鉞の入党にあたっての紹介人〔186〕は既に亡くなっており、紹介人に証明させることは不可能であったからだ。私は、彼の党組織への所属関係を示す証明書類を受け取って、別の場所へ届けたことがあり、某は確かに彼の入党紹介人だと証言した。調査員は、某の档案を調べたが、彼は党員ではなく、どうして馬鉞の入党を紹介することができるのかという。そういうことならば、一体私に何を証明しろというのかと私は言った。彼らは私が思い通りにならないとわかると、学校の「軍宣伝隊〔187〕」を一緒に連れて来て、「打態度〔188〕」を行って、私を脅した。このような睨み合いをいつまでも続けてはいられないと思った私は、とっさの思いつきで次のような証言を書いた。「私は当時確かに彼は共産党員だったと思っている。もし彼が共産党員でなかったとしたら、彼はきっと民族革命青年団か進歩的な民衆で、そのため私は彼が共産党員だと誤認したのだろう」。この「もし」という仮定は、あたかも英語の語法で使用される過去仮定法のようであり、このような語法で表現される仮定は、実際には存在しない事柄である。しかし、意外にも調査員はこの証言を受け入れた。

　後に、増員された二人のうちのもう一人、工商付属中学の王嘉禾《おうかか》〔※〕の入党に関してもまた私が取り調べを受け、同様の面倒があった。彼の入党に際しての紹介人は、馬鉞の紹介人と同一人物だったのだ。私は馬鉞のときの書き方に倣って証言し、同じようにパスすることができた。この証言だけでは、事件に対して何の判断も下せないことがわかっていた。案の定、後になって関係者が再度私のところにやってきて、彼ら二人が共産党員であったと証言し直すよう言ってきたのである。

　屈原《くつげん》は『九章・懐沙〔189〕』でこのように書いている。「変白以為黒兮、到上以為下。鳳皇在笯兮、鶏鶩翔舞」〔白を変じて以て黒と為し、上を倒《くつがえ》して以て下と為す。鳳皇は篭に在り、鶏と鶩とは翔《かけ》り舞う〕。元地下党員が遭遇した困難からわかるように、「文革」は黒白を顛倒させる「革命」であり、元地下党員を叛徒や特務（スパイ）に変えるものだった。当時の論理では、国民党に逮捕され烈士とならなかった者は即ち叛徒であり、また国民党に捕まらなかった地下党員は特務の疑いがあるとされた。

ある地下工作に参加した老幹部は、自らの罪を認めるよう強いられた時、机をたたいて、調査員にこう言った。この世の中には『紅燈記《こうとうき》』〔190〕のなかの李玉和《り・ぎょくわ》と叛徒・王連挙《おう・れんきょ》のような二種類の人間しかいないとでもいうのか。

彼が言うように、複雑に入り組んだ世の中をそのような見方で観察し判断するというのなら、それは真の悲劇である。

第一一章　一九六七年一月一八日、終焉を迎えた天津市委員会

「文革」中に流行した歌の歌詞には、「文化大革命の烈火が我々を鍛えて鋼のように強くする」[191]といったくだりが頻繁に出てくる。しかし、「文革」の激しい炎に焼かれたのは人間だけだっただろうか。実際には、一切の事物がこの燃え上がる大火の中に投げ入れられ、焼かれてしまったのである。そして、真っ先にその燃え盛る火にのみ込まれたのが各級党政指導機関であった。私は、「文革」が始まって以降、天津市委員会が造反運動を食い止められず、日に日に麻痺してゆき「終焉」へと至る過程を目撃した。特に、一九六七年一月一八日の市委員会崩壊の最後の一幕は、私の心に深く刻まれ、今でも忘れることができない。

1　崩壊までの道程

市委員会が召集した最後の会議は、一九六七年一月一三日の夜に開かれた。市委員会文革弁公室は既に解散し、人員は四散していた。私は市委員会弁公庁の数名と鄭州道本館の脇に建つ建物に身を隠していた。安全面を考えれば、細心の注意を払った場所とは言えなかった。その日、私は電話で通知を受け、夜七時半に各部委員会文革弁公室責任者会議が開かれるため、夜の七時に成都道の交差点にある公安医院入院部

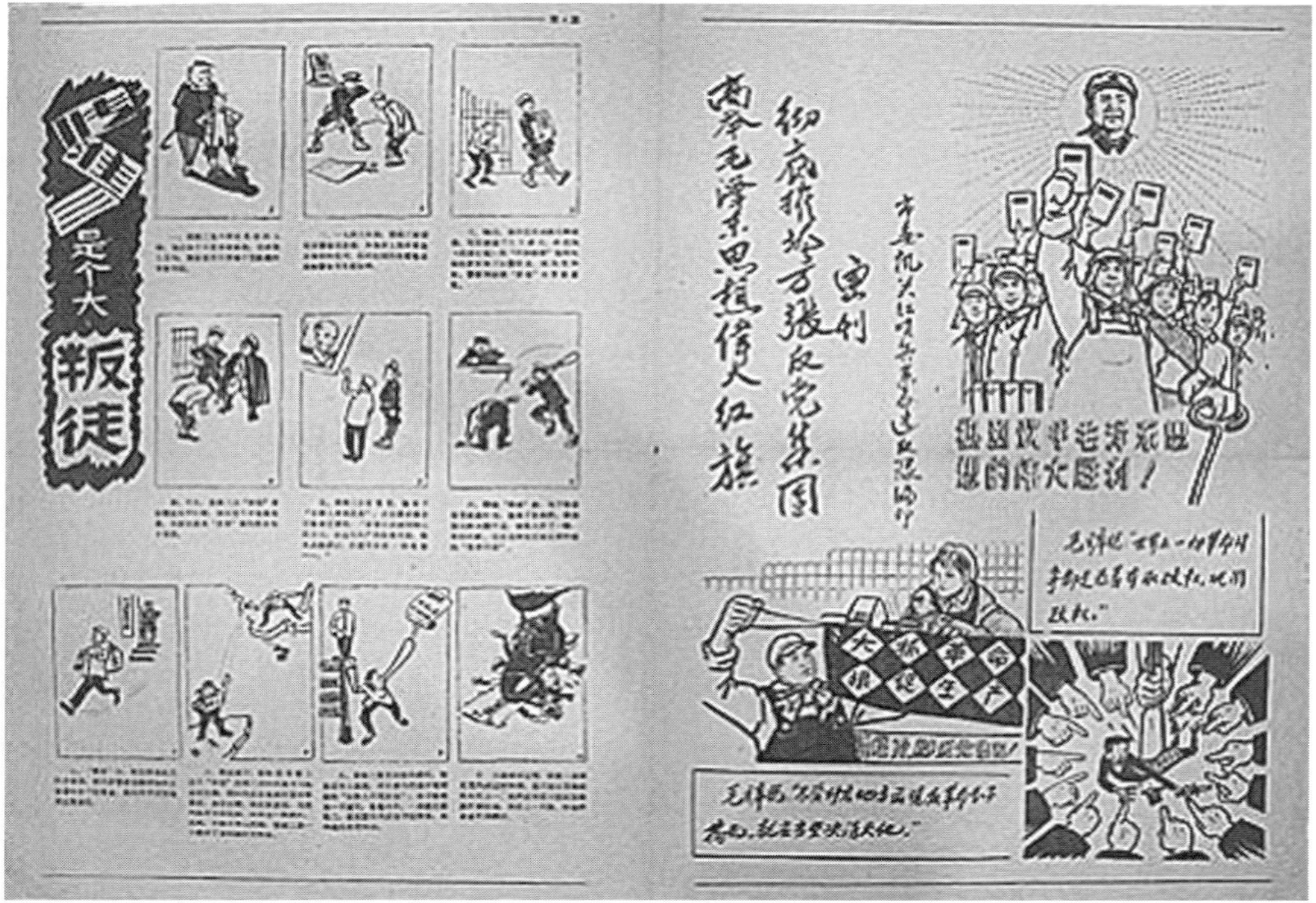

文革中、造反派が配布した「万張反党集団」の画報

に集合するよう言われた。

私達はその時、制服の綿入れのズボン、綿入れの上着、綿入れの帽子、綿入れの編み上げ防寒靴という服装であった。また、綿入れの帽子を下にのばして両耳を覆い、さらに大きな白いマスクをかけて、露出しているのは両目のみという出で立ちであった。こうすることで造反組織に見つかることを防ぎ、また万が一造反派に見つかってしまい戸外へ連れ出されたときにも寒さをできるだけしのぐことができた。

その晩は月明かりも星明かりもなく、深い暗闇に包まれていた。一〇メートル先に人がいても誰か見分けがつかず、目の前に来て初めて誰か判別できた。会議を開催する者は、会議参加者をいくつかの組に分けて集合場所から常徳道《じょうとくどう》警備区礼堂の舞台の幕の後ろまで徒歩で連れて行き、そこで会議が開かれた。我々を会議の開催場所まで案内した者は音を立てずに歩き、黙して語らなかった。我々を暗黒が待っているのだろうと思った。

会議は市委員会第二書記の趙武成が主催した。彼は当面の「文革」の情勢と任務を話したが、沈鬱な様子で、もはや生命力が感じられなかった。彼は「万張反党セクト主義集団」を公然と批判〔掲発批判〕しなくてはならないと話し、皆を驚愕させた。なぜなら、市委員会がこの問題を提起したのはこの時が初めてだったからだ。彼は、それが華北局の指示だとは会議参加者に告げなかった。会議参加者はこの問題に関してよく理解できておらず、何の議論もせずに慌ただしく散会となった。

散会後トイレに行くと、天津市和平区(192)委員会書記の王中年《おう・ちゅうねん》〔※〕が怒りながら私に話しかけてきた。「王輝、あの畜生めの言うことなど聞く必要はない。誰かに問題があると言うなら公然と指摘〔掲発〕してみろ!」。私は言葉が出てこなかった。私はとても困惑した。この会議以降、市委員会は一度も会議を開催することなく、一月一八日に終焉を迎えた。

一四日午前、私は、仕事場が台児荘路の市委員会書記処が置かれる秘密の場所へ移動になったため、そこで仕事をするよう通知を受けた。当時、この非公開の場所で仕事をしていたのは数名の書記と彼らの秘書だけであった。市委員会弁公庁には二人の職員がおり、昼夜に分かれて当直にあたっていた。我々と数名の書記は一緒に食事をした。まるでこの場所に囚われている者のようであり、皆いつも黙っていた。それぞれが多くの心配事を抱えていた。

一切の機能が麻痺状態に陥るなか、唯一市委員会機関の電話交換台を通しての内線電話は無事であった。各部・委員会、区委員会は弁公庁の場所を知らなかったが、この電話交換台を通して電話をかけることが可能であった。

電話による市委員会への訴えには主に三種類のものがあった。一つ目は、造反組織に包囲攻撃され、引っ込みがつかなくなったため、市委員会に助けを求めるものである。しかし、「造反有理」の頑強な道理に対して、一体誰がノーと言えるだろうか。誰が助けられるだろうか。二つ目は、造反組織がある者の罷免を要求するものである。罷免を要求される幹部達は皆、市委員会あるいは各級党委員会が任命した者であり、それは組織としての一定の手続きを踏んで決定されたものである。電話で罷免を要求されても、市委員会指導者個人で一体どう対処しろというのか。三つ目は、派閥間の争いや衝突に関するものである。しかし、先にも述べたように、市委員会は一方の派閥を支持してもう一方を抑えつけるということはできない。結局、これらの問題を電話で訴えられても、市委員会は全く為す術が無かったのである。

一月一七日、市委員会文革接待站が市委員会指導者との接見を強く要求してきた。この日の午後、私は市委員会書記処書記の王亢之と接待站へ向かった。彼らはその場で多くの厳しい意見をぶつけてきた。市委員会各系統の文革部門は第一線にあり、真っ先に批判の矢面に立たされ、窮地に陥っていた。ある系統の文革弁公室の数名は、主管部門の責任者を探し出すことができなかったため、私を捕まえた。私が市委員会文革弁公室の責任者だったからである。私も為す術が無いのだと彼らに言った。彼らは私を小白楼地区の墻子河の川辺に立たせた。私は寒さに凍えたが、私を見張っていた二人も巻き添えとなって凍えた。私はわかっていた。彼らは造反組織から攻撃を受け、責任者が見つからず、誰も責任をとる者がおらず、心中怒りが燃え上がり、私を捕まえることで鬱憤を晴らしたかったのである。

接待站の者達は市委員会指導者に対し厳しい批判を提出した。王亢之はこれを虚心に受け入れた。しかし、一体どんな解決方法があるというのか。全くないのである。党政機関全体が麻痺しており、指揮することもできず、造反組織に対してノーと言うこともできない。為す術がないのである。王亢之はこう言った。「私が入城して一七年。未だかつてこのような困難な情況に遭遇したことはない」。彼はさめざめと涙を流した。

その日の午後、王亢之が話し終えるとすぐに、外に造反組織がやってきた。接待站の者達は我々を保護するために、別の部屋へ隠れさせた。夕飯時になり、接待站の者が食べ物を買って来てくれるというので、王亢之と私はそれぞれ二角〔一角は一元の一〇分の一にあたる金額〕ずつ出した。接待站の者はそれぞれの一角ずつ受け取り、二つのパンを買ってきてくれた。それを食べて、空腹をしのいだ。夜九時過ぎになり、やっと我々は帰ることを許された。その当時は携帯電話もなく、弁公庁と連絡をとる術はなかった。王亢之は私に、家へ帰るよう言った。そして自分は、バスに乗って黄家花園《こうけかえん》で降り、妹の家へ行って一泊すると言った。

一八日朝、私は秘密とされていたはずの弁公庁へ行くと、ここが既に市委員会機関の造反組織に占領されてしまったことを知った。弁公庁の王左は会議開催を通知するよう言われた。午後、河西区倶楽部にて、市委員会全体幹部大会を開催するため、市委員会書記処の数名の書記はそこで皆と会うよう命令された。その日の午後、解学恭、趙武成、胡昭衡、谷雲亭、王亢之、宋景毅《そうけいき》〔※〕らが会議に出席した。市委員会内部の造反組織の代表が壇に上がり、質問と批判を行った。会議終了後、数名の書記はそれぞれほかの造反組織に連行されていった。こうして、一九四八年一二月一五日に党中央の批准によって成立した中共天津市委員会は、徹底的に解体された。

表面的に見れば、造反派が掲げる「造反有理」の理念と無政府主義の大民主[193]が、天津市の党政指導機構を破壊したということになる。しかし、中央の視点から見れば、基本的には「有政府主義」的であり、毛沢東と中央文革小組は終始一貫してこの運動のうえに君臨しており、また強大な人民解放軍が頑強な後ろ盾となっていた。

一月一八日当日中に、人民解放軍天津駐屯軍が天津市の五八ヶ所の倉庫、ラジオ放送局、監獄、工場などを軍事管制下に置き、警備を開始した。一月二三日、天津駐屯軍は命令を受けて、「三支両軍」工作を開始し、天津市における「文化大革命」に対して正式に介入を始めた。一月二九日、天津日報社を軍事接収・管理下に置いた。二月一四日、市公安局を接収し、天津市公安局軍事管制委員会（以下、公安局軍管会とする）を設置。二月二五日には、天津市における「三結合」[194]の「奪権準備工作領導小組」が成立した[30]。解学恭が組長に、蕭思明《しょう・しめい》[31]（軍隊代表）が副組長に就任した。中央の首長は前後一一回天津の各方面の代表と接見し、天津市の文革における重大な問題に対して直接態度を表明した。一二月一日、毛沢東は天津市革命委員会の成立を批准し、ここで「海河両岸尽朝暉」[195]（海河両岸は朝日の光に映える）（一九六七年一二月七日付の『人民日報』社説の題名）が達成された。

一九四九年の解放から一九六六年の文化大革命に至るまで、共産党と人民政権それぞれの下で、私は天津でなんと二度の軍事管制を経験した。中国革命の成功後の道はなんと紆余曲折したものか！

2　崩壊の「致命的」原因

一九六七年一月一八日は中共天津市委員会が「文革」のなかで完全に崩壊した日である。私は一九四九年に解放軍と共に徒歩で入城し、接収・管理に参加した。当時の天津市委員会指導部は解放前夜に党中央の批准を経て任命された。一九四八年一二月一五日、党中央は華北局へ返電し、黄克誠《こう・こくせい》〔※〕、黄敬《こう・けい》〔※〕、黄火青、許建国《きょ・けんこく》〔※〕、黄松齢、呉硯農《ご・けんのう》〔※〕、丘金《きゅう・きん》〔※〕、楊英の九名の同志を中共天津市委員会委員とすることに同意し、黄克誠が天津市委員会書記に、黄敬が第一副書記に、黄火青が第二副書記にそれぞれ就任した。

解放後、市委員会の二期の代表大会及び省轄市へ編入後の幹部成員調整などを経て、「文革」開始前には、既に市委員会の主要幹部は全員入れ替わっていた。当時、市委員会書記処は八名の書記から構成されており、市委員会第一書記の万暁塘が亡くなると、第二書記の趙武成が工作を主導した。たった三ヶ月余りの後に終焉を迎えるなどとは思いもよらなかっただろう。

省・市級の党委員会が、いくつかの造反組織の攻撃を受けただけで崩壊してしまうなどということがあるだろうか。当然ない。市委員会は既に不治の病にかかった病人と同じであり、気息奄々とし、崩壊は必

---

(30) 鄭質英主編『天津市四十五年大事記』天津、天津人民出版社、一九九五年、二七九〜二八〇頁。
(31) 簫思明（一九一五〜二〇〇七年）。江西《こうせい》省永新《えいしん》県の出身。一九三〇年に中国工農紅軍に参加。同年、中国共産主義青年団に加入し、三一年に中国共産党に入党する。建国後は、山西軍区指令員代理、華北軍区幹部部副部長、軍政治委員、河北省軍区司令員、第二政治委員、新彊軍区政治委員、武漢軍区政治委員を務める。一九五五年、少将の称号を受ける。

然であった。時期が偶発的であっただけである。市委員会の崩壊を決定した「致命的」原因とそれをとりまく情況について、もう一度考えてみたい。

天津市における「文革」は、中国の一つの局部的な出来事に過ぎない。様々な各地方へ決定的作用を及ぼしたのは、やはり党中央という大局であった。

一九六六年五月一六日以降、党中央からの通知は「文革」を呼びかけるラッパを全国に鳴り響かせ、毛沢東の「司令部を砲撃せよ――私の大字報」は運動の方向性を明らかにした。一九六五年以来、毛沢東は、彼の一連の講話からもわかるように、中国には資本主義の復活という深刻な危険が潜んでいると考えていた。「天下大乱」によってしか「天下大治の達成」を成し遂げることはできないと考え、「奪権」によって幹部グループ〔幹部隊伍〕を新しくせねばならないと考えた。毛沢東自らによる発動の下、「奪権」は全国へ急速に広がった。

一九六七年の一月七日以来、上海の「一月風暴」の影響を受け、天津日報社、天津人民広播電台、天津電視台、市電信局、市公安局、市計画委員会、新華書店などの単位《ダンウェイ》が相次いで造反派に奪権され、天津市の混乱ぶりは一層激しくなった。全市の大学や中学校においても紅衛兵による奪権のうねりが盛り上がった。上海造反派が「上海全市の人民に告ぐ書」を発表すると、一月一四日から一五日にかけて、天津市の八五の労働者造反組織、学生紅衛兵及び北京の駐天津民衆組織連絡站は、市委員会に対し相次いで「緊急命令」や「緊急通知」を突きつけ、市委員会のブルジョア反動路線を批判した。

思えば、市委員会書記処は一九六六年五月下旬以降、日常の業務に集中して取り組むことができなくなっていた。激しい造反の波にのまれ、市委員会はあちらこちらに身を隠さなくてはならず、非常に危険な情況であった。九月以降、学生による紅衛兵と各造反組織は批判の矛先を一層集中的に天津市委員会へ向けた。

ある学校が一九六六年一一月二五日に編纂・出版した『天津市委員会主要幹部の六月以来の報告・講話集』という批判資料が私の手元にある。この「報告・講話集」は多くの報告や講話、資料を掲載しており、また「省委員会関係領導幹部の文化大革命における言論摘録」も添付されている。そして、「三家村」批判のやり方に倣って、各篇に編者の言葉や評語、注釈などが付けられている。「報告・講話集」の序文には次のように書かれている。「我々は天津市委員会に対し造反し、その決心は変わらない！　毛主席は言った。『天下とは、我々の天下である。国家とは、我々の国家である。社会とは、我々の社会である。我々が言わずして、誰が言おう。我々がやらずして、誰がやろう』。一切の革命同志達よ、我々はペンを取って武器とし、ブルジョア階級反動路線に対して、党内に潜り込んだ資本主義の道を歩む実権派に対して猛烈に砲撃し、造反によって毛沢東思想の偉大な赤旗を掲げる新たな天津市委員会を作りあげるまでは、決してやめないことを誓う！」。

3　避けられない運命

市委員会は、下級機関から抵抗することのできない攻撃を受け、批判され、上級機関である中央からは指示や支持が得られず、却って厳しい批判を受けた。後に、趙武成はこう言っている。「周総理は、『死んだ人間を利用して生きている人間を抑えつけようというものである』と天津市を厳しく非難したが、私の気持ちはこれをどうしても受け入れることができない。五〇万もの人々は、組織され、計画されて万曉塘同志の追悼に参加したのである。動員されたのであり、決して自発的なものではないと周総理は言った。そして彼は会議上何度も厳しく非難した。しかし、この一点に関しては私は今でも受け入れることができない」[32]。私の知る限りでは、万曉塘が心臓病の発作で亡くなった後、市委員会が追悼活動を組織したという事実は決して無く、先にも述べた様に、市委員会は当時追悼活動に関する見解を求められても「組織しないし、阻止もしない」という態度をとっていた。民衆は自発的に追悼に参加したのであり、一体市委員会に何の罪があるというのか。

もう一つの例を挙げよう。一九六六年一〇月に開催された中央工作会議の主旨の伝達をめぐる問題に関してである。当時趙武成と胡昭衡とだけが工作会議に参加したが、会議後に趙武成は入院し、胡昭衡は「文革」初期に批判を受けていた。そのため、一部の幹部は、胡昭衡が伝達することを良く思わず、それに同意せず、さらに胡昭衡を批判闘争にかけるために連行してしまった。これに対し、陳伯達と李雪峰は連名で電話をよこして天津市委員会を批判した。「胡昭衡は中央工作会議に参加後天津に戻って以降、民衆の運動を鎮圧しておらず、罪もない。なぜ彼に伝達させないのか。これは極端に劣悪なセクト主義である！　他人を陥れようとしても却って自分を害する結果になる。このような方法で自己を守ろうとしても、それは無理であり、反対の結果になる。なぜ胡昭衡は中央工作会議に参加したのに伝達できないのか。これは非常に深刻であり、共産党員らしさが一つもない」。

このように、上と下からの板挟みに遭った市委員会は、もはや崩壊が避けられない運命にあったと言うべきだろう。

4　弔いの鐘を鳴らしたのは誰？——成し遂げられた「偉大な戦略的配置」

一九六七年一月二日、中央は天津市を河北省轄市から直轄市へと改め、解学恭を天津市委員会第一書記、閻達開を市委員会第二書記に任命することを決定した。正常な手続きに従えば、中央は天津市を直轄市に改めたことに伴って、市委員会の各書記や常務委員など全ての指導部を任命すべきである。しかし実際には先述の二人だけを任命し、しかも閻達開は実際に仕事をすることはなかった。ここに見え隠れするのは、これが単なる過渡的な人事決定に過ぎず、ただ単に従来の天津市指導部を一掃したいだけという中央の意図である。同年二月二五日、革命民衆代表、解放軍代表、革命幹部代表の三方面からなる、天津市の「三結合」による「奪権準備工作領導小組」が成立し、天津市委員会や市人民委員会は完全に見放された。このことからわかるように、天津市指導部を解体させることは、ほかでもなく毛沢東と党中央とが指揮する、「文革」における「偉大な戦略的配置」によるものであった。

一九六七年一月頃には、全市各級党組織は既に麻痺状態にあった。市委員会は既に造反組織に占領されていた。天津市委員会弁公庁の事務机は鍵を壊され書類などが持ち出された。弁公庁の部屋の扉には様々な造反総司令部によって書かれた紙切れが貼られ、混乱は甚だしく、収拾がつかなくなっていた。

一月一八日に市委員会が崩壊した時、市委員会の数名の書記と共にいたのは、各書記の秘書一人ずつと運転手、さらに私が指揮する弁公庁の二人の職員だけで、これが当時の全スタッフであった。そのほかには、市委員会書記のための市委員会電話交換台があるだけである。同日、市委員会の秘密の庁舎は捜査され、数名の書記は連行され、電話回線も遮断された。絶え絶えであった市委員会の息がここで完全に途絶えた。弁公庁の二人の同僚は既にこの世を去っている。この歴史上に例のない文化大革命では、上から下へ向かって、各省・市委員会及び各級党委員会の弔いの鐘が鳴らされたのである。

思い返してみると、「文革」とは恰も遥か遠く昔の悪夢のようであり、また手に汗握る格闘でもあった。それは我々中華民族を回顧に堪えない誤った道へと誘い込んだ。また、我々が探求した社会主義の道の一つの帰結でもあった。「文革」は、社会や人々の持つ多くの欠陥や醜さを明るみにし、それゆえにありの

(32) 趙武成『趙武成文稿史料選』北京、中国建築工業出版社、二〇〇四年、四〇九頁。

ままの歴史的真実を我々に突きつける。真実だからこそ、それは永遠に人々を震撼させる力を持っているのである。そして、そこで起こった多くの出来事は、今日、明日、明後日と語り継がれていくのだ。

第Ⅱ部　一九六七～七八年　中共天津市委員会、市人民委員会の再組織から崩壊まで

第一二章　中央の鶴の一声

1　「三支両軍」の開始──「政変」完遂

一九六七年一月一八日、中共天津市委員会は完全に崩壊した。同日、命令を受けた人民解放軍の天津駐屯軍は、ラジオ放送局、監獄、倉庫及び工場など五八の重要拠点を軍事管制下に置き、警備を開始した。一月二三日、党中央、国務院、中央軍事委員会は「人民解放軍は革命左派民衆を断固として支持することに関する決定」を発し、広範な左派民衆を支持し、プロレタリア階級革命左派に反対する反革命分子・反革命組織を徹底して鎮圧することを人民解放軍に求めた。天津に駐屯する人民解放軍は、命令に従って「三支両軍」を行い、天津の「文化大革命」に対して正式に介入を始めた（「三支両軍」とは、労働者支持、農民支持、左派支持、軍事管制、軍事訓練を意味する）。一月二九日、天津駐屯軍は天津日報社を接収管理した。『天津日報』は三〇日に休刊となったが、三一日に発行を再開し、『天津日報』軍事第一号を発行した。ここに至って、毛沢東自らが発動した「文化大革命」は、「大民主」の方法で天津市委員会を破壊し、さらに介入して軍事管理を実施せよと軍に命令した。特殊なやり方で一つの省級地方政権の「政変」が完遂され、残された仕事は指導部の刷新だけであった。

二月一四日、国務院と中央軍事委員会からの命令を受け、天津警備区司令部は天津市公安局を接収・管理し、天津市公安局軍事管制委員会（公安局軍管会）が成立した。六六軍[196]副軍長の劉政《りゅう・せい》[33]が主任を務めた。公安局軍管会が設けられると、天津「政法公社」[34]などの三つ民衆組織が「反動組織」と断定・宣告され、強制的に解散させられた。二月二五日、中央の任命に基づいた、天津市の「三結合」である「奪権準備工作領導小組」（革命民衆代表、解放軍代表、革命幹部代表の三方面からなる指導部であり、「奪権領導小組」とも言う）が成立した。解学恭が組長に、蕭思明《しょう・しめい》（六六軍元政治委員）が副組長にそれぞれ就任し、鄭三生《てい・さんせい》[35]、楊銀声《よう・ぎんせい》[36]、江楓《こう・ふう》〔※〕、胡昭衡、及び九名の民衆組織責任者が成員であった。五月一九日、同小組は「天津市革命委員会準備小組」と名称を変えた。解学恭、江楓、趙樹光《ちょう・じゅこう》[37]、胡昭衡は地方領導幹部であり、蕭思明、鄭三生、楊銀声は軍の領導幹部であった。

三月七日、人民解放軍天津警備区は「革命強化生産促進指揮部」[197]を設置した。警備区副司令員の牛喜元《ぎゅう・き・げん》が指導した。この指揮部の下には工業及び農業弁公室が設置された。また、各区と基層単位《ダンウェイ》ではこの指揮部に対応する生産指揮機構を設置した。「革命強化生産促進指揮部」は基本的に、もともと市人民委員会（市政府）が担っていた工作や役目を担った。

三月二四日、天津市奪権準備工作領導小組の成員のうち、解学恭、江楓、蕭思明、鄭三生、楊銀声ら五名は毛沢東主席、党中央、中央文革小組、全軍文革小組[198]、北京軍区に対して、「天津市奪権問題に関するお伺い」を提出した。これには次のような内容が書かれていた。天津市では、三月一五日から三月二二日にかけて、貧農・下層中農、市級機関革命幹部、大学紅衛兵[199]、中学紅衛兵及び革命労働者の五つの代表会議（これらをまとめて天津市代表会議、あるいは簡単に「五代会」と呼んだ）がそれぞれ相次いで会議を開き、各自の代表人数に応じて、各々が五代会に参加する代表を選び、計三七一名が選出された。また、市革命委員会の定員は、四九名と決まった。中共天津市革命委員会核心小組は、解学恭、蕭思明、江楓、胡昭衡、鄭三生、楊銀声、趙樹光ら七名によって組織される予定である。

2　最初の天津訪京代表団

三月二七日、天津代表団は北京に赴き、天津市革命委員会成立準備工作に関する情況を党中央に報告した。この代表団は、解学恭、蕭思明、胡昭衡、趙樹光、江楓らのほか五〇名の「五代会」代表及び特約代表から構成された。四月七日、九日、一〇日の三日間にわたって中央指導者は三度天津代表団全員と接見

(33)劉政（一九二二～二〇〇九年）。河北省博野《はくや》県の出身。元六六軍副軍長。一九六九年に軍長となる。

(34)天津「政法公社」は、天津市公安局内部において「造反本部」と対立した組織である。市公安局軍管会が成立した後の一九六七年二月二四日、同公社は「反動組織」と断定・宣告され、解散させられた。六八年二月二一日、江青が天津の公安局、検察院、法院〔裁判所〕を批判するに至ると、今度は「造反本部」が攻撃を受けることになった。

(35)鄭三生（一九一六～九〇年）。江西省石城《せきじょう》県の出身。一九三一年に中国工農紅軍に参加する。三二年、中国共産主義青年団に加入。一九三四年に中国共産党に転入する。中華人民共和国成立後、人民解放軍参謀長、同副軍長、同軍長兼天津警備区司令員、北京軍区副司令員兼河北省軍区第一政治委員、新疆軍区副司令員、済南軍区副司令員を務める。一九五五年、少将の称号を与えられる。

(36)楊銀声（一九一八～九三年）。安徽省寿《じゅ》県の出身。一九三二年に中国共産主義青年団に加入、同年中国共産党に転入する。三三年、中国工農紅軍に参加。中華人民共和国成立後、中国人民志願軍師団政治委員、人民解放軍副軍長兼参謀長、軍政治委員、北京軍区政治部主任、人民解放軍総参謀部第二部政治委員、人民解放軍砲兵副政治委員兼政治部主任を務める。五五年、少将の称号を与えられる。

(37)趙樹光は、胡昭衡が批判された後に、河北省委員会から天津へ派遣されてきた地方領導幹部で、後に河北省へ戻った。

文革期に撮影された江青の写真

した。

報告のなかで、天津市の一部の代表が互いに異なる意見を提出したため、当初の代表団の成員以外の者がひっきりなしに北京へやって来る事態となり、天津代表団は増えていった。異なる意見とは主に、解放軍による左派支持のやり方に関するものと、李雪峰の仕事に関するものであった。李雪峰は、もともと中央書記処書記、華北局第一書記を務めていたが、一九六六年五月に彭真の職務を引き継ぎ、北京市委員会第一書記も兼務することになった。種々の事情から北京で仕事をすることが難しく、年末に天津へ派遣され仕事に従事していたが、このことが原因で一部の造反組織の反対に遭った。

江青は四月七日に天津代表団と接見し、短い発言を行った。そして、造反派を褒め讃え、天津駐屯軍に賛辞を贈った。「戦友達よ！　私は天津の情況に関して多くを知っているわけではありません。しかし、天津の造反派の印象は鮮烈です。私は今でも覚えています。去年、万張集団があなた方を迫害している際、二つの集団が〔毛主席〕語録を口で唱えながら北京へ徒歩でやってきました。靴が無くなっている者もいました。我々はそれを知ると、自動車をやって、あなた方を迎えに行かせました。こうした〔あなた方の〕精神は我々が学ぶべきものです。三月二八日、私は天津からの報告を聴き、また別のいくつかの省の報告と民衆組織の論争も聴きました。私は、それらの報告を多面的に比較しましたが、六六軍の蕭思明同志についての報告が最も印象深いものでした。私はそれまで蕭思明同志を全く知りませんでした。しかし、報告から人民解放軍が満身の情熱をもって民衆工作を行い、革命左派を愛し、保護していることがわかり、とても感動しました。六六軍は多くの仕事をしたと思います。

同時に、まだ団結していない左派組織については、どうしたらよいかわかりません。六六軍の者達は人が良いのです。私はこのことを証明することができます。天津はほかの地方とは異なっています。天津は逮捕者が少なく、北京に比べても少ない。私は隠さずに話しますが、ある地方では逮捕者が多く、凄惨な事件なども起きています。天津の軍隊は大したものであり、数十名しか逮捕していません。（中略）私は、天津駐屯軍が最も良いと思っております。なぜなら、逮捕者は少なく、発砲もしていないからです。そう長くはかからずに、天津は反革命大乱、殴打・破壊・略奪から、新しい革命秩序を打ち立てるでしょう！」。

江青はここで、天津は反革命大乱だと言いきったが、一体いつ「反革命大乱」など起きたのか。未だかつてそんなものは起きたことがない。江青はただ口から出任せに、まくしたてたのである。

当時、江青の言動は中央文革小組のほかの成員のそれとはかなり異なったものだった。彼女はめったに民衆と接見せず、たとえ民衆との接見に参加したとしても、遅れてやってきて、終わる前に早々と出て行った。この時の接見の際も、自分が話し終わると退席してしまった。彼女の地位は特殊であり、彼女の講話はほかの者のそれよりも多くの拍手を受けた。彼女の講話中は始終誰かが拍手しており、終わった後も長い時間拍手が鳴り止まなかった。

3　周恩来による天津への長々とした批判

当時、代表団のなかの民衆代表のあいだに意見の相違が存在していたため、中央は天津に、引き続き対立している者たちの団結のために働きかけ、天津市革命委員会の設立時期は遅らせるよう指示した。四月一〇日の接見では、陳伯達、康生が講話を行い、周恩来も最後に長い講話を行った。

周恩来は大連合[200]について話しただけでなく、李雪峰のための弁解を行った。「李雪峰同志はブルジョア階級反動路線を執行し、北京や天津に対して悪影響を与えたため、北京において文書で検査を行った。先程雪峰は、それを印刷してあなた方にも見せると言っていた。私が考えるに、この検査は心からのものであり、過ちを改めようとしている」。周恩来はここで話題を変え、天津に対する批判を長々と話し始めた。

「天津で起きている問題は、雪峰同志による反動路線の悪影響などを遥かに超えるものである。天津の文化大革命には、当初省委員会と市委員会という二つの指導系統が存在していた。後に天津が直轄市へとなってからは、省委員会は関わらなくなったが。初めは、省委員会が大学を管理し、市委員会が中学のほか、工場・企業、財政・貿易を管理していた。こうした複雑な情況にあったわけだ。今では君たちもはっきりとわかっているだろうが、市委員会には万張反党集団が存在していた。そして、これが人々を非常に惑わせた。我々はこのことを中央工作会議上で知った。万曉塘が死んだ後、数十万人の人々が追悼し、一体何の企みかと我々は奇妙に思ったが、当時はただ奇妙に思っただけだった。天津に関しては、〔陳〕伯達同志が長いあいだ気にかけて、蹲点《トウンディエン》を行い、農業は小站を、工業は鋼工場を見て回っていた。私は会議があった際に、短期間天津に滞在したことがあるだけであり、天津で蹲点を行ったことはない。万曉塘の死に対してこんなにも多くの人が追悼活動を行うなどということは、私はおかしいと思った。中央工作会議上、私は趙武成や李頡伯に尋ねたが、話を聞けば聞くほど奇妙に思った。八月末、三輪二社事件がおき、悪人が紅衛兵を扇動して利用し、一人の支部書記が無実の罪で暴力を受け殺された。この時も、市委員会は数十万人に追悼活動を行うよう呼びかけ、紅衛兵を責め立てたのである。実際には、悪人を責めたのではないのだ。当時、まさに紅衛兵が全国を攻撃している時であり、中学紅衛兵はこれによって大きな圧力をかけられた。

　万曉塘の死も同じように圧力をかけた。九月一八日午前、趙武成は検査し、それを数千人が聞いていた。午後、万曉塘が検査をしたが、聞いていたのは数百人だけだった。万曉塘の検査は基本的に何の圧力も受けていないため、これでは検査とは言えず、また検査しているようにも見えず、まるで単に普通の講演をしているようだった。こうした検査でどうやって万曉塘を死に追い込むことができようか[201]。この問題はさらに続けて調査する必要がある。二度の圧力で、中学紅衛兵は抑圧され、工場や政府機関も抑え込まれた。こうした情況は上海や北京とは異なる。全国でもこうした事態は非常に少ない。当時天津の紅衛兵運動に対して、また天津の文化大革命に対して、民衆を利用して威圧し、劉鄧の反動路線を拡大し、深化させたのだ。万曉塘が死に、続いて出てきた張淮三は反動路線を執行するだけでなく、継続して陰謀をめぐらせ、工業・交通部門に自分の腹心を配属した。先程の江楓同志の公然とした指摘〔掲発〕が問題のありかを証明している。最初に万張集団を告発したのは江楓同志である。〔陳〕伯達同志は彼からの手紙を受け取り、このことに注目するようになった。そして、解学恭同志を天津へ派遣し、張淮三は山西省へ異動させた。彼の心には鬼がいる。中央が張淮三を呼んで話をする前に、彼は自殺未遂をし、また天津へ戻された。続いて、張淮三は公安局で反革命的奪権を行い、数名の若い者達は騙され、誤った行為を受け入れてしまった。天津は、万張集団によって七、八ヶ月という長い期間コントロールされ、劉鄧路線を執行・発展させた。これが私の言いたいことである。（康生が口をはさんで言った。あなた方天津の同志は張淮三の手先に対する注意が十分でない。張淮三は元北京市委員会委員の劉仁と関係が深く、非常に劣悪な反革命分子である。彼らはまだ多くの悪い何かを隠しており、それは塘沽《とうこ》[202]にもある。財政・貿易部門や工業・交通部門にも多くある。あなた方は矛盾を正さなくてはならない！）

後に討論をした際、解学恭同志には言ったが、張淮三は公安局における『一・二〇』政法公社奪権[203]の以前から、実際には既に手を打っていたのだ。江楓同志は事実上権力を失っており、張淮三の手配は何の困難も無く、順調に行われた。彭真、劉仁は既に摘発されたが、彼らの『黒手』〔反革命的手先〕は北京公安局にまで手を伸ばしていたのと同じだ。（康生が口をはさんだ。あなた方は天津南開大学、天津大学で叛徒集団の調査を行ったが、これは非常に良い仕事であった。私の提案は、万〔曉塘〕、張〔淮三〕、劉仁に関しても調査団を組織し、きちんと調査することだ。）つまり、あなた方のすぐ近くにあるということだ。よくよく調査しなくてはならない。万・張と劉仁は関係があり、彭〔真〕、羅〔瑞卿〕、陸〔定一〕、楊〔尚昆〕とも関係があるのだ。北京では公安局を軍事管制下に置いた。それからやっと天津でも公安局を軍事管制下に置けばよいとわかったのだ。北京公安局は北京政法学院の革命的な紅衛兵を騙した。天津では公安局内部の奪権で、やはり数名の紅衛兵が欺かれた。『政法公社』の取り締まりは、鄭維山《ていいざん》[38]同志が自ら行った。『一・二〇』〔公安局における『一・二〇』政法公社奪権〕以後、情勢は非常に混乱したため、多くの人民が不満を持っており、北京に比べてその不満は大きい。軍事管制以後、情勢は好転したが、もし解放軍が投入されなければ、こんなに素早く情勢を好転させることはできなかっただろう。考えてもみるがいい。五月一六日からだとすれば、二月一四日までの九ヶ月間だ。六月一日からだとしても、八ヶ月余りだ。こんなにも長いあいだ、天津の指導は麻痺状態にあったのだ。（中略）

私は〔陳〕伯達同志の見解に完全に同意する。全国における闘争の矛先は劉鄧へ向けなければならない。彼らは資本主義の道を歩む最大の実権派だ。天津では主に万張反党集団だ。一人は死んだが、まだ一人は生きている！　康〔生〕の話は重要だ。あなた方は迅速に調査を行うべきだ。当然、実事求是の精神に則って、局面を大きくして攻撃する必要はない。この万張集団に的をしぼって掘り下げて調べさえすれば、天津の主な矛盾は解決するのだ（後略）」。

周恩来の講話は、天津における「文革」の進む方向を万張反党集団に対する批判へと定めるものだった。我々は今まで中央におけるこの政策決定の内幕を知らなかった。この講話から少なくとも、万張集団に関する事案は江楓が公然と指摘し、それを陳伯達が聞き入れ、周恩来が同意、そして当然最後には毛沢東が批准したものであったということがわかる。これは当時の接見記録に残っており、確かである。よって、万張集団という冤罪は、「四人組」にその罪を着せることも、また、解学恭や造反者の身にその咎を負わせることも実事求是とは言えない。

もう一つ言えることは、「文革」は毛沢東が自ら発動し指導したものであるが、周恩来も「文革」の重要な執行者であったということだ。彼が「文革」において多くの幹部を守ったという事実を無視することはできないが、これは物事の一面を表しているだけである。実際には、彼は幹部を守るためにも非常に注意深くならざるを得なかった。そして、一貫して毛沢東の顔色を伺いながら行動し、毛沢東の意図に背くことは敢えてせず、またできなかったのである。

---

(38) 鄭維山(一九一五〜二〇〇〇年)。河南省新《しん》県の出身。一九三〇年に中国共産党に入党、同年中国工農紅軍に参加する。中華人民共和国成立後は、人民解放軍第十九兵団副司令員、中国人民志願軍第十九兵団副司令員、第二十兵団司令員、北京軍区副司令員、同司令員代理、同司令員、蘭州軍区司令員などを歴任する。

第一三章　造反者の悲劇

人々は、「文革」初期に出現した造反者達を指して造反派と呼ぶが、私はここで彼らを造反者とだけ呼びたい。何故か。造反に立ち上がった者達は、実際には真の政治的派閥を形成していたわけではない。非常に多くの造反組織が存在していたが、それらの組織はどれも中央の呼びかけに応えて生起したのであり、皆毛沢東の後につき従って「造反」したのだ。彼らは同じ旗を掲げ、同じスローガンを叫び、同じ行動をしていた。これでは異なる派閥だとは言えないだろう。

私が考えるに、いわゆる「派閥」と言ったとき、そのなかには、まず思想上の派閥、つまり共通の思想観念を持つ人々が、ほかの思想観念と衝突することで形成した集団というものが含まれるだろう。次に、政治的派閥が含まれるだろう。これは、共通の政治的見解と利害を持つ者達が形成するものだ。

この基準に照らし合わせれば、「文革」中に雪崩を打って興った造反組織は、いずれも一つの派閥を形成するに至っていない。彼らはある領導幹部を批判するかあるいは支持するかという態度が異なるだけで、それぞれに対立する組織を形成した。また、たとえ観点が同じで串聯《チュアンリエン》〔話し合いや交流〕の末に、連合したとしても、一つの政治的派閥を組織することはできなかった。「文革」は、毛沢東が自ら発動・指導し、中央と中央文革小組が直接指揮し、人民解放軍を後ろ盾とする政治運動だ。民衆による各種の造反組織は、当時の政治的必要に応じた単なる道具に過ぎなかったのである。

1 造反組織運動の展開

造反組織は天津市全体で、一九六六年八、九月のあいだに興ったが、一九六七年一二月六日の天津市革命委員会の成立以降、政治の舞台から消えた。一年と数ヶ月という短いあいだだけ存在した。造反組織によってはその生存期間はもっと短く、例えば「五代会」と対立した「天津プロレタリア階級革命派大連合準備委員会」（「大連準」）は一九六七年七月一五日に成立し、一一月二二日に解散した。たった一〇〇日ほどしか活動しなかったのだ。一九六八年、全市の各県・局において、次々と各基層単位《ダンウェイ》の革命委員会が設置され、全ての造反組織が解体された。

天津市における造反組織運動は、大まかに三つの時期に分けて説明することができる。

第一の時期が、一九六六年八、九月から一九六七年一月にかけての時期であり、ブルジョア階級反動路線に対する批判が行われ、市委員会指導機構を打ち倒した期間である。

中央の「五・一六」通知に始まり、毛沢東が紅衛兵と八度の接見を行い、紅衛兵運動が巻き起こった。最初、造反組織は大学と中学において、「紅衛兵」というかたちで立ち上げられた。天津大学では一九六六年八月一三日に紅衛兵組織「八一三」が、河北大学では八月一八日に紅衛兵組織「八一八」がそれぞれ設立された〔共に、成立した日付を組織名としている〕。初め、彼らは所属単位〔ここでは大学を指す〕の実権派に対する批判闘争を展開し、市委員会が執行するいわゆるブルジョア階級反動路線を批判した。自分達の学校において奪権すると、さらに市委員会指導機関を攻撃した。攻撃は、一九六七年一月一八日に中共天津市委員会が完全な崩壊を迎えるまで続けられた。

第二の時期は一九六七年一月から八月までで、資本主義の道を歩む実権派に対する批判闘争と造反組織同士の内戦が展開された。

上海の「造反派」が、「革命に力を入れ、生産を促進し、ブルジョア階級反動路線の新たな反撃を徹底的に粉砕しよう」という「上海全市人民に告ぐる書」を発表すると、一九六七年一月一四日から一五日、天津市の八五の労働者造反組織、学校の「紅衛兵」組織及び北京造反組織駐天津「連絡站」が相次いで「緊急命令」や「緊急通知」を発表し、天津市委員会が「推進、実行する反革命経済主義とブルジョア階級反動路線の新たな反撃」に対して、「厳しい警告」を提出した[39]。

わずか八五の組織と言ったが、実際には、当時大小を合わせて全市で一体どれだけの造反組織が存在したのか、誰も統計をとっておらず、数えきれない程存在したとしか言えない。一九六七年一月、私はある造反組織に引っ張り出され、市委員会の建物のなかを一回りさせられたことがあった。その時に知ったのだが、市委員会の建物内だけで既に数十の造反組織の看板が掲げられていた。当時、二、三人でも一つの戦闘隊を結成することが可能で、「十数人、七、八本の槍[204]」程度すら集まっていなくても、「本部」や「総司令部」などと名乗った。無数の造反組織のなかには、いくつかの比較的規模の大きな、影響力を持った組織が存在した。天津大学の「八一三」、南開大学の「衛東」、河北大学の「八一八」、市委員会の「連委」(「革命造反連合委員会」)、市公安局の「造反本部」、市労働局第二技術学校と天津反修正主義ナイロン工場が合同で組織した「工砿企業造反本部」(「天津市工砿企業プロレタリア階級革命造反本部」)などがそれである。

先にも述べた通り、市の「奪権準備工作領導小組」(後に、天津市革命委員会準備小組と改められる、以下、市革命委員会準備小組とする)と天津駐屯軍支左連絡站は中央の要求に基づいて、三月一五日から二二日ま

---

(39) 鄭質英主編『天津市四十五年大事記』天津、天津人民出版社、一九九四年、二七九頁。

批判闘争会（批闘会）**にかけられる幹部達**

文革期における「走資派」に対する批判闘争会では、批判闘争にかけられる幹部は椅子の上に長時間立たされるなど、肉体的にも苦痛を強いられた。

高帽子を被せられる幹部達

高帽子はボール紙を円錐形にしたもので、高さは二尺（〇・七メートル）ほどである。高帽子を被せられた人々は、「資本主義の道をあゆむ実権派」あるいは「地富反壊右」つまり、地主、富農、反革命、壊分子（悪質分子）、右派とされた者だ。

で、相次いで貧農・下層中農、産業労働者、市級政府機関幹部、大学及び中学紅衛兵など五つの系統の代表会議を開催した。この「五代会」は当然各造反組織によって形成されていた。五代会の主要な指導的成員は市委員会機関の「連委」と公安局の「造反本部」の責任者によって占められた。「五代会」は執政者が拠り所とする力の源泉となった。

この時期は、造反組織がそれぞれに批判闘争会を頻繁に行い、批判の対象は所属単位内の「走資派」だけでなく、関係する部門にまで広げられた。例えば、財政・貿易部門における闘争の対象は「宋・馬・趙」で、皆が響き渡るほどの大声で「宋・馬・趙！」と怒鳴っていた。宋とは、市委員会で財政・貿易分野を担当していた宋景毅書記である。馬は馬秀中、趙は趙歩崇《ちょう・ほすう》〔※〕を指し、それぞれ市委員会財政・貿易政治部の正、副主任である。実際には、市政府も財経委員会を設置していたが、財経委員会の正副主任は財政・貿易部門における批判闘争の対象とはされなかった。やはり、闘争の主な矛先は党内の「走資派」だったのである。大きな造反組織のなかには、闘争の目標を市級の領導幹部とする組織もあった。

批判闘争会ではいつも数名が攻撃対象とされた。夫婦が共に指導的職務を担当していた場合は、夫婦二人が一緒に連行されて批判闘争にかけられた。聞いた話では、元副市長の楊拯民（張学良《ちょうがくりょう》〔205〕と共に西安事件〔206〕を発動した楊虎城将軍の長男）を批判闘争会にかけた際、ある元市委員会書記の夫人（元市委員会工業交通政治部副主任）を楊拯民夫人と誤って、二人を一緒に批判闘争会にかけたという。まるで乱点鴛鴦譜〔207〕である！

この期間中の最大の批判闘争会は、四月四日から九日のあいだに行われた。天津市「五代会」と文芸、体育、新聞、財政・貿易などの部門の民衆組織が、それぞれ一万人以上参加して行った「資本主義の道を歩む最大の実権派批判」大会だ。最大の走資派は劉少奇であり、天津におけるその代理人は万張反党集団だ。

この時期には、天津でもいくつかの武闘衝突事件が発生した。ただ、全国のその他の地域と比べると、武闘の規模はそれほど深刻ではなかった。武闘による死者は全市で六名、天津中級法院が認定した「文革」初期の武闘による死者も全部で一一名だった。これには基層単位における武闘で死亡した人数も含まれていると思われる。この死亡者数は、ほかの省や市と比較して一番少ないと言えるかもしれない。一九六七年四月以降に発生した衝突事件には次のようなものがあった。

四月二四日、天津市「大連準」の三〇〇〇人余りの者が天津駐屯軍支左連絡站を攻撃し、二八日になって去って行った。「大連準」は、天津労働者が組織した隊伍のなかの「工代会」[208]〔労働者代表大会〕と対立する造反組織だ。彼らは天津駐屯軍支左連絡站の門前に座り込み、軍に対して自分達への支持を要求した。

四月二七日、天津大学や天津体育学院などの学生が、天津大学で武闘を繰り広げた。天津人民出版社が一九九四年に出版した『天津市四十五年大事記』のなかに記述がある。「天津大学、南開大学、天津体育学院、河北大学などの学生が一万人参加し、武闘を起こした[40]」。この記述は事実とかなり食い違っている。実際の経緯は次のようなものだ。

毛沢東の論文「人民内部の矛盾を正しく処理する問題について」発表一〇周年を民衆組織が記念する大会に、市の革命委員会準備小組成員の胡昭衡が出席していることに対して、天津大学の「八一三」と南開大学の「衛東」がその場で反対した。彼らは、胡昭衡は「偽党員」で会議に参加する資格は無いと主張した。一方、天津体育学院の造反組織は胡昭衡の会議参加を支持しており、そのため両者は衝突したが、武闘には至らなかった。大会後、天津体育学院の一部の学生達がバットを持ち、トラックに乗って天津大学へ行き、示威の行動に出た。天津体育学院の学生達は、体格が逞しく、武闘の達人であった。しかし、天津大学は人数で勝っていた。天津大学の学生達は天津体育学院のトラックを包囲し、トラックに乗っている者達を引きずり下ろした。

五月一二日、天津鉄道分局総管理室が破壊・略奪に遭った。管理通信設備は破壊され、一部の当直員が暴行を受けたうえに拉致された。このため、津浦鉄道と、京山線鉄道の運輸管理に関する仕事が二五時間に渡って中断した(41)。

七月七日、河北大学の造反組織である「井崗山《せいこうざん》(209)」と、「工砿企業造反本部」、工農学革命造反野戦兵団などの組織の三〇〇〇名が、人民解放軍の天津三五二七工場を攻撃した。二台の消防車を焼き、工場内の一部の設備を破壊・略奪した。「工代会」の責任者は天津駐屯軍支左連絡站の指導者に指示を仰ぎ、労働者を工場の裏門から逃がし、人身の被害は免れた。七月八日二三時、陳伯達は北京人民大会堂で天津駐屯軍支左連絡站の責任者と接見し、次のように指示した。「工場は国家の財産であり、社会主義の財産であり、人民が創造した財産である。君たちは破壊行為に心が痛まないのか。よくよく考えてみなさい。労働者は一般民衆であり、国家の主である。労働人民である彼らに、君たちはまるで敵に対するように対処するのか。私の言うことを町や各工場に貼り出しなさい。この私の話は欺かれている民衆達を目覚めさせるものだ。現場はそのまま動かさずに残し、五つの代表会議から人を派遣して見に行かせるべきだ(42)」。

七月二四日、高等院校〔大学以上の教育機関を指す〕の天工「八二五」〔天津工学院が一九六六年八月二五日に立ち上げた造反組織のこと。「大連準」に参加〕などの組織は、天津日報社の社屋を占拠した。九月一七日から通常通り発行した。

八月九日、「大連準」は組織的に天津政治師範学校を攻撃、校舎に火をつけた。翌日「大連準」は、軍

(40)鄭質英主編『天津市四十五年大事記』天津、天津人民出版社、一九九四年、三八一頁。
(41)鄭質英主編『天津市四十五年大事記』天津、天津人民出版社、一九九四年、二八一頁。
(42)「毛主席的革命路線勝利万歳」天津市革命職工代表会議常務委員会『革命職工報』、一九六八年、四三頁。

の工場である天津六〇九工場〔以下、六〇九工場とする〕を襲撃した。天津政治師範学校には二つの造反組織があった。そのうちの一つは「紅代会」で、「五代会」よりの組織であり、もう一つは「紅革会」と言い、「五代会」と対立する「大連準」側に属した。双方で矛盾が生じ、「紅革会」は「大連準」を引き込んで、校舎焼き討ち事件を起こした。校舎は、完全な焼失には至らなかったが、「大連準」と「工代会」側に立つ六〇九工場が衝突したため、翌日午後、「大連準」は再び六〇九工場への攻撃を開始した。「工代会」は陳伯達と支左連絡站の意見に基づいて、人員を組織して六〇九工場を防衛した。これは天津市における最大規模の武闘となり、六名が死亡した。

八月一一日の二〇時、陳伯達と鄭維山は六〇九工場の事件について指示を出した。「あなた方〔六〇九工場を攻撃した「大連準」を指す〕のこのようなやり方は誤りだ。過ちを重ねてはならない。一回目、二回目は許そう。自分を出口の無い道へと引っ張って行ってはいけない。我々国家は非常に良い状態にあり、プロレタリア階級文化大革命は偉大な勝利を得て、『革命強化生産促進』をきちんと遂行しなくてはならない。国家の財産を破壊してはならず、少数の悪人の罠にはまってはならない。民衆の力は偉大であり、毛沢東思想は深く人心にしみわたっている。あなた方が毛主席の革命路線に戻ってくることを望む[43]」。

第三の時期は、一九六七年八月から一九六七年一二月までであり、武闘制止、大連合促進、市革命委員会の準備・建設を進めた時期である。

中央と中央文革小組の要求に従って、天津市は、「五代会」及び「五代会」と対立する「大連準」が共同参加した訪京代表団を組織した。八月一五日から一二月八日にかけて、天津市革命委員会は正式に成立し、この期間に中央の首長は前後して一一度、天津訪京代表団と接見した。天津訪京代表団は天津駐屯軍、幹部代表及び、民衆代表両派によって構成され、初め一〇名余りであった成員は、のちに約三〇名へと増えた。最初は武闘の制止について話し合い、その後大連合について協議し、最後に市革命委員会の準備・

計画について協議した。

2　中央指導者の一一回に渡る天津訪京代表団への接見

中央首長の第一回目の接見。時間：一九六七年八月一五日二一時五〇分から一六日一時。場所：人民大会堂安徽庁〔大会議室〕。接見に参加したのは、陳伯達と謝富治（その当時、中央政治局委員、国務院副総理を務めていた）及び、北京軍区司令員・鄭維山であった。接見に同席したのは、天津市革命委員会準備小組の解学恭と江楓、及び天津駐屯軍責任者・楊銀生（六六軍政治委員）である。一一回の全ての接見に同席したのは、今挙げた数名であった。中央首長と接見できた者のなかには、「五代会」と「大連準」双方の代表が含まれていた。

第一回接見では主に、武闘の制止について話し合われた。初めは主に「大連準」の代表が発言し、六〇九工場における武闘の問題について話した。その後「五代会」の代表も発言した。陳伯達と謝富治《しゃ・ふじ》は共に絶えず発言をし、武闘を非難した。「大連準」は、陳伯達と謝富治に対し面と向かって自らの意見をぶつけた。例えば陳伯達が、天工「八二五」、君たちはこんなに騒いでもう十分かと言うと、天工「八二五」の代表である趙健敏《ちょう・けんびん》〔※〕は答えた。我々は騒ぎを起こしたかったわけではなく、騒ぐも騒がないも我々が決めることではありません。階級闘争の法則が決めることで、それは天津における支左の問題です。首長は六六軍の問題に注意を払ってください。

中国共産党の組織原則の一つは、下級が上級に従うであり、また、下級の上級に対する、特に党中央に

（43）「毛主席的革命路線勝利万歳」天津市革命職工代表会議常務委員会『革命職工報』、一九六八年、四四頁。

対する盲目的崇拝が存在していた。趙健敏のような普通の大学生が、中央の指導者に面と向かって口答えをするなどということは、「文革」という特定の時期・情況下でのみ起こり得たことであった。

中央首長の第二回目の接見。時間：一九六七年六月一六日の二二時から一七日の二時三〇分。場所：同前。人民大会堂建設後、堂内に各省及び直轄市それぞれの庁〔大会議室〕が設置された。天津市は、当時省轄市に改められたばかりであったために天津庁は無く、七〇年代初期になって初めて天津庁が設置された。第二回接見に参加した者は、陳伯達と謝富治及び人民解放軍の李天佑《り・てんゆう》〔※〕、鄭維山であり、また彼ら中央首長と接見した者のなかには、やはり「五代会」と「大連準」双方の代表が含まれていた。

この回の接見では、前回から引き続き武闘の制止に関する問題の解決が図られた。陳伯達は接見場所に来るとまず皆にこう聞いた。君たちはもう味方に電話はしましたか？　拘束していた者達を解放しましたか。双方はこれに答えて、お互い持論を展開し、言い争いが止まなくなった。陳伯達は言った。昨日解放しなかったことはいいとしよう。今すぐに解放しなさい。一二時〔当日の夜一二時を指す〕より前に完全に解放し終えなさい。解放しないというならもう相談はしない、すぐに散会とする。同意しますか。

双方が同意する意思を示すと、陳伯達は双方それぞれから三名がサインするように要求して途中休憩とした。そして、両派それぞれが天津にいる自組織の者達に対し、捕らえた者達を解放するよう電話で通知した後に話し合いを再開するとした。一七日一時三〇分に引き続いて開会となり、陳伯達は双方各派から一名の代表及び、公安局軍管会から一名の代表が天津へ戻って解放の情況を確かめることに同意した。

さらに、双方が協議し武闘を制止する合意を結ぶよう要求した。鋭く対立した天津の両派は武闘を行い、当地の軍隊でも阻止することができず、中央の指導者が直々に調停せねばならない情況となっていたのである。今となっては、人々にとってこうした事態は理解し難いものかもしれないが、ここに記されていることがその年の真実の歴史であった。

中央首長の第三回目の接見。時間：一九七六年八月一八日一時三〇分から四時三〇分。場所：不明。接見に参加した者は、陳伯達と謝富治、戚本禹及び軍の李天佑、鄭維山である。中央首長と接見した者のなかには双方の代表が含まれていた。戚本禹は中央文革小組の成員で、この接見に参加した後間もなくして、「軍内の一つまみ」を引きずり出し〔揪軍内一小撮〕、人民解放軍という聖域を犯してしまったことで、彼自身が捕まってしまった。〔210〕「文革」初期に戚本禹と共に舞台に上った王力《おう・りき》〔※〕、関鋒《かん・ほう》〔※〕も文化大革命を破壊したとして捕まり、これがいわゆる「王・関・戚」事件となった。

会議が始まると、陳伯達はまずこう聞いた。昨日天津に戻った者たちは帰ってきたか（つまり、陳伯達は拘束している人の解放が確実に実施されているかどうか情況を確認している）？　さらに双方から各五名が一緒に協議し、武闘の制止についての合意を得るように要求した。「五代会」と「大連準」は代る代る発言し、論争となった。戚本禹の話は非常に厳しかった。今日武闘制止の合意が得られた後、もしも再び殺人、放火、人に暴力を振るうなどといったことが発生した場合は、その組織をファシズム的組織だと断定すると言ったのである。戚本禹は既にこの時、「軍内の一つまみ」を捕えたことが毛沢東の反感を買ったことを知っていたのかもしれない。なぜなら、戚本禹はこの会上で、「軍内の一つまみ」を捕えることに関して軽がるしく口にしてはならないと話していたからだ。しかし、時すでに遅し。会議の最後に、民衆代表が双方の武闘制止の合意文書を読み上げ、全会一致の拍手で通過した。

中央首長の第四回接見。時間：一九六七年八月一九日の三時三〇分。場所：不明。当時は昼夜が顛倒しており、中央との接見は全て晩と真夜中に行われ、正に昼夜兼行であった。今回の接見に参加した者は、陳伯達と謝富治及び鄭維山であり、中央と接見することができた者のなかには双方の代表が含まれていた。

陳伯達と謝富治が会場に姿を現すと、民衆組織の代表が立ち上がって、拍手で迎えた。陳伯達は言った。拍手はいらない、歓迎もいらない、一体何に対して拍手すると言うのだ！　君たちに拍手させるために来たのではない。拍手をすれば私が喜ぶと思っているのか。全く嬉しくない！　謝富治が口を挿み言った。武闘をしなければ、それで我々は嬉しいのだ。陳伯達は、その前の日に「大連準」が「五代会」のデモ隊を攻撃したことについて非難した。「大連準」の代表は、これは計画的に組織したものではなかったと釈明した。謝富治は「五代会」の者達に対して言った。君達のデモ隊は相手を刺激するようなことを言ったりしなかったか？（「五代会」の者は言いませんでした、と答えた。）君たちが自分達の隊伍をコントロールしきれていないのかもしれないと私は心配しているのだ。謝富治もあいだに立って仲裁しようとしていたことがわかる。謝富治はさらに、「大連準」の白金生《はく・きんせい》〔※〕はオート三輪の労働者のようには見えないと言った。白金生はすぐに答えて、私はオート三輪労働者ですと言った。白金生のような身分は産業労働者とは言えないため、中央指導者の歓迎を受けず、彼は何度も非難を受けることになった。謝富治は白金生の経歴について質問した後、彼に対して言った。あなたは集団工場の労働者からオート三輪労働者となった。これは一つの後退であり、あなたはこの点を認めなくてはならない。中央指導者と普通の労働者がこのように対等な立場で対話をするなどということは、通常では想像もできないことであり、やはり「文革」期特有の一つの「民主」であると言えるのかもしれない。

中央首長の第五回目の接見。時間：一九六七年八月二四日の二二時四五分から二五日の二時。場所：不明。接見に参加したのは謝富治と鄭維山で、接見に同行した者は、これまでの三人（陳伯達、謝富治、鄭維山）のほかに、天津駐屯軍の鄭三生（六六軍軍長）がいた。

会議は双方がまとめた「革命強化生産促進」の合意を通過させた。さらに、六四一工場協議、塘沽協議[21]についても討論され、双方は激しい論争となった。鄭維山がある話をした後、天工「八二五」の趙健敏は鄭維山に反対する意見をぶつけた。鄭維山は怒って大声で言った。「君は私のさっきの話を撤回させようと言うのか。強姦犯、略奪犯に処分が必要でないとでも言うのか」。言い終わると、鄭維山は用事があるため退席した。謝富治は、両派は検査の精神に欠けていると言い、皆を率いて毛主席語録のなかの批判と検査についての部分を続けて三度読んだ。

謝富治は一九三〇年に革命に参加した老紅軍で、非常に名高く輝かしい陳（賡）《ちん・こう》〔※〕謝（富治）兵団〔212〕の政治委員を務めた人物だ。彼は、一九七二年に病のためにこの世を去った（一九八一年、林彪、江青反革命集団〔＊〕の主犯の一人との判決が下された）。謝富治は長年に渡って培われてきた豊富な経験を有する中央の領導幹部である。それにも関わらず、両派の衝突を調停するために、どうして何度も毛主席語録を読ませるなどという方法をとったのだろうか。それは、「文革」がそれまで存在していた社会規範一切を転覆させてしまったからであり、当時は誰であれ毛沢東に従って立ち上がった造反派に逆らうことなど出来ず、彼らは「一切を疑い、一切を否定し、一切を打倒する」ことができたからである。これはまた、各級領導幹部が「文革」中、どんな問題についてもどうしたらよいかわからず手が出せない情況へ追い込まれた、根本的原因でもあるのだ。

中央首長の第六回目の接見。時間：一九六七年九月八日〇時五〇分から五時三〇分。場所：不明。接見に参加した者は、陳伯達、謝富治、江青、戚本禹であった。接見に同行したのは鄭維山で、天津から接見に同行したのは、前の三人（陳伯達、謝富治、鄭維山）以外に蕭思明がいた。会議が始まると、先に会場に来ていた陳伯達と戚本禹が、まず合意の執行情況について話し始めた。「大連準」の白金生が発言をしようとすると、陳伯達は、また君か、もういいだろう、誰か別の人！　と言った。その結果、「大連準」の趙凡《ちょう・ぼん》〔※〕と「工代会」の林啓予《りん・けいよ》〔※〕が執行情況について簡単に話し始めた。

その時、江青は謝富治に付き添われて会場にやって来た。会場にいた全ての者が起立し、毛主席万歳！と大きな声で叫んだ。江青は特殊な地位にあり、毛沢東と林彪を除けば、彼女はその他の政治局委員、中央文革小組成員の上に位置していた。彼女は会場に現れるとすぐに話し始め、かつそれは非常に扇動的であり、人々はすぐに非常に興奮せずにはいられなかった。彼女が話しているあいだ、人々はほとんど常に拍手をしており、スローガンを叫んだ。

彼女は言った。「謝富治同志が私に同志達を見舞ってくれと言ったのです。天津市では夜、ある者が物を略奪し、婦女を強姦しています。このような奴らには独裁が必要です。（熱烈な拍手が起こる。）私がなぜここで「奴ら」と言ったか。それは、彼らが反動的であるからです。人民の怒りは頂点に達しています！我々には責任があります。我々の軍隊は限りなく寛大です。そうではないですか。（民衆が、そうです！と答えた。）あなた方も軍隊を支持しなくてはならず、民衆を発動して、悪人を孤立させなくてはならないのです。婦女を強姦した者達は非常に劣悪であり、全く言葉で言い表せない程です。こうした者達は捕まえて銃殺刑にすべきです。（長時間の熱烈な拍手が起こり、「プロレタリア独裁万歳！」「毛主席万歳！」との高らかな叫び声が響いた。）いいでしょう！　同志達は賛成のようです。それは広範な人民の利益になるからでしょう。我々は軍隊に協力し、公安局軍管会はこのことをうまく成し遂げなくてはならず、軍管会を台無しにしてはなりません。そうでなければ、プロレタリア階級の権威は威信をすっかり失ってしまうでしょう。軍隊の同志達はへこたれてはいけません。彼らを恐れてはいけません。では、私は用があるので、ここで退席します」。皆が拍手し、「江青同志に学ぼう！」と叫び、江青も「同志達に学ぼう！」と叫んだ。

江青が退席すると、陳伯達と謝富治が話した。「五代会」と「大連準」はどちらも自己を調べなくてはならないと言い、主に「大連準」を非難し、塘沽の問題や天津日報社の占拠の問題などについても話した。「大連準」の者は、しょっちゅう口を挟み、弁解した。謝富治は提案した。「最近、総理、伯達、康生、江青同志は一連の重要な講話を行った。今晩話し終わったら、江青同志の講話の録音を流そう」。謝富治の提案した通り、接見が終わった後、皆は江青同志の講話の録音を聞いた。江青の講話の録音だけをここで聞かされたということからも、「文革」における彼女の特別な地位がわかるのである。

中央首長の第七回接見。時間：一九六七年九月一四日の二時一〇分から五時四〇分。場所：不明。接見に参加したのは陳伯達、謝富治、鄭維山であり、また中央首長との接見に臨んだ者のなかには、天津市及び石家荘、唐山、張家口《ちょうかこう》〔河北省北西部に位置する市〕地区の民衆代表が含まれた。また、これらの場所に駐屯する軍の首長及び幹部代表も同行し参加した。

今回の接見では主に、大連合の促進についての問題が話し合われた。陳伯達がいきなり大声で叫んだ。毛主席の提唱の下の大連合万歳！　民衆がそれに続いて叫んだ。毛主席の提唱の下、大連合万歳！　陳伯達が続けて言った。今日は大連合の会議である。同志達の大連合が成功することを心から祈る！　陳伯達はまずこう聞いた。天津はすでに連合できたのか。皆は答えなかった。陳伯達は長い講話を行い、そのなかで「大連準」を非難し、また褒め讃えた。「大連準」の代表が、自らの一派のなかにいる二八人の悪人を捕まえたと言い、それに対して陳伯達は率先して拍手を贈り、君たちは良いことをしたと言った。謝富治も、悪人を自ら捕まえることは、毛沢東思想に適っていると発言した。謝富治はさらに、「五代会」は捕まえたのかと聞いた。「五代会」は、内部の整風を通して、皆で意見を交換していると説明した。

謝富治は講話のなかで、江青の講話を学習するよう強調した。「最近、総理、中央文革小組の同志は偉大な領袖毛主席と林彪副主席の指示に従って、多くの講話を行っている。特に、九月五日、江青同志が安徽省民衆組織代表と接見した際に行った講話を聞いただろうか。（皆が、聞きました、と答えた。）あれは我々毛主席司令部を代表して行った講話であり、当面の文化大革命において非常に重要な意義がある。皆はこの講話をよくよく学習しなければならない」。

中央首長の第八回接見。時間：一九六七年九月二六日の〇時二七分から二時二〇分。場所：不明。接見に参加したのは、周総理、陳伯達、謝富治及び鄭維山であった。また、今回中央首長との接見に臨んだ者のなかには、天津市以外に保定〔河北省に位置する市〕の訪京代表団も含まれていた。

接見が始まった時、陳伯達はまだ来ておらず、謝富治がまず話をし、天津労働者階級の連合を褒め讃えた。謝富治は講話の最中、こう聞いた。「大連準」の趙、来ているか。趙健敏は、謝富治が健敏という名前がわからないために姓しか呼べないのだとわかり、急いで答えた。「来ています」。謝富治は言った。大先生よ、君はなぜ連合しない！　周総理も趙健敏に聞いた。君は〔毛〕主席の指示に従って行動するのか、それとも自分中心に行動するのか。趙健敏は言った。私は「五代会」内外の造反派が連合するべきだと主張しているのであって、「大連準」を中心とするなどとは主張していません。「大連準」を中心とするのは間違っています。周恩来が言った。皆、聞こえたか！　趙健敏は言った。「五代会」が強くなり拡大したら、我々「大連準」はすぐに解散することになってしまいます。周恩来は言った。君は天工の者か。天工一派は革命派であるが、しかし「五代会」が革命派であることを君も否定できないだろう。

周恩来はさらに天津の労働者を激励する多くの話をし、自分についてこう言った。「私のような人間も、もうすぐ七〇歳になるが、まだまだ毛主席ぴったりついて行かなくてはならない。死ぬまで学習し、死ぬまで改造し、死ぬまでついて行くのだ」。

陳伯達が会場に入ると、民衆が拍手で迎え、周総理はここで退席した。陳伯達は最初に大連合を激励し祝福する内容の話をし、さらに保定の協議する雰囲気が天津に及ばないと言い、ここで彼は率先して大きな声で叫んだ。天津のプロレタリア階級革命派に学ぼう！　民衆が一斉に声をあげた。毛主席万歳！　当時は、スローガンを叫ぶ時代で、一人一日どれだけの数のスローガンを叫ばねばならないか、もはやわからない程であった！　ある人が発言のなかで、陳伯達を「首長」と呼んだ時、陳伯達は言った。「私はとるに足らぬ老百姓〔小小老百姓〕で、何の肩書きも無い。君は私が一体どんな肩書きを持っていると思うのか。君たちは皆各組織の勤労員で、私は勤労員でさえないのだ」。

後の「批陳整風」[213]の際には、陳伯達の「とるに足らぬ老百姓」という言い方が、人々から何度批判されることになったか。しかし実際には、こんなことは全く実質的な問題ではないのである。「文革」初期、陳伯達は民衆代表と最も多く接見し、そこで話した内容はほとんどが大連合の促進のことであった。私の知る限りでは、陳伯達が天津で起こした主な問題は、一つには小站地区のいわゆる三つの反革命集団を直接捕えたことであり、またもう一つにはいわゆる万張反党集団の捏造において重要な役割を果たしたことである。しかし、「批陳整風」の際に天津市が批判したのは、彼のこれらの根本的な過ちではなく、ほかのことばかりであった。彼が批判を受けたのは、林彪に接近していたためだった。

中央首長の第九回接見。時間：一九六七年の一〇月一〇日夜一一時から一一日の早朝四時二〇分。場所：不明。接見に参加した者は、陳伯達、謝富治、鄭維山であった。この回の接見における議論の主な対象は天津の「大連準」であった。

前にも述べたように、一九六七年初めに旧市委員会は崩壊した。天津市革命委員会準備小組が成立し、軍隊支左が介入を始めると、天津の各造反組織は「五代会」と「大連準」の二大派閥を形成するに至り、「五代会」は天津市革命委員会準備小組と支左部隊を擁護・支持する立場に立ち、一方「大連準」は反対する立場をとった。中央、中央文革小組、天津市革命委員会準備小組、及び支左連絡站の目標は、「五代会」を基礎としつつ、「大連準」を吸収するかたちで大連合を促し、達成し、なるべく早く革命委員会を立ち上げることであった。

陳伯達は長い講話を行った後、言った。「君たち、ここに趙健敏はいるか、趙健敏は来ているか。君たちの前に出てきて話してもらおう！　今日は君の意見が聞きたい。君の意見が成り立つか成り立たないか、聞いてみようじゃないか！」。趙健敏は九月三〇日の政治合意についての意見を述べた。陳伯達が質問をすると趙健敏はそれに答え、自分の意見を十分にはっきり述べた。「大連準」の数名の代表は皆立ち上がり、合意が通過した時は民主に欠けていたと言った。陳伯達は、天津を独占しようとしている一種の野心家がおり、天津の老百姓を気ままに弄ぼうとしているとそそのかすように言った。

陳伯達は講話のなかで再び、「君たちの背後で人が操っている」、「君たちは大きな石（革命の邪魔になる人間）、二つ三つの、三つ四つの大きな石を抱えている」、「石を抱えて道を失っている」と発言した。その後、すぐにいくつかの造反組織が「大きな石」を暴き出そうとし始めた。例えば、閻達開（元河北省委員会書記処書記、後に天津市委員会第二書記に就任したが、実際には仕事はしなかった）が天工「八二五」の「大きな石」であると言われた。理由は、その当時、閻達開が捕まって天津工学院に連れてこられたからといっただけのことだった。事実が証明しているように、造反組織の誰も「大きな石」など抱えてはおらず、これは単なる陳伯達による言われの無い言いがかりであった。

この回の接見は時間が長く、陳伯達や謝富治などの話が非常に多かった。陳伯達の圧力と挑発によって、「大連準」は内部で衝突が起こり、まず趙健敏と「工砿企業造反本部」の程国富《てい・こくふ》が言い争いを始め、その後すぐに「工砿企業造反本部」の何光臨《か・こうりん》が立ち上がって、趙健敏の問題を公然と指摘した（掲発）。続いて、ある者が何光臨は二面性があると言い、陳伯達は何光臨を弁護した。陳伯達、謝富治、鄭維山などは皆主な攻撃の矛先を趙健敏へ向けていた。その場にいた者が趙健敏の問題についてよく理解できないと言うと、陳伯達は、理解できなくてもゆっくりと理解できるようになる！ と言った。それでもある者が趙健敏と共に闘うと立場を表明すると、陳伯達が誰と闘うのかと尋ねた。走資派ですと答えた。陳伯達が聞いた。どの走資派か。万張反党集団ですと答えた。陳伯達は言った。万張集団の者が君たちの背後で君たちを操っているのを知っているか。

このように、陳伯達は最終的に矛先が万張集団へ向くよう誘導した。一体、背後で操っている万張反党集団の者などどこにいるというのか。そもそも万張集団など一体どこにあるのか。一つの反党集団を根拠も無く捏造し、一切の罪悪を全てこの集団に着せたのである。まさにでたらめな政治がでたらめな世界を作り上げたのである！

中央首長の第一〇回接見。時間：一九六七年一一月二二日の二時四五分から五時二九日。場所：不明。接見に参加した者は、陳伯達、謝富治、鄭維山であり、中央首長と接見することができた者のなかには双方の代表が含まれていた。当時天津訪京代表団は北京に滞在しており、昼夜を通して待機し、呼ばれるとすぐに出かけて行った。陳伯達が接見の最初に言った。申し訳ない。君たちを夢のなかから呼び起こしてしまった。ちょうど今日我々はここで話をする時間ができたのだ。

この回は、やはり主に陳伯達が話をした。陳伯達はそれまでの接見を通して少なくない人間の顔を名前を把握していた。彼は講話のなかで、まず、その場にいた「大連準」の張　承　明《ちょう・しょうめい》について話をした。張承明は天津反修正主義ナイロン工場の労働者で、彼は陳の誘導で「大連準」は良くないと発言した。陳伯達はさらに小站の問題についても話し、劉　秀　栄《りゅう・しゅうえい》が発言の許可を求めると、彼女を非難した。劉秀栄は小站地区の小学校の若い教員で、「大連準」に属していた。陳伯達の支持を受け、小站四清《スーチン》中に政治の舞台に躍り出た西右営村党支部書記の王　鳳　春《おう・ほうしゅん》と対立していた。陳は劉秀栄に対し、次のように詰問した。「君は誰に委託されているのだ。君は『大連準』の者だ。君がしていることは正に復辟だ！」。劉秀栄はすぐに弁明をした。その場にいた王鳳春は劉秀英を名指しして非難した。続いて南開大学の「八一八」が、「衛東」と「八一三」は今もまだ「八一八」を包囲攻撃していると訴え、「衛東」がこれを否定した。「五代会」と「大連準」双方の代表が言い争いとなった。陳伯達は「大連準」の白金生と趙健敏について、立場をはっきりと示して言った。「白金生、この者に対して私ははっきりと反対する。趙健敏は来ているか。（趙が、来ています、と答えた。）趙健敏、この者に対して私は反対する立場だ」。

陳伯達と謝富治は、部門〔職種〕ごとに大連合を行うようにとの毛沢東の指示を徹底的に執行することを繰り返し強調した。そして、「大連準」のような様々な部門〔職種〕が混在する組織には賛成しないと主張した。陳伯達は何度も「大連準」の名を口にして言った。「『大連準』に参加している一般の民衆とその親玉とは区別しなくてはならない。『大連準』の数名の親玉は多くの悪事を働き、プロレタリア階級は傷つき、敵は喜んでいる。彼らが行っている悪事は容認できないものであり、数名の親玉が行っている悪事に関して、『大連準』に参加している一般の民衆が彼らの代わりに責任を負うことになってはならない」。この回の接見では、中央の態度は非常に明確であり、「大連準」を非難し、彼らの分裂・解体を促そうとするものであった。

中央首長の第一一回接見。時間：一九六七年一二月二日の二一時二三分から二二時五八分。場所：不明。接見に参加したのは、周総理、康生、陳伯達、江青、謝富治、姚文元、呉法憲《ご・ほうけん》〔※〕及び鄭維山で、中央首長との接見に臨んだのは、天津革命委員会常務委員、一般委員及び訪京報告代表団の全ての成員及び天津駐屯軍責任者であった。

この回では、天津による革命委員会成立の報告を中央が批准したことについて言い渡された。周総理が会議を主催し、「工代会」と「農代会」（農民代表大会）、大学[214]「紅代会」、中学「紅代会」から発言があった。また、林啓予が訪京代表団を代表して招待状を読み上げ、中央首長を天津市革命委員会の成立大会へ招待した。

初めに陳伯達から講話があり、そのなかでまた趙健敏について提起された。周恩来は、どの人が趙健敏か、私に教えてくれと言った（趙健敏が起立した）。陳伯達の講話の後、康生と江青が前後して講話を行い、周総理は最後に話をした。周総理は、まず毛主席の指示に関する学習や、毛主席の著作を読むことについて比較的長く話し、さらに文化界と公検法〔公安局・検察院・法院〕の問題について提起した。「江青は先月の九日、一二日に二篇の講話を発表したが、天津からは何の反応もなかった。（江青が言った。天津は防空壕でも掘って私の話を聞こうとしないつもりか。何が全国業余作者〔アマチュア作家〕代表大会ですか[215]。）君たち天津は中央文革小組から隠れようとしており、何の反応もなかった。江青同志は昨年一一月の文芸大会において講話を行い、今年も話をしたが、天津からは全く反応がなかった。文芸、演劇、映画、教育、放送、新聞、これらを天津へ戻ったら調べてみなさい。なぜこのようなことになったのか。少なくとも君たちが良くやっていなかったからであり、学校からもあまり反応がない。叛徒を捕まえることに関しては良い功績を残しているのに、なぜこのことに関してはきちんとやらないのか。天津と北京は近い。文芸界の反動組織は北京で行動している。天津にもいるはずである。注意しなくてはならない」。

また、周恩来は天津の公検法にも触れた。「天津の公検法は万張反党集団が生んだ重要基地であり、今もまだこれに関して深くまで掘り起こされていない。天津は旧社会〔革命前の社会〕では、国内外の反革命分子を匿ってきた土地であり、多くの租界もあり、地富反壊右がここで活動してきた。現在に至っても彼らの屋敷があり、天津には搾取階級が多くおり、叛徒も非常に多くいるのだ！」[216]。この部分の話だけからもわかることだが、周恩来の講話も十分に「左」のものであり、しかも、江青をこんなにも高く持ち上げていたのである！

民衆と接見する指導者たち

左から、江青、陳伯達、康生、張春橋。

当時の「文革」は暗黒であったが、しかし一方でこの上もなく透き通ってもおり、この回の接見における中央指導者の講話は非常に迅速に公衆へ伝えられた。唯一公表されなかったのは、周恩来が最後に万曉塘の自殺について疑いを持っていると表明したことだった。周恩来は当時万曉塘を死に追い込むほどの大きな圧力は無かったと考えており、天津に対して戻って再度きちんと調べるように指示した[44]。

疑いも無く、中央指導者の一回の接見とそこでの彼らの態度表明は、天津における「文革」の進む道に対して決定的な作用を及ぼしたと言えるだろう。しかし、この当時歴史を「推し進めた」人物は、皆同様に政治の舞台から引きずり下ろされることになった。接見に参加した指導者は、周恩来以外ほとんど一人の例外も無く、それぞれ林彪、「四人組」反革命集団などと見なされ、甚だしい例では、鄭維山や李天佑のような高級将校でさえ巻き込まれてしまった。中央首長との接見に臨んだ両派民衆代表はその年、誰が最も革命的かということで死ぬか生きるかの争いをし、挙げ句の果てに、ほとんど例外なく全員が「三種類の者[217]」のリストに入れられ、「造反派」であれ「保皇派」であれ皆「革命」によって厳しく処罰されたのである。

3 「文革」最後の殉難者

今日、大多数の中国人の集合的記憶において、恐らく「造反派」は、「文革」における罪悪を象徴する、最も重要な二つの記憶のうちの一つとされているだろう。つまり、この二つの集合的記憶とは、上層部としての「四人組」、そして下層部としての「造反派」である。ある程度において、造反派は人を無実の罪に陥れ、陰謀をめぐらせ、暴力を振るう代名詞のようになり、「文革」における全ての罪悪に関する大半の責任を引き受けている。

通常、「文革」という言葉は一つの大災禍を指しており、その大災禍のなかで当然多くの人々が死に至った。運動の過程を思い返してみると、運動の初期に攻撃を受けたのは、言うまでもなく次の種類の人々であった。（1）資本家。運動初期の紅衛兵による「四旧」の一掃では、真っ先に批判の矢面に立たされ、抄家《チャオジア》に遭い、批判闘争にかけられた。（2）知識分子。学校教員、各種の専門家、医者のなかの、いわゆる「反動学術権威」と呼ばれる人々が批判され、労働改造を受けさせられた。（3）各級領導幹部。「走資派」とされ、批判闘争にかけられ、打倒された。（4）地富反壊右分子及び経歴上政治的問題があるために審査を受けた者。ある者は農村に送られた。天津市は全部で四万一五七一名を農村に送った。

これら数種の人々に対しては後に続々と名誉回復のための政策が執行され、特に各級領導幹部の多くは罷免された職に復帰し、失ったものも全て戻ってきた。しかし、造反組織の責任者だけは、継続される運動のなかで不断に粛清され続けた。例えば、一九七〇年の「一打三反」運動、そのすぐ後の「五・一六反革命グループ」徹底調査運動[218]のなかでの処遇だ。

各級革命委員会のなかに残った、指で数えることが出来るほど少数の元造反組織代表達は、既に心を入れ替え、共産党統治の秩序再建を徹底して支持していた。また、上海や浙江省などの少数の地方を除けば、造反した者達は「四人組」と組織的な関係は一切無かった。それにも関わらず、「四人組」が粉砕されると、「公然とした批判・審査」〔掲批査〕[219]運動が行われ、ほとんど全ての造反組織の元責任者が徹底的に取り調べを受けた。かつて造反組織において一定の指導的職務を担っていた者は皆免職となり、武闘に参加したことのある者も刑事処罰を受けた。

天津市革命委員会に参加した民衆組織代表を見ると、皆毛主席や党中央の呼びかけに積極的に応え、文化大革命に身を投じた者達ばかりであった。彼ら自身は殴打・破壊・略奪行為をしてはおらず、本来ならば彼らの責任を追求するべきではなかった。しかし、造反組織において一定の指導的職務を担当していた

（44）中央首長の天津訪京代表団との一一回接見に関しては、次を参照。「毛主席的革命路線勝利万歳」天津市革命職工代表会議常務委員会『革命職工報』、一九六八年、一九〜一四二頁。

というだけで、地位から引きずり下ろされ、甚だしい場合においては理由もなく党から除籍とされてしまった。以下に挙げるのは、典型的な例である。

巴木蘭《は・きらん》。女、一九三一年生まれ。抗日戦争勝利以前は、膠東解放区で革命に参加し、一九四六年に軍に参加。一九五〇年には抗米援朝〔朝鮮戦争を指す〕に参加し、一九五五年に地方での仕事に就いた。彼女は、一九六六年二月から市委員会工交政治部宣伝処の仕事に従事し始めると、間もなく「文革」が開始された。党中央が、天津市委員会はいわゆるブルジョア階級反動路線を執行していると非難したことを受け、当時市委員会書記の谷雲亭の働きかけで市直属機関は業務を一〇日間停止することにし、集中的に市委員会の問題を公然と批判した〔掲発批判〕。この一〇日間の後、彼女は個人的ノート及び工交政治部の数名の発言のまとめに基づいて、市委員会「ブルジョア階級反動路線」を公然と指摘〔掲発〕する二枚の大字報を書き、市委員会機関内外に大きな影響を与えた。これは、巴木蘭が「文革」における中央と市委員会の呼びかけに応えて起こした行為であり、唯一の「造反」行為であった。実際には、彼女は当時市委員会工交政治部における奪権には反対の立場であり、副処長以上の幹部に対する抄家《チャオジア》や、市委員会交換台の封鎖にも反対していた。

ともあれ、彼女の行為は市委員会機関において一定の影響力があり、このことによって、市委員会機関の造反組織「連委」が成立した際、彼女は組織の「中核」的指導者となった。天津市革命委員会が成立すると、巴木蘭は機関幹部代表として常務委員に推挙され、さらに、市文化局革命委員会副主任や市婦女聯合会副主任を相次いで務めた。思いもよらないことに、こうした経歴が、一九八五年五月一八日に彼女に下された党籍剥奪という処分の根拠となった一つ目の罪名、「造反からののし上がり」を導いてしまったのである。巴木蘭の党籍剥奪の根拠となった二つ目の罪名は「張淮三同志を迫害した」であった。その理由は、ただ単に、彼女が組織から任命されて、「万張専案組」〔万張反党集団の問題を調査検討するために設置された組織〕で仕事をしたからということであった。三つ目の罪名は「鄧小平同志を攻撃した」であった。別のある者が自己の過ちについて白状し説明する文章のなかで、「批鄧」〔鄧小平批判〕に関する箇所において、自分は巴木蘭に「鄧小平が指導的地位に就いたら、私達は皆失脚するに違いない」と話したと説明する記述があった。たったそれだけのことが、罪名の根拠となった。四つ目の罪名は、「立場と認識を未だに転換させていない」である。

「公然とした批判・審査」運動のあいだ、彼女は停職処分を受け、審査が七年間も続いた末に、天津市紀律検査委員会[220]が一九八五年に結論を出し、処分を決定した。「巴木蘭は『文革』中、造反からのし上がり、張淮三同志を迫害し、中央指導者である鄧小平同志を攻撃した。その結果は深刻である。かつ、今に至ってもなお立場と認識を改めない。その党籍を剥奪することに同意する」。

巴木蘭は抗日戦争期に革命に参加した経歴の長い幹部であり、造反中は中央の配置に従って「文革」の運動に参加しただけであり、常軌を逸した行為はしていない。張淮三については、彼女は公然と指摘したわけでもなく、また処分の最終的決定に参加したわけでもない。中央が最終的な決定を下し、彼女はただ専案調査に一時期参加したことがあるというだけだった。あの当時、公然とした批判に参加した人は非常に多くおり、専案調査を行ったことも彼女自身が決めたことではない。これらを根拠にどうして彼女の罪を決定することができるだろうか。

鄧小平に対する攻撃に関しても同様だ。一九七五年、巴木蘭は市委員会から大寨に学ぶ武清県工作隊隊長に任命され、批鄧〔鄧小平批判〕に関する方針を議論する会議に参加した。その後、工作隊に戻った彼女は、ほかの者達に対して会議で討議された内容を伝えようとはせず、また、会議から持ち帰った鄧小平批判に関する党内部文書も隠してしまい、見せなかった〔つまり、巴木蘭は鄧小平批判に対して積極的だったわけでは決してないのである。〕巴木蘭はこうした事実を再三釈明したが、ほかの人の話だけを根拠として彼女の罪が確定されてしまったのである！
その後の歳月で、「造反派」の外延は不断に拡大され、一つの悪の集大成としての「造反派」が人々の記憶の公約数となった。「文革」初期の「造反派」と「保皇派」、さらに大学・中学の紅衛兵のリーダー達、一九六七年の奪権において革命委員会に参加した幹部及び民衆代表、「階級隊伍の純潔化」と「一打三反」において冤罪をでっち上げた万張専案組の責任者など、全てが一括りにされ、ほとんどが「造反派」の陣営と見なされた。その結果、文革中の複雑で錯綜した政治的迫害の現象が単純化されてしまい、本来党と国家が負うべき迫害を生み出した主たる責任は、追求されることが無かった。

天津市においては「公然とした批判・審査」運動のなかで、全部で三三名が逮捕された。そのなかには軍事管制下の幹部や、年老いた局長もいたが、絶対的多数が民衆組織の責任者であった。民衆組織の責任者に対する処罰は多くが冤罪であった。ここに一つの典型的例を挙げよう。

林啓予《りん・けいよ》〔※〕、一九三六年生まれ。抗日戦争での名将、吉鴻昌《きつ・こうしょう》〔※〕の母方の甥である。一九六五年、天津大学動力系を卒業、市発電検修大隊に配属となり、実習技術員となる。「文革」開始以後、彼は工場内で戦闘隊を組織した。一九六七年二月には社会における造反活動に参加した。彼は一貫して中央と中央文革小組及び天津市革命委員会準備小組、支左連絡站による手配にぴったりと従って活動しており、市革命委員会準備委員会が成立した時には労働者代表に選出された。中央の指示に基づいて、「五代会」の形式で大連合を組織した際には、彼は「工代会」の中核的指導者となった。一九六七年一二月に市革命委員会が成立すると、彼は常務委員を務めた。一九六九年一一月、彼は自ら「六九八五」工場（すなわち、準備・建設中の天津渉《しょう》県の製鉄所）に行くことを希望し、そこで四年間仕事をし、一定の成果を出した。彼は一九七三年に入党し、第四期全国人民代表大会代表に選出され、後にまた天津へ派遣されて戻り、市総工会を準備した。総工会の成立後、今度は天津地震局の組織建設に取り組み、党の核心小組組長や局長を担当した。

天津市地震局が設置されたばかりの時、彼が主導して仕事を進めていたが、すぐに唐山大地震という試練を経験することになった。その際にも、彼は大きな過誤を犯すこと無く、仕事において成果を出した。

解学恭が第一書記を務める市委員会が崩壊した後、林啓予は一九七八年一〇月二日に隔離審査[221]を受け、九日に逮捕された。一九七九年の年末、天津市中級人民法院は林啓予に対し、「殴打・破壊・略奪の罪」で一〇年の懲役刑を言い渡した。ここで「殴打・破壊・略奪」とされた理由は、次のようである。

一九六七年夏、「五代会」と対立する組織であった「大連準」が武闘を引き起こし、情勢が混乱した。「大連準」は三五二七工場に対し殴打・破壊・略奪などの行為をはたらき、六〇九工場を包囲攻撃した。六〇九工場が包囲されてしまった際、市革命委員会準備小組はすぐに中央と中央文革小組へ報告し、陳伯達は「六〇九工場への攻撃は間違いである」と指示、天津の労働者階級を動員して六〇九工場を防衛した。林啓予は「工代会」の責任者として、中央及び天津駐屯軍支左連絡站からの呼びかけに応じ、積極的に労働者隊伍を組織して六〇九工場を防衛した。この武闘において双方から計六名の死者が出た。そのうち、六〇九工場のある労働者は、自分で製造した大砲が故障を起こして爆発し、その爆発に巻き込まれて死亡した。また、「工代会」のブルドーザー（このブルドーザーは相手から奪ったものである）を運転していた労働者が轢かれて死亡した。さらに、六〇九工場を支援・防衛している最中、「工代会」のある労働者が、相手が使用していた小口径銃に打たれて死亡し、「大連準」も自ら味方一人を誤って打ち殺している。「大連準」は六〇九工場を攻撃したが、陥落させることができず、この工場には軍事管制が敷かれた。六〇九工場が軍事管制下に入り、「大連準」の隊伍が撤収する際、民衆から暴力を受け、二人が殺された。

天津市中級人民法院は、事の理非曲直を問わず、ただ、林啓予は「工代会」の責任者であり、「積極的に組織し策を立て、且つ武闘の人員を集め、さらに自ら武闘に参加した」と言い渡したのである。あの時武闘に参加したのは「大連準」と「五代会」の双方であり、この衝突の主な原因は「大連準」にあった。

しかし、法院の判決では、「大連準」の責任者達に対しては一般に五年の刑が科され、一方「五代会」の責任者達には一般に一〇年の刑が科されたのである。

なぜこのような判決となったたか。それは、「五代会」の成員が、革命委員会成立後に抜擢・重用され、一方「大連準」の成員は干されていた〔靠辺站〕という情況があったからだ。君たち〔「五代会」の者達〕は既得権益を持った者であり、当然厳罰を受けなければならないというわけだ。ここには一種の極端な復讐の心理がある。「文革」中拘禁されたある指導者は、道理を無視して次のように言ったという。「私はこんなにも長い年月監獄に拘禁されたのだ。彼らの刑期が私より短いなどということはあり得ない。その処分が間違っていたとしても、それは後の話だ」。

なぜ、林啓予のような一貫して中央や市委員会の手配・指示にぴったりとついてきた者が、重い刑を受けることになったのか。これには形而上学的な「左」傾思想が反映されている。一切を肯定するか一切を否定するかなのである。

中央が「文革」を徹底して否定することを決定すると、責任は全て江青の「四人組」にお仕着せられた。では地方においてはどうしたか。「文革」時期の執政者が主にその責を負うことになり、そのなかでも特に、各級指導部に参加していた民衆組織の責任者が責任を負わされた。こうしたやり方は非常に不公平なものであった。彼らが当時実行していたことが、中央、中央文革小組及び天津市革命委員会準備小組、支左連絡站等からの指示にただ従った故のことであれば、彼らに問題があったという判断は成り立たないのである。「文革」中、彼らは皆共産党の執政者であり、国民党だったわけではない。彼は共産党を代表して執政していたのであり、中央と市委員会の指示に従って仕事をしていたのである。党の原則から言って、どこに誤りがあるというのか。

さらに言えば、毛沢東と党中央は、あのような特殊な段階での執政において、彼らの政治力をこそ拠り所としていたのである。実際には、彼らは毛沢東やその他の「文革」指導者の政治的意図を直接的、間接的に執行していたのだ。したがって、彼らは主観的にはこの体制を擁護しようとしていたのであり、転覆させようとしていたのではない。表面的に見れば、党政領導幹部はほとんどが被害者である。

「造反有理」のスローガンは毛沢東が発したものだ。毛沢東は党と国家領袖の名義によって、民衆組織を動員し、自らの指導の下で各級党組織と政府に対して造反させたのである。各級党政機関は、毛沢東とその高層の指導者達によって「奪権」の対象とされたのだ。このことから、当時の奪権造反が、平民の国家機関に対する反攻ではないことがわかるだろう。事実、奪権の波が高まっていた当時、毛沢東は国家機関の最高権力を掌握しており、彼が指揮をとって、造反派は彼に従って、省級以下の国家機関の指導権を奪取したのである。結局のところ、省級以下の党政機関の権力を奪うことは、依然として党の意志に基づいた行為であり、国家の行為であったのだ。林啓予たちの「罪名」は、人によって密かにほかの誰かからすり替えられ、お仕着せられてしまったものなのである。

「文革」中の執政者が行ったことは全て良くないことだっただろうか。当然、そうではない。彼らのなかの絶対的多数は少なくとも清廉な態度で政治に取り組んでいた。しかも、少なからぬ良い行いもした。一九七六年、天津で大地震が発生し、深刻な被害が発生した時も、数百万の民衆が一致団結し、様々な困難に打ち勝ち、抗震救済の勝利を得た。もし党と政府の指導が無かったならば、この事実をどう説明できるだろうか。ここで言うべきは、「文革」の一〇年こそ、当時中央から地方に至るまでの執政者が一致協力したからこそ、我々党と国家はどうにか無事にこの「大災禍」をくぐり抜けることができたのだということである。

当時の執政者のなかには、領導幹部も民衆代表もいたが、彼らの最初の志は一致していたはずである。しかし、「文革」収束後、執政者のなかの民衆代表は一〇〇パーセント悪人だと見なされてしまった。こんな考え方は、論理的筋道の通った説明はできない。民衆は毛沢東と党中央の呼びかけに応えて革命に立ち上がったが、革命は失敗に終わった。そしてその責任は、民衆が負わされた。民衆組織の責任者は全て「造反からのし上がった者」とされ、「三種類の者」に入れられてしまった。しかし、彼らをのし上がらせたのは誰か。これは彼らの個人的行動ではない。共産党が彼らを養成し、引き立てたのである。

彼らはスケープゴートとなってしまった。ある人がこのような対聯を書いていた。上聯「民衆は民衆と闘い、結局酷い目に遭う」、下聯「幹部は幹部と闘い、罷免されてもまた復職する」、横批「これまでずっとこうだった」。

処分を受けたのは、引き立てられた造反者だけではなかった。「文革」中に抜擢された若い幹部や労働模範も、そのほとんどが審査を受け、免職となった。まさに「一朝天子一朝臣」（新しい者が政権の座に就くと閣僚も全て新しくなること）であり、天津においては、おおよそ解学恭に引き立てられ、重用された者達は皆巻き添えとなった。もちろん例外はあり、ある若い領導幹部がそうであった。その者が所属する部門の最高責任者は古参で、解学恭に反対の立場をとっていた。これが理由で、この若い領導幹部は地位を失わずに済み、その後また抜擢され、最後には市級の領導幹部を務めた。このことから言えるのは、中国は今に至っても、基本的には人治社会だということだ。

「公然とした批判・審査」（掲批査）運動の後、事はこれで終わらず、一九八三年から一九八九年のあいだに発動された「三種類の者の純潔化」運動において、新しい「階級隊伍の純潔化」が全国で推し進められた。「ブルジョア階級自由化に対する批判」の頃、鄧小平は「文革」中の造反者は「最も危険な三種類の者」だと提起した。「彼らが最も危険な理由は、一つ目には、彼らが旧来の派閥思想を堅持しており、扇動誘惑的で、また現状を転覆しようとする政治的主張を持っているからである。また二つ目に、彼らは狡猾な政治的手腕を有し、不利な情況では自らを偽って、信任を騙し取り、時機が到来するとまた扇動し、新しい動乱を作り上げているからである。三つ目に、彼らは全国の多くの地方に転移し、ばらまかれ、隠蔽されており、秘密の派閥の関係は完全には消え去っていない。四つ目に、彼らは比較的年が若く、また比較的文化教養がある。彼らのなかのいくらかの人々は早くも一〇年、二〇年後を見ていてくれと言いふらしている。これらを総じれば、彼らは野心を持った政治勢力であり、過小評価してはならず、もし整党においてこの問題が解決されなければ、きっと禍根を残すことになり、時限爆弾となるだろう」(45)。

これを受けて、党中央は一九八二年一二月三〇日と一九八四年七月三一日に「中共中央の指導部の『三種類の者』の純潔化問題に関する通知」と「中共中央の『三種類の者』の純潔化における若干の問題に関する補充通知」を出した。

「三種類の者」とは何か。この二つの文書に基づいて説明すれば、それは、「林彪、江青反革命集団に追随し造反からのし上がった者、派閥思想の深刻な者、殴打・破壊・略奪分子」である。

最初この運動は単なる党内の整党運動の一部でしかなかったが、すぐに全国全人民に波及する政治運動へと発展した。全国の高校の造反に参加したことがある学生を特に「重点」とし、一九八三年四月二三日から全国に向けて「『文化大革命』期高等院校〔大学以上の教育機関を指す〕学生造反組織の重要なリーダーの記録作業に関する意見」を発した。この文書のなかにはこうある。「『文化大革命』期高等院校の学生のなかで、造反組織の重要なリーダーであった者及び深刻な問題があった者については、所属していた学校がきちんと責任を持って経過を調査し、事実を確かめ、記録した文書をこの者が現在所属する単位《ダンウェイ》の党

(45) 鄧小平「党在組織戦線和思想戦線上的迫切任務」〔「党の組織路線と思想路線における差し迫った任務」〕、〔鄧小平が一九八三年一〇月一二日、中共一二期二中全会において行った講話〕。

組織及び関係する省・市、自治区党委員会組織部門へ通知し、記録をその者の人事档案のなかに残しておくこと」。「今後、おおよそ『文化大革命期』期の在校生のなかから領導幹部を選抜する、あるいは人員を選んで海外に派遣する場合は、この者の所属する単位は必ず自らこの同志が所属していた学校に連絡を取り、彼らの在校期間における態度をまとめた文書を取得しなくてはならない。高等院校の党組織はこれに積極的に協力しなくてはならない」。これが意味するところを言い換えれば、「黒材料」が記録された若者は、隠れた「黒五類」となり、別冊〔ブラック・リスト〕に入れられてしまったということだ。

一方で、「三種類の者」の純潔化における、古参幹部への対応は、若者への対応のそれと比べると、非常に寛大であった。鄧小平は言った。「経歴の長い幹部は『文化大革命』中本心とは異なる話をし、本心に背くことをしたのであり、彼らを『三種類の者』と呼ぶことはできない。あの当時、本心に逆らう話はしないなどということができたであろうか。明らかに自分が賛成していないことに対して、本心に逆らうようなことはしないなどということが通用したであろうか。あの当時の特殊な情況の下で、本心とは異なるいくつかの話をし、本心に背くことをしたからといって、『三種類の者』と見なすことはできない[46]」。

支左の軍隊幹部に至っては、一般に皆何の処分も受けなかった。当時、解学恭を擁護した市委員会の関係部門の主要な責任者は支左の軍隊幹部であったが、彼らは元々の部隊へ戻り、解の巻き添えとなって処分されるようなことはなかった。

文化大革命は極めて複雑で錯綜した歴史事件であり、造反運動は非常に多くの民衆を巻き込んだ。黒でなければ即座に白とする「階級分析」の公式によっては、簡単に説明することができないのである。あれから数十年が過ぎ、これまでの政治運動は一応のところ反右派闘争も含めて全て名誉回復したが、この冤罪は永遠に名誉回復されることはない。

今日、造反者の問題を提起する訳は、単純に彼らのために「名誉回復」を政治的に要求したいからでは決して無く、また「文革」中の造反派組織及び組織のなかの個々人が確かに犯した過ちや罪悪を覆い隠したいからでもない。そうではなく、こうすることが歴史研究に対する厳粛な態度を表明するものだからである。歴史の発展のためには、人々は代価を払い、犠牲を払わねばならない。しかし問題は、この重苦しい代価を、歴史の真相を覆い隠すために用いるのか、それともそこから真正な歴史的教訓を得るために用いるのかということなのだ。

---

(46) 鄧小平「関於如何分和清理〝三種人〟的談話」(「いかに『三種類の者』を区別し純潔化するかに関する談話」)、(鄧小平が一九八三年一一月一六日に行った談話)。

第一四章　天津市革命委員会の成立

1　成立に向けて

一九六七年一〇月のある晩、王亢之の秘書である李鴻鈞《り・こうちょう》が突然私の家にやって来た。そして、緊急の任務があるのですぐに会議に参加するようにと王亢之が言っていると伝えた。我々は自動車で遵義道にある建物へ急行した。当時、市革命委員会準備小組と支左連絡站は、遵義道にあって、元々、市委員会、省委員会の指導者達が住んでいた建物が並ぶ二つの大きな敷地内にそれぞれ別々に設置されていた。ここは元々、外国人が残していった高級別荘で、天津が解放され、接収・管理された後、市委員会指導者の宿舎として改められた。省轄市となってからは省委員会の主要な指導者が入居していた。一九六七年、市委員会が奪権された後、指導者は捕えられて、その家族も追い払われて出て行き、建物は空っぽとなった。二つの大きな敷地のなかに全部で十数棟の建物があった。そこが市革命委員会準備小組と支左連絡站の弁公室となり、また、市革命委員会準備小組の成員は皆そこに住んだ。

我々は会議室に急いで向かった。胡昭衡と王亢之が会議を主催し、市革命委員会成立のための二つの文書の起草について手配した。一つが仕事に関する報告の文書であり、一つは毛主席宛の表敬の文書であった。執筆に関しては、李鴻安《り・こうあん》が先頭に立ち、私と、範五禾《はん・ごか》（市人民委員会弁公庁研究室副主任）、さらに『天津日報』文芸欄の担当責任者である生寿凱《せい・じゅがい》が参加した。

私と李鴻安は互いに面識は無かったが、彼は天津地下党工運〔労働運動〕部門に属していた経験があり、解放初期には労働組合部門で仕事をし、その後河北大学哲学系で教鞭を執り、理論的基礎に詳しいということを後になって知った。六〇年代、党中央華北局が成立すると、彼は華北局政治研究室に移った。一九六七年の社会動乱期、彼は解学恭に手紙で、天津に戻って仕事をさせて欲しいと願い出て、民衆からの手紙の処理を助けるという仕事を始めた。後に、文書執筆グループ〔写作班子〕に加わった。一九六七年に市革命委員会が成立した時、市革命委員会弁事組の政研組では、六六軍の宋文《そう・ぶん》が組長を務め、李鴻安ともう一人の地方幹部が副組長を務めた。一九七三年市委員会が政研室を立ち上げた時は、李鴻安が主任を、そしてこの地方幹部が副主任を務めた。当時の政研組と後の研究室は共に解学恭の智嚢〔ブレーン〕集団であった。一方、私が担当した弁事組の秘書組組長は主に弁公室の当直の責任を負っていた。後に私が担当した弁公庁主任も、やはり主に日常業務を任されていた。

私が知る限りでは、宋文から李鴻安などに至るまで、彼らの思想はどれも「左」ではなく、皆市委員会に対して多くの良い提案を行った。後に、李鴻安は解学恭の自己批判書〔検査〕の執筆を助け、比較的良くできた内容に仕上げた。とは言え、それは何の役にも立たず、解学恭の自己批判書が受け入れられることの助けにはならなかった。解学恭が失脚した後には、李鴻安らや私も連座させられたのである。

当時、我々はどのように分業して執筆にあたっていたか。李鴻安が主筆となり、三人も参加して、一言一言相談し、さらに繰り返し推敲した。後に、多くの書類がこの方法で執筆された。私はこの方法にあまり慣れておらず、しかも情況をよく知らなかった。

一九六七年の七、八、九月という最も混乱していた三ヶ月間、江楓は、私と万曉塘の秘書である高書田、さらに趙武成の秘書の左文《さ・ぶん》などが西監獄[22]に滞在して身を隠すことができるよう手配し、我々に档案に目を通させ、公然と指摘する〔掲発〕資料を書かせた。しかし実際には、何の新しい書類も書くことはなかった。

私が思うに、江楓は我々を保護したかったのかもしれない。我々は皆内情を知る者であり、もし反対派組織が我々を捕らえたら、江楓らにとって不利な材料〔例えば、万暁塘の自殺を否定する材料など〕が公然と指摘されてしまうかもしれず、それも都合が悪かったのだろう。しかも、私個人としては江楓との関係は良かった。小站四清《スーチン》の時に我々は接触したことがあったのだ。私が監獄に身を隠していた際、江楓が私に電話してきたことがあった。その時彼は市革命委員会準備小組の成員であり、一方私は干された〔靠辺站〕幹部である。私は本当に「光栄」に思った。革命委員会が成立したばかりの頃、私と江楓は隣に腰掛け話したことがあり、その時彼は私にだけこう言った。「君は大胆に仕事をしなさい！」そう、確かに私はその頃ずっと、身体的にも精神的にも、腰をまっすぐに伸ばすことが無いような状態であった。しかし、言うは易く行うは難し、どうして大胆に仕事などできようか。江楓や王亢之は、もしあんなにも早く失脚してしまわなければ、私のために一肌脱ごうと思ってくれたのかもしれない！これは福だろうか禍だろうか。

私がなぜここで、話の筋から外れたこのようなエピソードを書くかといえば、次のようなことを言いたかったのである。つまり、「文革」中、人々は口々に伝統的観念との決裂を唱えたが、しかし人と人との関係は依然として孔子の哲学から離れてはおらず、誰であれ立ち上がって仕事をしようと思えば、まず自分のことを良く知っている「同道之人」に声をかけたのである。

文書を起草する私や李鴻安らは、毎日腰を下ろして一言一言考えた。使用されたのは基本的に当時流行していた言葉ばかりであり、甚だ下らない内容で、草稿のなかに私自身のなかから出てきた言葉など一つもなかったかもしれない。生寿愷は北京大学中文系の優等生であった。彼が夕刊の文芸欄を編集している時、私はそこに一つのエッセイを書いたことがあり、そのことを通して付き合いがあった。毛主席への表敬文を起草している時に、生寿愷は何も無いところから無理矢理絞り出すようにして、次のような句を書いた。「滔滔海河流不尽、曲曲凱歌唱不完」（海河が滔々と流れて尽きないように、凱歌もまた歌い終わることはない）。この句は、まるでぱっと花が咲いたような素晴らしい言葉となって「表敬文」を飾った。

私は、当時の情勢の下で、筆をとるということの難しさを非常に強く感じた。そしてこの時から、なるべく早く「書き手」という仕事から離れようと密かに心に決めたのである！　果たして天は私の望みをかなえた。市革命委員会成立後、私は弁事組の秘書組組長を担当することになった。これ以後は事務を主な務めとするようになったのである。

この二つの文書は、何度も討論や修正を重ねて、一ヶ月後にやっと定稿となった。一一月二一日、天津市革命委員会準備小組が正式に党中央へ「天津市革命委員会成立に関するお伺いと報告」を提出した。擡頭はこのようになっている。「毛主席、林副主席、総理、伯達、康生、江青同志、及び中央文革小組にご報告します」。落款は、鄭維山、解学恭、蕭思明とある。この報告には三つの添付資料が付されている。一つ目が、天津駐屯軍責任者の蕭思明、鄭三生、楊銀生の署名による「天津支左工作における検査について」。二つ目が、天津市訪京報告代表団代表のサインによる「天津市訪京報告代表団双方の武闘の即時の、断固とした、徹底した制止に関する合意」。三つ目が、「天津市訪京報告代表団双方の『革命強化生産促進』に関する合意」である。

2　批准された市革命委員会設立報告

党中央は一二月一日に「中央は天津市の革命委員会設立の報告を批准」を発表。原文は以下のようである。

（一）党中央は、天津駐屯軍がプロレタリア文化大革命における「三支両軍」工作のなかで、毛主席、林副主席の指示を断固として執行し、多くの仕事を成し遂げ、大きな功績を得たと考えており、中央はこれに満足している。天津におけるいくつかの支左工作のなかで、数点の欠点や過ちを犯したが、しかし、今年の四月以降、中央と広範な民衆の助けの下で、すでにこれらは改められた。蕭思明、鄭三生、楊銀生同志が今回行った「天津支左において犯した過ちに関する検査」で表明した態度は良いものであり、心からのものであった。中央はこの審査に同意した。

天津市革命委員会準備小組は九ヶ月余りのあいだで、毛沢東思想を宣伝し、革命大連合、革命的三結合、革命的大批判を推進し、多くの仕事を成し遂げた。彼らが仕事のなかで犯した過ちは、四月以降既に改められている。中央は鄭維山、解学恭、蕭思明三人の同志の報告に同意した。

（二）天津は我が国における重要な工業都市の一つであり、帝国主義の影響と中国のフルシチョフである最大の走資派及び彼らの代理人である万暁塘、張淮三反党集団の影響を長期に渡って受けてきた。彼らは米国、蔣介石《しょう・かいせき》、日本、ソ連修正主義の特務〔スパイ〕、改められない地富反壊右分子らと結託し、様々な卑怯な手段を用いて破壊活動を行おうと愚かにも画策し、階級闘争は非常に尖鋭化した。これについて、広範な革命民衆と全ての指揮官・戦闘員は警戒を強めなくてはならない。上述の敵と断固闘争し、革命民衆のあいだの団結を強化し、軍民の団結を強化し、毛主席の「擁軍愛民」〔223〕という偉大な呼びかけに積極的に応えよう。天津市の人民解放軍とプロレタリア階級革命派の広範な民衆が、毛主席の偉大な戦略的配置にぴったりとついていき、闘争の大きな方向をしっかりと掌握し、プロレタリア階級文化大革命のために新たな手柄を立てることを望む。

（三）党中央は、天津市訪京代表団双方が調印した「武闘の即時の、断固とした、徹底した制止」に関する合意と「革命強化生産促進」の合意について同意した。これらは偉大な領袖である毛主席の最新の指示における主旨と合致する。当地における駐屯軍と革命民衆組織は共に有効な措置を採用しなくてはならず、そうした措置の執行が貫徹されることを適切に保証しなくてはならない。

（四）党中央は天津市の広範な革命民衆、人民解放軍、及び〔天津市革命委員会〕準備小組の意見に同意し、天津市革命委員会を即時設立した。革命委員会は九七名の委員から成り、解学恭同志が主任を務め、蕭思明、鄭三生、江楓同志が副主任を務める。

中央は革命委員会の成立を祝賀する。これは偉大な毛沢東思想と偉大な領袖である毛主席の革命路線の偉大な勝利である。

毛沢東は書類の一番上に、「非常に良い、その通りに処理するように」とコメント〔批示〕を書いた。

一二月六日、天津市革命委員会は成立を宣言した。九七名の市革命委員会委員のうち、軍隊幹部が二二名、地方幹部が一八名、民衆組織責任者が五七名であった。また、三一名の市革命委員会常務委員のうち、軍隊幹部が六名、地方幹部が六名（一名は空席）、民衆組織責任者が一九名であった。市革命委員会は「党政合一」の事務機構を設立し、その下に一室、三部、六組を設置した。そして、「一元化」の指導を実現した。七日、『人民日報』、『解放軍報』が合同で社説「海河両岸尽朝暉[224]〔海河両岸は朝日の光に映える〕——天津市革命委員会誕生を熱烈に歓呼する」を発表した。八日、市革命委員会は第一回全体会議を開催し、「毛沢東思想の大きな紅旗を高く掲げ、天津市を真っ赤な毛沢東思想大学校とすることを誓おう」と「天津市革命委員会の革命化実現に関する数項目の規定」を決議した。

市革命委員会が成立したこの日、市革命委員会と市革命委員会職員は旧市委員会建物に集まり、天津市革命委員会の看板を架け、地下室で憶苦飯を食べた。食べたのは、雑穀にぬかを混ぜたものを蒸して作った窩頭《ウォートウ》〔粉を水で捏ねて中が空洞の円錐形にし、それを蒸したもの〕と、煮込んだ粥であった。

憶苦飯を食べる前に、解学恭から講話があった。王亢之は前もって私に言いつけて、解学恭のために簡潔で短い講話原稿を用意させた。この指示を受けた私は、これはきっと解学恭が言いつけた任務だと考え、そのようなことは初めてであったため、一体何をどう書けばよいのだろうかと思った。そして、私はただ憶苦飯の意義だけを書いたのである。「我々は今日憶苦飯を食べます。階級苦をしっかりと心に刻み、血涙をしぼる恨みを忘れてはなりません、いつまでも、永遠に……」。このような修辞法を用いて、簡明に要点を押さえて五、六段落の文章を書き、王亢之に渡した。その日、解学恭は原稿の通りにこれを読んだ。

これは私が唯一個人で市革命委員会のために起草した簡単で短い講話原稿であった。そして、これが王亢之との最後の文章のやりとりとなった。二ヶ月余り後に、彼は迫害を受けてこの世を去ったのである。

3　私を次から次へと悩ませるいくつかの問題

我々は当時、市革命委員会の建物で業務を行い、弁公室でまとまって寝起きし、朝も集団で訓練をし、ジョギングをした。生活は徹底して軍隊化されていたが、私は毎日ぼんやりと機関で当直に当たっていた。多くの問題に気付いていても、敢えて深く考えるようなことはせず、また誰かに問うようなこともしなかった。しかし今日になって、天津市革命委員会の設立だけをとって考えてみても、多くの問題が私を次から次へと悩ませる。

まず、一九四九年共産党は銃によって天津を攻め落とし、その政権を築いた。しかし、「文革」において共産党は、中央の支持、民衆の発動、軍隊の後ろ盾によって、自らが築いた政権を打ち倒したのである。

革命委員会の構成員は、軍隊幹部を主としていた。地方幹部も含まれてはいるが、しかし各部門の主要な権力を握ったのは軍隊幹部であった。軍隊幹部の権威は地方幹部と比べて非常に高いものだった。一九六七年一月に人民解放軍が地方の奪権闘争に「介入」して以降、軍隊の代表は「三結合」の一構成員として革命委員会に参加するだけでなく、革命委員会内部において主導的地位を占めるようになった。当時の統計に基づけば、前後して成立した二九の省・市・自治区の革命委員会のうち、半分強の省において軍の代表が「トップ」に就任した。

さらに、各級革命委員会の成立には、相当する級の軍隊指導機関の批准が必要だとされた。中共中央、国務院、中央軍事委員会、中央文革小組が連名で規定を文書で発表した。まだ革命委員会を設立していない省や市が革命委員会準備小組を成立する際、地専級〔省級と県級のあいだの行政区画〕機関は、省軍区あるいは軍の審査を受け、大軍区に報告し批准を得なくてはならないとされた。また、県級機関は、省軍区あるいは軍の批准を得なくてはならないとされた。

このような特殊な指導関係は、軍隊代表の地方における地位を直接的に決定することになった。天津市革命委員会成立後も、支左連絡站が依然として重大事項を決定していた。地方においては、軍隊から転職した幹部のほとんどがポストを得た。

実際、一九六〇年代初めから、毛沢東は軍隊幹部に対して特別の信任を置くようになり、軍隊は修正主義思想の影響が比較的少ないと考えていた。一九六三年以降、多くの軍隊幹部が選ばれて地方の党政系統に派遣され、同時に、党政機関、高等院校〔大学以上の教育機関を指す〕、大中型企業が全て政治部を設置した。一九六五年末には、中央人民広播電台が改組され、軍隊からの人員が主要な指導者となり、半軍隊化された管理が実行された。国内政治活動における軍隊の地位は日増しに突出したものとなっていった。こうしたやり方は、まるで政権を奪取した戦争の時代に戻ってしまったかのようであり、いくら考えても理解できない。

次に、「文革」中に中央が正式に、文書で万暁塘と張淮三は反党集団であると非難したことである。彼らは共に中央が監督する幹部であり、中央の批准を経て任命された者達である。彼らは天津における共産党の代表であり、それがどうして一瞬にして反党分子になってしまうのか。彼らは一体どのような反党なのか。中央はこう言う。「彼らは米国、蒋介石、日本、ソ連修正主義の特務、改められない地富反壊右分子らと結託した」。万暁塘と張淮三は入城後、一貫して天津で仕事をし、万暁塘は入城後、公安工作に力を入れて取り組み、反革命勢力の鎮圧の責任者も務めていた。それがどうして逆に特務や悪人の後ろ盾となってしまうのか。張淮三は国民党に逮捕・投獄され、出獄後、党組織は既に〔彼の出獄の経緯について問題はないとの〕結論を出している。それがなぜ突然「叛徒」となってしまうのか。これらは全て、毛沢東の批准を経たれっきとした中央の文書に記されたことである。当時まだ大きな力を得ていなかった「四人組」の身の上に、全ての責任を押し付けることなどできるだろうか。党内闘争は過去の王明路線[226]の際の「残酷闘争、無情打撃」という失敗を繰り返してしまったのである。これもまた人々が理解に苦しむ問題である。

さらに、毛沢東に関する問題である。解学恭が党籍を剥奪されて天津に戻って生活していた時、私は彼と話をしたことがあった。彼は「文革」を完全に徹底的に否定するのはいけないと言った。私がその理由を問うと、彼は次のように言った。一九七〇年以降は、毛沢東は中央の全ての日常業務を監督していた訳ではない。書類は、中央がきちんと整え、彼を通してそれが発行されるというかたちであった。日常業務に関しては、周総理が全責任を負っていた。また、鄧小平が仕事に復帰していた時期においては、鄧小平が日常の業務に関する全ての責任を負っていた。もし「文革」を完全に否定してしまったら、周恩来と鄧小平が業務を主に取り仕切っていたことはどう考えればよいのか。

解学恭の考えには一定の道理がある。実際、「文革」中、党と政府の財政・文化の大権が完全に「四人組」と林彪グループの手に落ちてしまったわけではないのである。林彪は副総統であったが、地方においては実権を握っていなかった。政治局において普段会議を召集するときは周恩来が取り仕切り、鄧小平が業務を主宰しているときは鄧小平が取り仕切った。

しかし、解学恭が言う、「文革」を完全に徹底して否定することはできないというのは正しくない。私が考えるに、「文革」を発動したことは誤りであり、否定しなくてはならない。ただ、「文革」の一〇年間の業務を全て徹底的に批判することはできないということだ。経済、科学技術、外交などにおいて、周恩来や鄧小平らはこの期間にも全面的業務を主宰するなかで、大きな功績を残したのは事実だ。

いずれにせよ、毛沢東は「文革」の「始作俑者」[227]〔悪例を作り出した人のたとえ〕として、その咎から逃れることはできない。例えば、天津市で成立した革命委員会は、既に早くから情況は整えてあったにも関わらず、文書のうえでは毛沢東の名によって発行された。その文書のなかで名指しで批判された万曉塘は、「反党」の罪名を無理矢理着せられた。

万曉塘が無実であったことを毛沢東が知らなかったはずはない！　実際、毛沢東は知っていたのである。万曉塘が天津市の公安局長を務めていた時、何度か毛沢東が天津を訪れたり、天津を通過したりすることがあった。その際には、万曉塘が自ら現場に立って護衛の任務に就いた。毛沢東が初めてソ連を訪れた際も、万曉塘は天津で毛沢東が乗る専用列車に乗り込み彼を護送した。さらに、一九五七年三月一七日、毛沢東はある講話のなかで人民内部の矛盾を正しく処理することについて提起した。その際、毛はユーモアを込めて「我々は万曉塘のやり方を再び用いることはできない」と言った。万曉塘は解放初期において反革命勢力の鎮圧の責任を負う者であったため、毛沢東は、人民内部の矛盾と、反革命勢力という敵と人民との間の矛盾は相異なるものであり、混同してはならないと注意を促したのである。毛沢東がこのように万暁塘の名前を出したことからも、毛沢東にとって万の印象が深かったことがわかる。毛沢東と党中央は自らの手で育て登用した幹部や、自ら設置した地方党委員会を、やはり自らの手で全て打倒し、破壊してしまったのである。これもまた、人々の理解を超えた問題だ。

さらに、周恩来に関する問題である。中共天津市委員会が崩壊し、造反派の大連合に至るまで、あるいは革命委員会の成立に至るまで、中央の主要な指導者かつ執行者は周恩来であった。ハーバード大学教授のロデリック・マックファーカー〔Roderick MacFarquhar〕は、かつて私に向かって次のような問いかけをしたことがある。「文革」において、もし周恩来が毛沢東を積極的に支持しなかったら情況はどうなっていただろうかというものだ。もちろん、歴史において「もし」を持ち出して推測することはできない。しかしそれを承知のうえで、敢えて、もし周恩来が毛沢東を支持しなかったらどうなっていたかと考えれば、二つの可能性が考えられるだろう。一つは、動乱がさらに大規模なものになり、被害もより深刻なものとなったという可能性だ。もう一つは、「文革」の終息を早め、損失も若干小さなものとなったという可能性だ。誰がこの無作為の現象を明言することができるだろうか。

近年、周恩来の「文革」における言動について、二種類の截然と異なった見方がある。一つは、周恩来は「文革」中多くの人を保護し、人民に尽くした良い総理であったという見方である。もう一つの見方は、彼は自分を守るために、悪人を助けて悪事を働き、波乱を巻き起こし、勢いを助長させたというものだ。

天津における「文革」から言えば、彼は大きな形勢の下で、保護しきれない者は仕方なく放棄し、保護できる者は保護した。一九六六年一一月の中央工作会議において、周恩来はその当時中央文革小組組長を務めていた陳伯達について、長い講話を行い、そのなかで陳伯達が党内の理論家であると話した。そして陳伯達は、天津市委員会には万暁塘、張淮三反党セクト集団がいると主張し、続いて万張集団を批判した。また、天津市革命委員会が成立して間もない頃、江青は一九六八年二月二一日に「地震」〔いわゆる「二・

二一事件」（後述）」を発動し、周恩来はそれを抑制しないだけでなく、むしろそれに追随した。

周恩来も万曉塘については比較的良く知っていた。一九六二年の夏、周恩来は北戴河《ほくたいが》[228]で都市工作座談会を開催したが、万曉塘は会期中我々に向かって何度も周恩来について言及し、また周恩来も万曉塘に手紙を書いている（その年、市委員会副秘書長と私は万に伴って北戴河で仕事をしていた）。さらに、周恩来は何度も天津にやって来たが、その際も全て万曉塘が接待した。いつだったか、万曉塘が、毎日一杯のマオタイ酒を飲むことで風邪の予防になる、総理が天津に来た時にそうしていたと話すのを聞いたことがある。周恩来は万曉塘が悪人だと本当に思っていたのだろうか。必ずしもそうではなく、大局が彼にあのような態度を迫ったのではないかと私は思っている。毛沢東があのような多くの省や市の党委員会指導者を打倒すると言い、周恩来もそれに追随した。

しかしそうした一方で、ある人が「批陳整風」のなかで解学恭のポストを奪おうとした時には、彼は様々な策を講じて解学恭を保護した（当然、解学恭の地位は万曉塘よりも高く、周恩来や毛沢東は解に対してより深い信頼を寄せていただろう）。陳伯達の家が家宅捜索された時、解学恭が陳伯達に宛てて送った、天津市における「文革」について報告する資料が見つかった。解学恭が天津へやって来た時、周恩来は解学恭に対して、仕事については陳伯達に指示を乞い、陳伯達に報告するようにと指示したからだ。

周恩来はこの資料が見つかったことを知って、すぐさま解学恭に検査をさせ、この問題について主導権を握ろうとした。解学恭が自己批判書を書くとそれを上級機関に提出し、周恩来はそれを読んで内容に不満だったため、紀登奎《き・とうけい》の秘書を天津に派遣し、可能な限り速やかに修正のサポートをするよう手配した。紀登奎の秘書は夜中までかかって任務を完了させ、解学恭を保護し、彼の検査はすぐに認められ、パスすることができた。

かつて、ある人が私に次のように言った。「毛沢東が死んだ時、彼が失敗したということは決してわからなかった。周恩来が死んだ時、彼が成功したということは決してわからなかった」。周恩来の「文革」における是非功罪について評価することは、やはり困難なことである。しかし我々は少なくともこう言うことはできるだろう。周恩来は「文革」において確かに多くの人々を守ろうと尽力し、彼は決して「左」ではなく、人を攻撃したとしてもそれは彼の本心からしたことではなかった。しかし、彼は大体において毛沢東の意図について比較的良く理解しており、本心に背くようなことを言わざるを得ず、また、せざるを得なかったのである。

一九六六年九月、中央文献出版社は『毛沢東詩詞集』を出版した。そのなかで毛沢東は一九六六年六月に詩『七律・有所思』を書き、彼が文革に対して感じていることを表現している。

正是神都有事時　神都（北京）で事件が起きているとき
又来南国踏芳枝　南国で香しい枝を踏む
青松怒向蒼天発　青い松は勢い良く天へ伸び
敗叶紛随碧水馳　落ち葉は次々と流水へ落ちる
一陣風雷驚世界　嵐は世界を驚かせ
満街紅緑走旌旗　色とりどりの旗が通りに満ちる
憑闌静聴瀟瀟雨　手すりにもたれて雨の音を聞き
故国人民有所思　祖国の人民に思う所あり(47)

(47) 中共中央文献研究室編『毛沢東詩詞集』、中央文献出版社、一九九六年、二一七頁。

歴史上前例の無い「文革」は、我々にどれだけの消せない記憶や思いを残したことか！　歴史の軌跡に沿って、孜孜として探求すれば、認識の彼岸に到達するだろう。その時我々はこれらの往事を再び振り返り、思想の困惑から必ずや目覚めることができるだろう。

第一五章　天津市革命委員会の第一回改組
――いわゆる「二・二一」事件の記録――

1　突然の極秘会議

一九六八年二月二一日、私が出勤すると間もなく、極秘情報が入った。それは、市革命委員会委員の多くの者達が昨日、ほかの者達に気付かれないようにして北京へ行き、ある会議に参加したという情報だった。私は当時、市革命委員会弁事組秘書組組長を務めていた。市革命委員会委員と多くの民衆代表がともに北京へ行き会議に参加したのであれば、私がそれを全く知らないなどということが一体どうしてありえるだろうか。当時、秘書組の二人の軍隊幹部も、共にこの事実を知らなかった。市革命委員会副主任の江楓の秘書を務める楊が秘書組にやって来て、このことについて尋ねた。秘書組も同様にわからないと言うと、彼は愚痴をこぼした。一体こんなことがありえるのか、指導者に会議に参加するよう通知しておいて、その秘書には通知しないなんて！　江楓は指導部に参加している天津市「革命幹部」の代表であり、市革命委員会の副主任である。就任からわずか二ヶ月余りしか経っておらず、楊秘書もほかの者達も、江楓が批判されるなどとは夢にも思わなかったのである！

後になって知ったところによれば、この時の北京での会議については、支左連絡站を組織した者が手分けして通知したらしい。市革命委員会秘書組の会議事務の管理を行う王水田《おう・すいでん》も、市革命委員会委員の家

京西賓館

を直接まわって通知したという。通知の内容は、二一日午前九時から幹部倶楽部で開かれる会議に参加せよというもので、議題については知らされず、ただ多めに衣服を持ってくるようにと指示された（王水田本人も詳細は知らなかった）。

聞いたところによると、彼らは幹部倶楽部に着くと静かに待機し、間もなく昼食となり、各人に一袋のパンが配られ、それで空腹を満たした。午後、皆が一緒になって、大きな軍用トラックの帆がついた荷台部分に乗り、北京に入った。まず第二砲兵司令部に滞在し、夜になって京西賓館[229]で会議に参加した。この会議に参加したのは、天津市革命委員会委員と天津市革命民衆代表及び駐天津軍部隊、文芸部門代表などの計一〇〇〇人余りであった。

それぞれの人が「文革」において演じた役柄は複雑である。革命委員会委員と民衆代表は革命が始まる最初の段階において、一度「主人公」となった。しかし、この会議に関する一連の行動に参加してから会議が開かれるまで、意外なことに彼らは何も知らず、再びただのスローガンを叫ぶ道具となってしまったのである。ああ、人間とは一体なんなのだろう！

実際には、一般の民衆代表だけでなく、当時中共天津市委員会の核心小組組長兼天津市革命委員会主任である解学恭ですら、この会議については事前に何も知らされていなかった。解学恭の秘書の追憶によれば、解学恭に同行して北京へ行き、この会議に参加した際、当時彼の家が北京にあったため、家に電話をかけたいと思ったが、京西賓館の各部屋の電話は全て通じず、フロントの電話も使用を許されなかったという。解学恭らは先に京西賓館に到着したが、まだ建物に入ることを許されず、外でしばらく待たなくてはならなかった。おそらく電話回線などの処理が終わってなかったのだろう。

なぜこのように謎に包まれたかたちでこの会議は行われたのか。事の発端は、後に天津市革命委員会副主任となる王曼恬《おう・まんてん》〔※〕が江青に手紙を送り、天津市に「黒い会」と「黒い劇」が出現したと密告したことに遡る。王曼恬の言う「黒い会」とは、一九六七年に全国で造反の波が高まっていた時、各地で組織された文芸界の造反派の一部が、連合して天津で開催した「全国工農兵文芸戦士座談会」のことを指している。王曼恬は、この会議は文芸界の権力を奪おうと陰謀をめぐらすものだとし、黒幕は天津市の方紀と孫振《そん・しん》〔※〕だと主張した。また、彼女の言う「黒い劇」は、天津人民現代劇院の「一一・三」革命造反隊が上演した『新時代の「狂人」』のことを指している。

この劇は、当時全国的に知られていた陳里寧《ちん・りねい》事件を描いたものであった。陳里寧は元々湖南省湘潭《しょうたん》県委員会弁公室の職員だった。六〇年代初期、彼は中央に宛てて手紙を書き、劉少奇を批判する論文を送ったため、後に公安部によって反革命とされた。そして、重要犯罪人として取り調べを受け、北京の秦城《しんじょう》監獄[230]に投獄された。一九六五年頃に、公安部は陳里寧が精神病だと判断し、彼を監獄から精神病院に移して治療することにした。文化大革命が始まると、ソ連のKGBの政治犯に対する処分の一つの重要な手段が、精神病院に閉じ込めて迫害することだと知った一部の高等学校の紅衛兵が、精神病院のカルテを調べ始めた。すぐに陳里寧の情報をつかんだ彼らは、中央文革小組に報告した。中央文革小組の戚本禹は褒め讃えて言った。この人〔陳里寧〕は非常に素晴らしい。こんなにも早くから劉少奇が「修正主義者」だと気付いたのだ。私は彼に及ばないことを恥ずかしく思う。

一九六七年初め、陳里寧事件が暴露されると、全国各地至る所で、民衆が舞台を通じて陳里寧事件について訴えた。そして、民衆による重大な自発的文芸運動を形成した。この運動のなかで最もセンセーショナルで、影響力の最も大きかったものが、天津人民現代劇院の「一一・三」革命造反隊が上演した六場の『新時代の「狂人」』である。この劇は六〇日余りのあいだに計四七回（北京での一二回を含む）上演され、観客は五万人に達した。しかし意外にも、陳里寧に関しては、さらに毛沢東を攻撃する言行も明らかになったために、すぐに反革命とされたのである。

王曼恬は毛沢東の従兄弟である王星臣の娘である。王曼恬からの手紙は江青の敏感な神経を刺激した。「文革」において、江青は「文化革命の旗手」である。自分以外の人間が文芸界に手を出し、思い上がって奪権を公言することなど、どうして容認できようか。

陳伯達が出獄後、回顧録のなかで次のように書き記している。「天津に秩序が生まれたばかりの時、江青は王曼恬が天津における江の耳目〔となり補佐する者〕だと聞いた。そこで江青は〔王曼恬らに対して〕、天津における全ての革命に参加する者達を、夜中のうちに数十台の大きなトラックで北京へ連れてくるよう指示した。私はこれを阻止しようとしたが、既に間に合わず、また自分も会議に参加するよう強いられた。この会議が終わるとすぐに、天津市副市長の王亢之が天津へ戻って自殺し、天津市公安局長の江楓が外出を禁じられた」。これが「二・二一」事件の起源である。

2　中央首長の接見——態度を一変させた陳伯達

一九六八年二月二一日夜九時半から一一時半まで、周総理、陳伯達、康生、江青、姚文元、謝富治、呉法憲、汪東興《おう・とうこう〔※〕》、葉群《よう・ぐん〔※〕》ら、及び人民解放軍各本部、各軍兵種と北京部隊責任者は天津訪京の代表と接見した。周総理、陳伯達、康生、江青、姚文元がこの会上で講話を行った(48)。

この接見は通常と異なり江青が主催した。江青はずばりと本題に入り、いわゆる「二つの黒」（「黒い会」、「黒い劇」を指す）に関する問題について切り出した。江青は登場するとすぐにこう言った。「同志達こんにちは、同志達に敬意を表します！　同志達ご機嫌いかがですか！」。会場は熱烈な拍手が起こり、江青同志に敬意を表します！　江青同志に学ぼう！　というスローガンが叫ばれた。江青はまず皆に聞いた。「あなた方の天津では、昨年『全国工農兵文芸戦士代表座談会』という黒い会が行われました。知っていますか。（皆は、知っていますと答えた。）黒い！　それから黒い劇もあります。『新時代の「狂人」』などと呼ばれている。ありますか。（皆は、ありますと答えた。）黒い！　今日は同志達と話したいと思います。これには一体どんな原因があるのか。それについて話したいと思います」。実際には、その場にいたどれほどの者達がこのいわゆる「二つの黒」について知っていたというのだろう。しかし、皆は一斉に応えた。民衆はスローガンを叫ぶ道具に成り下がっただけでなく、盲従し、一言呼ばれれば一斉にそれに応えるような道具、あっちを攻撃しろと言われればその通りに攻撃する道具となってしまったのである。

陳伯達が続いて講話を行った。彼は福建省の方言が強く、聞き取るのが難しいため、葉群が翻訳した。陳伯達は江青に迎合して、まずいわゆる「黒い会」、「黒い劇」に関する問題について話した。彼は特に数名を名指しした。「我々の国家において、周揚を代表とする一つの文芸黒線が存在し、それは全国に相当規模の黒いネットワークを持っている。例えば天津では、彼には方紀、孫振、白樺、李超《り・ちょう〔※〕》、董楊《とう・よう》など

---

(48)「周総理、陳伯達、康生、江青、姚文元同志在接見天津市革命委員会委員和天津革命群衆以及駐津部隊、文芸系統代表時的講話」（「周総理、陳伯達、康生、江青、姚文元同志の天津市革命委員会委員、天津革命群衆及び駐天津部隊、文芸部門代表との接見における講話」）。「毛主席的革命路線勝利万歳」、天津市革命職工代表会議常務委員、『革命職工報』、一九六八年、一五三〜一七三頁。

といった仲間がいる」。陳伯達が名指しした白樺や李超は文芸界の人間などでは全くない。白樺は、市委員会常務委員、宣伝部長であり、「文革」が始まるとすぐに公然と批判〔掲発批判〕された。李超は元市委員会組織部幹部処処長で、その後市委員会政法部副部長を務めた人間だ。

陳伯達は一九六四年から天津にわざわざ足を運び、小站地区の西右営村に行き、そこで周揚と会い、その後「小站四清《スーチン》」というモデル事業に力を入れて取り組んだ。王亢之、方紀、江楓などとは何回も顔を合わせたことがあり、彼らを良く知っていた。しかし、江青がこれらの人物の問題をでっち上げると、陳伯達は情勢を見て上手く立ち回ろうとし、自分がこの悪事に加わっていないことを精一杯述べた。「私は天津で少しばかりの仕事をし、四清問題の工作では当然何人かの者と接触した。（中略）方紀らの仲間などが、昨年なんの訳があってか知らないが、北京にやって来た。私は過去、四清の仕事のなかで彼らと面識があったため、彼らと話をしたが、その時私は彼らに三つのことを忠告した。上演させてはいけない、文芸界に手を出させてはいけない、騙されて関わり合いを持ってはいけないということだ。ここで言っていることは、この新聞のなかに全て書いているが、（中略）しかし、彼らはやはり上演したかったのだ。私が彼らに言ったことと、彼らの考えや彼らが行ったこととは真逆のことなのである（後略）」。

陳伯達はさらにこうも言った。「私は最近数名の同志達と話し、次のように言った。天津では革命委員会が成立したが、わずかではあるが、逆戻りする可能性も排除できないし、またカメレオンのようにしょっちゅう立場や態度を変える者もいる。また、もっと小さな爬虫類のような者もおり、必要に応じて、あんな色になったり、こんな色になったりする。私が思うに、我々や皆さんは警戒を高めなくてはならない。毛主席の指導の下、果てしなくのびる光である毛沢東思想が照り輝く下で、我々は自信に充ち満ちて、全てにおいて勝利を収めることができるのである」。

続いて、姚文元が講話を行い、方紀及び彼の作品である『来訪者』、孫振及び彼の小説『戦闘の青春』

を重点的に批判し、さらに王昌定の論文「創造は才能を必要とする」を批判した。

江青が続けて講話を行い、天津文芸界の多くの人物を名指しした。そのなかには、孫振、楊潤身《よう・じゅんしん〔※〕》、王昌定、袁静《えん・せい〔※〕》、董陽《とう・よう〔※〕》、邵文宝《しょう・ぶんぽう〔※〕》、張賀明《ちょう・がめい〔※〕》、滑富強《かつ・ふきょう〔※〕》、王静《おう・せい〔※〕》、李啓厚《り・けいこう〔※〕》、尹淑坤《いん・しゅくこん》らが含まれていた。彼女はさらに河北省の献県と深澤県には大叛徒集団が存在するとして、この地の多くの人々を連座させた。深澤県と献県はともに冀中の老根拠地で、ここで革命に参加したという古参の幹部はとても多い。市委員会書記処書記の王亢之、宋景毅は共に深澤県で参加したのだ。江青の講話は、王亢之らを叛徒だと断定し、無実の罪に陥れた。

また、彼女は言った。「方紀など彼らが北京まで乗って来た自動車は公安局のものです。私は極めて確かな証拠を持っています。そこで私は提案します。前回私と総理はあなた方天津の文化界や公検法を名指ししましたが、ここで私は特に提案します。公検法の問題は、徹底的に明らかにしなくてはなりません」。公検法については、江青はこうも言った。「過去には、許建国などという者もいました」。許建国は天津を解放し入城した後、最初に公安局長を務めた者で、その後天津市副市長、さらに上海市の副市長兼公安局長を務め、またさらに後には外交部に移り、駐外大使を務めた。

続けて江青は、白黒を顛倒させ言った。「この公検法は、もし蓋を取り去って明らかにしなければ、人々をひどく苦しめることになります。彼らはブルジョア階級の政治を独占するのではなく、我々の政治を独占するのです。主席や林副主席、私がどこかに出かける際は、彼らが毎回尾行し、また盗聴器を取り付けていきます。こんなことを許せますか。（皆は、許せませんと答え、スローガンを叫ぶ。）彼等を打倒しますか、しませんか。（皆は、しますと答え、スローガンを叫ぶ。）」。

私の知る限りでは、中央の指導者が天津へやってくる際には、公安局局長自らが護衛に当たり、責任を負う。これをどうしたら尾行と呼べるのか。さらに、いつどこで誰が盗聴器を設置したというのか。

江青は言った。「あなた方のところには、〔周〕総理の黒い資料、康老〔康生を指す〕の黒い資料、〔陳〕伯達同志の黒い資料、私の黒い資料を打倒のために準備している組織があります。どうぞ準備して下さい！」。これはさらに事実無根の出任せである。天津のどこに中央指導者の「黒い資料」を準備している者がいるというのか？　江青のような狂気じみた人間に従って、民衆もまた気がふれたようにスローガンを叫んだ。まさに狂気の時代、狂気の世界である！

康生が続いて講話を行った。彼は「黒い会」、「黒い劇」に対する批判のなかで、再び尹淑坤、李啓厚を名指しして言った。「この脚本の作家である尹淑坤という者は、ここにいるか。（皆が、既に捕らえられましたと答えると、江青は、それは良い！と言った。）（スローガンが叫ばれた。）もう一人、上演責任者の李啓厚はここにいるか。（皆が、いませんと答えた。）もう彼の悪事は暴かれたのか。（皆が、まだですと答え、ある者が、天津に戻ったら捕まえますと答えた。またある者が、彼を捕えることに抵抗する者がいますと言った。途中で江青が口を挟み、抵抗を恐れてはいけない！　恐れてはいけない！　と言った）」。

最後に周恩来が講話を行った。彼はまず言った。「まず我々の偉大な領袖毛主席と彼の最も親密な戦友である林副主席に代わって、皆さんこんにちは！（長い時間熱烈な拍手が起こり、スローガンが高らかに叫ばれた。）同志達の健康を心から願います！（熱烈な拍手、スローガンが叫ばれた。）」。彼は講話のなかで、それまでの講話に完全に同意することを表明し、「黒い会」、「黒い劇」を批判した。さらに、江青の講話を重視することを表明した。彼は言った。「昨年九月五日、江青同志が三つのことを話したばかりである。一、我々は毛主席を頭目とし、林副主席を副司令官とする党中央のプロレタリア階級司令部を擁護し、支持し、強化し、強固なものにする。一、我々の偉大な人民解放軍を強化し、強固なものとする。一、我々の生まれたばかりの力である革命委員会を強化し強固なものとする。この講話の後、同じ時期に、天津には一つまみの劉〔少奇〕・鄧〔小平〕・陶〔鋳〕のために動く頑固な反動集団、及び陸定一・周揚ら一つまみの反革命修正主義分子がいた。彼らは必死にあがいている。（中略）特に江青同志は一一月九日と一二日に、文芸界は隊伍の純潔化が必要であり、戦線を明確にし、階級闘争戦線をはっきりさせ、隊伍を樹立し、悪人を捕らえなくてはならないと話した。このような指示があった後、天津文芸界の一つまみの反革命修正主義分子達は彼らの黒い会を開催しようとした。これは瀕死のあがきであることは明らかではないか？」。彼はこうも言った。「先程江青同志が正しく言ってくれたように、公検法は改造が必要である（後略）」。

まさしくこの会議の後、天津では即座に「二つの黒」批判及び「一砸」（公検法破壊）運動が展開されたのである。「カメレオンと小型爬虫類を引っ張り出せ！」のスローガンが大通りから小さな路地に至るまで、街のあらゆる所に溢れかえった。

3　市革命委員会の改組

この「二・二二」事件の後、新しく成立した革命委員会は直ちに改組を行った。天津市革命委員会常務委員の当初のメンバーのうち、元天津市地方領導幹部であった者は江楓、王亢之、範永中《はん・えいちゅう》、王占瀛《おう・せんえい》〔※〕（元天津市副市長）らだけであった。江楓、王亢之、範永中は小站地区で四清《スーチン》に参加した者達だ。陳伯達は当時非常に「紅《あか》」く〔もてはやされており〕、中央文革小組組長を務めていたため、彼らが小站四清に参加したことは「栄誉ある経歴」と見なされ、それゆえに早く革命委員会に入ることができたのである。

陳伯達は江楓、王亢之、方紀について、もともと、江楓、王亢之、方紀らを支持する立場であった。しかし、江青が彼らに対する態度を一変させると陳伯達はすぐに迎合し、結局江楓らは犠牲となった。江楓は二月二一日の接見が散会すると直ちに隔離審査を受けた。王亢之は北京から戻ったその日に宿泊した招待所で、睡眠薬を服用して自殺した。範永中は元外貿局局長で、革命委員会が成立した時には弁事組組長を務めた。しかし、間もなくいわゆる政治的経歴の問題で、隔離審査を受けることになった。政治闘争は一切の情誼を許さず、ころころと非常に気が変わりやすいものである！　まさに、カール・マルクスと同時代に生きたマックス・ウェーバーが言ったように、政治家は道徳を語らないのである。私はこの言葉を信じる。

元天津地方幹部で革命委員会の指導部に参加していたのは江楓だけであった。江楓は一九三八年に革命に参加した経歴の長い幹部であり、長期に渡って公安の仕事に従事し、一九六〇年に市公安局局長の職に就いた。天津が解放された時、江楓は晋察冀社会部と冀中公安局の流れを汲む集団に属しており、彼らの主な任務は政治防衛工作であった。一方、万曉塘は冀魯豫公安局から来る者達を率いており、主に経済防衛工作の責任を負っていた。異なる山から来た者達同士は元々そりが合わなかったようだが、しかし、人々は組織原則に従って事を進めなくてはならず、もめ事が起こるようなことは無かった。しかし、「文革」が開始されると、人々は造反へ駆り立てられ、それゆえ衝突が激化した。江楓を支持する人々は公安局「造反本部」を組織し、江楓に反対する人々は「政法公社」を組織した。前者は市委員会に反対する立場であり、後者は市委員会を支持する立場であった。万曉塘が心臓病の発作で突然この世を去った後、江楓は最も早く自殺の疑いがあると主張した。

一九六七年二月一四日、国務院と中央軍事委員会の命令を受け、天津警備区は天津市公安局を接収・管理下に置き、天津市公安局軍事管制委員会（公安局軍管会）を設立した。公安局軍管会が成立すると、すぐに公安局の「政法公社」が反動組織であると発表され、強制的に解散を命じられた。この後、「幹代会」（幹部代表大会の略称で、「五代会」のうちの一つ）が成立すると、主に公安局の「造反本部」が「幹代会」の成員となり、江楓が市革命委員会の指導に加わることを支持する重要な力となった。当時、江楓は市革命委員会準備小組に参加していた。党中央と中央文革小組は一九六七年に一度天津市代表と接見した際、周総理は江楓にメモを渡し、彼に万張集団の問題を公然と指摘する〔掲発〕ように指示し、かつ接見の会議上で江楓を褒め讃えた。その時国務院副総理兼公安部長を務めていた謝富治は、北京で江楓を引見し、彼に万張集団の問題を公然と指摘するよう働きかけた。

　江楓の文革における運命を見てわかることは、当時彼は中央と中央文革小組の支持によって身を起こし、後になってやはり江青によって打倒されたということだ。江楓は公安局の老局長であり、業務に精通していたが、個性が強く、万暁塘をトップとする市委員会に対しては不満を持っており、一定の政治的情勢の下で造反した。四清《スーチン》中、趙武成が公安局は右傾していると考え、江楓を呼んで話をし、批判した時のことを覚えている。江楓は市委員会のロビーで私と出くわした時、眉をしかめて私に、一体どういうことなのか理解できないと言っていた。また、彼は市革命委員会準備小組で、やはり個性が強過ぎたゆえに、駐屯軍責任者に逆らい、指導メンバーの地位から引きずり下ろされた。これはまさに駐屯軍の意図に沿うものだった。彼を追放してからは、上部に残っていた解学恭を除けば、天津市は事実上軍人によって天下統一されたのだ。

　江楓は「二・二一」事件の後は、一貫して「監護」[231]〔監視下に置かれ、審査されること〕下におかれ、審査を受け、一九七一年一二月、心臓病の発作によって突然この世を去った。一九七八年一月、中共天津市委員会は江楓が文化大革命中に江青や陳伯達から受けた迫害について、名誉回復を行った。

　当時、天津市で造反に参加したごく少数の領導幹部のうち、ほとんどの者は後に打倒される運命から逃れることはできなかった。王曼恬が江青に対して密告書を送ったことが「二・二一」事件を引き起こしたということを人々は知っていた。しかし、王曼恬一人だけではこのような大きな作用を起こすことは恐らく出来なかっただろう。

　近年、「文革」に関する研究において、「文革」中は二つの勢力、あるいは二つの集団が存在していたという説がある。一つが、江青、張春橋、康生、陳伯達らが中心となった勢力で、そのなかでは江青、張春橋、王洪文《おう・こうぶん》〔※〕、姚文元の関係が最も密接であるとされる。後に彼らは「四人組」と呼ばれる。もう一つが、林彪をトップとする少数の軍隊高級幹部から構成される勢力である。前者は毛沢東の直系であり、毛沢東が文化大革命を発動するにあたって拠り所となった勢力である。前者である「四人組」と後者とのあいだの衝突は不断に激しいものとなっていき、毛沢東は措置を講じざるを得なくなった。林彪は逃亡を図って命を落とし、この勢力は粉砕された。陳伯達は林彪勢力に接近していたがために、真っ先に打倒された。「文革」の過程もこの説を証明していると言ってよいだろう。

第一六章　批陳整風——最初の巨大な衝撃波

1　陳伯達批判、始まる

一九七〇年八月、江西省廬山で開かれた中共九期二中全会[232]において、林彪は毛沢東の意図に背いて、国家主席のポストを設けることを提案した。陳伯達は華北組〔華北局の関係者からなる組及びその会議〕においてこれに積極的に応えて強く支持し、「天才論[233]」を主張した。華北組は最も早くこれに関する簡報を出し、そのことで毛沢東から厳しい非難を受けた。毛沢東は陳伯達が整理した「天才」について論述したいくつかの文章に対して、その紙上に長い指示を書き、「私のわずかな意見」とし、陳伯達を厳しく非難した。「私と陳伯達というこの天才理論家は、三〇年余り共に働いた経験があるが、いくつかの重大な問題については一度も協力をしたことがなく、とても良いチームワークだったとは言えない」。彼はまた、陳伯達は今回「廬山を吹き飛ばし、地球の自転を止める勢いである」と指摘した[49]。これで、毛沢東と林彪との衝突が初めて公のものとなった。陳伯達は二つの派のあいだを遊離し、結局林彪側に傾いたため、毛沢東によって真っ先に攻撃の対象とされてしまったのだ。

(49) 中共中央文献研究室『毛沢東伝　一九四九～一九七六』北京、中央文献出版社、二〇〇三年、一五七七頁。

廬山での会議後、毛沢東は様々な措置を講じて林彪集団の力を弱め、制限した。後に、彼はこれらの方法を「石を投げる」（指示のコメント〔批示〕を書き実行させる）、「砂と混ぜる」（林彪が掌握する機関へ幹部を派遣する）、「土台を掘り返す」（林彪が掌握する軍事力を瓦解させる）などと表現した。

一九七〇年一一月一六日、党中央は「陳伯達反党問題の伝達に関する指示」を出した。この「指示」は次のように指摘した。「党の九期二中全会において、陳伯達は奇襲攻撃、扇動、根も葉もない嘘をでっち上げる、同志を欺くといった悪辣な手段をとり、党を分裂させるという隠謀活動を行った。毛主席自らの指導の下、全会は陳伯達の反党、反九大〔中共第九回全国代表大会〕路線、反マルクス主義者・反レーニン主義・反毛沢東思想という深刻な犯罪行為を白日の下にさらし、彼の似非マルクス主義者、野心家、陰謀家の顔を暴いた」。「陳伯達の経歴は複雑で、彼は疑わしい分子である。現在中央は彼の問題を審査している。各単位《ダンウェイ》はこの問題を皆に伝達する際には、彼に関する事情や問題を知っている同志に対し、それを告発し、公然と指摘するよう呼びかけること」。

一九七〇年一二月二二日、毛沢東の提案に基づいて、周恩来の主宰で華北会議が開催された。会議上、周総理は党中央を代表し、陳伯達の問題を系統だてて公然と指摘し、さらに党中央の北京軍区改組に関する決定を発表した。李徳生《り・とくせい》〔※〕を司令員に、紀登奎を政治委員に任命した。毛主席は李徳生任命を発表する前に自ら彼と話をした。会議では陳伯達の犯罪行為が公然と批判された。一九七一年一月下旬、華北会議が終わると、党の各級指導機構において次第に「批陳整風」運動が展開されていった。

北京軍区三八軍党委員会は「陳伯達反党犯罪行為の告発に関する報告」を書き、軍事委員会弁事組〔一九六七年に設置された、林彪指導の下で全軍の活動を統括する機関〕へ提出し、さらに中央へも報告した。我々は皆この報告書を重要閲読書類とした。私がこの報告を読んで、最も印象深かったのは、陳伯達がむやみやたらにあちらこちらと走り回り、あらゆる策を講じて自分を目立たせようとし、そして林彪副主席のことなど一言も口にしていないということであった。陳伯達は意外にも反林彪の立場であったのだ。

一二月一六日、毛沢東はこの報告書に対して、書面上にコメントを書き込み、中共中央名義で発表した。毛沢東はコメントのなかで次のように指摘した。陳伯達がやみくもに発言し、行動するに任せたのはなぜか。彼は北京軍区で職務に就いたことも無く、中央も彼に対して北京軍区の軍政問題を解決するよう任すようなことはしていない。それにも関わらず、陳伯達が北京軍区及び華北地区における陰の支配者となったのは一体なぜか。議論しなくてはならない(50)。

2 「批陳整風」の巻き添え——限られた「民主発揚」

この毛沢東のコメントに基づいて、華北会議では皆が陳伯達の問題について、さらに一歩進んだ公然とした批判〔掲発批判〕を行った。そして、一部の人々を巻き添えにした。北京軍区司令員の鄭維山、河北省革命委員会主任の李雪峰、天津市革命委員会主任の解学恭の三名は、この会議上で検査を行った。

ここで一つのエピソードを書いておこう。私は鄭維山と李雪峰には会ったことがある。一九六七年一二月一八日、南開大学の「衛東」と河北大学の「八一八」の二つの大きな派閥が武闘を起こした。「衛東」は「八一八」よりも成員数が多く、「衛東」が攻勢をかけ、「八一八」は守勢に立たされた。情況は非常に切羽詰まったものだった。市革命委員会と支左連絡站は人を派遣して双方での仕事に当たらせ、また中央と中央文革小組への報告を行わせた。その晩、陳伯達と鄭維山は天津へやって来て、市革命委員会の庁舎(旧市委員会弁公楼)一階の会議室で双方の代表者と接見した。陳伯達が主に話をし、鄭維山が口で加勢し、

(50) 中共中央文献研究室『毛沢東伝　一九四九〜一九七六』北京、中央文献出版社、二〇〇三年、一五七七頁。

文革期の毛沢東（右）と鄭維山（左）

チームワークを上手く発揮した。中央文革小組は夜のうちに「南大〔南開大学〕武闘を制止する指示」を出し、天津市革命委員会核心小組が軍の部隊を派遣して武闘を制止すると決定したことに関して、それは正しい措置だと判断した。続いて、周総理も武闘制止の指示を出し、この武闘はやっと終息したのだった。

李雪峰には何度も会ったことがある。彼は党中央書記処書記、華北局第一書記であった。「文革」以前、私は万暁塘と趙武成に伴って華北局へ行って会議に参加したが、その時も李雪峰と顔を合わせた。李雪峰は、会議ではいつも滔々と途切れること無く話をし、会議が数日間開かれると、議事録は彼の話だけで数万字になり、このことが後に毛沢東に非難されるほどだった。一九六五年、私は趙武成に伴って北京での四清《スーチン》座談会に参加したことがあり、華北局招待所の東方飯店に宿泊した。李雪峰と華北局常務書記の解学恭、書記の池必卿《ち・ひつきょう》〔※〕などは皆山西省出身であり、「山西グループ」の名で知られていた。東方飯店は本場の山西料理を出すことに長けていた。会議が散会となると、前例の無いことであるが、東方飯店で皆が招かれて山西料理の宴会が開かれ、山西料理特有の小麦粉を使ったあらゆる料理がテーブルに並んだ。これは当時出張した際に開かれた唯一の宴席であり、私が生涯で食べた最も本場と言える山西料理であった。

李雪峰と鄭維山〔北京軍区司令員〕は毛沢東によって名指しされて、それぞれ陳伯達の文、武の大将とされた。当然、厳しい批判を受け、もう一度検査したがパスできず、結局免職となってしまった。

解学恭も問題ありとされたが、その理由の一つは、廬山での会議において陳伯達が華北組で発言をし、国家主席のポストを設置すべきという林彪の提案を支持する講話を行ったが、解学恭は華北組の副組長としてその講話を伝える小組簡報上に、自らの名をサインしてしまったということだった。またもう一つには、かつて陳伯達に伴って華北の各地を視察したということだった。解学恭は華北会議上で何度も検査を行った。

華北会議が終わると、天津でも「批陳整風」運動が展開された。天津市革命委員会核心小組は、陳伯達が「文革」以前に天津を訪れた際、胡昭衡とのあいだでやりとりがあったという理由で、胡昭衡に対して「軍事監護」(234)と専案審査を行うことを決定した。

また、会議の主旨の執行を徹底するため、中共天津市革命委員会核心小組と天津警備区委員会は二月三日に「批陳整風」会議を召集した。これは市革命委員会が成立して以来の最も重要な会議であり、出席したのは市革命委員会系統(各区局を含む)から三五四名、警備区から五一名、支左連絡站から八五名の計五二三名であった。会議は二週間かけて開催された。会議中、参加者は天津賓館に滞在して衣食住を共にした。家に帰ることは許されず、非常に緊張した空気が漂っていた。

会議全体の流れは、次のようであった。最初の段階でまず行われたのは大々的な批判で、陳伯達の天才論が批判された。各組における討論が行われたほか、さらに全体での大会が開催された。次の段階は、解学恭の検査と、実際の具体的な問題について公然とした批判が行われた。解学恭はその時やや緊張した様子であった。参加者は市革命委員会指導者に対して、特に解学恭に対して直接非難や意見を提起することができ、解学恭は検査を終えると、各組を訪れて皆の意見を聞いた。

私が所属する組にも彼は来た。ある者達は解学恭のこれからの態度を見るといった立場であった。私が最初に発言し、基本的に彼の検査を肯定した。私は、事実をきちんと整理し、原因を突き止め、根源を掘り起こし、同時にそのなかの不足な部分も述べていると考えた。この時は、我先にと皆が発言するということはなく、解学恭は私の発言を例に挙げて、ほかの者に意見を言うよう促した。天津警備区の一人の後方勤務部副部長は、天津駐屯軍の関係責任者ののさばるようなやり方に対して、直接的に名指しして非難や意見を提起した。やはり、ここでも限られた「民主発揚」でしかなかった。

3 「江胡王方李」——誰が悪人だというのか

一九七一年四月一五日から二九日まで、党中央は「批陳整風」報告会を開催した。天津市からは解学恭と劉政が参加した。会議は引き続き陳伯達の問題を公然と批判し、各地の「批陳整風」の経験が報告され、参加者が意見交換をした。周恩来は党中央を代表し、この会議についてまとめの講話を行った。

周恩来は講話のなかで、陳伯達が天津で悪人を起用したことに再び触れ、さらに江楓、胡昭衡、王亢之、方紀、李樹夫《り・じゅふ》〔※〕らの名前を挙げた。この後、民衆達は彼らを「江胡王方李」と呼んだ。実際には、これらの者達は皆、陳伯達が「文革」以前に天津へやって来て、「四清《スーチン》」徹底と調査研究を行った時に知り合った者達で、陳伯達との関係は仕事上のもので、悪人などでは全くない。江楓、胡昭衡、王亢之、方紀については既に紹介したが、李樹夫は、元市委員会工業部副部長で、古参の実力ある領導幹部である。抗日戦争において革命に参加した幹部のなかでも、李は一定の文化的素養を備えた、優れた幹部であった。一九五七年の反右派闘争において、市委員会国営工業部では、右派というレッテル貼りが全く行われなかった。これについては、当然部長である郭春源《かく・しゅんげん》〔※〕が主要な作用を及ぼしたのであるが、李樹夫も核心部門の幹部処長として反右派の運動を具体的に掌握管理していたのであり、功績がないはずはない。市委員会は李樹夫を市委員会研究室主任に任命することを決定していたが、「文革」が勃発してしまったため、就任することはなかった。陳伯達は「文革」以前に天津で工業の問題を調査したことがあったが、その際は李樹夫が毎回同行しており、李樹夫は陳伯達のことをよく知っていた。こうした事情を理由に、周恩来は先述のように発言しているのであり、天津からの報告書類にも基づいているようであった。

この会議が開かれる前、三月三日、中共天津市革命委員会核心小組は、陳伯達の犯罪行為に関する書類を収拾することを目的とした、一〇〇名からなる専門グループを組織することを決定した。この非常に大きな専門グループは、陳伯達の天津における一切の活動及びこれと関連のある一切の人物・物事について、どんなことであれ放っておかなかった。「江胡王方李」や陳伯達が直接一緒に仕事をした人だけでなく、私までも「小站報告」を起草した経緯について書くよう指示された。

私は小站「四清《スーチン》」で一心に仕事に取り組んだが、それでも最後まで陳伯達と直接会ったことは無かった。一九六四年秋のある夜、陳伯達は天津へやって来てこの報告の原稿を審査し、王亢之が次の日になって私を呼び、陳伯達の意見を伝えた。王亢之はわざわざ、昨晩は間に合わず私を呼ぶことができなかったと説明した。王亢之の秘書も、君も〔陳伯達と〕直接会えたらよかったですね、陳伯達はとても社交的な人ですよと言った。なんと幸運なことか。もし私がその時陳伯達と顔を合わせて、彼からお誉めの言葉でももらっていたら、批陳〔陳伯達批判〕では巻き添えになることを免れなかったはずだ。

「株連」〔連座〕――これはもともと専制支配下の社会における専門的名詞で、かつては「一人犯法、株連九族」〔ある者が法を犯せば、多くの親族が連座する〕であった。この遺毒が党内に流れ伝わってしまったのである。一人の指導者が問題を起こせば、その周囲の人々を必ず連座させなくてはならない。多年を経て、ある人は論文のなかで次のように書いた。これらの人々を名指しし巻き添えにした、これは江青のしたことであると。責任を全て「四人組」におし着せ、周恩来の講話には触れないのである。真実を究明することはこんなにも難しいことなのである！

「批陳整風」と同時期に、市革命委員会党の核心小組は中央からの指示に基づいて、党代表大会を準備・召集し、新しい中共天津市委員会が成立した。天津駐屯軍の関係責任者の二名と王曼恬は議論の後に連名で中央へ上書し、解学恭は市委員会書記を担当するべきではないと提案し、中央からほかの者を派遣するよう求めた。紀登奎は電話をよこして周総理の指示を伝えた。中央での検討を経て、天津はすぐに党代表大会を準備・召集すべきであり、解学恭の問題はすでに結論が出ており、君たちはこのことを陰で議論すべきではないということであった。三人はこの件について検査せざるを得なかった。新しい天津市委員会はまだ下準備の段階にあったが、既に不安定要素が隠されていた。誰が次の政治闘争の犠牲者となるのだろうか。

第一七章　江青の八度に渡る天津訪問

1　弁公庁の窓から

前世紀の七〇年代、正確に言えば、一九七四年六月から一九七六年八月のあいだ、江青は相次いで八度天津を訪れた。そのうち三度は宝坻県《ほうてい》（現在の天津市宝坻区）の小靳荘村（以下、小靳荘と記す）を訪れ、自らの手で小靳荘を「イデオロギー領域でプロレタリア階級が敵を圧倒する」モデルとして仕立て上げ、その名声は全国各地に伝え広まった。一時は毛沢東が自ら樹立し、農業のモデルとされた大寨に匹敵するほどのものとされた。三〇年が過ぎ、月日が流れ、潮が満ち、潮が引き、当時巨大な波が小靳荘を潮頭へとおし上げたが、朝顔の花一時、渦巻きに巻き込まれ、底に沈み、何の音も聞こえなくなり、人々は次第に忘れていった。もちろん、小靳荘の多くの村民に罪は無い。私は、この奇妙な歴史の傍観者として、自ら経験し自ら聞いたことを書き記そう。

この当時、私は中共天津市委員会弁公庁主任を務めていた。元市委員会と市人民委員会弁公庁は一九六七年の初めに徹底的に「破壊」された。一九六八年、天津市革命委員会が設立した時に、その下に弁事組ができ、二つの弁公庁に取って代わった。一九七三年に弁公庁は復活したが、当時は党と政府が一致しており、市革命委員会の弁公庁と市委員会の弁公庁とが一体となっていた。

私が就いていた職から考えて、江青が天津へやって来れば、どうして単なる傍観者でいられるのかと思われるかもしれない。実は、当時の弁公庁は主に、秘書、文書、極秘事項、民衆からの陳情、行政事務などの業務の責任を負っており、また、区政府・街道弁事処〔人民政府の末端機関〕、編制〔組織の人員配置〕、政法〔治安、公安、検察、司法など〕といった仕事も管理していたが、市委員会指導者のための参謀部や文書執筆グループではなかった。私は単に機関事務の全面的な管理を行い、機関においても日常業務を主管していたため、市委員会の主要な指導者などのそばについて仕事をすることはなかった。江青は八度天津を訪れたが、私はたった一回、舞台の袖で彼女を見かけただけであった。

彼女が天津にやってくるときはいつも、市委員会の主要な指導者が指示を出して、弁公庁の接待業務の責任を負う副主任と市機関管理局の接待業務の責任を負う副局長が招待所に駐在した。この副主任は電話で私に「一号」〔彼女が滞在した第一招待所のコテージの棟番号〕任務〔江青のこと〕が来たと伝えた。私はすぐに江青が来たことを理解した。私は機関において昼夜当直に当たり、絶えず書類の印刷・発行や、手紙の送信、指示された案件の処理のために準備を整えた。江青は夜間に文書を決裁する〔批示〕ため、我々は毎晩その文書を印刷して発行する準備をしたのだ。

人々はいつも「傍観者は潔白」と言う。一人の傍観者として、私はまず江青が八度天津へ訪れた時の足取りについて記そう。

2　江青の天津訪問日誌

第一回目：一九七四年六月一七日の夜一〇時二二分、江青は専用列車に乗って天津に入り、天津駅で下車。そこから彼女の専用車に乗って市の第一招待所に向かった。招待所では彼女は一号棟に宿泊し、仕事は三号棟で行った。六月一八日夜七時半、幹部倶楽部に行き卓球やバドミントンをする。一九日夜七時半、彼女と紀登奎は倶楽部大劇場で天津站労働者儒法闘争史宣伝大会〔*〕〔235〕に参加し、講話を行った。二一日午後、専用列車で宝坻県へ行き、列車を降りると、今度は自動車に乗り、宝坻県城〔県人民政府が置かれている町〕へ向かった。宝坻県城ではある労働者と武装部幹部それぞれの自宅を「見舞った」。夜、宝坻駅の待合室で、彼女は同行している文書執筆グループに対して『三字経』〔236〕を講義し、また皆で批判・議論し、それは朝の三時半まで続いた。二二日午前、江青らは宝坻駅の待合室から自動車に乗り小靳荘大隊まで行き、午後は批林批孔〔*〕座談会に参加した。午後六時、宝坻県駅に戻り、専用列車で天津へ戻った。夜、幹部倶楽部のプールで泳ぎ、ポーカーをした。二三日夜、第一招待所三号棟で自ら持参した外国映画〔237〕を観た。

二四日午後、天津重型機器工場に行くと、直接金加工第一作業場を訪れてひとまわりした。彼女は工場の門を出るとすぐに、招待所に戻ると言い出した。元々視察を手配していた発電設備工場には行かないことになり、警備に大きな影響が出て、交通も混乱した。この混乱の影響で、自動車部隊が河北区中山路を走っている時、彼女の前を警備する前衛車が一人の通行人をはねて怪我をさせてしまった。市委員会第一書記である解学恭が急いで自動車を止めて事故の処理に当たり、怪我人は近くの病院へ運ばれ、幸い怪我の程度は重くなく、入院して手当を受け、すぐに退院することができた。私もこの事故を知って、病院に行き、怪我人を見舞った。その日の晩、江青は倶楽部の大劇場で天津河北梆子《バンズ》〔238〕劇団の講演『渡口』、『紅燈記』の一部、及び『泗州城』の一部を観覧し、さらに演芸団団員が歌う天津時調《てんしんじちょう》〔239〕、京韻太鼓《きょういんたいこ》〔240〕などを聴いた。

二五日晩、倶楽部小劇場で天津河北梆子《バンズ》劇団が彼女のために旧劇〔241〕『断橋』、『泗州城』、『轅門斬子』、『挑滑車』を公演し、江青はそれを観覧した。二六日午後、軍艦に乗って海上の四号油井を「視察」した。二七日午後、専用列車に乗って、さらに途中自動車に乗り換え、駐屯軍某部へ行き、射撃練習をした。その後、馬で駐屯軍某部へ行き、軍事演習を見た。その日の晩、専用列車で北京へ戻り二日滞在する。二九日夜七時、また専用列車で天津にやって来て、やはり第一招待所に宿泊する。六月三〇日晩、天津幹部倶楽部友誼庁で天津市委員会報告工作を聴く。七月一日夜七時、専用列車で北京へ戻る。

第一回目の天津訪問の際には、彼女は遅群《ち・ぐん》〔※〕（党校党委員会書記）、謝静宜《しゃ・せいぎ》〔※〕、于会泳《う・かいえい》〔※〕、浩亮《こう・りょう》〔※〕、劉慶棠《りゅう・けいどう》〔※〕などの者を連れてきており、後から荘則棟《そう・そくとう》〔※〕も江青に呼び寄せられている。さらにこのときは、北京大学と清華大学の三五名からなる「理論グループ」も天津へやって来ていた。江青が北京へ戻った後も、この「理論グループ」は天津に残り活動を続けた。第一回目の訪問は、江青が天津で活動した時間が最も長かった回である。

第二回目：同年八月一五日の〇時二七分、江青が専用列車で天津に到着する。彼女曰く、「休息」に来たとのことで、いつもの「一招」に滞在する。一六日午後、水上公園に行く。水上公園の休息室は風が吹いており、彼女はとても不満そうな様子ですぐに招待所へ戻った。一七日夜一〇時、専用列車で北京へ戻った。

第三回目：同年九月二三日の夜、江青は専用列車で天津に到着する。二四日午後、彼女はフィリピンのフェルディナンド・マルコス（Ferdinand Marcos）大統領夫人であるイメルダ・マルコス（Imelda Marcos）を案内して小靳荘を見学し、夜、やはりマルコス夫人を案内して天津自転車工場を見学する。その日の晩に、専用列車で北京へ戻った。

第四回目：同年一二月四日の〇時三分、江青は専用列車で天津に到着する。彼女はまた「休息」のためにやって来たと言って、やはり「一招」に宿泊した。五日から七日までずっと「一招」に滞在。八日夜八時半、専用列車で北京へ戻る。

第五回目：一九七五年二月二二日の午後二時、汪東興は天津幹部倶楽部へやって来て、毛主席の休養のために準備された部屋をチェックした。結局、毛がこの部屋で休養することなど無かったが、当時は誰もこれを軽く見ることなどせず、きちんと準備を整えた。この時、全く予測していなかったことに、江青も汪東興と共にやって来たが、彼女は訳の分からない癇癪を起こした。夜九時半、専用列車で北京へ戻った。

第六回目：一九七五年三月一二日の夜一一時四〇分、江青が専用列車で天津へやって来た。彼女はまた「休息」のためにやって来たと言い、「一招」に宿泊した。この時は遅群と謝静宜などを伴っていた。一三日、一四日はずっと「一招」にいた。一五日夜九時、専用列車で北京へ戻った。

第七回目：同年八月一一日、江青は専用列車で天津に到着した。彼女はやはり「休息」に来たといい、「一招」に滞在した。一二日は「一招」におり、一三日夜、専用列車で北京へ戻った。

第八回目：一九七六年八月二八日の二時三七分、江青は専用列車で天津に到着した。天津で地震が発生した後だったため、彼女は列車内に宿泊した。午後四時、小靳荘へ行き、夜一〇時に天津へ戻った。二九日、天津腕時計工場へ行き、第一製鋼工場を見学した。三〇日午後、部隊と天津抗震救済支援の某軍と警備区中隊を視察し、その日の夜北京へ戻った(51)。

江青は天津へやって来た際、毎回防弾の装備をした自動車を運び入れ、北京から連れて来た警備人員を彼女の宿泊施設の見張りに立たせた。そして、彼女の許しが無ければ、誰も施設内に入れないよう手配した。また、八回の来訪のうち二回は、コックまで連れて来た。接待工作の責任者だった者に言わせれば、彼女は最も接待が難しい「中央首長」であり、彼女の活動や生活については実際のところ予定を立てるこ

---

(51) 解学恭「在第十一次路線闘争中市委需要説清楚的問題和我対所犯錯誤的検査」(「第一一回路線闘争における市委員会の明瞭に説明する必要のある問題及び私の犯した過ちに関する検査」) 附属資料之三「叛徒江青八次来天津的経過」(「叛徒江青の八度の天津訪問のいきさつ」)。

とはできず、彼女は本当に奇怪で、気が変わりやすい人であった。

3　党の悲哀、国家の憂事

「山雨欲来風満楼」[242]〔山雨来らんと欲して風楼に満つ〕。江青は八度天津へやって来た。党の指導者、毛沢東夫人という特殊な身分を利用して、モデルを作り、模範を樹立し、法家を論じて儒家を批判し、右からの巻き返しの風[*]〔右傾翻案風〕に反撃し、波瀾を巻き起こし、まさにやりたい放題であった。これは党の悲哀であり、国家の憂事であった。またそれと同時に、「四人組」が全滅する前の二年間、江青はこんなにも頻繁に天津へやって来ていたために、このことが後日、現地の少なくない指導者達に不可解な面倒をもたらすことになった。多くの人がこの面倒に巻き込まれ、無実の罪を背負うことになってしまったのである。

第一八章　軍に近づく四人組

1　江青と天津駐屯軍

一九七四年六月から一九七六年八月にかけて、それまで人民解放軍とは何の関係も無かった江青が、天津駐屯軍に何度か接触をはかった。

江青は最初の天津訪問中の一九七四年六月二七日午後一時、専用列車で天津駐屯部隊某師団を訪れた。士官・兵士らとの「同楽会」〔交流会〕上で、江青は一つの順口溜〔語呂合わせの良い、口ずさみやすい形式の韻文〕をその場で朗誦した。「六六軍戦闘隊、文学では漢の随・陸より優れ、武道では灌・周を退かせる」[243]。また、彼女はこの韻文を直筆で書き、この部隊に残した。私は江青が天津滞在中に決裁した文書〔批件〕をいくつも目にしたことがあるが、江青はいずれも鉛筆を使ってコメント〔批示〕を書いた。毛沢東の字体を真似て、自由に筆を操り、その字はとても素晴らしかった。江青は兵士の射撃演習を見終わると、馬に乗って駐屯軍の某団に行き、宴席に参加した。その日の晩一〇時三〇分、江青は専用列車で北京へ帰っていった。

八回目の天津訪問中、一九七六年八月二八日午後二時、江青は専用列車を降りると自動車で小靳荘へ向かった。その道中、市区の路上で、彼女は天津市委員会第一書記の解学恭を呼んで、用があるから自分の自動車に乗るように言った。当時、その自動車に同乗していたのは、解学恭のほかに、江青の警備員と看護婦だった。

彼女は解学恭に、天津駐屯軍と接見しますと言った。彼女が最初に天津を訪問した際、天津駐屯軍を訪れ、多くの指揮官や戦闘員、部隊を見舞ったが、そのことで彼らは鄧小平から非難を受けた。そこで彼女は、彼らのために名誉回復を行いたいと言うのだった。[244] また、彼女はあの「順口溜」を六六軍軍長である劉政に急いで持って来させるよう言い、さらに彼女が着るための軍服を一式用意するよう指示した。急いで用意してください、持ってくるのを忘れてしまったからと彼女は言った。彼女は警備区の部隊も見に行きたいと言った。解学恭が、天津で抗震救災の支援にあたっている六七軍に、行かないのはあまり良くないのではないかと言った。彼女は、ではそちらも見てみようと答えた。自動車は津塘公路《しんとうこうろ》と京山鉄道〔北京と河北省の山海関を結ぶ鉄道〕が交差する辺りで止まり、解学恭はそこで彼女の自動車から降りた。

午後五時頃、彼女は自動車で小靳荘から遠くない一つの村へ行き、抗震救災に参加した部隊の駐屯地を訪れた。自動車を降りるなり、彼女は大声で叫び、周りの者達にどこかに行ってくれと言った。「一時間寝たい」と言うのだ。実際には、彼女は寝たりせず、兵士のために小麦粉から麺を作ると言ってやってみたり、饅頭を蒸すと言ってやってみたりした。もったいをつけて仰々しいことをしたのだった。彼女のこの行動のおかげで、食事を作る役割の兵士は邪魔をされ、彼らは自分達の食事を作ることができなかった。

2　不運な解学恭——不安で満たされていた江青の虚勢

解学恭の記憶によれば、八月二九日の夜一一時頃、彼が睡眠薬を服用して眠った矢先に、突然電話が鳴り、江青からすぐに専用列車に来るよう言われた。江青は解学恭を見るなり、非常に厳しい口調で言った。あなたはこの計画を見ましたか。そう言って、彼女は天津駐屯軍が印刷した「接見単位《ダンウェイ》名簿」を一部、解学恭へ放り投げた。もともと、江青は次の日に部隊へ行く予定であり、駐屯軍は急いで「接見単位名簿」を作成し、江青にそれを直接提出したのだった。

江青は顔をこわばらせ、声をとがらせて叱責した。なぜ「接見」などと書かれているのですか、これは誰の考えによるものですか。私は部隊を訪問〔「探望」〕するのであり、接見するのではありません。この二つの言葉の性質は違うにも関わらず、どうして混同してしまったのですか！

彼女はこうも言った。党中央政治局が北京で行う時にのみ接見というのであって、私個人が部隊と会うのにどうして接見などというのですか！　彼女は話せば話すほど憤慨し、解学恭はどうしたらよいかわからなかった。彼女は恐ろしい勢いで言った。明日私は部隊には行かないことにします。これを聞くと解学恭は焦った。部隊は既に二日もかけて準備をしていて、しかもそれは彼女の意図に従って準備をしていたのである。ここで計画を変えることになっては、一体どうやって部隊に説明すればよいというのか！

解学恭はここで、もしかすると自分が責任を負えば、情況を打開できる可能性がまだあるかもしれないと考えた。そして言った。「接見」という言葉は、自分が提案したものであり、部隊には何の責任もありません、部隊は二日もかけて準備をしたのであり、行かないというのは恐らくあまり良くないのではないか、やはり少し訪問しましょうと。江青は解学恭が責任を負うと言うのを聴いて、やっと「では行っても良いでしょうか」と言った。

江青が話しているあいだ、解学恭は話を聴きながらメモをとっていたが、江青はそのメモを読んだ後言った。「大体において良いですが、二ヶ所に関して少し書き加える必要があります」。解学恭は彼女自らが修正すると思ったが修正せず、彼女は口で言って解にそれを書き加えさせた。最後に解学恭に言った。「今晩の話を私のために整理して一つの記録としなさい。それから電話原稿〔電話で報告する際に読み上げる原稿〕も起草し、華国鋒《か・こくほう》〔※〕同志へ報告しなさい」。

戻った解学恭は江青の要求に従って作業し、内容を整理し、起草した記録原稿と電話原稿を彼女に提出した。彼女は「同意」し、さらに解学恭にその場で手書きで書き写させ、その一部を提出させた。三〇日午後、電話原稿が華国鋒のところへ報告された。市委員会弁公庁がこの件を取り扱い、弁公庁を通して中央弁公庁へ電話され、電話原稿が伝えられた。

解学恭が起草した「江青同志の天津抗震救災に参加した人民解放軍中隊訪問に関する話」の記録原稿の原文は次のようである。

（一）訪問と接見の持つ二つの異なる性質の原則的な問題、これは決して混同することはできない。軍の報告で接見計画が提出され、私〔江青〕は気付いた。（注：『接見』――この提案は私が江青同志に対して提起したもので、軍には何の責任も無く、責任は私にある――解注）訪問という語も以下の要求に基づいて使用されなければならない。第一、抗震救災に参加する基層単位――中隊に最初に訪問する。第二、訪問に同行する領導幹部も抗震救災に参加する者であり、また軍級幹部はあまり多くてはいけない、一人か二人で良く、やはり抗震救災に参加するかそれを指揮する者である。第三、中央が決定した、北京で開催される唐山、豊南、天津市、北京市抗震救災の先進的団体と模範的個人代表会では、中央は代表と接見する。これは接見である。私は小靳荘まで行って貧農・下層中農を訪問し、また小靳荘の抗震救災に参加する師団指揮官・戦闘員同志を訪問し、小靳荘の人民公社社員である王錫恩《おう・しゃくおん》同志の家で食事をし、そのなかには第九中隊戦士の食事もあった。これは訪問であり、接見ではない。（二）天津で活動する新華通訊社の記者、光明日報記者、天津日報記者に、邪魔をしないで下さいと伝言して欲しい。基本的に、『内参清様[245]』を用いて私の活動情況を報道してはならない。もし『内参清様』を用いて報道する場合は、適切にするべきであり、むやみにおだてたり、大げさに報道してはならない。『内参清様』を用いて報道することはしない

のが望ましい。解学恭　八月二九日夜一二時頃整理

解学恭が起草した華国鋒への電話原稿の原文は以下のようである。

江青同志は、八月二八日天津市宝坻県小靳荘大隊へ行き、小靳荘の貧農・下層中農の同志を訪問しました。邢燕子《けい・えんし》(52)同志の所属した大隊と侯雋《こう・せん》(53)同志の所属した大隊も貧農・下層中農代表及び上山下郷知識青年(246)代表を派遣してきました。同時に、小靳荘において抗震救災に参加する軍の第九中隊の指揮官・戦闘員も見舞いました。小靳荘では社員である王錫恩同志の家で食事をし、ここには第九中隊戦士の食事もありま

---

(52) 邢燕子（女、一九四〇年〜）。元の名は邢秀英《けい・しゅうえい》。天津市宝坻県の出身。幼少から農村の祖父の下で育った。父は天津市のある工場の副工場長であった。一九五八年、高級小学校〔当時、六年生の小学校の一年生から四年生までを初級小学、五、六年生を高級小学と言った〕卒業後、父母のいる天津市区には戻らず、故郷の宝坻県大鐘荘鎮にある司《し》家《か》荘《そう》村で農業に従事した。そして、郷里の貧しい情況を改善させると固く決心した。彼女は、村民と一丸となり、「邢燕子突撃隊」を組織して、大きな功績を残した。一九六〇年、人民日報は長編レポート『邢燕子、農村建設を懸命に頑張る』を発表し、邢燕子の先進的事績を紹介した。その後、彼女は上山下郷の知識青年の模範とされ、毛沢東時代の良い娘と呼ばれるようになった。一九六四年、彼女は中国共産主義青年団第九回代表大会に出席し、同年第三期全国人民代表大会代表に選出された。毛沢東主席は生前に五回、周恩来総理は一三回彼女に接見した。彼女は、県委員会副書記、地区委員会常務委員、天津市委員会書記、市政治協商会議副主席、全国人民代表大会代表、党の九〜十三回大会代表、第一〇〜一二期中央委員を歴任した。一九八一年、市委員会によって北辰区の工作を任され、北辰区人民代表大会常務委員会主任を務めた。現在は退職した。

(53) 侯雋（女、一九四三年〜）。北京の出身。一九六二年、高校卒業後、大学入試を放棄し、単身で北京から天津市

した。江青同志は九月二九日、また批林批孔運動の下で生産を全面的に回復させた天津腕時計工場及び第一製鋼工場の労働者同志のところを訪問しました。私は江青同志に天津で参加する抗震救災に参加する六六軍、六七軍、天津警備区の中隊各一つずつ、さらに一部の先進的代表と接見したらどうかと提案しました。すると、江青同志は私に、接見ではない、訪問である、この二つの問題を混同してはならない、中央が抗震救災の先進的集団及び模範的な個人代表を接見すると決定したという場合には、これは接見であると言いました。江青同志の意見に基づいて、二九日夜、私は提案と手配した計画を修正し、三つの軍の三つの中隊を訪問することとし、それらは全て抗震救災に参加する中隊です。私は江青同志のこの意見は正しいと考えます。私が手配した計画をすでに修正しましたことを、ここに特に報告します。解学恭　八月三〇日午前

この小さな出来事からわかることは、一九七六年の尖鋭化し激烈なものとなっていた政治闘争のなか、江青も心中は不安で満たされており、人から弱みにつけ込まれることを恐れていたということだ。「接見」と「訪問」の区別について大仰な文書を書き、その虚偽の面目を保とうとしたのだ。

不運なのは解学恭である。解学恭は「下級」の者として中央の指導者の意図に従って事をなさなくてはならず、問題が起これば自らその責任を負い、不満を押し殺して事を丸く収めようとした。解学恭は全く予測していなかっただろう。彼が江青のために徹夜で苦心して記録原稿と電話原稿を起草した、わずか三六日後の一〇月六日、政局は激変し、江青は「四人組」の一人として逮捕されたのである。

三〇日午後、江青は前後して、天津警備区の一中隊、及び六六軍、六七軍の各一つずつの中隊を「訪問」した。江青は自分が着ている軍服を指して言った。「この紅い星は私が勝ち取ってきたものです。私が軍服を着たということ、その意味をあなた方はわかりますか」。彼女は天津駐屯軍の責任者に言った。

「あなた方は打撃を受けました。私があなた方のために名誉回復しましょう。一昨年私が書いた順口溜、これが一つの罪状となって、私は吊るし上げられ、あなた方も打撃を受けました」。江青は軍部隊において午後いっぱい虚勢を張り、その日の晩一〇時に北京へ発った。

3 軍権への執着

江青はなぜこれほどまでに軍部隊を「訪問」することを重視したのか。それは言うまでもなく、軍の権力を掌握するためである。「四人組」は「文革」において、したい放題のことをしたが、唯一思いのままにできなかったのが軍権であった。毛沢東の死後、順調に政権を掌握するために、彼らはずっと苦心惨憺して軍を丸め込もうとしてきた。江青は天津のほかにも昌平〔北京市昌平区〕のある軍部隊に足を運んでおり、「武器をとろう」〔抓槍杆子〕の活動にも参加した。これと前後して、王洪文は河北省保定に駐屯するある部隊を視察しており、張春橋も北京市通《つう》県に駐屯するある部隊をやはり訪問している。しかし、軍隊はそんなに簡単に丸め込むことはできないのである。彼らの活動は全て徒労に終わった。

宝坻県竇家橋《とうかきょう》村に移住し、社会主義の新しい農民になるという志を立てた。一九六三年七月、共産主義青年団天津地区委員会は「知識青年における侯雋の事績学習を展開することに関する通知」を発表し、天津地区青少年において、侯雋に学ぼうというブームが巻き起こった。一九六四年、侯雋と邢燕子は共に河北省労働模範代表大会に出席した。一九七一年、北京で周恩来総理の接見にあずかり、同年、中共天津地区委員会委員に選出された。中共宝坻県委員会委員を務め、一九七三年には中共宝坻県委員会副書記、一九七六年には国務院知識青年上山下郷指導小組副組長を務めた。一九八〇年から宝坻県人民代表大会常務委員会副主任を務めた。

第一九章　江青の三度の小靳荘訪問

1　「馬に乗ってでも行く」——一度目の小靳荘訪問

江青は最初に小靳荘を訪れることになった第一回目の天津訪問で、一つの農村を選んで見に行こうと提案した。一昨年、天津へやってきたアメリカ人の学者が、このことについて私に尋ねた。江青が小靳荘を訪れたのは、王曼恬が推薦したからなのかという質問であった。そうではない、王曼恬は決して農村の情況をよく理解していたというわけではなかったと私は答えた。

実際はこうである。当時、市委員会の主要な指導者は江青に対して、大寨に学んだ四つの先進的な地域を、訪問先の候補として紹介した。西郊区《せいこう》の房荘子《ほうそうし》、東郊区《とうこう》の趙沽里《ちょうこり》、静海県の楊家園《ようかえん》、宝坻県の小靳荘である（ここで当時の情況を記述する際は、全てかつての「郊区」〔農村の区〕、「県」といった呼称を用いる）。市委員会第二書記の呉岱《ご・たい》[54]は当時、宝坻県大鐘荘で蹲点《トウンディエン》を行っており、小靳荘については比較的よく理解していた。

江青は、四つの地点を紹介されるなかで、小靳荘が政治を学ぶ夜間学校を開いており、そこでは皆が詩を作り、革命的模範劇を演じているということを聞くと、まるで宝を見つけたように大喜びし、即座に小靳荘へ行くことを決めた。解学恭は、小靳荘は市内からとても遠く、交通も不便であり、舗装されていな

政治夜間学校で学ぶ小靳庄の人民公社社員

い道路を行かなくてはならないことを伝えたが、江青は「馬に乗ってでも行く」と断固言い張った。決定すると、市委員会は慌てて人を組織し、突貫工事で道路を舗装した。市委員会のある責任者は自ら小靳荘へ行って接待工作を手配した。

小靳荘は宝坻県の林亭口《りんていこう》鎮東南部にある箭杆河《せんかんが》の河畔に位置している。解放前は、窪地であるために度々水害に見舞われ、村民の生活は困苦を極めた。小靳荘には非常に貧しいことで有名な小作人村（佃戸村）がある。「大水が家の門の高さまで達し、土地からは一粒の穀物も収穫できない。かまどの鍋は蓋がしてあり、もはやぴったりとくっついてしまっている。一家は離散し、皆ほかの村へ逃げて行く」。この民謡は宝坻地区の大窪地の悲惨な様子をさまざまと描写している。解放後は、土地改革を経て、合作化の道を進み、村民の生産や生活状況は大きく改善された。「文革」が始まると、村の幹部は打倒され、人心はだらけ、生産が混乱し、村は落ちぶれた「老大難」[247]の村となってしまった。

一九六九年、王作山《おう・さくざん》〔※〕は村党支部書記となり、新しい指導部を成立させた。そして、民衆を指揮して小靳荘の落ちぶれた姿を変えようと決心した。彼らは困難に立ち向かって全力を尽くし、「日照りが続けばイナゴが採れ、冠水すれば蛙が採れる」と言われたアルカリ土壌の土地を改造した。実に、箭杆河の底を一メートルも掘り、掘り出した泥で村全体の土地を覆う厚い層を作り出したのである。こうして、アルカリ土壌でほぼ覆われてしまっていた土地は、徹底的に改良されたのである。

数年の刻苦奮闘を経て、人が少なく土地だけが広かった小靳荘の集団経済は比較的大きく発展し、穀物の生産量は、以前の一ムー〔六・六六七アール〕あたり一〇〇斤〔一斤＝五〇〇グラム〕余りから「目標を上回る」四〇〇斤余りとなった。人々が食べる穀物量も四二〇斤まで上昇し、毎年春と夏には各一〇万斤の穀物を農業税として政府に収めた。

　こうして小靳荘は、大寨に学ぶ先進的単位《ダンウェイ》となったのである。一九七一年九月、宝坻県委員会は小靳荘において第一回拡大会議を開催し、大寨を目指して設定した目標の達成・超越に学ぶ経験が広く流布された。そして小靳荘は、上山下郷知識青年の模範である邢燕子がいた司家荘《しかそう》村、侯雋が定住した竇家橋《とうかきょう》村、かつての模範である大口巷《だいこうこう》村、これら三つの地域に続く、第四の大寨に学ぶ先進的模範となったのである。一九七三年冬、小靳荘は宝坻県の代表として、「天津市農業は大寨に学ぶ代表大会」に参加し、賞状を授与された。

　小靳荘は政治を学ぶ夜間学校を開いていたために、江青に気に入られることとなった。実際、彼らが政治の夜間学校を開くことになった由来は古い。一九七〇年、宝坻県委員会が農村において政治夜間学校の試験的実施を始めたことにあった。小靳荘は一九七一年、政治夜間学校を正式に開校し、生徒は文化、農業科学技術、毛主席著作及び時事政治について学んだ。授業前や授業の合間の休憩時間には、いつも革命的模範劇を演じたり革命歌を歌ったりし、「郷土詩人」〔生徒達を指す〕が自分達の詩を朗読したりと、その場は活気に溢れ、晴れやかな雰囲気に包まれており、村民からも歓迎された。この土地の農民は比較的

---

(54) 呉岱（一九一八～九六年）。福建省長汀《ちょうてい》県の出身。一九三一年中国共産主義青年団に加入する。一九三三年、中国工農紅軍に参加する。一九三四年、青年団を経由して中国共産党に転入する。中華人民共和国成立後、第十三団軍副政治委員、同政治委員、旅大警備区副政治委員兼政治部主任、同政治委員、北京軍区政治部主任、同副政治委員兼政治部主任、軍区顧問などを歴任する。一九五五年、少将の称号を授与される。

文化的であり、もともと劇を演じる伝統を持っていた。私は宝坻県の大鐘荘で蹲点《トゥンディエン》を行ったことがあるが、ここの農民の話し方は都市の者と比べて文化的であった。人を罵る時でさえ粗野な言葉を使わなかった。この地域の文化と関係があるのだろう。小靳荘政治夜間学校は非常に上手くいった。一九七四年六月一日、県委員会は文書を通達し、彼等の経験を全県に広めることを決定した。

　政治の世界は無作為の事件に満ちている。小靳荘の政治夜間学校は元々一つの文化教育活動であり、王作山は本来優秀な農村党支部書記であった。彼自身、江青によって重用されて、全国人民代表大会常務委員会委員に任命され、県委員会書記に抜擢されるなどということは夢にも思っていなかっただろう。しかし、高く昇れば、落ちた時がひどい。彼は後に隔離審査まで受けたのである。この村の者達は元々静かで順調な生活を送っていた。しかし、ふとしたことで、巨大な政治の渦に巻き込まれてしまった。これが中国政治の昔からの特徴なのである。

　一九七四年六月二一日午後、江青は専用列車で宝坻駅に到着し、下車すると、自動車に乗り換えて宝坻県県城〔県人民政府が置かれる町〕へ行った。まず、県委員会機関を訪問して、その後職員と武装幹部の各一人ずつの宿舎を見てまわり、簡単な会話を交わし、その晩は専用列車に泊まった。天津市内から宝坻県までは四〇キロに満たない距離である。普通であれば自動車で行くのが手軽であり動きもスムーズだ。しかし江青は、門を出るとすぐに専用列車だと言うのである。

　翌日午前一一時半頃、江青と中央政治局委員の紀登奎らは天津市委員会指導者の解学恭、呉岱、王一《おう・いち》[55]、王曼恬、徐信《じょ・しん》[※]及び県委員会指導者の案内の下、小靳荘へやって来た。人民公社社員達は村の入り口で道の両側に並び、歓呼の声をあげた。「毛主席万歳！」、「江青同志、こんにちは！」、「江青同志に学ぼう！」。江青は満面に笑みをたたえて言った。「同志達、こんにちは！」、「毛主席からの挨拶を持ってきました！」「党中央と毛主席を代表して、同志の皆さん、こんにちは！」。江青は一人の人民公社社員のそばまで行くと、その社員は言った。「首長、こんにちは！」。江青は言った。「江青同志と呼んでください！　あなたは私よりも若いですね！　年はいくつですか」。相手が四二歳ですと答えると、江青が言った。「まあ！　私よりも二〇歳も若い」。前もって来ていたここの理論グループの人々を見つけてこう言った。「皆さん、お元気ですか！」。皆が答えた。「江青同志、こんにちは！」。また、江青は彼らのなかの老教授に向かって、「老先生方、お元気ですか」。人々はまた声をそろえて答えた。

　時はちょうど麦の収穫時期であり、太陽の光がじりじりと照りつけていた。麦畑に行く道中、江青は自分の頭に被っている麦わら帽子を侯雋にあげたいと言い出し、次のように言った。「私のこの麦わら帽子は、延安で開墾している時に被っていたもので、これを被って半年も開墾作業をしました。多くの人がこの麦わら帽子を欲しがったけれど、その当時は惜しく思い、誰にもあげませんでした。今日はこれをあなたにあげます。私は邢燕子と侯雋の二人にこれをあげます。二人で順番に被ってください」。その後、江青はこの土地の農民が麦わら帽子を被っているのを見て、自分も一つ欲しいと言いだした。結局、麦わら帽子を調達させ、また被った。

　江青が麦畑にやって来ると、ちょうど麦を刈っていた人民公社社員達は一斉に沸き立って、途切れることなく高らかに叫んだ。「毛主席万歳！」、「江青同志に学ぼう！」、「江青同志に敬意を表します！」。江青も絶えず手を振って皆に挨拶した。彼女はスカートに白いサンダルという服装だったが、どうしても麦を刈りたいようだった。彼女は鎌を全く使うことができず、大変な力を費やしてやっとのこと小さな束を刈り取った。彼女は干してある麦の束を何度かひっくり返すと、女性社員に歌が歌えるかと尋ね、皆と一緒に「三大紀律八項注意」[248]を歌い始めた。

---

(55) 王一。天津警備区司令員。既に亡くなっている。

江青は脱穀されたばかりの麦を見て言った。「それを五斤〔一斤＝五〇〇グラム〕買いましょう。それから脱穀していない麦も。お金は払います。受け取らないのはいけない。これは主席が決めたことです」。村党支部書記の王作山から今年の麦の出来は例年よりも良いと報告を受けると、江青は「もう半斤買いましょう。大粒のものを選んでちょうだい。持って帰って主席に見せましょう」。彼女は侯雋が住んでいた竇家橋村の穀物生産と備蓄情況について尋ね、さらに五斤の麦を買うと言い、主席に見せましょう、きっと喜ぶでしょうと言った。

午後、江青は村が特別にわざわざ行った批判会に参加した。江青が会場に入ると、拍手と「万歳」、「学ぼう」、「敬意を表します」といった歓呼の声が響いた。江青は言った。「私への挨拶はもうよいです。我々は林彪の流儀でやってはいけません」。社員が発言しているあいだも、江青は度々口を挿み、村の歴史や現状について尋ねた。村では男女の区別なく同一の労働に対して同一の報酬を与えている〔同工同酬〕かと尋ねた時、王作山はまだ格差がありますと答えた。江青は言った。「あなた方が率先して手本を示さなくてはなりません。女性も多くの仕事ができるのに、どうして格差があるのです。これは孔老二[249]『男尊女卑』、『女子と小人とは養い難し』ではないですか。現代においてどうしてまだ報酬に格差があるのですか」。

ある男性社員が発言した後、別の女性社員が発言し、「婦女無用論」を批判した。江青はこの発言の順序について不満を表明して言った。「あなたに先に発言させるべきで、彼に先に話をさせるべきではない。私はあなた方を非難します。あなた方の所ではまだ男女で報酬に格差があり、『半辺天[250]』〔天の半分を支える人、女性を指す〕が半辺天ではなく、これは大男子主義です！ あなた方の所には邢燕子や侯雋もいるではないですか！」、「これからは勇敢にいきましょう。男性同志を先に発言させたりはしません。ただ、私は大女子主義ではないですよ」。発言者が「男性同志ができることは、女性同志もやり遂げられる」と言うと、江青は続けて言った。「しかも男性同志を超えるでしょう。生産力のなかで労働力が最も重要なものであるとマルクスは言いましたが、労働力は誰が生むものですか。女性が生むものです。これは彼等を超えるものです。男性同志は単純でいいけれども、女性同志は家事もしなくてはならないのです」。

江青はため息をついて言った。「ああ、あなた方に言いましょう。我々中央は実に不合理です。どういう訳だかわかりませんが、政治局において私は単独で行動しています。今回はこれは好都合です。私が言っているのは、彼らは皆大男子主義であり、政権を掌握すると男ばかりが出て来ました。女は私だけでした。彼らは仕方なく、私を入れましたが。これは改めなくてはなりません！」。

江青は、ある社員が詩を詠み始めたのを聞いて、待っていられないといった様子で言った。「詩を私に見せてください、書き写します」。女性社員が詩を詠んだ後、江青は言った。「良いですね！　ノートを私にください。書き写して、戻ったら印刷しましょう」。彼女の興味は度を超しており、あれもこれも印刷すると言った。私は毎日、いつでも印刷できるよう彼女のために機関で準備をしていたのである。

ノートを持って行かれてしまったその女性社員は、原稿を見ないで話すことになり少し緊張してしまった。すると、江青は「歌を歌いなさい！」（拍手）といった。女性社員は『紅燈記』[251]のなかの李ばあさん（李奶奶）の段を歌った。江青は「良いですね！」（拍手）と言って、「李鉄梅を歌いなさい、彼（同行していた浩亮を指して）に李玉和を歌わせよう」。（拍手）女性社員は「私の家は叔父の数がわからない」の段を歌い、浩亮は「手提げ籠で商売」の段を歌う。江青は続けざまに「良いですね！」と言って、彼女は手を叩きながら李奶奶の台詞「鉄梅酒を持ってきなさい！」を真似て、浩亮に対して「この酒を飲んで下さい」と歌い、浩亮は続けて「敵に連れて行かれる間際にお椀の酒を一杯」の段を歌った。

江青は時刻が遅くなったことに気付き、皆に言った。「雷とにわか雨があるというので、もう長くはここにはいられません。この道を私の自動車が走れなくなってしまうので、この会に終わりまで参加することが出来ません。あなた方の原稿を私に一部ください。我々はまたここに来てもいいですか。学恭同志、あなたはここにしょっちゅう足を運びなさい。ここは私達二人の場所〔「点」〕です。私は昼夜がわからないほど仕事をしていますから、この私の場所に、次いつ来ることができるかわかりません。あなた方は記者を通して、私に手紙で情況を知らせてください。あなた方のなかの若者は活力に溢れていて、我々も弱くありません。我々は多くのことを学ばせてもらいました。革命的模範劇は私がつくったものですが、歌はあなた方の方が私よりも上手かったですよ」。

さらに、江青はこの訪問で、数名の名前を変えてしまった。例えば、周克周[252]、王滅孔[253]などと新しく命名され、こうした名前は暗に何かをほのめかしたり、人を罵ったりするものであった。全く馬鹿らしいことである！

江青は自動車に乗る間際、職員に自動車からヘアピンを取るように言い、自らの手で五人の若い女性の髪にヘアピンをつけてあげた。そして言った。「前髪は眉よりも下で揃えるのはいけません。目を悪くしてしまいます。昔は斉眉穂〔眉までたれるように切り揃えられた前髪〕と言いましたが、今は劉海頭〔切り下げ髪〕と言います」。江青が人々に別れを告げると、一部の人は感動して目に熱い涙をためた。人々は高らかに叫んだ。「毛主席万歳！」、「江青同志に敬意を表します！」。

全体主義的政治が極「左」の傾向を強め、善良な人々を敬虔な信者、盲従する道具、スローガンを叫ぶことしかできない愚かな民に変えてしまったのである！

2 「私は『実家』をちょっと見ていきたい」――二度目の小靳荘訪問

江青は一九七四年九月二四日、小靳荘への二度目の訪問を行った。六月下旬に初めて訪問して以降、この北方の黙々として無名であった小さな村が、突然高い地位を獲得し、その名が全国に知られることになった。「イデオロギー領域でプロレタリア階級が敵を圧倒する」ことにおける「モデル」となったのである。

江青の指示に基づいて、解学恭は関係部門の者と宝坻県委員会責任者を率いて、小靳荘で蹲点《トウンディエン》を行った。八日間村に滞在し、その後江青と紀登奎に手紙を書き、政治夜間学校の運営のなかで起きた八件の「新しい人物・新しい事」について説明し、さらに、市委員会に対して小靳荘の経験を全市に広めるよう提案することを準備していると報告した。江青は七月一三日、「小靳荘における政治夜間学校運営の経験は、伝え広める価値がある」とコメントを書いた〔批示〕。紀登奎は「新華通訊社本社は人を派遣して経験をきちんとまとめ、それを全国に宣伝し広めるべきである」と指示した。新華通訊社の記者はすぐに報道原稿を書いた。もともとの報告である八件の「新しい人物・新しい事」を添削し、本社の審査・修正を経て姚文元へ報告され、批准を得た。そして八月四日、新華通訊社と『人民日報』は同時に「小靳荘の一〇の新しい事」という記事を放送・発表した。

「一〇の新しい事」とは以下を指している。一、政治夜間学校を運営していること。二、貧農・下層中農の理論グループを育成していること。三、貧農・下層中農が教壇に立って歴史を教えていること。四、革命的模範劇を盛んに演じていること。五、アマチュア宣伝隊を結成したこと。六、民衆が詩歌創作活動を行っていること。七、図書室を運営していること。八、革命の物語を話し伝えていること。九、民衆の体育活動を盛んに行い、発展させていること。一〇、古い風俗習慣を改めたこと。これらのいわゆる「新しい事」のほとんどが事実でなく、当時の情勢に歩調を合わせるために捏造されたものである。全国の各新聞がこの記事を転載し、たちまち小靳荘に学ぼうといううねりが盛り上がった。

小靳荘が瞬く間に全国の「モデル」となると、江青は外国の賓客を招待し、小靳荘の名を国外にまで広めようとした。一九七四年九月、フィリピンのマルコス大統領夫人であるイメルダ・マルコスは大統領の特使として、周恩来総理からの中国への招待に応じた。当時、中国とフィリピンは国交を樹立するまさに前夜にあり、フィリピンは既に台湾と「国交断絶」し、中国と国交樹立することを決定していた。そのため、この度の大統領夫人の訪問は通常の何倍も手厚くもてなされた。毛主席や周総理などの指導者は、それぞれ大統領夫人及びその子供のフェルディナンド・マルコス二世と接見した。江青もマルコス夫人と会い、さらに彼女のために大規模な文芸公演と京劇『杜鵑山《とけんさん》』を上演した。江青はマルコス夫人に対して中国滞在を延長しないかと独断で提案し、小靳荘へ彼女を招待したのである。

九月二三日夜、江青は専用列車に乗り天津にやって来た。マルコス夫人は翌日の午前に天津にやって来て、午後小靳荘を訪れた。マルコス夫人の訪問に同行したのは、江青のほかに、外交部副部長の韓念《かん・ねん》龍《りゅう》〔※〕、王海容《おう・かいよう》〔※〕、天津市革命委員会指導者の解学恭、王一、王曼恬、市婦女聯合会副主任の巴木蘭、そして宝坻県及び関係部門の責任者であった。

小靳荘大隊革命委員会副主任と婦女聯合会主任の主催で民衆による歓迎大会が開催された。大隊革命委員会主任の王作山は、病気のために出席しなかった。江青は頑に専用列車で行くことにこだわったため、マルコス夫人らが小靳荘に到着した時には、江青はまだ到着していなかった。マルコス夫人は先に数名の女性と座談会を行い、江青の到着を待って開会することを提案した。その後、江青が到着し、歓迎大会が始まると、大隊革命委員会副主任が歓迎の言葉を述べ、小靳荘の概況を紹介した。大隊婦女聯合会主任が女性解放の情況について紹介した。江青は、「貴賓のためにどんな出し物を用意していますか」と尋ね、外国からの賓客のために詩の朗読や革命的模範劇を見せるよう人民公社社員に指示した。さらに、快板〔254〕の演奏も提案した。一人の女性社員が一つの詩を朗読し、別の社員は快板を演奏し、また京東大鼓《けいとうだいこ》〔255〕も演奏した。社員と紅小兵〔*〕はそれぞれ別々に革命的模範劇の演目の一部を披露した。

江青が、「ここでの出し物はまだ多くありますが、お客様が滞在できる時間は非常に限られています。出し物はここまでにしましょう。私は『実家』をちょっと見てきたい」と言った。江青が言った自分の家とは、彼女が前に天津へ訪れた際に訪問した社員の家のことである。マルコス夫人は最後にお礼の言葉を述べた。

マルコス夫人は江青らに案内され、村民の家を訪問した。江青は、初めて小靳荘へやって来た時、この家で休み、宿泊もしたとマルコス夫人に語った。何度も「私は『実家』を見てくる」と言い張り、至る所で彼女の「民と親しむ」様子を演出した。

江青は当時中央政治局委員というだけでなく、毛沢東夫人であり、彼女の外出、接待、護衛は全て国家元首のそれと同様の扱いであった。彼女は八度天津を訪れたが、「一招」の一号棟に宿泊した以外は、毛沢東の晩年と同じく、専用列車に宿泊した。社員の家で寝るなどということが、どうしてあり得ようか。この女性は一貫して口から出任せばかり言っていたのである。マルコス夫人の提案で、彼女らはこの農民の家の前で記念撮影をした。

六時を過ぎた頃、マルコス夫人は韓年龍と王海容に付き添われて小靳荘を去った。江青はまた殊更の態度で、「お客様には先に帰っていただいて、私は『家に帰って』ちょっと腰を下ろそう」と言った。実際には、彼女はこの社員の家で適当に一〇分余り話しただけで、帰って行ったのである。あの当時はまだ「作秀」[256]〔パフォーマンス〕などという言葉はなかったが、あの当時の江青の「作秀」は、完成されたレヴェルにまで達していた。

当時の全国的な輿論の全体主義的支配と政治的空気に皆が流される風潮のなか、江青の小靳荘への二度のご光臨は大々的に宣伝され、小靳荘は「天まで」担ぎ上げられ、もてはやされた。天津日報社の統計によれば、一九七四年六月二五日から一九七六年末までのあいだに、小靳荘を宣伝する原稿は計四六六篇

（回）発表された。そのうち、報道が三七篇、通信が一三篇、論文が五六篇、評論五篇、詩歌一六二首、写真八三枚、絵が三二枚である。総合報道で小靳荘が採り上げられたのは六二ヶ所、小靳荘の経験に学ぶ原稿が二四篇である。

全国各地から次々と小靳荘を見学し「取経」〔経験を学ぶ〕する者達がやってきた。一九七四年八月二一日から一一月七日までの八〇日間の統計では、二七の省・市・自治区、五一二の単位《ダンウェイ》、一万八〇〇〇余りの人が小靳荘の見学にやってきた。

さらに、一九七四年一一月の国家農林部の意見に基づいて、小靳荘は一九七五年の春季広州交易会[257]で展示を行うことになった。展示スペースの面積は一四・八平方メートルで、政治夜間学校を模したセットや、耕地基本建設の地形の模型、大量の農作物及び『小靳荘詩選』などが展示されたほか、さらに小靳荘画集一万冊が印刷された。この回の広交会は一〇七の国家及び地区の代表を迎え、延べ一万九〇〇〇余りの人が参加し、小靳荘のいわゆる「経験」は国外にまで宣伝された。

江青は彼女の特殊な身分と権力を利用して、いたって普通の村を「極端」にまで高めた。これも中国の、当時の政治文化がしからしめたと言えるのである。

3 「鄧小平は流言をでっちあげる会社の理事長」——三度目の小靳荘訪問

江青が三回目に小靳荘を訪れたのは、一九七六年に起きた唐山大地震の一ヶ月後のことだった。八月二八日の二時三〇分、彼女は専用列車で天津駅に着いたが、地震発生からまだ間もなかったため、専用列車に宿泊することになった。午後四時、彼女は解学恭らの案内の下、小靳荘に到着した。

その年、唐山大地震の影響で、天津は重大な被害を被った。全市で重傷者二万一四九七名、死者二万四二九六名を出した。各種家屋で深刻な被害を受けた場所は六三〇〇万平方メートルに及び、これは元々の家屋が占める面積の六一％にあたる。小靳荘における家屋の被害も比較的深刻なものであった。江青は自動車を降りるとすぐに、小靳荘の人民公社社員のために臨時に建てられた仮設家屋にやって来て社員と話をした。震災の救済に関する問題については話さず、「また実家に来ましたよ！」、「是非皆さんと一緒に闘いたい！」などと話した。彼女によって改名された社員の王滅孔に会った時は、怒りを顔に露にしてこう言ったのである。「孔子を滅ぼすだけでなく、鄧も退治しなくてはなりません！　滅資〔資本主義〕、滅修〔修正主義〕、滅大国拝外主義！　滅帝国主義！　中国は必ず孔子を滅ぼさなくてはなりません！」。

江青は続いて、街で社員と共に労働し、地震で被害を受けた家屋の取り壊しを手伝い、わざとらしく格好をとった。その後、小靳荘で家屋建設を手伝っている解放軍某部第九中隊を訪れ、兵士と共に餅《ピン》〔おやき〕を焼いた。と言っても、ただ焼く真似をしただけである。

その日の夜八時、江青は小靳荘の政治夜間学校の前の平らな空き地で、座談会を開いた。小靳荘党支部副書記と一部の社員が参加した。王作山は別の場所で会議があったため、村には戻らなかった。邢燕子、侯雋及び司家荘村と竇家橋村の幹部、宝坻県委員会の一部の常務委員も座談会に参加した。

江青の今回の小靳荘訪問は、前の二回とは大きく異なっていた。今回は、いわゆる「鄧小平を批判し右からの巻き返しの風に反撃する」運動[*]が展開され始めていた時期にあたり、また、毛主席の病状が重くなっていた時でもあった。そして、「四人組」が党の権力を奪い取ろうとする企ての、肝心な時期にあった。まさに「図窮而匕首現[258]」である。江青は座談会上で度々口をはさみ、とうとうその獰猛な面をすっかり明るみにしたのである。

小靳荘大隊の代表が江青に対して去年以来の鄧小平に対する反撃、革命強化生産促進及び抗震救災の情況を報告し、さらに江青に対して「我々はあなたが来るのを待ち望んでいました！」と言った。江青は、

「私には私の難しいところがあるのですよ！」と言った。

ある者の報告のなかで、昨年鄧小平が右からの巻き返しの風を吹かし、「小靳荘は国家が〔色々な支援をして〕肥えさせた」などと発言したということに話が及んだ。すると、江青が口を挿んで言った。「鄧小平は小（小靳荘）に学んで、大（大寨）に学ぶな、小靳荘は国家が肥えさせたと言いました。私はこのような発言はしていません。解学恭が証人です！　私が言ったのは、民は穀物を蓄えなくてはならないと毛主席が言ったということだけです。あなた方もやはり穀物を納めなくてはなりません。これをどう理解しますか」。

報告のなかで、〔鄧小平が江青の支配下にある文化省や小靳荘に圧力をかけていた〕昨年の七、八、九月の三ヶ月のあいだ「我々は言いたいことを腹にのみ込んでいた」という話がされると、江青は「私は彼らによって二ヶ月間批判された、ましてやあなた方ならなおさらでしょう」と言い、さらに、座っている人に対して、「この話は外にしてはいけない」と言った。ある者が、鄧小平が我々を「攻撃」することは、我々にとって光栄なことですと言うと、江青は「そうです！　そうです！　一人の共産党員として、敵の反攻が無ければ、どうして共産党員などと呼べますか。共産党員にとって圧力を受けることは光栄なことです。私は毎日毎日悪口を言われているが、これを光栄に思っています」と言った。

報告のなかで、彼らが前年に北京大と清華大に行き、遅群や謝静宜を訪ねたことに触れると、江青は言った。「あなた方は私を忘れてしまっているではないですか！　なぜ私を訪ねなかったのです？　彼らを訪ねたことはいいでしょう！　私は昨日彼らを呼んで挨拶をさせたのです」。報告者が「首長は仕事がお忙しいと思い、その時は訪ねませんでした」と答えると、江青は「七、八、九月は、皆が彼にいじめられました！　鄧小平は流言をでっち上げる会社の理事長で、社長ともいいます。彼は毛主席に関するデマをでっち上げ、私のデマをでっち上げ、革命同志のデマをでっち上げました。そして党を分裂させ、党中央を分裂させました。誰かが主席につき従って革命をすれば、鄧小平はその者を攻撃するのです。文化部、体育部、小靳荘、これら全てが鄧小平から攻撃されました。彼は遅群と小謝〔謝静宜を指す〕を一八層の地獄[259]に突き落とそうとしており、私に対しても同様です。彼がしていることは、フルシチョフの秘密報告よりももっと劣悪です。彼は王位にのぼり、皇帝になるつもりなのです。もうよしましょう。少し話しただけで腹が立ってくる」。

さらに鄧小平の「巻き返し」について話が触れると、江青は怒って言った。「彼は〔名誉回復のための〕政策実行という名を借りて、牛鬼蛇神を連れてきて、これは一体何事でしょう！」「私は一時期、恐ろしくて天津に関わろうとしませんでした。私がなぜ天津を訪れなかったか。私は主席に学んだのです。主席は、私が思ったことを何でも言い、批判してばかりで、主席に面倒をかけてばかりいるといつも私を非難します。これからは私も頭を使って、策を練らなくてはなりません」。

報告は続き、批鄧〔鄧小平批判〕について話が及ぶと、江青は口を挟んで尋ねた。「三つの冊子[260]を持っていますか」。ある者が、昨日、遅群が既に送り届けてくれましたと答えた。江青は言った。「それは私が彼らにやらせたのです。もし持っていなければ、彼らに言ってください。私がそう言ったと伝えればよいです。私が一時期敢えてここに来なかったのは、もし私が来れば、あなた方が再び災禍を被ることになるかもしれないと思ったからです」。ある者が言った。「我々はあなたが来ることを待ち望んでいました。闘って、闘って、やはり我々が勝利するのです！」。江青が言った。「そうです！」。そして先頭に立って拍手した。さらに、「私が敢えてあなた方に資料を送らなかったのは、それが一つの罪状となるからです。私が送った批林批孔の資料は、公開されているものであり、何の秘密もないはずなのに、それでも罪状とされてしまいました。私は主席の指示を仰いでからやっとここに来たのです。あなた方の手紙は主席に見せました。我々は災難に遭いましたが、主席のためにさらに頑張らねばなりません」。

報告が農村建設計画について及ぶと、江青は言った。「私は地震や抗震について研究していますが、あなた方は洞窟を掘りましたか。この機会に洞窟を掘るべきです。『深く穴を掘り、広く食糧を蓄え、覇権を唱えない』と主席は話しました。[261]家は倒れてしまいましたが、洞窟に住めば、地震による被害を防ぎ、また侵略者を防ぐ事もできます」。

報告では、震災後、村は毎日平均で一〇〇〇元を受け取っており、さらに多くの衣類も受け取っていること、これらの大部分は人民解放軍から送られていること、署名には「学雷」、「継鋒[262]」とあったことなどが伝えられた。さらにこれらの金銭や物資を中央抗震救災指揮部へ引き渡したいということが報告で述べられると、江青は率先して拍手して言った。「良いですね！　鄧小平は、雷鋒《らい・ほう》おじさんなどもういないと言いましたが、今では至る所雷鋒だらけです」。続けていった。「同志達は知っていますか。私は部隊で三つの模範を作りましたが、鄧小平はそれを終わらせました。主席は私を非難しました。闘争は策略が必要で、時期が来たらすぐに撤退しなくてはなりません」。

江青は竇家橋村と司家荘村についての報告も聴いた。江青は依然として口を挟んでばかりだった。「鄧小平は大寨会議で、我々のことをあんなにもひどく言った。（中略）彼は私が彼の話に口を挟んだと言いました。私は『水滸伝[263]』に関する評論を述べたのですが、彼が言うにはそれは彼のことを言っているといいます。知っていますか。彼は私を闘争の対象とし、私は監獄のなかにいるのとほとんど差が無いような情況です。ただ批判闘争会にかけられていないだけです。彼は主席に私の悪口を言って告げ口しました。そうでしょう。主席はすぐに私を非難しました。私を（自分の鼻を指して）非難するなんて！　彼は私に関するデマをでっち上げて、言いました。私が過ちを犯し、一切の職務を剥奪され、労働改造に送られ、自殺したと言ったのです。私はこのようにピンピンしているではないですか。（中略）（記者に対して）政治局の話に関しては、外に伝えてはいけません。紀律を守らなければなりません。私はあなた方を家族だと思ってこうやって話しているのです」。

その日の晩、一〇時過ぎ頃、江青はこの訪問を終え、立ち去る間際に社員達に対して、言った。「あなた方の、鄧小平を批判し右からの巻き返しの風に対する反撃、抗震救災にさらなる大きな勝利がありますように！」。江青はこの六時間の小靳荘訪問で、それまでにも増してさらに口から出任せを言いまくり、とんでもないことを企み、不安のために気がふれたように騒ぎ立て、感情の起伏が非常に激しくなっていた。それは「四人組」全滅の前兆だったのかもしれない。

第二〇章　江青による空前絶後の「儒法闘争」講話

一九七四年六月一九日、江青は天津において「儒法闘争」の話をした。江青が「文革」中に突然表舞台に現れて、一躍党中央政治局委員、中央文革小組副組長になって以来、彼女は大会などで数々の講話を行ったが、そのなかでもめったに無い程長い講話である。その背景には一体何があったのか。

1　批林批孔と厚今薄古

批林批孔は毛沢東が提起したものだった。一九七三年七月四日、毛沢東は、王洪文や張春橋と話すなかで、林彪と国民党は同じであり、ともに「尊孔反法」〔孔子を尊重し、法家に反対する〕であると指摘した。七月一七日、毛沢東は楊振寧《よう・しんねい》〔※〕と会見した際、再び儒法闘争の問題について話した。「歴史分期の問題について、我々の郭さん（郭沫若《かく・まつじゃく》〔※〕を指す）に私は賛成する。しかし、『十批判書』のなかでの彼の立場や観点は尊儒反法だ」。「法家の道理はすなわち厚今薄古〔現代を重視し、古い時代を軽視する〕。社会は前に向かって発展しなくてはならないと主張しており、後退する路線に反対する。前進しなくてはならないのだ」。

八月五日、毛沢東は江青に対して中国の歴史における儒法闘争の情況について話し、次のように言った。歴代の有為の、成功した政治家達は皆法家であり、彼らは法治を主張し、厚今薄古の態度である。一方、儒家は仁義と道徳ばかり言い、厚古薄今を主張し、歴史を後退させる。毛はさらに、その場で自らが書いた七言律詩『封建論を読み、郭老に呈す』〔『読封建論呈郭老』〕を詠んだ[264]。

勧君少罵秦始皇　君に勧む　始皇帝を罵るのを少《へら》したまえ
焚坑事業要商量　焚書坑儒の事業は　商量を要す
祖龍魂死秦猶在　祖龍〔秦の始皇帝〕魂は死すれど　秦は猶あり
孔学名高実粃糠　孔学　名は高けれど　実は粃糠《ぬか》なり
百代都行秦政法　百代　全て秦の政法を行う
十批不是好文章　十批判書は　良き文章になかれ
熟読唐人封建論　唐人の封建論を　熟読す[266]
莫従子厚反文王　子厚《しこう》〔柳 宗元《りゅう・そうげん》〕[265]より文王に返ることなかれ

毛沢東は党の「一〇大」〔中共第一〇回全国代表大会〕開催の前夜、中国の歴史における儒法闘争について話した。その着眼点は依然として、現在の「文化大革命」を疑って、結果的に〔「文化大革命」を〕否定しようとしていないか、「文化大革命」以前の多くのやり方に未練があったり、それを回復させせようと主張する人間はいないかといったところに置かれており、「社会を前に向かって発展させなくてはならず、後退することに反対しなければならない」と提唱した。これが、毛沢東の当時の最大の関心事であったのである[56]。

2　四人組の「影射史学」

「二〇大」前夜に召集されたある中央政治局会議において、江青は毛沢東の批孔の詩と関係する言論を借りて、「儒法闘争」の内容を「二〇大」の政治報告のなかに書き入れることを主張したが、会議の主催者である周恩来はこの問題について、「まだ消化に一定の時間がかかる」として採用せず、毛沢東も周恩来のこの対応に異議を唱えなかった(57)。

一九七四年一月一二日、王洪文と江青は連名で毛沢東に手紙を書き、北京大学・清華大学編集の『林彪と孔孟の道』を全党へ配布することを提案し、毛沢東はこの手紙を読むと、「配布に同意する」とコメントを書き込んだ〔批示〕。一八日、党中央はその年の一号文献〔その年の最初の党内部文書〕としてこの資料を配布した。配布された「通知」には次のように書かれてあった。この資料は、「批林の継続的深化、林彪路線の極右実体に対する批判、尊孔反法思想に対する批判の継続的展開、思想及び政治路線方面についての教育、これらに対して非常に大きな助けとなるだろう」。

中央一号文献が下達されると、「文革」初期に初めて政治の舞台に登壇した江青は、より一層の興奮と快活さを得た。彼女は遅群などに指示して陸軍第二〇軍化学兵器防衛中隊〔防化連〕、海軍機関、国務院文化組と中共北京市委員会などの単位《ダンウェイ》へ相次いで向かわせ、江青の名義で「批林批孔」関係の手紙及び資料を届けさせた。江青は周恩来と葉剣英《よう・けんえい》〔※〕それぞれに手紙を書き、批林批孔運動の展開を催促した。江青

(56) 中共中央文献研究室編『毛沢東伝　一九四九～一九七六』北京、中央文献出版社、二〇〇三年、一六五六頁。
(57) 中共中央文献研究室編『毛沢東伝　一九四九～一九七六』北京、中央文献出版社、二〇〇三年、一六五九頁。

の画策によって、一月二五日、つまり旧暦の正月三日、北京で党中央直属機関及び国務院各部門主催の「批林批孔」動員大会が開催された。一万人余りが参加したこの大会では、遅群と謝静宜が大会で人々を煽動する内容の講話を発表し、会場にいた周恩来や葉剣英らを非難される立場に追いやろうとした。彼らは、『林彪と孔孟の道』の資料に関する宣伝と説明という名目で、いわゆる「重要事項を討議する」〔抓大事〕、「〔資本主義の〕復活に反対する」[267]といった問題を話し、党内の「これまでの日和見主義の頭目は皆孔孟の道〔儒学〕を推し進めた者だった」、「修正主義は依然として当面の主要な危険である」などと発言した。江青と姚文元は大会で頻繁に口をはさみ、「孔子を批判しないということはつまり、林彪を批判することを許さないということだ」、「折衷主義に反対しなくてはならない」、「中庸の道を主張する者は、全て実際には悪辣である」などと発言した。遅群らも、「批林批孔」が実際と結びついた〔現実社会の問題として取り上げた〕ものの一つが、すなわち「裏口取引」〔走后門〕問題[268]であると公言し、「裏口取引」は実際には「マルクス主義に対する批判」であると言った[58]。この大会では、周恩来でさえ次のような態度表明をせざるを得ない情況に追い込まれた。「この会議について、私は前もって何一つ知らなかった！ 私は文革情勢の発展に関して十分に敏感ではなく、思想は情勢から若干落後していた。幸い、江青同志は敏感であり、私は自らの思想を検討せねばならない」。謝静宜はさらに「裏口取引」を風刺する詩をとりあげて言った。「酒の杯を捧げれば、政策を緩める。箸をあげれば、よいよいと言う」。当時の社会では、時事や政治に関するこうした類いの詩はまだ流行しておらず、人々はこれを聴くととても耳新しく新鮮に感じた。

中央一号文献が配布され、その後「批林批孔」動員大会が開催されると、新聞における批判記事の論調はさらに一層激しくなり、凄まじい勢いとなった。なぜ突然「批林批孔」が発動されたのか。なぜ全く関係の無い「裏口取引」が関係づけられたのか。

当時私は市委員会駐大鐘荘大寨県普及工作組組長を担当しており、宝坻県大鐘荘大隊で蹲点《トウンディエン》を行っていた。この大隊は市委員会第二書記の呉岱が自ら掌握しており、中央一号文献の主旨を貫徹させなくてはならず、また、立派な「経験」を抽出しなくてはならなかった。さてどうすればよいのだろうか。我々は毎週数日だけ、夜の余暇時間を使い、社員を組織して「批林批孔」問題を学習・討論した。私は、最初何も発言せずにいたが、後になって農村の伝統的な男尊女卑などの封建的色彩を帯びたことわざを持ち出し、それと関連させて批判する発言を行い、やっと役目を果たした。

しかし、当時は皆が「批林批孔」の本当の目的をはっきり理解していたわけではなかった。「裏口取引」問題との関連は、皆にとって一層理解できないものだった。一九七七年に「四人組」が公然と批判〔掲発批判〕された後になって、江青らは「批林批孔」を発動し、影射史学[269]〔あてこすり歴史学〕を用いて、党の権力を奪おうとしていたということを知った。『毛沢東伝　一九四九～一九七六』にはこう書いてある。「彼らが言う『折衷主義』、『中庸の道』とは、一貫して周恩来を指すものである」。「ここに言う『裏口取引』が直接的に指しているのは、葉剣英の息子の一人が空軍で飛行員をしていること、また娘の一人が北京外語学院で英語を学んでいることを指していた」[59]。

一月二五日の「批林批孔」動員大会後、葉剣英は一月三〇日に毛沢東へ手紙を送り、「検査」の形式で江青のあらゆる行為を報告した。また、数日後には周恩来が毛沢東へ関連する情況を報告して、次のように提案した。「批林批孔」において、もし「『裏口取引』という一つの問題を追求するだけなのであれば、これは非常に小さいことであり、良くない傾向はこの問題だけではないはずです。『裏口取引』の問題については検討が必要でありますが、区別して処理することで、初めて効果が上がるはずです」。毛沢東は

---

(58) 中共天津市委員会党史研究室編『中国共産党天津歴史大事記』北京、中共党史出版社、二〇〇一年、三一六頁。
(59) 中共中央文献研究室編『毛沢東伝　一九四九～一九七六』北京、中央文献出版社、二〇〇三年、一六八二頁。

「批林批孔」運動中の江青

二月一五日に葉剣英に返信した。「このことは甚大であり、支部から北京に至るまで数百万人に影響が出る。裏門を開けて来た者のなかにも良い者がおり、表門から来た者のなかにも悪人はいる。現在は形而上学がはびこって、一方に偏している。批林批孔にまた裏口取引の問題を混ぜ込むのは、批林批孔を水で薄めることになりかねない。小謝（謝静宜を指す）や遅群の講話には問題があり、下達するべきでない」。

圧力を受けて、江青は自己批判書を書いて毛沢東に提出せざるを得なかった。毛沢東は再度江青に対して手紙を書き、彼女を非難し戒めた。「あなたは特権を持っているが、私が死んだらどうするのか？[60]」。これは明らかに毛沢東の「怒りの言葉」であり、鉄が鋼にならない悔しさから発せられた言葉である。果たして、江青の未来は毛沢東の言葉通りになった。一九七六年九月九日、毛沢東がこの世を去って間もなく、江青は囚われの身となったのである。

江青は毛沢東からの非難に遭った後、その年の六月に天津へやって来て、儒法闘争について大いに講じ、再度高波を起こそうと企んだ。彼女は毛沢東へ手紙を書き、彼女が天津を視察した際の見聞を報告したが、そのなかには当地の「批林批孔」の展開情況が含まれていた。そして、こう書かれていた。「もちろん、もし私にもっと多くの日を与えて頂けるのならとても幸いです」。毛沢東はこの手紙を読んだ後、「批林批孔」については一言も触れずに、ただこう指示（批示）した。「期間延長を許可する。調査・研究をするように。あなたは民衆の生活を知らなすぎる」。毛沢東は「批林批孔」について態度を明らかにしなかった。江青らは世論という道具を通して宣伝を勝手に、思う存分行っていたが、同月、ついにそれも終わった。

3 最後の「パフォーマンス」

毛沢東が儒法闘争を提起しなければ、江青が儒法闘争を論じることはなかったはずであり、またできなかっただろう。しかし、江青はこの問題を契機として、力を発揮し、思うままにでたらめの限りを尽くした。その結果、毛沢東の意図に背くことになり、毛沢東から非難されてしまった。

「文革」初期、「天下の大乱が天下の大治へと達する」という指導思想から、毛沢東は江青に対して信任を置き、重用した。江青と中央文革小組は当時、至るところで波風を立てたが、これは毛沢東の支持がなければ不可能なことであった。江青らが中央の指導権を簒奪したいと考えると、毛沢東はそれに反対した。とは言え、当然、毛沢東も江青らを打倒したいわけではなかった。このことからわかることは、毛沢東と江青らを分けることはできないが、その一方で、両者には違いがあるということだ。

歴史は極端に曲折したものである。当時、江青は天津における講話原稿を既に毛沢東に提出していた。そのなかで彼女は、度々毛沢東の講話を引用し、毛沢東の「良い学生」になろうとしていた。毛沢東が古典から語句や故事を引いてくるのに倣い、多くの歴史的事実を引用した。荒唐無稽なことを大量に仕出かしたが、しかし、彼女は非常に大きな努力をし、工夫をこらした。これは、彼女が毛沢東からの非難に遭った後に行った、再度の、そして最後の「パフォーマンス」であり、これによって毛沢東の好むところ

---

(60) 中共中央文献研究室編『毛沢東伝 一九四九～一九七六』北京、中央文献出版社、二〇〇三年、一六八六頁。

に合わせようとしたのである。しかし、毛沢東は彼女の講話には一言も触れることはなかった。江青は彼の支持を得ることができず、彼女の失敗は決定的なものとなった。

「奇文共欣賞、疑義相与析」[270]〔良い詩があれば共に鑑賞し、疑問があれば一緒に解釈しよう〕。江青が天津で行った空前絶後の講話を以下に付そう。当時彼女が天津でどんな演技をみせていたか、ご覧あれ！

4　江青「天津儒法闘争史報告会」上での講話全文[61]

同志の皆さん！　私は皆さんに学ぼうとここにやって来ましたので、皆さんにお話しする原稿のようなものは用意していません。私と共に、若干名の専門家、批孔論文を専門に書く専門家、老先生方、老年・中年・青年からなる文書執筆グループも来ています。それから文化組の成員もやって来ています。こうした我々のリーダーは、皆さんの市委員会書記です。

私は何の準備もしてきていませんので、思いつくままに話しましょう。私は歴史に関してはとても知識が浅く、この闘いのために努力して学んでいます。我々は一つの塹壕の戦友であり、私がもし間違ったことを言ったならば、どうぞ同志の皆さんに非難して頂いて、正して頂きたいと思います。

先程は一五分遅刻してしまい、大変申し訳ありません。いくつかの文書を急いで処理する必要があったため、時間通りに到着することが出来ませんでした。どうか同志の皆さんにご理解頂きたいと思います。まず、同志達に一つの良いニュースを報告します。一七日の午後二時、我々は水爆実験[271]を成功させました。とは言っても、今日我々が開くこの会で、労働者同志達の批林批孔を聴くと、その威力は水素爆弾よりもさらに大きなものでしょう。

いくつかの問題について私は同志達に相談・討論し、また専門家にも相談したいと思います。我が国の歴史を紐解くと、春秋戦国時代以来、およそ尊儒反法〔儒家を尊重し、法家に反対する〕の立場をとった者は皆売国主義であり、尊法反儒〔法家を尊重し、儒家に反対する〕の立場をとった者は皆愛国的でした。これは一つのかなり大きな目印です。先程の女性同志は年齢が若いにも関わらず、この問題を提起しました。

私の歴史に関する知識はとても薄弱です。歴史上、全ての法家は抑圧されましたが、それは彼らが下層階級の出身で、闘う必要があったからでした。おおよそ、功績を残した者は、封建的人物であれ、封建時代の帝王であれ、それが天下を取ったのか、天下を治めたのかに関わりなく、一般には全て法家であったか、あるいはそれに近い人物でした。もちろん、程度はそれぞれに異なり、具体的な分析が必要です。全体的に言えば、歴史上法家は愛国主義的であり、民衆を愛護し、民衆を激励してきました。儒家は民衆、奴隷、農民、それから我々労働者階級に対して、残酷非情であり、残酷極まりありません。孔老二のやり方は、それはもう露骨でありました。彼は後の弟子や孫弟子に飾り繕われましたが、全く露骨であります。彼は脇役の太鼓持ちで、鼻つまみ者なので人々から袋叩きに遭いました。彼は官吏になりたいと思い、多くの国を渡り歩きましたが、どこに行っても彼は必要とされず、魯においてやっと官吏となることができました。彼の祖先は宋の貴族で、孔父嘉と言います。宋国の頃の子孫で、第何代かははっきり覚えていませんが、その頃の者です。孔老二の父である叔梁紇は没落貴族の子弟です。孔老二は至る所で官吏になろうとし、至る所で人々に奴隷制の復活を勧めています。あの当時、春秋戦国時代は経済的不均衡状態にあり、新興地主階級による封建主義的経済もあれば、多くの遅れた奴隷制も存在しました。歴史の分類という問題については、我々の郭沫若同志が功績を残しました。尊孔〔孔子の尊重〕の問題においては、彼は若干問題があります。特に、秦の始皇帝についての考え方には些か問題があると言わざるを得ないでしょ

---

(61) 一九七四年に中共天津市委員会弁公庁が整理・印刷し、各区・県・局に配布した内部資料。

う。しかし、彼の書『奴隷制時代』は、読んでみる価値のあるものです。主席はこの本を肯定的に評価しています。つまり、中国における奴隷制と封建制の境界は春秋戦国時代にあるという彼の主張は正しいものです。私が読んだ歴史資料は専門家に比べれば非常に少ないですが、主席は郭さんのこの功績について肯定的に評価しています。

四書五経[272]は人々の思想を縛り付けるよう作用し、そのなかでも、最も人々の思想を縛り付けたといえるのが宋朝においてです。つまり、程朱理学[273]〔朱子学〕、程頤《てい・い》、朱熹《しゅ・き》です。彼らは理学家です。宋朝以後、官吏になるためには四書五経を用いた試験を通らなくてはならず、人々は自分で考えることをしなくなってしまいました。長年苦労して勉学に励んで、四書五経を暗唱したことで、人々の後の思想を非常に束縛してしまったのです。

最近では、『参考消息』[274]において〔同志達、『参考消息』を持っていますかと江青が問い、持っていますと皆が答える。〕、あるイギリスの学者による中国歴史研究の論文がありました。非常に長いものですが、彼は、欧州人の科学は中国の古典的科学から非常に大きな啓発を受けたと言っています。我々祖国の天文学は最も早くから発展し、指南針〔羅針盤〕、製紙、火薬など、どれも欧州由来のものはありません。これらがどのようにして欧州へ伝わったか。チンギス・カンはモスクワだけをずっと攻撃していたわけではなく、欧州のハンガリーも攻撃したのです。同志達、知っていましたか。このようにして、我々漢族が発明した火薬が運ばれて行ったのです。例えば、サッカーも宋の時代に既に蹴鞠がありました。私は聊斎《りょうさい》[275]〔蒲松《ほ・しょう》齢《れい》〕を読んで知りました。つまりここで言いたいことは、自国の歴史に対して虚無主義的態度をとる必要はなく、しかし肯定しすぎてもいけないということです。過度に肯定すれば、主席が非難するような大国排外主義〔ソ連を指す〕になってしまいます。我々の祖先の良い部分は、批判的検討をしながら継承すべきなのです。全てを否定するのは誤りであり、もちろん全てを肯定するのも誤りです。『参考消息』には、古代中国の科学技術が世界に影響を与えたとありますが、一部の説明は素晴らしい一方、不備もあります。我々自身の学者、工農兵が結集して整理する必要があるでしょう。

私は、全国の各省・市の全てに天文館を建設することを提案したいと思います。これは児童が必要としているだけでなく、我々のような者達も必要としています。北京の天文館[276]にあるものは全て外国人による発見や功績ばかりで、中国人によるものは一つしかなく、実際にはこれも誤ったものです。あなた方の天津にも天文館を建て、歴史に関して、我々自身のことを重点的に整理しなくてはなりません。二四史[277]を皆さん読んでみてください。天文学に関する記載は非常に多いのですよ。

私はここで一つの問題について話したいと思います。それは、先程聞いた、薛清泉《せつ・せいせん》〔※〕の話した孔子編纂の『春秋』[278]に関する問題です。この本はもしかしたら偽の著書かもしれません。私は考証を行ったわけではありませんが、後の者が書いたもので、孔子はこんな意味のことを言っていたということだと思います。この点は、専門家に考証をお願いしたいと思います。『論語』[279]も孔老二が書いたものではなく、彼の徒弟が書いたものです。彼がこんな話をしたと彼の徒弟が書き記したものなのです。『春秋』も孔老二が自ら書いたものではなく、彼はこんな思想を持っていたと伝わったものなのかもしれません。我々はやはり、調べる必要がありそうです。

先程の「星火燎原」の問題ですが、「星星之火、可以燎原[280]」〔小さな火花も広野を焼き尽くすことができる〕は主席の論文です。この論文は主席が林彪に宛てて書いた手紙で、主席は林彪の悲観主義や失敗主義を批判しています。このことは、これまで我々は皆知りませんでした。林彪は主席に多くの論文の内容を書き換えるよう求め、現在『毛沢東選集』にある論文も当時のものではありません。私は「星火燎原」の原論文を探して読みましたが、厳しく林彪を非難しています。先程のあの同志が「大志はマルクス・レーニン主義を堅く信じ、どうして星火燎原を疑うだろうか[281]」という林彪の言葉について話しました。しかし、私が話したような背景には触れませんでしたので、ここで私が補足しておきます。

奴隷、農奴、農民はそれぞれ違ったものであり、奴隷と農奴とは異なり、農奴と農民も異なります。先程あの同志が提起したチベットを描いた映画『農奴』[282]に出てくる農奴は実際には奴隷です。奴隷、農奴、農民の区別に注意しなくてはなりません。奴隷は完全に身体の自由が無く、しかも鎖につながれ、田畑で労働を強いられました。そして、本来は金銭的価値の高くないものです。春秋戦国の時代、四人の奴隷と一束の干肉でやっと一頭の馬と交換できました。また、死者と一緒に埋める殉葬に多くの奴隷が用いられました。先程話した郭さんのあの本には、多くの証拠が書かれています。現在出土している大量の資料もさらにこの問題を説明しています。農奴は、奴隷と比べれば、少し情況は良いです。鎖にはつながれていません。殉葬に用いられることはありましたが、後には、殉葬には多くが人形を使うようになりました。墓が掘り返されると俑が出てきます。我々の故郷では、私が幼少の頃、〔副葬品として〕神に仕える少年少女の人形を作るのを見たことがありますが、これも一種の殉葬の意味があるのでしょう。解放以前は、私の故郷〔山東省〕でも中国式の副葬を伴う墓の痕跡が残っていましたが、江南《こうなん》[283]とは異なり、当然これはごく少数です。私の故郷は主に実物で地代を払いましたが、江南は貨幣で地代を払っていました。我々の地方では、土地契約は全て地主の家の礎石に刻まれました。土地改革の時、我々は土地を農民に分け与えましたが、農民はびくびくしてそれを受け取ろうとせず、我々に、あなた方が分けている土地や家屋は本物か偽物かと尋ねてきました。我々は本物だと言いました。彼らは、なら私らと一緒に来てくれと言い、地主の家の前まで行き、家の一部を取り壊して見てみると、その礎石には、某がどれだけの地代を借金などと全て書かれていました。

農民、農奴、奴隷、この三つを混同してはなりません。チベットの農奴は比較的奴隷制に近いものですが、しかし彼らは奴隷と全く同じであったわけではなく、いわゆる封建制時代の奴隷ではないのです。少数民族地区は、経済発展が不均衡であり、一部の兄弟民族〔少数民族に対する親しみを込めた呼び名〕が海南《かいなん》島《とう》に移り住みましたが、解放の時、まだ焼き畑農業を行っていました。つまり、鎌だけで田畑を耕していたのです。草を燃やして肥料とし、すぐに耕作を行っていました。単位面積あたりの収穫量は非常に少ないものでした。現在はとても発展しました。現在の海南島は春・夏・秋と三季収穫でき、水さえあれば、四季収穫できるかもしれません。水の不足は、東部や北部の方がまだ良い状態にあります。

解放以後、漢民族の助けの下、少数民族は奴隷制あるいは農奴制に類似した状態から迅速に抜け出しました。移行はすぐに行われ、民主改革を経験しました。ここ一、二年、人民公社化も行われておりますが、現在合作社化は基本的に完了しました。ある地方ではまだ個体生産が残存しており、黒竜江や江西の山間部などがそうです。また、一家、一戸単位で開墾し耕作を行っているところもありますが、これは少数の例外です。全体的に言えば、我々は社会主義経済であり、全人民所有制[284]及び集団所有制[285]を主にしていると言えます。

私は同志達に二つの論文を読むことを提案します。それは法家の代表的人物を紹介したもので、元々は一五日の『北京日報』に掲載されたのですが、私はその日のうちに『人民日報』への転載を指示しました。私は先程それを受け取ったばかりで、詳細に目を通すことはまだできていません。一つ目の論文は、先秦時代についてのもので、不足のところもあります。二つ目の論文は秦の始皇帝から前漢までについて論じられており、万全に書かれていない部分もありますが、代表的人物について書かれています。不足のところもあり、欠点もありますが。

先程、薛清泉同志は、秦の始皇帝には功績があるということを話しました。私が考えるに、彼の功績は郡県制[286]だけではありません。彼は全中国を統一し、郡県制を実施し、中国の文字を統一[287]しました。車同軌《しゃどうき》も彼によるものであり、まだほかにもあります。これらは皆とても先進的なことです。私は最近『文物』

のなかで読みましたが、商鞅の変法〔改革〕で用いた升[289]は長方形で、現在出土しています。秦の始皇帝は、こうした様々な整備を基礎として、国を改めたのです。

もう一つ同志達にも知っておいて欲しいことがあります。いわゆる西周、つまり文王と武王[290]のことです。武王は紂王を討伐し、名目上は統一を果たしましたが、実際には八百の諸侯がいました。春秋戦国時代となると、七雄[291]になりました。これは中国発展史において大きな進歩です。秦の始皇帝は六国を滅ぼし、全中国を統一しました。もう、これは並々成らぬことです。長城を築いたのは秦の始皇帝だけではありませんが、秦の始皇帝の時に大きく修繕されました。同志達、八達嶺《はったつれい》[292]を見て下さい、長城を見ましたか。私は雁門関《がんもんかん》[293]に行ったことがあります。長城に沿って歩きましたが、とても素晴らしいものです。秦の始皇帝が行ったのは非常に大規模な工事でしたが、なぜそのようなことをしたかと言えば、それは外来の侵略を抑えるためでした。我々は当時先進的な農業国でしたので、遊牧民族の侵略を防ぐ必要があり、これは非常に重要なことでした。ですから、おおよそ全ての法家は皆愛国主義的で、初めから終わりまで愛国主義的なのです。秦の始皇帝の時代は匈奴《きょうど》[294]がおり、その他の遊牧民族がおり、さらに反動的な落ちぶれた奴隷所有者がおり、漢代初期まではずっと大奴隷所有者もいました。劉邦《りゅうほう》[295]は同姓王には領地を与え、異姓王は全て殺しました。当時最大の者は呉王・濞《び》[296]でした。当時も経済的不均衡があり、四川の大奴隷所有者には卓王孫《たく・おうそん》[297]がいます。卓文君《たく・ぶんくん》を皆さん知っているでしょう。彼女は司馬相如《しば・そうじょ》の妻で、卓王孫の娘です。卓王孫の家には奴隷が一万人もいて、この一万という数字は、もしかしたらもっと多かったかもしれません。呂不韋《りょ・ふい》[298]の家にも奴隷が一万人いました。

我々が批林批孔を開始すると、このことが世界を大きく揺るがしました。ソ連修正主義は尊孔であり、懸命に我々を罵ってきました。アメリカ帝国主義はまだそこまではありません。アジア全体、特に東南アジアに与えた衝撃はとても大きなものでした。日本軍国主義は孔老二の弟子・孫弟子です。日本の友好的人士は、こう言いました。これは大変だ。あなた方の孔老二批判には、我々は我慢ができない。別のある友好的人士はこう言いました。あなた方のこうした運動は、我々は受け入れられない。我々も批判されてしまうではないですか。

さらに孔子は回教徒へも影響を与えました。ある人は言いました。「漢族の兄弟は彼らの聖人を批判し、我々の聖人も批判した。我々のマホメットも同じだからである」。キリスト教に対しても影響を与えました。欧州の友人は言いました。彼らのところにも聖人がいて、皆影響を受けました。

批孔に賛成する者もいるし、反対する者もいます。日本の反動的組織である青嵐会《せいらんかい》[299]は我々の批孔に反対し、ソ連修正主義は最も必死で反対しています。よって、批林批孔を単なる中国における闘争と考えてはならず、今や全世界に波及するイデオロギーにおける大闘争なのです。これまで、中国にやって来た外国人が中国人に学んだことは四書五経ばかりで、孔老二は「大聖人」でした。あなた方はどうして聖人を批判したのですか。

先程、あの同志が荊軻《けい・か》による秦王〔後の始皇帝〕暗殺[300]に触れました。当時、遺恨を晴らそうとした燕《えん》の太子《たいし》・丹《たん》は、没落した奴隷所有者の頭目でした。太子丹は人材を募るための黄金の台を持っていました。荊軻はとても反動的な侠客《きょうかく》で、脇役でした。彼は一人の助手がどうしても必要であり、それが秦舞陽《しん・ぶよう》でした。当時、なぜ「図窮匕首見」をする必要があったのか。それは、秦王は殿上におり、衛兵は殿下にいたからです。荊軻は秦王を暗殺しようとしましたが、秦王は柱の後ろに隠れて、荊軻は匕首で刺すことができず、衛兵がすぐに駆け寄って来ました。実際には、荊軻は後世に悪名を残す脇役です。『狼牙山五壮士』[301]という映画があります。もともと五壮士は素晴らしい英雄です。三人が犠牲となり、二人が生き残りましたが、この映画の描かれ方は悲惨なものです。何が「風蕭蕭兮易水寒、壮士一去兮不復還」[302]〔風は蕭々として易水寒し、壮士ひとたび去ってまた還らず〕でしょう。五壮士を荊軻と比較するのは、間違っているのです。

先程あの同志が秦の始皇帝について話しましたが、当時の法家と儒家の対立は、一方の側には秦の始皇帝と李斯《り・し》[303]がおり、もう一方の側には呂不韋のほか、没落し、復活を望む奴隷所有者、旧皇帝の親戚、つまり以前の皇帝の親戚・友人、内戚、外戚がおりました。呂不韋は秦国の者ではなく、趙国の者です。ある時、異人[304]という名の秦の公子が趙に人質としておりました。呂不韋は大商人で、この異人に目につけると、すぐに自分の父親に相談し、この異人は奇貨なり、居くべし〔これは珍しい品物だ。買って置くべし〕と言いました。呂不韋はこの異人に投資することにし、自分の家につれて行き、彼の愛人であった趙姫《ちょう・き》[305]を異人の妻としました。そして、彼は秦国へ行き、華陽夫人《かようふじん》[306]を買収しました。華陽夫人は子供が無かったため、この異人を彼女の息子とすることにしたのです。秦王が死去すると、異人は戻って、秦王となりました。この異人が秦の始皇帝の父親です。秦の始皇帝はとても若いときに皇帝に即位しました。呂不韋は仲父〔父に次ぐ尊称〕として反革命の復活の輿論を作り上げ、『呂氏春秋』[307]という書を作りました。私は同志達に、『秦王朝建立過程における復活と反復活の闘争』という論文を良く読むことを提案します。呂不韋は没落した奴隷所有者と結託し、皇帝の親戚や内戚が一体となって政変を企てましたが、秦の始皇帝はこれを撲滅しました。その後に、秦の始皇帝は李斯を登用したのです。

秦の始皇帝の死後、なぜ秦は滅亡してしまったのでしょうか。始皇帝の長男である扶蘇[308]が、儒学を信奉しており、始皇帝はそれを良く思っていませんでした。そのため、始皇帝は彼を大将軍・蒙恬《もう・てん》[309]のところへやり、辺境の防衛に当たらせました。始皇帝が道半ばで死去し、政権は宦官である趙高《ちょう・こう》[310]の手中に落ちました。これが秦滅亡の一つの原因です。最も重要な原因は、始皇帝は結局のところ搾取階級を代表し、封建王朝は人民を搾取し圧迫する一面があったということです。彼の功績を見ると同時に、彼が搾取したことにも目を向けなければなりません。また、彼は殺した人間の数が少な過ぎました。彼は数十万の立派で才能ある者達を咸陽《かんよう》〔秦の全国統一時の首都〕に移し、多くの儒学者も生かして、支持しました。彼が生き埋めにして殺した知識分子は儒家の一派だけでした。この一派はでたらめを言って政変を起こそうとし、また、天老爺[311]を宣伝して迷信を吹聴する者達で、殺したことは正しいのです。燃やした書はさらに少な過ぎました。彼は良い本は保護するよう命令を下し、農業や医薬に関する有用な本は燃やすことを許さず、儒家の本だけを燃やしました。全国のあんなにも多くの儒家の本を、どうして全て燃やすことができましょうか。四六〇名殺しましたが、これは少な過ぎたのです。

　秦の始皇帝の死後、第二代皇帝は年が若く、まだ物事がわかっていませんでした。没落奴隷所有者の趙高が政務を執りましたが、趙高は儒家を代表する者でした。漢王朝は、秦を攻撃して長くはかからずに滅亡させ、中国を統一しました。劉邦はある程度の妥協のもと、分封制[312]を採用し、同姓王に領地を与え、異姓王を退けました。〔同姓王のなかで〕最も強力だったのが呉王の劉濞《りゅう・び》で[313]、彼は貨幣を製造し、塩を生産し、中央政府と比べても非常に大きな富を蓄えました。

　劉邦や呂后《りょ・こう》[314]は法家であり、以後の文帝[315]、景帝[316]、武帝[317]、昭帝[318]は皆法家です。彼らが採用した大臣のなかには儒家も少なくなかったけれども、法家が主でした。ある汲黯《きゅう・あん》という大臣は、朝廷の武帝に対して面と向かって次のように言いました。「陛下は内心では欲が多いのに外面で仁義を施そうとしている」。漢の武帝はそれを聞くと、怒りに顔色を変えて、退出してしまいました。ほかの者達は皆汲黯に代わって心配し、汲黯は殺されてしまうと思ったが、殺されませんでした。漢の武帝は言いました。「汲黯は汲黯だ」。

　先程話した劉少奇と林彪のことですが、同志達がとても新鮮な資料を提供してくれました。私はつい最近になって初めて知りました。劉少奇は入城して間もなくの頃、自ら孔子を祀ったのです。一九六二年、彼は自ら多くの者を組織して、曲阜《きょくふ》[319]へ行きました。一〇〇〇人以上いたといいます。全国の多くの単位《ダンウェイ》から人が参加しました。あなた方の所から参加した者がいたのかどうか、これは知りません。社会主義には儒家はいないと考えてはいけないのです。我々の党内にも少なからぬ儒家が現れています。同志達は皆資料を持っているのですから、全て見て下さい。

先程の劉邦というのは、つまり漢の高祖のことです。呂后、張良《ちょう・りょう》〔320〕、蕭何《しょう・か》〔321〕、曹参《そう・さん》〔322〕、鼂錯《ちょう・そ》〔323〕、桑《そう・》弘羊《こうよう》〔324〕などは皆法家です。先程ある同志が話した男女間の不平等についてですが、董仲舒《とう・ちゅうじょ》〔325〕の時に至ると、孔老二のものにさらに夫為妻綱が付け加えられました。実際には、孔老二は早くから、女と子どもは養い難いと言っていましたが、董仲舒はこれを綱領にまでしました。漢朝の女性は比較的自由で、「若いつばめ」もおりました。同志達は知っていましたか。「若いつばめ」とは、男妾、つまり男の愛人のことです。唐朝の女性もそれほどひどい不自由さはありませんでした。唐朝の女性は確かに不自由ではありましたが、出家をしたり女道士や尼僧になったりすることが可能でした。労働人民においてはさらに多くの自由がありました。宋朝になったらもうだめですね。これは封建制における経済的な降下と少なからぬ関係があるかもしれません。彼らは民衆を酷使し、ひどく束縛し、民衆が反攻するとより一層強大になりました。中国の農民の暴動は一〇〇万にも、数百万にも達しました。前漢・後漢には黄巾《こうきん》〔326〕、赤眉《せき・び》〔327〕、銅馬《どう・ま》〔328〕がおり、唐朝には王仙芝《おう・せん・し》〔329〕、黄巣《こう・そう》〔330〕が、元の末期には張士誠《ちょう・し・せい》〔331〕、陳友諒《ちん・ゆうりょう》〔332〕、明朝末期には李自成《り・じ・せい》〔333〕がいました。清朝には太平天国〔334〕、義和拳〔335〕〔義和団〕があり、この二つは最大のものです。朱元璋《しゅ・げんしょう》〔336〕も反儒学です。

我々の党が指導する労働者階級を基礎として、貧農・下層中農が強固にした同盟軍による革命は、特に毛沢東主席の指導の下で、我々の国家の解放を達成しました。一〇年間の内戦、八年間の抗日戦争を経て、解放戦争はたった三年半で終わり、蒋介石を打ち破ってあの島へ追いやりました。蒋介石は非常に儒学を重んじる人間でした。

私は昨晩、やっと『塩鉄論』〔337〕を読み終わりました。皆さんにも読んでみることを勧めます。闘争は非常に激しく、主に昭帝は漢の武帝の路線を堅持し、馬鹿者達は反対しました。劉邦は初め儒学を信じていませんでした。そのため、酈食其《れきいき》[338]には会いたくなく、劉邦は儒者には会わないと言いましたが、酈食其は罵って言いました。「私のどこが儒者なのか。私は高陽《こうよう》の酒飲みだ」。劉邦は足を洗っている最中に、足を露にしたまま酈食其と会いました。ですから、彼は本当の儒学を信ずる者ではありません。劉邦がなぜ儒学を尊ぶようになったか。それは彼が天下を統一した後、数名の大臣をうまく支配できなかったからです。叔孫通《しゅくそんとう》[339]が彼のために礼楽《れいがく》[340]の制度を制定し、劉邦はここで初めて、皇帝になることの気持ちを知ったと言ったのです。

雑誌『紅旗』に掲載された論文「読塩鉄論」を、同志達に読んでみることを勧めます。林彪は我々文人〔「筆杆子」〕が軍人〔「槍杆子」〕に圧力をかけていると非難しました。しかし、彼の文人〔林彪の息のかかった文章家〕こそとても多かったではありませんか。反革命的輿論を多く作り、デマを流して、我々党中央同志が主席に従って行っている革命は文人が軍人を攻撃するものだと中傷しました。私も文人だと思われていましたが、私は筆をとることなど出来ません。〔会場に来ている軍の兵士たちに向かって〕私はあなた方を攻撃しましたか。今日は一〇〇名余りの戦士も来ているのです！　彼ら〔林彪たち〕はデマをでっち上げ、人を騙しました。何が「民富国強」でしょうか！　彼は大叛徒、大売国奴、大窃盗犯です！　「一平二調[341]」！

一つの例を挙げましょう。雲南省に林彪の仲間で相当な地位にある者がいました。この者達は、林彪にマオタイ酒を、一度は一〇〇〇瓶、もう一度は一五〇〇瓶贈り、さらに煙草数百箱を贈りました。彼はこんなにも高い給料を貰っていたのです！　これは賄賂ではないですか！（皆が、そうです、と答えた。）「一平二調」！

杭州にある彼の御所[342]の建造に、二七〇〇万元余りが使われ、まだ完成しておらず、軍の施工部隊の分はこの金額に入っていません。彼が食べている物は全国からの貢ぎ物で、家には霊芝草〔高価な漢方薬〕があり、アヘンも吸い、長生きと不老を願っていました。以前我々はこうしたことを知らなかったのです。

毛家湾《もう・か・わん》〔343〕は職員が行ったことがあります。敷地内には、手前に二つの小さな部屋があり、その後ろに門があり、その門は閉まっていて、我々のなかで誰もそこから先へは行ったことがありません。私は二度毛家湾へ行ったことがありますが、とても目につきにくい隠れた場所にあります。彼は北戴河でも御所を建築し、階段はとても広く、人民大会堂にあるような広い階段です。二つの放映室があり、建物の真ん中には大きなプールを作りました。林彪は水が怖いと言っていましたが、馬鹿野郎です！　嘘つきです。足が弱く、すねから汗が出ると言っていましたが、実際には何キロも歩けるのです。彼は腰抜けです。主席が「九・一三」〔林彪事件〔*〕が発生した一九七一年九月一三日の前夜〕の夜、南方旅行から北京に戻って来る前に、彼は逃走しました。彼は「自由奔放な一匹狼」ではないですか。彼は一人で行ったきり、帰ってこなかったですね。彼はお茶を飲むと膀胱から汗が出ると言いましたが、一体誰が見たのでしょう。

諸葛亮《しょかつ・りょう》〔344〕は正統思想を守ったことから、以前は、彼は正統思想の持ち主だと思っていました。しかし、実際には法家です。

曹操《そう・そう》〔345〕はとても素晴らしい法家です。彼が登用した郭孝直《かく・こうちょく》〔346〕は非常に若くして亡くなりましたが、大法家です。曹操は人の登用の仕方が非常に上手い人でした。袁紹《えん・しょう》〔347〕のところには陳琳《ちん・りん》〔348〕という策士がおり、陳琳は一篇の檄文を書き曹操を罵りました。それはひどい罵りでした。曹操は病にかかっており、頭痛のするなか、この檄文を読み、全身から汗が出て、頭痛もしなくなってしまったといいます。後に、曹操が陳琳を捕虜にした時、彼は陳に対して、〔檄文の中で〕なぜあんなにも酷く〔曹操やその親族を〕罵ったのかと尋ねました。陳琳は、矢はつがえたら放たざるを得ませんと答えました。結局、曹操は彼を殺さず、登用しました。さらに、大将・龐徳《ほう・とく》〔349〕が捕虜になった後、釈放されて戻って来ましたが、曹操は彼を殺しませんでした。歴史上、法家が殺した人間の数は少なく、儒家が殺した人間の数は多いのです。孔子が登壇して三ヶ月も経たないうちに少正卯《しょうせい・ぼう》〔350〕を殺しました。七日というのは正確ではなく、三ヶ月というのが確かです。少正は官名で、彼は大夫ですので、殺すのには手続きが必要です。三ヶ月が正しいでしょう。

　唐の李世民《り・せいみん》〔351〕については、具体的な分析が必要ですが、法家の要素が強いのではないでしょうか。専門家の研究に期待したいところです。彼の父親は李淵《り・えん》〔352〕といい、隋の皇帝に仕え、御所の護衛に当たっていました。山西の晋陽で、あえて造反〔隋に対する反乱〕は起こそうとはしませんでした。息子である李世民の支配下に文静〔353〕（晋陽令）という者がおり、造反しなくてはならないと主張しました。李世民は彼の提案を採用し、農民起義〔農民の反乱〕の勝利を勝ち取って皇帝となりました。彼は農民暴動を率いた多くの領袖を登用しました。瓦崗寨〔354〕の者達です。同志達は知っていますか。例えば、李勣《り・せき》〔355〕です。元の名を徐世勣といい、つまり徐茂公《じょ・もこう》のことです。魏徴《ぎ・ちょう》〔356〕が法家であったか、儒家であったか、これは研究する価値があるでしょう。武則天《ぶ・そくてん》〔357〕〔則天武后〕は武元衡《ぶ・げんこう》〔358〕、狄仁傑《てき・じんけつ》〔359〕、姚崇《よう・すう》〔360〕、宋璟《そう・けい》〔361〕、裴度《はい・ど》〔362〕などを登用しました。これらの者達についても研究する価値はあるでしょう。

　後には韓愈《かん・ゆ》〔363〕がいます。韓愈は儒家ですが、法家の要素も持っており、分析が必要です。柳宗元は法家です。王叔文《おう・しゅくぶん》も法家です。いわゆる八司馬〔365〕のなかの一人の韓愈〔366〕ですが、韓愈は潮州へ貶され、泣く泣く、一つの律詩を詠みました。「一封朝奏九重天、夕貶潮州路八千」〔367〕〔一封　朝に奏す　九重の天、夕に潮州に貶せらる〕（『左遷至藍関示姪孫湘』）です。一方、柳宗元は柳州へ貶されましたが、韓愈とは様子が違います。彼も詩を詠んでおり、『登柳州城楼漳汀封連四州刺史』といいます。〔368〕

城上高楼接大荒　城上の高楼　大荒に接す
海天愁思正茫茫　海天の愁思　正に茫茫
驚風亂颭芙蓉水　驚風亂れかす　芙蓉の水

密雨邪侵薜茘牆　密雨斜めに侵す　薜茘《へいれい》の牆《かき》
嶺樹重遮千里目　嶺樹重なって　千里の目を遮り
江流曲似九迴腸　江流曲って　九廻の腸に似たり
共来百越文身地　共に来る百粤　文身の地
猶是音書滞一郷　猶これ音書　一郷に滞る

韓愈は文学者としては完全に抹殺することはできません。彼は儒家ですが、少しだけ法家の要素もあるのです。彼を絶対化することはできませんが、具体的な分析が必要でしょう。彼は孔丘〔孔子〕を非難したことがあり、「孔子西行不到秦、倚星宿遺義娥」（『石鼓歌』）とあります。当時、孔丘は非難することなどできない存在だったのです。

武元衡、裴度、李愬《り・そ》〔369〕などは儒家であるか法家であるか、研究の価値があるでしょう。彼らは皆、藩鎮〔370〕が割拠することに反対していました。李師道《り・しどう》〔371〕は人を派遣して武元衡と裴度を暗殺しようとします。武元衡の暗殺には成功しますが、裴度は谷間に落ち、殺されることを免れました。この時刺客を取り押さえた者が「賊がいる」と叫びました！　刺客は取り押さえる者の腕を刀で切り落とし、逃走しました。

李絳《り・こう》〔372〕は雪の降る夜、蔡州《さいしゅう》を攻め、一人の若い捕虜を捕えました。ほかの者たちは捕虜を殺させようとしましたが、李絳は殺させませんでした。のちに彼は手紙を書き、捕虜を皇帝の面前に連れて行きました。皇帝はこの捕虜を釈放しました。

八司馬は八世紀末、九世紀初めの者達です。宋朝の張匡胤《ちょう・きょういん》〔373〕と張匡義《ちょう・きょうぎ》〔374〕については研究の必要があるでしょう。寇准《こう・じゅん》〔375〕は愛国主義者です。岳飛《がく・ひ》〔376〕も法家か儒家か、研究が必要です。恐らく法家であり、且つ儒家であるかもしれません。

王安石《おう・あんせき》〔377〕は偉大な愛国主義者です。彼の改革は比較的先進的な封建制度を維持・保護したほかに、異族の侵略を防ぎました。李世民にもこの問題がありました。つまり、当時の遊牧民族〔378〕の我々に対する侵略のことです。草が肥えて馬が強くなると、毎回、彼らは軽騎兵と重騎兵でやって来ます。軽騎兵は二頭の馬で、重騎兵は四頭の馬で引いています。彼らは食糧を運ばず、馬乳を飲み、馬乳が無い場合はきりで馬の足を刺し、馬の血を飲むのです。彼らは前線に送る軍需品など必要ありません。我々の部隊がとても大きな後方支援部隊が必要であるのとは全く異なっているのです。

漢王朝の霍光《かく・こう》〔379〕には兄弟がおり、霍去病《かく・きょへい》といい、とても素晴らしい人間でした。大将・衛青《えい・せい》〔380〕は霍去病の母方の叔父で、奴隷出身です。それから武帝の皇后・衛子夫《えい・しふ》は衛青の姉で、もともとは平陽皇女〔381〕の女演歌師でした。漢の武帝は人を登用することに長けた人物でした。当時、二つの派閥が闘争を行っており、武帝の父子関係を挑発し、戻太子《れいたいし》〔382〕は一部の者達に扇動されて、武帝に反攻しました。武帝は説得しましたが、戻太子は聞かず、後に武帝は戻太子を殺しました。さらに残党も追跡しました。戻太子の孫〔後の宣帝〕は監獄に閉じ込められており、捜査する時、丙吉は門を開けるのを拒んでこう言いました。なかには皇帝の子孫がいるのだ、誰であれなかに入ることはできない。後に、武帝は人を殺し過ぎたと思い、恩赦を宣言しました。丙吉がこのように逆らったことで、漢の宣帝は生き延びることができたのです。

先程同志が報告した際、孔融《こう・ゆう》〔383〕と禰衡《でい・こう》〔384〕は共に曹操が殺したと言っていましたが、これは正しくありません。禰衡は曹操が殺したのではなく、黄祖《こう・そ》〔385〕が殺したのです。禰衡は大文学者でした。『三国志』を読まなくてはなりません。『三国演義』を読んではいけません。小説は信用できません。李白の詩のなかで、「魏帝営八級、蟻観一禰衡、黄祖闘筲人、殺之受悪名」〔386〕とこのことが語られています。

唐には三人の李という姓の大詩人がいます。二人は法家で、それは李白と李賀です。李白の詩はこう言っています。「我本楚狂人、鳳歌笑孔丘」〔我はもともと楚の国の狂人、鳳歌を歌い孔丘を笑う〕〔『廬山遥寄盧詩御虚舟』を参照）。主席は中共第八回全国代表大会二次会議上でこう言いました。「中国の儒家は孔子を盲信しており、畏れ多く感じて孔丘と呼ばない。しかし、唐王朝の李賀はそうではなく、漢の武帝を直接名前で名指ししており、曰く劉徹《りゅう・てつ》〔387〕、劉郎《りゅう・ろう》〔388〕。一度盲信してしまうと我々の脳は抑制されてしまい、敢えて柵から超え出て問題を考えようとしなくなり、マルクス・レーニン主義の学習にも破竹の勢いがなくなり、これは非常に危険である」。私は主席の話した原稿そのままを読んでいるのです。李白もそうでした。主席は、マルクス・レーニン主義の学習には破竹の勢いの精神が必要であり、このような精神が無いのはとても危険であると言ったのです。我々の今日の批林批孔には、この精神があります。同志たち、そうですね。このような破竹の勢い、風が雲を吹き飛ばすような精神が無ければいけません。主席は批林は比較的よくできているが、批孔は難しいと言いました。我々は困難だと知りながら進んでそれを行わなくてはなりません。

　王安石の改革の多くは、他民族の侵入に対するものであり、全て的を射たものであり、国家強盛のためでした。

　司馬光《しば・こう》〔389〕の後ろ盾は皇太后と太皇太后で、太皇太后は北宋第六代皇帝の神宗の祖母です。一方、王安石の後ろ盾は神宗でした。後に、神宗も恐れ、王安石は失脚しました。

　明朝の李贄《り・し》〔390〕の本に関しては、私は全て読んだわけではありません。『焚書』を少しめくってみました。上海で新しく見つかった李贄の『四書評』は、既に北京で印刷が始まっていて、間もなく出版できます。また、厦門《アモイ》大学で見つかった『史綱評要』、これは現在出版されています。彼は侮辱されることに耐えられず、監獄のなかで自殺しました。

　清については、やはりこれも良く研究する必要があります。例えば、康熙帝《こうきてい》〔391〕であり、彼は順治帝《じゅんちてい》〔392〕の息子です。順治が死ぬと、彼は出家して和尚になったとある人が言っています。順治の母親は自分よりも身分の低い多爾袞[393]〔ドルゴン〕に嫁ぎ、多爾袞は全中国を統一しました。康熙は八歳の時に即位しました。彼の補政大臣が鰲拜《オボイ》で、康熙を自由にさせませんでした。康熙は一計を案じて、年少の者達とよく遊び、政治に無関心な態度を装いました。一六歳の時、鰲拜が様子を見にやって来た時、これらの年少の者達がすぐに鰲拜を取り囲みました。彼を捕らえて投獄し、罪を問い質すと、彼は自ら認めました。一六歳から康熙は政治に関わるようになりました。このような人物は、研究の価値があります。

　彼らのような人物は研究しなくてはなりませんが、「やりすぎ」と言われないようにしなくてはなりません。「やりすぎ」れば後退し、譲歩政策[394]が出てきます。いかなる譲歩政策も絶対に存在せず、それは反革命が作り上げた、史的唯物論に反対する概念です。彼ら〔反革命の者達〕は史的唯物論に反対し、譲歩政策なんてものを提起しました。毛主席の「一分為二」[395]〔一が分かれて二となる〕に反対し、「合二而一」〔二が合して一となる〕としました。譲歩政策は実際には合二而一が史学のなかで反映されたものです。

　同志達、私自身の歴史に関する知識は多くありません。私は、皆さんが話した不足の部分について補充をし、数少ない部分については修正を加えました。私は天津に学習にやって来たのです。私もここに座っている二つの文書執筆グループの同志に学び、天津市の同志に学びます。我々は共に学びましょう！　私も間違ったことを言ったかもしれません。難点があれば、同志の皆さん、どうぞ私がそれを改めるのを許してください。そうでなければ、私は今後ここへは怖くて来ることができず、同志達にも話をできません。

第二一章　天津訪問中に江青が出した印刷指示の数々

1　四八種類・七八万部

江青は一九七四年六月一七日から七月一日までの初めての天津訪問期間中、書類にコメントを書き〔批示〕、市委員会に大量の批林批孔の論文や資料を印刷させた。当時の我々の計算によれば、全部で四三種類、七八万部を印刷した。全ての資料は、基本的に私の手を通して印刷・発行された。通常、江青の秘書である劉某が印刷したい資料を解学恭へ渡し、解学恭はさらに秘書や運転手に私のところへ直接持って行かせた。印刷に際しては、あるものについては口頭による伝言で解学恭の指示が私に伝えられ、またあるものについては解学恭直筆の指示が手渡された。解学恭は、印刷する書類の原本にコメントは書かず、別の紙に短い指示を書き、添付した。江青のコメントの最後には、必ず「江青に返却すること」と書かれてあり、江青がコメントした書類の原本は、全て江青のところへ戻さなくてはならなかったのだ。江青は毛主席を真似て鉛筆を使用し、比較的大きな字で書類の原本に書いた。彼女の字はとても上手く、毛の字体を真似ていた。

当時、私と弁公庁秘書処及び機関印刷工場は昼夜の当直制で、書類が来るとすぐに印刷した。遅れや誤植は許されなかった。秘書処の副処長である趙慶《ちょう・けい》は、誤植のチェックや校正などを特に細かく行い、最後に私が校正刷りを確認して、印刷・発行した。我々は非常に多くの書類を印刷したが、最後まで誤字・脱字は一つもなかった。江青が去ると、解学恭が弁公庁へやってきて私を激励して言った。「君たちはとても立派に任務を完遂した」。当時は、真に「身に余る光栄」だと感じた。

2　江青が決済した主な配布書類リスト

江青の決裁〔批示〕後に印刷・発行された書類のリストは、決裁した時間の前後に従って、主に次のようである。一、上鋼第五工場第二作業場労働者の反動的ことわざ及び『三字経』批判（二つの資料を別に添付）。二、『論語選批』。三、文匯報の『文匯情況』（第四三五期）:「批林批孔の第一線で戦闘する突撃隊――上海機電局第一局共産主義青年団委員会が積極的に広範な青年を率いて批林批孔の調査に深く参加した」。四、北京大学・清華大学大批判組[396]、中央党校編写組の「情況報告」（一）、（二）。五、北京大学某作者「法家代表人物紹介」。六、北京大学・清華大学大批判組「法家人物紹介」。七、吉林大学大批判組「人定勝天は荀子の革命哲学」。八、陸軍某部政治部の林彪ブルジョア階級軍事路線批判の資料・その一:「遼沈平津戦役の勝利は即ち毛沢東軍事路線の林彪ブルジョア階級軍事路線に対する勝利」。九、陸軍某部政治部の林彪ブルジョア階級軍事路線批判の資料・その二:「毛沢東殲滅戦思想の偉大な勝利」。一〇、北京師範大学大批判組「董仲舒の『独尊儒術』を評す」（『光明日報』一九七四年六月二一日記事）。一一、新華通訊社発行の『内部参考』[397]:「中国科学院核心小組は会議を開催し、新影の某人の手紙に対する江青同志のコメントに学び、貫徹する」。一二、新華通訊社発行の『内部参考』:「上海瀘東造船工場機修工段青年理論学習小組による「問孔」篇から小故事をまとめ、民衆に対して行った宣伝の効果は素晴らしい」。一三、『解放日報』の「情況簡報」を添付して発行した、上海瀘東造船工場労働者編集の『問孔』篇『総論』及び五篇の小故事。一四、北京衛戍区某部第六中隊戦士理論小組執筆の「孟柯鼓吹の『仁政』はどのような代物か」。一五、工農兵の法家著作三編文章を読む（一九七四年六月二三日付『天津日報』）。一六、北京大学・清華大学大批判組、中央党校編写組の『儒法闘争史講稿』[398]（草稿）に対する意見。一七、署名論文「孔丘の人殉説に対する反対に反駁する」。一八、『解放日報』の「情況簡報」:「絹紡績工場労働者の『中国通史簡編』を評す」。

江青が天津にいる期間中にコメントし、印刷された書類は、主に三種類に分類することができる。まず、批林批孔や儒法闘争に関する論文・報道であり、先に列挙したようなものがその例である。当時は、帝王・将軍・宰相は儒法両家のどちらかに分類されなくてはならなかった。例えば、北京大学・清華大学大批判組及び中央党校編写組の『儒法闘争史講稿』（草稿）に対する意見では、まず彼らにとって「非常に勉強になる」ことを十分に肯定し、その後次のような意見を提起した。「講稿のなかで功績ある政治家について、特に法家の帝王について話している部分が少ない。秦の始皇帝については、講稿中で十分に論述しているが、漢代初期の数名の皇帝及び、以後の唐太宗や武則天などについては加筆した方が良い。漢の武帝については、彼が董仲舒の才能を買っていたことだけ書かれ、彼が行ったことが法家路線であること、実際に法家を重用し、儒家は決して重用しなかったことなどについては指摘されていない（後略）」。

3　身の程知らずが西施の顰に倣う

次に、江青がコメントし、印刷されたのは古典や書籍である。江青は天津市委員会に『離騒』[399]を読むよう指示を与え、市委員会常務委員の各人に一冊ずつ配布した。市委員会は彼女の考えに基づいて、すぐにまたそれを印刷した。『離騒』は楚の屈原の作品である。『離騒』は、以前は別離の悲しみを綴ったものと解釈され、憂いとの遭遇として解されたが、近代では不満と解釈されている。作者は前半において、繰り返し楚国の命運について憂い、政治の革新を強く要求し、また腐敗した貴族集団と戦う強烈な意志を表明している。後半では、天に思いを馳せ、理性を追求し、また失敗の後は身をもって国のために命を捧げたいと論じている。当時の市委員会常務委員の文化的レヴェルから言って、大部分の者はこの本を読んでも内容を理解できなかっただろう。そこで、南開大学中文系から一人の教師を招請し、常務委員のためにこの本の解釈について講義させた。

江青はさらに『荀子』の『勧学』を印刷するよう指示した。これは『荀子』の第一篇で、人々が努力し学問を探究するよう戒め導き、学習の重要性と、学習には目的と適切な方法が必要であることを繰り返し説明している。

江青が古典を印刷するよう指示したのは、一体どうしてか。私が思うに、彼女が人に言えない目的〔周恩来を批判し、権力の座から引きずりおろすこと〕があったこととは別に、毛沢東のやり方を真似て、何かにつけて歴史を講じることで、自らの身分とレヴェルを皆に示そうとしたのではないか。しかし実際には、身の程を知らずが西施《せいし》の顰《ひそみ》に倣う〔400〕といった印象を与えただけであった。

4　上有所好、下必所好

さらに、江青がコメントしたものは、彼女の天津での行動をおだて上げる「情況報告」や手紙の類いである。例えば、北京大学・清華大学大批判組及び中央党校編写組の「情況報告」（五）には、こう書かれている。「六月二一日、我々は江青同志に従って小靳荘へ行き、貧農・下層中農の批林批孔に参加した。同志達は農村のこの広大な天地へやって来て大いに見聞を広め、非常に勉強になった」。「我々は学校において儒法闘争を解釈し、息もつかずに五、六時間解釈を語っていた。しかし、肝心な問題については、貧農・下層中農に比べて深く解釈できていなかった」。「江青は言葉と自らの行い両方によって教育し、我々を率いて各場所で、労働者や農民に学んだ。このようにして初めて、我々の思想を解放することができ、理論戦線において貢献することができるようになるのである」。

また別の例を挙げれば、于会泳、王曼恬、浩亮、劉慶棠は、六月二三日、江青への手紙のなかでこのように言っている。「我々は宝坻県小靳荘において貧農・下層中農の批林批孔大会に参加し、宝坻駅と天津へ戻る道中において江青同志自らが主宰した『三字経』及び林彪ブルジョア階級軍事論戦に対する批判の会議に参加しました。この度の出張では、一九日に天津市労働者が儒法闘争史を論じるのを聞いた後、中央の責任者同志が我々を率いて基層の農村に足を運び、貧農・下層中農の批林批孔の経験に学びました。これによってわれわれは一層見聞を広めることができました」。「江青同志は貧農・下層中農と交流している時、麦畑に入り、貧農・下層中農家庭を訪問しました。このように民衆のなかへ深く入っていくやり方は、我々が学ばなければならず、民衆との交流においてであれ、仕事のやり方であれ、全て我々に手本を与えてくれるものでした」。

こんな言葉がある。「上有所好、下必甚焉」〔上が好めば、下の者はもっと甚だしくなる〕。江青は自分の特殊な身分を利用して、天津で波乱を巻き起こした。周囲の人々は、彼女に媚びへつらい、お世辞を言った。こうした態度はほかの人々を不快にさせ、我慢ならないほどにまでなっていた。

第二二章　江青の芸術的政治パフォーマンス

江青と小靳荘の関係は、彼女が三度目に訪れた後に幕引きとなった。一九七六年八月二八日に江青がこの地を最後に訪れ、そのたった一ヶ月と八日後の一〇月六日、「四人組」が逮捕されたのである。「微を見て以って萌を知り、端を見て以って末を知る」[401]。小靳荘という小さな舞台、あるいは天津という比較的大きな舞台を通して、江青という当時の「文革旗手」の芸術的政治パフォーマンスをご覧頂こう！

1　唯一無二の政治的役割

まず、江青はとても特殊で唯一無二の政治的役割を演じていた。彼女は中央政治局委員であるだけでなく、毛沢東夫人でもあった。「文革」において、毛沢東の地位が、政治局のほかの委員達を凌駕するほどの高い地位を江青に与えてしまった。江青は中央文革小組副組長であるが、彼女の地位は組長である陳伯達よりも上にあったのである。

私は党中央と中央文革小組が一九六六年から一九六七年に天津駐屯軍、幹部、民衆組織代表と接見した際の記録を見たが、中央首長が集団であるいは領導成員が個人で接見したのは計一九回であった。当時、中央が接見したその目的は、主に対立する二つの派〔五代会と大連準〕の連合を推し進め、革命委員会の設

文革中の葉群（左）、**江青**（中央）、**林彪**（右）

立を促し、既に破壊された党政領導機関に取って代わることであった。一方、江青の立場はとても高いところにあり、彼女は両派間の協調工作には全く重きをおいていなかった。

計一九回の天津代表との接見のうち、彼女が参加したのは三回のみであり、そのうちの二回は姿を見せただけで、慌ただしく去って行った。例えば、一九六七年四月七日、中央首長は天津駐屯軍及び幹部民衆代表に接見し、会は周恩来が主宰していた。ある民衆組織代表がまさに発言しているその最中に、江青が話をしたいと言い出した。周恩来はこの民衆組織代表の発言を一時止めざるを得ず、そして江青の話を聞くことにした。彼女はただ、天津造反派と駐屯軍を賞揚する話ばかりを繰り返し言うと、すぐに途中退席した。同年九月八日、中央首長が天津訪京代表団と第六回目の接見をした際には、会議進行の中程で、江青が謝富治に付き添われて会場にやって来た。全会場が起立し、熱烈な拍手で迎えた。江青はすぐに話をし、講話のなかで陳伯達がさらに率先して拍手し、話が終わると、彼女は用があると言ってまた退席したのである。皆は拍手をして高らかに叫んだ。「江青同志に学ぼう！」、「江青同志に敬意を表します！」。

文化大革命の開始以降、この二つのスローガンは、「万歳！」〔毛沢東に対して用いられたスローガン〕、「永遠の健康を！」〔林彪に対して用いられたスローガン〕にわずかに劣る価値を持ったスローガンとなったのである。このことから、江青の地位がその他の指導者の上にあったことがわかる。

2　異例の特別待遇

次に、江青はその特殊な身分ゆえに、その生活管理や安全確保などに関しても、一般の党員あるいは国家の指導者よりも遥かに上位に置かれていた。

彼女が初めて小靳荘へやって来た際、政治局委員の紀登奎が同行していた。当時は誰もその訳を知ることは無かったが、呉徳《ご・とく》〔※〕の回顧によれば、元々その年のある政治局会議において、紀登奎と江青が衝突し、江青は散会後もまだ怒りが収まらず、紀が周恩来の側に立っていることを非難した。この会議の後、江青が積年のうらみが甚だ多い[402]ことを良く知っていた毛沢東は、江青と紀登奎の団結のために、ことさら紀登奎に指示し江青と共に小靳荘へ行かせたという[62]。

江青が専用列車に乗って天津へやって来たときは、医者と看護士が同行し、八回の訪問のうち二回は料理人まで連れて来た。そして、中央警衛団[403]が身辺警護に当たった。天津市政府事務管理局の元副局長である宗海峰《そう・かいほう》の回顧によれば、彼が元市政府交際所及び管理局で仕事をしていた時期に、周恩来、劉少奇、朱徳《しゅ・とく》〔※〕などを何度も接待したが、彼らの天津での生活は全て天津市の接待部門が手配したのであり、江青だけが例外であったという。

(62) 呉徳『十年風雨記事』北京、当代中国出版社、二〇〇四年、一一〇頁。

3　極「左」執行路線の急先鋒——天津での二つの大きな出来事

さらに、江青は極「左」執行路線の急先鋒であった。彼女が上海で『海瑞の免官』批判を画策したことは、言うまでもなく、「文革」に点火する行為であった。

天津に関して言えば、二つの大きな出来事が彼女の手で開始されたものだった。一つ目が、一九六八年二月二一日に「中央首長の天津市革命委員会及び天津駐屯部隊、文芸部門代表との接見会議」を開催したことである。この会議のために、天津から一二〇〇名が北京へ赴いた。この接見は江青が主に取り仕切ったが、こうしたことは今まで無いことであった。この接見会議については既に述べている（第一五章第二節）ため、重複して記述することは避けよう。解学恭の回顧によれば、江青が一九七五年八月、七度目に天津を訪れた際、解学恭に向かって突然尋ねたという。「あなたの所に江楓という人はいますか」。解学恭は、「既に病気のために亡くなりました」と応えた。江青は続けて言った。「あなた方天津の形勢が安定した裏には、私の手柄があったはずです！　私が陳伯達の天津における爪・牙を取り去りました。王曼恬もこれには一定の功績があります」。

二つ目は、江青が一九七四年六月、天津鉄路分局天津站[404]を重点地域として儒法闘争史を論じることを開始したことだ。歴史の話にかこつけた大々的なあてこすりを展開したのだ。市委員会は六月二五日、一〇万人大会を開催した。大会上、天津鉄路分局天津站の者が儒法闘争史を論じ、吹聴し、「経験」を紹介し、さらに江青が六月一九日に天津で行った講話を伝えた。七月五日、中央の新聞がこのニュースと評論を発表すると、天津鉄路分局天津站の名前は一躍有名になった。小靳荘だけでなく、天津站も江青が作った「モデル」とされたのだ。天津站は外部から招待されて至る所で宣伝を行った。また、市内・市外合わせて一万を超える人が天津站視察に訪れた。

4 「積年のうらみが甚だ多い女」の結末

さらにまた、江青は燃えるような野心を持ち、奇怪で、気が変わりやすく、勝手気ままに振る舞う女性であった。彼女は普通の家庭に育ち、現在の山東大学で図書管理員を務め、後に十里洋場《じゅうりようじょう》〔405〕の上海に紛れ込み、二流、三流の女優となった。その後、一転延安に赴き、幸運な偶然によって共産党の第一夫人となった。しかし、伝統的な党の組織原則によって彼女が表舞台に出てくることはできなかった。「文革」の雷のような一声によって、彼女は地面を突き破って表に登場し、一躍党の指導者になった。そして今度は、まるで野生の馬のように手綱を脱ぎ去り、周囲に人がいないかのように暴れ回った。彼女はあっという間に、毛沢東の下にあって、万人の上に君臨する人物となった。

彼女が、最後に小靳荘へやって来たときの狂躁と感情の起伏の激しさは、もはや言うまでもないかもしれない。彼女は小靳荘から天津へ戻る際、突然駐屯軍の某部へ行くと言い出し、さらに自分のための軍服一式を仕立てるよう要求した。翌日午後、江青は天津腕時計工場と第一製鋼工場を「参観」したが、その時の様子は一層異常であった。彼女は腕時計工場でことあるごとに癇癪を起こし、人を罵り、叱り飛ばした。彼女は機械音が大きいのを嫌がって、かんかんに怒り、綿で耳の穴を塞いだ。彼女は労働者の作業着を着たが、「労働者の本来の姿は汚いのですね」と言った。座談会では、彼女は労働者の話を聞かず、のこぎりが欲しいと言ったり、ヤスリが欲しいと言ったりし、ヤスリの持ち手をのこぎりで切り落とした。彼女はさらに、『天津日報』のある女性記者の髪を切り、改名させ、何かの詩を口ずさんでいた。第一製鋼工場では大雑把にしか視察せずに、風が強いということを口実にして、工場での報告も聞かずに慌ただしく立ち去った。宿泊場所へ戻る途中、突然下車し、地震のために人々が避難している仮設の小屋へ不意に飛び込み、いろいろと聞いてまわった。ある女性警官が江青の安全のために事前に情況を把握しようとすると、却って江青に怒鳴られた。

毛沢東は在世時、江青の「積年のうらみが甚だ多い」ことを非難したが、しかし、彼は決して、江青が「悪不積不足以滅身」[406]（『周易・系詩下』）とまでは予測してはいなかった。江青は、女帝になるという夢を実現できず、「執行猶予付き死刑」という結末を迎えたのである。

第二三章　第一次天安門事件[407]の余波

一九七六年一月八日、周恩来総理が病のために亡くなった。この出来事は、民衆による全国規模の自発的追悼活動を引き起こした。四月四日の清明節[408]と五日の両日、北京での追悼活動は未曾有の高まりを見せ、参加者は一〇〇万人を大きく超えて、追悼活動は速やかに極「左」路線への抗議行動へと変わっていった。最高当局に対する民衆の自発的な抗議行動は、実際、中国共産党が政権を打ち立ててからの二七年間で、初めてのことであった。この、いわゆる第一次天安門事件は、当然のごとく天津へも波及した。当時、私は市委員会、市革命委員会弁公庁で業務を主宰し、この風波の全過程を、身をもって経験した。

1　周恩来逝去

一月八日の午前九時五七分、周恩来の心臓が動きを止めた。九日早朝、新華通訊社は国内外に向けて、中共中央、全国人民代表大会常務委員会、国務院の連名による「訃報」、及び毛沢東をトップとする一〇七名から構成される葬儀運営委員会のリストを放送した。これと同時に、市委員会は党中央及び国務院から電報を受け取った。

九日の朝七時、市委員会第一書記の解学恭は自分の弁公室に私を呼び、周総理の逝去を伝え、午前中に

天安門広場で大規模な周総理追悼活動が起こる（一九七六年四月）

市委員会常務委員会議を開催する旨の通知を、すぐに出すよう私に指示した。それまでの習慣から、周総理死去に関する知らせは、弁公庁機要処〔機密を扱う部署〕が中央からの機密電報として受け取り、昼夜の区別なく、機密員が市委員会の主要な責任者へ直接電報を届けた。よって、弁公庁責任者を通す必要は無く、解学恭から話を聞くまで、私は何も知らずにいた。

周総理の死を私に告げた時、解学恭は悲しみのために思わず涙を流した。これは、私が初めて目にした彼の感情の発露であった。解学恭は周恩来に対して非常に深い信頼を寄せていた。周恩来は、解学恭が天津で仕事をすることを支持しただけでなく、「文革」中、彼を保護したこともあった。一九七〇年一二月二二日、毛沢東の提起に基づいて、周恩来は華北会議を召集・開催し、陳伯達の犯罪行為に対する批判を行った。一九七一年の一月下旬から、党の各級機関で「批陳整風」運動が展開された。先にも述べたように、中共第九期二中全会華北組で陳伯達の天才論、及び国家主席ポストの創設についての発言を討論したが、その会議の簡報上に、解学恭は自らの名をサインしてしまった。このことが原因で、解学恭は検査をしたが、依然として一部の者達は彼に対する追求を解こうとはしなかった。二月初め、中共天津市革命委員会核心小組及び中共天津警備区委員会が批陳整風会議を開催している最中、市革命委員会核心小組の駐屯軍責任者と王曼恬は、党中央へ連名で上書した。彼らは、市委員会の成立時には、中央から市委員会第一書記となる人物を別に派遣して欲しいと要求し、解学恭は市委員会第一書記を務めるには適していないと主張したのだった。しかし、周恩来はこれに反駁し、解学恭が務める市委員会第一書記の地位を守ったのである。こうした経緯から、解学恭は周恩来に心から感謝していた。

一月九日の市委員会常務委員会議上、最初に皆が周恩来の逝去に対して深い哀悼の意を表した。会議では次の二点が決定された。市委員会名義で周総理を追悼する通知を全市へ向けて発表する。市委員会、市革命委員会名義によって党中央、全人代常務委員会、国務院に対し弔電を打つ。また同時に、天津は、市委員会名義で指示を仰ぐ電報を中央へ打った。電報の内容は、周総理が青年時代、天津において革命活動に従事したことや、周総理の建国以来の天津への配慮、周総理が天津市から中共第八、九、一〇回全国代表大会代表及び第一・二・三・四期全国人民代表大会に出席する代表として選出されたことなどを列挙したうえで、市委員会から主要な責任者同志を北京へ派遣し、花輪を捧げ、弔問及び追悼会に参加したいと申し出るものだった。これらの電報は私が関係者を組織して起草した。

その後、我々は周恩来葬儀運営委員会弁公室の電話通知を受けた。天津が花輪を捧げることには同意するが、葬儀運営委員会が統一的に花輪を手配するため、各省・市自治区はこれ以上関係人員を北京へ派遣して追悼会に参加させてはならないという内容であった。

この常務委員会議は新聞発表の「公告」に基づき、周総理追悼に関する問題について、五つの意見を評議・決定した。一、全市共産党員及び人民民衆は、周総理のプロレタリア階級革命精神と高尚な革命的資質を真剣に学ばなくてはならない。二、基層単位《ダンウェイ》は座談会を開き、周総理の革命的業績を追想し、周総理の革命精神を学ぶことで哀悼の意を示してもよい。三、九日から一五日、各単位《ダンウェイ》は内部で予定していた各種娯楽活動を一律に停止する。四、北京へ赴き弔問したいという民衆からの要求は、これを止めるよ

多くの民衆が自発的に周総理を追悼

う適切に勧めるべきである。五、一切の学習・生産は通常通り行う。

これらの五つの意見は、事前に私と関係人員が起草し、常務委員会の討論のために提出したものである。

九日から一二日まで、多くの単位がこぞって市委員会に電話をかけてきた。その内容は、民衆を組織して、喪章や白い花を身に付けさせてもよいか、弔問させてもよいか、追悼会開催などの追悼活動を行ってもよいかを問い合わせるものだった。弁公庁は市委員会の事務機構であり、問い合わせの電話は当然弁公庁へかかってくる。

政治上の様々な面における高度な集中が共産党の伝統である。記念日を慶祝したり、ある出来事を説明したりする際に用いられるあらゆるスローガンは、皆中央が統一的に制定し、各地方が独断で決めることはできない。周総理追悼に関しても、新聞の「公告」以外、上層部には、ほかにどんな説明も存在しなかった。我々は解学恭に問い合わせたが、彼も態度を明確にできなかった。結局、我々は「あいまいな処理」をせざるをえず、「可」とも「不可」とも言わず、はっきりしない回答をした。「新聞が発表した公報と市委員会常務委員会が評議・決定した五つの主旨に従って管理すること」。下級機関から再度問われても、弁公庁職員は口をきわめて固くし、可否を言わず、ただ、先述の言葉を繰り返し答えただけであった。

以前から天津は北京に倣ってやってきた。一月一二日、弁公庁は数名を北京へ派遣し、民衆の周総理追悼の情況を探ったところ、北京の民衆による追悼活動は天津に比べ盛んであり、多くの人が黒い紗の喪章や白い花を身につけていることがわかった。北京へ派遣された同志は一三日の正午に天津へ戻り、私と北京から戻った者達とで喪章と白い花を用意し、午後には常務委員会集中学習処へ行った。

市委員会常務委員会は弁公庁の報告を聞き、天津市の広範な幹部・民衆の反応や要求を分析し、新しく六条意見を制定した。一、原則的に、党中央と国務院からの通知の主旨に従って執行する。二、民衆の自発的追悼活動に関しては、各単位は適切な条件の下で行わせ、制限を加えてはならない。三、白い花や喪章は身につけてもよく、市場で購入できるよう手配する。四、半旗は予定を繰り上げて下ろしてよく、各単位の高い建築物は現在すぐに半旗を下ろしてよい。五、花輪に関しては、天津市烈士陵園に捧げてよい。六、北京へ行って追悼会に参加したいという民衆の要求に関しては、これをやめるよう適切に勧めなくてはならない。この六つの意見は、その日の午後すぐに私が各部・委員会及び区・県・局弁公室責任者を召集し、伝達した。そして、各単位はすぐにこれを基層単位へ伝えた。

市委員会常務委員会議で六条意見が伝達された後、その日の晩一〇時、周恩来葬儀運営委員会弁公室からの電話通知を再び受け取った。そのなかでは次のように指示されていた。「中央の指示に従って事を処理しなくてはならない。各省、市、自治区は人を北京に派遣して追悼活動に参加させてはならない。各地では弔問、追悼会開催、喪章をつけるなどの活動を組織してはならない。民衆が自発的に各種弔問活動を組織する場合は、やめるよう説得するべきである。悲しみを力と変えて、指示に従うことで周総理を弔問するべきである」。

この通知の主旨は、市委員会常務委員会が制定した六条意見と内容の開きが大きく、また、多くの幹部や民衆の感情とも矛盾するものであった。天津市で形成されている追悼活動の状況はすでに上級機関からの要求に背いたものであった。これは非常に処理の難しい問題である。市委員会の六条意見を否定すれば混乱を引き起こし、また幹部や民衆もすんなりとは受け入れないだろう。一方、上級の通知もまた無視することはできず、誰も敢えて中央と対抗するリスクを犯したくはない。当時、私が伝えた市委員会常務委員会の六条意見についてはまだ正式な書類が無く、市委員会の主要な責任者の審査は通過していなかった。もし、不正確な部分があれば私がその責任を引き受けなくてはならず、そのうえ、この六条意見は中央の意図とも矛盾のあるものであった。私は非常にびくびくしていた。

私は、すぐに解学恭に指示を仰いだ。私は彼に電話をかけ、周恩来葬儀運営委員会の通知を二回読み上げ、さらにこの通知の内容と、幹部や民衆の要求とは非常に隔たりが大きいことを説明した。彼は少し躊躇ってから、「弁公庁の当直報告」の形式で、北京からの通知を市委員会常務委員、各部・委員会、及び市内各区、局へ印刷配布するようにと言った。私は、何か言葉を付け加えますかと尋ねると、付け加えないと答えた。私はそのとおりに処理した。後から考えてみれば、これはまさに、どうしようもない時の妙案というものであった。これならば、市委員会が制定したばかりの六条意見を否定せず、かつ、葬儀運営委員会の通知も無視していることにならないのである。

周恩来の死は、「文革」という苦しみを嫌というほど味わっていた幹部や民衆にとって、強烈な悲しみを引き起こす出来事であった。そして、人々はこの出来事を口実として、極「左」路線に対する不満を表明し、そのうっぷんを晴らそうとしたのである。

私は、市委員会档案処から、周恩来が一九五七年一一月下旬に天津市党代表大会上で行った「世界形勢と整風の任務」という報告の録音を持ち出し、弁公庁全体の職員がいる場所でこれを放送した。皆で総理の声を聴き、哀悼の意を表した。この行為を行うことに関して、私は誰にも問い合わせず、独断で決めた。もし、誰かに問い合わせても、誰も答えようとしなかっただろう。これは北京の規定には完全に沿わない行為であるため、もし上級の者に問い合わせれば、責任を上級に押し付けることになる。指示を仰がなければ、ただ私が責任を負えば良い。また、もし誰も報告しなければ、誰かが尋ねて来ることなどない。党内の問題処理の際の、一つの潜在的規則である。

「四人組」粉砕以後、解学恭が批判された時、なんと、幹部や民衆の周恩来追悼を抑えつけたことが、彼の過ちの一つとされてしまった。実事求是の精神で言えば、解学恭はこの問題において、何一つ過ちを犯していないのである。

2 マグマ胎動――極「左」路線への不満と南京事件

一九七六年の清明節の前、天津市の多くの民衆は天津市烈士陵園に花輪を捧げ、周総理追悼の活動を行った。そのうち、三〇二研究所、七五四工場、七六四工場、天津大学、南開大学などの単位《ダンウェイ》は周総理を追悼する標語を書いた大きな紙を貼り出し、花輪を作成した。ある単位は中心広場で追悼活動を行った。

こうした情況に、初め、市委員会は特段の注意をしていなかった。しかし、四月一日、市委員会は中央からの電話通知を受け取り、「中央指導者同志へ矛先を向けた大字報や大標語が出現するという政治的事件〔以下、南京事件〕が南京で起こった」と伝えられた。もともと三月下旬以降、南京の街頭では、学生や市民が自発的に周恩来を追悼する活動を行っており、人々は「周恩来を防衛せよ」、「張春橋を打倒せよ」といった標語を掲げていた。王洪文は『人民日報』のある責任者に対してこう話した。「南京事件の性質は、中央に対するものである」。「貼られた大字報は、反革命復活のために輿論を作り出そうとするものだ」。党中央は電話通知で、南京事件は「毛主席を頭とする党中央を分裂させ、批鄧〔鄧小平批判〕の大きな方向性を捩じ曲げようとする政治的事件である」とした。そして、「幕の後ろで画策している者」と「流言を作り上げた者」を追求しなくてはならないと要求した。

中央のこの通知を受けて市委員会は、天津において広場に花輪が置かれ、民衆が集まっていることに改めて目を向け、これが南京事件と同様の問題に発展してしまうかどうかを懸念し始めた。そこで、市委員会は市生産指揮部、第二機械局及び関係大学に通知し、民衆工作をきちんと行い、花輪は烈士陵園へ届けるようにと伝えた。

天津市烈士陵園での追悼も、ある問題を引き起こした。時は遡り、一九七五年四月、天津市烈士陵園の職員は、烈士のお骨の管理と清明節の墓碑清掃活動をどのように組織するかに関して学ぶため、北京八宝山革命公墓の視察を行った。彼らはそこで、北京市は一九七四年の清明節の墓碑清掃活動は全市で停止したということを知った。北京市革命委員会は、清明節の墓碑清掃活動は旧風俗・旧習慣であり、かつ、毎年数十万人が墓の清掃に参加することは、革命強化生産促進の実行に影響を与え、また、都市交通運輸にも大きな負担をかけることになると考えたのである。一九七四年三月二四日に国務院へ問い合わせ、華国鋒の批准を経て、政治局が北京で書類を回覧・サインし、周総理が決裁し〔批示〕、こうして清明節の墓碑清掃活動が停止となった。

天津市の烈士陵園の職員は視察の後天津へ戻って討論し、やはり北京のとった措置が良く、天津も北京に倣って行動するのがよいだろうということになった。一九七五年一〇月、市の民政局へ指示を仰ぐ報告書を書いた。市民政局は一九七六年三月一日、市革命委員会に向けて「清明節期間の墓碑清掃活動の停止に関するお伺い」を報告・送付した。市委員会の六名の書記の同意を得た後、市革命委員会弁公庁から三月二二日に民政局へ手紙で返事があり、執行となった。この書類が発表になった当時、まだ周恩来追悼の活動は出てきておらず、周総理追悼と矛盾を生ずるなどとは誰も考えていなかった。清明節前、天津市烈士陵園が「公告」を貼り出し、墓碑清掃活動を停止することが伝えられると、民衆のあいだで強い不満が起こった。市委員会はそこで初めて周総理追悼との矛盾に気付いた。そして、この措置をすぐに改め、混乱は解消された。

さらに、周総理の肖像掲載中止の問題があった。一九七六年二月初め、国務院副総理の孫健《そん・けん》〔※〕(元天津市委員会書記)の秘書は、市委員会宣伝部に電話をかけ、孫健の意見を伝えた。雑誌『中国婦女』の三月号は、周総理の写真が掲載されていたため、中央指導者の同志から非難を受け、肖像を取り除くことになった、天津は少し注意してくれという内容であった。宣伝部は二月四日、市委員会に向けて報告書を書き、刊行物から周総理の肖像を取り除くことを提案した。王曼恬は、この報告にこうコメントを書いた。「二月号から取り除くことに同意」。解学恭は「一月号で既に発行してしまったものに関しては回収する必要はない。すでに印刷したもので発行していないものに関しては発行してはならない」とコメントを書いた。解学恭などによるコメントに基づいて、『学習通信』やほかの学報、刊行物は、周総理の写真を取り除き、あるものは写真だけでなく訃報も含めて取り除いた。

後に、解学恭は検査でこう述べた。「これは私が犯した深刻な政治的過ちです。当時の考え方は、孫健の電話での言明は中央指導者同志の意見であり、もしその通り処理しなければ非難を受けることになる、だからすぐに実行しようというものでした。このことは、非難を受けるかもしれないという当時の考えが、総理への感情を超えていたということであり、これは私の党性が不純であることを表しており、党員としての自らの思想的態度が全く正しくないということを反映するものです」。

この問題からわかることは、相当長い時間、党内ではしばしば極端な「惟上」〔上級にただ従う〕であり、「惟命是従」〔上の者の命令に下の者が唯々諾々と従う〕であるだけでなく、「気配を感じて直ちに行動する」風潮があり、正式でない筋から得た情報でも鵜呑みにしていたということだ。孫健は「文革」中に天津市から出世した労働者出身の幹部であり、たまたま国務院副総理を務めることになったような人物である。彼の秘書からの一本の電話が、解学恭のような高級幹部に「深刻な政治的過ち」を犯させることになったのである。党内の政治活動の不正常さが、どれほどの程度に達していたかがわかる。

3　最大の反革命事件——流布された「周総理の遺言」

周恩来の死から間もなくして、国内では「周総理の遺言」なるものが流布され始めた。写本は非常に多く存在するが、私が読んだものには、こう書かれてあった。

主席、中央：

私は二回目の手術をして以降、病状は短い期間ですが安定しています。後半の半年〔おそらく一九七五年後半〕から始まって、癌は既に広範囲に転移し、自覚的には体調はまだそれほど悪くないのですが、マルクスを見る〔死ぬ〕日もそう遠くはないはずです。私は、主席や中央へ最近の私の考えを報告しておく必要があると思いました。

病にかかっているあいだ、主席は私に対して親身になって、配慮して下さり、私は非常に感動しました。主席は相当な年齢でありますから、お体には注意して下さい。主席が我が党と国家の舵取りをして下さり、全国民は大きな幸福を得、また私も非常に喜び安心しております。ここ最近は、主席と遵義《じゅんぎ》会議[409]において話をしたことが、いつもありありと目に浮かび、様々な感情が心に浮かんできます。主席のために仕事を分担できないことを、とても心苦しく思います。我々祖国と人民の前途のために、主席も必ず体を大事にしてください。

朱徳同志と葉剣英同志は年齢も既に高いため、体を鍛錬しなくてはなりません。主席の参謀をしっかり務め、具体的な仕事の分担からは解放されてよいでしょう。しかし、彼ら二人の地位は重要であり、彼らの一挙手一投足は全面的に影響を及ぼすものです。我々は、こんなにも長年主席と共にいましたが、さらに一層戦闘精神を高めることで、晩節を全うしなくてはなりません。

小平同志は、ここ一年、いくつかの方面で非常に良く仕事を進めており、特に、主席の三項目指示の貫徹に関しては、比較的断固として行っており、これは主席の判断が正しかったことを十分に証明するものでしょう。ぐっと入れた力を保って、主席の指示を何度も仰ぎ、同志に気を配り、多くの責任を引き受けなくてはなりません。今後、小平同志の負担はさらに重くなるかもしれませんが、正しい路線を進めば、どんな困難もきっと克服できます。

同志達、長期に渡る病のための休暇は、私が歩んで来た道を回顧させるものだったかもしれません。私はこの曲折した道中で、我々の目前で革命のために倒れた、あの烈士たちを永遠に忘れることはできません。

我々は幸運な生存者であり、一九二六年、惲代英《うん・だいえい》(410)同志と別れた時、彼は言いました。「全ての中国人民が幸福な生活を送ることができるようになった時、我々生き延びた者たちは、必ずや亡くなった同志の墓前に行き、彼らに知らせて安心させなくてはならない。死者は我々の声を聴くだろう」。私はいつも、どのように彼らに報告しようかと考えていました。(中略)臨終の時、亡くなった烈士の遺言を思い出し、我々人民の生活条件と照らし合わせ、私は、自分がもっと多くの仕事ができないことに良心が痛みます。(中略)今世紀の我が国を工業、農業、国防、化学が現代化された強国とする壮麗な未来図を展望し、私は必勝の信念に満ちています。死。共産党員にとってみれば、それは何でもありません。我々は生命を人民のための事業に引き渡したのであり、人民の事業は永遠に存在するのです。唯一の無念は、同志達と共に再び前進し、仕事を行い、人民のために仕えることができないということです。同志達、必ずや、党と人民の利益を一切の上に置き、毛沢東の指導の下、団結し、最大の勝利を勝ち取ってください。

私の死後のことに関して、中央に対して以下のことが可能か、指示を求めます。一、私の病について全国に伝え、不必要な邪推を生むことを避けてください。二、追悼会に関しては、主席は参加する必要はなく、できるだけ簡単に済ませることを強く望みます。小平同志に追悼の言葉をお願いしたいと思います。お骨は保存する必要はなく、散骨してください。

李君旭

遺言の出現はセンセーショナルなニュースであった。すぐに各地で一万、一〇万にも昇る写本が出回り、しかも世界各国一三〇のテレビ局や通信社がそれを報道した。「遺言」は「最大の反革命事件」として追求された。

一九七六年四月一日、天津は中央が各地へ発した電話通知を受け取り、その後さらに中央が印刷・配布した電話通知原稿を受け取った。通知は、「いわゆる総理の遺言は、完全なる反革命流言であり」、「流言を打ち消さなければならず、かつ、この流言を作り上げた者を追求しなくてはならない」と要求した。四月八日、中央は再度各地に電話通知を発し、それと同時に電話通知原稿を送って来た。この通知はさらに進んで、次のように要求するものだった。「偉大な領袖毛主席と毛主席を頭とする党中央に矛先を向けた政治的流言、反動的標語、詩歌など、これらについては断固として追求すべきであり、作った者を攻撃しなくてはならない」。この通知が下達される以前、公安部はさらに各地の公安局に対して、『いわゆる総理遺言の反革命流言を真剣に追求することに関する通知』という正式書類を発した。この書類には、「この件は中央の批准を経ている」と明記されていた。五月五日の深夜、公安部は再度、各地の公安局に対して緊急電話通知を伝え、「精力を集中し、いわゆる総理遺言の反革命流言を重点的に追求し、計画を策定し、昼夜を問わず追跡調査を行い、必ずこの三日、五日のうちに結果を出さなくてはならない」。

当時、一部の電報は極秘とされていた。弁公庁には機密処があり、機密電報は主任の私も見ることはできず、市委員会の第一書記がサインし、批准していた。弁公庁には政法処〔政法とは治安、司法、検察、公安などを指し、これらを担当する部署を指す〕も設置されており、日常業務の範囲内であれば私が関与したが、公安部門の機密扱いの事柄については、公安部門を主管する書記が文書に目を通しコメント〔批閲〕を与え、場合によっては市委員会の第一書記だけが知っている場合もあった。情報共有は高度に閉鎖的であるのが、党の仕事の特徴である。党内幹部もこれに慣れており、知ってはいけないことに関しては一切尋ねなかった。

後に私が知ったことは、このいわゆる「周総理の遺言」はもともと、杭州蒸気タービン工場の一般労働者である、李君旭《り・くんきょく》という者が書いたもので、彼はその時まだ二三歳だったという。彼は多くの関係者の回顧録を読み、周恩来の生涯に関する資料を集めた。そして、周恩来の口調を真似て、決別書を書き、全国を激震させたのである。公安部が五月五日に緊急通知を発表したその日、李君旭は逮捕され、「重大政治犯」として監獄へ送られた。一九七七年一一月になって、李君旭はやっと自由の身となった。中共一一期三中全会において、彼に関して名誉回復がなされた。

この事件が起きていた期間、私自身の仕事は、ほとんどが民衆の弔問活動に関するものであった。一九七六年四月六日午前、政法部門を分担する市委員会書記の趙武成は、解学恭の指示に基づいて、公安局、民政局、生産指揮部など関係部門を召集して会議を開き、民衆の中心広場における周恩来追悼の情況について皆の報告を聴いた。会議ではさらに、四月八日が総理の逝去から三ヶ月目にあたるため、民衆の追悼活動が高まりを見せる可能性について分析された。重要地点は依然として中心広場であり、そしていくつかの項目について対応策が議論され、決定された。

当時、政法処を分担する弁公庁副主任が農村で蹲点《トゥンディエン》を行っていたため、彼の仕事は一時的に私が兼務していた。趙武成は私に、会議で議論・決定された意見を、午後の市委員会常務委員会議で報告するよう指示した。

午後の市委員会常務委員会議では、北京に人を派遣して把握することができた天安門広場での情況について市公安局が報告し、その後、午前に行われた分析及び制定した五条の措置を私が報告した。一、『人民日報』四月六日付の社説を真剣に学び、闘争の大きな方向性をしっかりと掌握する。二、党の指導を強化し、情勢を分析し、情況を掌握し、民衆に対して、繰り返し忍耐強く思想工作を行い、いかなる命令的なやり方も行ってはならず、矛盾の激化や敵が騒動を起こすことを防止する。三、方針と政策を掌握し、二つの異なる性質の矛盾を正しく処理する。民衆が流言を信じたり、罠にはまって騙されたりすることについて、思想教育を実施しなくてはならず、流言は追求しなくてはならない。四、市外への視察及び我が市へ学習にやってくる人員の抑制を強化し、不必要な外出はせず、視察を行った場合は、戻った後に党委員会へ報告しなくてはならない。五、安全防衛を強化し、秩序を維持する。中心広場には重点的に注意を払う。天津市烈士陵園はきちんと民衆を組織し、民衆の留まる時間が長くなり過ぎることを防ぐ。常務委員会議はこの措置に同意し、弁公庁が率いて、公安局、民政局、民兵指揮部で臨時のグループを組織し、中心広場の秩序維持のために必要な準備を行うことが決まった。さらに、弁公庁が責任を持って、当面の我が市の社会情勢に関する簡報を起草し、それを中央へ提出することが決まった。「簡報」では、「清明節前後、天津市の社会において、若干の注意すべき動向が現れた。そのなかで特に突出した動向は、清明節の墓碑清掃活動の際に周総理追悼活動が反映されたものである」。

結果的には、天津市においては、中心広場で追悼活動を行った少数の者はいたが、規模は大きくなく、平穏無事であった。これは大体において天津の地域的特性によるものである。重大事件はしばしば北京に続くかたちで起こり、普通は大きな事件などあまり起こらないのだ。例えば、「文革」中の武闘であっても、一部の地域のように激烈なものには発展しなかった。中央の関係部門はこうした天津の現象を天津の執政者の功に帰した。しかし、実際には、これは主に天津の歴史や文化と関係しているのであり、天津の情勢や民情と関係しているのだ。

4 急所は機先を制する名指しの鄧小平批判

一九七六年、党中央は「鄧小平を批判し右からの巻き返しの風に反撃する」運動を開始した。二月六日、『人民日報』は「プロレタリア文化大革命の継続と深化」を発表し、いわゆる「風の源」の問題を提起した。今から思えば、これは、「四人組」が鄧小平を打倒し、党の指導権を簒奪しようと謀ったことを十分に暴露するものだった。

「文革」以来、党内活動は極めて不正常な情況を出現させていた。党中央の意図は、中央の正式文書電報のかたちで、あるいは会議を通して下達されるのではなく、これら通常の手段ではないほかの手段で、「それと無くほのめかして」下級へと伝えられるようになったのだ。文革初期においては、主に、毛沢東が最高指示を発表する、あるいは中央首長が民衆代表に接見する、またあるいは「二新聞一雑誌」（『人民日報』、『解放軍報』、『紅旗雑誌』）が社説、評論を発表するといったかたちで下級へと伝えられた。各省、市が革命委員会を設立した後、特に、七〇年代に入ると、毛沢東の最高指示は減り、中央が民衆代表と接見することも無くなった。しかし、「二新聞一雑誌」は依然としてその特殊な効果を発揮しており、「重要論文」を通して、下級へ向けてそれとなくほのめかすのだった。下級はそれを読むことで気配を感じ取り、直ちに行動した。噂を耳にしただけで真実だと思い込む。これが既に党内の思考パターンとなっていた。

当時、解学恭は『人民日報』の二月六日付のこの社説を読み、「とても尋常でない」と感じた。二月一〇日、市委員会常務委員会は、皆で『人民日報』が発表したこの論文について議論し、いわゆる「風の源」とは一体どこなのか、話し合った。皆が、これは重大な問題であると感じ取ったが、「風の源」はどこなのか、さっぱりわからなかった。市委員会書記の王曼恬は、清華大学へ行って遅群や謝静宜に会い、探りを入れ、動向を見てみようと自ら提案した。常務委員会は議論を経て、彼女が数名を率いて清華大学へ行くことに皆が同意した。

王曼恬は、北京へ着いたその日の夜に侯再林《こう・さいりん》（元軍隊支左領導幹部、後に文化部へ異動）と陳相文《ちん・そうぶん》（元南開大学某造反組織代表、後に共産主義青年団中央準備組に異動）に会って情況を理解し、その晩解学恭へ電話をかけた。電話の内容は、謝静宜は「天津の一号文献学習の報告は、単なる一般的態度表明であり、批鄧〔鄧小平批判〕が書かれていない」と言っており、さらに「謝静宜は主席のところで各地から中央へ提出した報告を読んだが、一二、三の省・市及び部・委員会が既に鄧小平を名指ししており、中央首長が天津は遅れていると言っている」というものだった。王曼恬は電話で、既に共産主義青年団中央準備組の名指し報告を読み、自分が天津市委員会に代わって、機先を制する名指しの報告草稿を徹夜で起草した、さらに、一刻の猶予もないため、清華大学の大字報「批鄧」の資料を整理したと伝えた。王曼恬は、機先を制する名指しの報告を書くよう、解学恭に決断を促し、迫ったのである。当時、解学恭は、重要報告は全て市委員会研究室を通して作成しており、通常は市委員会宣伝部も作成に参加していた。さらに、加えて彼本人も言葉の斟酌を重視していた。王曼恬に代理で報告を起草させることなどありえないことであった。

当時は、政治が一切の上に置かれていた。そのために効率は高かった。一〇日の夜一一時、解学恭は私に電話をよこし、三つのことを処理するよう指示した。一つ目は、市委員会常務委員に対し、翌日午前に会議を開くことを通知すること。二つ目は、明日早朝に、関係人員と自動車を北京へ派遣し、王曼恬に会って資料を受け取ること。三つ目は、李鴻安（市委員会研究室主任）、杜潤翰《と・じゅんかん》（市委員会宣伝部副部長）と

天津市中心部の街頭で壁新聞をみる民衆（一九七六年二月）

共に、徹夜で名指し批判の報告書を起草すること。すでに李鴻安には話してあるということであった。報告の起草を命じられた三人のうち、主筆は当然ながら李鴻安であった。当時市委員会研究室は市委員会の「智嚢」〔シンクタンク〕であり、李鴻安は市委員会の文人のなかのトップだったのだ。

我々三人は当初不満を口にした。李鴻安は、焦って名指し批判をするべきではないという意見を解学恭に提案したが、無視された。杜潤翰《と・じゅんかん》と私も李鴻安に同感であったが、しかし市委員会指導者が決定したことであり、「理解せずとも執行しなくてはならない」のである。我々は『人民日報』の社説の論調に従って、三人で意見を交わしながら、二時間余りかけて一遍の報告書を書き上げ、徹夜で印刷し提出した。

二月一一日午前、市委員会は常務委員会議を開き、鄧小平を名指しして批判し、さらに、清華大学の「批鄧」〔鄧小平を批判する〕の資料を配布した。討論を経て、皆が一致して毛主席や党中央へ名指しの報告を提出することに同意し、さらに「学習不足」、「嗅覚が鋭くない」、「すぐに見抜かなかった」などの問題を検査した。

この日、王曼恬は北京で遅群や于会泳と連絡をとり、夜天津へ戻った。市委員会常務委員会はその晩、彼女が清華大の遅群のところで知った情況の報告を聞いた。彼女は、依然として「一二、三の省・市及び部・委員会は名指ししている。中央首長が天津は遅れていると言っている」と話した。

解学恭は後に自己批判書のなかでこう書いている。「私は王曼恬の流言を信じ、運動の発展傾向を誤って予測し、それが正しいと思い、最後には〔鄧小平を〕名指しした『市委員会常務委員会拡大会議右からの巻き返しの風批判の情況報告』にサインすることを決心しました。そして、一二日、毛主席と党中央へ提出しました。この報告は、中央が判断を下したよりも一四日早くなされ、『四人組』の攻撃、彼らの無実の罪に陥れる、その論調に完全に従ったものです。さらに、中央に対して鄧小平同志の問題を『徹底的に追求、批判し、処理する』べきだと提案するという、甚だしい過ちを犯しました」。

二月一三日、市委員会は五〇〇〇人幹部大会を開催した。解学恭は会議で講話を行い、そのなかではまだ鄧小平の名を名指ししてはいなかったが、「党内最大の走資派」という言葉を使い、実際には、これは指名しない名指しと言えた。一六日、『天津日報』が工農兵と幹部、技術人員座談記録を発表し、「党内最大の走資派」という表現が新聞に掲載されたが、これも市委員会の同意を得たものだった。二月一八日、市委員会は第一八回全体委員会拡大会議を召集・開催した。会議上、王曼恬と市委員会書記の徐信及びその他二名の幹部は名指しで批判する発言を行い、かつ、王曼恬が遅群の所から仕入れた三つのいわゆる鄧小平の「言論摘録」[411]が読み上げられた。その時読み上げたのは私である。あの当時、市委員会第二書記の呉岱が主宰する市委員会会議で書類が読み上げられる際は、通常私に読み上げさせることになっていた。

この時期、梁効《りょうこう》[412]の論文を転載するか否かに関する問題にも遭遇した。二月二一日、『北京日報』は梁効の「階級闘争を要とし、その他は全て細目である」というタイトルの論文を掲載した。梁効は北京大学・清華大学大批判組のペンネームであり、「四人組」の文書執筆グループであった。

王曼恬はこの論文を読むと、すぐに解学恭へ電話をかけ、次の日の『天津日報』に転載したいと伝えた。解学恭は同意せずに、常務委員会で討論して決めるべきだという考えを固持した。一三日、市委員会常務委員会では、この論文の転載の是非が討論され、解学恭はこの論文のなかのいくつかの部分はこれまでの表現と異なり、「高度に敏感になる必要がある」と強調し、「上海、遼寧〔省〕を見てみて、この二つのうち一つでも掲載したら、我々も掲載してよいだろう」と提案した。王曼恬は、市委員会には「中流思想」がある〔前衛であろうとしない〕と言った。激しい討論の末、多くの者が『天津日報』にはしばらくはこの論文を転載しないことに同意した。一六日、市委員会常務委員会議では、『河南日報』がすでにこの論文を転載したことを受けて、王曼恬は大声で喚き、「今となってはもう遅い。我々は河南の後に続くことはできない」、「時期を失した」、「手遅れ」だと言った。彼女のこうした発言は、皆の不満を買ったが、しかし、一七日の『天津日報』に転載されることが合意された。

本来、新聞にどの論文を転載するかあるいはしないかといったことは、完全に編集の日常業務に属することである。しかし、あの特殊な時代にあって、彭真が姚文元の論文「『海瑞の免官』を評す」を転載しなかったことを毛沢東が批判したことに始まり、地方の党委員会は、どの論文を転載するかということを最重要の事柄と考えるようになった。「毛主席の『偉大な戦略的配置』にぴったりとついていく」か否かに関わる重要事項だと考えられるようになったのである。

市委員会はさらに人を組織して清華大学へ派遣し、大字報を視察させることにした。王曼恬がほかの者を伴って北京へ行く以外に、市委員会はさらに、文教組と工業部門において領導幹部を組織し、清華大学へ大字報を見に行くよう提起した。市委員会のこうした動きを見て、市内の多くの単位《ダンウェイ》がそれぞれに所属部門の幹部や民衆を組織して、清華大学の視察に行くことにした。そのため、全市に大きな影響が出た。天津市委員会が「鄧小平を批判し右からの巻き返しの風に反撃する」運動のなかで犯した問題は、主に、機先を制して名指しで鄧小平批判を行ったことである[413]。当然、解学恭がその主な責任を負うべきではあるが、しかし、王曼恬による天津での奸計があったということもまた明らかなのである。

第二四章　華国鋒天津訪問の風波

一九七六年、周恩来逝去後、間もなくして朱徳も病のためにこの世を去った。毛沢東の病状も既に重かった。そして、「文革」という人災に追い打ちをかけるように、今度は天災にも襲われた。七月二八日早朝三時四二分、唐山の豊南地区でマグニチュード七・八の強い地震が発生した。雷の後、大地が裂け、家屋は倒壊し、極めて大きな人的損害を出した。

1　唐山大地震発生

地震は広大な地域を襲い、天津市も被害が深刻な地域の一つであった。震度は八、そのうち寧河《ねいか》県は震度九を観測した。

全市で地震による死亡者は二四二九六名、重傷者は三万二五七二名、軽傷者は八万三八二七名であった。寧河県の人的被害は最も多く、死亡者一六〇九七名、負傷者三万九三三四名を出した。

全市の六七％の家屋が様々な程度の被害を被り、そのうち、市区が六八％、郊区〔農村の区〕と県が六五・二％であった。なかでも寧河県、漢沽区の被害は甚大で、被害を受けた家屋が共に九〇％前後にも達した。市区の家屋の被害は、倒壊が主であった。工場の被害面積は、元々の面積の五四％に及び、商業施

唐山地震発生後に撮影された写真

設は六二・七％、学校、居住地、倉庫などが七〇％以上であった。医療や衛生部門の建物の被害は元々の面積の八〇％に達した。文化施設の被害は最も深刻で、九一％にまで昇った。

都市農村建築施設の損失も深刻であった。全市で二一の大・中型の橋梁が被害を受け、そのうち、倒壊が六、深刻な損壊が三、中程度の損壊が一二であった。高級及び準高級路面〔きちんと整備された〕の道路は計七六キロに渡って損壊し、そのうち、郊区と県の道路が七四キロを占めた。給排水路のうち、五三・九六キロの下水道、四三八・六キロの水道管、さらに一二の浄水場がこの地震で破壊された。送電線も一一一本、計八一・五キロに渡って切断された。もともと窪地であった土地や河川の筋を変えた地域におけるガス管、貯蔵タンク、建築物などはほぼ全て一定程度の被害を被った。鉄路天津区間のレールは地震によって三四八キロに渡って曲がったりするなどの被害があり、二一機の橋台が動いた。一二ヶ所ある電気通信拠点は、それぞれ異なる程度の被害を受け、市内の電話第二・三分局の機関室が倒壊し、電話ケーブルが八九ヶ所で破壊され、四〇〇〇の自動電話が中断した。唐沽新港埠頭の岸壁は至る所で海に滑り込み、地盤沈下で変形し、六ヶ所の万トン級碇泊地が破壊され、三機の港湾倉庫が倒壊した。

唐山抗震紀念碑広場に設置されている唐山抗震紀念牆
唐山大地震によって亡くなった人々の名が刻まれている。

工業企業の工作機械は計二六〇〇台が損壊し、動力及び専門設備の損壊が四六〇〇件に及んだ。全市の八つの工業局に属する一一〇五の企業のうち、全体の九三％に及ぶ一〇二八社が損害を被った。そのうち、天津化学工場、天津アルカリ工場、大沽化学工場などの大型企業の生産設備も破壊され、生産に影響が出た。倒壊、あるいは深刻な被害を受けた各種工場の煙突は四七一機、給水塔は一三四機であった。

農業方面では、水や砂の吹き出し、地形変化などで完全な損壊となったのが八・六万ムー、深刻な損壊が一二・八万ムー、一般損壊が四万ムーであった。最大のダムである橋水ダムと大港ダムを含む合計四・九億立方メートルの貯水層をほこる六機のダムも損壊。農田灌漑のモーター付きポンプ井戸は、完全に損壊したのが四八八五機、深刻な損壊が一四二五機、一般の損壊が二七七六機であった。一・二級河川の堤防は、五六万メートルに渡って破壊された。農業用橋梁は二〇七機が損壊し、暗渠と水門は五〇一機が破壊された。大型の家畜の死亡は計六〇〇〇頭余り、豚は二八〇〇頭であった。

統計によれば、この地震が天津市に直接もたらした経済的損失は三九・二億元である。内訳は、企業単位《ダンウェイ》、事業単位[414]が廃棄処分した固定資産（家屋、工場、設備を含む）が計二三億元、全市地震で被害を受けた家屋における損失が八億元、都市公共施設における損失が二億元、企業単位、事業単位の物資損失が一・八億元、農村の家屋における損失が二・四億元、一般民衆の財産の損失が二億元であった[63]。

2　抗震救災活動と中央慰問団

地震発生後、天津市は直ちに抗震救災指揮部を設置した。私は当時、中共天津市委員会、市革命委員会弁公庁の主任を務めていたため、市抗震救災指揮部秘書指揮組組長に任命され、抗震救災の全過程をこの目で目撃した。地震発生後、その日のうちに、市委員会第一書記の解学恭とその他の指導者は共に市委員会機関に駆けつけ、抗震救災の指揮をとった。そして、解学恭は地震当日の午前中に、最も深刻な被害を受けた寧河県へ急いで向かった。

当時の中国は極度に閉鎖的な社会であり、このような大規模災害にも関わらず、報道したのは新華通訊社だけであった。しかも、詳細な報道はなく、ただ「地震の中心地域では、様々な程度の被害が出ている」、「偉大な領袖である毛主席と党中央、国務院の親身な配慮の下、中共河北省委員会、天津、北京市委員会が民衆を指導し、抗震の闘争に参加している」などといったことが伝えられるだけであった。その日の晩、党中央は被災地区に向けて慰問電報を打ち、続いて中央は華国鋒をトップとする慰問団を組織して罹災地区を見舞った。

七月三〇日の早朝四時、中央慰問団の一部の成員が天津へやって来て、慰問活動を開始した。八月四日の午後、市委員会は中央弁公庁の通知を受け取り、華国鋒が天津に来て被災地区を視察するため、安全に特に注意すること、道の両側に立っての市民の歓迎はいらないことが伝えられた。市委員会の主管部門責任者はその日の夜、警備区、公安局、警衛所及び民兵指揮部を召集し、具体的な配置を決め、かつ人を派遣して視察場所の経路を調べさせた。

華国鋒の安全警護は、〔党中央弁公庁警衛局の〕一級警衛が担当し、武装部隊の七つの中隊と教導隊、[415]民兵六五〇〇名、人民警察二二〇〇名、街道〔末端の行政区画〕の積極分子三〇〇〇名近くを動員し、視察経路に非常線を張った。さらに、各視察単位には、一個中隊の兵力及び一定数量の人民警察と民兵を配置した。視察慰問が決まった八つの単位のなかには、毛沢東や周恩来が視察したことのあるいくつかの単位が

---

(63) 中国人民政治協商会議天津市委員会文史資料委員会編『天津文史資料選輯』天津、天津人民出版社、二〇〇六年、一八九頁。

含まれていた。

3　華国鋒への接待問題

八月四日夜九時、華国鋒は専用機で唐山から天津楊村飛行場へ行き、市委員会と駐屯軍の主要な指導者が共に飛行場で華国鋒を出迎えた。まだ余震が続いていたため、華国鋒は専用列車に宿泊し、八月五日から一日間の視察を開始した。華国鋒のいく先々で、「中央慰問団歓迎！」、「華国鋒総理歓迎！」、「中国共産党万歳！」、「毛主席万歳！」のスローガンが途切れることなく聞こえていた。その日の晩の七時一五分、市委員会と駐屯軍の主要な指導者は華国鋒が専用列車で北京へ帰るのを楊村飛行場の停車線のところまで見送った。

接待に関して、全体的には何の問題も無かった。一体これがどんな風波を引き起こしたというのか。実は、こういう訳である。市委員会書記の徐信は塘沽区で華国鋒の接待を手配していた時、接待中は「距離をおいて接する」ことが必要であり、また、接待は「不冷不熱」〔冷淡でもなく親切でもない〕[416]の態度でなければならないといった話をした。はからずも、「四人組」粉砕以後、華国鋒は英明な領袖となり、一時期大きな権力を持つに至った。塘沽区委員会責任者が「公然とした批判・審査」〔掲批査〕運動の際、この「便器」〔汚いもの〕を無実の解学恭の頭に被せてしまい、解学恭は、「英明な領袖華主席」に対して「不冷不熱」の態度をとったと批判された。さらに原則的政治路線の問題に格上げされ〔上綱上線〕、江青が八度天津へやって来た時はあのように熱烈に接待したのに、なぜ英明な領袖に対しては「不冷不熱」なのかと批判された。その時解学恭は弁解することができなかったが、実際には、当時の市委員会の接待に関する議論のなかで、「距離をおいて接する」、「不冷不熱」の態度が必要などといった話は全く出てこなかった。

中央からの「道の両側に立っての市民の歓迎はいらない」という通知に基づいて、徐信は勝手に解釈を広げてしまったのかもしれない。

解学恭は後日、「はっきりと説明が必要な問題及び犯した過ちに関する検査」のなかで、何度もこの問題について弁明した。しかし、それでもこの問題に関して解学恭を放免しない者がいた。当時はたったこれだけのことで解学恭を窮地に追い込むのに十分であった。当然、後に「英明な領袖」の「王冠」が地に落ちると、この問題は消えて無くなってしまった。

第二五章　一九六七年九月九日、毛沢東逝去

1　青天の霹靂

一九七六年九月九日の〇時一〇分、毛沢東がこの世を去った。中央はすぐに、中央各部・委員会、各省・市委員会へ特急電報を打った。解学恭は弁公庁に指示して、九日の早朝六時から常務委員会議室において緊急常務委員会議を開催することを通知させた。会議では、中央からの電報「全党全軍全国各民族に告ぐる書」が読み上げられた。「我が党、我が軍、我が国の各民族人民が敬愛する偉大な領袖、国際プロレタリア階級及び抑圧されている民族、抑圧されている人民の偉大な導師、中国共産党中央委員会主席、中国共産党中央軍事委員会主席、中国政治協商会議全国委員会名誉主席である毛沢東同志は病を患い、多方面から懸命の治療を行ったにも関わらず、病状悪化のために、治療のかいも無く、一九七六年九月九日の〇時一〇分、ついに北京で逝去された」。

中国では、党、国家の指導者の身体に関する情報は一貫して機密であり、毛沢東が病にかかっていたことは、死去するまで、一般の民衆は全く知らなかった。「毛主席の体は、非常に非常に健康」であると既に聞き慣れた者達にとって、突然の間接的な毛沢東の訃報は、まさに晴天の霹靂であり、皆驚きのあまりぼんやりとしてしまった。

2　市委員会の対応

その日の午前一一時、天津市委員会は幹部倶楽部友誼庁で各区、県、局責任者が出席する緊急会議を召集・開催し、この重大な情報を伝えた。市委員会はこの情報をすぐに各区、県、局党委員会常務委員会へ伝達し、午後には幹部、民衆を組織して中央広播電台の重要放送を聞くよう指示した。

当日正午、党中央からの電話通知は以下のものであった。

各省、市、自治区党委員会、各大軍区党委員会、中央と国家機関各部・委員会党委員会、領導小組あるいは党の核心小組、軍事委員会各本部、各軍兵種党委員会：

中央は、九日午後四時、中共中央、全国人民代表大会常務委員、国務院、中央軍事委員会の「全党全軍全国各民族人民に告ぐる書」を放送することを決定した。直ちに、県、共産主義青年団以上の幹部に仕事にとりかからせ、気持ちの準備をさせ、かつ民衆を指導して放送を聴かせること。皆に呼びかけて、悲しみを力とし、持ち場を守り、一致団結し、一切の困難に打ち勝ち、鄧小平を批判し右からの巻き返しの風に反撃する運動おいて新たな勝利を勝ち取り、毛主席が開始したプロレタリア革命を最後までやり抜かなくてはならない。

中共中央　一九七六年九月九日一二時

その日の午後四時、市委員会常務委員会は常務委員会議室に集まって放送を聴いた。夜、常務委員会は、市委員会が中央、全人代常務委員会、国務院、中央軍事委員会に対して送る弔電について討論した。江青へは弔電を送る必要があるのかどうかと提起した者がいた。半日議論し、意見はなかなか一つにまとまらず、態度が決まらなかったが、最後にはやはり送ることに決まった。当時、李鴻安らは江青へは送らない方が良いという考えを表明していたが、解学恭はやはり送った方が良いと考えた。研究室の副主任一名が起草した。会議は翌日の早朝四時まで続いた。

九月一〇日の夜、市委員会常務委員会は引き続き、「全党全軍全国各民族人民に告ぐる書」を学習した。

九月一一日、市委員会常務委員会は継続して、「全党全軍全国各民族人民に告ぐる書」を重点的に学習した。午後三時、常務委員全員は人民礼堂に設置した霊堂に弔問した。一一日からは、天津人民の弔問活動が始まった。

3　毛沢東主席追悼大会

九月一二日の朝六時、解学恭と王淑珍《おう・しゅくちん》〔※〕、邢燕子、張福恒《ちょう・ふくこう》（全て天津にいた党中央委員）が自動車で北京へ向かい、八時に到着した。通知に従って、民族飯店三階で待機した。午後三時、彼らは統一的に手配された三七、三八、三九号車に分かれて乗り、人民大会堂北門に集まり弔問庁へ入った。遺影を仰ぎ見て通夜を行った。夜七時半、北京を起ち、九時四五分に天津へ到着した。全国各地で毛沢東追悼大会の準備が進められており、それが一番の重要事項であった。天津市の追悼大会は、中心広場に会場が置かれ、私と弁公庁の職員が責任者となって組織し、党・政府機関の事務管理局などの部門も協力した。追悼大会の準備のために市委員会常務委員は二度の報告を受けた。

九月一三日夜、常務委員会議では、弁公庁が手配した一八日に行う毛主席のための追悼会の計画について、聞き取りを行った。元々あった演壇は用いることができないため、新しく演壇を建設する必要があっ

毛沢東主席追悼大会

たが、時間が差し迫っていたため、昼夜兼行で建設が進められた。

一六日午後、解学恭と王曼恬らは中心広場に足を運んで、追悼大会会場の手配情況を視察した。解学恭は何も言わなかったが、王曼恬のある随員はあら探しをして、あれこれととやかく言い、特に、毛沢東の肖像が太陽の光の下では暗い影ができると文句を言って、王曼恬もその意見を支持した。私は、長年市委員会で養った習慣によって、それまで指導者の前で自分の弁明をしたことは一度もなかったが、この時ばかりは我慢できずにカッとなってしまい、こう言った。「肖像はこのようにしか掛けられないのです。これではだめだと言うなら、自分でやってみてください！」。私がこのような態度を示したことは今までに無いことで、解学恭は黙っていた。王曼恬はもともとカッとなり易い人であったが、この時は何も言わず、このことはうやむやになって終わった。

一七日夜、常務委員は地震局の報告を聴いた後、再度、翌日行われる追悼大会に関する事柄について報告を受け、私は色々と指示を仰いだ。

九月一八日の午後二時、市委員会常務委員達は幹部倶楽部の友誼庁に集まった。午後二時半までに中心広場休息室へ行き、二時二八分に一緒に演壇に上がった。市委員会書記の王一が宣言した。「天津市工農兵及び各界代表は偉大な領袖であり偉大な導師である毛沢東主席を心より追悼する大会を三時に正式に開始する。まず、中央人民広播電台から転送放送される、首都天安門広場で行われる偉大な領袖で偉大な導師毛沢東主席の追悼大会の実況を聴く」。

実況を聴き終わると、王一が宣言した。「天津市工農兵と各界代表は偉大な領袖で偉大な導師毛沢東主席を心より追悼する大会を引き続きとり行う。中共天津市委員会第一書記、天津革命委員会主任、天津警備区第一政治委員の解学恭同志が弔辞を捧げる」。

解学恭が弔辞を捧げると、王一が宣言した。「偉大な領袖で導師である毛沢東主席に礼をもって敬意を表す。一礼、再び礼、三礼！ 終わり」。その後、最後にこう宣言した。「天津市工農兵と各界代表は偉大な領袖で偉大な導師毛沢東主席を心より追悼する大会をこれで終わりとする。国歌演奏！」。

会場からはすすり泣く声が聞こえた。市委員会常務委員達は毛沢東を悼み、多くの者が涙を流し、王曼恬は特に甚だしかった。

私はこの追悼大会の壮大な情景を見ながら、様々な思いがこみ上げてくるのを禁じ得なかった。かつて、天安門広場の城楼に屹立した毛沢東が、今となっては静かに横たわっている。我々が、彼の体も物質で出来ていたのだなと意識した時、かつてのあの神秘さは消失した。我々が「万歳」を三回唱えることはもうなくなってしまった。しかし、神に対する敬仰から人間に対する敬慕へと変化したことは、感情の一種の昇華であり、また、社会の大きな進歩だったと言えるのではないだろうか。

第二六章 「四人組」逮捕

1 王・張・江・姚専案領導小組弁公室を設置

一九七六年一〇月六日、中央は、江青、張春橋、姚文元、王洪文を逮捕した後、すぐに華国鋒をトップとする王・張・江・姚を調査する専案組を設置した。さらに、各省・市が参加する事前通達会議〔打招呼会議〕[417]を何回かに分けて開催し、専案組設置を発表するとともに、各地方に対して「四人組」と関係のある人物や事柄について徹底的に調べるよう指示した。

解学恭らは、一〇月一〇日、一一日の両日、北京で開かれた中央の事前通達会議に参加すると、一〇月一五日には天津市公安局局長の桑仁政《そう・じんせい》と第一弁公室の張殿玲《ちょう・でんれい》が、江青・張春橋の経歴問題〔過去、特に新中国建国以前に反党行為などが無いかどうか〕に関する徹底調査を手配した。天津市も中央に倣って、王・張・江・姚専案領導小組弁公室を設置した。この専案領導小組は、市委員会書記の王一が組長を、趙武成が副組長を務め、私が弁公室主任を兼任し、桑仁政と張殿玲が副主任を務めた。一九七七年七月、市委員会はこの弁公室の名を清査〔徹底調査〕弁公室に改めた。

ここで、ついでに第一弁公室の話をしよう。我々は通常簡単に「一弁」と呼んでいた。「一弁」は一九六七年一二月に天津市革命委員会が成立した後に設置された専案弁公室で、軍部隊領導幹部が直接の責任を負っていた。当時、彼らは利華大楼[418]で業務を行い、主に万張集団の問題を調査していた。隔離審査の対象となった一部の人員は皆ここに留置された。

当時、私は革命委員会で弁事組秘書組組長を担当していたが、実際のところは旧体制から留用した、雇われ人員と同じであった。一九六八年から一九六九年までのあいだ、「一弁」の軍隊幹部は絶えず私を呼んで問題を調査した。私は実質的には取り調べを受けていたのだ。ある時、一人の軍隊幹部が私にこう言った。「劉軍長（劉政）に対して報告しようと思っているが、君には『一弁』に一定期間滞在してもらいたい。そうすれば、問題はすぐにきちんと処理できる。王亢之の秘書を知っているだろう。ちょっとここにいただけで、すぐに問題を白状したじゃないか」。私は最後までこの「一弁」に送られて調査されることはなかったから、彼が言ったことは批准されなかったのだろう。この弁公室はとても神秘的であり、私はそれまで行ったことはなく、この弁公室のいかなる報告書も見たことがなかった。

七〇年代初めから、万張集団の成員への処分が段々と解除され始めた。例えば、万張集団の内務系統とされた五人の成員は、私がずっと仕事をしていたのを除いて、路達、李定、陶正熠、王左が皆相次いで一定の指導的職務に復帰した。七〇年代中期以降、軍隊幹部は続々と撤退し、「一弁」は、主に幹部の処分解除の工作を行うことになった。

さて、解学恭の手配に基づいて、我々はすぐに江青・張春橋の経歴問題の徹底調査を行った。調査は主に、档案、特に公安局が持っていた敵偽档案[419]をもとに、またさらに、関係する当事者への取り調べを通して行われた。

一九七六年一〇月、「四人組」が粉砕されて間もなく、天津市師範学院党委員会書記を務めていた王金鼎は、意外にも師範学院歴史系のある教師から一つの情報を得た。それは、「張春橋は一九三七年に上海を離れて延安に向かった時、途中済南市を通り、そこで、当時の済南市警察局長であった趙某の家に泊まった」という重大情報であった。王金鼎は、長年に渡る白区〔抗日戦争期、国民党あるいは日本軍の支配下にあった地域〕での活動のおかげで、これが重大な情報であると敏感に察知した。そして、その日の晩は食事する暇も無く、夜中まで行動し、様々な人のところを転々として、やっと市の責任者に辿り着き、情報を伝えた。市委員会が情報を中央へ報告すると、葉剣英元帥がこれを非常に重視した。そして、公安部の一名の副部長をこの件の責任者に任命し、対処させることにした。一九七六年一〇月から一一月のあいだ、中央の王・張・江・姚専案組弁公室は、何度も天津へ電話をかけてきて、この件について聞き取りを行った。

初代天津市市長の黄敬

電話記録によれば、一〇月二二日の一九時一〇分、中央の王・張・江・姚専案組弁公室は電話をよこし、天津に対して、張春橋が当時国民党反省院[420]から出て来た後、日本の傀儡である済南市警察局によってひそかに保護されていた問題について、さらに一層の調査を行うよう要求した。一〇月二七日の二三時、中央の王・張・江・姚専案組弁公室は電話をよこし、江青の経歴問題について調査するようせきたてた。そして、江青が捕まったことに関する資料を王林《おう・りん》〔※〕に書かせた。一〇月二八日の一九時三〇分、中央の王・張・江・姚専案組弁公室はまた電話をよこし、抗日戦争期に張春橋を家にかくまったことのある趙福成《ちょう・ふくせい》という人物について清査するよう再度促した。一一月四日の二一時、中央の王・張・江・姚専案組弁公室は再び電話をよこし、張春橋の経歴問題を清査するよう再び促し、さらに山東省公安庁が二名の人員を天津へ派遣し、この件について一緒に調査すると伝えた。一一月九日の二二時、中央の王・張・江・姚専案組弁公室は電話で通知し、翌日中央の王・張・江・姚専案組責任者兼公安部副部長の于桑《う・そう》が天津へ来ること、問題解明の糸口である趙福成の経歴や張春橋との関係について明らかにすることを主な目的としていることや、さらに中央指導者もこの件に注目していることを伝えた。于桑が天津へやって来ると、趙武成、桑仁政と私が接待した。二日目の夜には解学恭も来て于桑のもとを訪問し、一緒に夕食をとった。こうした中央の対応から、中央があの当時江青・張春橋の経歴問題を清査し、解明することを、非常に重視していたことがわかる。

2　糸口は紹介人

江青の問題について、天津における問題解明の糸口は主に王林であった。王林は天津に入城した経歴の長い幹部で、解放初期には天津市総工会宣伝部長を務め、後にプロの作家となった人物である。彼は、三〇年代初期に青島大学の共産党支部書記となり、また、天津解放初期の市委員会書記兼市長である黄敬（元の名は兪啓威《ゆ・けいい》）の入党に際して紹介人を務めた人物でもある。

江青は一九三一年七月から一九三三年四月まで、青島大学図書館で半工半読〔働きながら勉強する〕しているときに、兪啓威《ゆ・けいい》（黄敬）と知り合い、恋愛し、同棲した。一九三三年二月、兪啓威の紹介で、江青は正式に中国共産党に入党した。一九三三年四月、兪啓威は青島で逮捕された。そこで江青は上海へ行き、中国共産党との関係を失った。その後、中国左翼作家聯盟に入り、進歩的学生運動と左翼戯劇家聯盟のアマチュア現代劇の公演に参加した。一九三四年に逮捕・投獄されるが、保釈されて出獄する。一九三五年、北平〔北京〕でまた兪啓威と同棲し、後に上海に戻って映画界に入った。

我々は王林と招待所で二度会い、彼と共に食事をした。彼は主に黄敬〔兪啓威〕との関係を話し、要求に従って文書資料も書いた。しかし、彼からもたらされた資料はどれも、江青が国民党に逮捕された後、共産党を裏切ったという可能性について、証明できるものではなかった。

3 張春橋への特務の嫌疑

張春橋の問題に関しては、我々は重要な手がかりを持っていた。趙福成が天津にいたからだ。張春橋は、一九一七年生まれで、山東省の巨野というところの出身である。一九三一年から一九三四年まで済南正道中学で学び、一九三三年に華蒂社の設立に発起人として参加し、華蒂社は国民党の復興社[421]の外郭組織となった。一九三五年、上海へ行き、文化工作に従事したが、その期間国民党の特務組織〔スパイ組織〕の一つである中統〔中国国民党中央執行委員会調査統計局〕と関係があった。一九三七年、済南へ戻って、抗日救亡運動に参加し、一九三八年に延安へ行った。張春橋は延安へ行く前の一時期、復興社特務の趙福成の家に滞在していた。趙福成は中国解放後、すぐに天津へ移り住んだ。こうした経緯から趙福成を通して張春橋の問題を調査することが、我々の重要な任務となった。

中央の王・張・江・姚専案組は山東省公安機関に保存してある公文書から、趙福成が一九五〇年六月一六日に書いた直筆の供述書を見つけ出した。そこには次のように書かれていた。「張春橋は同郷の同僚である張君の息子である。七七〔盧溝橋事件〕以前、上海系左翼青年作家であった彼は、済南に来て、安全を確保するために私の家に泊まった。日本軍が済南を占領する前に、張春橋は延安へ起ち、出発の間際、私はコートを彼にあげた。当時、私は復興社に所属し、済南で待機して、時機を見計らって敵偽組織〔日本の傀儡政権〕に潜入するよう、既に指令を受けていた。私は張を知っているが、張は私の素性を知らなかった」。調査を通してわかった趙福成の経歴は、以下のようである。

趙福成は、またの名を趙君弼といい、清査が行われた当時、七一歳であった。山東省巨野の出身であった。一九三〇年、国民党北平高等警官学校卒業後、日本内務省の警察講学所へ留学するが、一九三一年に帰国。済南山東警察教練所の教官となり、一九三六年、南京警官学校で訓練を受け、同年末、済南に戻って済南警察局東関分局長などの職に就いた。山東の陥落後、済南警察局局長などを務めた。一九三六年、南京中央警官学校で訓練を受けている時、当校の調査統計室主任である王泰興を通して紹介され、国民党復興社特務組織に参加した。一九三七年九月中旬、復興社の特務である柏俊生《はくしゅんせい》の家で、柏俊生の妻が秘密の手紙を趙福成へ渡した。そこには、趙福成警衛大隊長は済南に留まり、機会をみて日本の傀儡組織に潜入し、援護工作を行い、別の連絡人員から情報を受け取るようにと書かれていた。もう一つの秘密の指令もあった。そこには、張春橋が君の家に来る、彼の一切の面倒をみて、安全に注意するようにと書かれていた。その後、指令の通り、張春橋が彼の家に来て、一定期間宿泊し、その後延安に発った。出発の際、趙福成は自分の着ていた綿入れのコートを脱いで、張春橋に着せてやった。

これは趙福成が語ったものである。我々は当然、これは非常に重要な手がかりだと考えた。趙福成の罪の告白から、趙福成は復興社の特務であることはわかった。しかし、趙福成は必ずしも、張春橋が復興社の特務であることを証明する有力な証拠を提供してはくれなかった。我々がこの経歴を中央の王・張・江・姚専案組弁公室に伝えると、彼らは高い関心を示した。中央の王・張・江・姚専案組弁公室は中央新聞電影制片工場へ通知し、我々が趙福成を通して張春橋の経歴を調査する様子を、ドキュメンタリー映画にするよう指示した。新聞電影制片工場は撮影組をわざわざ天津へ派遣し、映画の制作にあたった。

私は清査弁公室主任であり、趙福成を通した張春橋の調査に関しては、当然責任を負うべき立場にある私が担当した。それまでこうした仕事をしたことの無い私は、ドキュメンタリー映画を撮るということがこんなにも複雑なことだったとは、この時初めて知った！　私が接待室で趙福成を接待し、彼が張春橋の問題を公然と指摘し〔掲発〕、私が問い、彼が答え、最後に私が趙福成を送り出すまでの、全部で一五分間のドキュメンタリー映画を、なんと三日もかけて撮影し、やっと完成した。私はしばしば要求通りに動けず、何度も撮影し直さざるを得なかった。どれだけのフィルムを無駄にしたかわからない。カメラで撮られていると思うと、私は歩き方さえ不自然になり、ただ歩くだけのシーンを何度も撮った。映画を撮るということが非常に難しいということを私は身をもって感じた。撮影が終わった後、私が先頭に立って皆に声をかけ、撮影組の全員を招待して一緒に食事をした。桑仁政なども参加した。当時はとても慎重になっており、招待所にはビールだけを出すように言い、白酒は飲まなかった。

当時聞いたところによれば、この映画は「四人組」の犯罪の証拠として、まず華国鋒や葉剣英といった中央指導者へ提出されて、彼らが観るということだった。ある時、私は北京で仕事があり、道すがら新聞電影制片工場へ寄り、この映画を観た。私の挙動はやはりとても自然というわけではなかった。私は思った。もし、これが全国で上映されたら、私の「姿」が公衆にさらされることになり、私は恥をさらすことになってしまうではないか。

趙福成が公然と指摘した経歴は、ただ張春橋に特務の嫌疑があるというだけのことで、張春橋が復興社の特務であったことを証明する証拠としては十分でなかった。中央の王・張・江・姚専案組弁公室は、趙福成を唯一つの手がかりとして、さらなる調査を行ったが、やはり信頼できる証拠は得ることができなかった。張春橋が国民党の外郭組織に参加していたということは、一般的な政治的経歴問題でしかない。結局、張春橋の裁判においても彼は特務として認定されなかった。中央指導者は、これらのいわゆる証拠は歴史的な試練や考察に耐えられないと考え、罪の証拠とはしなかったという。こうして、私が主演した唯一の映画も公開上映される機会を失ったのである。

二〇〇五年五月一〇日、新華通訊社は「病亡」という言葉を用い、「文革」の高官である張春橋が四月二一日に亡くなったことを簡潔に伝えた。しかし、この日に終結を迎えたのは、ただの一つの生物としての体であり、彼の政治生命は既に「文化大革命」終結時に終わりを迎えていたのだ。一九八一年一月、最高人民法院特別法廷での裁判で、張春橋は、林彪、江青反革命集団事件の主犯として、死刑を言い渡された（二年間の執行猶予付き）。

第二七章　二度目の崩壊を迎えた天津市委員会

天津市党政指導部は二度に渡って共に崩壊したが、その情況は互いに大きく異なっていた。「文革」における前期・市委員会の崩壊は、毛沢東と中央が発動した造反運動が、数ヶ月の時間をかけて市委員会を押し流したものだった。一方、「文革」における後期・市委員会の崩壊では、「公然とした批判・審査」〔揭批查〕運動を通して、中央が次第に市委員会の一部の指導部成員の問題を暴露していったのだった。二年という時間を経て、最後には市委員会指導部成員を北京へ召集し、主な指導者の職務を剥奪し、同時に多くの指導部成員を辞めさせて、ほかの者と代え、天津市党政指導部は再び崩壊したのである。

1　「四人組」の「派閥体系」を清査せよ

一九七六年一〇月六日、「四人組」が逮捕されると、同月一八日、党中央は王洪文、張春橋、江青、姚文元反党集団事件を各級党組織に通知し、全党及び全国人民へ伝達させた。一〇月二〇日、党中央は王・張・江・姚専案組を設置し、王・張・江・姚反党犯罪行為を調べた。一二月一〇日、中央は全党全国へ向けて、王・張・江・姚反党集団犯罪証拠資料その一を印刷・配布した。その後、犯罪証拠資料その二、その三も相次いで下達され、全国では「四人組」を公然と批判する〔揭発批判〕民衆運動が沸き起こった。

そして、各地で「四人組」の隠謀活動と関連のあった人物や事柄及びその「派閥体系」に関する清査〔徹底調査〕が開始された。

一九七七年の年末まで続いた天津市の清査工作は、大まかに二つの段階に分けることができる。第一段階は、一九七六年一〇月下旬に市委員会が中央の事前通達会議〔打招呼会議〕を伝達した後から、一九七七年四月の市委員会工作会議までである。この期間については、「四人組」が天津において行った隠謀活動を清査し、主に、江青の八度にわたる天津訪問及び小靳荘問題について調べられた。同時に、中央の王・張・江・姚専案組と協力し、「四人組」、主に張春橋の経歴問題について清査した。第二段階は、一九七七年四月以降であり、中央工作会議の主旨に基づいて、「四人組」の簒党奪権隠謀活動と関連のある人物や事柄について、さらに進んだ調査が行われ、「四人組」の天津における「派閥体系」を清査した。

市委員会書記の趙武成は、一九七六年一二月から一九七八年一月までのあいだに前後して開催した市委員会の会議において、清査工作に関する五度の報告を行った。この報告に関しては全て、私が主宰する清査弁公室が報告原稿を準備した。思い出せば、当時はやはり、主に「左」の思考に依っており、小さなことを大きくし、甚だしい場合は、「四人組」の「派閥体系」と無理矢理関係づけることで、「四人組」の天津における「派閥体系」を何が何でも探し出そうとしていた。趙武成は、一九七七年一一月八日、「清査工作情況と今後についての意見に関する報告」のなかで、数名の人物について次のような決定を発表した。「厳正厳粛な調査を経て、大量の極めて確かな証拠からわかるように、王曼恬は『四人組』に死生を誓った徒党〔死党〕である。王作山、張継尭《ちょう・けいぎょう》、陳相文などの者は、『四人組』ブルジョア階級派閥体系の中核分子である。徐信は『四人組』に積極的に追随し、党に対して凶暴な攻撃を行い、『四人組』の簒党奪権隠謀活動に参加した[64]」。

2　寵愛を受けた者達の顛末

市委員会書記の王曼恬は、毛沢東との親族関係によって、天津で江青と最も密接な関係にある人物であり、「四人組」の簒党奪権の「死生を誓った徒党」〔死党〕とされた。王曼恬は、毛沢東の親族だったことで、「四人組」にぴったりと従い、また一定の影響力と権威を有していた。特に、江青に秘密の手紙を書いた問題は非常に深刻であった。しかし、私が取り扱った彼女の問題に関する調査結果から言えば、江青らの簒党奪権における「死生を誓った徒党」と認定するには証拠不足であった。

小靳荘の党支部書記である王作山は、元々農村の比較的実直な基層支部書記であり、普通の農民であった。江青は党の指導者として、天津市委員会と共に小靳荘を先進モデル地区として樹立した。その時、彼が江青にぴったりと従わないことなど果たして可能であっただろうか。どうして、彼を派閥体系の中核分子などと言えるだろうか。

張継尭は、元天津市文学芸術界聯合会〔文聯〕の一般幹部であり、文聯紅旗造反隊のリーダーであった。王曼恬は一九六八年に江青に秘密の手紙を書いたが、その手紙のなかの資料は全て張継尭らによって集められたものだった。江青は、王曼恬が提供した資料に基づいて、「二つの黒」冤罪事件をでっち上げ、一部の領導幹部と作家を打倒し、深刻な結果をもたらした。王曼恬が市委員会の指導的地位に就くと、張継

---

(64)「趙武成同志関於清査工作情況和下一歩意見的匯報」〔「趙武成同志の徹底調査工作情況及び今後についての意見に関する報告」〕。天津市委員会弁公庁が一九七七年一一月一三日に、市内の区・県・局党委員会へ印刷配布した資料。

王作山（右）と来訪者

尭もすぐに市委員会、市革命委員会文教組組長に抜擢された。若い民衆代表のなかで彼はただ一人、市委員会、市革命委員会の部・委員会正主任の職務に就いた。

張継尭は江青や王曼恬の後にぴったりと付き従っていた。彼は文教組長を担当していたが、主に、文化部門に重点を置き、教育部門は担当せず、手を出すことはできなかった。この人間は、仕事に関して一定の能力を持っており、勤勉であったが、ややずる賢いところがあった。一度、市委員会が文教組の機構設置の問題を討論した時のことを覚えている。彼は討論の際、慌てて文教組副組長の蘇民《そ・みん》を呼んで自分の代わりに話をさせた。蘇民は経歴の長い幹部であり、また、趙武成の夫人でもあり、上級の者に対しても常に臆せず話をする人だった。張継尭は会議では意見を言わず、ただ、蘇民が滔々と弁解した。解学恭は聞きながらうんざりし、眉間に皺を寄せていたが、経歴の長い幹部の蘇民に対して怒るわけにもいかなかった。このことからも、張継尭が処世術に長けていたことがわかる。

張継尭の主な問題は、王曼恬に追随し、王曼恬から重用されたことである。しかし、彼が派閥の中核分子であったというのには、やはり根拠が不足している。私が取り仕切って、清査弁公室が清査した資料から言って、天津では「派閥体系」と言えるようなものは構成されていなかったのである。

陳相文は、元南開大学「八一八」造反派の代表である。当時の大学紅衛兵のなかで、南開大学には、「衛東」と「八一八」の二つの大きな派閥があり、「衛東」の代表が市革命委員会常務委員を務め、「八一八」の代表である陳相文が市革命委員会委員を務めた。彼は軍に参加して兵士となった経験があり、また、一九七五年五月から一九七七年三月まで、共産主義青年団中央準備組で副組長を務めた。彼には、大学生、造反派、解放軍戦士などいくつかの称号があった。しばしば北京と天津のあいだを行ったり来たりし、非常に活発な人物であった。

一九七六年初め、謝静宜が陳相文にこう言った。「天津の一号文献学習の報告は、単なる一般的態度表明であり、批鄧〔鄧小平批判〕が書かれていない」。彼はすぐに、共産主義青年団市委員会に手紙を書き、名指しで鄧小平を批判するよう煽り、かつ、王曼恬と密に連絡をとって協力し、すぐに名指しの批鄧の報告書を書くよう市委員会を扇動した。総合的に見れば、彼はぴったりと従い、また非常に活発に活動したが、実際には情報の伝達をしていただけである。彼を「四人組」ブルジョア階級派閥体系の中核分子と言うことはできない。

これらの者達以外にも、天津市革命委員会常務委員の全員が審査を受けた。天津市革命委員会成立時、繰り返し行われた協議と中央の批准を経て、「五代会」と各派から推挙されて市革命委員会常務委員に参加した計一九名のなかには、異なる職級を務める領導幹部が含まれていた。「公然とした批判・審査」運動のなか、特に一九七八年に解学恭が失脚した後、彼ら全員が次々と各級の指導的職務を解かれ、なかには逮捕され刑罰を受けた者もいた。以下に、彼らの名と審査情況及び結末について、それぞれ紹介しよう。

労働者組織代表：

李栄貴《り えい き》。元鉄道労働者、共産党員。後に市革命委員会副主任に抜擢される。解学恭の執政後期において、彼の問題に関する清査が開始された。「公然とした批判・審査」運動中に審査を受け、逮捕され、一五年の刑が確定する。

孫錫儒《そん・しゃくじゅ》。元第二軽工業局系統の一〇月制鞋〔靴製造〕工場労働者、労働模範。市科委員会副主任を務めるが、公然とした批判・審査運動中に審査を受け、免職となる。

馮玉田《ふう・ぎょくでん》。元綿紡第二工場労働者。綿紡第二工場革命委員会副主任を務めるが、「公然とした批判・審査」運動中に審査を受け、一〇年の刑が確定する。

朱文田《しゅ・ぶんでん》。元三五二六工場労働者。病のため既に亡くなっていた。

白啓栄《はく・けいえい》。元第五建築公司労働者。「文革」中、猥褻行為による犯罪で労働教育三年の判決が下された。「公然とした批判・審査」運動中に再び審査されたが、重複しての処分はなかった。後に職を求めてロシアへ渡り、ロシアで亡くなる。

李宝録《り・ほうろく》。元第一機械局幹部、党員。指導的職務には就いていなかったが、「公然とした批判・審査」運動中に審査を受けたが、党としての正式な処分はなかった。

張承明。元化工局系統反修正主義ナイロン工場労働者、党員。指導的職務には就いていなかった。彼は、「公然とした批判・審査」運動中に審査を受けるが、ただ一人、処分を受けずに、ある部署の科長の職に就いた。彼は、最初に大字報を貼って李雪峰に反対したが、一九六七年に元市委員会書記の張淮三を保護したことによって、救われることになった。

丁玉琦《ちょう・ぎょくき》。元第一商業局針織站の職員。指導的職務には就いていなかった。「公然とした批判・審査」運動中に審査を受けたが、党としての正式な処分はなかった。

林啓予。元電力局電検修〔電気点検修理〕大隊の技術員。市地震局局長を務めるが、「公然とした批判・審査」運動中に審査を受け、逮捕され一〇年の刑を言い渡される。

農業代表：

翟殿柱《てき・でんちゅう》。元東郊区四合荘の農民、党員。後に東郊区副区長を務める。「公然とした批判・審査」運動中に審査を受け、免職となる。

王鳳春。元南郊区西右営村党支部書記、党員。陳伯達が小站四清《スーチン》に重点的に取り組んで以降、支部副書記を経て、書記を務める。陳伯達の罪が明るみになると、書記を続けることができなくなる。「公然とした批判・審査」運動中に審査を受け、免職。既に自動車事故によって亡くなっていた。

学生代表：

于沢光《う・たくこう》。元南開大学数学系の学生、党員。河北省に配属されるが、「五・一六反革命グループ」徹底調査運動の際に逮捕され、天津に戻った後は、労働局技工学校校長を務める。「公然とした批判・審査」運動中に審査を受けたが、処分はなかった。

楊長俊《よう・ちょうしゅん》。元天津大学建築系の学生、党員。「公然とした批判・審査」運動中に一〇年間審査を受けたが、党組織としての正式な処分はなかった。一九八七年、天津駐山東弁事処で仕事をする。

史津立《し・しんりつ》。元天津体育学院の学生。武漢市に配属され、天津へ戻ると教練員（コーチ）となる。「公然とした批判・審査」運動中に審査を受けるが、党組織としての正式な処分はなかった。

張 崇遠《ちょう・すうえん》。元河北大学の学生。河北省で『河北日報』の副編集長を務めた。「公然とした批判・審査」運動中に審査を受け、免職となる。

任学明《じん・がくめい》。元一八中の中学生。徒歩でチベットへ行き、天津へ戻った後、「公然とした批判・審査」運動中に審査を受けたが、党としての正式な処分はなかった。

幹部代表：

巴木蘭、女、元市委員会工交政治部幹部、党員。天津市婦人連合会副主任を務めるが、「公然とした批判・審査」運動中に審査を受け、免職となり、党籍も剥奪される。

侯振江《こう・しんこう》。元市公安局幹部、党員。市戦備弁公室副主任を務めるが、「公然とした批判・審査」運動中に審査を受け、免職となる。

許光黎《きょ・こうれい》。元天津体育学院の教練員、党員。市体育委員会副主任を務めるが、「公然とした批判・審査」運動中に審査を受け、免職となる。

職務上、私はこうした人達の「文革」における浮き沈みの過程を、この目で目撃した。彼らの大部分は、文革初期における民衆組織の発起人である。基本的には労働者、一般幹部、教員など基層の社会にいた民衆であり、そのほとんどが、胆略で、思想的に活発であり、また一定の能力を備えた人達であった。しかし、その後の一〇年間の歴史が明らかにしたように、彼らのなかには、政治指導者として備えるべき素質を持ち合わせていない人が多数含まれていた。彼らは政治闘争の駆け引きが理解できず、特に、「文革」というこの特殊な歴史的時期における上層の権力闘争の内幕を知らなかった。彼らは自ら率直に認めさえした。自分が「役人」になれるなどとは考えたこともなかったと。

彼らの「文革」初期における隆盛は、党中央指導者の首肯、指示、賞揚を得た。理屈に照らし合わせて言えば、彼らは一種の寵愛を受けた「御用力量」に違いなかった。しかし、彼らは、文革全体を通して、しばしば粛清され、捕らえられた。そして、毛沢東の死去と「四人組」の崩壊に続いて、彼らも完全に終わりを迎えたのである。千秋の功罪を問うてみても、一体誰が彼らのことなど議論するだろうか。まさにこれが、恐るべき「政治の落とし穴」なのである。

以上は市革命委員会指導部成員の情況である。市委員会指導部成員を見てみると、市委員会書記の王曼恬、徐信、王淑珍及び市委員会常務委員の蔡樹梅《さい・じゅばい》〔※〕が審査対象とされた。

ここで再び徐信について話したいと思う。徐信は工業分野を分担する市委員会書記であった。孫健が国務院副総理に栄転すると、徐信は王中年（市委員会常務委員、秘書長）と共に工業分野の責任者となった。徐信は、当時の若い幹部のなかで最も重用された者の一人だ。彼は元々天津市化工〔化学工業〕工場の労働者であったが、造反した。頭が冴え、何事も恐れずに発言・行動し、また気迫のようなものが感じられる人物であった。

一九七五年、広州市委員会第一書記の焦林毅《しょう・りんき》が各部・委員会を率いてわざわざ天津へ学習にやって来た時、徐信が主体となって各部・委員会での接待を組織した。一九七六年、国務院が抗震救災表彰大会を開催した時、徐信は天津市委員会を代表して会議で発言した。

当時、若い領導幹部の多くは、自分から積極的に仕事をするのではなく、主に工作部門に背中を押されるようにして、受動的に仕事をしていた。しかし、徐信はそうではなかった。一度など、常務委員会拡大会議において、市革命委員会生産指揮部主任の王占瀛（元：天津市副市長）と衝突し、互いに譲らなかった。彼は、相手があぁ言えばこう言うという態度で、王占瀛にたてついた。解学恭は一言も発しなかった。沈黙が一つの態度表明であったのかもしれない。徐信は何事も恐れずに発言・行動し、当時の「左」の形勢に積極的にぴったりついて行った。特に、「鄧小平を批判し右からの巻き返しの風に反撃する」運動の際には、過激な発言が比較的多かった。

私はかつて、市計画委員会副主任の劉文濤《りゅう・ぶんとう》とわざわざ北京へ赴き、国家計画委員会の袁宝華《えん・ほうか》と会い、そこで徐信の問題についてであることを知った。当時、「四人組」が一九七六年に国務院の務虚会〔422〕を攻撃したことが公然と批判〔掲発〕されていたのだが、我々が国家計画委員会から知らされたのは、徐信も自身の発言のなかで務虚会への攻撃をしたことがあるという事実だった。その時は、有力な証拠を手に入れたと感じた。

徐信は市委員会の主要な批判対象となり、私も二度、徐信の発言を批判したことを覚えている。一度目は、一九七七年七月七日、市委員会が拡大会議を開催して徐信を批判した時のことである。発言の順番は、劉文濤、王占瀛、趙鈞《ちょう・きん》（塘沽区委員会書記）、私、劉晋峰（市農業委員会主任）であった。私の発言は主に二つの内容であった。一つ目は、市委員会常務委員は会議を開いて徐信がパスできるようサポートしようとしたが、徐信の態度が良くなかったことである。二つ目は、徐信が塘沽へ行き、華国鋒の地震災害情況視察に関する接待の手配を行い、その時、接待は「不冷不熱」でなければいけないと指示したことだ。これは完全に彼の個人的な判断に基づくものであり、市委員会とは無関係であった。当時ある者が、原則的政治路線の問題に格上げし〔「上綱上線」〕、市委員会には、特に解学恭の華主席に対する態度には問題があると批判していた。私は、この件に関して市委員会には責任がないことを言いたかったのだ。私が徐信を批判したほかの一度は、一〇万人大会におけるもので、内容については、後に述べることとしたい。

市委員会は、調査のなかで明らかにされた、徐信が国務院務虚会を攻撃したことなどの問題に照らして、彼に対して重点的な批判を行う必要があると考え、中央へ報告書を書いた。六月二四日、党中央組織部が電話をかけてきた。「六月一八日、天津市委員会は徐信同志の問題について中央に報告をしてきたが、見たところ徐信同志の問題は重大だ。関係人員を中央へ派遣して彼の問題について話し合うことを提案する。いつ来るかについて、電話をするように。また、報告のなかで、新聞上で〔徐信を〕名指しせずにこの問題が論じられていたということについても触れられていたが、このようなやり方では実際には仕事にならない。学恭同志に対応を考えるように提案する」。解学恭は、この電話の記録原稿上にこのようにコメント〔批示〕を書いた。「〔趙〕武成、〔王〕中年、王輝〔私〕、〔李〕鴻安、〔杜〕潤翰同志はこの原稿を読むこと。

一、王輝同志は中央へ報告にいくこと。二、なにか良い考えがあるか、今晩協議する」。その晩の議論の結果、徐信に対しては隔離審査を準備し、趙武成と私が党中央組織部へ報告に行った。六月二六日から二七日にかけて、趙武成と私は共に北京へ行き、民族飯店に宿泊した。そして、党中央組織部へ徐信の問題を報告すると同時に、天津市委員会指導部の関係する情況についても報告した(65)。

七月二一日、解学恭が北京で中共一〇期三中全会に参加しているあいだ、天津市委員会は一〇万人大会を開催した。解学恭は北京から電話をよこし、劉文涛、趙鈞、李鴻安と私が、大会において発言を行うよう指示した。趙武成は病を患い入院していたため、大会は王一が取り仕切った。会議では、中央の批准を経て、徐信に対して隔離審査を行うことが宣言され、続いて、我々数名が批判発言を行った。私がこの大会で行った批判は、とても厳しいものであった。当時は、依然として「文革」期の批判方式が継続されており、大きなレッテルを貼り、言葉は鋭い程良いとされ、論調は強い程良いとされた。「文革」の全期間を通して、私は、元市委員会に連座させられて、一定期間干されていたが、しかし大会で批判されることもなく、また、大会上で他人を批判することもなかった。私は、唯一この大会で、激しい口調で他人を批判したのである。申し訳なく思い、また非常に悔やまれる。

徐信は、造反者出身であるが、殴打・破壊・略奪行為などはせず、指導的地位に抜擢されてからは、王中年と共に工業分野を積極的に担当した。また、一定の能力を備えており、少なからぬ仕事をこなした。彼の主な問題は、当時の「左」傾路線にぴったりとついて行き、右からの巻き返しの風〔右傾翻案風〕(423)への反撃のなか、多くの誤った発言をしたということであった。その年、徐信は「第一一回路線闘争の中、一貫して『四人組』の側に立ち、『四人組』の簒党奪権の隠謀活動に積極的に参加し、反党の犯罪を犯し

(65) 趙武成『趙武成文稿史料選』北京、中国建築工業出版社、二〇〇四年、三九八頁。

た」と判断された。現在からみれば、これは事実とはかけ離れた、誇張された内容である。徐信は政治的な風に乗って行動しただけで、彼が「四人組」の簒党奪権の活動に参加したと証明できる、いかなる証拠もない。市委員会清査弁公室が徐信に対して行った清査〔徹底調査〕と、彼の問題に対する判断は、不適切なものであった。

前世紀の九〇年代、解学恭がこの世を去った時、私は彼の家へ弔問したが、意外にもそこで徐信と出会った。慌ただしく顔を合わせ握手をしたが、何も話さなかった。その時、私は、忘れることができない憂鬱と、繕うことのできないやましさが心に沸き起こった。私の一〇万人大会での発言を、彼が許し、理解してくれていることは、私にもわかっていた。解学恭の弔問に来るという彼の行動から、それはすでに明らかであった。

3　解学恭の失脚

解学恭は、一九七六年末、自分の問題について、徹底的な調査を始めた。彼は当時危険極まりない情況に置かれ、実に一年半ものあいだ耐え忍んだ。一九七八年六月八日、党中央は正式に決断を下し、解学恭の中共天津市委員会第一書記、市革命委員会主任、天津における党内外の一切の職務を免職とし、さらに林乎加《りん・こか》[66]を天津市委員会第一書記兼市革命委員会主任に任命した。ここに至って、「文革」中に組織された天津市委員会、天津市革命委員会は全滅するという結末を迎えたのである。

解学恭が失脚して間もなく、市委員会第三書記の趙武成はすぐに北京へ異動となって学習を命じられたが、その後、国家基本建設委員会に配属となった。趙武成はもともとキャリアも長く、指導経験も豊富な七級の高級幹部である。かつて鄭州市が解放された時、彼は最初の市委員会書記を務めた。自らに対する徹底調査に対しても、彼は厳格に、真面目に取り組んだ。

市委員会書記の王中年は、はっきりした説明もないままに免職とされた。王中年は、抗日戦争前に革命に参加した古参の幹部であり、元々は河北省の幹部であった。天津市が河北省に組み入れられると、王中年は天津へ異動となり、和平区委員会書記を務めるなど、区委員会書記のなかでも極めて優れた人物であった。彼は経済分野に特に長けており、「文革」中は一貫して経済分野の仕事をしっかりと行い、やる気もあり、経験も豊富であった。彼は他人を失脚させたりしておらず、一体どんな過ちを犯したというのだろうか。しかも、彼が常務委員会によって市委員会書記に抜擢されたのは、「四人組」粉砕後のことである。彼は、単に解学恭から重用されたという理由によって、引きずり下ろされたのである。報酬が変わらないことを除いて、その他の待遇に関しては全て、それまでの市級領導幹部の待遇から引き下げられた。

市委員会副書記の馮勤《ふう・きん》は、優秀な若い幹部であった。仕事に勤勉に取り組み、農業分野に詳しく、能力もあった。彼も、何の過ちも犯していないにも関わらず、ただ解学恭に引き立てられたというだけで、薊《けい》県〔天津郊外の県〕副県知事に降格となった。

市革命委員会副主任の王占瀛も、抗日戦争期に革命に参加した経歴の長い幹部で、「文革」以前の最年少の副市長である。工業分野に詳しく、頭脳明晰であった。彼は報告する際にノートを見ずに行い、領導幹部のなかでも非常に優れた人物であった。胡昭衡が批判を受けた時、彼が胡昭衡から重用されたという

---

(66) 林乎加（一九一六年〜）。山東省長島《ちょうとう》県の出身。一九三六年に中華民族解放先鋒隊に参加する。一九三八年に中国共産党に入党。建国後、中共浙江省委員会宣伝部副部長、後に部長を務め、さらに省委員会常務委員、秘書長、省委員会書記処書記を務める。一九六五年一月、国家計画委員会副主任。一九七七年一月、上海市委員会書記、市革命委員会副主任。一九七八年六月、天津市委員会第一書記、市革命委員会主任となる。

理由だけによって、巻き添えとなった。その後、革命委員会成立時には仕事に復帰した。「文革」中、一貫して実務に従事し、工業・生産を管理したという事実が、上司である胡昭衡に従っていたことの証拠とみなされ、明確な説明も無いままに免職処分を受けることになった。報酬は変わらなかったが、それ以外の待遇は全て市級領導幹部の待遇から引き下げられた。この処分に対し、彼本人は、「文革」前は副市長だと不満を言った。しかし、処遇を決めた部署は、「文革」前は天津は省轄市であったのだから、直轄市である現在とは一概に比べられないなどと理由をかこつけた。

実事求是の精神で言えば、王中年や王占瀛は、当時の古参の幹部のなかの、ずば抜けて優れた人物であった。しかし、訳の分からない理由で、数年ものあいだ彼らは家のなかに閉じ込められてしまった。二人共に既に亡くなってしまった。

人々はこう問わずにはいられない。「文革」中、生産をしっかりと管理し、仕事をしたことに一体何の問題があるというのか。もし、「文革」中、仕事をやり続ける者がいなくなれば、社会生活をどうやって正常に営むことができただろうか。中央国家機関においては実務をやり通すことは問題がないとされるのに、なぜ地方において実務をこなし続けることは誤りとされてしまうのか。ここに一体どんな公平さ、正義があると言えるのか。市委員会の関係部門の主要責任者、例えば、市委員会組織部、宣伝部、弁公庁、研究室などの主な責任者と関係人員に至っては、皆、解学恭の失脚に伴って免職となったことは言うまでもない。

古代の哲人・程頤《てい・い》〔424〕は言う。「歴史を眺める際には、成功・失敗や優劣によって人を論じてはならず、ただその是非だけを論じなくてはならない」。この言葉は正しい。文化大革命が発生して五〇年以上が経った今日において、当然我々は「成功・失敗や優劣によって人を論じてはならず」、「ただその是非だけを論じなくてはならない」のである。

第二八章　王曼恬の死

「公然とした批判・審査」〔掲批査〕運動が行われていた最中の一九七七年一月、中共天津市委員会書記の王曼恬が自殺した。これは、その年の市委員会指導層における一大事件であった。この人物の盛衰について書きたいと思う。

1　特殊な政治的背景

王曼恬は、毛沢東の伯母の従兄弟である王星臣の娘であり、長幼の順で言えば、毛沢東の母方のいとこの姪である。皆が知っているように、外交部の王海容は毛沢東ととても近い親戚であり、王曼恬は王海容の父の姉妹である。

王曼恬は一九三八年、国民党統治区から脱出して延安へ行き、革命に参加した知識分子幹部である。彼女は、延安魯迅芸術学院で学び、一貫して文化部門で仕事をし、後に著名な詩人となる魯藜《ろ・れい》〔425〕の妻となった。天津解放の時、彼女と魯藜は共に入城し、解放初期においては学校での仕事に就いた。後に文化部門に異動し、天津市文学芸術界聯合会〔文聯〕でも仕事をしたことがある。彼女自身は専門などを特に持たず、文化部門で党務の仕事を行っていた。キャリアが比較的古かったため、行政の等級では一三級に属し、当

視察を行う王曼恬（中央）（七〇年代初頭）

時既に高級幹部であった。一九五五年、毛沢東が著名な作家である胡風《こふう》を名指しで批判すると、上から下へ、反「胡風反革命集団」闘争が展開され、これに伴って、各級政府機関内部でも「反革命分子の粛清」が行われた。魯藜は「胡風反革命集団」の中核分子と見なされ、王曼恬はこれが原因で彼と離婚した。

2　江青への密告――「功ある臣」、政治の舞台へ

天津市革命委員会は、一九六七年一二月一日に成立した。当時、軍隊幹部と地方幹部、及び民衆代表のいわゆる「三結合」によって構成された指導部であった。地方幹部は、解学恭が中央から派遣されてきたのを除いて、元天津市幹部である者は、江楓、王亢之、範永中、王占瀛の四名であった。市革命委員会の正副主任は四名で、解学恭が主任を務め、蕭思明、鄭三生（この二名は共に軍隊幹部）、江楓が副主任を務めた。王亢之、範永中、王占瀛は市革命委員会常務委員となった。

一九六八年二月、「二つの黒」冤罪事件が起こると、江楓に対しては監護の処置がとられ、王亢之は自殺した。範永中も巻き添えとなって隔離審査を受けた。周恩来が多方面にわたって手配し、毛沢東の批准を経て成立した天津市革命委員会では、一ヶ月余りのうちに、三名もの地方幹部が失脚した。王曼恬は当時、彼女の特殊な親戚関係を背景に、江青に秘密の手紙を送り、天津には「二つの黒」に関する問題があ

ることを告げたことで「功ある臣」となった。江青の意図に沿って、王曼恬は政治の舞台に上がった。そして、中共天津市革命委員会核心小組成員や市革命委員会副主任の職に就き、市委員会成立後は、市委員会書記を務めた。

彼女は、七〇年代初期に国務院文化組に異動となり、そこで副組長を務め、天津と北京を行ったり来たりしながら、二つの地で仕事をした。彼女がなぜ中央政府の文化組の職に就くことになったか。呉徳の回顧によれば、こうである。当時、呉徳は国務院文化組組長を兼任しており、文化組を掌握する于会泳などの者達が皆江青の腹心であったため、呉徳の仕事は非常に困難なものとなってしまっていた。そこで、万里《ばん・り》〔※〕が呉徳に知恵を貸し、王曼恬を文化組に連れてくればよいと言った。万里は言った。王曼恬は王海容の伯母であり、毛主席の親戚なのだから、毛主席と会うこともできるし、話すこともできるのだ。この助言を受けて、王曼恬が北京へ来ていた時、呉徳は彼女を呼んでこの件について話した。文化組を兼職して欲しい、天津での仕事は今まで通り何も変える必要はなく、毎週一度か二度文化組の仕事に参加してくれれば良いからと彼女に頼んだ。彼女は、自分自身は構わないが、毛主席に聞いてみる必要があると答えた。呉徳は、それならば君から毛主席に手紙を書いて、毛主席に意見があるかどうか聞いてみてくれと言った。その後、王曼恬は毛主席に手紙を書き、文化組の兼職の事情を報告し、毛主席はそれに同意した。(67)

こうした経緯で、王曼恬は天津と北京両方で仕事をすることになった。呉徳の回顧によると、王曼恬の文化組での仕事ぶりは比較的良く、毛主席に情況を報告したりし、文化組のいくつかの問題を解決するのに役立った。何度か、于会泳、劉慶棠、浩亮などが文化組において人を困らせ苦しめようとしたが、王曼

(67) 呉徳『呉徳口述：十年風雨記事』北京、当代中国出版社、二〇〇四年、九三頁。
(68) 呉徳『呉徳口述：十年風雨記事』北京、当代中国出版社、二〇〇四年、九三頁。

恬が少し話をすると、彼らは尻込みして退散した。(68)

3　突然の凋落

しかし「四人組」粉砕後、于会泳らが審査を受けると、王曼恬も北京へ仕事に行くことはなくなった。そして、清査〔徹底調査〕のなかで、王曼恬の問題は重点的対象とされた。一九七六年一二月から、市委員会常務委員会は会議を開き、自身の問題について清査を行い、毎回の会議では解学恭が先に発言し、その後、王曼恬が話した。市委員会は相次いで六度の常務委員会、常務委員会拡大会議、及び一度の全体委員会拡大会議を召集・開催し、王曼恬に自身の問題について洗いざらい話させようとした。しかし、彼女に何度発言させても、いくつかの問題については最後まではっきりと説明することができなかった。王曼恬という人は非常に「左」であり、問題を清査されるということに対して、思想的にも心理的にも非常に強い抵抗があったのだろう。

一九七七年一月四日午後、彼女は弁公室で睡眠薬を服用し、自殺を図った。当時、市委員会書記は皆、市委員会敷地内の別館〔小院〕で、執務していた。各人が一部屋ずつ弁公室を持ち、各弁公室にはシングルベッドが置いてあり、皆お昼には弁公室で休憩をとっていた。その日の午後、仕事を始めてから時間がかなり経った頃、警備員が王曼恬の弁公室の戸が閉まっていることに初めて気付いた。そして、戸を開けてみると、彼女がベッドの上で気を失って倒れているのを発見した。すぐに病院へ運び、救命の処置が行われ、なんとか一命をとりとめた。

王曼恬が再び自殺を謀ることを防止するため、市委員会は王曼恬の自殺未遂の情況と彼女の態度について華国鋒と党中央へ報告し、王曼恬に対して隔離審査を行うよう提案した。報告が提出されると、市直属機関の党委員会と市委員会警衛処責任者が共同で組織する二〇名余りからなる看護小組〔426〕を直ちに結成することが市委員会で決定され、王曼恬を保護する措置がとられた。解学恭は看護小組に対して三つの具体的な意見を出した。一つ目は、自殺を防止し、万に一つの失敗もないこと。二つ目に、政治的には、彼女とはっきりと一線を画すこと。三つ目に、日常生活においては適切に気を配ること。

一月一〇日、市委員会は王曼恬問題調査小組を正式に設置させ、私が主宰する清査弁公室が責任を負った。一月一八日から二六日まで、市委員会の批准を経て、文化局、市直属機関、文化教育部門、天津大学、南開大学などの五つの単位《ダンウェイ》が大会を開催し、王曼恬に対して面と向かって公然と批判〔掲発批判〕を行った。王曼恬は一月二二日、解学恭へ手紙を書き、自分に対する批判と新聞での記事の論調は益々厳しいものとなっており、それに加えて看護人がついており、「精神的に耐えられない」と訴えた。

一月二七日夜、王曼恬は当直人員と世間話をしたり物語などを語ったりして、彼らを油断させた。八時、彼女は当直人員に、精神安定剤二錠と睡眠薬一錠を求め、服用した。八時一五分、王曼恬は電気を消し、部屋の戸に腰掛けを押し付けるように置いた。当直人員は突発的な事故を防ぐため、腰掛けを動かし、戸を半分開けておいた。八時一五分、王曼恬は寝ているようなのに寝息が聞こえてこないため、当直人員は不審に思い、部屋に入って見てみた。王曼恬は動いていなかったが、特に異常は無いように見えた。九時一〇分、電気を明るくして様子を確認したが、王曼恬は布団を頭まで被っており、依然として異常は無いようであった。九時四〇分、当直人員は王曼恬の布団をはいでみると、王曼恬の顔色は悪く、心臓病の発作が疑われたため、医者を呼んで診させたところ、瞳孔が開き、呼吸や脈拍は既に止まっていることがわかった。すぐに薬物を使って、人工救命の措置をとったが、手遅れであった。医者、法医学者、現場を検証した人員によって、王曼恬の死亡が確認された。タオルとシーツの端を破って作った紐で、自らの首を締めての自殺だった。

王曼恬が自殺した日の夜、市委員会書記の王一、趙武成と私は、それぞれ別々に現場へ駆けつけた。王一は知らせを受けたとき、既に家で睡眠薬を服用していた。我々は一緒に当直人員からの報告を聞いた。王一は感情を抑えられずに思わず、頭を横に振った。

私はその時初めて首を吊っての自殺を見た。「吊死鬼《ちょうしき》」〔427〕は皆舌を口から出し、その光景は痛ましものだと聞いていた。しかし、王曼恬は、ただ顔色がやや青紫色になり、舌の先がわずかに外に出ているだけで、まるで病のために亡くなった者のように穏やかな様子であった。彼女はタオルとシーツの端で作った紐の一端をベッドの頭部側にある欄干に結び付け、もう一端を首に結び付け、体を足下の方へ自ら滑らせて、息絶えた。かつて、ある一人の女性校長が審査を受けている時、やはりベッドの上でこの方法を用い自殺した。王曼恬は以前、その学校で教務主任を担当していたため、この自殺方法を知っていたのだろう。

同様の例はほかにもある。一四年の時を経て、一九九一年五月一四日、江青は、北京において服役中、病のために監獄外で療養〔保外就医〕していた時に、同じ方法を用いて自殺した。江青は何枚かのハンカチを結んで紐とし、布団と枕を足の下へ入れた状態で、バスタブの上の鉄でできた棚に紐を結び付け、その後、布団や枕を足でどかして首を吊った。王曼恬から「おばさん」と呼ばれたこの女性も、やはり同じ方法で自らの命を断ったのだ。

4　「四人組に死生を誓った徒党」と呼ばれて

王曼恬自殺の後、私と市委員会清査弁公室の人員は、共に彼女の家に行き、彼女の手紙など各種資料を探し、押収した。私にとって感慨深かったのは、私は弁公庁主任であるにも関わらず、生前、彼女の家の戸を叩いたこともなかったことだ。彼女は文化教育部門の仕事を主管していたが、私と彼女が仕事の上で連絡をとることは少なくなかった。

彼女はしばしば、広範囲に手を出し、どんなことにも口出しするのが好きであった。例えば、一九七五年の秋のある日曜日の朝、私がちょうど家で休んでいる時、突然王曼恬から電話がかかってきた。王曼恬は、川にかかる橋付近にある工場の工業排水が農田へ流れ込んでいると言い、私にすぐ行って問題を解決するよう要求した。私は直ちに市建設委員会の環境行政を担当する者を呼び、一緒に現場を視察し、問題を解決した。その時私は、王曼恬は幹部としてのレヴェルは高くないかもしれないが、しかし、仕事においては勤勉であり、しかも何も恐れずに発言し、また責任を負うことを恐れない人だという印象を持った。

一九七三年、国務院は、河北省が管轄する薊県、宝坻県、武清県、静海県、寧河県を天津市に組み入れることを決定した。この決定は天津市のその後の発展に非常に有利なものであった。しかし、国務院がこの決定を下す前は、これは実現の難度の非常に高い案件とされていた。王曼恬は解学恭の委託を受け、国務院に向かい、直接李先念《り・せんねん》副総理のところを訪れ、再三事情を説明し、ついに実現にこぎ着けたのである。

また、「文革」初期、軍隊幹部が一度天下を統一し、各級領導核心は主に軍隊幹部の手中に置かれ、支配を受けることになった。そんな情勢のなかでも、王曼恬はその特殊な政治的背景ゆえに、軍隊幹部から特別視され、何かあった際にも軍隊幹部は彼女に道を譲ったのである。

我々の捜索によって出て来たのは、王曼恬が一九六八年三月から一九七六年一〇月までのあいだに江青らに宛てて書いた手紙三三通、電話記録二三件であった。彼女の主要な問題は、江青に向けて極秘の手紙を書き、問題を捏造した、いわゆる一九六八年の「二・二一」事件であった。彼女のこの行為が招いた結果は深刻であった。次に、彼女は中央文化組と兼職していたため、しばしば天津で上層部の噂を流した。特に、一九七六年には積極的に「鄧小平を批判し右からの巻き返しの風に反撃する」運動を扇動した。さらに、彼女は江青及び中央文革小組の全ての指示に積極的に、ぴったりと従った。

市委員会は王曼恬を「四人組」に死生を誓った徒党〔死党〕と断定し、さらに王作山、張継尭、陳相文を王曼恬のブルジョア階級派閥体系の成員と見なしたが、今から考えれば根拠はいずれも不足していた。我々がある人物を評価する時、具体的な歴史的環境から切り離して考えることはできない。あの当時、数億もの人々が皆毛沢東を熱狂的に崇拝し、王曼恬はほかの者よりもさらに強い愚直なまでの忠誠心を持っていたはずである。毛沢東が死去した時、彼女がほかの誰よりも悲しんでいるのを見た。彼女は、江青に従って「法家を論じて、儒家を批判する」運動に参加し、周恩来に反対したと言われた。しかし実際には、周恩来が死去した時、王曼恬はやはり深く悲しみ、涙を流していたのである。それでも、清査を受けている最中、王曼恬は「我々が敬愛する周総理に対して気がふれたかのように反対した」と検査した。「罪を着せようと思えば、いくらでもできる」のだ。

「文革」の後、連座させられた毛沢東の親族には、ほかにも、彼の甥である毛遠新《もう・えんしん》〔※〕、娘の李納《り・のう》、毛沢東の伯母の孫娘である王海容がいる。私がいくつかのメディアから知ったところによると、現在彼らは皆一般人と同じように生活しているようだ。神聖な光輪の覆い籠がなくなり、解き放たれて得たのは心の自由であった。もし、王曼恬があの日々を耐え抜くことができ、今日まで生き延びることができていたなら、彼女は当時起こった一切の出来事を、どのように見て、どのように思うのだろうか。

第二九章　ミイラとりがミイラになる

一九七六年一〇月、「四人組」が粉砕された後、天津市の清査〔徹底調査〕では当初、市委員会書記である王一と趙武成を責任者としていたが、実際に責任を負っていたのは趙武成だった。後に、趙武成が市委員会第二書記に就くと、彼が一切の権限を持ち、責任を負うようになった。

1　徹底調査する私——清査工作の責任者として

市委員会清査弁公室は、私が主任を兼任し、市公安局局長の桑仁政、弁公庁副主任の崔保衡《さいほこう》、市委員会組織部専案復査処〔再審査所〕処長の張殿玲が副主任を担当した。崔保衡は実際には名ばかりの就任で、仕事には参加しなかった。張殿玲はもともと「一弁」政治工作組責任者である。「一弁」は元来軍隊幹部が主体であったが、一九七五年に軍隊幹部が撤退してからは、張殿玲が後始末を行っていた。「一弁」が廃止されると、市委員会組織部は専案復査処を設置し、「一弁」の仕事とつながりをもたせた。この弁公室は私が主管し、張殿玲が日常の業務を担当した。

慣例に倣えば、清査は組織部門と政法部門〔治安、司法、検察、公安などを担当する部門〕の担当であり、彼らが人を派遣して仕事を取り仕切るべきであった。解学恭はなぜ私に担当させたのか。私のことは信頼でき、起用すれば比較的よくやってくれるだろうと解学恭が考えたからであることは明らかだ。本来、解学恭の智嚢〔ブレーン〕と文書執筆グループは主に市委員会研究室であったが、彼は余計な嫌疑をかけられることを避けるため、身近な人間を徹底調査に参加させなかった。私のこの推測は、早くも裏付けられることになった。

一九七七年一二月、市委員会が「四人組」について議論し、公然と批判する〔掲発批判〕会議を開催し、その会議上で元市委員会書記処書記の張淮三及び胡昭衡の名誉回復が行われた。二人は市委員会指導部に復帰した。張淮三はこの会議上で、市委員会研究室と宣伝部責任者が解学恭のために「問題を覆い隠して摘発を免れようとしている」として公に批判を行った。市委員会研究室の主任である李鴻安と宣伝部副部長の陶正熠は、自分達に批判が向けられているため、自由な議論のために自分達はその場にいない方が良いと判断し、その場から立ち去った。陶正熠はその後、市委員会に一通の手紙を書き、自分の態度を表明した。

会議後、私は解学恭に対して、議論の際に私もいない方が良いのでしょうかと聞いた。解学恭は言った。「君がいなくなってどうするのだ。日常業務の責任者は市委員会機関にいなくてはならない。君と彼らは違い、昔からの市委員会メンバーだ。君への不満や悪い報告はそんなに多くないはずだ」。確かに、私に対する意見は多くはなく、会議での発言を伝える簡報上でも私は名指しされていなかった。李鴻安と陶正熠が会議場からいなくなったその日、散会後に食事に行ったが、張淮三が個人的に私にこう言った。「君は心配する必要はない。君には何も問題はない」。

当時の清査弁公室は睦南道七四号招待所で業務を行っており、秘書組を除き、いくつかの調査組に分かれていた。例えば、王曼恬調査組、陳相文調査組、徐信調査組などであり、それぞれの成員は主に、公安局、市委員会組織部、弁公庁、共産主義青年団市委員会などの単位《ダンウェイ》の幹部から構成されていた。弁公室の主な任務は、重点的な清査対象の問題について調査し、清査情況を全面的に了解し、把握することであった。

市委員会清査弁公室は主に、王曼恬、陳相文、徐信の問題を調査し、張継尭の問題に関しては文教組が自ら調査を行った。続いてすぐに、孫健や王淑珍らの問題の調査が開始された。孫健は元々天津市委員会書記だったが、後になって国務院副総理を務めていた。孫健はただ天津へいくつかの情報を伝えただけである。王淑珍は、天津市委員会書記で、元々は労働模範であった。仕事上の理由から、右からの巻き返しの風への反撃運動のなかで、若干の発言を行ったことがあった。実事求是の精神に則って言えば、彼女には何の問題もなく、それゆえ、公然とした批判も行われなかった。

全体的な進展情況で見ると、一九七七年一一月までに、市委員会及び区・県・局党委員会が審査対象とした計四二名のうち、区・県・局及びそれ相当の職務を担当していた者が一八名含まれていた。この四二名に関しては、それぞれ異なる審査形式が採用され、拘留や隔離審査が行われたのが六名、離職、停職、職務取消のうえに審査されたのが五名、学習班[428]での審査が行われたのが三名、機関において「はっきりと説明する」形式[429]で批判・審査が行われたのが二〇名、自己調査のほか所属組織が手助けし調査を行うなどの方法がとられた者が八名いた。各単位は過ちを犯した者に対して、問題をはっきりと説明させ、それが済むとすぐに追求を解いた。

一九七六年の第4四半期から一九七八年の上半期まで、市委員会は清査工作を討論する会議を計五回開き、全ての会議において、趙武成が主題報告を行った。第一回目は一九七六年一二月九日に行われ、趙武成は主に「四人組」の歴史及び、実際の犯罪行為の清査に関して報告した。重点は、張春橋の経歴に関する問題と江青の八度にわたる天津訪問に関する問題についてであった。

第二回目は一九七七年四月五日で、「四人組」の隠謀活動と関わり合いのあった人物や事柄の情況について重点的に報告された。さらに、今後の清査工作に関する意見が提起され、主に王曼恬の問題に関する清査について話された。

第三回目は一九七七年七月に行われ、王曼恬の問題について報告された以外に、王作山や張継尭及び、各区・県・局についての清査情況、さらに今後の仕事に関する考えが報告された。

第四回目は一九七七年一一月八日に行われた。主に、王曼恬、王作山、張継尭、陳相文らのいわゆる「ブルジョア階級派閥体系」及び徐信の問題について報告され、さらにいくつかの区・県及び港務局、文化局における清査情況について報告された。趙武成は報告のなかで、次のように指摘した。「我が市は『四人組』の簒党奪権隠謀活動と関わり合いを持つ人物及び事柄についての主な問題については既に調べ出され、一部の問題はすでに調査によって明らかになり、『四人組』の我が市におけるブルジョア階級派閥体系は既に打ち倒された」。

第五回目は一九七八年一月下旬であり、報告のなかで「市委員会常務委員会は清査工作に関する決心が強くなく、認識が不足しており、指導がきちんとできていない」と話し、主な問題は「問題を覆い隠して摘発を免れようとしている」ことにあり、批判の矛先は解学恭へ向けられた。この数回の会議の報告資料は、全て常務委員会の討論を経て、最後に趙武成によって修正され、審査・決定された。

私が清査工作の責任者となっていた期間、個人としては三回発言を行い、さらに批判原稿執筆を組織し、文章を発表した。私が第二回目に行った発言は、徐信を公然と批判する一〇万人大会においてであった。その日、解学恭はちょうど北京において中共一〇期三中全会に参加しており、いまだ戻っておらず、王一が会議を取り仕切った。

解学恭は通常とは違い、李鴻安と私に大会で発言をさせた。そうすれば、情況をより掌握でき、自分は一部の責任追求から解放されるかもしれないと思ったからだろう。当時、李鴻安と私の発言は共に非常に厳しく鋭いもので、また会場の拍手を得た。しかし、政治闘争は残酷なものである。当時の「左」傾政治の統治下で、解学恭の思考がどれだけ綿密かに関わらず、どれだけ小心翼々として慎み深いかに関わらず、やはり彼はパスすることはできなかったのである。

2 徹底調査される私――「四大支柱」、「八大保解」の一人として

一九七八年四月二〇日に開催された市委員会常務委員会拡大会議において、清査工作に意見を提する者が現れ、清査工作機構は改組すべきだという意見を提案する者も登場した。このような形勢の下で、清査弁公室は改組せざるを得なくなった。五月七日、市委員会常務委員会議は、清査弁公室を掲批査〔公然とした批判・審査〕弁公室と改称し、王真如《おう・しんじょ》が中共天津市委員会掲批査弁公室の主任を務め、李守真と李波《り・は》が副主任を務めると決定した。この弁公室は、元々の清査弁公室の成員を基礎とし、数名を増員した。私と清査弁公室副主任であった張殿玲は当然ながら免職となった。これによって、私は全部の精力を弁公庁での仕事に費やすことになり、清査に関わることはなくなった。六月八日、解学恭が中央によって免職とされると、今度は私が清査の対象となった。

ここで、当時市委員会政策研究室副主任の王左について少し話したい。私と彼は似たような仕事の経歴をもっており、彼は私よりも数歳年上で、地下党でのキャリアは私よりもいくらか長い。我々二人は、市委員会弁公庁で常務委員会議の記録を担当したことがあった。「文革」初期は同じ命運を辿り、万張反党集団の「黒秀才」と見なされた。異なるのは、市革命委員会成立以降、私はそこで仕事をした時間が彼よりもいくらか長く、私は弁公庁で正主任に就き、彼は研究室で副主任に就いたことである。しかし、彼も解学恭のブレーンの一人であった。「四人組」が崩壊する以前、私と彼は何度も、江青らに対する不満を

密かに議論した。我々は共通認識を持っており、いわば同舟共済の仲であった。

しかし、気づけば、彼はほかの者を清査する立場の者となり、一方私は清査される立場の者となっていた。よく考えてみれば、ここには歴史的な原因もあるが、しかしもっと重要なのは、私が一九七六年以降に突出しすぎていたということだろう。当然、彼は私の問題が清査される際、私のために少なからぬ弁護をしてくれた。例えば、ある会議において、彼はこう発言した。清査工作は趙武成が分担し、王輝〔筆者〕は彼の指導の下で調査を行っていた。趙武成は問題がないのに、王輝がどうして問題ありとされるのか。この発言に対して、当時新しく清査を主管することになった市委員会書記はこう答えた。趙武成は中央が管理する幹部であり、我々が管理することはできないのだ。

ここに共産党内における問題処理の原則が現れている。

当時、解学恭執政の四大支柱と呼ばれた組織があり、それが政研室、弁公庁、宣伝部、組織部であった。私は弁公庁の主任であり、当然真っ先に批判の矢面に立たされた。また、「八王保解」〔八人の王が解を防衛する〕などとも言われていた。「八王」とは、王一、王元和《おう・げんわ》〔※〕、王珍堂《おう・ちんどう》〔※〕、王中年、王占瀛、王輝、汪潤《おう・じゅん》田《でん》〔※〕、王亭《おう・てい》〔※〕を指していた。私はやはりそのなかに入っていたのである。

「日中すれば則ち昃《かたむ》き、月盈《み》つれば則ち食《か》く」（『周易・豊』）。政治とは、恐ろしいものであり、「左」傾政治はとりわけそうである。私と王左はもともと共に一つの道を進んでいたのに、私が彼よりも一歩多く進んだがために、大きくつまずき、命運はまるきり違ったものになった。

私は一通り清査を受けたが、何の問題も見出されなかった。清査にあたった者は初め、この「三朝老臣」〔長きに渡って重用されるキャリアの長い家臣。本書著者を指す〕に問題がないなどとは信じられず、全ての文書档案にくまなく目を通し、調べた。しかし、見つかったのは、どれも上級からの指示を受けて下級へ伝達された書類ばかりで、私が負わなくてはならないいかなる責任も探し出すことはできなかった。

私は、普段の生活においては大雑把であるが、仕事に対しては、特に公文書の処理に関しては十分に慎重である。おおよそ、指導者が口頭で私に仕事を処理するよう指示すれば、私は必ず、受けた指示をすぐに次のように書き記し、記録として残した。誰々の口頭での指示に基づき、これこれの方法で処理する。このように、言葉は全て出所が書かれており、指示されたことはその通り行った。仕事において細心の注意を払ったことで、私は大きな面倒から救われた。

私を清査した者はとても失望し、こんなにも多くの書類を清査したのに、なぜ何の問題も出てこないのだと思ったという。それにも関わらず、一九七八年一〇月、市委員会は正式な書類を下達し、私の弁公庁主任の職務を停止すると決定した。市委員会の掲批査弁公室は何の新しい問題も見つけ出すことができず、結局、市委員会弁公庁に頼って、私の審査報告を起草させざるを得なかった。

市委員会弁公庁は一九八〇年六月一五日、市委員会へ向けて、「王輝同志の幾つかの主要な問題に関する審査報告」を報告・提出した。そのなかで列挙された五つの問題は全て、私が行った誤った指導についてであった。この審査報告の最後にはこう書かれている。「王輝同志は以上の問題、特に解学恭を助け、彼には問題が無いと決めつけてしまい、確かに存在する問題を覆い隠して摘発を免れようとしていたことにおいては、誤りがあった。中央〔一九七八〕二八号文献〔中央が一九七八年に発表した二八号文献のこと。解学恭の免職に関する書類を指す〕が伝達された後、王輝同志は積極的に問題を公然と指摘し〔掲発〕、自らが犯した過ちについて主体的に検査を行い、弁公庁領導小組〔拡大〕会議において、基本的に自らの問題を明らかに説明した。態度は良く、かつ民衆の許しと理解を得た」。

一九八一年七月三一日になって、天津市委員会は私の問題についてやっと回答〔批復〕を出し、「王輝は『文化大革命』と林彪・『四人組』に対する公然とした批判〔掲発批判〕において過ちを犯したが、本人は既に検査を行ったため、結論を与える〔検査をパスさせる〕こととする。改めて仕事に配属する」。

私はこの回答を見て焦った。清査工作における小さな問題がなぜ「文化大革命」における過ちにされてしまったのか。私が「文化大革命」において一体どんな過ちを犯したというのか。私はすぐに市委員会弁公庁へ手紙を書き、私の意見を訴えた。そして、市委員会掲批査弁公室主任に会って再び訴えた。一九八二年後半に私が市政府弁公庁で主任となった時、やはり市政府党組に対して長い申立書を書いた。事実を伝えたうえで、私は「文革」中に過失が無く、それだけでなく功績すらあると説明した。当時、市政府党組成員は皆この申立書を回覧した。李瑞環《り・ずいかん》天津市長はこれを読んだ後、この申立書は市委員会に転送してはならない、面倒を起こさないためだと言ったという。私は市政府党組が私を守ろうとしていることを知り、それ以上の申し立てをやめた。

3　党内闘争の常

当時巻き添えとなったほかの人々と比べて、私はやはり幸運であった。市委員会弁公庁が私に対する審査報告を書いた後、市委員会秘書長の李定がすぐに私を仕事に復帰させるよう提案した。ただ、この提案はその時はまだ批准を得ることはなかった。一九七九年、私は天津自転車工場での三ヶ月の蹲点《トゥンディエン》を行うよう命じられた。一九八〇年には政研室で仕事を主宰する王左を助けるよう指示され、主に工場での調査研究を行った。一九八一年、南開大学は全国から学生を募集し、社会学専門クラスを開校した。私はそこで一年間学びたいと申請し、批准された。こうして、私は政治から離れて学問を学ぶことになり、政界から学問界に転入した。塞翁が馬。これは福であろうか、それとも禍であろうか。

明代末期から清代初め、広く伝えられた諧謔詩があったらしい〔430〕。

聞道頭需剃　剃って欲しい頭があれば
而今尽剃頭　全部剃ってしまうよ
有頭皆可剃　どんな頭も剃るべきだ
不剃不成頭　剃らない頭は頭じゃないよ
剃頭由他剃　頭は彼に剃られるが
頭還是我頭　頭はやはり私の頭だ
請看剃頭者　頭を剃る者をみておくれ
人亦剃其頭　その者の頭は別の者が剃るのだ

私はその年、清査弁公室で人の頭を剃り、後に私も人から頭を剃られた。共産党の党内闘争における哲学の、生々しい真実の描写である。

第三〇章　永遠にパスできない検査

「四人組」粉砕から間もなくして、「四人組」と関わり合いのある人物や事柄に関する清査〔徹底調査〕が始まった。始まったばかりの頃は、張春橋が叛徒か否かという彼の経歴問題に関して清査が行われた。その後、王曼恬、張継尭、徐信などの問題についての清査が開始された。そして最後に、解学恭の問題に調査が及んだ。解学恭個人は何度も検査を行ったが、一九七八年五月二三日に中央が開催した天津問題報告会に参加した後、免職となった。結局彼はパスすることができなかった。

1　検査の準備過程

一九七六年末以降、王曼恬らを清査すると同時に、解学恭はすぐに自身に関する清理〔徹底的な調査や反省〕を始めた。その過程は大まかに三つの段階に分けることができる。

第一段階は、一九七六年一一月二五日の市委員会常務委員会議から始まった。解学恭の「四人組」に対する公然とした批判及び自身の清理に関する発言を聞き、また、王曼恬の「四人組」との関係に関する検査・告白の聞き取りが行われた。

一九七六年一二月一七日から一九七七年一月五日まで開かれた市委員会第二一回全体委員会拡大会議に

おいて、解学恭はもう一度自身の清理に関して、発言を行った。会議では、各組に分かれて、党中央の一二月一〇日に下達した二四号文献の学習が行われ、「王洪文、張春橋、江青、姚文元反党集団犯罪証拠（資料その二）」を閲読した。一九日、大会正式挙行の第一日目は、「四人組」に対して公然とした批判が行われた。解学恭は、「大野心家である江青の甚だ大きな犯罪行為に激怒し公然と批判する」と発言した。二日目の二〇日、大会が引き続き行われ、解学恭は自身について清理を行い、王曼恬も検査と告白を行った。解学恭は、自らと江青の関係及び自身が犯した主な過ちを重点的に検査し、かつ、市委員会常務委員を代表して、一九七四年以来市委員会が犯した過ち及びそこから学び取るべき教訓について話した。

当時、皆にとっての議論の主な対象は王曼恬であったが、王曼恬の検査と告白は口ごもり、要領を得ないものだった。その日の夜、解学恭が会を主宰し、王一、許誠《きょ・せい》、趙武成、王淑珍など数名の書記が参加した。会の目的は王曼恬の思想工作で、立場を改め、態度を正し、さらに、立ち上がって江青の犯罪行為を公然と指摘するよう王曼恬を促した。二一日、王曼恬は引き続き検査と告白を行った。二二日、各組に分かれて討論を行った。二三日午前、大会で発言が行われた後、休会となった。正午、解学恭は北京の京西賓館に急いで向かい、「全国農業は大寨に学ぶ」会議に出席した。

会議期間中の二七日午後五時過ぎ、解学恭自らが連絡し、中央弁公庁が自動車を彼のところへ迎えによこした。解学恭は華国鋒の所へ行き、天津における「四人組」を公然と批判する運動の情況について報告した。華国鋒は「重要指示」を行ったが、天津に対して肯定も非難もせず、ただ、「四人組」に対してより一層厳しく公然とした批判を行うことなどの単なる原則的な話をしただけであった。二八日の会議が終わると、市委員会は二九日に常務委員会議を開催し、真剣に学習し、「華主席の指示」について討論した。その日の晩、解学恭は王一、王淑珍と病を患う王曼恬の家に行き、彼女に「華主席の重要指示」を伝えた。

一九七七年一月二日、市委員会は常務委員会拡大会議を開催し、「華主席の重要指示」を正式に伝達し、さらに拡大会議が提出する意見について、さらに踏み込んで、皆の認識を統一した。三日午前、解学恭は二一次全体委員会拡大会議において、「華主席の重要指示」を伝達し、その後各組に分かれて討論を行った。その晩、市委員会常務委員は各組の連絡員からの報告を聞いた。四日は引き続き各組での討論が行われた。その日の晩、市委員会常務委員会が会議を開き、市計画委員会の計画に関する報告を聞いた。夜一一時、さらに緊急常務委員会議が召集・開催され、王曼恬の自殺未遂の問題について検討され、次の日の二一回常務委員会議において王曼恬の自殺の情況について説明することが決定された。会議では、新聞上で公けに王曼恬に対する名指し批判を掲載し、そのなかで彼女を「天津と北京のあいだを奔走した江青の腹心」と呼ぶことが決定された。五日午前、二一回全体委員会拡大会議は解学恭の講話の後に閉会となった。この会議では、皆が市委員会と解学恭に対して少なからぬ意見を提出したが、議論の重点が解学恭の問題に置かれることはまだなかった。

この会議の後、「四人組」を公然と批判するいくつかの会議が開かれた。これらの全ての会議において、解学恭は自身の問題に関連づけて話すことを既に始めていたが、まだ特別に検査を行うことはなかった。当時、業務は各方面に渡って差し迫った情況にあった。例えば、農業は大寨に学ぶ会議、工業は大慶に学ぶ会議、中央工作会議、中共一〇期三中全会、中共第一一回全国代表大会、市八期人民代表大会、五期政治協商会議などが開催され、さらに、五月一二日に寧河で発生したマグニチュード六・五級の余震の発生や、八月初めの緊急洪水防止対策の実施、徐信らに対する公然とした批判の展開など、これらのことに対応するための仕事があったために、解学恭の検査はずっと延期されていたのである。

この期間、市委員会は一九七六年一二月九日から清査工作会議を開始し、相次いで五度の清査工作会議を開いた。はじめに、張春橋の問題に関する清査について議論し、その後天津の問題に議論が及んだ。毎回、いくつかの意見が提出され、一九七八年一月下旬の最後の会議においては、最も多くの意見が提起された。単に「四人組」と関わり合いのある人物や事柄についてだけでなく、「文革」中の市委員会指導部〔領導班子〕の執政に対する意見も提起された。これらの意見は、「文革」中、新しく抜擢された若干の若い幹部を対象としていたが、それでもやはり解学恭との関連を避けることはできなかった。市委員会清査弁公室は、市委員会、市委員会指導者、及び関係部門に対して提起された意見の整理を行い、市委員会に対して提出された五八の意見を印刷し、市委員会指導者が参照できるようにした。実は、一九七七年一一月の市委員会常務委員会議において、弁公庁と清査弁公室が責任を負い、市委員会の問題を明瞭に説明した資料を作成することが、既に決定されていたのだった。解学恭本人が自身の問題について明瞭に説明した資料は、市委員会政研室が手伝って起草することになっていた。しかし、この資料は、初稿が準備された後、内容の検討がされないまま、そのままになっていたのである。

第二段階は、一九七八年二月一〇日から一五日までであり、市委員会常務委員会が会議を召集・開催し、明瞭に説明された問題について皆で討論し、批判と検査が行われた。私は事前に準備していた一〇の問題についての資料を一つずつ提出した。会議は一五日の夜まで続き、弁公庁と清査弁公室が、常務委員会拡大会議についての文書資料を市委員会のために準備することが決定された。それまで市委員会では、常務委員会拡大会議の講話資料は、通常全て市委員会政研室が主体となって責任を負い、作成していた〔市委員会宣伝部も参加〕。私は、やはり今回も政研室が責任を負うよう提案したが、結局、私がこの仕事を主宰し、政研室と宣伝部が参加し、共同で準備することが決定された。

第三段階は一九七八年三月二〇日から二三日までである。市委員会常務委員会は会議を開き、市委員会の清理及び解学恭個人の清理について討論された。解学恭は、市委員会第三書記の趙武成が代表となって、市委員会の集団的な清理・検査を行い、それとは別に彼個人が自身について清理・検査を行うことを提案した。しかし、趙武成がこの提案に頑なに同意しなかったため、結局、市委員会は、市委員会の集団として問題を明瞭に説明する資料と解学恭個人が自身の問題を明瞭に説明する資料とを合わせて一つの資料として、政研室と弁公庁、宣伝部が共同で責任を負い、起草することを決定した。

　市委員会が非難し、また検査しているあいだ、皆は、市委員会の集団としての清理・検査と解学恭個人の清理・検査に対して心おきなく意見を提起した。その中で二つの出来事があった。一つ目は、趙武成が発言した際、彼の個人的なことについて話したことだ。趙武成は次のように言った。私の名誉回復はもう済んでいるはずだが、私個人の『金瓶梅』[431]は、以前市委員会档案室に保管されていたが、未だに私に返却されていない、高級幹部であれば『金瓶梅』を買ってもよいと中央が許可しているのに、なぜ私に返却されないのだ？　私はこの発言を聞き、非常に唐突に感じ、なぜこのような話しを始めたのだろうかと思った。

　二つ目は、谷雲亭の発言である。彼は市委員会と解学恭の清理・検査についてこう話した。私は態度表明していないが、態度を表明しないということは、態度が決まっていないということではなく、態度を表明しないことが一種の態度なのだ。

　谷雲亭は、元河北省委員会書記処書記であり、天津が河北省に組み入れられてから、天津へやってきて書記処書記を務めていた。彼はキャリアが長く、また、七級の高級幹部でもあった。人間の品性の観点から名利を追求せず、幹部のなかでも威信が高く、とても穏健で、他人に対して寛大であり、少しも「左」でなかったが、この時の彼の発言は、ほかの人には全く理解できなかった。解学恭が検査を行っていたあいだに、谷雲亭は突発的に起きた脳溢血によって植物状態となり、その後亡くなった。

2　それは本当に政治的過ちだったのか

一九七八年四月二〇日、市委員会は常務委員会拡大会議を召集・開催し、解学恭は会議において、「第一一回路線闘争において市委員会が明瞭に説明しなければならない問題及び私の犯した過ちに関する検査[69]」という講話を行った。そして、主に、以下の一一の問題について検査を行った。

一、「四人組」による「三箭斉発」〔三つの矢を一斉に放つ〕の際についての問題。

一九七四年一月、党中央は毛沢東の批准を経た一号文献「林彪と孔子・孟子の道」を発し、全国で批林批孔運動が発動された。江青が周恩来と葉剣英にそれぞれ手紙を書くと、二人は直ちに行動を起こし、一月二四日に在京軍隊単位《ダンウェイ》批林批孔動員大会を開催した。さらに一月二五日には、中央直属機関批林批孔動員大会を開催した。「林彪と孔孟の道」は、江青の有能な助手である遅群と謝静宜が北京大学と清華大学の者達を組織して編纂したものである。この二つの大会において、遅群と謝静宜はともに主題講話を行った。いわゆる「三箭斉発」〔三つの矢を一斉に放つ〕とは、批林〔林彪批判〕、批孔〔孔子批判〕と裏口取引〔走后門〕批判のことである。一月二四日は旧暦の正月二日であり、二五日は旧暦の正月三日である。江青が手紙を書くと、周恩来と葉剣英は共にすぐ行動を起こした。謝静宜の講話は、反裏口取引を提起した。先述の「酒の杯を捧げれば、政策を緩める。箸をあげれば、よいよいと言う」という詩を披露し、人々に深い印象を与えた。遅群と謝静宜の講話と、江青、姚文元による頻繁な挿話は、『毛沢東伝　一九四九～一九七六』によれば、彼〔彼女〕らが「意図的に周恩来と葉剣英を非難される立場に追いやろうとした」ものだった[70]。私は一月二五日の大会記録を読んだことがあるが、周恩来は大会において、問題に気付くことがほかの人よりも遅かったことについて、検査を行った。

当時、王曼恬によって中央でのこうした情報が天津に伝えられ、天津市はそれにぴったりと従った。市委員会は、一月二五日（旧暦正月三日）と二七日（旧暦正月五日）に召集された常務委員会議で、中央の動向を伝えた。一月三〇日、三一日、市委員会は市直属機関と区・局機関幹部それぞれの批林批孔動員大会を開催した。一月三〇日から三月六日には、区・県・局以上の領導幹部学習班を開き、中央一号文献学習について伝達されると同時に、江青の手紙と遅群、謝静宜の講話が伝えられた。さらに、同時に、批林批孔及び反裏口取引に関する天津市の方針を検討した。市委員会機関は反裏口取引の大字報を貼り出す手配をした。しかし、二月二〇日、中央は八号文献を発し、反裏口取引はとりやめることになった。

当時、江青の地位は普通のものではなく、彼女が周恩来と葉剣英に手紙を書けば、彼らですらすぐに行動を起こしたのである。地方であればなおさら、政治的空気を感じ取って直ちに行動することは、むしろ正常な反応だと言えるのではないだろうか。

二、「四人組」の影射史学〔あてこすり歴史学〕を宣揚したことに関する問題。

これについては、主に江青が一九七六年六月一九日に天津で発表した、法家を論じて儒家を批判する講話について検査した。解学恭は検査の最後において、こう述べた。「私個人は二つのことについて特に話す必要がある。一つは、一九七四年六月二七日に『天津日報』が発表した則天武后を紹介する記事についてで、叛徒江青はこれを読んだ後、修正に関する意見を出した。（中略）私はすぐに関係人員を召集して伝達と検討を行った。江青の意見のなかには、唐の高宗《こう・そう》〔432〕は老年でも愚昧でなかった、歴史上の吐蕃《とばん》〔433〕や突《とっ》

（69）解学恭「在第十一次路線闘争中市委需要説清楚的問題和我対所犯錯誤的検査」〔「第一一回路線闘争における市委員会の明瞭に説明する必要のある問題及び私の犯した過ちに関する検査」〕。

（70）中共中央文献研究室編『毛沢東伝　一九四九～一九七六』北京、中央文献出版社、二〇〇三年、一六八二頁。

厥《けつ》に〔434〕ついては中国侵略と言うべきでないなどとあった。私は天津日報社に、読者からの手紙を発表するという形式で、江青の意見を反映させるよう指示した。今から考えれば、江青のこのようなやり方は下心のあるものだった。私は彼女の意図を伝達し、それを執行したが、実際には彼女が狐のしっぽを覆い隠すのを手助けしてしまったのである。もう一つは、一九七四年に江青が初めて天津に来た時、彼女は専用列車において、北京から連れて来た者達を組織して『離騒』を読んだ。天津にやって来た後、彼女はさらに市委員会に『離騒』を読むよう命令した。（中略）江青は、なぜ『離騒』を読ませるのかということについて何も言わず、私も敢えて聞かなかった。今から考えれば、それは昔のことを評論するのにかこつけて、現代を批判するものであり、彼女は偉大な領袖であり導師である毛主席や党中央に対する恨みの感情を晴らそうとしたのであった。我々は江青の隠謀を見抜くことができず、彼女の罠にはまってしまった」。

三、江青による小靳荘のモデル化に追随したことに関する問題。

一九七四年六月から一九七六年八月まで、江青は三度小靳荘へ行った。このことについては既に詳しく述べた。この問題に関する検査では、王作山という、この至って普通の基層農村幹部に対して一通り批判が行われた。例えば、王作山は「『四人組』の隠謀活動に参加し、『四人組』が直接拠り所とする力となった」などと批判された。王作山という一人の農村党支部書記が、一体どんな隠謀活動に参加できるというのか。「左」傾の政治運動において、これまでずっと民衆は犠牲者であった。小靳荘も当然その例外ではなかったのである。

四、「四人組」に従って反経験主義を宣伝したことに関する問題。

一九七五年三、四月のあいだ、江青らは「経験主義は当面の主要な危険〔435〕」と鼓吹し、矛先を周総理と多くの古参幹部へ向けた。江青が天津へやって来た時も、こうした類いの言論をまき散らした。解学恭はこれらの言論を決して伝達しなかったが、天津の新聞は『人民日報』、雑誌『紅旗』に追随して、経験主義が主要な危険だと宣伝した。しかし、この問題に関して毛沢東はこう発言した。「修正主義反対は経験主義と教条主義への反対を含み、二者は共に修正マルクス・レーニン主義的であることを提起しなくてはならない。一つだけ採り上げてはならず、二つを一緒に採り上げなくてはならない」。こう言って、毛沢東は江青のやり方を制止したのである。

解学恭はこの問題について次のように検査した。「五月一九日、江青のところから通知があり、江青は、彼女が天津で打ち立てた三つの模範地区において市委員会は『連合政府論』の第五部分を学習せよと指示した。私はその通り対処したが、これは江青が自らの経験主義を批判する狐のしっぽを覆い隠そうとする、その手助けをする行為であった」。解学恭のこうした話はどれも、無理矢理こじつけたものだった。

五、周総理追悼に関するいくつかの問題。

本書の第二三章「第一次天安門事件の一部始終の余波」において既に記述した通り、実際には、当時の市委員会の一切の行動は中央の通知に従ってなされたものであり、検査すべきことなど何も無かった。解学恭はこの問題を検査する際、自らの一つの過ちについてこう話した。

この時期の主な過ちは、私が刊行物のなかから周総理の肖像を取り除くようコメント〔批示〕した問題である。この件については、市委員会第二一回全体委員会拡大会議において既に提起され、かつ私の指示の言葉も公にされた。七六年一二月、私は北京で華〔国鋒〕主席、汪〔東興〕副主席に対して天津での運動について報告している際、この問題が発生した経緯について直接報告しており、かつ私がこの問題において犯した過ちについて話した。しかし、当時孫健がまだ副総理であったため、第二一回全体委員会においては公にこの件の詳細について話さず、検査も行うべきではないと誤って考えてしまった。

このことの実際の経緯はこうである。七六年二月の初旬、孫健の秘書は、市委員会宣伝部に電話をかけ、孫健の意見を伝えた。雑誌『中国婦女』の三月号は、周総理の写真が掲載されていたため、中央指導者の同志から非難を受け、肖像を取り除くことになった、天津は少し注意してくれという内容であった。宣伝部は二月四日、市委員会に向けて報告書を書き、刊行物から周総理の肖像を取り除くことを提案した。王曼恬は、この報告に、『二月号から取り除くことに同意』とコメントを書いた。私は、『一月号で既に発行してしまったものに関しては回収する必要はない。すでに印刷したもので発行していないものに関しては発行してはならない』とコメントを書いた。私のコメントに基づいて、『学習通信』やほかの学報、刊行物は、周総理の写真を取り除き、ある媒体は写真だけでなく訃報も含めて取り除き、非常に深刻な悪影響を及ぼした。これは私が犯した深刻な政治的過ちである。

もし、これが「深刻な政治的過ち」だと言うならば、その時過ちを犯したのは、解学恭一人ではない。彼の「過ち」より深刻な過ちを犯したにも関わらず何事も無かった人々がいるではないか。

六、「四人組」が政治的な企てを実行した際の、機先を制して鄧小平副主席を名指し、攻撃し、無実の罪に陥れたことに関する問題。[436]

当時、市委員会が中央へ報告書を書き、そのなかで機先を制して鄧小平を名指し批判したことは既に述べた。これは、解学恭の非常に重大な問題である。解学恭の問題とされたそのほかの件は全て、中央の指示を執行したゆえの問題である。しかし、報告を書いて鄧小平の名を名指ししたことだけは、（解学恭の判断で）上海、北京、遼寧などいくつかの省・市に続いて行ったことだ。

解学恭は、「検査」の冒頭でこう述べた。「『四人組』は毛主席の指示に背き、政治的な企てを実行し、鄧小平同志に対して攻撃し、無実の罪に陥れようとした。これは、彼らによる簒党奪権陰謀の重要な一部である。『四人組』の企ては、天津にとって重大な妨害と破壊であった。私は一度、いくつかの問題について毛主席や党中央の戦略的配置に背き、深刻な政治的過ちと組織の中で犯した深刻な過ちを犯した」。

解学恭がここで言っている「四人組」の政治的な企てとは、当時中央が「四人組」を批判した時の言い回しであり、実際には「政治的な企て」などではなかった。鄧小平を批判し右からの巻き返しの風に反撃する運動は、毛沢東が決定した政策であり、江青らはただの急先鋒でしかなかったのである。事のいきさつについて話そう。

党中央の右からの巻き返しの風への反撃に関する合図は、一九七五年一〇月から出され始めた。当時、清華大学党委員会副書記であった劉冰《りゅう・ひょう》〔※〕らが毛沢東に手紙を書き、遅群と謝静宜の仕事のやり方や思想意識などの問題について毛沢東に訴えた。手紙は、鄧小平を経由して毛沢東へ転送された。劉冰らは全部で二通の手紙を書いた。第一の手紙は八月中に書かれたものである。毛沢東は読んだ後、手紙が置いてある机を指さして秘書に言った。「とりあえず置いておく」。第二の手紙は一〇月のあいだに書かれたもので、毛沢東は読んだ後、秘書に第一の手紙を探すように言い、もう一度読んだ。この手紙が毛沢東の大きな不満を買うことになった。彼は、劉冰らの意見は「文化大革命」に対する不満、さらには清算しようとする人々の態度を代表するものだと考えたのだ。

一〇月一九日、毛沢東は外国の賓客と会見した後、李先念、汪東興らと話し、その際こう話した。「現在一つの噂が流れており、私が江青を批判したというものだ。批判したにはしたが、江青は自覚していない。清華大学の劉冰らは遅群や小謝〔謝静宜を指す〕のことを手紙で訴えてきた。私の見るところ、動機は不純であり、遅群や小謝を打倒したいと思っているのだ。彼の手紙のなかでは矛先は私に向けられている。遅群は反革命か。過ちがあれば、非難しなくてはならない。しかし、一度非難すれば打倒するまでやるのか。死ぬまで懲らしめるのか。小謝は三万の労働者を率いて清華大学に入った。遅群については知らないが」。彼はこうも言った。「私は北京にいる。手紙を書くならば、どうして直接私に書かず、小平を経由して転送するのか。君達は小平に、注意し、罠にはまってはいけないと伝えるように。小平は劉冰の肩を持ちすぎている。君達六人（鄧小平、李先念、汪東興、呉徳、謝静宜、遅群）はまず会議を開いて処理を検討するように。この二通の手紙（劉冰のその年の八月と一〇月に書かれた二つの手紙を指す）は政治局の北京にいる各同志に印刷・配布するように。清華大学は弁論を行い、大字報を貼り出してもよい」。

二三日、鄧小平は中央政治局会議を開催・主宰し、毛沢東の談話について伝達し、討論を行った。そして、彼の意見に従って、清華大学党委員会拡大会議を召集・開催し、この討論を伝えることが決定された。二七日、鄧小平、李先念、呉徳、汪東興は毛沢東に報告書を書き、そのなかで次のように伝えた。「そのなかでは、主席の小平、江青同志に対する非難の内容については、伝達しないことを提案します」。毛沢東はこの書類のこの部分に下線を引き、「正しい」と書いた。

中共北京市委員会責任者は、清華大学で劉冰らが毛沢東に送った手紙に対する意見を伝えた。全校では「教育革命」[437]大弁論が展開され、いわゆる「右からの巻き返しの風」批判が開始されたのである。

一一月二日、毛沢東はこの件について、毛遠新[438]に次のように言った。「二つの態度があり、一つは文化大革命に対する不満の態度である。もう一つはケリをつけようという態度で、文化大革命にケリをつけようとしている」。「彼らの手紙のなかで、矛先は私に向けられている」。「君は注意し、罠にはまってはいけないと小平に伝えるように。小平は劉氷を保護している」。「清華に関連する問題は、孤立したものではなく、当面の二つの路線闘争が反映されたものである」。「君は小平、東興、錫聯《ちん・しゃくれん》（陳錫聯を指し、当時の北京軍区司令員である）と少し話し、君の意見を全て話しなさい。端的に話し、口ごもったりしてはいけない。君は彼（鄧小平を指す）が向上することを手助けしなくてはならない[71]」。

毛遠新は、毛沢東の意図に基づいて、鄧小平、汪東興、陳錫聯《ちん・しゃくれん》に毛沢東の指示を伝えた。鄧小平は検査をしたいという意志を表明したが、毛沢東の意見は受け入れなかった。毛遠新が毛沢東に話し合いの情況を報告すると、毛沢東はまた、次のように指示した。「少し人の範囲を広げよう。李先念、紀登奎、華国鋒、張春橋。八人〔毛遠新、鄧小平、汪東興、陳錫聯、李先念、紀登奎、華国鋒、張春橋〕でまず討論しなさい。言い争いになっても構わない。その後、政治局で再び討論しなさい」。「文化大革命の問題に限って討論し、決議を出しなさい。文化大革命とは何をするものだったのか。階級闘争である」。「文化大革命について、全体的に言えば、基本的には正しいが、不足の部分がある。現在検討が必要なのは、不足の方面についてである。三と七の割合だ。七割が功績で、三割が誤りだ」。

実際には、林彪事件の後、「文革」の失敗は既に証明されており、人々の「文革」に対する信仰は既に根本的な動揺を見せ始めていた。毛沢東は人生の最後であるこの時期、彼自らが発動した「文革」を守ろうと終始心にかけていた。紀登奎が追憶しているようである。「毛主席は元々、『文革』は二年間行ったらすぐに終わらせたかった。思い通りに制御することができなくなるとは思ってもみず、既に九年も経ってしまった。安定して団結せねばならず、しかし、「文革」には結論を出さなくてはならない。結論が無ければ終わらせることはできない。林彪事件の後、既に「文革」の理論上、実践上の失敗は証明されており、毛主席の脳裏に疑問符がついた。小平の執政における一連の施策は『文化大革命』に抵触するものだった。劉冰による手紙の事件が発生すると、毛主席は、君〔鄧小平を指す〕は決議、『文化大革命』の決議を書かなければならないと考えた。彼はさらに言い方を固めた。七割の功績と、三割の誤りというものだ。小平は婉曲な言い方でこれを拒絶した。私は桃源郷の者なので、理解できない」[72]。

---

(71) 中共中央文献研究室編『毛沢東伝　一九四九～一九七六』北京、中央文献出版社、二〇〇三年、一七五三～一七五五頁。

鄧小平が「文革」に決議を出すことを拒んだため、中央は、毛沢東の指示に基づいて事前通達会議〔打招呼会議〕を召集・開催した。一九七五年一一月下旬、「右からの巻き返しの風への反撃」運動が素早く展開された。周恩来逝去後に華国鋒が総理となったこと、一九七六年四月五日に第一次天安門事件が発生した後、鄧小平の党内外における一切の職務を剥奪したことは、共に毛沢東が決定したことである。

解学恭は、機先を制して鄧小平を名指し批判したことに関して検査した際、こう発言した。「この重大な過ちは、私が第一一回路線闘争のこの重要な時期において、マルクス主義の原則的立場を堅持せず、毛主席の革命路線の側に立たず、逆に、風向きを読み、噂によって重大な問題を判断・決定し、仕事を指導し、王曼恬がもたらした情況を『わけがある』、信用できると考え、それにすぐに従い、立ち後れて問題となることを深く恐れたことを明らかに説明するものである。それゆえに、毛主席、党中央の戦略的配置を妨害し、政治においても、組織においても共に深刻な過ちを犯した」。実際には、解学恭は毛主席や党中央の戦略的配置にぴったりついて行っていたのであり、ただ名指し批判をいくらか早く行ったというだけである。しかし後になって、上級機関によって、「鄧小平を批判し右からの巻き返しの風に反撃する」運動の責任が全て江青へ押し付けられると、解学恭が積極的に彼女にぴったりとついて行ったことは、当然非難を免れることはできなかったのである。

七、華主席の天津視察の際の接待に関する問題。

一九七六年七月二八日、唐山大地震の影響が天津に深刻な被害をもたらした後、華国鋒は八月五日、天津を視察した。全ての接待・報道において、何の問題もなかった。当時、元市委員会書記の徐信は塘沽区で接待を手配している際、「不冷不熱」の話をした。ある者が、「原則的政治路線の問題に格上げして」〔上綱上線〕、市委員会の「英明な領袖」に対する態度の問題について発言した。解学恭は再度検査をせざるを得ず、彼は、検査のなかの少なくない部分を割いて、この問題について釈明を行った。

八、江青の第八回目の天津訪問に関するいくつかの問題。

江青の八度にわたる天津訪問の主な案内人を務めたのは解学恭であった。この件に関して、解学恭は一九七七年の市委員会第二一回全体委員会拡大会議において、早くも検査を行い、江青が天津で行った全ての発言や印刷・発行させた全ての書類、処理した全ての事柄について清理を行った。解学恭が江青に宛てて書いた一一通の手紙までも、会議の附属書類として印刷し、会議参加者に配布した。

解学恭は検査のなかで、江青の第八回目の天津訪問の問題について重点的に話した。解学恭は、江青の天津での隠謀活動について話したが、江青が天津へやってきたことは、毛沢東と中央政治局の同意を得てのことではなかったか。

解学恭の検査ではこう述べられている。この隠謀を看破できなかった原因は、「つまり政治的、組織原則的な観点から問題を見る姿勢を堅持せず、階級分析と路線の是非という観点から問題を捉え、一種の卑俗な観点を用いて江青の天津訪問の問題を取り扱ってしまった江青は一般の中央指導者と異なり、中央政治局委員であるだけでなく、特殊な身分にあると考え、そのため、江青が毛主席に反対するなどということは考えなかった。『四人組』粉砕以後、私は初めて知ったが、江青の七四年六月一七日の第一回目の天津訪問から間もなくして、毛主席は七月一七日の中央政治局会議において江青を厳しく批判し、こう言っていたのだ。『彼女は私を代表しているのではなく、彼女は彼女自身を代表しているのだ』。『要するに、彼女は彼女自身を代表しているのだ』」。当時、周恩来、葉剣英らでさえ、江青を排除したいとは思っていても周囲への影響を恐れてそうすることはできなかったのである。解学恭に一体何ができたというのか。

九、青年幹部の抜擢と幹部審査に関する問題。

(72) 中共中央文献研究室編『毛沢東伝　一九四九～一九七六』北京、中央文献出版社、二〇〇三年、一七五七頁。

「文革」中、多くの古参幹部が攻撃を受けてしまったことで、「二つの短期間」[439]の問題（非常に短期間での入党・非常に短期間での幹部への昇進）が各地で一般的に存在していた。天津も全国各地と同様にこの問題が発生していたが、決して突出した問題ではなかった。しかし、「文革」が終息すると、この件に関する古参の幹部の意見は比較的厳しいものであった。そこで、解学恭はこの問題も一つの重点として、検査を行った。その内容は主に、青年幹部の抜擢と幹部審査の問題に関する検査であった。青年幹部の抜擢に関しては既に述べているため、ここでは幹部審査に関する問題についてだけ述べよう。

天津市は元々、区・局以上の領導幹部が五五一名おり、そのうち「文革」中に審査対象とされたのは一五七名であった。この等級の幹部は、死亡、引退、異動などの七五名を除けば、四七六名いた。そのうち、当時既に登用が決まっていた者が四二七名、老齢や病気のために仕事に就くことができない者が三八名、仕事はできるが、まだ登用が決まっていない者は一一名だけであった。全体的に見て、全市の元区・局以上の領導幹部のうち、審査を受けた絶対多数の者について既に結論が出ており、仕事に復帰できる絶対多数の者が既に仕事に配属されていた。

天津は上海と異なり、若い幹部で党及び国家の指導者の列に加わったのは、孫健ただ一人であった。孫健は元々労働者であり、文革時期に成立した新しい市委員会において工業分野を担当する書記となり、後に国務院副総理に抜擢された。一九七五年一月一七日、四期全国人民代表大会第一回会議は、鄧小平、張春橋、李先念、陳錫聯、紀登奎、華国鋒、陳永貴《ちん・えいき》〔※〕、呉桂賢《ご・けいけん》、王震《おう・しん》〔※〕、余秋里《よ・しゅうり》〔※〕、谷牧《こく・ぼく》〔※〕、孫健を副総理とすることを決定した。解学恭を含め、このことを事前に知っていた者はいなかった。

散会後に孫健が天津へ戻ると、以前と全てが変わっており、国務院は彼に高級車を与え、彼の護衛にあたる警備員は軍の小隊級幹部であった。それまで孫健には、書類を管理する秘書が一人ついていたが、市委員会はそのほかに日常事務を処理することができる秘書を一人彼につけることにした。私と組織部長がそれぞれ一人ずつを推薦したが、結局孫健は組織部が推薦した者を選んだ。孫健は当時、家族を北京へ連れて行くことはできず、また天津に戻って一般の住宅に住むことも安全上問題があった。そこで、市委員会指導者が居住する遵義道大院の五号楼を孫健の家族に与えて住まわせた。孫健は国務院の一つの建物に住み、専門のコックもついた。しかし、彼の給料は毎月たったの六〇元余りであり、毎日八角の食事基準に定められていたため、コックも料理を出すのが非常に難しかったという。

孫健が天津を離れると、解学恭は徐信に代わりを務めさせた。そして、徐信を重用したことが、解学恭の度重なる検査における突出した問題となった。

一〇、いわゆる「改造民兵」経験を推し進めたことに関する問題。

本来、この問題に関して、解学恭が検査できることなど何もなかった。一九七三年、国務院と中央軍事委員会は、「上海市民兵情況調査」に関する一六二号文献[440]を転送するかたちで広く発表した。この文献の内容は、上海市での民兵改造の経験を紹介するもので、全国各地は皆上海に学び、民兵指揮部を設置した。天津市は、ただ一般的な伝達と政策執行を行っただけで、特段の対応は行わず、しかも、こうした対応は解学恭自らが指導して行ったことではなかった。それにも関わらず、彼は例によって、関連する部門についての検査を行い、責任を負うことになった。

一一、「四人組」への公然とした批判〔掲発批判〕運動に対する指導の問題

この問題に関して、解学恭は主に三つの方面に関して検査を行った。一つ目は、市委員会常務委員会の問題、特に彼自身の問題を明瞭に説明するのが遅かったことである。二つ目は、大胆に民衆を発動し、大々的に清査〔徹底調査〕工作を展開しなかったことである。三つ目は、「四人組」の天津における派閥体系に関する処理が受け身的であったことである。解学恭は、「四人組」の天津における派閥体系の具体的な情況について、分析が十分とは言えず、認識は遅れており、行動も遅かったと検査した。

3　天津市の過ちを背負うべきとされた者の代表として

解学恭の検査は、なぜパスすることが難しかったのか。それは、「〔解学恭が自らの〕問題を覆い隠して摘発を免れようとしている」という突出した問題があったからである。「問題を覆い隠して摘発を免れようとしている」とは一体何を意味するのか。

一九七八年五月二三日、市委員会常務委員は皆北京へ赴き、中央が召集した天津報告会議に参加していた。そのあいだ、天津に異動となって間もない一人の市革命委員会副主任が天津での仕事を取り仕切った。彼は天津でのそれまでの情況を良く知らないため、解学恭と市委員会の清理・検査において、最初何の意見も出さなかった。しかし、彼は自分が取り仕切る仕事のなかで狭い範囲の人々に対して言った。「君は、〔解学恭が〕問題を覆い隠して摘発を免れようとしていると言うが、もしそうならば、その覆いの下には人が知らない何かがあるはずだ。では一体、何があるのだ。はっきり説明できないではないか」。

黄志剛《こう・し こう》(73)は天津へやって来てこの問題について重点的に知ろうとした。一九七六年一一月六日、党中央は批准し、黄志剛は中共天津市委員会第二書記に就任し、趙武成は市委員会第三書記に改めて就任した。黄志剛は天津へやって来ると、わざわざ私を呼び、清査工作に関して報告させた。私はその日の午後いっぱい報告し続け、夜も引き続き報告し、それは夜一一時まで続いた。彼の弁公室で報告していたが、彼の弁公室は解学恭の弁公室と同じく、奥の小さな部屋が寝室になっており、手前がそれ程大きくない応接室兼弁公室であった。一〇時過ぎ、彼は部屋の奥から歯ブラシを持って来て、痰壷の前に屈んで歯を磨きながら私の報告を聞いた。彼の秘書もやはり、真剣に報告を聞き、記録をとっていたが、それと同時に、私に向かって、報告をもっと簡略にしなさい、報告がややくどいと言ってきた。

解学恭が失脚すると、私も巻き添えとなったが、黄志剛は私が早く仕事に復帰できるよう支持してくれた。しかし、新しく市委員会第一書記となった陳偉達《ちん・い・たつ》に阻止されたため、それは実現しなかった。

黄志剛の天津での態度から考えて、彼は解学恭の検査がパスできるよう助けたいと思っていたようだ。一九七八年四月下旬、市委員会常務委員会拡大会議では、解学恭が検査・清理を行い、黄志剛の講話が非難された。市計画委員会の一人の責任者は会議の開催方法に関して、六つの「なぜ」を提起した。そのなかの一つ目が、「なぜ、黄志剛同志は二〇日午前と夜に行った二回の講話のなかで、現在多くの仕事が棚上げになっており、問題が引き延ばされている、もうこれ以上引き延ばすことはできないと強調し、解学恭同志の検査に対して同意するのか同意しないのか態度を表明するよう皆に要求したのか。これは、仕事の多さを利用して、解学恭同志の検査をなるべく早くパスさせるよう皆に催促するものである。学恭同志は既に一年半の時間がかかっている。ここで清理の会を数日間開いて、それで承認できる問題なのか」。ある責任者同志が黄志剛に対してこうした意見を報告すると、黄志剛はこう言った。天津へ仕事に来る際、華国鋒と胡耀邦《こ・ようほう》〔※〕が、解学恭の検査・清理を助けるようにと言ったのだと。

黄志剛

(73) 黄志剛。山西省忻《きん》県の出身。一九三八年中国共産党に入党。偏関《へんかん》県抗日救国聯合会主任、晋綏《しんすい》辺区青年救国聯合会第二中心区宣伝部部長、中共神池《しんち》県委員会書記、晋西北《しんせいほく》中心地区委員会宣伝部部長などを務める。建国後は、中共興《こう》県、臨汾《りんふん》地区委員会書記、山西省委員会宣伝部部長、省委員会常務委員、省委員会候補書記、中共中央華北局宣伝部部長、華北局候補書記、中共太原市委員会第一書記、天津市委員会第二書記、天津市第六期政治協商会議主席などを歴任する。

解学恭は幾度もの会議において検査・清理を行ったが、その最後の大会は、一九七八年四月二〇日から二八日に、天津賓館で召集・開催された常務委員会拡大会議であった。常務委員会拡大会議といっても、実際には各部・委員会、区、県、局の主要な責任者が皆参加した。会議の開催方法は、まず解学恭の「第一一回路線闘争における市委員会が明瞭に説明する必要のある問題及び私の犯した過ちに関する検査」が会議参加者に配布され、各組に分かれて討論が行われた。各組に分かれての討論のなかで提起された批判や意見は、些細なことでも必ず記録され、そのまま簡報に記載された。

当時、少なくない者達が解学恭の検査はもう十分だと考えており、若い領導幹部だけでなく、経歴の長い幹部のなかにも検査の内容に満足している者がいた。例えば、軽工業学院党委員会書記の趙国祥《ちょう・こくしょう》はこう言った。今回、解学恭同志は自らについて清理〔徹底的な調査と反省〕し、特に、「四人組」の反革命修正主義路線がどのように執行されたのかに関して、多くの問題を明瞭に説明しており、今回市委員会は問題を解決する決心をしたのだと感じ、我々は喜んでいる。また、宝坻県委員会書記の単博文《ぜん・はくぶん》はこう言った。解学恭同志の検査は主要な問題に関して全て明らかに説明した。私は彼の検査に同意する。こうした者達がいたにも関わらず、拡大会議全体の趨勢から言って、解学恭の検査はやはりパスすることはできなかったのである。

党の政治文化の特徴は、しばしば一つの傾向がほかの傾向を覆い隠してしまうということである。当時の主な傾向は、文革期における天津市の過ちを清算しようとするものであり、そして天津市の過ちを背負うべき者の代表とされたのが解学恭であった。「文革」初期の一九六六年、市委員会工作会議が召集・開催され、市委員会がブルジョア階級反動路線を執行したことに関して批判が行われた時、私は市委員会の検査を起草し、その責任者でもあった。どのように検査してもそれはパスすることはできず、全ての批判的意見を検査のなかに取り入れたとしても、やはりパスできないのであった。当時は市委員会組織についてであったが、今回は個人についてであり、通過することはさらに難しいと言えた。

張淮三と胡昭衡は「文革」期に打倒されたが、この時には既に市委員会指導部に参加し、会議において積極的に発言して態度を表明し、かつ、会議参加者の支持を得ていた。大多数の人は今回の検査は進歩したと考えており、歓迎を表明しているにも関わらず、一部の元市直属機関の古参幹部はこの検査に同意しないと言った。そして、後者の意見が前者を全て覆って隠し、埋没させてしまったのだ。こうした雰囲気の下で、人々は皆、解学恭を非難する意見を発言しなくてはならなくなった。解学恭が自己批判書の原稿の準備をする際にはそれを補佐した、解学恭の助手の李鴻安と陶正熠も共に発言した。私は毎日簡報を発行し、ある書面上で発言もした。いくつかの組は、組全体の意見として、中央に人を派遣してもらい天津の問題を解決してもらうべきだと提案した。組のなかで、このように是非が完全に一致しているとは思えなかったが、あの当時の雰囲気の下で、異なる意見を聞くことはできなかった。

長年に渡る党内活動が明らかに示していることは、ある指導者が「隆盛」のときは、会議では下級は好意的な声一色であるが、一旦しくじってしまうと、皆が立ち上がって非難するということだ。いわゆる「倒れようとする塀は皆に押し倒され、ぼろ太鼓は誰にでも叩かれる」のであり、どのように検査してもやはり、パスできないのである。私の数十年の経験のなかでは、こうした類いの出来事が非常に沢山あった。

解学恭は一体、問題を覆い隠して摘発を免れようとしていただろうか。私は、そのようなことはないと考えており、十分な事実によってそれを証明できる。

あの当時言われていたのは、解学恭は覆い隠す時、まず、自分を覆い隠したという。それならば、彼の自己批判書を読んでみて、検査されていない深刻な問題があっただろうか。無いのである。後になって再び読んでみて、彼の審査に関して、何か新たな問題が見出されただろうか。江青らの隠謀活動に本当に参加したのだろうか。やはりどちらも、否なのである。

彼は自身の問題について、事の大小に関わり無く全てを検査しただけでなく、詳細についての附属資料を残らず提出した。附属資料一は、天津站の劉万禄《りゅう・まんろく》〔※〕と天津重型機器工場の張国華《ちょう・こくか》〔※〕へ宛てた手紙である。附属資料二は、解学恭が一九七六年三月五日に小靳荘大隊で行った講話である。附属資料三は、江青の八度にわたる天津訪問に関する経緯である。附属資料四は、解学恭が江青に宛てた手紙（そのなかには、同時に紀登奎へも宛てたものが含まれる）一三通である。附属資料五は、解学恭が整理した、「江青の天津抗震救災に参加した人民解放軍中隊訪問に関する話」と「江青の天津訪問に関して華国鋒へ宛てた電話原稿」である。附属資料六は、江青が解学恭へ送った物資の処理目録である。目録には、食糧の種は分けてどこに送った、リンゴは各書記に分けて渡した、図書は市委員会弁公庁図書館へ送ったなどの情報が書かれていた。附属資料七は、江青の要求に基づき、解学恭が手配して江青へ贈った品物の目録である。江青のために作って渡した軍衣以外、その他の物品は江青が皆「象徴的」に代金を支払ったことが明記されていた。

解学恭は毎日日記を書いており、仕事は非常に注意深く、明確で筋が通っていた。ここでは一つだけ例を挙げよう。

一九七六年、華国鋒は外国を訪問する際、専用列車に乗って天津駅を通るため、中央弁公庁は天津の指導者に駅で出迎えるよう通知した。解学恭は、五月一日午前九時四五分、中央弁公庁副主任の張耀祠《ちょう・ようし》に電話原稿を送った。

張耀祠同志ならびに汪副主席に報告します：中央の通知によれば、五月四日天津駅には天津市委員会党政責任者が五、六人いるようにということでしたが、我々の検討を経て、もう一人多く、即ち計七名が行くことを許可して頂くよう提案します。名簿：解学恭、第一書記。黄志剛、第二書記。趙武成、第三書記。

許誠、市委員会書記。闔達開、市委員会書記。張淮三、市委員会書記。王中年、市委員会書記。これらの者のうち、張淮三と許誠は革命委員会副主任を兼任していません。

適当かどうか、ご指示を仰ぎます。

解学恭

その日の一六時、張耀祠の秘書である孟進洪《もう・しんこう》が電話をかけてきて言った。「午前の電話を耀祠同志に報告し、耀祠は汪副主席に報告した。七名の同志に同意する」。

私があえてこのような小さな出来事を挙げるのは、ただ、解学恭の仕事が非常に慎重で、細部に渡って周到なものであったことを言いたいからである。しかし、解学恭の検査・清理がどんなに周到なものであっても、やはりパスすることは難しかった。

また、解学恭にとって、いくつかの問題は、徹底的に明らかに説明することができないものであった。一部の指導者の意図により、彼は説明することができなかったのであり、また敢えて説明しなかったのだ。例えば、万暁塘、張淮三反党集団の問題である。四月の常務委員会拡大会議において、ある者が、この問題について提起したが、彼は回答しなかった。当時、市委員会書記のなかの一人の老同志はちょうど中央党校で学んでおり、解学恭は彼に、なるべく早く戻って常務委員会議に参加し自分のために話をしてくれるよう望んだ。しかし、思ってもみなかったことに、その彼が戻って来て常務委員会議において発言した際、最初に口にしたのは、万張反党集団問題に関する非難であった。それに対して、解学恭は釈明することができず、そのためその咎を免れることはできなかった。

そもそも、万張集団の問題は、天津のある者が報告し、それを陳伯達が採用し、周恩来が同意、毛沢東が批准したものである。それにも関わらず、解学恭が会議で釈明することができなかったのは、もし陳伯達から指示されたことだと説明すれば、自らを陳伯達の仲間としてしまうからであり、また、もし周総理も万張集団について言及したことがあると言えば（これは、接見の際の記録から、確認することができるのだが）、かえって「敬愛する周総理を無実の罪に陥れようとしている」と批判され、自らの罪を一つ格上げすることになってしまうからだ。当時周総理は既に、毛主席に取って代わって、党内のもう一人の「神」となっていたのである。こうした事情から、解学恭は当然のごとく敢えて釈明せず、自ら覆い隠したのであった。

解学恭が覆い隠したとされたもう一つのもの、それは天津のブルジョア階級派閥体系である。当時、多くの人が皆この問題を指摘した。我々の清査〔徹底調査〕においてもこの問題が提起され、解学恭の検査のなかにおいてもこの問題について説明されている。解学恭は検査のなかで、王曼恬、陳相文、徐信、王作山、張継尭、李栄貴、蔡樹梅《さい・じゅばい》の名前を派閥体系成員として挙げた。しかし、王曼恬が市革命委員会指導部に入った後に、〔市委員会〕支持派の造反組織頭目である張継尭を文教組工作に抜擢したという以外、ここで挙げられているその他の者達は皆四方八方から来た者達で、それぞれのあいだには組織としての関連もなく、また仕事上の関係も無く、派閥体系とは全く関係がなかった。

蔡樹梅は、元々天津色織〔先染織物〕第四工場の女性労働者で、労働模範であり、造反者ではなく、後に市委員会常務委員会に参加し、市婦女聯合会主任を務めた。全国総工会を準備している際、天津は彼女を一般委員として推薦したが、中央は彼女を副組長とした。彼女は仕事をしている期間、いくつかの誤った発言をしており、「四人組」粉砕以後、当然民衆からの公然とした批判〔掲発批判〕を受けることになった。彼女は汪東興副主席へ手紙を書き、天津に戻りたいと要求した。蔡は、常務委員会成員のうち、実務能力も、言語表現能力も共にとても低く、ただ、票決の際に手を挙げたり、頷いて同意を示したりする役割を演じただけであった。どうして派閥体系の一員などになれるだろうか。

「左」傾した観点からの分析によれば、天津にはブルジョア階級派閥体系があり、解学恭が保護の傘となったという。このような決定がなされてしまえば、どのように検査してもパスすることなどできないのである。

解学恭自身に深刻な過ちがあると批判され、また、公然と批判され、清査がきちんとできていないと言われ、何度も検査をするが、それでもパスできず、ついには打倒されてしまった。一九七八年五月二〇日、解学恭は汪東興の電話指示を受け取った。「中央の意見で、天津の問題は解決する必要がある。天津の大多数の常務委員は中央へ来て、二人の留守番役を残しておくように。中央へ来る者の名簿を中央に報告すること。今晩あるいは明日、電話で、私の秘書に伝えればそれで良い」。解学恭はその晩、汪東興の弁公室の秘書に電話をした。伝えた内容は以下である。

汪副主席：私と第二書記の黄志剛、第三書記の趙武成同志による検討を経て、中央での天津の問題解決に参加する市委員会常務委員は計一一名であり、すなわち、解学恭、黄志剛、趙武成、王一、許誠、閻達開、張淮三、王中年、邢燕子、馮勤、胡昭衡同志です。機関に残って仕事を取り仕切るのは二人で、呉《ご》振《しん》〔※〕、張福恒です。

三つの問題についてお伺いをたて、ご指示を求めます。

一、北京へ向かう者の名簿は、中央の批准を経てから本人に通知すればよいでしょうか。（現在はまだ本人に通知しておりません）

二、二、三名の職員を随行させてもよいでしょうか。

三、市委員会書記の王淑珍同志については、市委員会は書記の職務を一時停止することを既に決定し、現在は工場での労働に従事しています。彼女を今回の会議に参加させないと決定したのは、主に本人の問題がまだ明確に説明されておらず、民衆の不満も強く、もし会議に出席すれば、不満が一層強くなると判断したからであります。

解学恭　七八年五月二〇日二〇時

五月二二日午前、解学恭がちょうど、病院に行き、病気を患う市委員会書記の谷雲亭を見舞っている時に、中央弁公庁からの電話通知を受けた。「汪副主席の指示により伝える。一、君達の報告に関して、華主席、葉副主席が一一名の件を既に批准した。二、明日午前一二時以前に北京へ到着し、京西賓館に行き、到着を報告すること。三、職員を二、三名随行させてもよい」。

当時、解学恭は極度の緊張状態にあり、出発の間際にも、呉振と張福恒を呼んで仕事を引き継ぎ、さらに、検査資料の準備を継続して行った。彼は私にだけ、気持ちを漏らした。「私は今年もう六二歳になる……」。こう話した時、彼の両目からは生気が感じられなかった。特殊な関係ゆえに、解学恭と第二書記、第三書記のあいだでは、私を介して互いに連絡を取り合っていた。ある日の早朝六時、黄志剛が突然私に電話をかけてきて、解学恭にあることを伝言するよう指示した。もちろん私は、はいはいと彼に従ったが、心の中では、私はまるで「録音機」ではないかと思っていた。北京への随行員は、解学恭が黄志剛と趙武成の同意を経て、政研室と宣伝部から各一人を連れて行く以外、弁公庁から一人を連れて行くことにした。このことで、解学恭、黄志剛、趙武成の三人は黄志剛の弁公室で話し合い、私が人選を行って提案し、黄志剛と趙武成が共に頷いてやっと決定された。

五月二三日朝、私は市委員会の建物において、北京へ向かう市委員会指導者達がマイクロバスに乗って出発するのを見送った。後から知ったところによれば、北京での会議では、解学恭に代わって市委員会第一書記を務めることになる林乎加も参加したという。六月六日になって、趙武成が北京から私に電話をかけてきて、解学恭が既に免職となったことを伝え、さらに六月八日に新しく就任した市委員会第一書記が出席する幹部大会を召集・開催するため、その準備をするよう指示した。ここで、解学恭の時代は終わったのである。

人は、皆必ず死ぬものである。短命でさえなければ、必ず一生のうちに数名の親友の死を見送らなくてはならないだろう。私はそれだけでなく、二期に渡って「死亡した」市委員会を見送った。私は一九六七年一月一八日に、「文革」における前期・天津市委員会の崩壊を目撃し、さらに今回「文革」における後期・天津市委員会の更迭を目撃した。この省級政権の二度までもの転覆は、我々に尽きせぬ思いを残した。

私は、鄧小平の言った言葉を思い出す。彼は「文革」を徹底的に否定したが、その一方でこうも語った。文革を一つの歴史としてそこに置き、一体これをどのように考えるか、後世の人々が我々よりもより明確に見ることができると信じよう。

第三一章　解学恭という人物

解学恭。一九六七年一一月、天津市委員会において業務を主宰する。一九六七年一月から一二月まで、中共天津市委員会第一書記を務める。同年一二月から一九七八年六月まで、天津市革命委員会主任。一九六九年一二月から一九七一年一月まで、党委員会常務委員。一九七〇年四月から一九七一年五月まで、天津市革命委員会核心小組組長。一九七一年五月から一九七八年六月、中共天津市委員会第一書記。一九七七年一二月から一九七八年六月まで、天津市第五期政治協商会議主席を兼任。一九七八年四月から六月まで、中共天津市委員会党校校長を兼任。一九七八年六月、党内外の一切の職務を剥奪される。

解学恭は中国共産党の省・市レヴェルの古参の高級領導幹部で、生涯、中国共産党中央の指導者には就任しなかった。彼は忠実に、中央の指示を完全に徹底的に実行し、党と人民に対して重要な貢献をなした。指導者としての職務経験も豊富で、強い責任感と職業倫理を兼ねそなえている。「文革」の時期にも少なからぬ有益な仕事をし、重要な成果を上げた。解学恭はまじめな人間で、清廉潔白である。

彼の「文革」中の主な問題は、上部の指示にとにかく従い、言う通りにしすぎたことである。天津の人々が彼につけたあだ名は「解老転」（風見鶏の解さん）。つまり、上に言われるたびに彼はその通り実行し、風向き次第で言動を変えてしまうからである。対人関係でも杓子定規で、融通がきかない。複雑な情況下で政治闘争の犠牲となったのは怪しむに足りない。これは彼の致命傷だった。解学恭の命運は、文革期の高級領導幹部の代表的事例と言うことができるであろう。

解学恭

1　古参の共産党高級幹部

解学恭は、抗日戦争の時期に区の党委員会の領導幹部であった。この役職は、後の省級指導者に相当する。当時、共産党の指導する根拠地の多くは、いくつかの省にまたがった地域にあって、まるごとひとつの省を独占するということはなかった。それゆえ、区は往々にしていくつかの地区に分かれ、区の党委員会もそれぞれ置かれていたのである。また各行政地区には県の党委員会、地域の党委員会（行政上は、専員公署であった）[44]も置かれていた。解学恭が呂梁《ろりょう》区の党委員会副書記をしていたとき、華国鋒はまだ副県知事をやっていた。解放後一九五一年に、解学恭は山西省党委員会副書記となった。そして、中国共産党第七回代表大会の代表を務め、党中央の第九・一〇・一一回の中央委員となった。

まず、解学恭の生涯を簡単に振り返ってみよう。


一九一六年、山西省隰《しつ》県に生まれる。

一九三六年、中国共産党に入党。同年に革命に参加。学歴は中学卒業。

一九三八年、晋西南《しんせいなん》隰（県）蒲《ほ》（県）特別区の党委員会書記、隰蒲遊撃隊第五大隊の政治委員。

一九三九年、晋西南洪《こう》（洞）趙《ちょう》（城）遊撃第三大隊政治委員。

一九四〇年、晋西区洪趙地区党委員会の書記、八路軍一二〇師団洪趙支隊政治委員、縦隊長。

一九四一年八月、晋西南工委員会委員、組織部長。

一九四二年八月、晋西南工委員会書記、一二〇師団洪趙縦隊隊長、洪趙独立支隊政治委員。

一九四五年九月、呂梁区党委員会副書記兼社会部長、組織部長、呂梁軍区副政治委員。

一九四八年八月、晋中区党委員会副書記、晋中軍区副政治委員、太原市党委員会副書記兼組織部長、農村工作委員会主任。

一九四九年八月、山西省党委員会常務委員、組織部部長、紀律委員会書記。

一九五一年二月、山西省党委員会第一副書記、代書記兼組織部部長、紀律委員会書記。

一九五二年七月、中共中央華北局組織部部長。

一九五二年一一月～一九五八年四月、中央人民政府対外貿易部副部長。

一九五四年八月、北京対外貿易学院院長を兼務。

一九五六年秋、中央国家機関党委員会常務委員、中央国家機関監査委員会書記。

一九五八年四月～一九六一年三月、河北省党委員会書記処書記。

一九六〇年一一月～一九六六年一二月中共中央華北局書記処書記。

一九六六年八月、内モンゴル自治区党委員会第一書記に任命される（着任せず）。

一九六七年一月～一二月、天津市委員会第一書記。

一九六七年一二月～一九七八年六月、天津市革命委員会主任。

一九七〇年四月～一九七一年五月、天津市革命委員会党の核心小組組長。

一九六九年一〇月～一九七五年一〇月、北京軍区政治委員を兼務。

一九七七年一二月～一九七八年六月、天津市政治協商会議主席。

一九七八年六月、党内外の職務を解かれる。
一九八七年三月、党籍を剥奪される。
一九九三年三月三日、死去。

解学恭は、一九七八年に免職されたあと、ずっと北京の招待所に滞在して党組織の正式な判断を待ち続け、最後に党籍を剥奪されるまでのおよそ九年間を過ごした。これは、彼が抗日戦争で過ごした期間よりも長い。まさに、中国共産党の政治闘争に特有な問題処理の方式である。

2 「生の偉大、死の栄光」

解学恭の経歴から容易にわかることは、彼が抗日戦争や解放戦争で貢献を成し遂げていることだ。数年前、党史研究から、劉胡蘭《りゅう・こらん》〔※〕の事跡の称揚には解学恭が大きな働きをしたことが分かった[74]。これは書き留める価値がある。

一九四七年一月下旬、王震と陳賡の率いる部隊が晋中軍区一帯で閻錫山《えん・しゃくざん》〔※〕の主力軍を壊滅させた。そののち、党中央西北局〔442〕は「延安各界慰問団」なるものを組織した。西北局の張仲実《ちょう・ちゅうじつ》〔※〕が副団長となり、晋中の孝義《こうぎ》県（現在の山西省呂梁市に位置する孝義市）、文水《ぶんず》県（現在の山西省呂梁市に位置する文水県）などの地で部隊を慰問した。

張仲実と慰問団は、文水県に到着したのち、県党委員会組織の情況報告会の場で、劉胡蘭がわずか十数歳の若さで敵のまぐさ切りの下で、大義のため毅然として、壮烈な最期をとげた事跡を聴いた。そして、すぐに団に随行していた新華通訊社の繆《ぼく》記者を大衆のなかに送って、誰が劉胡蘭を殺害したのかを深く調査させた。そして、閻錫山《えん・しゃくざん》の軍隊に無理やり参加させられて劉胡蘭をまぐさ切りで処刑した犯人二人をやっと探しあてた。この二人の犯人が、当時の情況を次のように述べている。一九四七年一月一二日、閻錫山軍は村中の共産党員を捕まえた。劉胡蘭は従容として敵のまぐさ切りの下に横たわり、死をものともせず敵に向かって言い放った、「死のなにが怖いものか。まぐさ切りが曲がっている。ちゃんと正しくねらって切りなさい」。そう言い終わると、壮絶な最期をとげた。

慰問団は、文水県から延安に戻る途中、当時呂梁区の党委員会副書記だった解学恭に出会った。張仲《ちょう・ちゅう》実《じつ》は劉胡蘭の模範事例を党員教育の教材にし、大いに宣伝するように提案した。解学恭は、張仲実の提案を受け入れて、劉胡蘭の墓前に石碑を建てることに決め、張仲実に碑文を書いてくれるように頼んだ。張仲実はとても謙遜して、「それはやめて、延安に戻って党中央の指導者同志に報告してから、中央の指導者同志に碑文を書いてもらうのがいいでしょう」。三月二五日、張仲実は任弼時《じん・ひつじ》に〔※〕慰問団の晋中軍区での活動情況を報告し、特に文水県の劉胡蘭の事跡と呂梁軍区党委員会が劉胡蘭の行為を讃える記念碑を残すことを決定したと報告した。最後に張仲実は、「劉胡蘭烈士の行為を讃えるのに、毛沢東同志に額か、色紙を書いてもらって、表彰してはどうでしょうか」と指示を求めた。任弼時は報告を聞いて、彼の意見に賛成した。

三月二六日、毛沢東は任弼時の報告を聞くと、とても心を痛め、独り言を言った。「なんといい子だ。なんと健気なよい党員だ」。それから毛沢東はすぐに「生の偉大、死の栄光」と揮毫した。そのあと、新華通訊社は実にすばやく劉胡蘭の事跡と毛沢東の題字に関する運動を展開した。そこで、劉胡蘭烈士に学ぶ気運が人民解放軍の各部隊や全国の人民大衆のあいだに沸き起こった。

---

(74)「烈士劉胡蘭坦然面対鍘刀　毛沢東曽為其両度題詞」(『解放軍報』二〇一一年七月五月付)。

3　毛沢東との関係

一九六七年から六八年にかけて、全国二九の省と直轄市で、革命委員会が成立した。大部分の革命委員会の主任は軍隊の幹部が務め、そのほかの地方領導幹部のポストはあらかた、「文革」の早い時期に造反派を支持することを表明した人々で占められた。解学恭のように、党中央から派遣された者は、ごく少数だった。これは毛沢東が解学恭に対して、よい印象をもっていたからである。

陳伯達は中央の文化大革命小組で江青と意見が合わず、天津に移って仕事がしたいと言い出し、毛沢東も同意を表明したという。けれども数日すると、毛沢東は陳伯達に、天津の情況は大変複雑だから、あなたが行っても仕事はやりにくい、〔天津へは〕解学恭に行かせようと言った。呉徳の回想も、この件について述べている[443]。解学恭本人も私に、一九六六年の国慶節の祝典の際に毛沢東に会ったら、毛沢東に、党中央は既にあなたを天津に派遣することに決定したと告げられたと述べたことがある。

毛沢東は一九五八年に河北省、河南省、江蘇省、山東省の各省を視察したとき、その全行程に解学恭を伴った。これは、省や市の領導幹部ではめったに無いことだ。当時の解学恭の秘書が話したところによると、河北省安国《あんこく》県党委員会の事務室で、毛沢東は湖南語〔湖南省の方言〕でこう言った。「解学恭、ずいぶん長い間会わなかったが、延安で会ったことがあるような気がするな」。解学恭は、会ったことがありますと答えた。

解学恭が私に言ったことであるが、彼が北京で審査を受けていたときに、ある中央指導者が彼に言った。毛沢東が河北省を視察して、さらにあなた〔解学恭〕をほかの省の視察にも連れて行ったのは、毛沢東があなたを重視しているという意味だから、あなたも「解放思想」して〔あたまを切り換えて〕問題を暴露し

毛沢東（右）**と握手する解学恭**（左）

河北、河南、山東を視察する毛沢東（左から二人目）（一九五八年）
全行程に解学恭（左から三人目）が同行した。

なさい。でも解学恭はなにも問題を暴露しなかった。

解学恭は、山西省党委員会第一副書記、代理書記を務めていた時、農村合作化についてのアイデアが毛沢東に肯定された。一九五一年四月一七日、山西省党委員会は華北局に「老区〔古くからの解放区〕の互助組をもう一歩高める」と題した報告を書き送った。「私有経済に対しては、それを強固にするような方針ではなく、徐々にそれを動揺させるのでなければならない」とするものだった。けれども、華北局は山西省党委員会の意見に同意せずに、報告書を差し戻して次のように明確に指示した。「山西省党委員会が提案した、公積金〔企業の積立金〕を積み立て〔賃金を〕労働に応じて分配するやり方で徐々に私有経済を動揺させ、私有経済の基礎を弱め、ついには私有経済の基礎を否定するのは、党の新民主主義の時期の政策および〔中華人民共和国の〕共同綱領の精神に合致せず、誤っている」。劉少奇はこの華北局の意見を支持したが、毛沢東は劉少奇と華北局の意見にまったく賛成しなかった。

薄一波の回想によると、「毛主席は劉少奇同志、劉瀾濤《りゅう・らんとう》同志、それに私を呼んで話をし、われわれの意見を支持しないこと、山西省党委員会の意見を支持することをはっきり述べた(75)」。

4 特筆すべき四つの貢献

解学恭の天津での仕事は、一九六七年一月に天津市委員会第一書記に任命されてから、一九七八年六月に一切の党内外の職務を解かれるまで、一一年の長きに及んだ。

解学恭はこの期間、中央からの様々な指示を忠実に執行し、文化大革命を推進した。あれこれの誤りを犯したが、彼は、なんと言っても地方の指導部署で長年仕事をしてきた経歴の長い幹部であり、とりわけ四つの特記すべき貢献がある。

第一に、幹部を復権させるという政策をやりとげ、打倒された人々が多すぎたという問題を修正したことである。先に述べたように、ある人々の告発を発端とし、それが陳伯達の支持を得たことで、中央は、天津市革命委員会の成立を批准する文書のなかで、万曉塘、張淮三反党集団を名指しで批判し、さらに大勢の領導幹部を巻き添えにした。けれども、解学恭が着任したあと、万張集団の主要メンバーとして批判された何人もの人々が、次々とその年のうちに追及を解かれた。

例えば、元の天津市委員会秘書長の李定は、一九六七年に監獄に送られ、一九七〇年に釈放、一九七一年に天津市委員会に復職し、政治部秘書組副組長に任ぜられた。そののち解学恭は何回も、李定を、天津市委員会核心小組智嚢〔シンクタンク〕弁事組研究組副組長に任命しようとしたが、李定が固辞したので実現しなかった。李定は、一九七三年、天津市委員会が統一戦線部を新たに設置したときに副部長を務め、のちに部長となった人物である。このほか、元の天津市委員会常務委員で副市長の路達、元の天津市委員会常務委員、副市長の王培仁、副市長の李中垣《り・ちゅうえん》、元の天津市監査委員会副書記の王真如などの人々は、万張集団の主要メンバーだと批判されたことがあったが、みな追及を解かれ、指導的なポストを与えられた。いわゆる万張集団は、最後に事実上、万曉塘、張淮三、宋景毅の三人だけとなり、ほかに王亢之、江楓の二人は処分保留となった。一九七七年になると、天津市委員会常務委員会はこの問題を討議し、天津市委員会組織部専案復査処（再審査所）の再審査の結果に基づいて、彼らが叛徒であるという疑いを否定したが、「路線の誤りを犯した」という尻尾がまだついていた。そののち、天津市委員会組織部専案復査処が本人や家族の意見を個別に聞いて、天津市委員会に報告書を書いて、尻尾を残さず完全に復権すべきだと提案した。解学恭はこの報告書に長い一文を書き添えて、専案復査処はとても重要な問題を提出した、

(75) 薄一波『若干重大決策与事件的回顧　上巻』北京、中共党史出版社、二〇〇八年、一三五頁。

天津市委員会はこの件をもう一回審議することに同意するよう指示すると述べた。天津市委員会は、この件をもう一回審議し、「路線の誤りを犯した」という尻尾をなくすことを決定し、その結論を中央に報告した。中央は、天津市委員会が数名の領導幹部の再審査を行い復権すると結論した意見に満足であった。李先念はあるとき北京で解学恭に、天津では幹部の復職問題をなかなかすばやく解決したと述べたという。

第二に、経済の成長に一定の成功を収めたことである。一九五八年に、省轄市（河北省に下属する市）になると、天津の発展は大いに制限を受け、経済は下向きになり、北京や上海と差が開くばかりであった。しかし、一九六七年に天津市は直轄市の地位を回復すると、経済成長はプラスに転じた。けれども当時は、各省各市に革命委員会が割拠している状態で、中心都市の経済機能はひどく衰退していた。そのため、解学恭がトップとして仕事をしていた時期、天津の経済建設の面でいくつか重要な案件があった。

一つめは、重点プロジェクトである。かわきりは、渉県製鉄所のプロジェクトで、一九六九年八月一五日に始まり、その当時から六九八五工程と呼ばれた。これは大変なエネルギーを投入し、元副市長の楊拯民や王中民《おう・ちゅうみん》〔※〕ら大勢の有能な幹部が相次いで現地に出向いて業務にあたった。天津市には以前、製鋼所はあったが、製鉄所はなかった。そのため、同プロジェクトはその空白を埋めることになる。その次は、玉田炭鉱プロジェクト。一九七〇年に着手し、これも少なくないエネルギーを投入したが、のちに地震で被害を受け中止した。

二つめは、新港《しんこう》の拡張工事である。天津市革命委員会は国務院に報告し批准を受け、一九七三年四月に開始し、一九七五年に一三万トン級以上の貨物船が停泊できる埠頭と、付随施設の工事を完成させた。このプロジェクトは、元の副市長の李中垣が具体的な責任者だった。

三つめは、工業建設の面での発展、たとえば、天津石油化学本社工場の建設計画の実現である。池必卿は天津で仕事をしていた時、我が国最初の六〇〇〇トン水圧プレス機の製造を自ら成功させた。天津の

「文革」期間の工業生産は、やはり比較的ゆるやかに成長している。一九七五年のGDPは六九・七三億元で、一九六五年の三五・九六億元と比べると一・九三倍の増加である。一人当たりの労働生産額で比べると、一九五七年は八三二七元、一九六五年は一〇一一八元、一九七五年は一万四一一八元である。[76]これらを見ると、天津経済にU字形の落ち込みは現れていない。「経済は崩壊の瀬戸際に瀕していた」という言い方がよくされるが、それは大げさである。実際、天津だけではなく、全国でそうだった。

四つめは、地下鉄建設の開始である。完成したのは短い区間のみで、工事の進展は遅く勢いに乗らなかったが、全国的には早いほうであった。

第三は、中央に申請して河北省の五つの県を天津に編入したことである。これは影響が最も大きかった。一九七三年以前、天津には四つの小さな郊区（農村の区）があっただけだった。そこで天津市委員会は、天津は「小三線」[444]がなく、戦争準備に不利であって、知識青年を収容する余地も小さいうえ、建材を調達し、副食品基地の需要に応えなくてはならないなどの理由で、河北省の五つの県（農村地域）を天津市に編入するように中央に申請し、国務院の（特に周総理の）支持を得た。この件は、解学恭が直接に計画したもので、王曼恬を北京に派遣して李先念副総理と国家計画委員会の余秋里を訪ねさせ、作業を行った。国務院からは一九七三年七月七日に正式に通達があり、天津市は第二書記の呉岱がチームを率いて、七月一六日から一八日までの二日間で河北省石家荘で県編入に伴う業務引き渡しの作業を行った。それには私も参加した。

八〇年末期、天津市長の聶璧初《じょう・へきしょ》は天津解放五〇周年の記念に際して、天津の建設に影響のあった大きな出来事を二つ挙げたが、一つは直轄市の地位を回復したこと、もう一つは五つの県を天津に編入したこ

(76) 天津地方誌編集委員会編『天津簡志』天津、天津人民出版社、一九九一年、一二六五頁。

とだった。それによる主なプラス効果は、一、天津で使用する灰、砂、石などの建築材料の供給問題を解決した。二、副食品基地を建設する需要を解決した。三、都市の拡張の余地を生み出したことで、都市と農村を結合させ、農村工業を大発展させるなど、天津の工業を支える片翼となった。四、北部で河からの引水を実現し、天津への水の供給を確立した。五、薊県などの地を天津の裏庭のような存在とし、天津の人々に休息を与える観光地とした(77)。

このほか、一九七三年には、周総理の呼びかけのもと、天津は率先して兵庫県神戸市と友好都市の協定を結んだ(78)。

5　たった一つの問題——早すぎた批判

解学恭は上部からの指示に一貫して従い、中央や国務院の指示を完全に、徹底的に執行した。伝統的観念に従って言えば、彼の党性は非常に強いものである。彼は一定の文化的素養を備え、また比較的豊富な指導的職務の経験を持ち、さらに中央からずっと重んじられていた。

六〇年代初期に中央華北局を改組した際、私は当初、解学恭は李雪峰に重用されて華北局に職を得たのだろうと考えていた。しかし、実際にはそうでなく、彼の華北局への異動については、彭真が直接彼を呼んで話をし、華北局書記処常務書記を務め、日常の仕事を取り仕切るようはっきりと指示したのであった。当時、華北局は中央書記処書記の李雪峰が第一書記を務め、ウランフが第二書記を務め、林鉄が第三書記を務めていた。ウランフと林鉄は共に名ばかりの兼職であった。李雪峰を除けば、日常業務は全て解学恭が取り仕切った。

彼は、まさに一貫して上級に従い、慎重で、安定し、行き過ぎが無いゆえに、中共第九回全国代表大会から中共第一一回全国代表大会までのあいだ、省・市の一番上の地位に安定して座り続け、あの当時の省・市のトップのなかでも珍しい程の「長寿」の一人であった。また、同じ理由ゆえに、彼は江青の八度にわたる天津訪問に際して、恐れ入ってびくびくし、慎重に注意深く行動したのである。私にとって最も印象深かったのは、江青が紀登奎に付き添われて初めて天津を訪問した際、幹部倶楽部で会議を開いたが、その時、解学恭は江青と紀登奎に付き添って会場に入る前、前もって会場の舞台の袖に行って場内の手配を見て確認し、舞台の袖からトイレまで全てを自らチェックしたのである。私は、主要な責任者として、このように事の大小に関わらず全てをチェックするというのは、本当に大変な苦労だと思った。

もちろん、これは主観的要因〔解自身に起因する要因〕であり、より重要なのは客観的要因〔党に起因する要因〕だろう。「共産党は太陽である、照らすところ明るくなる。党の政策は月である、一日と一五日では異なる」。政治の情勢が変幻極まりない時代において、一人の高級領導幹部として、もし中央に従って「転」〔方向を変える〕しなければ、仕事を進めることができないだけでなく、自身の地位も保証できないのである。しかし、彼はまさにこうした経歴のため、「四人組」粉砕の後の清査〔徹底調査〕において、遂に関門を通過することはできなかったのだ。

天津は一貫して国家の各項目規定を厳格に遵守し、解学恭も上級に対してたてつかず、逆らわなかった。私は次のような出来事を覚えている。七〇年代初期、天津は外貿部門を通して、五台の輸入車を取り寄せ、市直属機関が使用した。中央外貿部部長である李強《り・きょう》はこの件について非難し、さらに人にことづけて、解学恭がこの件に関して検査しなければ、外貿部は何らかの措置をとると言ってきた。それに対して、解

(77) 聶壁初『認識天津　振興天津』天津、天津人民出版社、二〇〇二年、一一二頁。
(78) 鄭質英主編『天津四十五年大事記』天津、天津人民出版社、一九九五年、三一三頁。

学恭は、では書かざるを得ないだろうと言い、私に代筆させて数百字の検査の手紙を書き、解学恭は筆をとってそれを修正し、上級に報告して事無きを得た。実際には、この数台の自動車は指導者のために使用したことはなかったのである。

解学恭は非常に勤勉な人であった。五〇、六〇年代、市委員会書記達は家で業務を行うのが習慣であった。しかし、解学恭は主に委員会建物で業務を行った。これは、何か問題があった時に彼に指示を求める際に、非常に便利であった。私は彼を探すのに彼の秘書を通す必要はなく、ただ彼が弁公室にさえいれば、戸を開けて入って一言二言彼と話しただけで問題は解決した。当然、仕事の効率は非常によかった。

一九七六年七月二八日、天津で強い地震が発生し、抗震救災を行っている時、彼は昼夜を通して仕事をし、市委員会指導者のなかで最も緊迫感を持って仕事に臨んでいた。早朝に地震が発生した後、彼は直ちに八号院門に行き、戦備弁公室の責任者と連絡をとり、さらに各郊県〔天津市に属する農村の県〕と迅速に連絡をとるよう指示をし、公安局に対して社会の治安を維持するような配備を指示した。その後すぐに、彼は市委員会建物へ急いで行き、緊急常務委員会議を開催して、対応を手配し、その後、人を率いて最も被害が深刻であった寧河県や漢沽区へ急いで向かった。その時は全ての電話回線が不通となっていたため、彼はその日の正午、私に普通電報を二通送ってきて、緊急の災害救助措置を明確に指示した。彼は二九日二時になって、やっと外出先から戻って来た。これまで経験がないほどの大規模な自然災害に際しても、市委員会の指導はしっかりしており、社会は安定していた。これには、疑いも無く解学恭の功労があるだろう。

一九七七年八月二日、突然天津を大雨が襲い、真夜中、解学恭が私に電話をかけてきて言った。君は大雨が降っているのを知っているか。外は既に川のようだ。緊急常務委員会の召集をなるべく急いで通知してくれ。

私はすぐに当直室に解学恭の指示を実行するよう伝え、その後、急いで市委員会機関へ向かった。私は恐縮し、申し訳ない気持ちであった。災害の発生は、本来我々が指導者に報告するべき事柄であるのに、その時は逆になってしまい、指導者が我々に通知してきたからである。

最近、私はソ連解体を分析した一つの論文を読んだ。その論文は、ずばりと急所をついて、官職に就くことが負担になるのではなく、喜びになるような政権は崩壊すると指摘していた。解学恭が天津で仕事をしている期間、彼の肩にのしかかる負担は非常に重いものであった。

解学恭は身の回りのことにおいても、自分に厳格さを要求した。彼の弁公室は非常に質素であった。彼は開灤《かいらん》鉱務局の旧式四合院〔中庭とそれを四方から囲む四棟の建物からなる中国の伝統的住居〕の平屋で業務を行い、弁公室はとても狭く、手前に大きくはない応接室があった。彼の住まいや行動は、全て当時の国家規定の基準に従っており、一つの例外もなかった。彼が住んでいたのは外国人が残した古い建物で、当時市委員会書記の大部分は皆ここに住んでいた。自動車も一般車で、一時期は上海轎車《きょうしゃ》〔国産車〕に乗っていた。最後の数年はベンツにかえたが、これは某部委員会の一人の責任者が自動車展覧会の開催後、解学恭のために残しておいたものである。

解学恭の夫人は李峰《り・ほう》という。彼女も抗日戦争時期に革命に参加した経歴の長い幹部であり、市人事局副局長を務めていた。李峰は以前からもの静かで、自分に関係の無いことには口を出さなかった。彼女は、解学恭と一緒に映画を観に行くとき以外、解学恭の公用車を使用することはなかった。天津と日本の神戸市が友好都市となると、解学恭は団を率いて日本を訪問した。日本が解学恭に贈った贈り物のなかにラジオがあった。解学恭はこれを非常に気に入った。そして、市外事弁公室に指示して、規定に従って二〇〇元余りの値段を付けさせ、それを価格通り支払ったのである。市外事弁公室でこの件を処理した幹部は、今でもこの出来事を忘れることができないという。

解学恭は私情にとらわれずに、一切の公の事柄を処理し、それは型通り過ぎるようにも見えた。市委員会第二書記の呉岱が、一九七五年に天津から異動する時、解学恭は私を呼んで、どのように呉岱の送別会を開くかを手配した。その当時、指導者の異動に際して宴席を設けることはめったになかった。解学恭と私は一人ひとり名前を挙げて、送別会に参加する人物のリストを作成し、市委員会常務委員、革命委員会副主任、天津駐屯軍主要責任者を含めて、全部で二つのテーブルに座れるだけの人数を呼んだ。市委員会政研室の責任者は、市委員会常務委員会議において、呉岱の送別会に自分達が呼ばれなかったことに対する不満を口にした。我々は食事をしたかったわけではなく、我々に一声かけてもらえれば、行って一緒にお茶を飲むだけでも構わなかったのだ！　解学恭は一言も言葉を発さなかった。

この出来事から言えることは、一つには、解学恭は比較的腰が低く、穏やかな人であり、下級の者達は解学恭の面前でも自由に発言できたということだ。そして、もう一つ言えることは、解学恭の事の処理の仕方は杓子定規で、融通のきかないものだったということである。政研室の責任者と市委員会書記は連絡をとることが多い。宴席にあと数名多く呼ぶことに何の妨げがあったというのか。解学恭は人間関係の処理において正当過ぎるところがあった。特に上級と交際せず、上層との強い「ネットワーク」など全く持っていなかった。彼は審査を受け困難に直面している時、中央の指導層には、全力を尽くして彼を支持しようとする者はおらず、上層との「ネットワーク」からの保護を得ることができなかった。

これまで羅列してきた解学恭の多くの事柄は、大体が長所であった。彼に短所はなかったか。主な短所は何であったか。元市委員会兼市革命弁事組副組長、兼政研組組長軍隊幹部の宋文の話によれば、解学恭の主な短所は優柔不断であったところだ。宋文は市で支左工作に七年参加し、智嚢〔ブレーン〕として、李雪峰や後の天津駐屯軍支左責任者について共に比較的良く知っていた。彼の当時の言い方は、「解学恭を李雪峰と比べると、李の気迫が欠けている。〔解学恭を〕天津駐屯軍責任者と比べると、彼の野心が欠けている」であった。私は、この言葉に一定の理があると思う。私は李雪峰に近い距離で接したことは無いが、李雪峰の大量の講話や挿話記録などを読んだことがある。解学恭は李雪峰のように滔々と途切れることなく話し、気迫を感じさせるようなことは決してなかった。解学恭は会議を主宰する時はいつも、まず他人の発言を真剣に聞き、最後にいくつかの意見を総括して話し、気勢激しく人に迫るようなことはかつてなかった。李雪峰は、毛沢東から喋りすぎだと非難されたことがある程だった。

解学恭の短所として、これら以外に私が一つ加えたいのが自己防衛に注意しすぎるということである。解学恭は何事に関しても慎重に対応し、一定の範囲を超え出ようとはしなかった。まさにそれゆえに、彼は文化大革命を無事に通り過ぎることができたのであり、また同じ理由で、最後には失脚する命運から逃れることができなかったのである。江青は天津へやって来て小靳荘の数名を改名させたが、なんと解学恭にも名を解学工と改めるよう言った。解学恭は敢えて反対しなかった。江青に合わせるため、解学恭は一九七四年から一九七六年のあいだに、江青に計一三通の手紙を送ったが、そのうちの八度は落款に「学工」の名前を用いたのである。実に滑稽である。[79]

解学恭のもう一つの特徴は、「沈黙」だ。これは彼が常用する一種の仕事のやり方であった。私は、市委員会政研室の指導者が解学恭に対して厳しく反対意見を提起するのを、何度も見たことがある。解学恭はいつもただそれを聞き、沈黙して何も語らなかった。一九七〇年、毛沢東が移動中に天津を通った時、解学恭らは毛沢東のもとを訪れて見舞った。毛は、万暁塘はどのように死んだのかと訪ねた。解学恭は毛

---

(79) 解学恭「在第十一次路線闘争中市委需要説清楚的問題和我対所犯錯誤的検査」(「第一一回路線闘争における市委員会の明瞭に説明する必要のある問題及び私の犯した過ちに関する検査」) 附属資料之四:『我給江青写信十三件』(『私が江青へ宛てた一三通の手紙』)。

沢東に、万暁塘は自殺したのですと言った。その時私は職員として、二列目に座っていたが、気持ちを抑えられずに言った。万暁塘が自殺したということには十分な証拠はありません！　解学恭はまるで私の話など聞こえなかったように話を続けた。

ほかにも例がある。一九七七年、市委員会は方紀に対する処分の問題を討論した。この件に関する市委員会組織部専案復査処〔再審査所〕の意見は、人民内部の矛盾として改めて処理し、一五級に降格するということであった。私はこの処理は不適切だと思い、個別に趙武成にこの件を提起した。理由は、周揚は既にきちんと名誉が回復されているのに、なぜ方紀については名誉回復されないのかということであった。私はさらに、蒋南翔《しょう・なんしょう》に対してこの意見を訴えた。その結果、趙武成は会議において、質問するかたちで、周揚に対してはどのように処理したのかと聞いた。蒋南翔は、名誉回復されましたと答えた。解学恭は黙っていた。私は、周揚はもう名誉回復されています、方紀の問題が周揚に比べて深刻だとは言えませんと言った。解学恭は依然としてこの件について正面から回答せずに、ただこう言った。「組織部の報告してきた意見に従って、決定を下そう」。この件に関しては、これで終わりであった。

市委員会指導部成員内部でもやはり同様であった。地震の後、テントのなかで会議をしたことがあった。私と趙武成の夫人であり文教組責任者の蘇民とが論争になり、秘書長を兼任する王中年が私を支持し、彼は蘇民に対してかんかんに怒って、机を叩いた。趙武成はその場におり、表情からとても不機嫌なことが見てとれたが、しかし彼が口を出す訳にもいかなかった。解学恭はそこに座っていたが、終始何も発言しなかった。解学恭の沈黙は、決して自分の意見が無いゆえの沈黙には見えず、非常にずるいと私は感じた。残酷な政治闘争のなかで、これも一種のこざかしい保身のための策略であろうか！

以上に述べたのは、解学恭の党員としての思想的態度だけだ。彼には政治において何か問題があっただろうか。「四人組」と何か関わりがあっただろうか。ないのである。第一に、彼は「文革」において、中央が通常の人事異動として天津へ送りこんだ者であり、特別に抜擢されたわけではない。第二に、彼は天津で仕事をしているあいだ、中央の指示を厳格に執行し、彼自身には行き過ぎた「左」の行為は何も無かった。全国の各地と比べ、天津の情勢は安定した穏やかなものであった。第三に、彼が江青の八度の天津訪問を接待したのは、中央によって手配されたことだった。彼の接待は、比較的周到なものであり、また適切なものであった。汪東興が江青の天津訪問に関する具体的な予定を立てたこと、紀登奎が江青に伴って天津を訪問したこと、これらは共に何の問題も無いとされているのに、なぜ、解学恭の接待に問題があるとされてしまうのか。

解学恭のたった一つの問題は、中央に対して報告を書き、そのなかで鄧小平を名指しで批判し、そのタイミングが各省・市のなかで早い方であったということである。このことを除けば、彼は江青、張春橋、王洪文、姚文元とは何の関係も無い。

解学恭と王洪文が関係した出来事は、私が知る限り、たった一つである。一九七五年、毛沢東の秘書を務めていた張玉鳳《ちょう・ぎょくほう》〔毛沢東の愛人でもあった〕が王洪文へ手紙を書き、天津にいる彼女の兄の張某は、天津のある研究所で仕事をしているが、その一家は黄河道のあたりに住んでおり、仕事場からはとても遠く、住居を馬場道のあたりに移したいと伝えた。王洪文はこの手紙に一つの◯を書き、「解学恭同志に問題を解決するようお願いする」と指示を書いた。解学恭は弁公室で業務をしており、直接私を呼んで彼の弁公室に来るよう言った。そして、この手紙を私に渡し、「君が直接房屋管理局〔国土資源及び住居管理局〕の責任者のところへ行って、解決してくれ」と言った。私はこの重要な件について軽はずみなことはできないと思い、直接房管局へ行き、局長にこのことを告げた。この件を処理する過程で、張某は元の住居は二つの寝室を有する住居だったが、もう一部屋増やしたいと言って来た。房管局は私に指示を求めて来たが、それは駄目だ、部屋を変えるのであって、部屋を増やすのではないと私は答えた。結局、佟楼の徳才里にある新築の建物の四階を移転先にあてることになった。解学恭はこの件に関して、手を出さず、また王洪文の弁公室にも何も報告しなかった。この小さな出来事から、解学恭は、王洪文と連携することによって、「四人組」に気に入られようという意志など全くなかったということがわかる。

6 党内闘争の犠牲者――「冷宮」での九年の末に

一九七八年五月二三日、解学恭は北京へ行き、中央が召集・開催した天津問題報告会議に参加した。この会議は六月六日に終わり、解学恭の過ちについて公然とした批判〔掲発批判〕が集中的に行われた。六月三日の夜、党中央副主席の李先念は党中央主席の華国鋒に代わって事前に直接解学恭と話した。そこで、解学恭の職務を解き、天津から離れて学習させることを伝え、さらに自己の問題を清理〔徹底的な調査や反省〕するよう指示し、それが終わったら別途仕事に復帰させると伝えた。六月六日夜、人民大会堂において、華国鋒、李先念、汪東興と政治局のその他の指導者が天津報告会に参加する全ての者と会見した。六月七日午前、天津報告会に参加したその他の同志は天津へ戻ったが、解学恭は北京に留まり、京西賓館に滞在し、中央組織部の判断を待つことになった。

解学恭は一九七六年末から自身の問題に関する清査〔徹底調査〕を開始した。仕事をこなしながら、それと同時に清査を行い、一年半ものあいだ、相当なストレスを感じていたはずだ。しかし、自分に対して下される決定について、彼は既に思想的な準備を整え、心理状態は穏やかなものであった。京西賓館礼堂では六日に映画『牛虻《うしあぶ》』、七日に映画『巴頓将軍《バートン》』が放映され、解学恭は全てを鑑賞した。

ここで解学恭の余暇生活について紹介しよう。とはいっても、彼にはあまり趣味と言えるようなものはなかった。あの当時、映画会社は定期的に映画の内部上映を行っており、時には一般公開前に内部上映をすることもあった。解学恭は基本的にそうした映画の全てを観に行った。また、カンボジアのノロドム・シハヌーク親王が天津へやって来た際には、解学恭はシハヌークと共にバドミントンをした。夜、幹部倶楽部のダンスホールで、バドミントンをしていた時期もあった。接待工作の責任者である弁公庁副主任の趙《ちょう》世珠《せしゅ》（軍隊幹部）はいつも解学恭と一緒におり、数名の書記や常務委員などもいた。私も時々一緒に行ってバドミントンをした。倶楽部ではただ各人に一杯の簡単なお茶が出されるだけで、ほかには何のサービスもなかった。これは解学恭が繁忙な勤務時間以外にする、ただ一つの娯楽活動であり、現在の省部級指導者の余暇生活と比べると天と地程の差があるだろう。

六月八日、党中央は、解学恭の中共天津市委員会第一書記、市革命委員会主任及び天津市における党内外の一切の職務を解き、林乎加を天津市委員会第一書記、市革命委員会主任に任命することを正式に決定した。六月一〇日、中央組織部は人を派遣して解学恭を迎えに行き、組織部東安門招待所に住まわせた。八月二一日、解学恭は中央組織部万寿路招待所に引っ越した。そして一二月二〇日に、再び東安門招待所へ引っ越した。解学恭は招待所に三食付きで宿泊し、そこで毎食食事をし、夜にはしばしば外を散歩した。私は彼を訪ねて見舞ったことがあったが、住んでいたのは特に豪華ではない、居間や寝室などからなる普通の続き部屋であった。

解学恭のこの時の北京滞在には、秘書の楊光明《ようこうめい》が同行していた。楊光明は軍隊幹部で、ただ一人解学恭に伴って北京に残っていた。一二月三日、中央組織部副部長の李歩新《りほしん》の同意を経て、楊光明は天津へ戻って解学恭の仕事場の書類を徹底的に整理することになった。一九七九年五月一八日、五ヶ月半の時間をかけてやっと整理を終え、北京へ戻って引き続き解学恭に伴った。一九八〇年一月二五日、楊光明は批准を経てとうとう天津へ戻った。

中央は元々、解学恭が問題の清理を終えたら、改めて仕事に復帰させるという決定していた。だが、それは長いあいだ延期されていた。一九八〇年一二月、天津問題の解決を取り仕切っていた華国鋒が、中央政治局会議において辞職を申し出て、中央政治局、中央常務委員会、中央軍事委員会の仕事を主宰しなくなった。こうした関係で、解学恭の問題はますます解決が遅れ、未解決の懸案事項となっていたのである。

胡耀邦が党中央の仕事を主宰した期間においても、解学恭の問題は依然として処理されなかった。山西省委員会書記の李立功《り・りつこう》（解学恭が山西省委員会で仕事を主宰している時、李立功は共産主義青年団省委員会書記を務めていた）は、胡耀邦に対して手紙を書き、解学恭の山西省での仕事における功績を紹介したことがあった。胡耀邦はこの手紙を政治局委員に伝え、閲覧させた。このことから、胡耀邦は解学恭の問題を解決する意志を持っていたのがわかる。しかし、予想外にも、時局は再び大きく変化した。

一九八七年一月、全国各地で政治的な学生運動〔445〕が発生し、中央上層は集まって対策を協議し、指導者の責任を追求した。一〇日、政治局常務委員会は民主生活会〔446〕を召集・開催し、政治局委員、候補委員以外にも、党中央顧問委員会〔447〕、党中央紀律検査委員会の計一九名が参加した。この会議では、胡耀邦が厳しく批判され、胡耀邦は検査を行い、自ら辞職を申し出た。会議は胡耀邦の辞職要求を批准し、趙紫陽《ちょう・しよう》〔※〕が党総書記となることを決定した。解学恭が聞いた話によれば、会議上で、ある者が胡耀邦は右傾していると批判した。そして、「解学恭の問題について長期に渡って処理していない」ことを〔胡耀邦の〕罪状の一つとして挙げ、さらに解学恭の党籍を除名するべきだと主張したという。

こうして、組織における正常な手続きを経ずに、また党組織内での討論を経ることなく、この者の一言によって、一九八七年三月、解学恭の党籍が剥奪されることが決定された。解学恭に対して党籍剥奪が宣布された時、その深刻な問題を言明する資料などは全く無く、ただ四つのことが伝えられただけだった。深刻な過ちを犯した。党籍除名とする。報酬は下げない。天津の適当な場所に住居を手配する。この処理の決定は、ただ本人に宣布されただけで、本人のサインも必要とせず、本人の申し立ても許されていなかった。このようなやり方がとられるのは、党内においても珍しいことである。解学恭に対するこうした処理、とりわけ党籍まで剥奪したことは、今となっても理解できないことである。

解学恭は北京の招待所での九年にも渡る生活を終わらせ、天津に戻ることになった。天津市委員会は、部・委員会級領導幹部用としていた住居のなかから四つの寝室をもつ家を選び、解学恭に与えた。

解学恭に関して、天津における問題以外に、北京において清理している期間中新たに公然と指摘〔掲発〕された問題があっただろうか。無い。では、なぜこの問題はこんなにも長いあいだ処理されずに放置されたのだろうか。私が考えるに、上層には彼の処理をめぐって異なる認識が存在し、意見が分かれていた。胡耀邦は李立功からの手紙を受け取った後、この問題を解決しようという考えを持っていたが、それを阻止しようとする力が大きいことがわかり、とりあえず問題を棚上げし、ほとぼりがさめてから処理しようとした。胡耀邦は、自分がこんなにも早く失脚させられるとは思ってもみなかったのだろう。胡耀邦の「過ち」を正すため、その過ちの一つとして、「冷宮」に九年も入れられて人から忘れ去られていた解学恭が引っ張りだされ、党から除名となったのだ。

全国的に見れば、「四人組」粉砕以後、巻き添えとなった省・市級の指導者は解学恭だけではない。北京市の呉徳、黒竜江省の潘復生《はん・ふくせい》〔※〕、河南省の劉建勲《りゅう・けんくん》〔※〕、安徽省の李葆華《り・ほうか》〔※〕、四川省の劉結挺《りゅう・けってい》〔※〕など、これらの者達は皆各地の「トップ」であった。しかし、最も悲惨な失脚の仕方だったのは解学恭である。彼はなぜこのような処分を受けたのか。この理由としてはほかの者達とも共通した事情もあるが、同時に、解学恭の特殊な事情もあった。

共通の事情から言えば、中共はもともと「政治路線が確定したら、〔その実行に際しては〕幹部が決定的な要素である」と強調していた。毛沢東が「文革」において各省・市委員会を破壊し、それに取って代わったのが「革命委員会」で、各地の「封彊の大吏」〔西部地域を治める大臣〕も「文革」を擁護する人々に全て変わった。中共一一期三中全会以後、鄧小平が主に政治を行い、徹底的に文化大革命を否定し、毛沢東に対する再評価を行い、「文革」中攻撃を受けた指導者は続々と元の職に復帰した。「文革」中に仕事を取り仕切った幹部は当然難を逃れることはできなかった。解学恭は失脚するのが比較的遅かったけれども、しかし彼の失脚は、情勢から言って必然の流れであった。

次に、特殊な事情とは、解学恭の性格と関係があり、また、彼の上層に後ろ盾がいなかったことと関係している。前者は二次的であり、後者が重要である。前者は原因であり、後者がその結果とも言える。

解学恭が党から除名となって天津に戻った後、私はこの問題について彼と話したことがある。私は解学恭と紀登奎とを比較した。二人は「文革」において同様に毛沢東から高く買われたが、最後の結末はまるきり違ったものとなった。解学恭は「文革」開始から間もなくして毛沢東自身から「指名」され、中央から直接天津へ派遣された。しかし、その後は抜擢されなかっただけでなく、最後には党籍を剥奪されてしまった。紀登奎はもともと河南省の指導部の一般成員であり、主要な指導者ではなかった。しかし、「文革」中、毛沢東の「君は私の古い友人だ」という一言によってとんとん拍子に出世し、中央に抜擢されて政治局委員となっただけでなく、逝去した時には優秀な共産党員として報道された。

私はこうした違いが生まれた原因を解学恭に問うた。解学恭が言うには、原因は二つあり、一つは、当時上層部は、解学恭に対して「四人組」の問題だけでなくほかのことに関しても公然と指摘するよう働きかけてきたが、彼は思想的な信条を貫いて事実を歪曲するようなことはせず、よって上層の意図に従わなかったことだ。さらにもう一つの原因は、上層に後ろ盾がおらず、肝心な時に誰も解学恭を弁護してくれなかったことだ。

解学恭が私に話した。解学恭が北京にいる期間中、診察を受けるために三〇一医院に行った時、同時期に審査を受けていた紀登奎に偶然出会った。二人が話すなかで、紀登奎は、中央のある指導者は既に紀登奎と話をし、彼に辛抱強くもう少し待つようにと言ったという。紀登奎が言うには、かつて国務院においてある指導者と一緒に仕事をしたことがあり、その指導者が紀登奎を保護してくれるという。この話を聞いて、私は、守りきれるものですかと尋ねた。解学恭は、もちろん、指導者が弁護することは効き目があるのだと言った。彼はさらに、紀登奎は情況に順応して思想を非常に早く転換したと言った。

私が思うに、解学恭の発言は全て事実だろう。しかし、一つだけ解学恭が意識していない点がある。紀登奎は、中央で仕事をし、「四人組」とも矛盾があり、双方は衝突したことがあった。これが解学恭と大きく異なる点である。解はただ「上級からの指示にとにかく従う」だけの人間であった。とはいえ、解学恭が困難に遭遇した時、表に立って彼を保護してくれる力のある「後ろ盾」がいなかったこと、それがやはり最も重要な原因であろう。

解学恭は上層とのつながりを作ることに不向きな性格で、公の事柄については一貫して私情を挟まず、公平に処理した。彼の在任期間中、鄧小平を含めて、打倒された中央指導者が天津へやって来た時、彼は全て正規の規定に従って接待し、特別な接待は行わなかった。「四人組」粉砕以後、彼は自分の地位を守るための活動を全くしなかった。解学恭の身辺にいた政研室の者は解学恭に対して、北京へ行って、中央組織部で新しく就任した胡耀邦に会ったらどうかと提案したことがあった。しかし、彼はその提案も採用しなかった。

ある小さな出来事が、とても印象深かった。市委員会書記の池必卿は元々解学恭との関係は非常に良かった。池必卿は内モンゴルに異動となり、そこでの仕事を取り仕切ることになったが、その秘書である高という者の家はまだ天津にあった。後に、高の住居は引っ越しが必要となった。規定に従えば、二つの寝室からなる住居に引っ越すべきであった。しかし彼は、新居となる家が自分の元々住んでいた二つの寝室を持つ家よりも面積が少し小さかったため、結局三つの寝室からなる別の家に引っ越した。ある者がこのことを解に伝えると、解学恭は非常に腹を立てて言った。「強制的に彼に引っ越しをさせなさい。出て行かなければ、派出所へ連絡しなさい」。私はこの件について高と話をしたが、その後、解学恭はさらに内モンゴル自治区党委員会弁公庁を通して、池必卿にこの件を伝えたという。本来、高の引っ越しなど何でもないことである。池必卿にわざわざ伝える必要は無いではないか、高に対してそこまで怒る必要はないではないかと私は思った。残念な気がしてならないのである。解学恭は時々人の立場や面子を考えないで行動してしまうようなところがあったのだ。

　華北地区の幾つかの省・市において、山西省籍の高級幹部はとても多い。これらの高級幹部の絶対多数が皆根拠地で活動した経歴を持つ。抗日戦争時期、中共はまず、山西省、河北省、察哈爾《チャハル》[448]省の三省が境を接する地区に晋察冀辺区（北岳、冀中、冀東《きとう》、冀熱察《きねつさつ》などの区を管轄する[449]）、山西省と綏遠《すいえん》[450]省が境を接する地区に晋綏《しんすい》辺区（晋西北《しんせいほく》、雁門《がんもん》、大青山などの地区を管轄し、一時期晋西南を含んだ）、山西省、河北省、河南省が境を接する地区に晋冀魯豫辺区（太行《たいこう》、太岳《たいがく》、冀南《きなん》、冀魯豫などの区を管轄する）を設置した。中共はこれらの根拠地にそれぞれ中央代表機関である中央局と中央分局を設立し、中共省委員会あるいは区党委員会を成立させ、辺区臨時参議会と政府、及び各行政区の行政機関、さらに大軍区と二級軍区を成立させた。この行政区画は一九四九年八月までずっと存続した。

　山西省籍の多数の指導者は根拠地での経歴を持っていたために、彼らと劉少奇、鄧小平、彭徳懐、彭真、薄一波、楊尚昆、李雪峰、安子文《あん・しぶん》[※]ら、長期に渡って山西省で仕事をしたことのある中共指導者は、深い歴史的根源と仕事のなかで形成された強固な関係を持っていた。しかし、解学恭はこれらの指導者とは深い交流がなく、逆に彼らのなかには、解学恭に恨みや不満を持つ者すらいたのである。

　回想の価値があるのは、解学恭は党から除名になったにも関わらず、彼の老共産党員としての考え方には全く変化が無く、揺るがなかったということである。一九八九年の政治風波〔第二次天安門事件を指す。〕

日本では通常、「天安門事件と呼ぶ」の時、私は解学恭に会った。彼は、幸いなことに中央が出兵して問題を解決した、そうでなければ天下は大乱となっていたと言った。

彼の共産党に対する深い忠誠心は、言葉や表情に表れていた。私は感慨を覚えた。

第三二章　文化大革命と天津経済

1　天津経済が崩壊の瀬戸際だったことはない

文革が終わったばかりの当時、中央にはこんな言い方があった。中国経済は「文革」の最中、崩壊の瀬戸際だったというのだ。そこで、全国的に次々この言い方が使われるようになり、各地方も自分達はもう少しで崩壊する瀬戸際だったと言うようになった。なおかつ、天津は「重大災害地域」とされたのである。けれども後になって、事実は決してそうではないことが証明された。「中共中央の建国以来の党の若干の歴史問題に関しての決議」〔「中共中央関于建国以来党的若干歴史問題的決議」〕にも、「文革」中に「わが国の国民経済は巨大な損失に見舞われたものの、それでも発展をとげた。食糧生産は比較的に安定した成長を保った。工業や交通、基本建設や科学技術の方面で、いくつか重要な成果が上がった。新しい鉄道路線や南京の長江大橋の建設、先進技術の大型企業の投資、水素爆弾の実験や人工衛星の打ち上げと回収の成功、うるち雑交水稲の育成と普及を行った」とある。

天津の実情はどうだったかみてみよう。天津市は「文革」の期間、経済はずっと持続的に成長している。表1と表2の数字がその証拠である。

表1と表2[80]からわかるように、一九六七年の「天下大乱」と一九七六年に発生した大地震の時期に国民

表1　一九六五年〜一九七八年 天津市国民総生産額の推移

年度	金額（億元）				一人当たり国民総生産額（元）
	国民総生産額	第一次産業	第二次産業	第三次産業	
1965	35.96	3.91	22.96	9.09	571
1966	39.31	2.69	26.87	9.75	618
1967	33.62	3.50	20.93	9.19	524
1968	34.77	3.60	21.26	9.91	535
1969	42.87	3.46	29.03	10.38	661
1970	50.99	3.80	35.80	11.39	791
1971	55.12	3.89	39.52	11.71	843
1972	56.37	3.46	40.53	12.38	849
1973	60.33	3.92	42.51	13.90	893
1974	66.69	4.79	46.81	15.09	977
1975	69.73	4.37	50.29	15.07	1011
1976	65.25	4.01	45.57	15.67	928
1977	67.73	3.56	46.97	17.20	961
1978	82.65	5.03	57.53	20.09	1160

注）この表は当時の物価で計算している。

表2　一九六五〜七八年　天津市国民生産額の成長速度（前年比）（%）

年度	国民総生産額	第一次産業	第二次産業	第三次産業
1965	21.5	69.4	15.9	15.4
1966	6.2	−31.3	15.1	8.0
1967	−12.1	27.7	−21.3	−5.1
1968	7.9	3.0	9.1	8.1
1969	22.6	−4.3	38.5	4.1
1970	17.5	9.3	21.2	11.5
1971	9.0	0.7	12.5	2.7
1972	4.3	−12.7	6.1	5.7
1973	7.8	17.3	5.5	11.7
1974	10.5	19.7	10.0	9.0
1975	4.3	−8.1	7.4	−0.1
1976	−5.9	−8.3	−8.8	4.0
1977	3.6	−11.8	3.2	9.5
1978	20.9	15.6	23.3	16.0

平均増加率（毎年）（%）	国民総生産額	社会総生産額		
「第三次五ヶ年計画」期間	7.7	8.8		
「第四次五ヶ年計画」期間	7.2	8.9		
「第五次五ヶ年計画」期間	7.3	6.6		

注）この表は基準価格で計算している。

総生産額が下落した以外、毎年上昇しており、成長の幅も正常である。

2　経済に影響がなかった三つの理由——古参幹部の活躍

「文革」中の「左」傾の政治はなぜ経済の正常な成長に影響を与えなかったのだろうか。天津の実情からみると、その原因は三つある。

まず、天津市委員会の指導者たちの顔ぶれからみると、基層から直接抜擢された群衆代表が増えている。彼らは、指導的な仕事の経験がなく、指導者としてのレヴェルも足りなかった。しかし、こうした者たちが各部門で実務を担当することはあまりなかった。例えば、当時中央委員として党委員会の常務委員だった張福恒や蔡樹梅はみな、基層から昇進した労働模範だったが、ただ会議に参加し、決議に手を挙げていただけで、毒にも薬にもならなかった。各部門の主な責任者は、やはり経験豊富な領導幹部だった。

たとえば、経済工作に比較的影響の大きい天津市計画委員会、生産指揮部、建設委員会などはみなそうである。天津市計画委員会は、趙武成（元市委員会第二書記）、王恩恵《おう・おんけい》（元華北局計画委員会副主任）などの主な責任者が相次いで着任した。天津市生産指揮部は王占瀛（元天津市副市長）が主要な責任者となった。天津市建設委員会は、孫敬文《そん・けいぶん》（元国家建設委員会副主任）、楊拯民（元天津市副市長）が相次いで主な責任者となった。これら領導幹部の布陣は、文革前よりも強力である。

天津市で工業を所管する指導者は、池必卿（元華北局書記処書記、工業担当）を経て、古参の北京軍区副政治委員の呉岱が兼務した。地方での勤務経験がなかったが、民主的な作風（仕事のやり方）がよく、各部門の意見を広く聴取し採用した。呉岱は、そのあと、新たに抜擢された徐信が工業分野の管理を担当したが、経済工作の経験豊富な古参幹部の王中年が一緒に管理を行い、手本を示しチェックを行う働きをすることができた。

そのほか多くの部門や、区、県も皆このようであった。初期には部隊の領導幹部が多く、一九七三年以後は地方幹部が指導の職務を兼務するようになった。天津市委員会の智嚢〔シンクタンク〕（元は、政研組、のちに政研室）を例にとると、彼らは市委員会の主な指導者のために積極的に多くのよい意見を提案した。私の知るかぎりでも、このシンクタンク機構の水準は「文革」前よりおしなべて高かった。まさにこうした有能な指導者の顔ぶれがそろっていたので、「左」傾の政治に邪魔されたものの、それぞれの業務が正常に進行することを保証できたのである。

3　清廉潔白な作風——幹部と民衆が苦楽と運命を共にした

次に、「文革」の時期、各級の領導幹部の作風は清廉潔白だった。一九七六年、天津は空前の大地震に見舞われ、この大きな困難に際して対策救援活動を立派にやり通せたのは、幹部が民衆と一心同体となって、苦楽を共にし、運命を共にしたからである。若い幹部は指導部門に抜擢されても、給与は増えず、住居も変わらず、特別なことは何もなかった。

今でもはっきり覚えているが、馮勤という若い幹部は、もともと薊県の県委員会副書記だったが、市委員会に抜擢されて副書記になった。彼は農業分野を担当した。家族はみな農村に住んでいた。子供が四人おり、妻は病気がちだったが頑張って生産隊での集団労働に参加していた。家族の人数が多く労働力が足りないので、長年生産隊から借金をしていた。馮勤は当時月給が四〇元あまりで、本人の毎月の最低限の

(80)　天津市統計局『天津四十年（一九四九〜一九八九）』北京、中国統計出版社、一九八九年。

生活費のほかに、毎月かなりの額を農村にいる家族へ仕送りしていたが、親戚や友人に助けてもらっても生産隊の借金を返すことができず、一九七五年には借金の累計が三〇〇元にもなった。生産隊が借金を耳をそろえて返すように催促してきたので馮勤は仕方なく、解学恭に長い手紙を書き、自分の困難について述べ、組織が助力してくれるように頼んだ。解学恭はもとの手紙のうえに指示をこう書き添えた。「王中年同志、王輝同志。馮勤同志は家族が多く、収入が少なく、年々借金がかさんでいる。ここで借金を清算しないと、人民公社や生産隊に迷惑がかかる。困窮への補助を与えることができないだろうか。検討してもらいたい。私は前向きに解決したいと思う」。王中年は当時、市委員会の書記、兼秘書長を務めており、彼は私に相談し、補助を与えることにした。そして、私を通じて手続きを行い、市政府事務管理局が三〇〇元の補助をした。このささやかな一件からわかるのは、県委員会、人民公社、生産大隊は、馮勤が市委員会書記となって農業を担当するようになったからといって、なんの便宜もはかっていないということだ。馮勤も、自分の権力を使って個人の利益をはかろうというつもりなどこれっぽっちもなかった。

さらに、当時の労働者農民は共産党・政府に対して尊敬の念と一体感を強く感じており、党と政府を信頼し、社会全体の雰囲気がよく、道徳はもっとよく、職業倫理が高かった。これが最も重要で、当時の人々ならみな知っていることだ。

4　歴史を記す者の責任

最近、天津の「文革」に関する私の回想の文章が新聞紙上に発表された[451]。これらの文章は全て、文革初期あるいは未だ文革が収束していない時期についてのものであった。かつて天津地下党の学生委員会副書記であった楚雲《そ・うん》は「天津『文革』史を読む読者に」と題して、私に詩を送ってくれた。

伏案嘔心曲未終　机に伏し心をしぼって書いて
白髪可休仍筆耕　白髪になっても書き終わらない
読罷天津「文革」史　天津「文革」史を読み終わって
再現当年炸雷声　当時の騒動が再現されている
紙上記述多如草　細かな記述がびっしりで
眼前此作是独鳴　こんな作品を書けるのは一人だけだ
風虎雲龍夢已遠　悪夢は遠く去ったのだが
迷霧舟橋待澄清　霧が立ち込め晴れるのはこれからだ

「文革」が終わって五〇年以上が経ち、多くの人々がこの時期の歴史を深く研究している。私が天津の「文革」について回想し、思考することは、自分の認識を言葉で述べるにすぎず、主観的なものだ。けれども、歴史認識の外にはまだ歴史の本体がある。歴史の本体とは唯一で永遠で、変えることができない。言い換えれば、歴史の本体とは客観的である。タブーだからという理由で、歴史を思うままに編集したり書き換えたりすることなど誰にもできない。歴史の本体を尊重し、なるべく完全かつ正確に把握するという前提のもとで、歴史を認識する。これが、歴史の証人となり歴史を書き留める者の責任である。

第三章　五〇年ののちに文革をふりかえる

私は、天津市の「文革」と中国共産党天津市委員会指導機構が二度にわたり打倒されたことをめぐって、私個人が見聞きした歴史的事実に基づき、煩をいとわず天津市の「文革」における一連の重大な出来事を記述してきた。歴史を顧みるなら、「文革」が発動されてから今日まで、五〇年が既に経過している。「当局者迷、傍観者清」（当事者にはわからないが、傍観者にはよくわかる）。当時、筆者は当事者だった。いまは、歴史の変遷を経験し、「回想者」であり、「傍観者」である。当時よりも、もっとよくいろいろなことが見えるのではないかと思う。

1　「固結び」と「蝶結び」の違い――反右派闘争との比較

七〇年代末に「文革」を清算して以来、人々はこれを称して「歴史に前例がない」と言い、本書の「序文」や「あとがき」でもそのように記した。しかし今、推敲を加えるなら、本当に「歴史に前例がない」だろうか。まったく「歴史に前例がない」とは言えないと思う。各級の領導幹部に打撃が集中し、しかも範囲が広かったという点では、確かに「歴史に前例がない」。しかし、「残酷に闘争し、非情に打倒する」、極「左」の誤りという点では、決して「歴史に前例がない」わけではない。歴史をふりかえってみれば、このことがすぐわかる。

土地革命の時期、党中央は何回も、左傾路線指導をして、中国革命に大きな危害をもたらしたのだが、ここでは述べまい。中国共産党が峡北《きょうほく》[452]〔陝西省の峡北根拠地〕にやってきて何が起こったかについて述べよう。

一九四三年、延安では整風の幹部審査で「搶救不足者」〔緊急に政治的誤りを指摘された者〕を探し出し、「逼供信」〔無理強い〕の行き過ぎた闘争が至るところで行われた。延安地区だけで十数日のあいだに、いわゆる特務分子〔スパイ〕がなんと一四〇〇人余りも摘発された。これは、多くの冤罪を生みだし、幹部審査の作業を正しい道筋から大きく逸脱させてしまった[81]。

一九四七年には、土地改革と結びつけて、整党整軍運動を行い、「三査三清」を展開した。「三査」とは、階級をチェックし、思想をチェックし、作風をチェックすることであり、「三清」とは、思想を整頓し、組織を整頓し、作風を整頓することである。この運動でも、闘争のやり過ぎという現象が現れた。しかし、国共内戦[453]の形勢が緊迫し、風雲急を告げたので、この闘争はすみやかに収束した。私は当時、国民党の統治地域であった天津市に住んでいたため、この運動には参加しなかった。一九四八年に解放区に行ってから、最もよく耳にしたのは、この運動のなかで「左」の行き過ぎ行為があり、地主の家庭出身の幹部が何人も容赦なく批判されたということだ。私が知っている、比較的階級の高い家庭の出身の人々はみな、批判にさらされた。

建国以後も、政治運動はしばしば繰り返された。一九五一年五月二〇日付の『人民日報』は、毛沢東みずからが映画『武訓伝』[454]を批判する社説を掲載し、映画『武訓伝』を讃えるということは「戦う共産党が資本家階級の思想に蝕まれている」ことを意味すると主張した。これによって映画への大批判が行われ、監督の孫瑜《そん・ゆ》ら四〇人余りが批判された。

一九五四年二月六日、中共第七期四中全会は、高崗と饒漱石の党中央を分裂させる行為を批判した。[455]高崗は、元の東北人民政府主席で、建国後は中央人民政府副主席を務め、一九五三年には党中央人民政府副主席などを歴任した。饒漱石は、元の中国共産党中央華東局書記で、一九五三年には中国共産党組織部部長に抜擢された。[82]この件は、今日〔二〇一三年一月三一日〕に至るも名誉回復されていない。筆者は、専門に研究したわけではないので、批評を加えることは控えるが、この件は地方にも、少なくない影響をもたらした。一九五五年六月二四日から七月四日まで、天津市委員会は、党代表大会を招集し、『馮文彬と楊英同志が反党セクト活動を行ったことについての報告』を討論した。これは、「高饒事件」にならったものと見られ、当時天津では「馮楊事件」と呼ばれた。馮文彬と楊英はいずれも天津市の党委員会常務委員であり、職を解かれて降格された。一九七九年五月、中央の批准を経て、天津市委員会は、「馮楊事件」を名誉回復した。[83]一九五五年、天津市委員会代表大会が開かれる前、天津市委員会は何回も会議を開いて、馮文彬と楊英の批判を進めた。筆者は当時、この会議に参加し、記録の仕事を担当した。本件については先に述べたので、繰り返さない。

一九五四年七月二二日、胡風は文芸問題について三〇万字の論文に長い手紙をつけて中央に送った。その後毛沢東の指示により、一九五五年に胡風への批判運動が開始され、中国共産党中央の七月一日の文書「隠れた反革命分子を粛清する闘争を展開することについての指示」が下達されるに至って、批判闘争がただちに全国的に展開された。この闘争によって、あらわになった事例はあまり多くないが、拡大し過ぎ

(81) 中共中央文献研究室編『毛沢東伝　一九四九～一九七六』北京、中央文献出版社、二〇〇三年、六五三頁。
(82) 広州市文化伝播事務所主編『二十世紀中国全記録』山西、北嶽文芸出版社、一九九五年一月第二版、七二一頁。
(83) 中共天津市委員会党史研究室編『中国共産党天津歴史大事記』北京、中共党史出版社、二〇〇一年、二〇五頁。

たという問題が確かに存在した。私の知る限りでも、天津で地下工作に従事していた元の天津市委員会の少なからぬ中核的な領導幹部が審査を受けた。当時、批判闘争を進めていたのは、大部分が農村から都市にやってきた工農幹部で、対敵闘争の複雑な情況をよくわかっていなかった。そこで、やむを得ない問題が厳重な政治問題になってしまい、なかでも四名の司局級幹部が批判を受けて職を解かれ、「限制使用」〔仕事の内容に制限が加えられるため、ある部分の仕事はできない〕処置を受けた。南開大学で英語教員を務めていた辛毓庄《しん・いくしょう》は、一九四八年に革命に参加し、同年冬に指示を受けて天津を抜け出し、華北局城工部に入り、天津に入城してからは市委員会統一戦線部で仕事をしていた。一九四八年に天津を抜け出した知識分子は、大部分が大学生か高校生で、辛毓庄はただ一人の大学教員だった。彼は、抗日戦争の時期、国民党第一一戦区孫連長官司令部で働いたことがあり、このため批判闘争で重点的な審査を受け、ビルから跳び降りて死亡した。私は、地下工作をしていたなかで唯一の「小卒」で、当時弱冠十数歳。歴史は単純で、幹部批判も割に容易に潜り抜けた。これらの問題は全て、一九七九年以後、次々に名誉回復された。

周知のように、一九五七年には反右派闘争が、一九六一年には農村における整風整社運動が、一九六四年には都市や農村で社会主義教育運動が展開された。階級闘争は一歩一歩レヴェルが高まり、一九六六年に文化大革命となって爆発したのだ。

「文革」以前に繰り広げられた何回もの政治闘争のなかで、「残酷に闘争し、容赦なく打倒する」がもっとも激しかったのが、反右派闘争である。この闘争と「文革」とは、どちらもこの点で突出している。党中央は一九五七年四月二七日に、「整風運動に関する指示」を出した。天津市委員会はこのために、整風弁公室を組織して、全市の整風工作を担当させた。当時私は、市の弁公室から異動になって、整風弁公室で秘書グループの仕事を担当することになった。五月三日から一一日まで、天津市委員会は全体会議を招集し、四月二七日の中央の指示を徹底するように伝達した。五月一七日には拡大幹部会議を招集し、動員をかけて整風運動を徹底的に進めることを決めた。五月一八日から二〇日まで、天津市委員会は、各民主党派の責任者を招いて座談会を開き、意見を聴取し、そのあと個別に文芸界や教育界から意見を聴取した。[84]これらの活動はみな、整風運動を進めるための意見聴取だった。

まさかこのあと毛沢東が急に方針を変えるなどということは、思ってもみなかった。五月一五日、党内に配布し高級幹部が閲覧する「事情はまさに変化しつつある」という論文（のちに、党内刊行物に掲載された）のなかで、毛沢東は反右派のシグナルを出したのである。この論文のなかで、共産党の人々をマルクス主義者と修正主義者（右派）に分け、社会各界の人々を左派、中間派、右派に分けたのだ。毛沢東はまた、最近、民主党派のなかで、また大学のなかで、右派が根を降ろしはびこっていると書いた。[85]こうして、整風はあっという間に、反右派闘争に変わってしまった。意見を聴取するための「鳴放会」（自由な発言の会）は、「引蛇出洞会」（右派をおびき出す会）になった。整風運動の最中に、指導者に意見を具申した者は、それがどんな意見でも、みな党を攻撃したと見なされ、右派分子にされた。

私がいた天津市委員会も同じである。当時、中央弁公室は各省・直轄市に対し、反右派闘争の情況を毎日中央弁公室へ電話で報告するよう求めていた。天津市委員会整風弁公室は私が責任者となって、市委員会のいくつかの部・委員会を指定し、毎日情報を集めて私に報告させ、私がまとめて党中央に報告することになっていた。市委員会文教部の報告責任者であったある幹部は、何日も報告をしてこなかった。私が電話をかけて訊ねると、彼は右派にされてしまっていたことがわかった。天津市の直属機関のなかでは、共産主義青年団天津市委員会に属する『天津青年報』で右派にされた人々がもっとも多かった。この新聞

(84) 中共天津市委員会党史研究室編『中国共産党天津歴史大事記』北京、中共党史出版社、二〇〇一年、三三六頁。
(85) 広州市文化伝播事務所主編『二十世紀中国全記録』山西、北嶽文芸出版社、一九九五年一月第二版、七六五頁。

社は、受付も入れて全部で三二人おり、そのうち「右派」にされたのが一〇人、「中右」[456]にされたのが一〇人もいた。新聞界の意見聴取の座談会に参加したある記者は、世論による監督を強化しなければならないと述べただけで、たちまち右派にされてしまった。一緒に参加した別の記者は発言しなかったので、新聞社の指導者は彼に誤りを告白するように迫った。彼はなにも言うことがなかったが、そう言えば、一度トイレで用を足しているとき、いま原爆が落ちたら全員死んでしまうのではという考えが頭に浮かんだことがあると述べた。このため「極右」とされ、職を解かれてしまった。

これと似たようなやり方で、「交心」〔誠実に話をする〕により党から処罰された人々は、幾度もの政治運動のなかで少なからぬ数に昇る。私が南開区党委員会で仕事をしていた一九五〇年の幹部審査では、「忠誠老実」〔正直に話そう〕のスローガンで、党に誤りを告白させた。ある労働者出身の若い幹部は、報告を書いた。彼はそのなかで、同年に行われた出身農村の土地改革には不満であり、地主と闘うべきではないと述べたため、「階級異己分子」〔階級異分子〕とされ、党籍を剥奪された。反右派闘争で「右派分子」とされた者は天津全市で五三五四名、「中右分子」とされた者は一二〇六名に昇った[86]。全国で右派とされた者は、かつては五五万人だといい、最近では三一七万人余りだという人もいるが、根拠となるデータがないようだ。天津市で五〇〇〇人だったことを考えると、五五万人という数字の方が信頼できる。

反右派闘争と「文革」では、当然、大いに異なる。反右派闘争がねらいにしたのは、党外そして党内の知識分子だった。「文革」がねらいにしたのは、「党内の資本主義の道を歩む実権派」だった。けれども、「残酷に闘争し、容赦なく打倒する」程度からみると、反右派闘争のほうが「文革」を上回っている。なぜなら「文革」では、多くの領導幹部が打倒されたのだが、その多くが後に解放されて、徹底的に打倒されたのはごく少数だった。一方、反右派闘争で右派分子とされた者はその後も名誉回復されることはなく、一九七八年以降になってやっと名誉回復されたのである。それゆえ人々は、反右派闘争でかけられたのは

「固結び」で、「文革」でかけられたのは「蝶結び」だと言う。

当時の天津市直轄機関の各部の情況を見ると、反右派闘争は中央から統一的に指示が出された。しかし、同じ「経」(指示文書)が伝達されても、「和尚」(現場の責任者)の読み方が同じでない。当時それをどう執行するかは、部門の責任者と直接の関連があった。先に述べた『天津青年報』は、右派とされた人々が最も多かったが、それは主として、その部門の責任者がとても「左」で、手柄を立てて上になんとか取り入ろうとしたからだ。当時、二つの部門(天津市委員会国営工業部と天津市委員会地方工業部)では一人の右派も出さなかったが、それは主として、両部門の責任者が頑として譲らず、幹部を守ったからで、今日に至っても多くの人々に称賛されている。

このようにみると、「文革」の爆発は偶然ではない。党内の「左」寄りの伝統が悪性の大発作を起こしたものだ。「残酷に闘い、容赦なく打倒する」の実質から見ると、決して「歴史に前例がない」わけではないということだ。

2 「赤い帝王」の意図せざる結末

毛沢東は臨終にあった一九七六年、華国鋒らを集めて、自分の生涯で起こった二つの重大事件について述べた。「私は一生で、二つのことを行った。一つは、蔣介石と闘って、海上の小島に追いやったこと。抗日戦争を八年戦って、日本人を追い返したこと。このことについては、異議のある者はそう多くないだろう。何人かは私の耳元で、ごちゃごちゃ言うが要はあの島を早く取り返せばすむことだ。もう一つは、

---

(86) 中共中央党史研究室『中国共産党歴史大事記』北京、中共党史出版社、二〇〇六年、三三六頁。

あなた方も知るように、文化大革命を発動したことだ。このことを擁護する者は多くなく、反対する者は少なくない。この二つはどちらも終わっていないので、この「遺産」を次の世代に渡さなければならない。どうやって渡す。平和裡に渡せなかったら、手荒に渡すことになる。うまくいかなければ、「血の雨が降る」ことになろう。あなたがたはどうする。天だけが知っている」[87]。

毛沢東のこの談話は、意味深長だ。彼の目でみれば、第一の事件は、成功したが完了していない。第二の事件を、彼は深く憂慮し、不安になっている。毛沢東が発動した「文革」は、もとより劉少奇打倒など、多くの要因を含んでいる。けれども、主要には「反修防修」（修正主義に反対し、修正主義を防止する）、すなわち、資本主義の復活を防ぐためだった。中国を論ずるのに中国を見るだけではだめで、グローバルな視点からこの問題を見なければならないと私は思う。

毛沢東が「文革」を発動したのは、まさに、世界資本主義と旧ソ連をはじめとする社会主義とが、重大な転換点を向えた時期にあたる。世界資本主義の発展は、三つの段階に分けられる。

第一の段階は、アダム・スミス流の原始資本主義の時期である。その主要な矛盾は、一方では、生産の無政府状態が生まれ、周期的な政治や経済の危機が生ずることである。もう一方ではまた、社会矛盾が生まれ、特に階級矛盾が激化して、社会に激烈な動揺が走り、貧しい人々の生存が危うくなるだけでなく、富裕な人々の生存まで危うくなることである。マルクス主義はまさにこうした時期に生まれた。マルクスは、資本主義の優れた哲学者を研究し、彼らが社会主義や共産主義の先覚者ではない、なぜなら彼らは社会主義や共産主義からはるかに遠く、希望的予想を述べるだけで、科学的判断を生み出すことができないからだという結論に達した。

第二の段階は、自由競争が発展して独占に至る時期だ。その主な特徴は、一方で国内の資本の独占化が進み、本国の貧困な人々を放置する。もう一方では、資本の拡張を急ぎ、もっと多くの国際市場を占有しようとつとめ、戦争の手段をもって海外植民地を樹立することを厭わない。二度の世界大戦は、この段階を生々しく反映している。この結果、資本主義の拡張と調整に失敗し、あわせて、資本主義と相対立するロシアや中国流の社会主義革命が起こった。

第三の段階は、ケインズ主義が資本主義の舞台に登場した時期である。フランクリン・ルーズベルトのニューディール政策を旗印に、資本主義はもはや伝統的な意味のものではなくなり、資本主義を主体としつつ社会主義を混合し、市場と計画、資本と福祉とを結合させたのである。第二次世界大戦後、先進国の国際経済共同体や、国有化、福祉国家化の潮流が高まった。この種の資本主義は、社会主義、共産主義に突入する前夜に似ている。

けれども、二〇世紀の半ば以降、全体の形勢は逆転した。ロシア流の伝統的な社会主義のマイナス面が次第に主要な矛盾となって現れ、フルシチョフを代表とする特権勢力は権力欲と特権的生活を満足させることができなくなった。彼らは積極的に資本主義に接近して、共産主義運動のなかの逆流を形成した。中国は、ソ連のスターリン批判と資本主義への接近を不満として、連続的に「九評」[457]を発表し、中ソ論争[458]を引き起こした。こうして反修防修が、われわれの当面の主要任務となった。

中国とロシアの伝統的社会主義は大同小異で、「文革」以前に、省・市以上のレヴェルの高級幹部のなかには特権が生じていた。一九六二年に、私は天津市委員会第一書記の万暁塘に同判して北戴河に赴き、中央工作会議に参加した。中央や省の責任者らは、家族・子供連れで避暑に来ていて、一家族に一軒の別荘と専用自動車、専門の料理人をあてがわれ、特別待遇を受けていた。当時の中国人民銀行の頭取は、子どもが多くて、毛沢東に例に出されたので有名だった。彼の家の門の前を通ると、なるほど大勢の子供た

---

(87) 中共中央文献研究室編『毛沢東伝　一九四九～一九七六』北京、中央文献出版社、二〇〇三年、一七八二頁。

ちが庭で遊んでいた。当時、これらの領導幹部は実際のところ、「赤い貴族」になっていた。

ではなぜ、当時の幹部や大衆は、これら領導幹部に対して喜んで服従していたのか。第一に、これら上層の領導幹部は数が少なかったし、享受していたのは制度内の待遇で、個人としては潔白で自律していた。第二に、これら高級幹部はみな革命に参加した人々で、「打天下的坐天下」（政権を闘い取って政権についている）である。つまり、彼らが特別な待遇を受けるのは中国の伝統文化に沿ったものであるのだから、一般庶民は、自分たちも彼らと同列にそれを享受し得るべきだと考えたりするだろうか。とは言え、もしもこの方向に進んで行けば、かつてのソ連のように、本物の特権階層を形成してしまうことは疑いないと考えられる。

毛沢東はまさにこういう情勢下で、文化大革命を発動し、全力で社会主義の失敗を挽回しようとし、資本主義に致命的な一撃を与え、自分がヨシフ・スターリンに取ってかわり、国際共産主義運動のリーダーになろうとした。毛沢東の主要な論点は、次の通りだ。資本家階級の代表的人物や反革命修正主義分子が大勢、既に共産党や政府や軍隊や文化領域の各界に紛れ込んでおり、かなり多数の単位《ダンウェイ》の指導権はすでにマルクス主義者と人民大衆の手中では無くなっている。党内の資本主義の道を歩む実権派は、中央で、資本家階級の司令部を形成している。実権派は、修正主義の政治路線と組織路線を有し、各省、市、自治区、中央の各部門にみな代理人を持っている。過去の各種の闘争はいずれも問題を解決しなかった。文化大革命を実行し、公開で、全面的に、下から上まで広範な群衆を動員し先述の暗黒面を明るみに出すようにしなければ、走資派に簒奪された権力をもう一度奪い返すことはできない。これは実質上、一つの階級が一つの階級を覆す政治大革命であり、これから何回も実行しなければならない。

ところで、この「大革命」の初期に、二つの致命的弱点がうまれた。一つ目が、道徳的価値を失い、自分の親密な戦友や大勢の高級幹部をみな打倒し、自分で自分を「多行不義」（問題行動が多い）の状態に追いこんだことだ。マルクスと同時代のドイツの哲学者、社会学者のマックス・ヴェーバーは、権威を三種類に分けている。第一は伝統的権威（君主）、第二はカリスマ的権威（革命のリーダー）、第三は合法的権威（法治社会）である。毛沢東は、第一と第二の身分を一身に兼ねそなえて、「赤い帝王」となったが、毛沢東が発動した「文革」自体に、理想と現実の矛盾が存在していた。毛沢東は、資本主義を育む土壌を根こそぎ取り除き、民主を実現しようと希望した。けれども毛沢東自身が、至高の独裁者だったのだ。

二つ目が、無政府主義の大民主を引き起こし、情況がコントロールできなくなったことだ。毛沢東はもともと、「文革」が早期に収束することを望んでいたが、実現できなかった。毛沢東は、「一度にすべてを片づけよう」と希望したが果たせずに、「七、八年に一度」は革命をやると言うようになった。「文革」の大民主の結果、軍隊の介入に頼らざるを得ず、軍隊による管理を実行するほかなくなった。本来の意味での民主革命とは反対の方向に向かい、「文革」を正常に進めていくことができず、失敗して終わった。

「政治権力は銃身からうまれる」。これは毛沢東の、武力による政治権力奪取についての最もわかりやすい要約だ。民主革命の時期、共産党は銃によって国民党を打倒し、政治権力を奪取した。「文革」の奪権も、銃によるものだった。「文革」の歴史的経過を回顧すると、見てとることができるが、この闘争は党内で始まり、すぐに紅衛兵運動が発動され、一九六七年初めまでに、全面的な奪権の時期に入って、地方の党政府機関のみならず、中央の各部門、各機関も含めて全てが打ち倒され、一時的に天下が大混乱に陥った。この時、再び軍隊の介入により、全面的な軍事管理を実施した。天津市では、当時の天津市革命委員会準備小組を除き、天津駐屯軍支左連絡站が全体情況を把握し、重要部門には軍事管制を敷き、打倒された主な領導幹部には軍事監護を実施した。従来の天津市の業務は、党中央華北局が指導していたが、この期間は北京軍区が兼ねて管理し、上部への報告はみな北京軍区ならびに中央、中央文革弁公室に対して行った。一九六七年以前は特殊な時期、すなわち「専制民主」の時期で、軍事専制と造反組織の民主とが両方とも存在し、奪権前の奇妙な光景となっていた。

一九四九年が第一回目の、武力による政治権力奪取だとすれば、軍隊が政治権力を奪取するやいなや、その政治権力を地方幹部に渡して管理させるか、あるいは軍隊の幹部が転身して地方幹部になるかした。一九六七年の「文革」は、第二回目の武力による政治権力奪取であるが、違っているのは、政治権力を奪取したあと軍隊が直接管理に参画したことだ。天津市革命委員会が成立すると、革命委員会の各部門の長、ならびに各区、県、局の主な責任者は、多数が軍の幹部であり、基本的には軍隊による統一支配になった。

武力による政治権力奪取は、党が武力を指揮するという前提のもとに行われた。第二回目の武力による政治権力奪取は、実際上、党の領袖個人が党の名義により、軍隊を指揮し利用して権力を奪取したものだ。第一回目は、敵の手中から政治権力を奪取したのに対して、第二回目は味方の手中から政治権力を奪取したというのが、皮肉と言えば皮肉である。毛沢東の本意は、領導幹部の特権に反対し、「文革」を通して彼らの特権を一掃することで、もとからいた地方幹部が軍隊幹部に取って代わられ、特権も受け継がれるなど思ってもみなかっただろう。天津市和平区五大道の別荘地にはもとは地方幹部の住宅があったが、地方幹部は追い出され、軍隊高級幹部が引っ越してきた。そのまま、今でもそこに住んでいる者もいる。

「文革」の権力奪取以前は、民衆組織の協議を経て、十分な大民主を経るのでなければならないと言われていた。この種の「大民主」は、民主政治を勝ち取ることができたのかどうか。答えは当然、ノーである。私が政治に従事した数十年の経験によると、いわゆる民主協議は、もとより形式にすぎない。アメリカにいる私の友人が教えてくれたところによると、政治哲学者のハンナ・アレントは、毛沢東の「政治権力は銃身からうまれる」という理論を特に分析した。そして、権力（政治権力）と暴力とは対立しており、その一方が絶対的に支配するなら、もう一方は存在できないという認識を示したという。この言い方には、一定の道理がある。「問蒼茫大地、誰主沈浮」〔毛沢東の詩。はるかな大地に聞いてみよう、浮くか沈むかを誰が決める?」)。各地区で権力を握ったのは、民衆組織の責任者ではなく、武力を握っている軍隊だった。

我々は二度にわたって、武力を用いるか、武力を後ろ楯にするかして政治権力を奪った伝統があり、今に至るも中央集権的な国家だ。民主政治を進めるのは、確かに大いに困難である。改革の進み方を見てみると、経済改革は先を進んでおり、政治改革は滞っている。経済と社会には、利益を再分配する合理的なメカニズムが欠けているため、経済改革によって生まれた利益の分化は、無秩序状態に陥っており、両極化が急速に進んでいる。「疑今者察之古」(現代を解明しようと思うなら、過去に目を向けるべきだ)(『管子・形勢』[459])。「文革」のなかから、歴史の淵源を探り出すことができる。

3 文化大革命の三つの文化的特色

「文革」のどこが、文化大革命なのかと言う人がいる。それは、文化の命を大改革する、政治闘争なのだ。これは結構である。けれども、歴史文化の角度からみると、「文化大革命」は、数千年におよぶ歴史のなかでもたらされてきた専制主義の害毒と、近代の「左」傾の弊害とが濃縮された結果を示している。中国農業社会の歴史は、君主国家の歴史、専制政体の歴史、中央集権の歴史だ。孟子は言った。「普天之下、莫非王土、率土之浜、莫非王臣」(天下のもの全て帝王の領土であり、国の果てまで全てが帝王の家来である)。梁啓超《りょう・けいちょう》[460]は言った、「国家も人民もみな、君主のために立つもので、ゆえに君主は国家の全体である」[88]。農業社会のこうした君主国家、専制政体、中央集権的な政治体制は、中華人民共和国の成立以後にも、相変わらず深遠な影響を与え、個人迷信や個人崇拝の思想の基礎となった。そして、この問題は、「史上前

(88) 梁啓超『飲冰室文集 全編巻十』上海、中華書局、一九二五年、政治部分一九~二〇頁。

例のない」「文化大革命」のなかで、「史上前例のない」程度にまで発展した。

赤い表紙を手から離さず、語録をつねに口にし、数億人に一つの思想を要求し、数字か十数字からなる「最高指示」が、全国数億人の人民を沸騰させる。「全国民の狂気」と言ってよく、個人崇拝は空前絶後、極限の状態に到達した。「文革」では、宗教的な献身、熱狂、封建時代の野蛮、残虐、伝統的な専制、独裁、ユートピア的理想、虚無が、いっしょくたになった。奴隷主義、封建専制主義、いわゆる社会主義が、一堂に集まった。中国の伝統文化の積もりに積もった歴史の重荷が、人間性を飲み込み、人間の魂をねじ曲げ、人間の生命と創造力を窒息させる醜悪な一面が、「文革」のなかで様々に遺憾なく暴露された。マルクス主義の理想は、「すべての個人が全面的かつ自由に発展する」[89]だが、「文革」なかの一切の目標を打倒するというのは、人間性の破壊、人間性の喪失であった。

このように発生した「文革」の文化思想的基礎を、さらに分析すれば、制度の側面に辿りつく。制度は当然、文化の問題に属する。社会制度としてみると、主なものは、プロレタリアの独裁制度と、共産党内の民主集中制である。プロレタリア独裁は、革命の時期、敵対勢力の反抗を鎮圧し、経済建設に集中して力を注ぐには有効だ。けれどもこれが引き続いて、プロレタリアがどうやって独裁を行うかと言えば、共産党独裁に頼らざるをえない。共産党はどうやって独裁するか。党中央に頼り、党中央は領袖に頼る。こうして実際上、領袖独裁にほかならない制度になってしまう。民主集中制もこのように、最後は全党あげて党中央に服従し、中央は領袖の言いなりで、要するに領袖個人の独断専行である。「文革」はこのように、限りなく高い地位にある領袖毛沢東が「自ら発動し、自ら指導した」ものなのだ。

毛沢東は至高最上の領袖となり、どんな監督や制約も受けず、個人の欲するところを為し、この「文革」の大動乱を引き起こすことができた。どんな社会行為規範や束縛もないために、領袖個人の行為も変転極まりないものとなってしまった。

私ははっきりと覚えているのだが、一九五七年三月一七日、毛沢東が天津にやってきて、党内幹部に向けて「百花斉放、百家争鳴」の話をしたとき、私が記録を作成した。毛沢東は何度も、党員幹部に科学や技術を学び、社会主義のそれぞれの持ち場で専門家にならなければならないと述べ、批判を提起するのを恐れないようにとも述べた。「マルクス主義を批判できるかできないか、人民政権を批判できるかできないか、共産党を批判できるかできないか、古参幹部を批判できるかできないか。私は批判できないことなどないと思う(90)」と話したのだ。毛沢東の講話は、まだ耳に残っている。けれども二ヶ月も経たないうちに、急転直下、五月一五日にはなんと反右派が持ち出された。これはどう解釈すればよいか。党を凌駕する領袖の変転極まりない行為として、解釈するしかない。

一九五九年の党中央の廬山会議は、もともと人民公社運動のなかに生じた「左」の行為を修正するはずだったが、彭徳懐が大躍進運動のなかで生じたいくつかの問題を提起したため、また急転直下、反右派闘争になってしまった。「文革」もまたこのようであるが、繰り返すことはやめよう。

「文革」のなかに、毛沢東の文化スタイルの刻印を見てとるのはたやすい。私は天津で数十年仕事をし、毛沢東が中央の会議の席で行った講話を何回も伝達したり目撃したりするなかで、毛沢東思想には三つの源泉があるのだと深く感じた。

第一はマルクス主義。それも、レーニン、スターリンのプロレタリア独裁の理論である。

第二は中国伝統の歴史文化。主には中国二四史や、とりわけ『資治通鑑《しじつがん》』(461)である。『資治通鑑』とは、

---

(89) 中共中央マルクス・エンゲルス・レーニン・スターリン著作編訳局『馬克思、恩格斯全集 二三巻』(『マルクス、エンゲルス全集 二三巻』) 北京、人民出版社、二〇〇二年、六九九頁。

(90) 中共中央党史研究室科研局『毛沢東的足跡』北京、中共党史出版社、一九九三年、四一五頁。

統治者が実際の政治を行う際の参考とするために古今の経験を提供するものである。毛沢東はこの本を一七回も読んだという。

第三は漢詩の古典。毛沢東は三李〔李白、李長吉《り・ちょうきつ》〔462〕、李商隠《り・しょういん》〔463〕〕の詩を最も好んだ。レーニン、スターリンの「左」傾思想、歴代皇帝の統治術に、漢詩の古典をたたえるロマン主義が加わって、毛沢東思想の特色を構成している。興味深いのは、「文革」中の各省や市の残酷な奪権は、『人民日報』が社説を配信するときにはみな、きれいな詩のような言い回しによって題がつけられていることだ。江蘇省の奪権は「鐘山風雨起蒼黄」〔鐘山の風雨は激しくなった〕。甘粛省の奪権は、「春風已過玉門関」〔春風はすでに玉門関を越えた〕。毛沢東の講話はよく古典を引用する。その引用は、とてもぴったりのこともあるし、脈絡がないこともある。毛沢東は幾度も、昭明文選に所載の宋玉の『登徒子好色賦』を列挙し、宋玉は「この一点に問題があるから、ほかは論ずるまでもない」と毛沢東は言い、それをもって「右派」や「右傾日和見主義分子」の党に対する攻撃を批判した。毛沢東はまた、中央の会議の席上で李清照《り・せいしょう》〔464〕の「声声慢」のなかから「尋尋覓覓、冷冷清清、凄凄惨惨戚戚……」〔恋ふれども慕へども　つれなしすげなし　やるせなしさぶしせつなし……〕という一句を印刷して配り、彭徳懐といった人々の「右」傾心理を批判したが、どうみても関係無く、ちぐはぐである。天津市委員会の会議を開いて中央の指示を伝達するとき、この李清照の句を印刷したのは、実に笑ってしまうようなことだった。

総じてみるなら、これが「文革」で生じた社会文化の基礎である。これは、中国に共通する問題である。では、天津の文革には全国と区別される特異性があっただろうか。ある。一九七四年、紀登奎が江青に随行して天津にやって来たとき、解学恭と単独で面会し、天津はなぜ一貫して形勢が比較的安定しているのかと論じたことがある。解学恭は、紀登奎に、いくつかの点を述べたが、そのなかに、大連合を割にうまくやっているというのがあった。なぜ大連合が割にうまくいったのか。これはもとより、解学恭と天津駐屯軍の努力のおかげであるが、天津地方の文化の特徴とも結びついている。

天津は近代、手工業や商業を中心に発展してきた都市である。北京のような首都風の文化もないし、上海のような海派文化〔国際都市に特有の、外国文化が入り込み、新しいもの好きで、活気にあふれた文化〕もなく、濃厚な港町文化の色合いがある。このような文化的特徴は、柔軟性に富み、闘争性が弱い。こうした文化は、社会安定の要因を促進するものの、新しいものを取り入れることができない。解放前、私は天津で地下工作をしていて、このように感じた。天津は、学術では北京に及ばないし、工業は上海に及ばないが、これもこうした文化の影響と関係がある。全国的な潮流においてもずっとこの通りであり、天津はいつも真ん中あたりに位置している。これもみな、地方文化の特徴と関係があるのだ。そして、まさに同じ理由で、「文革」における対立する両派のあいだには、よその地方のようにどちらが死ぬか生きるかの闘いは生じず、武闘もそれほど激烈にはならない。全国にその名を鳴り響かせるような造反者も出現しない。双方座って相談しようというのも困難ではないのだ。もし解学恭と六六軍がそろって〔天津ではなく〕河北省に行き仕事をしたとしたら、天津のような局面をつくれるだろうか。つくれるとは限らない。すなわち、天津の「文革」は全国と共通性がある（もちろんそれが主要である）が、同時に、天津みずからの特異性もあるのである。

4　文革が改革開放の道を開いたという逆説

「文革」はもとより、大動乱であり、大災害だ。それがどうして、改革開放に道を開くことになるのか。これは逆説であり、二つの側面に由来すると思う。

第一に、思想の上から、毛沢東個人に対する迷信を取り除いた。一九四五年の中共第七回全国代表大会で「毛沢東思想」が提起されてから、人々の毛沢東思想に対する迷信は、革命闘争が勝利するにつれて、その脳裏で不断に強化されていった。そして、文化大革命が始まると、それはピークに達した。けれども、「物事には反動がある」のであって、「文革」で出現した問題は、人々を徐々に思想の上で動揺させた。筆者個人の思想の経歴で言えば、「文革」について最初全く理解できなかったが、しかし盲目的に服従し、それに反対する思想を持つどころではなかった。しかし、様々な事情が積み重なって、頭のなかの疑問符が段々と多くなり、特に林彪が逃亡する事件が起こってからは、ますます理解できなくなった。こうして、毛沢東が死去して以後の混乱の収束と正常化が改革開放への条件を準備したのである。

第二に「文革」は、高度に集中した伝統的な計画経済を打破し、改革開放のための条件を創造した。中国は、一九五〇年代の第一次五ヶ年計画のとき、主にソ連のやり方に学び、中央が経済を集中管理し、国営の大工場は中央の各部の直属とした。以後、大躍進運動の時期には多くの大企業が地方に下放され、その後また中央の直属へと戻った。そのあいだ、何回も繰り返し、いわゆる「中央で決めるとうまく行かない、下に任せるとうまく行く、ところが混乱が起こる、そこでやはり中央でやる」といったことが起こった。中央の「五・一六」通知は「破字当頭、立在其中」〔まず破壊せよ、建設はそこから生まれる〕と述べた。実際、「文革」は、大々的な破壊を行ったが、そのためかえって「大立」〔ちゃんとした建設〕など不可能になった。けれども、「大破」〔大々的な破壊〕そのものがある意味で、改革開放のために道をつくったとも言えるのである。計画経済の「ビル」を壊して、そのあとに市場経済の「ビル」を建てやすくしたようなものである。

中国の経済改革のプロセスをみると、最も困難で最も成功しにくいのが、国営企業の改革である。八〇年代から、国有企業体制の外にあった郷鎮《ごうちん》企業〔465〕が突出し、経済ブームを巻き起こす現象が起こった。郷鎮企業が発展したあと、株式制度〔股份制度〕の改革が行われ、改革のコストが大幅に低下した。国有企業の改革は遅々として進まなかったが、その体制外の集団経済、民営経済、個人経済が順調に発展してきた。「文革」で高度に集中した計画経済が打破されたことによって、大部分の国有企業は地方に下放された。これが、改革開放が成功した主要な原因である。

私には、スーザン・シャーク（Susan Shirk　中国名：謝《しゃ》淑麗《しゅくれい》）というアメリカの友人がいる。アジア問題や中国問題の若い世代の専門家で、UCサンディエゴ校の教授である。クリントン政権の国務副次官補を務めた。彼女には『中国経済改革の政治的ロジック』（*The Political Logic of Economic Reform in China*）という本があり、そのなかで、中国経済改革が成功したのは、旧ソ連と違って、毛沢東の進めた「分権化」の基礎のうえに進められたからだといったことを述べている。[91]「文革」のなかで進められた「分権」は、計画経済を取り除き、それ以後の改革開放の条件をつくりだしたと私は思う。

「文革」は完全に誤りであるが、それでも、「文革」の一〇年間の活動が全て誤りだったわけではない。この一〇年、経済建設は緩やかにではあるが着実に進み、国防はしっかりしていた。とりわけ、一九七二年にニクソンを中国に招き、米中が上海で共同コミュニケ[466]を発表したのは、外交上の偉大な勝利である。ニクソン訪中は、米中関係正常化と改革開放に道を開いたのだ。

まとめよう。これらの社会進歩は、「文革」後の改革開放の社会的基礎を形成した。これらの社会進歩は、未来の中国社会がまた一歩良い方向に発展していくための希望のよりどころである。

---

(91) Susan L. Shirk, "*The Political Logic of Economic Reform in China*," University of California Press, 1993.

あとがき

およそ一〇年前、私に本書を書きたいという思いが芽生えた。日本を訪れたとき、友人の橋爪大三郎教授と夫人の張静華博士に思いを打ち明けると、二人は即座に賛成し応援すると言ってくれた。私たちは比較的よく理解し合っていたし、二人は私の『中国官僚天国』（岩波書店、一九九四年）を翻訳してくれてもいたのだ。中国国内でも友人たちにこの話をしてみると、みなおしなべて激励してくれたので、ますます書かなければという決心が固まった。

とは言え、細々した原稿の締め切りは途切れがなく、遅々として筆が進まない。それでも忘れることはなく、いつも心にかけ、思いをあたため、二年前にようやく原稿を書き始めた。最初に「文革」の初期にあたる、党中央からの「五・一六」通知以後、中央華北局が工作会議を招集したところから、元天津市委員会が徹底的に打倒されるまでを書いた。これは、天津の『今晩報』（現在、天津市で発行部数が最も多い新聞）の「星期文庫」（文学・歴史分野に関する記事を扱う欄）というコラムに何度か連載して発表した。またいくつかの文章は、天津の『老年時報』（現在の『中老年時報』。主に六〇歳以上の中高年や高齢者を対象に、情報を発信する新聞）にも発表した。これはほんの始まりの部分で、その先の事情は、もっと込み入って複雑なのだが、それでもなんとか書き上げねばならなかった。そして、時間をかけ、頑張ってついに書き上げることができた。自分の晩年の心からの念願がかなった出来事だと言っていいだろう。

私は何を書いたのか。水の一滴も太陽を映すことができる。天津という一つの直轄市の事例が、中国全体の情況をそれなりに反映しているのではないか。この文化大革命は、なんと価値があることだろう。それは、中華人民共和国にとって成立以来の重要な時期だった。あの当時の文化大革命がなければ、今日の改革開放はありえなかっただろう。「文革」を理解しなければ、中国は理解できない。

ある人は、世界の多くの革命を二種類に分類した。一つは、フランス革命に始まり、ロシア一〇月革命、中国の「五四運動」[467]から文化大革命まで、これらはみな文化革命から始まり、しかも急進的であった。もう一つは、イギリスの産業革命に始まるもので、制度の変遷から始まり、しかも緩慢に推移していった。世界は複雑で、多様であるが、どのような径路を経ようと、同じ帰結に至る。いずれも歴史の歯車をぐんぐん前に進める働きをする。二〇世紀の一九六〇年代~七〇年代に、中国のような人口の多い国が、こんなに長い時間、このような天地を覆す文化大革命を行ったということは、前にも後にも類例がなく、空前絶後のことである。すなわち、文化大革命は中国のものであるだけでなく、世界のものなのだ。グローバル化が進む今日、われわれは世界的な角度から「文革」を見つめなおさなければならない。これが、私が天津の「文革」を書いた基本的出発点である。

どうして私が書かなければならないのか。私が『今晩報』に発表した「文革」を回想する文章を読んで、あなたしか書かないし、あなたにしか書けないと言ってくれた人がいた。私は、図々しくも、そうだと頷いた。歳月が流れるに従って、かなりの当事者が故人となっている。私はまだ生き残っている少数の目撃者で、じかに経験した者で、内部事情を知る者なのだ。私の経歴は、本書のなかでも次々に交代している。私は、ずっと官〔高級官僚〕を務めていたわけではなく、ただの「僚」〔役人〕であり、「幕僚」でさえない「僚属」〔木っ端役人〕を務めていたにすぎない。それでもこの「僚属」は、官僚の某よりももっと情況を理解しているかもしれないのだ。私は一生で三回、針路を変更した。一九八六年までは官界にいて、そのあとアカデミズムの世界に移り、一九九八年に退職してからは自由な文筆業に移った。天の助けに感謝すべきだろうが、私は今年七六歳になり、プールで泳ぐことも、原稿を書くこともできるし、あまり病気もしないですんでいる。これも、私が「文革」の文章を書くことのできる重要な条件だ。
私はどうやって書いたか。私は、論理の枠組みも、理論仮説もなしに、ただ運動の発展の過程に照らして、自分の見たこと、聞いたこと、感じたこと、わかったことを、一から一〇まで書き記した。煩を厭わず、型にはまらず、特定の立場に偏らず、私心なく、嘘いつわりなく、出来事のありのままの姿、歴史の真実を描き、歴史のなかで不公正な扱いを受けた人々に正しい評価を与えることを試みた。私の古い親友が、本書のもととなった原稿を読んだあと、その感想を次のような詩に書いてくれた。

書稿読罷憶涔涔　この本を読むと記憶がふつふつとよみがえる
十年浩却乱世渾　一〇年もの動乱で世の中は乱れに乱れた
正本清源求真難　文化大革命の真実をつきとめるのは難しい
以史為鏡鑑後人　この歴史を後世の人々の鑑としなければならない

こうした願いを満たすことができただろうか。人間が考えたことでも、それが成功するかは天による。まあやってみるか。

二〇〇六年八月七日　天津の寓居にて

王輝

訳註

〔1〕一九五六年九月に開催された中共第八回全国代表大会（八大）では、個人崇拝に反対し、集団指導を基本とすることの重要性が確認された。これは、同年二月にソ連共産党第二〇回大会において、フルシチョフが「スターリン批判」秘密報告を行ったことを受けて、それに対する協調を示すものであった。その他、八大では、依然として後れた生産力水準を上昇させるために、工業建設、経済建設を推進することなどが確認された。この党大会で決定された方針は「八大路線」と呼ばれた。

〔2〕党中央中南局とは、当時設置されていた党中央六局のうちの一つである。詳しくは、頻出語句註の「党中央六局」を参照。

〔3〕中共広東省委員会第一書記であった陶鋳は、一九六〇年五月二一日、農村において「三反」を実施することで農村幹部の態度を徹底的に改善することに関する意見書を提出した。さらに、広東省委員会は六月四日、農村における「三反」が必ずや勝利を収めるだろうといった主旨の報告書を提出した。毛沢東はこれらの意見・報告を賞賛・肯定し、さらに六月一四日、党中央がそれを各省・市・自治区党委員会へと伝えた。

〔4〕整風とは、思想や活動態度などを正す、点検するという意味である。整社とは、人民公社の運営における様々な問題を正すことを意味する。整風整社運動は人民公社における人々の思想や態度などを点検し、正すことを目的とした運動である。詳しくは、頻出語句註の「農業の集団化」を参照。

〔5〕新中国建国後、政治的キャンペーンや政策実施の際には、各地に工作組（工作隊）を派遣して、民衆へ浸透させていくという方法が頻繁にとられた。「扎根《ジャーゲン》」は、工作組が農民達と食・住・労働を共にすること（三同）で、「根子《ゲンズ》」（運動の骨幹分子）がしっかりとその土地に根をおろして繋がることを指す。「串聯《チュアンリエン》」は、連帯する、といった意味の言葉で、ここでは、当時各地に派遣されていた複数の工作組が連携し、協力することを指す。参

照：田原史起『二十世紀中国の革命と農村』山川出版社、二〇〇八年、四九頁。

〔6〕貧農・下層中農協会は、一九六四年五月に中共中央工作会議で制定された「中華人民共和国貧農・下層中農協会組織条例」に基づいて設置された組織である。貧農と下層中農が中国共産党の指導の下で自発的に組織した革命的大衆的階級組織であると規定され、同年六月に条例が施行されると、各地で「協会」が設置された。生産隊は「貧農・下層中農協会小組」を、区・公社以上は貧農・下層中農協会を設置した。さらに同年一一月、党中央の指示に基づき、四清《スーチン》の重点地区においては、地方の指導権を貧農・下層中農協会に移行し、一切の権力を貧農・下層中農協会に帰属させることになった。参照：陳東林・苗棣・李丹慧主篇『中国文化大革命事典』加々美光行監修、徳澄雅彦監訳、西紀昭・山本恒人・園田茂人ほか訳、中国書店、一九九七年、二七九頁。

〔7〕「整党」は、思想や態度などの面において、党組織を整えることを意味する。「整風」、「整社」については訳註〔4〕及び頻出語句註の「整風整社運動」を参照。

〔8〕「憶苦思甜」は、昔の苦しみを思い、今日の幸せを考えるという意味で、当時行われた思想教育の方法を指す。

〔9〕河北省の省都は新中国成立後に保定市に置かれたが、その後一九五八年に天津市へ移され、一九六七年には再び保定市へと戻された。さらに、一九七一年に石家荘市へと移され現在に至っている。

〔10〕「専区」とは、現在は地区と呼ばれ、中国の行政区画においては省級と県級のあいだに位置する区分である。

〔11〕一九六〇年、天津市委員会は、中央からの都市部食糧販売量の削減に関する指示に基づき、全市民に対して「節粮度荒」（食糧節約によって飢饉を切り抜けよう）というスローガンを呼びかけた。当時、大躍進の諸政策によって中国全土がかつてないほどの食糧難及び日用品の不足に見舞われており、そうした情況を踏まえたものである。

〔12〕唐山は、河北省の省轄市。一九七六年七月に発生したマグニチュード七・八の唐山大地震では多くの犠牲者が出た。

〔13〕『毛沢東選集　第三巻』の「『農村調査』のはしがきとあとがき」の部分では、農村の実際の状況を理解することの重要さが強調されており、また理解するためには農村調査が必要であると書かれている。さらに、農村調査では、調査会を開いて下級の幹部などの言葉を聞く必要があり、「あらかじめ調査項目を用意しておき、さらに、

自分が直接質問し、自分で筆記」するべきだと書かれている。毛沢東選集刊行会編『毛沢東選集　第三巻』三一書房、一九五七年、二七七頁。

(14)「近処怕鬼、遠処怕水」は自分に近い所では鬼が怖く、遠い所では水が怖いという意味の成語。自分の良く知っている場所では、死者がどこに埋葬されているかを把握しており、鬼神という形象として現れる死者が恐怖・畏怖の対象となる。また、川の浅深や洪水の際の危険な場所なども熟知しているため、水は恐ろしいものではない。しかし、自分の良く知らない場所においては、亡くなった者についての知識がないために鬼も存在しないが、逆に水は恐ろしいものとなる。恐れというものは、無知からくるものであり、物事の法則をよく理解していれば、何も恐れることはない、という意味で用いられる。

(15)「軽車簡従」は、古代、君主や官吏が各地を視察する際に軽装でかつ少数の者だけを伴うことで、民衆の生活のなかにとけこむことができ、情況や願望などをよく知ることができたことを意味する語。

(16)労働改造とは、肉体労働を強制的に課して、それを通じて改心させることを意味する。

(17)労働点数とは、人民公社・農業生産合作社で労働量とその報酬を計算するために用いられたものである。労働の軽重、技術の高低、仕事の出来などによって一人が一日に働く労働量を、規定の点数に直して計算する。

(18)「下雹子」は、雹《ひょう》が降るという意味。文革中、民衆組織が展開した武闘においては、岩や煉瓦などが相手に投げつけられた。また、幹部の批判闘争会などにおいては、ゴミなどが彼らに向かって投げつけられた。こうした行為を「下雹子」といった。

(19)「翻箱倒櫃」とは、家にある鞄や戸棚など、全てをひっくり返し、開けて、徹底的に捜索すること。ここでは、強制的で違法な家宅捜索という意味である。

(20)「一平二調三収款」は、人民公社化が進められていた時期に、人々のあいだで使われた言い回しである。「一平二調」は、行き過ぎた平等主義と労働力や物資の無償調達のことを示し、「三収款」は民衆からの私有財産の徴発を表す。人民公社化を進める過程では、合作社所有の土地や農具が無償で調達されただけでなく、農民個人が所有する家屋や農具、家畜なども強制的に人民公社に徴発されたため、その過度な平均主義と無差別で強制的な物資調達に対して、民衆は強い不満を持った。

〔21〕原文は、「清工分、清帳目、清倉庫和清財物」。
〔22〕原文は、「清思想、清政治、清組織、清経済」。
〔23〕劉少奇の妻である王光美が河北省委員会「四清《スーチン》」工作隊と共に河北省撫寧県の桃園大隊へ赴き、蹲点《トゥンディエン》を行った。「四清」の試験的実施である。王光美は、蹲点の結果を、「一つの大隊の社会主義教育運動についての経験の総括」という報告書にまとめ、提出した。王光美によるこの桃園での蹲点、あるいはその報告書を「桃園の経験」という。
〔24〕人民公社化とは、一九五八年から全国において展開された農業の集団化のことである。各地では生産隊のほか、いくつかの生産隊からなる生産大隊、さらに複数の生産大隊によって構成される人民公社の設置が、急速に進められた。人民公社は、農村の行政機構である郷人民政府・郷人民代表大会と一体化していた。詳しくは頻出語句註の「農業の集団化」を参照。
〔25〕小站地区は、現在の天津市津南区の小站鎮のことである。当時の小站地区は、天津市南郊区に属し、小站公社、北閘口公社及び小站鎮を含んでいた。
〔26〕周盛伝（一八三三～八五年）は、清朝末期の軍人である。
〔27〕李鴻章（一八二三～一九〇一年）は、清朝末期の政治家である。清朝末期における混乱のなか、日本や欧米列強との外交に尽力し、軍隊の近代化や近代工業の育成に努めた。
〔28〕袁世凱（一八五九～一九一六年）は、中国の軍人であり政治家である。清朝末期には、北洋大臣として、近代式陸軍を基盤とする北洋軍閥を指揮した。一九一一年、辛亥革命によって首相となり、一九一二年に中華民国が成立すると初代大総統に就任した。
〔29〕ここでいう「鎮」とは、師団に相当する。
〔30〕馮国璋（一八五九～一九一九年）は、中国の軍人であり政治家である。袁世凱の部下であり、袁世凱の死後、中華民国副総統を務めた。また、袁世凱の死後に、北洋軍閥は直隷派、安徽派、奉天派の三つに分裂したが、馮国璋は直隷派の首領として、安徽派の段祺瑞らと対立した。
〔31〕曹錕（一八六二～一九三八年）は、中国の軍人であり、政治家である。袁世凱の部下で、馮国璋の死後、直隷

派の首領となった。
〔32〕段祺瑞（一八六五～一九三六年）は、中国の軍人であり、政治家である。袁世凱の部下として北洋軍閥を支えた。袁世凱死後、安徽派の首領として、馮国璋らと対立する。
〔33〕西右営村は、現在の天津市津南区北閘口鎮に属する村。当時は、北閘口公社に属した。
〔34〕原文は、「反革命両面政権」。
〔35〕坨子地村は、現在の天津市津南区小站鎮に属する村。
〔36〕一月風暴は、一月奪権とも言われる。一九六七年一月上旬、張春橋と姚文元が上海で王洪文と共謀し、造反組織を煽動して上海市の党・政指導機関などを奪権した事件のこと。一月風暴が毛沢東及び党中央に肯定されると、奪権運動は急速に全国へ広がった。
〔37〕三八とは、三月八日の国際婦人デーのことで、中国では婦女節と言う。三八紅旗手とは、全国婦女聯合会が婦女節に優れた労働婦女に対して与える称号である。
〔38〕中国科学院は、国務院直属の名門研究機関である。
〔39〕「憶苦飯」は、文革中の「憶苦思甜」（訳註〔8〕を参照）活動での食事のことで、苦しい時代を思い返す食事という意味。材料は様々だが、トウモロコシや山芋の粉などが使われ、家畜も食べないような根、茎などが混ぜられることもあった。
〔40〕原文は、「反革命的両面手法」。以下、同様に翻訳する。
〔41〕「上綱」は、些細なことを教条的に大げさに取り上げることを意味する。
〔42〕原文は、「反革命的両手」。
〔43〕原文は、「苦大仇深」。搾取された人民が搾取階級に対して非常に深く恨み、憎んでいることを形容する語として当時使用された。
〔44〕「上綱」は訳註〔41〕を参照。「上線」は、問題を政治路線の闘争にまで引き上げ、大げさにすることを指す。よって、「上綱上線」とは、些細なことでも教条的に大げさに取り上げ、理論・原則などを振りかざすことを意味する。

〔45〕臭豆腐とは、豆腐を発酵させて作った臭みのある食品のこと。

〔46〕「老夫子」は、孔子（「孔老夫子」）など高名な儒学者や指導者を呼ぶ際に用いられる言葉である。当時、陳伯達は「老夫子」と呼ばれるほどの権威を有していた。

〔47〕オンドルとは、朝鮮半島の一般家庭で広く使用されている暖房装置である。床下に通した煙道に、台所で煮炊きをした際に出る暖かい排気を通すことで、室内を暖める。寒さの厳しい中国の東北部でも使用されており、中国語では「炕」という。

〔48〕「日間揮写夜間思」は「昼は一心に書き、夜は深く考える」といった意味。清代の画家で、書家である鄭燮《ていしょう》が著した詩『題画竹』のなかの一節。山水画を描く際に画に生命を注ぎ込む方法について述べているのであり、「昼間は一心に書き、夜は深く考える」ことで初めて山水画を描くことの神髄がみえてくるといった。

〔49〕「四号字」は、中央へ提出する正式な文書の形式として要求される、文字の大きさやフォントなどの規格のこと。

〔50〕原文は、「敵我矛盾」。

〔51〕原文は、「跑歩進入共産主義」。

〔52〕「九評」は、中ソ論争の最中に中国共産党が発表したソ連共産党を批判する合計九編からなる論文を指す。九つ目の論文が「フルシチョフの似非共産主義及びその世界歴史上における教訓」である。中ソ論争とは、一九五〇年代後半から一九六〇年代にかけて行われた、中国とソ連のあいだの論争である。一九五六年にフルシチョフがスターリン批判を行い、アメリカとの平和共存路線を打ち出したが、それに対して中国が独自の主張を発表し、論争が始まった。論点は、プロレタリア独裁、社会主義の平和的移行などであった。当初は理論上の論争であったが、次第に国家間の対立へと発展した。一九六九年には、両国国境のダマンスキー島（珍宝島）で武力衝突も発生した。

〔53〕甘粛省党委員会は「白銀有色金属公司の指導権奪還についての報告」を党中央へ提出した。白銀有色金属公司が地主ブルジョア階級グループの統治する独立王国になっていると告発する内容であり、同報告に従って作り出された冤罪により、多くの幹部や民衆が批判されることになった。

〔54〕 原文は、「年年講、月月講、天天講」。

〔55〕「寧左勿右」は、左に偏り過ぎる分には構わないが、右に偏ってはならないといった意味で、文革期のスローガンの一つである。

〔56〕「秀才」とは読書人、秀才、学者を表す。

〔57〕「一言九鼎」とは、国を左右するほどの重みのある言葉のこと。鼎とは、古代の器物で、大きな鍋のようなかたちの器に脚が三つついている。鼎は非常に重いことから、「一言九鼎」は、一言が九つの九鼎ほどの重みがあるという意味として用いられる。

〔58〕 中央文化革命小組は、一九六六年五月二八日に党中央の「五・一六」通知の主旨に基づき設立された、文革を指揮する機関。陳伯達が組長を務め、康生が顧問、江青や張春橋などが副組長を務めた。もともと政治局常務委員会に属するが、実際には独自に大衆と接見したり、講話を発表したりするなどして、運動に直接影響を与えた。参照：陳東林・苗棣・李丹慧主編『中国文化大革命事典』加々美光行監修、徳澄雅彦監訳、西紀昭・山本恒人・園田茂人ほか訳、中国書店、一九九七年、二六九〜二七〇頁。

〔59〕 三度の「左」傾とは、瞿秋白《く・しゅうはく》の左傾盲動主義（一九二七年一一月〜二八年四月）、李立三の左傾冒険主義（一九三〇年六月〜三〇年九月）、王明の左傾冒険主義（一九三一年一月〜三五年一月）を指す。瞿秋白（一八九九〜一九三五年）とは、一九二〇年代の中共指導者であるが、一九二八年七月にモスクワで開催された第六回党大会において、左傾盲動主義路線をとったとして批判される。王明については、訳註〔225〕を参照。李立三については、原注（17）を参照。二度の「右」傾のうち、一度目は、一九二六年から二七年にかけて、陳独秀を代表とする中共中央とコミンテルンが、蔣介石らによる革命指導権の簒奪に対して妥協と譲歩を繰り返したことで、右傾機会主義の誤りを犯したことを指す。二度目は、王明が抗日戦争期の第二次国共合作初期において、中共が抗日戦争を指導する立場を放棄したことで、右傾の誤りを犯したことを指す。

〔60〕 一一期三中全会は、一九七八年一二月に北京で開催された会議のこと。鄧小平主導の下、文化大革命の清算と改革開放路線の決定が下された歴史的な会議である。

〔61〕 八級、一三級とは、幹部の等級である。詳しくは、頻出語句註の「幹部の等級」を参照。

〔62〕原文は、「三個反革命頭子大事紀」。
〔63〕「三包一奨」とは、農業合作社の生産隊が仕事にかかる人力の提供・生産に要する費用の負担・生産高計画の完遂を保証し、これをやり遂げた生産隊に対して、現物あるいは現金による奨励を与える制度を指す。参照：横山宏「中国経済用語表」『早稲田商学』一九五号、一九六七年、一六七～一八七頁。また、「四固定」とは、一九六〇年代初めに実施された農業政策の一つで、農業合作社化を基盤として、農村における集団所有の土地・牧畜・農具・労働力に関して生産隊による使用を固定することを指す。
〔64〕アンペラとは、オンドルに敷く草で編んだござのことである。オンドルについては、訳註〔47〕を参照。
〔65〕一二・九運動は、一九三五年一二月九日に北京で起きた学生を中心とする抗日救国運動のことである。
〔66〕延安は中国共産党の長征の最終目的地となった場所。延安以来の革命同志に対する尊敬を込めた呼び名。
〔67〕大字報とは、文革期、民衆が個人として、あるいは集団としての意見を模造紙などに書いて壁に貼り出した壁新聞を指す。
〔68〕盟は内モンゴル自治区の行政区分の一つで、省級と県級のあいだの区分である地級行政区に属する。
〔69〕原文は、「針挿不進、水潑不進」。一九六六年三月、毛沢東は彭真率いる中共北京市委員会が閉鎖的で排他的だとして、このように批判した。
〔70〕李白の有名な詩「將進酒」の冒頭。李白については、訳註〔71〕を参照。
〔71〕李白（七〇一～七六二年）は、「詩仙」と称され、中国の代表的詩人である。「詩聖」と称された杜甫などとともに、唐詩の全盛時代を形成した。
〔72〕『海瑞の免官』（原題は『海瑞罷官』）は北京市共産党委員会書記だった呉晗《ご・がん》が一九六一年に発表した戯曲である。
〔73〕「『三家村』を評す――『燕山夜話』、『三家村札記』の反動的本質」（原題は「評『三家村』――『燕山夜話』、『三家村札記』的反動的本質」）。『燕山夜話』は、中共北京市委員会書記で、元『人民日報』編集長である鄧拓《とう・たく》が、夕刊紙『北京日報』に書いた随筆である。「燕山」とは、北京の旧呼称である。『三家村札記』は鄧拓と、著名な歴史学者で北京市副市長の現職であった呉晗（『海瑞の免官』の作者）、及び中共北京市委員会統一戦線部長

であった廖《りょう》沫沙《まつさ》が、鄧拓が編集長をしていた雑誌『前線』（北京市委員会機関理論雑誌）に合同のペンネーム「呉南星」で発表した随筆。いずれも、古典や故事などが多く引用されており、大躍進政策に対する反省や批判が含まれていた。「『三家村』を評す」は、彼らの反動性を批判し、「『三家村』を根絶やしにしよう」と呼びかけた。さらに、「三家村」（鄧拓・廖沫沙・呉晗の三人を指す）であろうと「四家村」であろうと、ことごとく暴き出し、打倒しようと呼びかけ、三家村の黒幕が党中央の彭真・羅瑞卿・陸定一・楊尚昆の四人であると暗示した。参照：鄧拓『燕山夜話』毎日新聞社訳・編、毎日新聞社、一九六六年。

〈74〉「山雨欲来風満楼」は、唐の詩人・許渾《きょこん》の詩「咸陽城東楼」の中の一節。夕立が今にも降り出す様を表現している。

〈75〉『燕山夜話』に関しては、訳註〈73〉を参照。

〈76〉この会議において、彭真・羅瑞卿・陸定一の中央書記処書記の職務と楊尚昆の中央書記処候補書記の職務を停止、彭真の北京市委員会第一書記・北京市長の職務と陸定一の中央宣伝部長の職務を剥奪することが決定された。

〈77〉中国での中学とは、日本での高校にあたる。日本の中学にあたるのは初中学という。

〈78〉『日出』、『雷雨』は、天津生まれの劇作家である曹禺《そうぐう》（一九一〇〜九六年）の作品である。

〈79〉『釵頭鳳』は、南宋の詩人、陸游（一一二五〜一二一〇年）の詩。釵頭鳳とは、鳳凰の頭のかんざしのこと。

〈80〉中国語の題名は『貨郎与小姐』。

〈81〉『主人二人の召使い』は、ヴェネツィア共和国の劇作家のカルロ・ゴルドーニ（一七〇七〜九三年）の作品。中国語の題名は『一僕二主』。

〈82〉中国語の題名は『茶花女』。

〈83〉「知識分子」とは、日本語の「知識人」よりもやや広い範囲の人々を含んでいる言葉で、例えば、大学卒業程度の教育を受けた者や、党・政府機関で働く者、新聞記者なども含んでいる。

〈84〉北平は、北京の別称。中華民国時代、首都が南京に置かれていたとき、北平と呼ばれた。

〈85〉「牛鬼蛇神」は、文革期のスローガンの中で頻繁に使われた語で、日本語では「妖怪変化」と訳されることが多い。「牛鬼」は頭が牛の頭のかたちをした鬼神のことで、「蛇神」は顔が人で身体が蛇の姿をした神を指す。もともと、唐の詩人・杜牧（八〇三～八五三年）の『李賀集序』のなかで、唐の詩人・李賀（七九一～八一七年）の詩の幻想的で奇怪さを喩えた語である。文革期には、広義には全ての打倒された者を、狭義には「走資派」を除く「搾取階級分子」を指して用いられた。参照：陳東林・苗棣・李丹慧主篇『中国文化大革命事典』加々美光行監修、徳澄雅彦監訳、西紀昭・山本恒人・園田茂人ほか訳、中国書店、一九九七年、四二六頁。

〔86〕三面紅旗は、中国共産党が一九五八年に制定した、社会主義建設の総路線・大躍進・人民公社という三つの政策を指す。

〔87〕「半部（半分）の『論語』、天下を治む」は、読書は多くを読むことを求めるのではなく、精密に読むことを求めるべきだという意味の故事である。宋代の著名な宰相である趙普《ちょう・ふ》に関して、『宋史』二五六巻の『趙普伝』に次のようなエピソードが記されている。趙普はもともと学術に疎く、後に大臣となってからは、北宋（九六〇～一一二七年）の第一代皇帝である太祖・趙匡胤《ちょう・きょういん》が彼に読書勧めたため、晩年には書物を手から離さず学問に励んだ。彼の死後に家の者が彼の書棚をみると、論語二〇篇（論語は全部で二〇篇あるいは二一篇あるとされている）だけがあったという。実は、趙普は読書の必要性を認識しており、早くから学問に努めていた。そして特に、『論語』については熟読していた。北宋の第二代皇帝である太宗・趙光義《ちょう・こうぎ》の面前では、敢然とこう述べたのである。「臣には論語一部がございます。その半部で太祖をお助け申して、天下を平定いたしました。あとの半部では陛下をお助け申して太平の世にいたしたいと存じます」。ここで彼が言っていることは「一部の論語」であったが、人々はこの話を適当に言い伝え、「半部の論語」となり、それが典故にまでなった。ここから、「半部の『論語』、天下を治む」は、少ない書物でもそれを精読するべきであり、そうすればそこから得た知識であらゆることに対応することができるのだという意味の故事となった。参照：鄧拓『燕山夜話』毎日新聞社訳・編、毎日新聞社、一九六六年、一二一～一二四頁。

〔88〕「戦地黄花分外香」は、詩『採桑子』の一節。

〔89〕総工会は、中国共産党の指導の下、全国の省や市などに設置された労働組合を指す。

〔90〕包拯は、北宋時代の政治家。包公、包青天とも呼ばれ、中国の歴史上における清廉潔白な官吏の代表として、人々に広く知られている。

〔91〕黒線とは、反党、反社会主義の理論・観点・思想路線を指す。

〔92〕冀魯豫抗日根拠地は、抗日戦争期に共産党の指導の下で、抗日軍が各地に築いた根拠地の一つ。河北（冀）、山東（魯）、河南（豫）、山西の四つの省に横断した地域に設置されていた。

〔93〕原文は、「人有多大胆、地有多高産」。一九五八年八月二七日、『人民日報』に「人有多大胆、地有多高産」と題する記事が掲載された。この記事では、中央から山東省の寿張県に派遣された者によって書かれた、当地の大躍進政策の実施情況と偉大な功績についての報告書が紹介されている。

〔94〕中共第八期一二中全会において、劉少奇を党から永久に追放し、彼の党内外の一切の職務を剥奪することが、多くの賛成を得て決定された。その際、党中央委員であり、中華全国総工会副主席であった陳少敏は、圧力に屈することと無く、この決定に同意しなかったという。一九八〇年二月の中共第一一期中央委員会第五回全体会議において、彼の名誉を回復することが決定された。参照：中共中央文献室編『劉少奇年譜（一八九八―一九六九）』下巻、北京、中央文献出版社、一九九六年、六六〇頁、六六二頁。

〔95〕原文は、「右傾機会主義」。右傾日和見主義とは、「右」傾していると見なされた人物に対して貼られるレッテルの一つであり、文革以前から使用されている。例えば、一九五九年、江西省廬山で開催された中共第八期八中全会（廬山会議）において毛沢東に批判された彭徳懐らに対しても、同じレッテルが貼られた。廬山会議は、もともと大躍進運動で実施された極左政策の重大な行き過ぎを是正するために開催されたはずであった。しかし、中共の老幹部であり軍人でもある国防部部長兼中央軍事委員会副主席の彭徳懐が、各地で様々な解決すべき問題が発生しているとして、いくつかの考えを毛沢東に進言したところ、毛沢東から厳しい批判を受けることになった。彭徳懐と、彼に同調した者達は、毛沢東から「右傾日和見主義」とされ、結局これらの者達は党内で厳しい批判にさらされ失脚することになった。詳しくは、頻出語句註の「反右派闘争」を参照。

〔96〕「保命田」は、人民公社の土地の一部を農民に分割し、農民が自分たちで食べる穀物を生産するための田畑である。食糧が危機的に不足するなか、保命田は文字通り、生命を守るための田畑であった。林鉄は、農業集団化の政策が進められていた情勢の下で、農民の食料確保のためには一時的なものであれ「保命田」を残すことが必要だと上級機関に進言したのである。参照：丁抒『人禍1958～1962――飢餓者2000万人の狂気』森

幹夫訳、学陽書房、一九九一年、二八七頁。

〔97〕『金瓶梅』は、明代（一三六八〜一六四四年）に書かれた長編小説で、四大奇書の一つとされる。『水滸伝』から派生的に書かれた作品で、女性・愛欲・金銭がテーマとなっている。そのため、当時は高級幹部だけが買って読むことを許されていた。

〔98〕『紅楼夢』は、清朝中期乾隆帝の時代に書かれた長篇白話小説。上流階級に生きる主人公らの心理や彼らの生活の細部を情感豊かに描いた作品で、当時の社会に対する厳しい批判的色彩も帯びている。毛沢東はこの小説を愛読したという。

〔99〕党中央組織部は、党中央委員会直属の、中国共産党の人事全般を担当する機関のこと。

〔100〕民主集中制とは、中国共産党や国家機構の組織原則である。組織内で物事を決定する際には民主を重んじ、一旦決定した後に執行する際には集中（行動の一致）を重んずるというものである。もともとレーニンが前衛党の組織原則として提起したものである。参照：天児慧・石原享一・朱建栄・辻康吾・菱田雅晴・村田雄二郎編『岩波現代中国事典』岩波書店、一九九九年、一一九三〜一一九四頁。

〔101〕保皇派とは、皇帝や皇帝制度を保守しようとする立場の者達を指す言葉である。文革初期、反革命とされる人物を批判する言葉として使用されたが、中央の指導者がこの呼び方に賛成しなかったこともあり、保守派という呼び方が広く使用されるようになった。参照：金野純『中国社会と社会動員――毛沢東時代の政治権力と民衆』お茶の水書房、二〇〇八年、三一七頁。

〔102〕民運部とは、民衆工作部のこと。解放以前、各地の中国共産党と軍隊に設置された部門で、主に宣伝と民衆の動員を行う。解放以後は、中国共産党によって廃止され、解放軍は「群衆工作部」（群工部）と名称を改めた。

〔103〕北岳区は、晋察冀《しんさつき》抗日根拠地に含まれた区である。晋は山西を、察は察哈爾《チャハル》省（中華民国期に存在した省で、現在の内モンゴル自治区に位置する）を、冀は河北を指し、晋察冀抗日根拠地はそれらを横断する地域に設置された抗日根拠地である。

〔104〕冀中区は、晋察冀抗日根拠地にある区のこと。河北を、冀東、冀西、冀北、冀南及びこれらに囲まれた中央部の五地域に分け、中央部を冀中と言った。

〔105〕 ＡＢ団（アンチ・ボリシェヴィキ団）とは、国民党の特務（スパイ）組織で、中国共産党の内部に入り込んで反共工作を行う組織である。一九三〇年、中共は、ＡＢ団が活動しているという誤った情勢認識に基づいて、江西省の根拠地で大規模な党員粛清を行った。

〔106〕 糧票は穀物の配給を受けるための券で、定められた枚数が個人に配布されていた。当時、油と穀物は現金があっても購入することができず、それぞれ油票と糧票が交付され、配給が行われていた。

〔107〕 中国共産党の統一戦線工作部は、民主党派、無党派、チベット族などを含む少数民族、宗教界、経済界、党外知識分子などとの連携を図り、それらの動向を把握するための調査研究を行う組織のこと。各級党委員会に設置されており、党委員会への報告に加え、政策決定に対して提言を行う。また、祖国統一を主な目的として、香港、マカオ、さらに台湾といった海外との連携やそのための宣伝工作を行う。

〔108〕 造反有理とは、造反する、つまり体制に反逆するには道理があるという意味の言葉。文革期には、紅衛兵などの造反派がこの言葉を掲げた。

〔109〕 「プロレタリア文化大革命に関する決定」は、一九六六年八月に開催された中共八期一一中全会で採択された決定である。中共八期一一中全会は、党中央委員でない江青が出席するなど、既に文革の影響が色濃く出た会議であり、事実上、文革開始の合図を全国へ向けて発することになった会議である。また、「プロレタリア文化大革命に関する決定」は一六の項目から構成されるため「一六条」とも呼ばれ、プロレタリア文化大革命が人の魂に触れる大革命であり、社会主義の新たな段階であると規定する。

〔110〕 当時、頻繁に叫ばれたスローガン「毛主席万歳！」、「プロレタリア文化大革命万歳！」などのことを指す。

〔111〕 毛沢東は党中央宣伝部を「伏魔殿」と批判し、「打倒閻魔、解放小鬼」（閻魔を打倒し、鬼を解放せよ）と言った。ここで言う小鬼（鬼）とは、紅衛兵のことを指す。「紅小鬼」とは、革命の申し子といった意味で、抗日戦争期においては、中国共産党軍に参加した未成年者に対する親しみをこめた呼称であった。

〔112〕 中国共産主義青年団（共青団）は、一四歳から二八歳までの若者達で構成され、中国共産党の指導の下で共産主義について学習する組織である。党の高級幹部を目指す若者達は、まず共青団に入団して経験を積み、その後中国共産党に入党するという段階を踏むことが多い。

〔113〕承徳は、河北省東北部に位置する市。昔から避暑地として有名で、清代には夏の政務の場とされた時期もあった。そのため、世界遺産に登録された避暑山荘や外八廟などの名所旧跡が多くある。

〔114〕原題は、『調査研究的故事』。

〔115〕原文は、「調整、巩固、充実、提高」の八字。

〔116〕「百花斉放、百家争鳴」については、頻出語句註の「反右派闘争」を参照。

〔117〕「一大二公」は、人民公社の特徴として、一九五八年九月三日付の『人民日報』社説「高挙人民公社的紅旗前進」で提起された。

〔118〕「中共中央の建国以来の党の若干の歴史問題に関する決議」は、一九八一年の中国共産党中央委員会第一一期第六回全体会議で、中華人民共和国建国以来の重大な歴史的事件に関する党としての統一的見解をまとめ、採択された決議。文化大革命に対して公式の評価がなされた。

〔119〕『詩経　小雅・車轄』の一節、「高山仰止、景行行止」の一部分。「高い山があれば誰もが仰ぎ見る。大道があれば誰もがその道を行きたがる」といった意味で、徳の高い人を「高山」に喩えて言ったもの。

〔120〕晋察冀の意味については、訳註〔103〕を参照。

〔121〕蘇軾（一〇三六～一一〇一年）は、中国北宋時代の政治家、書家、詩人。

〔122〕『四郎探母』は宋代の物語で、京劇（中国古典劇の一つ）の有名な演目。宋の名門である楊家の四郎は異民族国家である遼との戦いに負け、捕虜となる。四郎は身分を隠して遼で生活するうちに、遼の王女と結婚することになる。しかし、宋は遼へ再び攻め込もうとし、四郎は自分の母と弟が国境付近まで来ていることを知る。四郎は王女に自分の正体を明かして、必ず戻ってくるから母に会いに行かせてくれと頼み、王女もその言葉を信じた。

〔123〕『南北合』は、河北省の伝統的演劇である河北梆子《バンズ》における、代表的演目。

〔124〕『梁山伯与祝英台』は、中国の有名な民間説話のこと。梁 山伯《りょう・ざんぱく》と男に成り済ました娘である祝 英台《しゅく・えいだい》が出会い、友となって心を通わせる物語である。

〔125〕『将相和（将、相、和す）』は、京劇の演目。戦国時代、老将の廉頗《れんぱ》は宰相となった藺 相 如《りん・しょうじょ》に嫉妬し、もめごとを起こそうとする。しかし、廉頗は藺相如の国事に対する真剣さを知り、自分の行為を恥じ、藺相如と力

を合わせるようになった。

〔126〕中華民族解放先鋒隊とは、学生によって組織された愛国組織。

〔127〕土地面積の単位で、一ムーは六・六六七アール。

〔128〕「深沢県叛徒集団」とは、一九六八年二月二一日、江青が天津市革命委員会及び大衆代表者と接見した際に、講話のなかで「深沢県には一つの非常に大きな裏切り者のグループがいる」と語ったことに端を発した冤罪事件である。江青のこの言葉を裏付けるために「深沢県叛徒集団」事件なるものがでっち上げられ、多くの者が犠牲となった。

〔129〕原題は、『華北局工作会議天津各組掲発批判胡昭衡同志錯誤的情況』。

〔130〕「天津五・一六総黒幕」とは、「五・一六反革命グループ」の天津における黒幕という意味である。「五・一六反革命グループ」とは、いわゆる「五・一六分子」が全国に設置したとされた「五・一六組織」なるものを指している。これは、文革中に発生した大規模な冤罪事件の一つである。事の経緯は以下のようである。

一九六七年六月、北京で「首都紅衛兵五・一六兵団」(略称「五・一六兵団」)という組織が、少数の者によって結成された。彼らは、周恩来を打倒することを目的とし、周恩来を中傷する過激なビラをまくなどの活動を行っていた。八月、毛沢東が同組織に対して否定的な態度を示すと、陳伯達、江青らも「五・一六兵団」を陰謀組織だと非難し始めた。組織の中心的人物であった者達は拘束され、吊るし上げられた。組織は非合法秘密組織とされ、崩壊した。

しかし、事はそれだけで終わらず、「五・一六」分子摘発の捜査対象は拡大していったのである。「五・一六兵団」は、実は全国に「五・一六組織」を設置しており、多くの「五・一六分子」が全国に存在していると言われるようになった。そして、この「五・一六分子」摘発のために大々的に展開された運動が、「五・一六反革命グループ」徹底調査運動である。文革初期に昇進し、良い地位を得ていた多くの者が「五・一六分子」に仕立て上げられた。中央文革小組の若手メンバーである王力・関鋒・戚本禹なども「五・一六」の黒幕とされ、失脚した。実際には、いかなる陰謀も存在せず、また「五・一六反革命グループ」なるものも存在しなかったのである。「五・一六反革命グループ」徹底調査運動が最終的に収束したのは一九七三年のことであった。参考:陳東林・

苗棣・李丹慧主篇『中国文化大革命事典』加々美光行監修、徳澄雅彦監訳、西紀昭・山本恒人・園田茂人ほか訳、中国書店、一九九七年、二一九・六三二・八八九頁。特に、王力・関鋒・戚本禹らの失脚に関しての詳細や運動の展開情況については、ロデリック・マクファーカー、マイケル・シェーンハルス『毛沢東 最後の革命（上）』朝倉和子訳、青灯社、二〇一〇年、三一二〜三三六頁。

〔131〕問題があるとされる人物に対する処置は様々である。その者を拘束し、常に監視下に置き、審査を行う「監護」。軍によって拘束される「軍事監護」。さらに、「監護」や「軍事監護」ほど厳しい拘束を受けないが、ほかの者達とは隔離された状態に置かれ、審査を受ける「隔離審査」、さらに「学習班」に送られて、政治学習を命じられることもある。

〔132〕原文は「拿起筆作刀槍、集中火力打黒帮」で、文革期に頻繁に歌われた歌の歌詞である。

〔133〕毛沢東は八月五日、「司令部を砲撃せよ――私の大字報」と題する論文を書き、八月七日、中共八期一一中全会において発表した。

〔134〕黒竜江省大慶には油田があり、文革期に工業の模範とされた。「工業は大慶に学び、農業は大寨に学ぼう」と言われた。

〔135〕「高考」とは「全国高等院校招生統一考試」の略称で、全国統一の大学入試試験のこと。文革中、中央の決定により、大学入学の合否は試験によってではなく、出身階級や政治的な態度などによって決められることになった。

〔136〕中国では、かつて多くの都市が城郭都市であり、市街地が城壁で囲まれていた。そのため、中国共産党が各都市へ入り、支配下に置くことを、入城と言う。

〔137〕原文は、「為了一個共同的革命目標走到一起来」。

〔138〕「治病救人」は、病気を治して人を救うという意味。ここでは欠点や過ちを指摘することで、人がそれを克服して立ち直るのを助けることを意味している。

〔139〕宋玉は戦国時代の楚の文人。屈原の弟子。登徒子も同時代の楚の文人。『登徒子好色賦』には、登徒子が楚王に対して宋玉は好色であるから注意すべきだと宋玉の悪口を言い、楚王からそのことの真偽を確かめられた宋玉

は、自分は好色でないこと、逆に登徒子こそが好色であることを話したというエピソードが書かれている。

〔140〕「神仙会」は、穏やかで自由な討論を通して認識を深め、思想統一を図ることを指す。延安根拠地時代に、毛沢東が最初に提案した一種の会議方式のこと。

〔141〕『燕山夜話』の第四集「握手与作揖」には、握手と拱手の礼（片方の手でこぶしをつくり、それをもう片方の手で包むようにし、その手を高く掲げて、上半身をやや曲げて礼をすること、中国語では「作揖」という）について、次のような内容のことが書かれている。握手は相手を病原菌に感染させる恐れがあり、握手は本来友情を示すためのものであることを考えれば、特に必要が無い場合は、握手をすべきでは無い。外交のような特別の場合を除き、一般の場面において友情を示したいならば、握手の代わりに古代の礼節の一つである拱手の礼を復活させ、採用すると良い。参照：鄧拓『燕山夜話』、毎日新聞社訳・編、毎日新聞社、一九六六年、一一八～一一九頁。

〔142〕「『三家村』を評す」のなかで、批判された鄧拓・廖沫沙・呉晗を「三家村」と例えたことになぞらえ、ここでは、天津における反動的な三人組を探し出すという意味。

〔143〕『喬太守乱点鴛鴦譜』は、明代の文人である馮夢龍《ふう・むりゅう》が編纂した短編白話小説集『醒世恒言《せいせいこうげん》』に収められた四〇巻のうちの第八巻。演劇化され、中国では非常に有名な演目の一つとなっている。鴛鴦とは、オシドリのこと。ストーリーは、三組の未婚のカップルが登場し、結婚に向けての段取りが進められるが、相手を取り違えて求婚してしまったことが原因で、それぞれの両親を巻き込んで大騒動に発展する。最終的には裁判が行われ、喬太守が問題を解決するという喜劇作品である。ここでは、天津で行われた「三家村」探しの様子があまりにも滑稽で、まるで『喬太守乱点鴛鴦譜』のストーリーのようだと言っている。

〔144〕焦裕禄は、一九四六年に中国共産党に入党し、実事求是と無私の精神で人民のために尽くした有名な革命烈士。彼の名をタイトルにした映画がある。一九六四年に肝臓癌のため死去。

〔145〕千頃牌は、莫大な財産を褒めたたえ、政府から与えられる称号のようなもの。「頃」は土地面積の単位「市頃」の通称で、一頃あたり六・六六六七ヘクタール。「牌」は札、掛け札などの意味。

〔146〕対聯は対になった三つの句で、三枚の赤い紙に一句ずつ書き、それを家の入り口や屋内の飾り場の両側及び上側に貼る。右に貼る句を上聯、左に貼る句を下聯、上に貼る句を横批という。上聯と下聯は意味が対照的な対句

であり、横批は対句の意味をまとめたり転じたりする。
〔147〕「紅頭文件」は、各級党・政府機関が発行した正式な書類や資料のことであり、その名の通り、しばしば題名が赤字で書かれている。
〔148〕赤衛隊とは、文革期、上海や天津において市委員会を保衛する陣営に立った民衆組織の名称であり、紅衛兵ら造反組織からは保守派と批判を受けた。参照：金野純「文化大革命期社会運動における構造的矛盾と派閥主義――上海労働者運動内部の分化構造を手掛かりとして」『アジア経済』四三巻三号、二〇〇二年、六一頁。
〔149〕党中央が一九七〇年一月三〇日発出した「反革命の破壊活動に打撃を与える事に関する指示」、及び同年二月五日に下達した「汚職・横領と投機的売買に反対することに関する指示」と「派手な浪費に反対することに関する指示」に基づき、全国で「一打三反」運動が展開された。この運動により非常に多くの者が裏切り者やスパイ、反革命分子として摘発・逮捕され、数々の冤罪が生まれた。参照：陳東林・苗棣・李丹慧主篇『中国文化大革命事典』加々美光行監修、徳澄雅彦監訳、西紀昭・山本恒人・園田茂人ほか訳、中国書店、一九九七年、六三〇頁。
〔150〕原文は、「清理階級隊伍」。革命委員会の成立後、文革初期において破壊された各級党組織の整頓・回復・再建、いわゆる「整党建党」に先んじて行われることとされた。具体的な内容は、大衆や幹部のなかから「裏切り者」、「スパイ」、「死んでも悔い改めない走資派」、及び現行と過去の「反革命分子」といった階級の敵を選び出して区分することであった。「階級隊伍の純潔化」は全国で一九六八年下半期から、場所によっては一九六九年あるいは一九七〇年から開始され、多くの者が迫害を受け、殺害された。参照：陳東林・苗棣・李丹慧主篇『中国文化大革命事典』加々美光行監修、徳澄雅彦監訳、西紀昭・山本恒人・園田茂人ほか訳、中国書店、一九九七年、六〇四頁。
〔151〕「取経」は、北京などの各地の学生から良い経験を学ぶこと。
〔152〕中国では、タイトルが同じ図書を、その装丁、紙質、判型、あるいは内容の相違によって、甲種本、乙種本、丙種本などと分類する。参照：小島浩之『甲種本攷――現代中国書の書誌学的研究のひとこま』(http://asj.ioc.u-tokyo.ac.jp/html/024.html)
〔153〕原文は、「关于大中学校革命师生进行革命串联问题的补充通知」。

〔154〕「紅衛兵運動何時了、往事知多少」は、李煜《り・いく》の詩『虞美人』の最初の節、「春夏秋月何時了、往事知多少」を変形したものである。かつての紅衛兵運動を思い出すと、数限りない思い出が溢れてくると詠っている。

〔155〕「強弩の末魯縞に入る能わず」。勢いの強い石弓で射た矢も、ついには勢いが衰えて、魯で生産される薄絹をも貫くことができないという意味のことわざ。初めは勢力のあったものも、衰えると何事もできなくなることを表す。

〔156〕三〇一医院は、正式には中国人民解放軍総医院と言い、鄧小平や江沢民などが例として挙げられるように、中国の党政高級幹部が病に罹った際、同病院で治療が行われることが多くある。

〔157〕馬湾起義は、一九三八年二月に中国共産党山東省委員会の指揮の下、民衆が起こした抗日武装蜂起のこと。

〔158〕晋冀豫辺区は、山西（晋）、河北（冀）、河南（豫）のあたりに設置されていた、中国共産党の行政区。

〔159〕天津警備区は、天津市を管轄する人民解放軍であり、北京軍区に含まれる。

〔160〕当時、自殺という行為は、党への信頼を失ったことを意味し、党に対する裏切りと見なされた。例えば、雲南省第一書記であった閻紅彦《えん・こうげん》は一九六七年一月七日に昆明で自ら命を絶ったが、それに対して周恩来は雲南省の代表団に次のように言ったという。「我々は北京から法医学の専門家を送り、あれが自殺だったと確認した。閻紅彦は恥ずべき裏切り者である」。参照：ロデリック・マクファーカー、マイケル・シェーンハルス『毛沢東最後の革命〔上〕』朝倉和子訳、青灯社、二〇一〇年、二四八頁。

〔161〕一九六六年一〇月に開かれた中央工作会議における毛沢東の発言。参照：陳東林・苗棣・李丹慧主篇『中国文化大革命事典』加々美光行監修、徳澄雅彦監訳、西紀昭・山本恒人・園田茂人ほか訳、中国書店、一九九七、四七九～四八〇頁。

〔162〕天津市工作会議において誰が中央工作会議の主旨を皆に伝達するかということは重要な問題であった。中央工作会議に天津市から参加したのは趙武成と胡昭衡であったが、趙武成は体調を崩し、会議の途中で入院してしまった。そのため、通常であれば、残る胡昭衡が伝達するのが当然である。胡昭衡に伝達させないということは、彼に何らかの問題があるということを意味しており、胡昭衡にとっては容認できないことであった。

〔163〕原文は、「很不理解、很不認真、很不得力」。

〔164〕　原文は、「破鼓乱人捶」。

〔165〕　魯迅の短編小説『薬』では、クライマックスに死者がカラスとなって現れる。

〔166〕　天津市幹部倶楽部は、イギリス同郷倶楽部本館の旧跡で、一九二五年にイギリス競馬有限会社が建築した。総面積二万一六〇〇平方メートル、建築面積九五二五・八三平方メートル。レンガと木材からなり、田園情緒のあるイギリス建築である。倶楽部の中心は南楼で、屋内には温水プール、ビリヤード・ルーム、洋食レストラン、バー、日光浴場、スプリングが組み込まれた板張りの床のダンス・ホール、バドミントン・ルームなどの娯楽施設がある。屋外施設には、テニスコート、ゴルフ場がある。南側の池ではボートをこいだり、冬期にはアイススケートなどを楽しんだりすることができる。一九三三年、イギリス競馬会と合併して「馬場球房」と改称した。三八年、太平洋戦争が勃発して日本軍に占領されると、「国際倶楽部」と改名された。四五年、日本が敗れるとアメリカ軍の「士官倶楽部」となり、四七年、アメリカ軍が撤退すると「同郷会」に戻された。五一年九月、天津市人民政府が管理を行うようになると、「天津市幹部倶楽部」と改められた。現在は各種の重要会議の会場として利用されたり、党及び国家の指導者や外国朋友、華僑、香港・マカオの同胞らの接待に利用されたりするほか、一般にも開放されている。

〔167〕　夜通し寝ないことを意味する。野生の鷹をペットとして飼うことが好まれていた時代、野生の鷹は凶暴であるため、捕獲した鷹を数日間寝かせないことで野生の凶暴さを失わせてペットとしたことに由来する。

〔168〕　三青団は三民主義青年団の略称。一九三八年に武昌において成立した国民党系の青年組織である。

〔169〕　党支部書記を惨殺した被告人が結局は無罪となったことに違和感を覚える読者は多いだろう。しかし、誰が革命的で、誰が反革命的であったかは誰にも断じることができなかった当時において、誰（被告人）かを反革命とする（反革命階級報復罪を適用する）ことは簡単なことではなかった。誰かを反革命と認めることは、誰かが革命的であることを認めることを意味するのであり、それは毛沢東や中共のその他の指導者達の文革における功罪へとつながる問題なのである。文革期においてはまさに是非が顛倒・混乱していたのであり、そうした時期に起きた事件に関しては、たとえ殺人事件であっても、結局は無罪に付す以外に処理の仕方がなかったのである。

〔170〕　原文は、「受蒙蔽无罪、反戈一击有功」。文革期のスローガンの一つである。

(171) 原文は、「脱袴子」。直訳すれば、ズボンを脱ぐという意味である。

(172) 原文は、「遇横逆之来而不怒、遭変故之起而不驚」。

(173) 『毛主席語録』の第二章「階級と階級闘争」のなかの言葉である。「革命は、客をよんで宴会を開くことではない。文章をつくることではない。絵をかいたり、刺繍をしたりすることではない。そんなふうに風流で、そんなふうにおおらかにかまえた、文質彬彬《ぶんしつひんぴん》で、そんなふうに温、良、恭、倹、譲ではありえない。革命は暴動である。一つの階級が一つの階級をくつがえす激烈な行動である」。参照：毛沢東『毛沢東語録』竹内実訳、平凡社、一九九五年、四三頁。

(174) 市委員会の役人（本書著者）を捕まえた造反組織の者達は、役人はきっと贅沢品である自動車を乗り回しているだろうと思っていた。しかし、実際には自動車など無く、おんぼろの自転車を持っているだけだと知り、当てが外れてがっかりしたのである。

(175) 原文は、「没有朱砂、紅土為貴」。朱砂は辰砂《しんしゃ》とも言い、赤色絵具の良質な材料となる。紅土はラテライト、つまり熱帯地方に見られる紅色の土壌のことである。

(176) 文革期には、煙草の商品名にも革命を表す「紅」の字がよく使われた。「永紅」は、永遠に革命的であるといった意味である。

(177) 原文の「作嫁衣」は慣用句で、自分のためではなく、人のために忙しく苦労することを意味する。

(178) 「支左」は、左派を支持するという意味である。一九六七年になると奪権によって地方の党組織は麻痺し、武闘によって生産活動も停止状態となり、社会全体が混乱に陥っていた。こうした情況を打開するために、毛沢東は人民解放軍の部隊を各地に派遣し、左派の支持、労働者・農民への支持、主要機関の軍事管制、軍事訓練の実施といった任務に当たらせることを決定した。毛の指示に基づき、一九六七年三月一九日、中央軍事委員会は「集中的に支左、支農、支工、軍事管制、軍事訓練任務に当たることに関する決定」を発布し、いわゆる「三支両軍」工作を開始した。参照：陳東林・苗棣・李丹慧主篇『中国文化大革命事典』加々美光行監修、徳澄雅彦監訳、西紀昭・山本恒人・園田茂人ほか訳、中国書店、一九六六年、三七三頁。

(179) 原文は、「集中鬧革命」。

〔180〕監護については、訳注〔131〕を参照。

〔181〕劉鄧路線とは、劉少奇と鄧小平が行った反革命的政治路線を批判する際に頻繁に使用された言い方である。

〔182〕北京における党の地下工作に関する責任者であった。

〔183〕中共平津唐点線委員会は、抗日戦争期に設置された、北京（北平）・天津・唐山地域における党の仕事を指導する機関である。

〔184〕楊柳青とは、現在の天津市郊外の西青区に位置する楊柳青鎮を指す。

〔185〕民主青年聯合会とは、中国建国以前、地下共産党が指導する青年から構成される秘密組織であった。現在の共産主義青年団に当たる。

〔186〕中国共産党へ入党するためには、党員が紹介人となる必要がある。紹介人は、入党希望者に対して共産主義の理論や思想などの教育を行う。

〔187〕軍宣伝隊（軍宣隊）は、当時各級党政機関が麻痺するなか、軍から各単位《ダンウェイ》に派遣された部隊。強い権力を有し、派遣先の単位の活動を指導した。

〔188〕「打態度」は、文革中、態度の「悪い」者に対して、問題を政治的な闘争に引き上げ、その者の敵対的な態度を罵ったり、体罰を加えたりして武闘を行うことを意味する。

〔189〕屈原は、中国戦国時代の楚の政治家・詩人。『九章』は屈原の詩集。懐沙とは、懐に石を抱いて入水自殺することをいう。

〔190〕『紅燈記』は、文革期の現代京劇。日本占領下の満州で、中国共産党の指示の下、地下工作に命をかける英雄的一家の物語。主人公・李玉和、その老母・李おばあさん（李奶奶）、娘・李鉄梅からなる一家は、実際には血のつながらない家族であったが非常に強い絆で結ばれていた。暗号電報を届けるという任務のなかで日本軍に殺害された李玉和と李奶奶の意志を引き継ぎ、生き延びた李鉄梅がその任務を全うするというストーリー。王連挙はもともと地下党員だったがスパイとなった人物で、彼の裏切り行為によって、李玉和は日本軍に捕らえられ、殺害されてしまう。革命的精神は、血のつながりという血縁関係や敵との闘争によって断ち切られることはなく、世代を超えて力強く受け継がれていくというメッセージが込められている。

(191) 原文は、「文化大革命的烈火把我们白炼成钢」。

(192) 和平区は天津市のなかでも、政府機関などが置かれる中心的な区である。その指導者である王中年も、ほかの区書記よりも大きな力を持っていたと考えられる。

(193) 大民主とは、一九五六年から開始された「百花斉放、百家争鳴」運動(頻出語句註の「反右派闘争」を参照)の最中に毛沢東が提起した概念であり、「小民主」(三権分立、多数決の原理、言論の自由などを基本的な要素とするいわゆる一般的な意味での民主主義)に対して、大衆の政治への直接的参加を奨励する。大衆は、「四大」つまり「大鳴、大放、大字報、大弁論」(大いに意見を出し、大いに討論し、大字報を書き、大論争をする)を通して、政治に参加するとされる。参照:中居良文「「新民主主義」「大民主」「改革民主主義」の展開」、岩崎育夫編『アジアと民主主義──政治権力者の思想と行動』アジア経済研究所、一九九七年、六五〜六六頁。

(194) 「三結合」は、文革初期に生まれた言葉。各地で設置された新たな権力機構である革命委員会は、革命大衆、革命軍人、革命幹部の「三結合」によって構成されるべきだとされた。

(195) 『人民日報』(一九六七年一二月七日付)は「海河両岸尽朝暉」と題する社説を発表し、上海や北京に続いて、大都市・天津においても革命委員会が誕生したことを伝え、毛主席のプロレタリア階級革命路線と毛沢東思想の勝利だと讃えた。海河は天津市を流れる河川で、華北最大級の川。朝暉は朝日の光を意味する。

(196) 六六軍とは、中国人民解放軍の野戦軍の一つで、文革当時、天津に駐屯していた。軍内の各部隊には番号が付けられている。

(197) 原文は、「抓革命促生産指揮部」。

(198) 全軍文革小組とは、文革初期に人民解放軍総政治部内に設置された、全軍の文革を指導することを目的とする組織である。一九六六年末、軍内の造反組織は、全軍文革小組が「ブルジョア反動路線」を行っているとして改組を要求し、組長の劉志堅も吊るし上げに遭った。その後、一九六七年一月一二日に新たに組織された全軍文革小組では、江青が顧問となり、また林彪グループのメンバーが成員となった。しかし、その後もトップが攻撃を受けたり、批判を受けたりしたため、全軍文革小組と総政治部は麻痺状態に陥った。一九六七年七月、林彪が新たに軍事委員会監理小組を設立し、全軍文革小組に取って代わった。

〔199〕原文は、「大専院校」。「大専」は、「大学」（総合大学）及び「専科学院」（単科大学）の併称。

〔200〕大連合とは、一九六七年、全国で奪権や武闘が行われ、学校や工場などの生産現場が麻痺状態にあったため、そうした極度の混乱を緩和させるために中央が打ち出した新たなスローガンである。一九六七年一〇月一七日に中共中央、国務院、中央軍事委員会、中央文革小組の連名で発表された「系統ごとに革命の大連合を実行することに関する通知」では、工場、学校、各部門、企業などが、それぞれ系統、職種、学年学級ごとに分かれて「革命の大連合」を実現するよう指示していた。この大連合は、しばしば各地の軍の指導の下で、上から強制するかたちで行われた。しかし、本書からもわかるように、対立する造反組織間の衝突はなかなか解消されなかったのである。参照：陳東林・苗棣・李丹慧主篇『中国文化大革命事典』加々美光行監修、徳澄雅彦監訳、西紀昭・山本恒人・園田茂人ほか訳、中国書店、一九九六年、五三四〜五三五頁。

〔201〕この発言は、万暁塘の死について、自己批判とその際に受けた精神的な圧力が原因だといって、その死を悼む声に対して、周恩来が反論したものだと思われる。

〔202〕塘沽は、天津市内にかつて設置されていた渤海に面する市轄区である。二〇一〇年に、漢沽区と大港区と合併し、濱海新区となった。

〔203〕公安局「一・二〇」政法公社奪権とは、公安局内の造反組織である「政法公社」が一九六七年一月二〇日に公安局の指導権を奪ったことを指している。

〔204〕抗日戦争を題材とした、革命的現代京劇『沙家浜《さかほう》』のなかの一節である。

〔205〕張学良（一九〇一〜二〇〇一年）は、中華民国期、中国東北地方の実権を握っていた軍人であり政治家。張《ちょう》作霖《さくりん》（一八七五〜一九二八年）の長男。袁世凱の死後、北洋軍閥は直隷派、安徽派、奉天派の三つに分裂したが、張作霖は奉天派の総帥となった。張作霖が日本の関東軍の陰謀によって爆殺されると、張学良が支配権を引き継ぎ、国民党に合流した。

〔206〕西安事件とは、一九三六年一二月一二日に発生した、張学良と軍閥の楊虎城が主導して、蔣介石を捕え監禁した事件である。当時、張学良や楊虎城は、中国共産党の軍隊を掃討することよりも、日本軍との戦いに注力すべきだと考えており、国共合作（抗日における国民党と共産党の協力）を画策していた。しかし、国民政府の行政

院長（首相にあたる）であった蒋介石は、中国共産党軍の掃討を展開する方針であった。そこで、張学良と楊虎城彼は、蒋介石が西安にやってきた機会を狙って、彼を拘束し、結果国共合作を実現した。

〔207〕「乱点鴛鴦譜」は、訳註〔143〕を参照。

〔208〕「工代会」は、工人代表大会のこと。工人とは労働者の意味である。

〔209〕井崗山《せいこうざん》とは、江西省にある山、あるいはその周辺地域を指す地名である。中国共産党軍は、一九二七年に井崗山に革命根拠地を設置したことから、革命の聖地として知られている。

〔210〕「軍内の一つまみを引きずり出せ！」（揪軍内一小撮）とは、一九六七年、林彪と江青、陳伯達ら中央文革小組の成員が多数の軍隊領導幹部を打倒することで軍の指導権を奪取しようと目論み、提起したスローガンである。「軍内の一つまみ」とは、「軍内部の一つまみの資本主義の道を歩む実権派」のことを指す。既に共産党内部の実権派の摘発は全国的に行われていたが、林彪と江青らは、その攻撃の矛先を軍へ向けることで、軍権を掌握しようとした。この運動は全国に波及し、軍事機関の襲撃や軍領導幹部の吊るし上げが行われた。しかし、八月中旬に毛沢東がこの運動を批判すると、林彪や江青、陳伯達らは、その責任を王力、関鋒、戚本禹に押し着せた。参照：陳東林・苗棣・李丹慧主篇『中国文化大革命事典』加々美光行監修、徳澄雅彦監訳、西紀昭・山本恒人・園田茂人ほか訳、中国書店、一九九七年、三六六頁。

〔211〕六四一工場は天津市の大港油田の探査・開発を行う施設で、一九六四年一月に運営が開始されたことから六四一工場と言う。塘沽とは天津市の一つの区である。六四一工場と塘沽区では、民衆造反組織同士が激烈な衝突を起こし、その争いを収めるために協議が進められていた。

〔212〕陳謝兵団とは、太岳《たいがく》区の軍組織（太岳兵団）のことを指す。陳賡、謝富治らが指揮した。太岳区は晋冀豫辺区を構成する一つの区である。

〔213〕「批陳整風」は、陳伯達に対する批判運動のこと。主要人名註の「陳伯達」及び本書第一六章を参照のこと。

〔214〕原文は「大専」。訳註〔199〕を参照のこと。

〔215〕全国業余作者代表大会が口実（防空壕）となって、江青の指示を聞こうとしないではないかという意味。

〔216〕租界とは、清朝、中華民国期に存在した、外国人居留地区のこと。行政・警察などの管理も外国人が行う。天

津にはイギリス、アメリカ、ドイツ、日本など多数の租界が存在した。

〔217〕「三種類の者」（三種人）とは、林彪・江青各グループに追随して造反し、のし上がってきた者、派閥思想の甚だしい者、殴打・破壊・略奪分子の三種類を指す。一九八二年、党中央は特に指導部門内の「三種類の者」の排除問題について、通知を出した。この通知では、少数の地方や部門において、「三種類の者」が依然として指導部門や重要な地位に留まっており、軽視できない潜在的な危険性をはらんでいるため、彼らを指導部門から一掃しなければならないと指摘されている。これによって、「三種類の者の純潔化」運動という新たな「階級隊伍の純潔化」運動が全国で展開されることになった。参照：陳東林・苗棣・李丹慧主篇『中国文化大革命事典』加々美光行監修、徳澄雅彦監訳、西紀昭・山本恒人・園田茂人ほか訳、中国書店、一九九七、三七六頁。

〔218〕「五・一六反革命グループ」徹底調査運動については、訳註〔130〕を参照のこと。

〔219〕「公然とした批判・審査」（掲批査）運動は、一九七六年一〇月に四人組が逮捕された後に全国で展開された運動である。四人組と関わり合いがあったとされる人物を公然と批判し（掲発）、審査することが目的であった。しかし実際には、四人組との関わりがあった人物を摘発するだけでなく、文革中にポストを失わずにいた幹部や、文革によって急激に昇進した民衆組織代表などを失脚させることで、文革そのものを清算しようとするものであった。この運動の経緯や内容については、本書第一三章第三節及び第二七章に詳しい。

〔220〕紀律検査委員会は、中共中央や各地方の党委員会に設置されている機関である。中国共産党の路線がしっかりと実行されているかを監督する。また、党紀の整備によって党員を監視し、党員による汚職などを取り締まる。

〔221〕隔離審査とは、ほかの者達から隔離され、取り調べを受けたり、自己批判書を書かされたりする処分のことである。訳註〔131〕も参照のこと。

〔222〕当時、天津市西部に監獄があり、西監獄という略称で呼ばれていた。

〔223〕擁軍愛民とは、一九六七年八月二五日に、中共中央・国務院・中央軍事委員会・中央文革小組が連名で発表した「擁軍愛民運動の展開についての呼びかけ」（「関於展開擁軍愛民運動的号召」）を由来とする言葉である。一九六七年七、八月には「軍内の一つまみを引きずり出せ！」というスローガンを掲げて、軍幹部を吊るし上げたり、軍事施設を造反組織が襲撃して、軍用物資を強奪したりする事件が相次いだ（訳註〔209〕を参照）。こうし

た情況を前に、毛沢東がこの「軍内の一つまみを引きずり出せ！」というスローガンを批判すると、中共中央などは「擁軍愛民運動の展開についての呼びかけ」を発表した。そこには、「毛主席は、人民の軍隊がなければ、人民の一切はないと言った」のであり、「我が国のプロレタリア文化大革命が順調に進行することができるのは、人民解放軍という偉大な長城があるからである」。よって、人民解放軍は全てのプロレタリア階級革命派、革命民衆を擁護しなければならず、同様に、「一切のプロレタリア階級革命派や革命民衆は人民解放軍を擁護しなくてはならない」とある。

〔224〕「海河両岸尽朝暉」については、訳註〔195〕を参照のこと。

〔225〕憶苦飯については、訳註〔39〕を参照のこと。

〔226〕王明（一九〇四～七四年）は、一九二五年に中国共産党に入党。モスクワ留学中に「留ソ派（ソ連留学生派）」を結成。一九三一年、党総書記に就任し、実権を掌握する。彼は、コミンテルンの方針に忠実で、都市工作に重点をおいて、中国共産党の政策を進めようとしたとされる。農村を重んじる毛沢東らとの対立により、失脚。その後、次第に毛沢東が大きな権力を握るようになっていく。中華人民共和国建国後の一九五六年、病気の治療という名目で、事実上ソ連へ亡命し、そのままソ連で死去する。

〔227〕「始作俑者」は、初めて俑《よう》を作った人という意味。俑は、古代で使われた副葬品で人間や動物を木や土、金属で型どった人形のこと。殉死の悪習はこれによって生まれたと言われているため、「始作俑者」は、悪例を作り出した人を例えていう言葉として用いられる。

〔228〕北戴河は、河北省に位置する。渤海湾に臨むリゾート地として有名である。

〔229〕京西賓館は、北京市の西長安街にあるホテル。一般開放されておらず、厳重な警備が敷かれており、多くの重要会議が開催される。

〔230〕北京にある秦城監獄は、公安部が管轄する監獄である。省・直轄市級以上の高級幹部が逮捕されると、多くがこの監獄に収容される。文革中には、王力、関峰、戚本禹らのほか、林彪事件の後に逮捕された呉法憲らが収容された。文革終結後、江青ら四人組もこの監獄に収容された。また、近年、多くの党高級幹部が汚職で逮捕されているが、一九九八年に逮捕された元北京市党委員会書記で党中央政治局委員の陳希同《ちん・きどう》や、二〇〇七年に逮捕

された元上海市党委員会書記で党中央政治局委員の陳良宇《ちん・りょうう》などもこの監獄に収容されたという。

〔231〕「監護」は、問題があるとされる者を拘束し、常に監視下に置き、審査を行うことを意味する。訳註〔131〕を参照のこと。

〔232〕一九七〇年八月に江西省廬山で開催された中共九期二中全会は、文革の大きな転換点となった会議であった。この会議において、陳伯達を含めた林彪グループは、劉少奇失脚後に空席となっていた国家主席のポストを復活させ、毛主席がそのポストに就くべきだと主張した。さらに、文革初期から林彪が主張していた毛沢東「天才論」を重ねて強調した。それに対して、八月二五日、毛沢東は政治局常務委員拡大会議を召集し、そこで、林彪が提案した討論を停止すると言い渡し、「天才論」を非難するとともに、陳伯達批判を行った。その後、陳伯達批判（批陳整風）が行われ、陳伯達が厳しく批判されることになった。

〔233〕毛沢東「天才論」は、林彪が文革初期から主張していた。一九六六年五月一八日、林彪は中央政治局拡大会議における講話で、「毛主席のような天才は、世界では数百年、中国では一〇〇〇年に一人しか現れない。毛主席は世界でも最も偉大な天才である」と語った。こうした毛沢東賛美を繰り返すことによって、林彪は自らの権威をも高めたのである。一九七〇年八月の中共九期二中全会でも、陳伯達や林彪グループは、「天才論」を強く支持した。

〔234〕「軍事監護」は、「監護」と同じように、問題があるとされる者を拘束し審査を行うことだが、拘束は軍が行うことを意味する。訳註〔131〕を参照のこと。

〔235〕儒法闘争とは、批林批孔運動の際に行われた思想上の闘争であり、法家を善、儒家を悪とし、こうした歴史観に基づいて中国の歴史的人物を善と悪に分別した。林彪は、孔子らによる封建的で有害な教えを復活させようとしたとされ、批判された。詳しくは、頻出語句註の「儒法闘争」を参照。

〔236〕『三字経』は、宋代の儒者である王応麟が著したもので、儒学の教えをわかりやすい三文字一組の漢文で表現した教育的書物。

〔237〕当時、外国映画を観ることは、一般に禁止されていた。

〔238〕河北梆子《バンズ》は河北地方の伝統的劇目の一つで、ここではそのなかで演奏される拍子木歌を指す。

〔239〕天津時調は、天津の民間芸能である唱い・語り物である。

〔240〕京韻太鼓は、片手に太鼓、もう一方の手にはカスタネットのような楽器をそれぞれ持って演奏し、それに合わせて唱う伝統的芸能。

〔241〕文化大革命期には、旧劇は一般に上演することが禁じられ、八つの革命的模範劇だけが上演を許されていた。八つとは、現代京劇『紅燈記』、『智取威虎山《ちしゅいこさん》』、『海港』、『沙家浜《さかほう》』、『奇襲白虎団《きしゅうびゃっこだん》』、『白毛女《はくもうじょ》』、『紅色娘子軍《こうしょくじょうしぐん》』、及び交響楽『沙家浜』を指す。

〔242〕「山雨欲来風満楼」に関しては、訳註〔74〕を参照のこと。

〔243〕原文は以下である。「六六軍戦闘隊、能文能武啥都会、能文超過漢随陸、善武灌周吓得退」。随何《ずい・か》と陸賈《りく・か》は共に前漢（紀元前二〇二年～二〇八年）の高祖・劉邦《りゅう・ほう》の時代の文官であり、周勃《しゅう・ぼつ》と灌嬰《かん・えい》は共に先に挙げた二人と同時代の武将である。この四人の歴史上の人物は、文学的才能がある者は武道には疎く、また武道に秀でた者は文学的才能には恵まれないといった人間の才能の一面性を示す際によく取り上げられる。

〔244〕この時期、一度は失脚し政治の舞台から遠ざかっていた鄧小平が毛沢東の指示によって復活し、党・政・軍の指揮を執っていた。江青は鄧小平が政治を行うことに強く反発しており、両者のあいだの摩擦は非常に高まっていた。ここでは、江青が訪問し、激励した軍部隊が、江青との結びつきによって鄧小平から批判を受けたことに対して、江青はこの軍部隊の汚名を晴らしたいと言っているのである。

〔245〕『内参清様』とは、党幹部向けに毎日発行される出版物である。新華通訊社が発行しており、国内の重大事件や重要な党内部指示などについて伝える。新華通訊社はこうした指導者達のみが読むことのできる非公開出版物を複数出版しており、出版物によって閲読可能な指導者の等級が定められている。

〔246〕一九六八年頃、党の指導によって紅衛兵運動が収束すると、都市部には、中等教育を受けたが就職先が無い元紅衛兵の青年達（知識青年）があふれかえっていた。この問題を解決するために行われたのが「上山下郷」運動である。一九六八年一二月二二日付の『人民日報』の社説に掲載された毛沢東の指示では、「知識青年が農村へ行き、貧農・下層中農の再教育を受けることは大変必要なことである」とし、既に北京や上海などの大都市から多くの知識青年が農村へ行っていたが、「上山下郷」運動はより一層の熱狂的激しさで行われた。農村へ送られ

た知識青年たちは、一九七〇年代から都市部への帰還が開始されたが、全ての者に一律に帰還が許されたわけではなく、種々の事情で都市部へ戻ることができなかった者も多くいた。この運動は、多くの若者の教育を受ける機会を奪った為に、文革収束後の人材の欠落を生んだ。参照：陳東林・苗棣・李丹慧主篇『中国文化大革命事典』加々美光行監修、徳澄雅彦監訳、西紀昭・山本恒人・園田茂人ほか訳、中国書店、一九九六年、六一四頁。矢吹晋『文化大革命』講談社、一九八九年、一一八～一二四頁。

〈247〉「老大難」とは、文革中、長期に渡り（「老」）、影響も大きく（「大」）、解決も難しい（「難」）問題を抱えた単位《ダンウェイ》を指して言った言葉。参照：陳東林・苗棣・李丹慧主篇『中国文化大革命事典』加々美光行監修、徳澄雅彦監訳、西紀昭・山本恒人・園田茂人ほか訳、中国書店、一九九七年、三九八頁。

〈248〉「三大紀律八項注意」は、中国人民解放軍の軍規であり、三つの規律（三大紀律）と八項目の注意（八項目注意）からなる。後にこの軍規は歌となった。

〈249〉孔老二とは孔家の次男坊といった意味で、孔子を指す。中国では家族のなかで、長男を老一、次男を老二と長幼の順に従って呼び合う。孔子が次男であったことから、文革中の批孔運動では、孔子に対する蔑称として使用された。

〈250〉「半辺天」は、天の半分を支える人という意味で、女性を指す。毛沢東が、「婦女能頂半辺天」（女性は天の半分を支える）といったことに由来する。

〈251〉『紅燈記』に関しては、訳註〈190〉を参照。

〈252〉江青らは、批林批孔運動を展開し、人民からも党の幹部からも信頼の厚い周恩来に、攻撃の矛先を向けていった。「周克周」は、小靳荘の婦女連合会主任の周福蘭に対して江青が勧めた名前である。「克周」の周は、暗に周恩来を指しており、周恩来を攻め、それに打ち勝とう、といった意味が込められている。参照：厳家祺・高皋『文化大革命十年史（下）』辻康吾監訳、岩波書店、二〇〇二年、一五四頁。

〈253〉「滅孔」は、孔子を滅ぼすという意味で、その当時の批林批孔運動に由来する。批林批孔運動の目的が、実際には周恩来批判にあったことを考えれば、「滅孔」という改名も周恩来に対する攻撃を煽るものであったといえる。

〔254〕快板は、「拍板」（拍子木）や「竹板」（竹製のカスタネットのようなもの）を打ち合わせて調子を取りながら早口で歌を歌う大衆芸能の一種である。

〔255〕京東大鼓は、快板などと共に、鼓曲と総称される中国伝統芸能の一種である。鼓曲は、太鼓や拍子木、三味線などの演奏に合わせて、歌いながら物語を演じる語り物である。京東大鼓は清朝中葉に天津で形成された。一人が立って太鼓を叩きながら歌い、ほかの者が三味線などの楽器を演奏する。

〔256〕「秀《シウ》」はショー（show）の当て字で、「作秀」はパフォーマンスを見せるといった意味。文革当時は、このような言葉はまだ使われていなかった。

〔257〕広州交易会（広交会）は、一九五七年から開始された国際貿易促進を目的とした展示会である。正式名称は中国輸出入商品交易会であるが、毎年広州で開かれるため、広州交易会（広交会）とも呼ばれる。元々は春期と秋期の年二回、現在では年三回行われ、中国で最も歴史が古い、大規模な国際貿易商品展示会である。広交会で、本来国際貿易とは全く関係の無い、一農村の展示が行われることからも、小靳荘の宣伝がどれだけ盛大に行われていたかがわかる。

〔258〕「図窮而匕首現」は、最後の局面になって初めてその真相や真意がわかってくることを指す。戦国時代（紀元前四〇三年～紀元前二二一年）、燕《えん》の貴族である太子《たいし》・丹《たん》（?～紀元前二二六年）は有名な刺客、荊軻《けいか》を派遣して秦王の政を暗殺しようとした。荊軻は秦舞陽と共に秦へ行き、使者を装って秦王の接見に預かる。秦王に燕国の地図を捧げるふりをして、巻物を広げて見せた時、そのなかに隠しておいた匕首《あいくち》が最後に現れた。この故事が「図窮而匕首現」の語源である。荊軻は匕首をとって秦王を刺そうとするが、結局暗殺は未遂に終わり、その場で荊軻は殺された。

〔259〕一八層の地獄とは、地獄の名称である。中国に伝わる民間伝承によれば、閻魔王は地獄の主であり、その配下に一八人の判官がいる。彼らは生死をつかさどり、それぞれが一八層の地獄のうちの一層を支配しているとされる。

〔260〕ここで言う、三つの冊子とは、遅群が張春橋と姚文元の依頼を受けて出版させた、鄧小平の草稿三編を指す。この草稿の内容についての詳細は不明だが、江青陣営はこれを鄧小平批判のために出版し、さらに全国へ広めた

という。参照：ウーヴェ・リヒター『北京大学の文化大革命』渡部貞昭訳、岩波書店、一九九三年、一八九頁。

〔261〕「深く穴を掘り、広く食糧を蓄え、覇権を唱えない」とは、一九七二年一二月一〇日、中央が国務院・商業部の食糧問題に関する文書を伝達した際、それに付した毛沢東の見解である。以後、この言葉は広く宣伝され、全国で地下防空施設の建設が行われた。多くの防空施設は構造が祖末なうえ、管理もされず長期間放置された。また食糧備蓄が呼びかけられたために、農民は重い負担を負わされた。

〔262〕雷鋒《らい・ほう》（一九四〇～六二年）は、湖南省長沙の出身。人民解放軍の兵士であったが、勤務中に事故で亡くなった。死後、共産党は模範的兵士として彼を讃え、「雷鋒同志に学ぼう」というスローガンの下で大々的なキャンペーンを展開した。文革期においても「雷鋒同志に学ぼう」運動は各地で盛んに行われた。そうした情況を背景として、ここでは「学雷」（雷鋒同志に学ぶ）、「継鋒」（雷鋒同志に続く）という署名が使用されている。

〔263〕「水滸伝」は明代に書かれた長編歴史小説。文革期には、「投降主義」的であるとされ、水滸伝批判が間接的に多くの幹部への批判となった。後に、これは四人組による周恩来に対する批判だったと解釈された。

〔264〕『読封建論呈郭老』（封建論を読み、郭老（郭沫若）に呈す）。『封建論』は柳宗元《りゅう・そうげん》（訳註〔264〕を参照）が永州で書いた書物。中国の封建制度を批判し、郡県制の優越性を説いた。最後の句における子厚とは柳宗元のこと。文王は中国周王朝（紀元前一一〇〇年～紀元前二五六年）の始祖で、周王朝の創始者・武王の父である。仁政を敷いたことから、後世になって、特に儒家から聖王として崇拝されるようになる。

〔265〕柳宗元（七七三～八一九年）は、唐（六一八～九〇七年）の政治家であり文学者。字を子厚という。韓愈と共に、古文復興運動を実践する。政争に破れ、八司馬事件では永州（現在の湖南省）に、その後、柳州（現在の広西壮族自治区）に流される。八司馬事件については、訳註〔364〕を参照。韓愈については、訳註〔362〕を参照。

〔266〕文王については、訳註〔289〕を参照のこと。

〔267〕これは、毛沢東が年頭の言葉のなかで指摘したことである。一九七四年元旦の『人民日報』、『解放軍報』、『紅旗』に掲載された。毛沢東は、尊孔反法（孔子を尊重し、法家に反対する）思想に対する批判を引き続き展開しなくてはならないと述べ、「党委員会は重要事項を討議しなくてはならない」（「党委要抓大事」）、「重要事項を討論せず、些細なことにかかりきりになることは危険であり、必ずや修正主義に陥る」、つまり資本主義が復活し

てしまうと強調した。

〔268〕「裏口取引」（走裏門）問題は、一九七四年一月二五日の批林批孔動員大会で、遅群と謝静宜が自らの報告のなかで突然提起した問題で、「裏口取引」問題を批林批孔と結びつけて考えるべきだと主張した。二人の「裏口取引」批判は、江青の意を受けたものであり、その目的は、民衆の裏口取引などの不正に対する強い不満を利用して、「裏口取引」批判を大々的に展開することで、多くの古参の幹部を失脚させようというものだった。しかし、江青らのこの行動は毛沢東の反対・批判に遭い、江青は自己批判を迫られることになる。参照：陳東林・苗棣・李丹慧主篇『中国文化大革命事典』加々美光行監修、徳澄雅彦監訳、西紀昭・山本恒人・園田茂人ほか訳、中国書店、一九九七年、三七八頁。

〔269〕影射史学（あてこすり歴史学）とは、歴史上の出来事や人物などを批判することで、別の事件や人物などを暗に批判することである。文革期において、江青らが周恩来を批判する際に用いた手法である。参照：厳家祺・高皐『文化大革命十年史（下）』辻康吾監訳、岩波書店、二〇〇二年、一二六〜一二七頁。

〔270〕「奇文共欣賞、疑義相与析」は、陶淵明の詩『移居』のなかの一節。陶淵明は、魏晋南北朝時代の、東晋末から南朝宗の文学者である。

〔271〕中国は一九六七年六月一七日に初の水爆実験を行い、成功させた。

〔272〕四書五経は、儒学のなかで特に重要とされる書物である。四書は、『論語』、『大学』、『中庸』、『孟子』を指し、五経は『易経』、『書経』、『詩経』、『礼記』、『春秋』を指す。

〔273〕朱子学は南宋の儒学者・朱熹が構築した儒学の体系である。朱熹は北宋の儒学者・程頤による「理」に依拠した世界観を提示し、新しい学問体系を大成した。日本では一般に朱子学と呼ばれるが、中国では程頤と合わせて、「程朱理学」などと呼ばれる。

〔274〕『参考消息』は、中国で発行されている出版物である。もともとは、幹部向けに発行されていたが、現在では一般に公開され、誰でも読むことが可能である。国営の新華通訊社が発行しており、内容は、海外で報道された中国に関連するニュースなどを中国語に翻訳したものが主である。「消息」はニュースという意味である。

〔275〕聊斎は、清代の作家、蒲松齢の号である。文語体で書かれた短編怪異小説集『聊斎志異』などの作品がある。

〔276〕中国の北京天文館は、中国を代表する天文科学博物館である。一九五五年に建設が始まり、一九五七年に完成した。
〔277〕中国の王朝の正史二四部から構成される紀伝体史書の総称である。清朝の乾隆帝によって編纂される。正史とは、歴史書という意味である。史実として正しい歴史が書かれているという訳ではなく、あくまで編纂時の権力者が公式に編纂した歴史書である。
〔278〕『春秋』は、儒教の五経のうちの一つであり、魯の国の歴史書。孔子が整理・編纂した、あるいはそれに関わったとされるが、定論はない。
〔279〕『論語』は、儒教の四書のうちの一つであり、孔子の言行や、孔子と弟子達との問答などを収録した書物である。
〔280〕「星星之火、可以燎原」は、一九二九年一二月に紅四軍第一縦隊縦隊長であった林彪が毛沢東に宛てた手紙に対する、毛沢東の返信である。原題は、「時局予測と紅軍行動問題」。毛沢東はそのなかで、林彪を含めた一部の同志の時局予測が悲観的だと非難している。そして、今現在は革命の力は小さなものかもしれないが今後の発展は非常に早いと断言して、「星星之火、可以燎原」（小さな火花も広野を焼きつくすことができる）と述べている。この長文の返信は『毛沢東選集』に収められることになったが、その際、林彪は無用な憶測を招くことを避けるために、自分の名前は伏せるよう要請し、毛沢東もそれに同意した。題も「星星之火、可以燎原」と変更された。一九七一年九月一三日に林彪事件が発生すると、林彪の毛沢東へ宛てた手紙の内容が批判されるようになった。
〔281〕一九六九年に林彪が詠んだ詩の一節である。
〔282〕チベットを描いた中国映画『農奴』は、李俊監督によって製作され、一九六三年に公開された。チベットで搾取されていた農奴が、人民解放軍によって解放されるという内容である。
〔283〕長江の南岸地域、特に蘇州、上海、杭州などの南岸下流域を指す。
〔284〕全人民所有制とは、社会主義における公有制のあり方の一種であり、事実上「国有」と同義である。全人民を一つの共同体とし、不可分の財産権を共同体として行使する。参照：天児慧・石原享一・朱建栄・辻康吾・菱田雅晴・村田雄二郎編『岩波現代中国事典』岩波書店、一九九九年、五五〇頁。

〔285〕集団所有制とは、全人民所有制と同じく、社会主義における公有制のあり方の一種である。一部の労働人民が集団として財産権を行使する所有制のことで、ここで言う集団とは、本来合作社を指している。一九五八年頃には、主として都市における街道（末端の行政区画）や企業が基層社会の労働力を組織して生産活動を行ったが、それも集団所有制といわれた。参照：天児慧・石原享一・朱建栄・辻康吾・菱田雅晴・村田雄二郎編『岩波現代中国事典』岩波書店、一九九九年、五五〇頁。

〔286〕秦王の政（始皇帝）は、それまで各地に存在していた六つの独立国である韓・魏・趙・楚・燕・斉を廃し、紀元前二二一年に全国を統一した。その後、全国を郡に分け、さらに郡の下に三六の県（後に四八の県としたとされる）を設置した。これを郡県制と言う。各行政区画には皇帝が任命した地方官を派遣し、中央集権体制を敷いた。

〔287〕秦の始皇帝が中国を統一する以前は、各国で異なる文字を使用していた。しかし、始皇帝は中国統一後、平定した各国の文字を廃し、すべて自国の文字に統一した。

〔288〕車同軌は、始皇帝が中国統一後、左右の車輪のあいだの長さを一律六尺と定めたことをいう。それまでは各地で車両の大きさが異なり、道路の幅もばらばらであったため、各地の車両が往来する際に不便であった。そこで、始皇帝は車両の規格を統一し、全国規模の流通網を整備した。

〔289〕商鞅は戦国時代、秦国に仕えた政治家である。法家思想を基として、二度に渡る変法を行った。変法のなかで行われた度量衡の統一では、計量のための升が作られた。

〔290〕文王は中国周王朝の始祖で、周王朝の創始者・武王の父である。文王は、殷に服属する有力な領地の一つである周の王であったが、仁政を行い、次第に国力を増していった。暴君の代名詞ともなっている紂王が殷を治めるようになると、殷の国政は混乱したため、文王の息子である武王は紀元前一〇二七年に紂王の軍を破り、殷を滅ぼし、周王朝を開いた。殷を滅ぼしてから紀元前七七〇年までを西周と呼ぶ。

〔291〕春秋戦国時代は、周が紀元前七七〇年に都を移してから、秦が中国を統一するまでの戦乱の時代を指す。前半は春秋時代（紀元前七七〇年〜紀元前四〇三年）、後半は戦国時代（紀元前四〇三年〜紀元前二二一年）と言われる。七雄とは、戦国時代、各国の抗争の末に勝ち残った七国のことで、楚・秦・燕・韓・魏・趙を指す。

〔292〕八達嶺は、北京市延慶県に位置する万里の長城のことである。北京市中心部から比較的近いこともあり、中国の有名な観光地の一つとなっている。

〔293〕雁門関は、中国山西省の北部の雁門山に設けられた関所である。北方の異民族の南下に対する中国側の防衛拠点であり、多くの戦が行われた。

〔294〕匈奴とは、モンゴル高原の遊牧民族で、強大な遊牧国家を建設した。紀元前三世紀から紀元五世紀にわたって、度々中国を脅かした。

〔295〕劉邦（紀元前二四七年〜紀元前一九五年）は前漢（紀元前二〇二年〜八年）の初代皇帝で、漢の高祖（即位紀元前二〇二年〜紀元前一九五年）と呼ばれる。劉邦は、都である長安を中心とする地域においては郡県制（訳注〔285〕を参照）を行って官吏を派遣したが、遠隔地には劉氏一族や功臣に領土を与えて諸侯とし、封建制（分封制）を敷いた。この郡県制と封建制を併用した制度を郡国制と呼ぶ。しかし、劉邦とその後の劉邦の皇后である呂后の時代、功臣出身の異姓（劉とは異なる姓）の諸侯は次第に滅ぼされ、同姓のものだけが残った。

〔296〕呉王・濞（劉濞）は、前漢の初代皇帝である劉邦の甥である。反乱鎮圧において、劉邦の親征軍の将軍として手柄を立てたことで、呉王に封じられた。紀元前一五四年、中央に対して挙兵するが（呉楚七国の乱）、呉軍は壊滅し、劉濞は逃走するなかで殺され、乱も鎮圧された。

〔297〕前漢の時代、六代皇帝の景帝に仕えていた司馬相如は、賦の名人といわれる文章家であったが、宮仕えに嫌気が指し、故郷へ帰る。実家は既に落ちぶれており、臨邛《りんきょう》県で県令を務めていた友人の王吉のところへ行く。王吉は、大富豪である卓王孫の家の宴会に司馬相如を連れてゆく。そこで司馬相如は卓王孫の娘である卓文君と出会い、恋に落ち、駆け落ちして結婚する。生活は楽ではなかったが、卓文君は司馬相如を支え、後には父である卓王孫も二人の関係を認め、財産を与えた。司馬相如は後に、文学を重んじた武王の目にとまり、再び中央で仕えることになった。司馬相如と文君のエピソードは『史記』に書かれている。

〔298〕呂不韋は戦国時代の秦の政治家である。元々は商人であったが、始皇帝の父である荘襄王を王位に就任させることに成功し、政治家として大きな力を得た。呂不韋のエピソードは『史記』に書かれている。

〔299〕青嵐会は、一九七三年に日本の自由民主党内で結成された政策集団である。

〔300〕秦王暗殺に関しては、訳註〔257〕を参照のこと。
〔301〕『狼牙山五壮士』は、抗日戦争で五人の戦士（五壮士）が命をかけて日本軍と勇敢に戦う姿を描いた映画である。英雄として描かれる五人の戦士は実在する人物で、そのうち三人は抗日戦争で命を落とした。
〔302〕中国戦国時代、秦国の政を暗殺するために燕国から派遣された刺客・荊軻が、秦国に向かうために燕国を去る時、秦国との国境である易水（河北省の川）のほとりで太子の丹などと別れを告げ、義憤に燃えて悲しい歌を詠んだ。その時の歌が、「風蕭蕭兮易水寒、壮士一去兮不復還」（もの寂しく、易水は寒々としている、勇壮な男子はひとたび去れば、再び帰って来ることはない）。
〔303〕李斯（?～紀元前二〇八年）は中国秦代の宰相。法家に思想的基盤を置き、秦国の政（後の始皇帝）を支えた。秦が全国を統一すると、度量衡の統一、焚書坑儒などの政策を進めた。始皇帝が死去すると、その後の混乱のなかで失脚し、一族もろとも殺された。
〔304〕異人（後に、子楚と改める）は、当時の秦王であった第二八代君主である昭襄王の息子である安国君の非嫡出子である。実の母であった夏氏は、既に安国君の寵愛を失っていた。後に、秦の第三〇代君主の荘襄王（始皇帝の父にあたる）に即位する。
〔305〕趙姫は、秦の荘襄王の妃で、後に秦の始皇帝となる政の母である。もともとは呂不韋の妾であった。
〔306〕華陽夫人は、安国君の寵愛を受けていたが子が無かった。そのため、子楚（訳註〔303〕を参照）を養子とする。子楚が荘襄王に即位すると、華陽太后と号された。
〔307〕戦国時代、秦の宰相・呂不韋は多くの食客を従えており、その食客らに共同編纂させた書物が『呂氏春秋』である。一六〇篇からなり、十二紀、八覧、六論の三部から構成されている。
〔308〕扶蘇は秦の始皇帝の長男である。父に意見したために、辺境の防衛に当たらされていた。『史記』によれば、始皇帝は巡幸中に亡くなったが、宦官である趙高らの謀略によって、始皇帝の死を隠したまま、後継を胡亥《こがい》とし、扶蘇には自害を勧める偽の詔が出された。それに従い、扶蘇は自決した。
〔309〕蒙恬（?～紀元前二一〇年）は、秦の時代の将軍で、匈奴討伐に功績があった。宦官の趙高らの謀略によって、扶蘇と共に自決させられた。

(310) 趙高（?～紀元前二〇七年）は、戦国時代末期から秦にかけての宦官である。始皇帝の末子である胡亥のお守役を務めた。『史記』によれば、始皇帝の死後、趙高らは謀略をめぐらせ、胡亥を第二代皇帝とした。そして実際には、胡亥を丸め込み、自身が強大な権力を握った。

(311) 天老爺は、中国古来において世界の一切を支配する存在として考えられていた。中国では、王朝の交代は天の命（天命）が革まった（革命）ことによると考えられ、天命を受けて人民を治めるのが天子であり、すなわち国の君主であるとされる。

(312) 分封制に関しては、訳註(294)を参照。

(313) 劉濞に関しては、訳註(295)を参照。

(314) 呂后（呂雉）は、前漢初代皇帝の劉邦の皇后。

(315) 文帝（即位紀元前一八〇年～紀元前一五七年）は、前漢の第五代皇帝である。

(316) 景帝（即位紀元前一五七年～紀元前一四一年）は、前漢の第六代皇帝である。

(317) 武帝（即位紀元前一四一年～紀元前八七年）は、前漢の第七代皇帝である。武帝の時代は、皇帝の権力が一層強化され、漢帝国の最盛期と言われる。また対外的にも、文帝、景帝によって蓄えられた国家財政をもとに、軍事行動を積極的に行った。

(318) 昭帝（即位紀元前八七年～紀元前七四年）は、前漢の第八代皇帝である。

(319) 曲阜は、現在の山東省済寧省にある県級市で、孔子の生地として有名である。

(320) 張良（?～紀元前一六八年）は、秦朝末期から前漢初期の政治家で、劉邦に仕えた。その功績の大きさから、「漢の三傑」の一人とされる。

(321) 蕭何（?～紀元前一九三年）は、秦朝末期から前漢初期の政治家で、劉邦の天下統一を支え、漢の相国（廷臣の最高職位）となった。「漢の三傑」の一人とされる。

(322) 曹参（?～紀元前一九〇年）は、秦朝末期から前漢初期の政治家で、蕭何の後を継いで、漢の相国となる。

(323) 晁錯（?～紀元前一五四年）は、前漢の政治家。文帝、景帝に仕える。各地を封じていた諸侯王の勢力を抑え込む政策を行ったが、それが呉王濞（劉濞）らによる呉楚七国の乱を招くことになる。反乱軍は名目上、景帝ではなく、その家臣が悪政の原因だとして反乱を起こしていた。そのため、反乱軍が掲げる反乱の名目を取り除くという理由で、晁錯は味方であるはずの景帝側に殺された。

〔324〕桑弘羊（?～紀元前八〇年）は、前漢時代の政治家、財政家。七代皇帝・武帝、八代皇帝・昭帝に仕えた。

〔325〕董仲舒（紀元前一七六年頃～紀元前一〇四年）は、前漢時代の儒学者。三綱五常を唱えた。三綱は「君為臣綱・父為子綱・夫為妻綱」、すなわち君主、父・夫は絶対的統治者であり、臣下・子・妻はそれに従わなくてはならないというもの。五常は、仁・義・礼・智・信を指す。

〔326〕黄巾の乱は、後漢（二五～二二〇年）末期の一八四年、太平道という民間に広まっていた宗教の教祖である張角が率いて起こした宗教的農民反乱である。信徒達は頭に黄色い頭巾をかぶっていたため黄巾の乱と呼ばれる。

〔327〕赤眉（軍）は、新朝（八～二三年）末期の一八年から二七年にかけて発生した農民反乱（軍）のこと。眉を赤く染めていたことから赤眉軍と言われた。新は、前漢の外戚であった王莽が前漢を倒した後、八年に建国した。わずか一五年で滅びた。

〔328〕銅馬（軍）は、新朝末期に各地で起こった反乱（軍）の一つである。漢の一族である劉秀（後の光武帝）に破れた。劉秀は二五年、漢王朝を復興し、後漢王朝を開いた。

〔329〕王仙芝は、唐代の反乱指導者である。塩の密売人であった。

〔330〕黄巣（?～八八四年）は、唐代の農民反乱の指導者である。塩の密売人であった黄巣は、王仙芝の唐朝に対する反乱に参加する。しかし黄巣軍は、途中で王仙芝と袂を分かち、各地を転戦し、事実上唐を滅ぼした。

〔331〕張士誠（一三二一～六七年）は、元朝末期、蘇州を拠点に勢力を築いた。朱元璋によって滅ぼされる。

〔332〕陳友諒（一三二〇～六三年）は、元朝末期、白蓮教徒による農民反乱である紅巾の乱に参加し、湖北から江西にかける一帯を支配した。朱元璋によって滅ぼされる。

〔333〕李自成（一六〇六～四五年）は、明朝末期に起こった農民反乱の指導者である。

〔334〕太平天国は、洪秀全《こうしゅうぜん》を指導者とする宗教団体である。キリスト教からの強い影響を受け、聖書を教典の一つとしているが、独自の教義や教典も持つ。一八五〇年に起きた太平天国の乱は、その過程で多くの民衆を取り込んだことで、非常に大規模で、長期に渡って続いた反乱となった。

〔335〕義和拳は、一九世紀末に山東省で興った中国拳法の一つ。義和拳の武術家らは義和団と呼ばれ、欧米列強に対する排外運動を展開した。西太后がこれを支持して、一九〇〇年に清が列強に対して宣戦布告をしたために、国家間の争いが始まった。

〔336〕朱元璋（一三二八〜九八年）は、明朝の創始者。元朝末期の白蓮教徒による農民反乱である紅巾の乱に参加して頭角を現し、ほかの紅巾軍や張士誠らが率いる軍を打ち破った。さらに北元（モンゴルへ撤退していた元）を倒して中国を統一。洪武帝と呼ばれた。

〔337〕『塩鉄論』は、前漢の第九代皇帝宣帝の時代（紀元前六〇年代）に、官吏の桓寛が書いた書物である。前漢の始元六年（紀元前八一年）、朝廷である討論会が開かれ、国家財政を立て直すために塩や鉄の専売を行うなど、国家が市場へ介入することの是非に関して議論された。法家思想に基づき、国家による介入を支持する桑弘羊（訳者注〔323〕を参照）ら政府高官と、霍光（訳註〔378〕を参照）の意を受けてそれに反対する儒家知識人とのあいだで行われたこの討論は、財政問題だけでなく、教育や外交などに関しても議論が交わされた。後に桓寛は、この討論の記録をまとめ、若干の潤色を行って『塩鉄論』を記した。

〔338〕酈食其は、秦朝末期から楚漢戦争（秦朝滅亡後、西楚の項羽と漢の劉邦とのあいだで行われた内戦）頃の人で、儒者。劉邦に仕えた。

〔339〕叔孫通は、秦朝末期から前漢頃の人で、儒者である。秦の二世皇帝や項羽、劉邦に仕える。劉邦が天下を統一し、前漢の皇帝となると、叔孫通は儀礼や制度を整えた。

〔340〕礼節と音楽。儒教においては、社会の秩序を保ち、人心を感化する働きがあるとして重んじられていた。

〔341〕一平二調は、訳註〔20〕でも述べたように、平等主義と無償調達のことである。江青がこの講演を行った当時は、党中央によって「一平二調」の傾向が批判され、集団経済を揺るがぬ基礎としつつも、行き過ぎた貧富の均一化を行ってはならないとする指示が出されていた。参照：中兼和津次「中国における集団農業の展開とその限界」、毛利和子編『毛沢東時代の中国　現代中国論1』日本国際問題研究所、一九九〇年、一三四〜一三五頁。

〔342〕林彪の別荘は、大連、蘇州、杭州、北戴河などにあったといわれる。参照：ロデリック・マクファーカー、マイケル・シェーンハルス『毛沢東　最後の革命〔上〕』朝倉和子訳、青灯社、二〇一〇年、六〇頁。

〔343〕毛家湾は、林彪の北京の住居を指す。現在は、中央档案出版社の建物となっている。

〔344〕諸葛亮（一八一～二三四年）は、三国時代、蜀漢《しょっかん》の丞相である。字は孔明。劉備の三顧の知遇に感激し、仕えた。

〔345〕曹操（一五五～二二〇年）は、魏（二二〇～二六五年）の基礎を築いた政治家。

〔346〕郭嘉（一七〇～二〇七年）のことで、後漢末期の武将である。曹操に仕え、曹操は彼に厚い信頼を寄せた。若くして亡くなった。

〔347〕袁紹は、中国後漢末期の武将である。

〔348〕陳琳は、後漢末期の文官である。袁紹が曹操打倒を呼びかける檄文を陳琳に書かせた。しかし、袁紹の軍は曹操に破れた。

〔349〕龐徳は、後漢末期の武将である。

〔350〕少正卯は、春秋時代の魯の国の大夫である。少正が姓で、卯が名。悪辣な行いが多かったために、孔子が魯の宰相となるとすぐに処刑された。

〔351〕李世民（即位六二六～六四九年）は、唐の第二代皇帝である。父である李淵（訳註〔351〕を参照）の時代には、依然として各地に割拠する群雄が勢力を保っていたが、六二六年、李世民の時代に中国統一が果たされた。

〔352〕李淵（即位六一八～六二六年）は、唐の初代皇帝である。隋の末期、大運河の建設や外征などによって農民は疲弊し、各地で農民反乱が起こるようになる。そんななか、李淵は次子である李世民の勧めに従って挙兵し、六一八年に唐を建国した。

〔353〕劉文静は、唐の政治家であり、軍人である。晋陽（現在の山西省太原）の令（行政官）に任ぜられる。

〔354〕瓦崗寨は、現在の河南省北東部の安陽市滑県あたりを指す。

〔355〕李勣は、唐代の軍人である。

〔356〕魏徴（五八〇～六四三年）は、唐の政治家である。

〔357〕武則天は、唐の三代皇帝・高宗《こうそう》の皇后である。垂簾政治を行い、高宗の死後即位した中宗を廃位し、その弟である睿宗《えいそう》を新皇帝とし、権力を握った。その後、自らが即位し、睿宗は皇太子にされた。

(358)(359) 武元衡（七五八～八一五年）は、唐の詩人、政治家である。唐の一四代皇帝・憲宗《けんそう》に宰相として仕えた。
狄仁傑（六三〇～七〇〇年）は、唐の政治家である。唐の高宗（三代皇帝）、中宗（四代皇帝）、睿宗（五代皇帝）、武則天に仕えた宰相。
(360)(361) 姚崇（六五〇～七二一年）は、唐の政治家である。武則天に見出され、宰相となる。
宋璟（六六三～七三七年）は、邢州南和（現在の河北省南和県）の出身で、唐の政治家である。武則天に抜擢され重用される。
(362)(363) 裴度（七六五～八三九年）は、唐の政治家である。
韓愈（七六八～八二四年）は、唐の詩人。八一九年、五二歳の時に、仏教を深く信仰する皇帝・憲宗（唐の一四代）に対して、「仏骨を論ずる表」（論仏骨表）を奏上し、激怒させた。死罪になるところであったが、結局は罪を減ぜられ、潮州に左遷された。「仏骨を論ずる表」で韓愈は、仏教などという邪教は風俗を乱れさせ、王朝を滅びさせるものであると主張し、憲宗が仏骨を宮中に迎え入れたことに対し、そのような愚行はやめるべきであり、むしろ国家の長として率先して仏教を排除すべきだと憲宗を強くいさめている。
(364) 王叔文は、唐の第一三代皇帝・順宗に仕えた政治家である。順宗は、即位して間もなく、宦官に迫られて退位することになり、それに伴って王叔文も失脚する。
(365) 八司馬は、八人の司馬という意味で、司馬は中国での官名で、地方の長官を指す。唐の第一三代皇帝の順宗は、即位して間もなく、宦官に迫られて退位することになった。それに従って、順宗に仕えていた柳宗元ら八人の政治家達は地方へ左遷され、各地方の司馬とさせられた。これを八司馬事件という。
(366) 韓愈は八司馬の一人ではなく、唐宋八大家（唐・宋の時代に活躍した八人の大文章家）の一人とされる。
(367) 『左遷至藍関示姪孫湘』（左遷されて藍関に至り、姪孫湘に示す）は、韓愈が八一九年に潮州へ流された時に、後を追って来た姪孫（兄弟の孫の意）の湘に対して、自らの無念さや信念を述べた詩である。

一封朝奏九重天　　一封　朝に奏す　九重の天
夕貶潮州路八千　　夕に潮州に貶せらる
路八千欲為聖明除弊事　　聖明の為に弊事を除かんと欲す

肯将衰朽惜残年　肯えて衰朽をもって　残年を惜しまんや
雲横秦嶺家何在　雲は秦嶺に横たわって　家　何くにか在る
雪擁藍関馬不前　雪は藍関を擁して　馬　前《すす》まず
知汝遠来応有意　知んぬ　汝が遠く来たるは　応に意有るべし
好収吾骨瘴江辺　好し　吾が骨を瘴江の辺に収めよ

〔368〕『登柳州城楼漳汀封連四州刺史』（柳州の城楼に登りて、漳・汀・封・連の四州の長官に寄す）は、柳宗元が八一五年に柳州へ流され、柳州の高楼に登った際、同時に左遷された四名の仲間に向けて詠んだ詩である。遠い地へ流されてしまった悲しさ、そして、ほかの仲間と手紙さえも交わすことができない寂寥感を詠っている。

〔369〕李愬（七七三～八二一年）は、唐の武将である。

〔370〕藩鎮とは、朝廷から派遣された節度使に統括される、辺境防衛などを目的として設置された地方の軍事・行政機構である。節度使は、兵権だけでなく、管轄区域の財政権なども有していた。そのため、朝廷は各地の藩鎮の力を統制しきれず、藩鎮が割拠する情勢が生まれた。朝廷に対して乱を起こす藩鎮もあった。

〔371〕李師道は、平盧《へいろ》（現在の山東省あたり）の節度使である。

〔372〕李絳は、唐の政治家である。一四代皇帝・憲宗に仕えた。

〔373〕張匡胤（九二七～九七六年）は、北宋の初代太祖。

〔374〕張匡義（九三〇～九九七年）は、北宋の二代太宗。

〔375〕寇準（九六一～一〇二三年）は、北宋の政治家である。

〔376〕岳飛（一一〇三～四一年）は、南宋の武将である。英雄として讃えられる。

〔377〕王安石（一〇二一～八五年）は、北宋の政治家である。北宋の第六代皇帝・神宗によって、宰相に起用され、一般に新法といわれる、富国強兵政策を進めた。

〔378〕北宋の時代、モンゴル高原には遊牧民族である契丹族の国家・遼（九一六～一一二五年）が存在し、北宋へ侵入していた。そのため、軍事費は増大し、また、軍事力の弱体化が問題となっていた。

〔379〕霍光は、前漢の政治家である。七代皇帝・武帝、八代皇帝・昭帝、九代皇帝・宣帝に仕えた。訳註〔336〕も参

照のこと。

〔380〕衛青（?～紀元前一〇六年）は、前漢の武将である。

〔381〕平陽皇女は、唐の初代皇帝・李淵の三女である。自らも軍を率いて、父の唐朝建立を支えた。

〔382〕戻太子（紀元前一二八年～紀元前九一年）とは、武帝の長男である劉拠《りゅうきょ》のこと。後に戻太子と呼ばれるようになった。武帝が既に老齢であったため、武帝の死後の権勢を望んだ大官・江充は、巫蠱《ふこ》（呪殺を行うこと）のかどで多くの無実の者を拷問にかけて殺し、さらに皇太子である戻太子をも無実の罪で追い落とそうとした。それに対して戻太子は軍を起こして対抗し、江充を捕らえ殺した。しかし武帝は、戻太子が謀反を起こしたと思い、戻太子の軍を鎮圧、結局戻太子は自害した。そして、当時まだ幼い赤ん坊であった戻太子の孫・劉病已《りゅうへいい》（後の宣帝）を除いて、戻太子の妻ら全員が殺された。当時、この病已の取り調べにあたったのが、治獄使者であった丙吉《へいきつ》である。丙吉はこの子供を保護し、養育した。また、丙吉は、武帝が獄中の者を皆殺しにするよう指示を出した時も、自分の担当する獄の者達は、誰一人殺さなかった。病已が恩赦で釈放されると、病已の祖母の実家に預けた。後に、病已が宣帝として即位すると、丞相に就任した。

〔383〕孔融（一五三～二〇八年）は、後漢の政治家である。

〔384〕禰衡（一七三～一九九年）は、後漢の人。才能豊かであったが傲慢であったために、人からは疎まれた。孔融は彼を高く評価し、曹操に推薦した。

〔385〕黄祖は、後漢の武将である。

〔386〕李白の詩である『望鸚鵡洲懐禰衡』の冒頭部分。

〔387〕劉徹（紀元前一五九年～紀元前八七年）は、前漢の第七代皇帝・武帝である。

〔388〕劉郎は、前漢の第七代皇帝の武帝を指す。李賀の詩のなかに登場する。

〔389〕司馬光（一〇一九～一〇八六年）は、北宋時代の儒学者。王安石の新法に反対したが、第六代皇帝・神宗は王安石を支持し、司馬光は左遷された。神宗が没し、新たに哲宗が第七代皇帝に即位すると、新法反対の立場をとる司馬光らが次々と宰相に就任し、新法も廃止されていった。

〔390〕李贄（一五二七～一六〇二年）は、明代の思想家である。仏教を信じ、儒教の礼教主義を偽善として非難した

ために、弾圧を受けた。北京で捕らえられた後、獄中で自殺した。

〔391〕康熙（即位一六六一～一七二二年）は、清の第四代皇帝であり、第三代皇帝の順治帝の息子。

〔392〕順治（即位一六四三～一六六一年）は、清の第三代皇帝である。幼少で即位したため、叔父である多爾袞《ドルゴン》が摂政として、実権を握った。

〔393〕多爾袞は、清初期の皇族。清の全国統一において大きな役割を果たした。甥である順治帝の摂政を務めた。

〔394〕譲歩政策とは、歴史学者であった翦伯賛《せん・ぱくさん》（一八九八～一九六八年）が提起した観点である。翦伯賛は、河南省桃源県の出身で、ウイグル族。一九三七年に中国共産党に入党する。中華人民共和国建国後は、北京大学教授・副学長などを務めた。彼は、一九五〇年代から一九六〇年代初めにかけて発表した自身の著作のなかで、次のように主張した。中国の歴史上、農民大蜂起後に、蜂起を制圧した地主階級が、封建的秩序を回復するために農民に対して一定の「譲歩政策」を行った（農民からの要求を部分的に受け入れた）ことで、封建社会の生産力は発展を続けることが可能になったのであり、また農民に対する搾取や抑圧も軽減された。この主張に対し、一九六三年から、史学界の一部の人が批判を開始した。そして、一九六五年には、中国共産党の機関誌『紅旗』において、名指しは避けられたものの、翦伯賛に反マルクス主義のレッテルが貼られた。毛沢東も翦伯賛に対する批判を支持した。文革中、翦伯賛は壮絶な吊るし上げに遭い、一九六八年末、妻の戴叔宛《たい・しゅくえん》と共に自殺した。一九七八年、名誉回復が行われた。

〔395〕中共の老幹部である楊献珍（一八二六～一九九二年）は、一九五九年、大躍進運動において運動の成果を誇張する風潮を批判したため、中共内部で批判を受けた。一九六四年には、「二が合して一となる」という弁証法哲学をめぐる学問的観点を提起したため、中共内部だけでなく、公然と厳しい批判を浴びることになった。楊献珍は、「二が合して一となる」という反動哲学を広め、毛沢東の「一が分かれて二となる」という主張に反対したと糾弾された。「一が分かれて二となる」は「分」つまり対立に重点があるのに対し、「二が合して一となる」は「合」つまり統一に重点があり、折衷調和を提唱し、修正主義を宣揚する反動哲学だと見なされた。楊献珍は、一九六七年九月から八年間ものあいだ獄中で過ごすことになった。一九八〇年になって名誉回復が行われた。参考：陳東林・苗棣・李丹慧主篇『中国文化大革命事典』加々美光行監修、徳澄雅彦監訳、西紀昭・山本恒人・園

田茂人ほか訳、中国書店、一九九七年、一五四頁。矢吹晋編『中国のペレストロイカ民主改革の旗手たち』蒼々社、一九八八年、一三八～一三九頁。

〔396〕北京大学・清華大学大批判組とは、文革期に活動した論文執筆集団であるが、実際には、一九七三年秋に遅群と謝静宜が設立した「梁効」という組織が用いたペンネームの一つと考えてよい。「梁効」は、文革派のイデオロギー思想を論文の形式で発表することで、世論・情勢に影響を与えた。成員は北京大学及び清華大学における幹部・教師であった。最高指導者は江青であり、遅群や謝静宜が直接的指導者として江青の指示を成員へ届け、その指示に基づいて論文が執筆された。参照：ウーヴェ・リヒター『北京大学の文化大革命』渡部貞昭訳、岩波書店、一九九三年、一三一～二〇〇頁。

〔397〕『内部参考』は、『参考資料』とも呼ばれ、新華通訊社が幹部向けに発行する非公開出版物である。

〔398〕『儒法闘争史講稿』は、天津鉄路分局天津站（天津駅という一つの単位を指す）の理論小組が一九七五年に発行した儒法闘争に関して分析した書物である。天津鉄路分局天津站理論小組は、江青の指示の下に活動する論文執筆集団の一つである。北京大学・清華大学大批判組及び中央党校編写組は、『儒法闘争史講稿』に対する意見を発表し、同書の一定の価値を認めつつ、法家とされる数名の歴史的人物に関しては加筆する必要があると指摘した。

〔399〕『離騒』は、『楚辞』のなかに収められた第一の作品で、屈原の作。『楚辞』とは、戦国時代、楚で興った詩の一形式である「辞」を集めた特集。

〔400〕「西施《せいし》の顰《ひそみ》に倣う」とは、『荘子』のなかの故事に由来する慣用句である。春秋時代の越の国に住んでいた西施という美女が病の苦しさに眉をひそめていた。それを見た醜女が、自分も同じようにすれば美しいだろうと思い真似をしたが、それを見た人々はかえって気味悪がり、門を閉ざしてしまった。いたずらに他人の真似をしても、笑いものになるだけであるという意味に使われる。また、他人に倣ってすることを自ら謙遜していう場合にも用いられる。

〔401〕原文は、「見微以知萌、見端以知末」。『韓非子　説林上』のなかの言葉。

〔402〕一九七四年一一月一二日、毛沢東は江青からの手紙に対する返事のなかで、「きみの積年のうらみは甚だ多い

が、大勢の人たちとは団結しなければならない。くれぐれも言い聞かせておく」と書いた。参照：陳東林・苗棣・李丹慧主篇『中国文化大革命事典』加々美光行監修、徳澄雅彦監訳、西紀昭・山本恒人・園田茂人ほか訳、中国書店、一九九七年、九三九頁。

〔403〕中国警衛団は、党中央弁公庁警衛局（中国のシークレット・サービスに当たる）の指揮下にあり、党中央委員会の施設警備のほか、中国共産党要人、特に毛沢東の警護を主な任務とした警護部隊のこと。別名（暗号名）は八三四一部隊。文革期は、主に北京の工場や大学に進駐し、林彪事件の際には林彪グループの監視や逃亡阻止を担った。文革収束期には、四人組の監視及び逮捕を行った。一九八〇年代初頭までに改組され、一部は人民武装警察などに編入されたと言われる。

〔404〕天津鉄路分局天津站は、鉄道部（部は、日本における省にあたる）の北京鉄路局に属する天津鉄路分局の天津駅を指す。この基層の単位は、小靳荘と同様、天津における江青の場所（点）であった。天津站理論小組は、儒法闘争に関する『儒法闘争史講稿』を執筆・発表した。訳註〔397〕も参照のこと。

〔405〕十里洋場は、上海租界の、その華やかできらびやかな情景を指す言葉である。

〔406〕「悪不積不足以滅身」は、次の節の一部。

善不積不足以成名　善の積まざれば、以って名を成すに足らず
悪不積不足以滅身　悪の積まざれば、以って身を滅ぼすに足らず
小人以小善為无益而弗為す也　小人は小善を以って益することなしと為して為さざるなり
以小悪為無傷而弗去也　小悪を以って傷（やぶ）ることなしと為して去らざるなり
故悪積而不可掩　故に悪は積みて掩うべからず
罪大而不可解　罪は大にして解くべからず

おおよその意味は、以下のようなものである。善も積み重ねることが無ければ名を成すには至らない。悪も積み重ねることが無ければ、身を滅ぼすには至らない。凡人は小さな善を行っても益が無いと考え、小さな悪行であれば自分の身を傷つけることもないと考える。そうして、悪が積もり重なって、覆い隠すことができなくなる。罪も大きくなって、逃げることができなくなってしまう。

〔407〕第一次天安門事件は、一九七六年四月四日（清明節）から五日にかけて発生した、周恩来追悼・鄧小平擁護のために北京の天安門広場に集まった民衆と民兵・武装警察が衝突した事件である。同年一月に死去した周恩来を追悼する民衆運動は事件以前から行われていたが、民衆のあいだに次第に周恩来・鄧小平を擁護し、江青グループを批判する言論が現れるようになった。そして、こうした気運は四月四日に最高潮を迎えた。党はこれを「鄧小平が時間をかけて準備をしてきた」「反革命事件」と断じ、民兵や武装警察を動員して民衆が捧げた花輪を撤去し、抗議も封じ込めた。事件後、鄧小平は党内外の一切の職務を剥奪された。文革収束後の一九七八年、党中央によってこの事件は「民衆の革命的行動」と評価が改められた。

〔408〕清明節には、人々は皆祖先の墓参りをし、墓の掃除をする。四月の初め頃である。

〔409〕遵義会議とは、一九三五年一月に貴州省遵義で開催された党中央政治局拡大会議である。同会議において、党中央を掌握していた博古ら「留ソ派」が、それ以前の軍事作戦の失敗の責任を取るかたちで失脚。毛沢東が中共中央政治局員主席というポストに就き、実権を握った。参照：天児慧『巨龍の胎動——毛沢東 vs 鄧小平　中国の歴史11』講談社、二〇〇四年、六九～七一頁。

〔410〕惲代英（一八九五～一九三一年）は、江蘇省武進の人。一九二一年に中国共産党に入党する。一九二七の南昌蜂起に参加。一九三〇年に国民党に逮捕され、翌年、獄中で殺される。

〔411〕一九七六年に、江青が指示して論文執筆グループに書かせた「鄧小平同志言論摘録」を指す。鄧小平が行った数々の発言を右傾的な言論として列挙している。

〔412〕梁効については、訳註〔396〕を参照のこと。

〔413〕中央から明確な指示を受けていないにも関わらず、河南省の後にはなったものの、中央や大部分の地域に先駆けて、機先を制して鄧小平を名指し批判した天津市の判断は、文革後に批判を受けることになった。江青と密接なつながりがあった王曼恬に煽られ、大々的に鄧小平への名指し批判を行う全国的な気運を天津市が率先して作り上げてしまったのである。

〔414〕文革期における企業単位とは、国営企業あるいは地方末端行政組織である郷・鎮・村が経営する集団所有制の郷鎮企業を指す。また、事業単位とは、行政機関の指導下で、国有資産を利用して社会公益活動を行う組織を指

す。

〔415〕教導隊は、初級軍官の訓練あるいは軍士育成の機関で、軍・師団・旅団の三級にはそれぞれ教導隊が設置されている。

〔416〕一九七七年八月一二日から開催された中共第一一回全国代表大会において、華国鋒は党中央委員会主席に、鄧小平は党副主席に選出された。そして、鄧小平は閉幕の辞において、華国鋒を「英明な領袖」と呼んだ。

〔417〕事前通達会議（打招呼会議）は、重要事項の正式な発表の前に、下級機関などの関係者を集めて開催される。下級機関に対して重要事項を伝達したり、関連する指示を与えるなど、関係者に事前の心得をさせるための会議である。参照：陳東林・苗棣・李丹慧主篇『中国文化大革命事典』加々美光行監修、徳澄雅彦監訳、西紀昭・山本恒人・園田茂人ほか訳、中国書店、一九九七年、三三九頁。

〔418〕利華大楼は、天津市和平区解放北路にある建築物。一九三九年に外国人の設計によって建てられ、オフィスと住居が一体となった高層近代建築であった。

〔419〕敵偽档案とは、共産党による解放以前、日本や国民党の機関が保管していた、個人の経歴や問題に関する重要書類を指す。

〔420〕反省院とは、中国国民党が設置した機関であり、逮捕した中国共産党員を拘置し、反省を促す機関である。中国共産党員にとって、反省院に拘置された、あるいは国民党に逮捕され、その後釈放されたという経歴を持つことは、その後寝返って国民党のスパイとなったという疑いをかけられる原因となる。

〔421〕復興社の正式名称は、中華民族復興社である。満州事変の頃、民族復興という目的を掲げて国民党内に結成された政治結社である。蔣介石の直属機関であり、蔣介石による独裁を支えた。抗日テロだけでなく、中国共産党員などをも標的にしてテロ活動を行った。藍色の上着を制服としていたため、藍衣社と呼ばれた。

〔422〕務虚会とは、イデオロギーや理論について議論し、検討する会議を指す。務虚は、務実（実務）に対する言葉である。

〔423〕第一一回路線闘争とは、中国共産党の歴史の中で起こったとされる一一回目の路線闘争を指す。毛沢東は一九七一年八月から九月にかけて行った南方視察中、談話を行った。その中で、「我々の党は既に五〇年の歴史を有

し、大きな路線闘争は一〇回に及ぶ」と発言し、第九回路線闘争は劉少奇ブルジョア階級司令部との闘争だとし、第一〇回路線闘争は林彪反革命集団との闘争だとした。一九七六年に毛沢東が死去し、その後すぐに四人組が逮捕されると、党は文革中のそれまでの経緯を四人組との闘争と振り返り、第一一回路線闘争と表現した。参照：陳東林・苗棣・李丹慧主編『中国文化大革命事典』加々美光行監修、徳澄雅彦監訳、西紀昭・山本恒人・園田茂人ほか訳、中国書店、一九九七年、三八三頁。

〔424〕程顥（一〇三二～八五年）は、北宋時代の儒学者。弟の程頤と共に、朱子学、陽明学の源流の一人とされる。

〔425〕魯藜（一九一四～九九年）は、延安抗日軍政大学などで学び、解放後は北方大学中文系で仕事をする。一九四九年、天津市文学工作者協会の主席を務める。一九五五年、「胡風反革命集団」の中核分子として、抄家《チャオジア》に遭い、隔離審査、労働改造などの処分を受け、投獄される。一九七九年に名誉回復が行われるまで、獄中におかれる。

〔426〕「看護小組」とあるが、実際には、「看護」するよりも、「監督」することを主な目的としている小組である。

〔427〕吊死鬼《ちょうしき》とは、首をくくって死んだ者の鬼（幽霊）である。縊鬼ともいう。自分が再び生を得るためには、生きている者に自分と同じ死に方、つまり縊死させる必要があると信じており、生きている者に縊死するようけしかける。参照：実吉達郎『中国妖怪人物事典』講談社、一九九六年、七～八頁。

〔428〕学習班に関しては、訳註〔131〕を参照のこと。

〔429〕「はっきりと説明する」（講清楚）とは、四人組と関係があるとされた人物に対する清査の際に用いられた言い回しで、清査を受けている人物が、文革中に犯した問題を、四人組と自分との関係も含めて洗いざらい話すことを指す。

〔430〕『剃頭歌』は、清朝軍が進軍してきた際、男性に頭を剃るよう迫ったことから、民衆のあいだで流行した歌である。本書著者は、最後の二つの句を、文革における情況と重ね合わせているのである。

〔431〕『金瓶梅』については、訳註〔97〕を参照のこと。

〔432〕高宗（六四九～六八三年）は、唐の第三代皇帝である。

〔433〕吐蕃とは、七世紀から九世紀にかけて、ソンツェ・ガンポが建国したチベットの国家。国力を付け、度々中国に侵入した。

となった。
〔434〕突厥（五五二～七四四年）とは、アルタイ山脈を本拠地とするトルコ系の国家である。六世紀頃に強大な帝国
〔435〕批林批孔運動が行われていた一九七五年三月、江青グループの一人である姚文元は「林彪反党集団の社会的基礎について」を発表し、そのなかで「経験主義が当面の主要な危険」であると強調した。これは、実質的には周恩来と鄧小平への批判であった。当時、病状の悪化によって、周恩来に代わって党の日常業務を主宰していた鄧小平は、周恩来という後ろ盾のもとで党組織や経済などの全面的整頓を積極的に進めていた。こうした周恩来や鄧小平の政策が気に入らない江青は一九七五年四月初め、「党にとって現在の最大の危険は教条主義ではなく経験主義」であり、「経験主義は修正主義の共犯者であり、当面の大敵である」などと主張した。多くの新聞が反経験主義の記事を載せ、「彼ら（経験主義者たち）は理論学習を軽視し、無原則な実践主義にとらわれ、近視眼的な事務仕事に満足する一方、他人の意見に耳を貸そうとしない」と言って、鄧小平らの結果優先の実務運営を暗にほのめかして批判（経験を重んじて経済整頓ばかりやっていて、階級闘争をないがしろにしているという批判）した。しかし、江青グループの経験主義批判というかたちをとった周恩来・鄧小平批判は、毛沢東の賛同を得られず、逆に厳しく批判された。参照：中共中央文献研究室編『周恩来年譜（一九四九―一九七六）』下巻、北京、中央文献出版社、一九九七年、六九七～七〇四頁。王年一『大動乱的年代』河南人民出版社、二〇〇五年、五四四頁。
〔436〕政治的な企てを実行する（原文は「另搞一套」）という言い回しは、四人組批判において頻繁に使われた言い回しであった。しかし、本書からもわかるように、四人組が行ったことは、彼らが勝手気ままに企てた陰謀なのではなく、それは毛沢東の意図に沿ったものであった。
〔437〕ここでいう教育革命とは、教育をテーマとして論争を仕掛けることで、文革派が鄧小平らに対して反撃しようとしていた時期に盛んに叫ばれた言葉である。清華大学党委員会副書記兼清華大学革命委員会副主任であった劉冰とその他三名の幹部が、毛沢東に対して二通の手紙を送ったことに端を発する。この手紙が毛沢東の不満を買い、その不満を利用するかたちで江青率いる文革派の鄧小平に対する反撃が開始された。劉冰の上には教育部部長の周栄鑫（一九七六年四月に迫害を受けて死亡した）がおり、さらに周栄鑫の上には、周恩来が入院していた

ため鄧小平がいたのである。清華大学等委員会常務委員会主任の遅群や謝静宜らは、清華大学において教育に関する大論争を巻き起こすことで、鄧小平らの陣営に反撃をしかけたのである。一九七五年一二月には、北京大学・清華大学大批判組（梁効）が「教育革命はその進路を遮られてはならない」と題する論文を『紅旗』誌に発表した。全国で「教育革命の鮮やかな華が競い合って咲いている」が、「こうした非常に良い形勢の下で、教育分野における階級闘争、路線闘争は依然として尖鋭であり複雑である」。「当面の論争の焦点は、教育革命の進路を堅持し、プロレタリア階級教育革命を最後までやりとげるのか、それとも、修正主義教育路線への対応をひるがえし、ブルジョア階級知識分子が我々の学校を統治した際の、古い教育制度を復活させるのか、ということである」。このように、文革派は、教育の領域を舞台にして、鄧小平らの政策実行を修正主義だと批判し、反撃に出たのであった。参考：中国人民解放軍国防大学党史党建政工教研室編『「文化大革命」研究資料』下冊、出版社不明、一九八八年、三一一～三一二頁。

（438）毛沢東の甥である毛遠新は、一九七五年秋、毛沢東弁公室主任となり、毛沢東と党中央政治局とのあいだの連絡役として動いていた。

（439）原文では「双突」である。これが指す内容は、まず一つが「突撃入党」、つまり非常に短期間で審査を済ませ入党させること、そしてもう一つが「突撃提幹」、つまり非常に短期間で幹部へと昇格させることであった。経歴の長い幹部が打倒されたことによる人員の不足を補うため、各地で「双突」が行われ問題となった。

（440）『国務院、中央軍事委員会転発「上海城市民兵情況調査」的通知』を指す。

（441）行政督察専員公署のこと。中国における行政区画では省級と県級のあいだに位置づけられ、行政督察区（専区と略称される）を管理する。現在は、地区と言われる。

（442）党中央西北局は、当時設置されていた党中央の六局の一つである。詳しくは、頻出語句註の「党中央六局」を参照。

（443）呉徳『呉徳口述――十年風雨記事』北京、当代中国出版社、二〇〇四年、九三頁。

（444）小三線とは、戦時に敵からの攻撃を受けにくい山間部や丘陵地帯などを指す。もともと、一九六〇年代半ばから、毛沢東は三線建設を進めていた。これは、沿海部を「一線」、北京・広州間の鉄道あたりの地域を「二線」、

「二線」の西側の内陸地域を「三線」と呼び、「三線」に多くの兵器工場を建設するプロジェクトであった。戦時に「一線」、「二線」が攻撃を受けたとしても、敵が攻撃をするのが難しい「三線」を拠点にして長期戦を戦い抜くことを想定したものであった。このプロジェクトの一貫で、地方政府は山間部に兵器工場を建設する「小三線建設」を実施した。

〔445〕一九八六年末に安徽省合肥市で起こった学生達の民主化要求の運動は、翌年初めには北京や上海などほかの都市へと広がった。学生達の訴えの内容は、地方幹部の腐敗問題や、選挙導入の要求などであり、共産党の支配体制そのものの改革を求めるようなラディカルなものではなかったようである。しかし、党中央は素早く反応して、一九八七年一月一六日に党政治局拡大会議を召集し、改革派である胡耀邦総書記の辞任が決定した。学生運動自体は、一九八九年の（第二次）天安門事件の時ほどの高まりを見せずに、終息した。

〔446〕民主生活会は、各級党指導部の領導幹部を参加者として開催されるもので、領導幹部の管理・監督の一つの実施形態であるとされる。参加者は批判や自己批判を通して、互いに助け合い、互いに監督し合い、認識を統一することで、結束力を高めるとされる。

〔447〕中共中央顧問委員会は、一九八二年から一九九二年までのあいだ存在した、中共中央委員会に対して補佐・助言を行う機関である。初代主任は鄧小平が務めた。党員歴四〇年以上の古参党員のみが成員となることができた。文革後、名誉回復によって復職した多くの古参幹部は老齢であり、顧問委員会が彼らの受け入れ先となることで、中央委員会の世代交代を促そうとしたとされる。

〔448〕察哈爾省は、中華民国時期に設置された一つの省であり、新中国成立後しばらくして廃止された。現在の内モンゴル自治区の東部及び河北省の北部に当たる。

〔449〕晋察冀辺区については、訳註〔103〕を参照。晋は山西省を、察は察哈爾省を、冀は河北省を、熱は熱河省を指す。熱河省とは、中華民国期及び中華人民共和国にかつて存在した省で、満州国の行政区とされた時期もある。

〔450〕綏遠省は、中華民国時期に設置されていた省で、現在の内モンゴル自治区に位置し、察哈爾省の西側にあたる。

〔451〕『天津今晩報』の文芸欄である「星期文庫」（週間文庫）に、二〇〇五年から二〇〇六年にかけて、連続して七編の文章が発表された。主な作品は二〇〇五年三月一日付の『天津今晩報』の「星期文庫」に掲載された、「私

は市委員会の自己批判書を書いた」（「我為市委写検査」）。また、二〇〇六年一月四日付の『天津今晩報』の「星期文庫」に掲載された、「江青、小靳荘への最初の訪問」（「江青一到小靳荘」）。

〔452〕中国共産党軍は中国国民党から激しい攻撃を受けるなか、長征を行って、陝西省の陝北にある延安にたどり着き、そこを本拠地とした。そして、延安を中心として陝北根拠地を築いた。

〔453〕国共内戦は、中国国民党と中国共産党の双方がそれぞれが率いる軍のあいだで行われた内戦である。

〔454〕『武訓伝』は、一九五〇年制作の中国映画である。清朝末期に実在した教育者、武訓の生涯を描いた映画である。武訓は、乞食をすることで長い期間をかけて集めた資金をもとに学校を創立し、貧しい者達に教育機会を与えようと献身した。

〔455〕高饒事件については、主要人名註の「高崗」の項目を参照。

〔456〕「中右分子」とは、中間偏右分子のことである。反右派闘争が展開されていた一九五七年八月一日に中共中央が発表した『右派分子への反対を継続して深化させることに関する指示』においては、右傾した者を、極右分子、普通右派、中間偏右分子に分類し、これらの境界をしっかりと見極めるよう指示している。しかし実際には、中間偏右分子とされた者も迫害を受けた。

〔457〕「九評」に関しては、訳註〔52〕を参照。

〔458〕中ソ論争に関しては、訳註〔52〕を参照。

〔459〕『管子』は、春秋時代における斉の富民・治国・敬神・布教の術について書かれた書物である。斉の政治家・管仲の著書と伝えられるが、実際は異なるとされており、戦国・秦・漢の時代にかけて書かれた書物であるという。形勢とは、『管子』に含まれる形勢という篇を指す。

〔460〕梁啓超（一八七三～一九二九年）は、清朝末期から民国期にかけての政治家、歴史学者である。清朝末期、改革派の康有為《こうゆうい》らとともに改革（戊戌《ぼじゅつ》の変法）に尽力するが、失敗し、日本へ亡命する。その後、一九一一年の辛亥革命の後に中華民国が成立すると中国へ戻り、内閣の司法総長を務めたが、袁世凱が帝位に就くと、それに反対した。後年は、清華大学教授、北京図書館館長などを務め、学術研究に専念した。

〔461〕『資治通鑑』とは、中国北宋の司馬光が編纂した編年体の歴史書である。

〔462〕李長吉（七九一年～八一七年）とは、唐の詩人・李賀のことである。

〔463〕李商隠（八一二年あるいは八一三年～八五八年）とは、唐を代表する詩人である。

〔464〕李清照は、北宋末期から南宋初期にかけての女性詞人である。『声声慢』は彼女の作品の一つである。

〔465〕郷鎮企業とは、農村地域にある、郷・鎮・村といった末端行政組織や農民個人が所有し、経営する企業の総称である。改革解放によって、人民公社に縛り付けられていた民衆が解き放たれ、多くの農村余剰労働力を郷鎮企業が雇用し、農村の経済情況の向上に大きく貢献した。郷鎮企業の種類は大きく分けて三つある。一つ目は、集団所有制企業、つまり郷や鎮、村といった末端行政組織が所有し経営する企業である。二つ目は、集団経済と農民個人とが共同出資する共同経営企業。三つ目は、農民個人が所有、経営する個人経営企業である。地域ごとに郷鎮企業の発展パターンは異なり、成功した企業及びその経営者のなかにはメディアに取り上げられるなどして、全国的に有名になった者もいる。しかしその一方で、一九九〇年代以降の郷鎮企業は、市場競争の淘汰による郷鎮企業の雇用吸収力の低下、郷鎮企業発展における地域間のアンバランス、立地地域政府の経営に対する恣意的行政介入、周辺農村への環境汚染といった問題に直面している。参照：天児慧・石原享一・朱建栄・辻康吾・菱田雅晴・村田雄二郎編『岩波現代中国事典』岩波書店、一九九九年、六九五～六九六頁。

〔466〕アメリカのリチャード・ニクソン大統領は一九七二年二月二一日、中国を電撃的に訪問し、毛沢東と会談を行った。当時、アメリカはソ連と深く対立しており、ベトナム戦争の処理とその後の国際情勢を考え、中国との関係改善のために動き出した。一方、中国も一九六〇年代からソ連との関係は悪化しており、アメリカのこうした動きに応じたのだった。一九七二年二月二七日、上海で共同コミュニケを発表した。

〔467〕五四運動とは、狭義には一九一九年五月四日に発生した、学生を中心とした反日愛国運動である。第一次世界大戦後のパリ講話会議において、山東に関する旧ドイツ利権が中国には返還されず、日本へ付与されようとしたことに、多くの学生が憤慨し、天安門に集合した。親日官僚の罷免を求め、日本製品排斥を主張してデモを行った。こうした学生の動きは、全国へ伝播し、さらに労働者の同情を得たことで、上海では大規模なストライキが発生した。結局、中国はこの講和条約に関して調印拒否の声明を発表した。また、広義には、狭義の運動に加え、一九一五年から開始された反封建・新文化提唱の運動である新文化運動も含む。新文化運動では、封建家族制度、

及びそれを支える儒教道徳批判、孔子批判が展開された。さらに、自由平等、個性開放などの西欧近代の思想を紹介し、宣伝した。こうした言論は『新青年』という雑誌を中心として行われた。狭義、広義のいずれにせよ、民衆の自発的運動である五四運動は、現代中国における一つの「始源」として位置づけられている。参照：天児慧・石原享一・朱建栄・辻康吾・菱田雅晴・村田雄二郎編『岩波現代中国事典』岩波書店、一九九九年、三五四頁、五七七頁。

頻出語句註

訳者作成。なお、各項目の本書初出箇所に〔*〕を付した。

解放区 → 革命根拠地

革命委員会
文革期、各地方政府及び各機関に設置された権力機構である。文化大革命が展開されるにつれて、各地の指導機構は麻痺状態に陥った。一九六七年一月上旬、上海市党委員会・市人民委員会に対する奪権が行われ、毛沢東はこれを支持した。その後、全国の各地方で奪権が相次いだ。毛沢東は、奪権によって新しく成立した指導機構の名称を「革命委員会」とすることに決定し、革命的民衆、革命的幹部、各地に駐留している軍隊による「三結合」の方針に従って運営されなければならないとした。
天津市においては、一九六七年一月一八日に奪権によって中共天津市委員会が崩壊し、その後、革命委員会設立のための準備が進められた。一九六七年一二月一日、中国共産党中央は天津市における革命委員会成立を批准し、同年一二月六日、天津市革命委員会は正式に成立を宣言した。

革命根拠地（抗日根拠地、辺区、解放区）
中国共産党が抗日戦争期、及びその後の解放戦争（中国国民党との内戦）期に中国各地に築いた革命拠点のこと。中国共産党は当初、支配地域をソヴィエト区と呼んでいたが、一九三七年に抗日戦争が勃発し、また中国国民党とのあいだで第二次国共合作が合意に至ると、抗日根拠地或は解放区とし、行政上は辺区と呼ぶようになった。抗日戦争が終結すると、再び国共内戦となったが、中国共産党はこの時期に自らが支配する地区を解放区とした。

華北局 → 党中央六局

幹部の等級（等級、高級幹部）

中国はソ連や北朝鮮などの経験を基礎として、一九五二年から全国において行政等級（行政級別）に基づく報酬制度を開始し、一九五五年からは軍隊における階級制を開始した。行政等級は一級から二四級までであり、月の報酬も等級に応じて五九〇元から四五元（いずれも当時の金額）と異なっていた。過去の規定によれば、一三級以上を高級幹部、一四級から一七級を中級幹部、一八級以下を一般幹部と呼んだ。

黒五類

黒五類は、「地富反壊右《ディーフーファンファイヨウ》」、つまり地主、富農、反革命分子、壊分子（悪質分子）、右派を指す言葉である。これは、革命的出自を持つ人々とされた紅五類（労働者、貧農・下層中農、革命幹部、革命軍事、革命烈士）と逆の意味の言葉として使用された。紅五類の子弟は紅五類と見なされ、黒五類の子弟は黒五類と見なされた。文革のごく初期においては、紅五類のみが革命的な人間として紅衛兵運動に参加することが許された。その一方で、黒五類とされた人々は、運動への参加を許されないだけでなく迫害の対象となった。

検査

検査とは、個人や団体の思想、活動における問題点や過ちを審査し、その原因などを追求することを指す。検査の対象となった個人や団体は、組織から審査される以外に、自ら反省し、自己批判を行う。検査が行われるか否かは党の判断であり、検査が必要と決定された場合は、その検査がパス（過関）するまで、つまり周囲が検査の内容を承認し、問題が洗いざらい明らかにされたと判断するまで続けられる。また、自己批判書を指して、検査という場合もある。

紅衛兵（紅衛兵運動、紅小兵）

紅衛兵とは、文革初期に全国で出現した主に中学（日本の高校に当たる）以上の学生を主体とする大衆組織あるいはその成員のこと。一九六六年五月、北京の清華大学付属中学の学生が組織したのがその始まりである。その後、毛沢東が紅衛兵を熱烈に支持すると、全国で紅衛兵が組織された。彼らは「造反有理（造反するには道理がある）」をスローガンとして学校内外で活動し、社会を混乱に陥れた。紅衛兵は、所属する学校の指導者や教員だけでなく、党の指導者をも批判闘争会にかけ、吊るし上げた。また、各地の紅衛兵は、その主張や立場の違いから次第にセクト化していった。そして、紅衛兵同士の争いも起きるようになり、多くの者が命を落とした。こうした一連の紅衛兵による運動を紅衛兵運動と言う。紅衛兵に参加することができない、もっと幼い子ども達が紅衛兵を真似てつくった組織あるいはその成員を、紅小兵といった。

確かに、紅衛兵は中国全土に混乱を巻き起こし、その混乱ぶりは毛沢東ですら予想のつかないほどのものだった。しかし同時に、多くの紅衛兵は、その設立の段階から党指導者からの指示や支持を受けていたのであり、彼らの活動は党指導者達の意図に大きく左右されていた。本書が主張するように、紅衛兵や労働者による造反組織は基本的には党指導者の呼びかけに応えて運動を展開したのであり、党指導者の道具であった。一九六八年、党指導者にとってその利用価値がなくなると、紅衛兵らは農民に学ぶために、農村へ送られ（「上山下郷」）、その後の長い年月を農村での労働に費やすことになった。

紅衛兵運動　↓　紅衛兵

高級幹部　↓　幹部の等級

紅小兵　↓　紅衛兵

抗日根拠地　↓　革命根拠地

黒線

黒線とは、反党、反社会主義の理論・観点・思想路線のことである。文革中、「黒」のつく多くの語が、革命の対象を示す言葉として用いられた。

語録牌　↓　毛主席語録

「四旧《しきゅう》」打破

旧思想・旧文化・旧風俗・旧習慣（「四旧」）を徹底的に破壊しようという、文革初期に現れたスローガンである。最初にこの文言が現れたのは一九六六年六月一日付の『人民日報』の社説においてであり、その後、八月に決議された「プロレタリア文化大革命に関する決定」（いわゆる「一六条」）のなかにも書き入れられている。紅衛兵はこのスローガンを叫びながら、学校内外で活動した。彼らは、店や通りの名称などを「革命的な」名称へ変え、多くの文化遺産や古跡を略取・破壊し、文化界の知識人や一般民衆などに暴力を働いた。

実権派（走資派）

実権派とは本来、「権力の座にある者」という意味である。文革期においては、毛沢東をトップとする文革派が、打倒すべき者達を実権派（「当権派」）と呼んだ。実権派という言葉自体は、社会主義教育運動が行われていた一九六五年一月、『農村社会主義教育運動の中でいま提起されている若干の問題』（略称『二三条』）のなかで用いられたのが最初であり、そこには、「今回の運動の重点は党内で資本主義の道を進んでいるあの実権派を一掃し、都市・農村の社会主義の陣地をいっそう強固にすることにある」と述べられている。正式には、「党内の資本主義の道を歩む実権派」（党内走資本主義道路的当権派）であり、そこから走資派ともいう。参照：天児慧等編『岩波現代中国事典』岩波書店、一九九九年、四四六頁。

実事求是（じつじきゅうぜ）

事実に即して真理・真実を探求することを意味する言葉である。抗日戦争期の一九四一年、毛沢東は延安の幹部会議において「われわれの学習を改革しよう」と題する報告を行い、そのなかで次のように述べ、「実事求是」の態度の重要性を強調した。「『実事』とは客観的に存在する一切の事物のことであり、『是』とは客観的な事物の内部的なつながり、つまり法則性であり、「求」とはわれわれがこれを研究することである。われわれは、国の内外、県の内外、区の内外の実際の情況から出発し、そのなかから、憶測によって作り上げたものではない固有の法則性、すなわち、周囲のできごとの内部的なつながりをみいだして、それを、われわれの行動の手引きとしなければならない。そして、このようにするためには、主観的な想像にたよるのではなく、一時的な情熱にたよるのではなく、死んだ書物にたよるのではなくて、客観的に存在する事実にもとづいて、材料を細部にいたるまで自分のものにし、マルクス＝レーニン主義の一般的原理にみちびかれながら、これらの材料のなかから、正しい結論をひきださなければならない」。参考：毛澤東『毛澤東選集　第三巻』三一書房、一九五七年、二九一頁。

資本主義の道を歩む実権派　→　実権派

社会主義教育運動（社教運動）

一九六三年頃から三年間にわたって全国で展開された運動である。一九六三年五月に制定された「当面の農村工作における若干の問題に関する中共中央の規定（草案）」（「前一〇条」）において、一部の人民公社や生産大隊の指導権は階級敵が握っていること、階級闘争をしっかりと行わなければ、反革命復活が必ずや起こることなどが書かれていた。そして、「前一〇条」が綱領となり、試点（全国展開以前に試験的実施が行われるモデル地域）として選ばれた地域において、誤りを犯した幹部の摘発などが行われた。その後、同運動が全国で展開されるに至り、工作隊が各地に派遣された。こうして、人民公社の整頓運動（整風整社運動）は次第に、資本主義復活を企てる修正主義者に簒奪された指導権を再び取り戻そうとする奪権闘争へと変化していった。こうして社会主義教育運動は、文革における奪権の先駆となったのである。

修正主義

修正主義とは、もともと、ドイツ社会民主党におけるエドワルト・ベルンシュタインなどが提唱した、旧来のマルクス主義に修正を加えた主張である。階級闘争を通じての暴力革命やプロレタリア独裁などを主張する旧来のマルクス主義に対し、議会制民主主義を通して福祉などの社会主義的政策を行うべきだとする。こうした考えに反対する立場の者からは、修正主義という言葉はしばしば蔑称として用いられた。中ソの関係が決定的に悪化した一九六〇年代になると、中国は、ソ連やユーゴスラビアが対外的にはアメリカとの平和共存路線を推進し、対内的には自由主義的とも言える政策を行っていることなどを指して、修正主義と非難した。さらに、文革期中国においては、打倒すべき者に対して貼られるレッテルとしても修正主義（的）という形容が用いられた。

儒法闘争

儒法闘争とは、批林批孔運動の際に行われた思想上の論争である。江青グループによって主導されたが、その真の目的は、儒家を攻撃し法家を賛美することで、現代の儒家たる周恩来をあてこすり、批判することであった。一九七三年七月四日、毛沢東は「林彪は国民党と同じだ。どちらも『尊孔（子）反法（家）』だ」と述べ、林彪は、孔子らによる封建的で有害な教えを復活させようとしたと批判された。こうした毛沢東の意図に沿い、それを利用するかたちで江青グループは批林批孔運動を展開した。江青グループが掌握している論文執筆グループによって、様々な論文が発表された。それらの論文は、法家を善、儒家を悪とし、この歴史観に基づいて中国の歴史的人物を善と悪に分別するものだったが、しばしばこじつけや通らない理屈を無理に押し通すような内容で埋め尽くされていた。

人民公社 → 農業の集団化

四清《スーチン》運動

社会主義教育運動のなかで行われた運動である。もともと、河北省保定地区委員会では労働点数・帳簿（勘定）・倉庫・財産の整理（これを四清といった）が行われていた。この経験が中央へ報告され、それが一九六三年に発出された「前一〇条」とともに全国へ発表されると、四清の徹底が全国で展開されることになった。一九六五年に、「農村社会主義教育運動のなかでいま提起されている若干の問題」（略称「二三条」）の第三条において、都市と農村における社会主義教育運動は今後一律に四清と呼び、四清の内容は、政治・経済・組織・思想を清めることだと規定された。

生産隊 → 農業の集団化

生産大隊 → 農業の集団化

整風整社運動

一九五八年末から開始された人民公社の整頓運動である。一九五八年八月から一一月のあいだに、人民公社は全国の農村に急速に広がった。人民公社は単なる行政組織あるいは経済組織ではなく、「工・農・商・学・兵」が結合した組織であるとされた。労働に応じた収穫の分配（労働点数制＝工分制）の徹底、自留地・家庭副業・自由市場の廃止、公共食堂の設置などの社会主義化が行われた。あらゆる面において人民公社が農民の生活の基盤となった。こうした変革があまりにも急速に、準備が不十分なまま実施されたため、そのひずみがすぐに現れた。そうしたひずみを是正するために展開されたのが、整風整社運動であった。具体的には、一平二調、共産風による経済的混乱の是正、人民公社の基層幹部の汚職行為の摘発などが、階級闘争と結びつけられて行われた。詳しくは、矢吹晋『文化大革命』講談社、一九八九年、六七～六八頁を参照。

走資派 → 実権派

大躍進運動（政策）

大躍進運動とは、毛沢東の強力なイニシアチブの下で、一九五八年から開始された運動である。民衆を計画的に動員することで非常に速いスピードで経済を発展させ、人民公社を基本とした理想の共産主義社会の実現を目指すものである。工業発展の重点とされた鉄鋼生産や農業発展に不可欠とされた大規模な水利建設のために、全国から多くの農民が動員された。しかし、生産された鉄鋼はその多くが使い物にならない質の悪いもので、また、農業生産活動へ投入される労働力が著しく減少したために深刻な食糧不足が起こった。さらには各地で多くの餓死者が発生するなど、大衆は飢餓に苦しんだ。こうした農村の状態を知り、なんとかしようと動いた彭徳懐は、一九五九年七月二日から八月一日にかけて開催された江西省廬山での党中央政治局拡大会議の最中に毛沢東へ私信を出した。それは、あくまでも毛沢東の指導の正しさを認めたうえで、人民公社建設は早すぎたと指摘するなど、大躍進運動の一連の政策の問題点を率直に伝えるものだった。この私信を受け取った毛沢東は激しく反発し、結局彭徳懐は批判をあびて失脚した。彭徳懐を支持する勢力は皆失脚してしまい、大躍進運動是正のチャンスを失った。その後、大躍進運動はさらに一層「左傾」し、一九五九年から一九六一年にかけて全国で一五〇〇万～四〇〇〇万人もの餓死者を出したといわれる。

現実を無視したあまりにも高すぎる目標設定や無謀な計画、基層幹部の水増し報告、「左傾」の行き過ぎを是正するために必要であった党内民主の欠如によって、大躍進運動は中国の民衆に悲劇をもたらすことになった。参考：天児慧等編『岩波現代中国事典』岩波書店、一九九九年、六九五～六九六頁。天児慧『巨龍の胎動――毛沢東VS鄧小平』講談社、一三二～一五五頁。

高帽子

高く尖ったかたちをした帽子のこと（口絵参照）。批判闘争会などでは、闘争の対象とされた者達に、罪状を書いた高帽子を被せた。

大串聯《ダーチュアンリエン》　→　串聯《チュアンリエン》

奪権

奪権とは、造反組織が実権派が掌握する党・政府組織や機関の指導権を奪うことである。一九六六年六月一六日付の『人民日報』の社説で、「文化大革命は、ブルジョア階級の代表人物に指導権を簒奪された部門や単位《ダンウェイ》においては奪権闘争であり、ブルジョア階級独裁を無産階級独裁に変える闘争である」と指摘された。

単位《ダンウェイ》

単位とは、農村を除いた地域で用いられる、企業・機関・学校・軍・各種団体で各人が所属する組織を指す。働いている人々にとっては自分の職場が所属単位となり、学生であれば学校が所属単位となる。また、働いていない人、専業主婦などにとっては居住地区の街道（末端の政府機関）が所属単位となる。単位は、党が民衆を動員する際の手段であり、また所属成員の身元を証明する機関であり、単位が発行する身元証明書や紹介状が結婚や転職、旅行などで必要となる。単位はこうした政治的機能を持つほか、所属成員の給与を支給したり、住宅を配分したりするなどの経済的機能のほか、年金や医療などの社会保障を提供する社会的機能を持つ。改革開放以来、民衆の生活における単位の重要性は低下しているものの、一方で、単位制度は現在も依然として中共が民衆の生活を全般にわたって管理するための手段であり、中国民衆の生活に非常に深く根付いているといえる。参照：天児慧等編『岩波現代中国事典』岩波書店、一九九九年、七六〇～七六一頁。

抄《チャオ》家《ジア》打《ダー》人《レン》

「抄家」は、問題があるとされる人物の家を捜索し、問題があることを示す証拠や家財などを押収・差し押さえること。捜索という名目で、家を荒らすことが多かった。「四旧」打破の際に紅衛兵が一つの手法として頻繁に用いるようになったもので、その際しばしば暴力が振るわれた。「打人」は、暴力的な行為を働くことを指す。

串聯《チュアンリエン》（大串聯《ダーチュアンリエン》）

「串聯」は、連帯するといった意味の言葉である。文革中は、学生や労働者達が全国を回って、各地における革命の状況やその方法を学んだり、自分たちの革命のやり方を宣伝したりすることを「串聯」、あるいは「大串聯」と言った。党は当初、「串聯」を行う者達に対して、電車の運賃を無料にしたり、行った先々での食事や宿泊場所を無償で提供したりするなどの措置を行い、積極的に支持した。

中国共産党天津市委員会

天津市における中国共産党の地方組織であり、党中央からの指導を受ける。本書においては、天津市委員会、あるいは、天津市であることが明らかな場合は、市委員会と省略して記した。同様に、ほかの省や県の党委員会などについても、省委員会、県委員会などと省略して記した。

天津市革命委員会 → 革命委員会

等級 → 幹部の等級

「鄧小平を批判し右からの巻き返しの風に反撃する」運動

一九七五年初め、周恩来の病状が重くなったことで、毛沢東は鄧小平が中央の党政に関する日常業務を主宰することに同意した。しかし、鄧小平のやり方に不満を持った毛沢東は、再び外交部門を除いた鄧小平の大部分の職務を停止した。そして、一九七五年一一月、清華大学党委員会副書記の劉冰らの手紙（本書第三〇章を参照）を批判することによって、文革を清算しようとする鄧小平らの動きに反撃せよとのシグナルを全国に発した。こうして「鄧小平を批判し右からの巻き返しの風に反撃する」運動が全国で展開された。

党中央六局（華北局）

中国共産党中央に設置されていた六局のこと。華北局・東北局・華東局・中南局・西南局・西北局の六局からなる。各局は党中央に代わって、決められた省・市・自治区を管轄する。例えば、華北局が管轄するのは、河北省・山西省・内モンゴル自治区・北京市・天津市である。ただし、文革が開始されて間もなくは、天津市は河北省に含まれていた。また、文革が開始されて情勢が混乱するなか、次第に本来の機能を果たすことが出来なくなっていった。

蹲点《トゥンディエン》

幹部が一定の期間、農村や工場等の末端の単位《ダンウェイ》に滞在し、その地の農民や労働者と労働も含めて生活を共にしながら、調査や研究を行うことを指す。

農業合作社　→　農業の集団化

農業の集団化（農業合作社、人民公社、生産大隊、生産隊）

中国における農業の集団化は、積極的に推進する発展期と、集団化が緩められたりあるいは非集団化が行われたりする停滞期を繰り返しながらも、集団化の度合いを急速に高めていった。農業生産における経済計算の単位（基本核算単位）は、時期によって以下のように変化していった。まず、一九五四年頃から、自然村を単位として集団化された初級農業合作社化が行われた。各社員への分配は、労働量だけでなく、集団化に際して提供した土地の広さや家畜などの数が考慮された。次に、一九五五年秋頃からは、初級農業合作社から高級農業合作社への移行が行われ、より社会主義的な形態となった。高級農業合作社は、自然村より規模の大きい行政村を単位とし、私有権が完全に廃絶され、労働量のみに応じて分配が決定された。一九五六年末までに、全国のほとんどの農家が高級農業合作社に組み込まれることになった。さらに、一九五八年の八月以降、人民公社の建設が全国で開始された。人民公社とは、一つの郷に一つの人民公社を設けることを基本の規模とし、従来の権力機構である郷人民政府・郷人民代表大会と集団所有制の経済的組織を一体化した組織である。公社とは、コミューンを意味する中国語である。人民公社の下にはいくつかの生産大隊が設置され、さらに生産大隊の下にはいくつかの生産隊が設置されていた。生産大隊とは、従来の高級農業合作社の規模に相当し、二〇〇〜三〇〇戸からなる。生産隊とは、従来の初級農業合作社の規模に相当し、二〇〜三〇戸からなる。参考：天児慧『中華人民共和国史』岩波書店、一九九九年、三九〜四二頁。矢吹晋『文化大革命』講談社、一九八九年、五〇〜六八頁。

反右派闘争

反右派闘争とは、一九五七年に発生した中共による大冤罪事件である。毛沢東は一九五七年二月、「人民内部の矛盾を正しく処理する問題について」という講話を行い、党に対する党外からの積極的な批判を歓迎するというメッセージを発した。さらに、党中央は、前年から行っていた自由な議論を推奨する「百花斉放、百家争鳴」というキャンペーンを改めて積極的に展開し、民主党派や知識人、その他の党外人士に呼びかけた。この呼びかけに応じた多くの党外人士からは中共に対する厳しい批判や意見が出された。すると、毛沢東は、一転してこの批判を「右派分子の狂気じみた攻撃」と見なし、これらの人々に対する反撃を開始した。右派分子とされた多くの党外人士が攻撃された。この反右派運動によって、中国国内における毛沢東の指導力が強まり、中共の独裁が強化された。参考：天児慧『中華人民共和国史』岩波新書、一九九九年、四五〜四八頁。

批林批孔

一九七四年頃から展開された、林彪批判及び孔子批判を互いに結びつけて行う運動である。一九七三年以来、毛沢東は度々、孔子批判を口にしてきた。同年七月四日、毛沢東は「林彪は国民党と同じだ。どちらも『尊孔

（子）反法（家）』だ」と述べている。一方で、江青グループにとっては林彪への激しい批判はかつて林彪の盟友であった自分の陣営への批判を招く可能性があり、難しい立場に立たされていた。こうした状況を打開するため、江青グループは、孔子と林彪を同等に見做して大々的に批判することで、林彪批判の火の粉が自分たちに降り掛かるのを回避しよう考えた。一九七四年一月一二日、王洪文と江青は、お抱えの論文執筆グループである北京大学・清華大学大批判組（梁効）による論文「林彪と孔孟の道」を教材とし、「批林批孔運動」を行うよう毛沢東に建議し、同意を得た。江青グループは、江青指導下の論文執筆グループを動員して、多くの論文を発表させた。さらに、「現代の孔子とは誰か」という問いを発し、「党内に大きな儒家がいる」といった発言をすることで、現代の孔子たる周恩来を暗にあてこすった。批林批孔運動は、次第に実質上の周恩来批判となっていったのである。参考：天児慧『中華人民共和国史』岩波書店、一九九九年、一〇八頁。厳家祺・高皋『文化大革命十年史（下）』岩波書店、二〇〇二年、一二〇～一二三頁。

辺区 ↓ 革命根拠地

万張集団

文革中、天津市委員会第一書記であった万曉塘と天津市委員会書記処書記であった張淮三を頭目とする反党集団なるものが存在するとされ、集団成員と見なされた多くの者が批判され、打倒された。「万張集団」、「万張反党集団」「万張反党セクト主義集団」、「万張反革命修正主義集団」などと呼ばれ、その時々に糾弾された罪名が名称に加えられた。一九七九年、天津市委員会は万張反党集団事件が冤罪であると宣言した。

万張反革命修正主義集団 ↓ 万張集団

右からの巻き返しの風 ↓ 「鄧小平を批判し右からの巻き返しの風に反撃する」運動

毛主席語録（語録牌）

毛主席語録は、一九六四年、当時国防部部長であった林彪が主導して編集させた、毛沢東の言葉を集めた書物である（口絵参照）。赤い表紙がつけられている。当初は中国人民解放軍総政治部が執筆した「まえがき」がついていたが、後に林彪による「まえがき」が付された。文革中は、紅衛兵は毛主席語録を振りかざしながら集会に参加し、デモ行進などを行った。語録牌は、毛主席語録のなかのフレーズが書かれたプレートである。大きさや形状は様々であり、通りの壁に立てかけられた大きなものから、持ち歩ける表彰盾のような大きさのものまであったようである。

領導幹部

「領導」とは、日本語でいう「指導」に近いが、強制力がより強い。「領導幹部」と言えば、各機関のなかで意思決定に際して強い影響力を持つ幹部を指し、一般の幹部とは区別される。

林彪、江青反革命集団

林彪を頭目とするグループと江青を頭目とするグループの総称である。林彪グループは、林彪のほか、妻の葉群、黄永勝、呉法憲、李作鵬、邱会作を主要メンバーとした。一九七一年九月に発生した林彪事件によって、林彪や葉群は死亡し、ほかの林彪グループの主要メンバーも隔離審査を受けるなど、グループは壊滅した。一方、江青グループは、いわゆる四人組のメンバーとされる江青、王洪文、張春橋、姚文元を主要メンバーとした。一九七六年九月九日に毛沢東が死去する前後、江青グループは毛沢東の後継者とされた華国鋒から権力を奪取するための最後の活動を積極的に展開していた。しかし一九七六年一〇月、党中央政治局は周到な用意を重ね、四人組を逮捕し、隔離審査とすることに成功した。

文革収束後の一九八一年、最高法院特別法廷は林彪、江青グループによる犯罪行為を「林彪、江青反革命集団事件」として審理し、林彪反革命集団とされた黄永勝、呉法憲、李作鵬、邱会作、その他の者達は有期懲役の判決を受けた。また、四人組及び康生、謝富治らなどを含む江青反革命集団のメンバーに対しても、厳しい判決が下された。江青は死刑（後に無期懲役）、王洪文は無期懲役、張春橋は死刑（後に無期懲役）、姚文元は懲役二〇年であった。

林彪事件（九・一三事件）

中共の公式見解に従えば、一九七一年九月一三日、林彪が毛沢東暗殺を企てたクーデターに失敗し、妻の葉群や息子の林立果らとともに空軍機でソ連へ亡命しようとしたが、その途上、モンゴルで墜落死した事件のことである。

林彪は、一九六九年第九回党大会で承認された党規約において、「毛沢東同志の親密な戦友、後継者」として明記され、林彪グループのメンバーも政治局委員に選出されている。表面上は順調に勢力を拡大していた林彪が、なぜ毛沢東の暗殺を企てねばならなかったのか。中共の公式見解、及びこれまでの先行研究では、この問いに完全に答えることはできていない。

ただ、林彪と毛沢東の仲は、党規約の文言程には親しいものではなかったことは確かである。特に、一九七〇年の江西省廬山で開催された中共九期二中全会で、林彪に接近していた陳伯達が批判され、失脚してからは、二人の仲に明らかな亀裂が入った。陳伯達批判（批陳整風）が行われるなかで、毛沢東は林彪グループのメンバーや林彪本人までも批判するようになった。毛沢東にとって林彪は大躍進で失敗を犯し、苦境に立たされた自分を熱烈に支持し、賛美してくれた人物であり、彼の毛沢東賛美があったからこそ劉少奇らの追い落としが可能であった。また、林彪は、先頭に立って毛沢東を賛美することで、自らの権威を高めることができた。彼らの関係は、ギブ・アンド・テイクの政治的なものであった。

とは言え、林彪事件の真相については、未だ謎が多く、真実がどうであったかを明らかにするのは容易でないだろう。参考：天児慧『中華人民共和国史』岩波書店、一九九九年、九四～一〇〇頁。

レッテルを貼る

「反革命」、「修正主義分子」、「右派」といった罪状を与えるという意味である。中国語では「戴帽子」と表現し、日本語に直訳すると帽子をかぶせるという意味である。これは、批判闘争会において、批判対象とされた人々に罪状が書かれた帽子をかぶせたことに由来する、比喩的な言い回しある。逆の意味の言葉である「摘帽」は、帽子を脱がせるという意味で、貼られていたレッテルを取り去り、汚名を返上する、名誉回復するという意味である。

労働模範

中国においては、社会主義建設において卓越した業績を残した模範的労働者を労働模範として表彰する。全国労働模範と、省や部・委員会級の労働模範がある。

主要人名註

本書本文のほか、天児慧・石原享一・朱建栄・辻康吾・菱田雅晴・村田雄二郎編『現代中国事典』(岩波書店、一九九九年)、陳東林・苗棣・李丹慧主編、加々美光行監修、徳澄雅彦監訳、西紀昭・山本恒人・園田茂人ほか訳『中国文化大革命事典』(中国書店、一九九六年)、現代中国人名辞典編集室編『現代中国人名辞典(一九九五年版)』(霞山会、一九九五年)、李盛平主編『中国近現代人名大辞典』(北京、中国国際広播出版社、一九八九年)などを参考に、訳者が作成した。また、各人物の本書初出箇所に〔※〕を付した。なお、生年、没年が不明な場合は記載していない。

安子文(あん・しぶん)(Ān Zǐwén)(一九〇九～一九八〇年)
陝西省綏徳《すうとく》県の出身。一九二七年に中国共産党に入党。一九二五年から三六年にかけて、国民党支配地区で地下工作に従事する。国民党政府に逮捕・投獄された際、劉少奇ら党中央指導者の承認の下で、転向声明を出し釈放された。その後、党の工作に復帰した。文革以前は、党中央委員、党中央組織部部長を務めた。文革が始まると、過去の転向声明が問題とされ、同様に転向声明を出すことで釈放された過去を持つ薄一波や劉瀾濤らと共に、叛徒のレッテルを貼られた。しかし、これは江青や康生らが、劉少奇批判を目的として捏造した冤罪事件であり、安子文は長期間監禁されるなどの迫害を受けた。一九七八年に名誉回復される。

尹淑坤（いん・しゅくこん）（Yǐn Shūkūn）

「黒い劇」として江青らから批判を受けた『新時代の「狂人」』の脚本の作者である。文革中、「黒い劇」批判の際に、捕えられた。

于蔭田（う・いんでん）（Yú Yìntián）

四清運動が展開されていた当時、天津市の南郊区党委員会農村工作部部長を務めていた。陳伯達による「張鳳琴反革命集団」事件の捏造に反対したために、同集団の後ろ盾と見なされ、批判される。

于会泳（う・かいえい）（Yú Huìyǒng）（一九二五～七七年）

山東省の出身。二〇世紀中国を代表する音楽家・演劇俳優である。一九四六年に革命に参加し、中国人解放軍某部隊文芸工作団に入団。文革期に政治に巻き込まれ、国務院文化部部長などの要職に就くが、一九七六年に四人組の仲間として逮捕される。一九七七年、五二歳で自殺する。

閻錫山（えん・しゃくざん）（Yán Xīshān）（一八八三～一九六〇年）

山西省五台《ごだい》県の出身。中華民国時代の軍人。一九一一年の辛亥革命では、山西省で部隊を率いて蜂起し、山西省の最高権力者となる。その後、支配地域が変化したものの、山西省を中心に大きな権勢を有した。一九四五年以降の国共内戦で中共軍に敗れ、広州に脱出し、その後台湾に移った。

袁静（えん・せい）（Yuán Jìng）（一九一四～九九年）

江蘇省武進《ぶしん》県の出身。一九三〇年代に革命に参加する。一九四六年から作家として作品を発表する。一九四九年、中国作家協会に加入。天津市文学芸術界聯合会《れんごうかい》（文聯）副主席、中国作家協会天津分会副主席、中国文聯第四委員などを歴任。文革中、天津文芸界の人物として江青らから批判を受ける。

王海容（おう・かいよう）（Wáng Hǎiróng）（女）（一九三八年～）
父の王季範《おう・きはん》は毛沢東のいとこである。外交部で通訳を務め、一九七二年、外交部長補佐、一九七四年、外交部副部長。批林批孔運動では、積極的に周恩来批判の活動を展開する。四人組失脚後、外交部の職を解かれて審査を受ける。後に復職した。

王嘉禾（おう・かか）（Wáng Jiāhé）
天津の工商付属中学在学中の一九四八年に中国共産党に入党し、党の地下活動を行った。入党の際には、本書著者の王輝氏入党紹介人を務めた。

王元和（おう・げんわ）（Wáng Yuánhé）
文革後期、解学恭が批判されるなか、解を支えるブレーンの一人（「八王保解」）とされ、批判を受けた。

王洪文（おう・こうぶん）（Wáng Hóngwén）（一九三五～九二年）
吉林省長春《ちょうしゅん》市の出身。もともとは上海の工場の保安員であったが、一九六六年一一月に、上海市の労働者造反組織である「工総司」の責任者となる。その後、張春橋や姚文元らと共に、中共上海市委員会の責任者に対して批判闘争を仕掛け、上海市における奪権を成功させた。江青グループの一員として大きな権力を持ち、一九六九年には党中央委員となる。一九七六年、四人組の一人として逮捕。一九八一年、無期懲役の刑が確定した。

王作山（おう・さくざん）（Wáng Zuòshān）（一九三五年〜）
一九六九年、天津市宝坻《ほうてい》の林亭口《りんていこう》鎮東南部にある小靳荘《しょうきんそう》の村党支部書記に就任する。小靳荘は、もともと非常に貧しい村であったが、新中国成立後は土地改革によって村民の生活情況は改善された。しかし、文革の開始によって生産活動は混乱し、再び貧困に苦しんでいた。そうしたなか、党支部書記に就任した王作山は、農民の生活レベルを引き上げることに成功した。政治夜間学校の運営が江青の関心を呼び、小靳荘がモデル地域とされると、王作山も江青に重用され、急激な昇進を果たすことになった。県党委員会書記、全国人民代表大会常務委員会委員を務めた。しかし、江青の失脚後は、その巻き添えとなって批判され、隔離審査を受けた。

王淑珍（おう・しゅくちん）（Wáng Shūzhēn）（一九三五年〜）（女）
王淑珍は、元々は労働模範であったが、文革中に昇進し、中共天津市委員会書記を務める。一九七四年一二月から一九七六年一〇月まで天津市革命委員会常務委員。仕事上の理由から、「鄧小平を批判し右からの巻き返しの風に反撃する」運動のなかで、若干の発言を行ったことがあった。そのため、「公然とした批判・審査」（掲批査）運動のなかで批判された。

汪潤田（おう・じゅんでん）（Wāng Rùntián）
文革後期、解学恭が批判にさらされるなか、「八王保解」（解を支えるブレーンの一人）として批判を受けた。

王昌定（おう・しょうてい）（Wáng Chāngdìng）（一九二四〜二〇〇六年）
中国の著名な作家。中国作家協会会員。月刊の文学雑誌『新港』の編集部主任や編集主幹を務めた。文革中、天津文芸界は江青に批判され、王昌定も厳しく批判された。

王震（おう・しん）（Wáng Zhèn）（一九〇八～九三年）
湖南省瀏陽県《りゅうしょうけん》の出身。一九二七年、中国共産党に入党。文革が開始された頃は、国務院農墾部部長、党中央委員を務める。文革では、批判を受けて農墾部部長を解任されるが、後に復職し、一九七五年から国務院副総理を務める。

王静（おう・せい）（Wáng Jìng）
文革中、天津文芸界の人物として江青らから批判を受ける。

王占瀛（おう・せんえい）（Wáng Zhānyíng）
古参の幹部である。「文革」以前の最年少の副市長であり、工業分野に詳しかった。文革中、胡昭衡が批判を受けると、胡昭衡から重用されていたというだけで、巻き添えとなった。革命委員会成立時には復職し、市革命委員会常務委員、市革命委員会生産指揮部主任などを務めた。文革中は一貫して実務に従事し、工業・生産分野を管理した。しかし、そのことが原因で、後に解学恭が批判された際、解を支えるブレーンの一人（「八王保解」）と見なされ、明確な説明も無いままに免職処分を受けることになった。

王中年（おう・ちゅうねん）（Wáng Zhōngnián）
抗日戦争前に革命に参加した古参の幹部であり、元々は河北省の幹部であった。天津市が河北省の管轄となると、天津へ異動となり和平区党委員会書記を務めた。文革期には中共天津市委員会常務委員兼和平区党委員会書記を務める。経済分野に特に長け、文革中も一貫して経済・工業分野の仕事に従事した。四人組失脚後、天津市委員会書記に就任する。しかし、解学恭の失脚に伴って、正当な理由も無いままに、免職となった。

王中民（おう・ちゅうみん）（Wáng Zhōngmín）

一九六九年八月一五日に始まった天津市渉県製鉄所のプロジェクト（六九八五工程と呼ばれた）に参加した幹部の一人である。

王珍堂（おう・ちんどう）（Wáng Zhēntáng）

文革後期、解学恭の執政を支えた政研室、弁公庁、宣伝部、組織部に所属していた者達もやはり批判された。そのなかで、解を支えるブレーンの一人（「八王保解」）として、本書著者とともに批判を受けた。

王亭（おう・てい）（Wáng Tíng）

文革後期、解学恭の執政を支えた政研室、弁公庁、宣伝部、組織部に所属していた者達は、解学恭の失脚に伴って批判された。王亭は、「八王保解」（八人の王が解を防衛する）の一人として批判を受けた。

汪東興（おう・とうこう）（Wāng Dōngxìng）（一九一六年～）

江西省弋陽《よくよう》県出身。一九三二年、中国共産党に入党。建国後、政務院秘書庁副主任兼警衛処処長、公安部第八・九局副局長、同局長、公安部副部長、江西省副省長、党中央弁公庁副主任兼中央警衛局局長を歴任。一九六五年、中央弁公庁主任に就任する。文革中は、中央専案組（特捜）による劉少奇、鄧小平らの身柄拘束などを指揮する。一九六九年、党中央席次局候補委員。一九七三年、党中央政治局委員。一九七六年一〇月、四人組の身柄拘束や隔離審査の実施において、一定の役目を果たす。その後、華国鋒の「二つのすべて」の方針を積極的に支持した。一九七七年八月、党中央副主席に選出される。しかし、一九七八年一二月、党中央政治局は、汪東興の中央弁公庁主任の職を罷免することを決定。一九八〇年には、党及び国家の一切の指導的職務から解任される。一九八二年、党中央候補委員に選出。一九八五年、党中央顧問委員会委員。

王曼恬（おう・まんてん）（Wáng Mántián）（一九一五～七七年）

湖南省湘郷《しょうきょう》県の出身。毛沢東の母方のいとこの姪である。一九三九年、中国共産党に入党。文革期、江青の意に従って、主に天津で積極的に活動した。一九六七年、天津市革命委員会委員。四人組逮捕後、免職となり、審査を受けたが、その最中に自殺した。

王力（おう・りき）（Wáng Lì）（一九二一／二二～九六年）

江蘇省淮安《わいあん》県の出身。一九三八年（一説には一九三九年）、中国共産党に入党する。建国後、河北省副省長、党ベトナム派遣顧問団宣伝組長、「紅旗」副総編集長などを務める。一九六四年、党中央対外連絡部副部長。一九六六年、「五・一六」通知の起草に参加し、中央文革小組の成員となる。一九六七年六、七月には、文化革命工作団を率いて雲南や湖北などへ行き、武闘の問題を処理した。その最中の七月二〇日、武漢で一部の軍民に拉致され、負傷するが、その後救出される。一九六七年八月、外交部と軍の内部における奪権を積極的に呼びかけ、全国的な混乱を招く。こうした事態を受け、毛沢東の承認の下、八月三〇日に関鋒と共に隔離審査を受ける。四人組失脚後にようやく釈放される。一九八四年、党中央規律検査委員会は、党から除名すると宣言した。

王林（おう・りん）（Wáng Lín）（一九一五年～）

一九三〇年代初期に青島大学の共産党支部書記を務める。また、天津解放初期の市委員会書記兼市長であり、江青と一時恋人関係にあった黄敬（元の名は兪啓威）の入党に際して紹介人を務めた。その後、天津に入城。解放初期には天津市総工会宣伝部長を務めた。後に作家となった。

夏衍（か・えん）（Xià Yǎn）（一九〇〇～九五年）

浙江省の出身。中国の著名な文学者。一九一五年、浙江省甲種工業学校に入学し、一九二〇年に卒業。その後、推薦を受けて日本へ留学し、マルクス主義に触れる。日本滞在中に中国国民党に入党するが、紆余曲折を経て、一九二七年、中国共産党に入党し、翻訳業務に従事する。新中国成立後は、上海市委員会常務委員などの職に就き、上海における宣伝工作の責任者となる。文革中、迫害に遭い、八年間投獄される。中日友好協会会長を務めた。

郭春源（かく・しゅんげん）（Guō Chūnyuán）

一九五七年の反右派闘争の際、天津市委員会国営工業部の部長を務めていた。市委員会国営工業部内における右派のレッテル貼りを抑制した。

郭沫若（かく・まつじゃく）（Guō Mòruò）（一八九二～一九七八年）

中国の文学者。詩人。政治家。五四新文化運動以後、一九二一年に文学団体「創造社」の設立に参加。日本への留学経験がある。国民党統治下で無党派民主人士だったため、社会主義中国成立後は共産党政権下の知識人の代表として注目された。一九六六年の文化大革命が発動される直前、彼は自己批判を発表し、それまでの自らの著作などを「厳格に言うなら、全て焼き尽くすべきで、まったく価値がありません」と否定した。参照：武継平「郭沫若の自己批判の懸案」『言語文化論及』二〇巻、二〇〇五年、九三～一〇五頁。

華国鋒（か・こくほう）（Huá Guófēng）（一九二一～二〇〇八年）

山西省交城《こうじょう》県の出身。一九三八年（一説には一九四〇年）に中国共産党に入党。一九七〇年、中共湖南省委員会第一書記。一九七三年、中央政治局委員。一九七六年、周恩来死去後は国務院総理代行を務め、同年四月には国務院総理兼党第一副主席となる。毛沢東死去後、毛の正統な後継者として、老幹部である葉剣英らと四人組を排除し、党主席、中央軍事委員会主席として、政府・党・軍の権力を一手にした。しかし、鄧小平との党内闘争に敗北した。

滑富強（かつ・ふきょう）（Huá Fùqiáng）（一九四三年〜）

天津市の出身。一九六〇年から労働に従事したが、一九六三年から作家としても活動し、作品を発表する。天津市北辰《ほくしん》区文化館副館長、文化局社文科課長、区文学芸術界聯合会《れんごうかい》（文聯）主席などを務める。文革中は、天津文芸界の人物として江青らから批判を受ける。天津市第一一期政治協商会議委員、北辰区第四・五・六期政治協商会議常務委員、天津市民間文学研究会理事などを務める。二〇〇七年、中国作家協会に加入する。

韓念龍（かん・ねんりゅう）（Hán Niànlóng）（一九一〇年〜）

貴州省仁懐《じんかい》の出身。一九三六年、中国共産党に入党。一九五九年から外交部長補佐、一九六四年、外交部副部長。一九七八年八月の日中平和友好条約締結に際しては、日中交渉における中国代表を同年二月から務めた。

関鋒（かん・ほう）（Guān Fēng）（一九一八／一九〜二〇〇五年）

山東省慶雲《けいうん》県の出身。一九三三年、中国共産党に入党。一九五八年、「紅旗」創刊時に編集委員となり、後に副総編集長となる。一九六六年、「五・一六」通知の起草に参加し、中央文革小組の成員となる。一九六七年一月、王力とともに「軍内の一つまみを引きずり出せ！」、というスローガンを提出し、全軍文革小組副組長となる。軍内部の奪権を積極的に呼びかけ、全国的な混乱を招く。こうした事態を受け、毛沢東の承認のもと、八月三〇日に王力とともに隔離審査を受ける。四人組失脚の後、引き続き審査を受け、党籍剥奪となるが、政治権利は剥奪されず、給料待遇などは保留とされた。

吉鴻昌（きつ・こうしょう）（Jí Hóngchāng）（一八九五〜一九三四年）
河南省扶溝《ふこう》県の出身。もともとは直隷派の軍閥である馮玉祥《ふう・ぎょくしょう》が率いる軍に所属し、その後中国国民党に加入した。一九二八年以後は国民党政府軍第二一軍軍長、寧夏省政府主席を務めた。一九三一年、中国共産党軍や抗日に対する態度において、蔣介石と衝突し、外遊に出る。翌年帰国すると、中国共産党に入党。抗日、反蔣介石の立場から活動し、一九三三年には、馮玉祥と共に、察綏《さっすい》民衆抗日同盟軍を組織する。一九三四年、天津において国民党政府に逮捕され、処刑される。

紀登奎（き・とうけい）（Jì Dēngkuí）（一九二三〜八八年）
山西省武郷《ぶきょう》県の出身。一九三八年、中国共産党に入党する。河南省委員会常務委員であったが、文革が始まると、毛沢東に仕事ぶりを褒め讃えられたことから昇進を果たし、一九六八年には河南省革命委員会副主任となる。一九六九年からは党中央委員。一九七三年、北京軍区第一政治委員。一九七五年、国務院副総理となる。しかし、華国鋒派と批判を受け、一九八〇年に党及び国家の指導職を免職となる。

丘金（きゅう・きん）（Qiū Jīn）（一九〇五〜九八年）
一九四五年中共第七回全国代表大会の候補代表。一九四八年一二月一五日に中共天津市委員会が成立した時、初代委員を務めた。一九五六年、中共第八回全国代表大会の代表に選出。その後、上海市虹口《こうこう》区委員会第二書記、上海市閘北《こうほく》区第一書記、党中央監察委員会候補委員などを務める。文革期には、五年間拘禁される。

許建国（きょ・けんこく）（Xǔ Jiànguó）（一九〇三〜七七年）
湖北省黄陂《こうひ》県の出身。一九二三年、中国共産党に入党。建国後、天津市副市長兼（初代）公安局長、華東軍政委員会公安部部長、上海市副市長兼公安局局長、公安部副部長などを歴任した。文革中、批判されたが、死後の一九八〇年、名誉回復が行われた。

許誠（きょ・せい）（Xǔ Chéng）

一九七〇年四月より、市革命委員会常務委員。文革後期には、天津市委員会第三書記を務めた。

許立群（きょ・りつぐん）（Xǔ Lìqún）（一九一七～二〇〇〇年）

江蘇省南京《なんきん》市の出身。一九三七年、中国共産党に入党。一九五四年、第一期全人代江蘇省代表。一九六一年当時は、党中央宣伝部副部長を務め、一九六四年九月当時には、雑誌『紅旗』副編集長を務める。文革中は反党グループと批判され、失脚する。一九七九年一〇月当時、社会科学院哲学研究所所長、一九九〇年七月当時、社会科学院哲学研究所名誉所長。第四・五・六・七期全国政治協商会議委員を務めた。

黄敬（こう・けい）（Huáng Jìng）（一九一一～五八年）

浙江省紹興《しょうこう》県の出身。原名は兪啓威。一九三二年、青島大学在学中に中国共産党に入党。当時同大学の図書館で働いていた江青と知り合い、一時期恋人同士となる。一九四九年、新中国が成立すると、中共天津市委員会書記兼天津市市長に就任。一九五六年、党中央委員。若くして亡くなる。

高崗（こう・こう）（Gāo Gǎng）（一九〇五～五四年）

陝西省横山《おうざん》県の出身。一九二六年に中国共産党に入党した老幹部で、一九四九年から中央人民政府副主席を務めた。一九五三年、当時党中央組織部部長であった饒漱石《じょう・そせき》とともに劉少奇の打倒、中国共産党の分裂、国家権力の簒奪を目的とした反党陰謀を企てたかどで批判され、失脚。翌年、自殺した。中共の公式見解に基づき、以上ように理解されている高崗・饒漱石事件（高饒事件）であるが、事件の全容は未だ明らかになっていない。

高崗による陰謀など実際には存在せず、毛沢東の陰謀によるものだったという見方もあり、真相は不明である。参考：天児慧『巨龍の胎動――毛沢東VS鄧小平』講談社、二〇〇四年、一一七～一一八頁。

黄克誠（こう・こくせ）（Huáng Kèchéng）（一九〇二～八六年）
湖南省永興《えいこう》県の出身。一九二五年、中国共産党に入党。新中国成立後、中共湖南省委員会書記、人民解放軍副総参謀長、総参謀長兼総後勤部部長、中央軍事委員会秘書長、国防部副部長などの要職を歴任。一九五九年、廬山会議において、大躍進政策を批判したとして彭徳懐らと共に失脚する。文革中も批判を受けた。

孔昭慈（こう・しょうじ）（Kǒng Zhāocí）
新中国建国以前、天津における地下党活動を指揮した幹部の一人である。文革中、天津地下党組織の元メンバーに対する批判が行われた際には、叛徒、スパイとのレッテルを貼られ、批判を受けた。

黄松齢（こう・しょうれい）（Huáng Sōnglíng）（一八九八～一九七二年）
湖北省石首《せきしゅ》県の出身。一九二五年、中国共産党に入党。北平（現在の北京）で教鞭をとり、積極的にマルクス主義を教え広める。建国後は、中共天津委員会宣伝部部長、高等教育部副部長、中国人民大学副校長、中国科学院学部委員、全国政治協商会議委員などを歴任。

康生（こう・せい）（Kāng Shēng）（一八九八～一九七五年）
山東省膠《こう》県の出身。一九二五年、中国共産党に入党。一九三一年、党中央組織部部長。その後、中共駐コミンテルン代表団副団長、党中央政治局委員、党中央社会部長、党中央情報部長などを務め、スパイ摘発工作に従事。建国後は党中央山東分局書記となるが、病気を理由に長期休養をとる。一九五六年、党中央政治局候補委員。

一九六二年、党中央書記処書記。一九六六年、党中央文革小組顧問。実権派摘発を行い、数々の冤罪事件を捏造して多くの人々を迫害した。一九六九年、党中央政治局常務委員。一九七〇年、党中央組織宣伝組が成立すると、組長に着任。一九七三年、党中央副主席に就任する。一九七五年、病没。一九八〇年一〇月、党から除名となる。同年、林彪、江青反革命集団の主犯とされるが、既に死亡しているため刑事責任は問われなかった。

江楓（こう・ふう）（Jiāng Fēng）

一九三八年に革命に参加した党歴の長い幹部である。長期に渡って公安の仕事に従事し、一九六〇年に天津市公安局局長の職に就いた。文革期、天津市における一大冤罪事件「万張集団」を最初に告発した。文革が開始されると、公安部内で江楓を支持する組織「造反本部」が設立され、同じ公安部内の造反組織で天津市委員会を擁護する立場の「政法公社」と対立した。一九六七年二月、公安局が軍事管制下に置かれると、「政法公社」は反動組織だと発表され、解散に追い込まれた。一九六七年三月、「幹代会」（幹部代表大会）が成立すると、主に「造反本部」のメンバーが「幹代会」の成員となった。天津市における「三結合」の「奪権準備工作領導小組」（後に、「天津市革命委員会準備小組」と改称）が成立すると、江楓は地方領導幹部の代表として参加。一九六七年一二月六日、天津市革命委員会が成立すると、革命委員会副主任に就任した。しかし、一九六八年二月、中央首長の天津市革命委員会委員たちとの接見が秘密裏に行われ（いわゆる「二・二一」事件）、そこで中央指導者らから批判を受けたために「隔離審査」を受けた。一九七一年一二月、心臓病によって突然この世を去った。一九七八年一月、中共天津市委員会は文化大革命中に江青、陳伯達から受けた迫害について、名誉回復を行った。

浩亮（こう・りょう）（Hào Liàng）（一九三四年～）

上海市の出身。京劇役者の家系に生まれる。原名は銭浩亮だが、文革中、江青が浩亮と改名させた。一九五九年、中国共産党に入党。一九六三年、中国京劇院に在籍中、「京劇革命」を推進していた江青と接触し始め、翌年には革命模範劇『紅灯記』で主人公の李玉和を演じる。これ以後、文芸界において江青の追随者として活動する。文革中、急速に昇進し、一九七一年、全人代常務委員及び国務院文化組の成員となり、一九七五年には文化組副部長となる。四人組失脚後、隔離審査を受け、党籍剥奪のうえ地方に左遷されることが決まった。

呉晗（ご・がん）（Wú Hán）（一九〇九～六九年）
浙江省義烏《ぎう》県の出身。清華大学出身。歴史家。一九五二年に北京市副市長となる。一九六五年、著作『海瑞の免官』を批判する姚文元の論文が発表され、文化大革命が開始された。その後、反党・反社会主義というレッテルを貼られ、獄中で死去。

谷牧（こく・ぼく）（Gǔ Mù）（一九一四～二〇〇九年）
山東省栄成《えいせい》県の出身。一九三二年、中国共産党に入党。一九三四年、北平左翼作家聯盟《れんめい》の書記を務める。新中国が成立した後、中共上海市委員会副書記に就任したが、その後、中央で勤務する。文革期には薄一波と共に一旦失脚するが、復活し、一九七五年から国務院副総理に就任。華国鋒政権を経済分野で支えた。

呉桂賢（ご・けいけん）（Wú Guìxián）（女）（一九三八年～）
河南省（一説には陝西省）の出身。一九五八年、中国共産党に入党。西北国営棉第一廠《しょう》（廠は工場を指す）の紡織労働者であったが、全国労働模範に選ばれる。文革期に急激に昇進し、同工場の革命委員会主任、咸陽市革命委員会副主任、陝西省革命委員会副主任などを歴任。一九六九年、党中央委員となり、一九七五年には国務院副総理に就任した。一九七七年末には党中央委員を罷免されたが、その後陝西省に戻り、西北国営棉《めん》第一廠党委員会副書記などを務めた。

呉硯農（ご・けんのう）（Wú Yànnóng）（一九一一～八七年）
天津の出身。一九三二年、中国共産党に入党。共産主義青年団天津市委員会宣伝部部長、冀中《きちゅう》行政督察専員公署副主任、中共天津市委員会書記などを務める。建国後、天津市人民政府秘書長、中共天津市委員会書記処書記、中共河北省委員会書記処書記、国家経済委員会副主任、全国政治協商会議委員などを歴任。

胡縄（こ・じょう）（Hú Shéng）（一九一八～二〇〇〇年）
江蘇省蘇州《そしゅう》市の出身。一九三八年、中国共産党に入党。一九四九年以降、政務院出版総署の党組書記、中央党校一部主任、党中央宣伝部秘書長、紅旗雑誌社副編集長などを歴任する。文革初期、「二月提綱」の作成に関わった。また、江青らの批判活動を学術的な討論の範囲に限定しようと努めたが、こうした態度から、文革中に迫害された。一九七五年、全人代常務委員会委員に選出される。四人組失脚後、党中央文献研究室副主任、同主任、中国社会科学院院長などを務めた。

呉振（ご・しん）（Wú Zhèn）（一九二二年～）
直隷省（現在の河北省）阜平《ふへい》県の出身。一九三八年、中国共産党に入党。一九六四年、国務院農業部副部長に選出されるが、文革期に失脚。一九七九年一一月当時、天津市革命委員会副主任。一九八〇年一月、第三期中共天津市委員会副書記。同年六月、天津市副市長に就任。一九八七年四月、第七期天津市政治協商会議主席となる。

呉徳（ご・とく）（Wú Dé）（一九一三～九五年）
河北省豊潤《ほうじゅん》県の出身。一九三三年、中国共産党に入党。建国後は、天津市長、中共天津市委員会副書記、天津大学学長などを務める。一九六六年五月、中共天津市委員会第二書記。一九六七年四月に北京市革命委員会副主任。一九七二年、中共北京市委員会第一書記、北京市革命委員会主任、北京市長、北京軍区政治委員。一九七

三年、党中央政治局委員となる。四人組が失脚した後、華国鋒を支持したが、華国鋒が鄧小平に取って代わられたことにより、中共北京市委員会第一書記を解任され、八〇年には党及び国家の指導的職務を全て解任された。

呉法憲（ご・ほうけん）（Wú Fǎxiàn）（一九一五〜二〇〇四年）

江西省永豊《えいほう》県の出身。一九三二年、中国共産党に入党。建国後、中国人民解放軍空軍副政治委員兼政治部主任、空軍政治委員などを務める。文革期、林彪の指示に従って、主に空軍で積極的に活動。多くの幹部を打倒し、迫害した。一九六七年七月、軍事委員会監理小組組長となり、後に軍事委員会監理小組が廃止され軍事委員会弁事組が成立すると、副組長に就任。また、中央文革碰頭会《ほうとうかい》にも参加する。一九七一年九月一三日の林彪事件の後、辞職して謹慎。一九七三年、党から永久追放され、党内外の全職務を解任される。一九八一年、懲役一七年、政治的権利剥奪五年の刑が確定する。

胡耀邦（こ・ようほう）（Hú Yàobāng）（一九一五〜八九年）

湖南省瀏陽《りゅうよう》県の出身。一九三三年、中国共産党に入党。文革が始まった当時は、党中央西北局第二書記、中共陝西省委員会第一書記を務めていた。文革中、迫害を受け、湖北省に下放される。一九七五年に中国科学院党核心指導小組第一副組長として復活すると、一九七七年には党中央委員に選出される。文革収束後、鄧小平と共に、華国鋒との党内闘争を勝ち抜き、一九七八年には党中央政治局委員に就任。一九八一年、党中央主席（一九八二年からは総書記）に選出され、改革推進派として鄧小平体制を支えた。しかし、一九八七年一月の中央政治局拡大会議において、「集団指導原則に違反、重大な政治原則の問題の誤りを犯した」とされ、総書記を辞任。一九八九年、心筋梗塞によって死去した。これをきっかけに、胡耀邦の改革に期待を寄せていた民衆が天安門広場に集結し、第二次天安門事件（日本では通常、「天安門事件」と呼ばれる）が発生した。

呉冷西（ご・れいせい）（Wú Lěngxī）（一九一九年～）

広東省新会《しんかい》県の出身。一九三七年、中国共産党に入党。建国後、新華通訊社社長、『人民日報』編集長、党中央宣伝部副部長などを歴任する。文革が開始された頃、「二月提綱」の作成に関わり、『海瑞の免官』に端を発する江青や姚文元ら文革派（文革を積極的に推進するグループ）による批判活動を政治問題へ発展させないよう動いた。毛沢東が「二月提綱」を批判すると、罷免され、公然と批判された。一九七五年、全人代常務委員会委員に選出される。四人組失脚後、中共広東省委員会初期、党中央文献研究室主任などを務めた。

蔡樹梅（さい・じゅばい）（Cài Shùméi）（女）

元々は天津色織（先染織物）第四工場の女性労働者で、労働模範。造反者ではなかったが、文革中に昇進を果たす。一九七〇年四月から一九七六年一〇月までは天津市革命委員会常務委員も務め、新たに成立した中共天津市委員会常務委員会に参加。市婦女聯合会主任を務めた。全国総工会を準備している際、天津は彼女を一般委員に推薦したが、中央は彼女を副組長とした。彼女は仕事をしている期間、いくつかの誤った発言をしており、四人組粉砕以後、ブルジョア階級派閥体系なるものの一員と見なされ、公然とした批判（掲発批判）を受けることになった。

蔡和森（さい・わしん）（Cài Hésēn）（一八九五～一九三一年）

中国共産党書記の指導者の一人。逮捕され拷問を受けて亡くなる。新中国建国に貢献した革命家の一人として有名。

謝静宜（しゃ・せいぎ）（Xiè Jìngyí）（女）（一九三七／三九年～）

河南省商丘《しょうきゅう》県の出身。一九五三年から党中央弁公庁の機密秘書を務める。文革が始まると、江青の指示に積極的に従い、北京において文革派（文革を積極的に推進するグループ）の活動を行った。一九六八年、遅群や毛沢東思想宣伝隊と共に清華大学に進駐し、清華大学党委員会副書記となる。一九七三年、党中央委員及び北京市革命委員会副主任に就任。また、遅群とともに、江青の指示に基づいて、北京大学・清華大学大批判組（梁効）に対して命令を下し、周恩来や鄧小平を当てこする様々な論文を執筆させた。四人組が失脚すると、隔離審査を受ける。後に党を除名となり、職務を解任された。一九七七年、逮捕されるが起訴を免れた。

周谷城（しゅう・こくじょう）（Zhōu Gǔchéng）（一八九八〜一九九六年）

湖南省益陽《えきよう》県の出身。中国の著名な歴史学者・社会運動家。建国後、第一・二・三・五期全人代代表、第六・七期全人代常務委員会副委員長などを歴任。文革中、彼の「時代精神匯合論《かいごうろん》」が林彪、江青らによって「黒八論（黒い八つの論）」の一つとされ、批判を受ける。「黒八論」は、文芸界では黒線による独裁が行われてきたとする批判のなかで、集中的に批判された八つの論である。具体的には、「時代精神匯合論」のほかに、「真実描写論」、「リアリズム大道論」、「リアリズム深化論」、「題材決定反対論」、「中間人物論」、「硝煙臭反対論」、「離典背道論」を指す。

周揚（しゅう・よう）（Zhōu Yáng）（一九〇八〜八九年）

湖南省益陽県の出身。一九二七年、中国共産党に入党。一九二八年、日本へ留学する。建国以前は、中国左翼作家連名党団書記、『文学月報』主編などを務め、文芸工作を指導する。建国後も文芸界を主導し、党中央宣伝部副部長、中国作家協会副主席などを務める。文革中は、反党修正主義路線を行ったとして批判され、投獄される。一九七七年に名誉回復が行われ、中国作家協会副主席、中国社会科学院顧問、党中央宣伝部副部長などを歴任。

朱徳（しゅ・とく）（Zhū Dé）（一八八六～一九七六年）
四川省儀隴《ぎりょう》県の出身。中国人民解放軍創設及び中華人民共和国建国の功労者で、軍の最長老。建国後、中央人民政府副主席、中華人民共和国副主席、全人代常務委員会委員、党中央軍事委員会副主席、党中央副主席などを歴任。文化大革命が開始されると、林彪や江青の文革路線に従わなかったために批判を受けるが、毛沢東が朱徳保護の意思を表明したこともあり、失脚はしなかった。

蔣介石（しょう・かいせき）（Jiǎng Jièshí）（一八八七～一九七五年）
浙江省奉化《ほうか》県の出身。孫文に従って革命に身を投じる。一九二五年に孫文が死去すると、中国国民党のトップとして日本侵略に対応すると共に、中共掃討に大きな力を注いだ。抗日戦争期、一時的に中共と協力関係を結ぶことがあったが、抗日戦争後は再び国共内戦となる。中共に破れて、国民党軍を率いて台湾へ退いた。

聶元梓（じょう・げんし）（Niè Yuánzǐ）（一九二一年～）
河南省滑県の出身。一九三八年、中国共産党に入党。一九六四年、北京大学哲学系党総支部書記に就任。文革が開始されて間もない一九六六年五月、康生の妻である曹較欧《そう・かくおう》の指導の下、他の者らとともに大字報を書き、その中で北京大学の党指導部を厳しく批判した。この大字報が毛沢東の賞賛を得ると、北京大学で文革の活動を積極的に押し進めた。一九六七年一月、北京市革命委員会の副主任に就任。一九六八年に入ると、北京大学では対立する造反組織が激しい武闘を展開したが、聶は自らを支持する造反組織の側に立って指揮した。一九六八年九月、労働者毛沢東思想宣伝隊が北京大学に入り、武闘を停止させると、隔離審査を受けた。一九六九年、中国共産党第九回全国大会で中央候補委員に当選するが、すぐに農場に下放され労働に従事する。以後、七、八年間に渡って各地での監督下の労働及び数回の隔離審査を受けた。一九七八年三月、北京市中級人民法院は、「林彪・江青反革命集団に積極的に追随した」として、懲役一七年、政治的権利剥奪四年の刑を下した。

邵文宝（しょう・ぶんぽう）（Shào Wénbǎo）
文革中、天津文芸界の人物として江青らから批判を受ける。

徐信（じょ・しん）（Xú Xìn）
元々は天津市化工（化学工業）工場の労働者であった。文革中、造反によって昇進を果たし、工業分野を分担する中共天津市委員会書記を務めた。孫健が国務院副総理に栄転すると、王中年（市委員会常務委員、秘書長）と共に工業分野の責任者を担当。一九七四年一二月から一九七六年一〇月まで、天津市革命委員会常務委員を務めた。天津市において、文革中急激に昇進した若い幹部たちのなかで、最も重用された者の一人である。「鄧小平を批判し右からの巻き返しの風に反撃する」運動の際には、積極的に「左」の発言を行った。四人組失脚後、徐信は四人組に積極的に追随し、彼らの簒党奪権隠謀活動に参加したとして批判され、隔離審査を受けた。一九八四年、党籍を剥奪される。

任弼時（じん・ひつじ）（Rén Bìshí）（一九〇四～一九五〇年）
湖南省湘陰《しょういん》県の出身。中華人民共和国建国当時の最高指導者の一人。中学時代から学生運動に参加する。一九二二年、中国共産党に入党。一九四一年、党中央秘書長。一九四三年から一九五〇年まで党中央書記処書記。一九四五年から一九五〇年まで党中央政治局常務委員を務める。

戚本禹（せき・ほんう）（Qī Běnyǔ）（一九三一年～）
山東省威海衛《いかいえい》（現在の威海市）の出身。一九六六年、中央文革小組が成立すると、その成員となる。論文の執筆、演説などで造反派を煽動する活動を展開した。一九六八年に「王力・関鋒・戚本禹」グループの一員とされ、身柄を拘束される。文革終結後に逮捕。一九八三年、懲役一七年、政治的権利剥奪四年の判決が下された。

薛清泉（せつ・せいせん）（Xuē Qīngquán）
天津鉄路分局天津站六号門の古参の労働者である。

宋景毅（そう・けいき）（Sòng Jǐngyì）
抗日戦争時代からの古参の幹部。文革開始当時は、中共天津市委員会書記で、財政・貿易分野を担当していた。文革中、「万張集団」の一員と見なされ批判を受ける。また、一九六七年一月に天津市委員会が崩壊すると、財政・貿易部門のトップとして厳しく批判される。

荘則棟（そう・そくとう）（Zhuāng Zédòng）（一九四〇年〜）
中国の著名な卓球選手である。世界卓球選手権大会では、一九六一年に北京で開催された第二六回大会から一九六五年の第二八回大会まで、男子シングルスで三連覇する。荘則棟が大きな役割を担ったピンポン外交は、その後の米中関係改善の地盤を整えた。国家体育運動委員会主任（スポーツ大臣）を務めるまでに昇進するが、四人組失脚に伴い失脚し、四年間隔離審査を受ける。

孫健（そん・けん）（Sūn Jiàn）
文革中に天津市から出世した労働者出身の幹部。文革中、新たに天津市委員会が成立すると、市委員会書記となり、工業分野を担当した。一九七五年一月一七日、四期全国人民代表大会第一回会議において、国務院副総理に選出された。孫健は中央で仕事をしていたあいだ、中央で流れる噂の類いの情報を天津へ伝えた。清査（徹底調査）工作の際に審査される。

孫振（そん・しん）（Sūn Zhèn）（一九二〇～八七年）

河北省献県の出身。ペンネームは雪克。一九三九年、中国共産党に入党。その後、『晋察冀日報』記者、『人民日報』記者などを務める。一九五〇年から、中国文学芸術界聯合会（文聯）弁公室主任。著作に長編小説『戦闘の青春』など。

孫犁（そん・れい）（Sūn Lí）（一九一三～二〇〇二年）

河北省安平《あんぺい》県の出身。中国の著名な作家。文学上の流派「荷花淀派」の創立者とされる。

遅群（ち・ぐん）（Chí Qún）（一九三二年～）

山東省乳山《にゅうざん》県の出身。もともと中央警衛団（訳注〔393〕を参照）の政治部宣伝科副科長であった。一九六八年、謝静宜とともに毛沢東思想宣伝隊に付き添って清華大学に進駐。清華大学党委員会書記、清華大学革命委員会主任を務める。遅群は謝静宜とともに、江青の指示に照らして、北京大学・清華大学大批判組（梁効）を直接指揮し、周恩来や鄧小平を当てこする様々な論文を執筆させた。一九七七年八月五日、逮捕。一九八三年、北京中級人民法院は懲役一八年、政治権利剥奪四年の刑を下した。

池必卿（ち・ひつきょう）（Chí Bìqīng）（一九一八～二〇〇七年）

山西省平定《へいてい》県の出身。一九三七年、中国共産党に入党。一九五四年当時、中共山西省委員会常務委員を務める。一九六〇年、中共山西省委員会書記。一九六三年七月当時、党中央河北局書記。一九六七年一二月、天津市革命委員会副主任に就任。一九七五年九月、中共内モンゴル自治区委員会第二書記、同自治区革命委員会副主任。一九七八年以降、中共貴州省委員会第二書記、第一書記などを歴任する。

張賀明（ちょう・がめい）（Zhāng Hèmíng）
文革中、天津文芸界の人物として江青らから批判を受ける。

趙琪（ちょう・き）（Zhào Qí）
一九三九年に中国共産党の地下工作に身を投じる。文革中、天津地下党組織の元メンバーに対する批判が行われた際には、叛徒、特務（スパイ）とのレッテルを貼られ、批判を受けた。

趙健敏（ちょう・けんびん）（Zhào Jiànmín）
文革中、天津工学院が一九六六年八月二五日に立ち上げた造反組織である天工「八二五」の代表を務めた。

張国華（ちょう・こくか）（Zhāng Guóhuá）（一九一四〜七二年）
江西省永新《えいしん》県の出身。一九三一年、中国共産党に入党。建国後、チベット軍区司令員、中共チベット工作委員会書記、中共チベット自治区委員会第一書記などを務める。文革が始まると、チベットの造反派に攻撃されるが、党中央軍事委員会によって保護される。一九六七年、成都軍区第一政治委員に配置転換される。また、四川省革命委員会準備小組担当となる。一九六八年五月、四川省革命委員会の成立に伴い、革命委員会主任に就任。一九七一年八月、四川省に新たな党委員会が成立すると、中共四川省委員会第一書記となった。

趙紫陽（ちょう・しよう）（Zhào Zǐyáng）（一九一九〜二〇〇五年）
河南省滑《かつ》県の出身。一九三八年、中国共産党に入党。文革が始まった当時は、中共広東省委員会書記を務めていたが、一九六七年七月に、批判を受けて失脚する。一九七一年に復職して中共内モンゴル自治区委員会書記となる。その後、広東省、四川省などで実績を積む。文革収束後、一九七九年に党中央政治局委員、一九八〇年には党中央政治局常務委員に選出される。同年九月には、華国鋒が国務院総理を退くと、その後を継ぎ、改革推進派として、胡耀邦と共に鄧小平体制を支えた。一九八一年からは党中央副主席。一九八七年初めに胡耀邦総書記が辞任すると、代行を務めた。同年一一月に、党総書記兼党中央軍事委員会第一副主席に就任。しかし、一九八九年に、第二次天安門事件（日本では通常、「天安門事件」と呼ばれる）が発生すると、動乱を起こした学生らを支持する行動を見せたとして、全ての職務から解任された。

張仲実（ちょう・ちゅうじつ）（Zhāng Zhòngshí）（一九〇三〜八七年）

陝西省隴《ろう》県の出身。一九二五年、中国共産党に入党。建国後、党中央宣伝部出版処処長、党中央マルクス・エンゲルス・レーニン著作編訳局副局長などを務める。『マルクス・エンゲルス全集』、『レーニン全集』、『スターリン全集』などの翻訳出版に尽力した。

趙福成（ちょう・ふくせい）（Zhào Fúchéng）

抗日戦争期、国民党の特務（スパイ）組織である復興社で特務として活動した。また同じ時期、自宅に張春橋をかくまったことがあった。

趙歩崇（ちょう・ほすう）（Zhào Bùchóng）

文革当時、中共天津市委員会財政・貿易政治部の副主任を務めた。

趙凡（ちょう・ぼん）（Zhào Fán）

もともと、鉱工業企業の労働者であった。文革期、一九六七年七月一五日に成立した造反組織「大連準」（「天津プロレタリア階級革命派大連合準備委員会」）の中核メンバーであった。「大連準」は同年一一月二二日に解散に追い込まれた。

陳雲（ちん・うん）（Chén Yún）（一九〇五～九五年）

江蘇省青浦《せいほ》県（現在の上海市青浦県）の出身。一九二五年、中国共産党に入党。党の最長老として、一貫して経済政策に大きな影響力を及ぼした。建国後は、政務院副総理財経委員会主任、一九五〇年には、党中央書記処書記に就任する。一九五六年、党中央政治局常務委員、党中央副主席。文革中は、党中央委員以外の指導的職務を解任されたが、文革収束後の一九七八年から一九八二年まで、党中央副主席、党中央政治局常務委員を務める。

陳永貴（ちん・えい）（Chén Yǒnggui）（一九一四～八六年）

山西省昔陽《せきよう》県の出身。一九四八年、中国共産党に入党。新中国建国後、大寨村党支部書記、農業社主任、人民公社党委員会書記、大寨生産大隊党支部書記などを歴任。貧しい山間地域において、幹部や大衆を率いて刻苦奮闘し、業績を収めた。これが毛沢東の賞賛を得たことで、県・地区・省及び全国レベルの労働模範に選ばれた。一九六五年、毛沢東の「農業は大寨に学べ」との呼びかけによって、大寨は全国にその名を響かせるモデル地域となった。一九六一年、昔陽県党委員会候補委員に就任。文革が開始されると、一九六七年、山西省革命委員会副主任、一九七一年、中共山西省委員会書記、一九七五年、国務委員副総理に選出。文革後の一九八〇年、副総理の職を辞し、北京東郊農場の顧問に就任した。

陳毅（ちん・き）（Chén Yi）（一九〇一～七二年）

四川省楽至《らくし》県の出身。一九二三年、中国共産党に入党。建国後、上海市市長に選出。一九五四年、国務院副総理。一九五八年、外交部部長。一九六六年から一九七二年まで、党中央軍事委員会副主席を務める。文革中は、批判されるが失脚は免れた。

陳賡（ちん・こう）（Chén Gēng）（一九〇三～六一年）
湖南省湘郷《しょうきょう》県の出身。一九二二年、中国共産党に入党。建国後、人民解放軍副総参謀長、党中央軍事委員会委員、国防部副部長などを歴任する。

陳少敏（ちん・しょうびん）（Chén Shǎomǐn）（女）（一九〇二～七七年）
山東省寿光《じゅこう》県の出身。一九二八年、中国共産党に入党。建国後、中国紡績労働組合委員会主席、全国労働組合聯合会副主席などを務める。第三・四期全人代常務委員会委員、第二・三期全国政治協商会議常務委員、第七期党中央候補委員、第八期党中央委員に選出される。文革開始後の一九六八年一〇月、中共八期一二中全会において、劉少奇を永久に党から除名し、党内外の全ての職務を取り消すことが決まったが、その採決の際、党中央委員全体会議で、陳少敏ただ一人が挙手せず、反対した。そのため、河南省羅山へ労働改造に送られた。

陳潭秋（ちん・たんしゅう）（Chén Tánqiū）（一八九六～一九四三年）
湖北省黄岡《こうこう》県の出身。一九一九年、五四運動（訳註〔464〕を参照）で、武漢地区の学生愛国運動を指導した。一九二〇年、武漢共産主義小組の結成に参加。一九二一年、武漢小組を代表し、中国共産党第一回全国代表大会に出席する。その後、武漢区等委員会の組織工作の責任者となり、一九二四年、武昌地区党委員会委員長、湖北区党委員会組織部部長に就任。また中共江西省委員会書記、中共江蘇省委員会組織部部長、中共順直省（現在の河北省）委員会宣伝部部長、党中央組織部秘書、中共満州省委員会書記など、多くの職を歴任。一九四二年、軍閥の盛世才《せい・せいさい》に逮捕され、翌年秘密裏に殺害される。

陳伯達（ちん・はくたつ）（Chén Bódá）（一九〇四～八九年）
福建省恵安《けいあん》県の出身。一九二七年に中国共産党に入党。一九三七年に延安へ行き、毛沢東の秘書を務める。

文革中、活発に活動して、劉少奇や鄧小平らをはじめ、多くの中央・地方幹部の打倒に積極的に関わった。しかし、一九七〇年八月に毛沢東が陳伯達を批判したことによって、陳伯達批判を行う運動（批陳整風）が展開された。一九八一年、最高人民法院（日本における最高裁判所にあたる）特別法廷の判決で、林彪、江青反革命集団事件の主犯とされ、懲役一八年、政治的権利剥奪五年の刑が言い渡された。

鄧穎超（とう・えいちょう）（Dèng Yǐngchāo）（一九〇四〜九二年）
河南省信陽《しんよう》市（広西省南寧市との説あり）の出身。周恩来夫人。一九二五年、中国共産党に入党。建国後は、一九七八年、全国婦女聯《れんめい》名誉主席に就任。一九七六年、第四期全人代常務委員副委員長、一九七八年、第一一期党中央政治局委員、一九八三年、第六期全国政治協商会議主席などを歴任。

鄧拓（とう・たく）（Dèng Tuò）（一九一二〜六六年）
福建省閩侯《びんこう》県の出身。一九三〇年、中国共産党に入党。抗日戦争中は、晋察冀《しん・さつき》中央局宣伝部副部長、党機関誌委員会書記などを務める。一九四四年、初の『毛沢東選集』の編集出版責任者となる。建国後、一九五〇年から一九五九年まで、人民日報副社長、同総編集長、同社長を歴任。一九五九年、中共北京市委員会書記に就任し、文化・教育部門を担当。一九六一年から一九六二年にかけて、『北京晩報』にエッセイ『燕山夜話』を連載。一九六一年から一九六四年にかけて、呉晗らとエッセイ『三家村札記』を執筆し、発表。一九六六年三月、毛沢東が『三家村札記』、『燕山夜話』を反党反社会主義だと批判し、鄧拓を叛徒と非難したことで、「三家村」批判が大々的に展開された。中共北京市委員会書記を解任された後、自殺する。

陶鋳（とう・ちゅう）（Táo Zhù）（一九〇八〜六九年）
湖南省祁陽《きよう》県の出身。一九二六年、中国共産党に入党。建国以前は、湖北省党委員会宣伝部長、党中央軍事

委員会秘書長、人民解放軍総政治部秘書長兼宣伝部長などを歴任する。建国後は、広東省省長、広東省党委員会第一書記などを務め、一九五六年から党中央委員、一九六五年には国務院副総理に就任。文革開始後は失脚した陸定一に代わって、党中央書記処常務書記兼党中央宣伝部長に就任し、政治局常務委員にも選出される。しかし、劉少奇や鄧小平への批判に積極的でなかったために、激しい批判を受ける。一九六九年に癌のために死去。一九七八年、名誉回復が行われた。

董陽（とう・よう）（Dǒng Yáng）

文革中、天津文芸界の人物として江青らから批判を受ける。

馬鉞（ば・えつ）（Mǎ Yuè）

天津の耀華中学在学中の一九四八年に入党し、党の地下活動に従事した。入党の際には、本書著者が入党紹介者を務めた。

薄一波（はく・いっぱ）（Bó Yībō）（一九〇八〜二〇〇七年）

山西省定襄《ていじょう》県の出身。国務院副総理、党中央顧問委員会副主任などを務めた大物政治家である。一九二五年に中国共産党に入党。一九三一年に国民党に逮捕され投獄されるが、一九三六年に出獄。新中国成立後は、国務院副総理や中央政治局委員などを務める。文革期、民国期の出獄を巡って「叛徒」と見なされ、打倒されることになる。文革終結後に名誉回復された。

白金生（はく・きんせい）（Bái Jīnshēng）

文革期、一九六七年七月一五日に成立した造反組織「大連準」（「天津プロレタリア階級革命派大連合準備委員会」）の中核メンバーであった。「大連準」は同年一一月二三日に解散した。

潘復生（はん・ふくせい）（Pān Fùshēng）（一九〇八〜八〇年）

山東省文登《ぶんとう》県の出身。原名は劉開浚《りゅう・かいしゅん》。一九三一年、中国共産党に入党。一九五三年、中共河南省委員会第一書記に就任し、一九五六年、党中央候補委員に選出される。一九五七年の反右派闘争の時期には、むやみやたらに人々を右派と断定して捕えることの無いよう尽力し、農村での反右派闘争を抑制した。しかし、こうした態度によって、毛沢東から「右翼日和見主義の誤り」を犯しているとして批判された。一九五八年には、職務を解任され、貧困地域の農場に送られた。その後、名誉回復の審査を受けた。一九六六年二月、黒竜江省第一書記に就任し、紅衛兵の造反を支持。一九六七年三月、省革命委員会主任に就任する。一九六八年一〇月、中共八期一二中全会で党中央委員。一九六九年に第九期党中央委員に選出。一九七一年、職務を解かれて審査を受け、叛徒とされる。死後の一九八二年、党中央は、藩は文革中重大な誤りを犯したが、歴史的条件や彼の党に対する一定の有益な活動を鑑みて、組織上の処理は行わないと決定した。

万里（ばん・り）（Wàn Lǐ）（一九一六年〜）

山東省東平《とうへい》県の出身。一九三六年、中国共産党に入党。解放戦争（中国国民党との内戦）期に鄧小平の下で国共内戦に政治委員として参加していた時期がある。以後、一貫して鄧小平を支持し、鄧小平からの信頼が厚い側近として活躍した。一九五八年から北京市副市長、中共北京市委員会書記に就任する。文革が始まると、北京市委員会は改組させられ、万里ら北京市元指導者たちは失脚し、攻撃を受けた。一九七一年、北京市委員会常務委員として復活し、一九七四年には北京市委員会書記となる。一九七五年、国務院鉄道部部長に就任。「鄧小平を批判し右からの巻き返しの風に反撃する」運動の際には、鄧小平と共に批判される。四人組失脚後の一九七七年、党中央委員に選出。以後、国務院副総理、党中央政治局委員、党中央書記処書記などを務めた。

茅盾（ぼう・じゅん）（Máo Dùn）（一八九六～一九八一年）
浙江省桐郷《とうきょう》県の出身。一九二〇年、中国最初の近代文学結社である文学研究会の結成に参加。建国後は、文化部部長、全国政治協商会議副主席のほか、中国文学芸術聯合会（文聯）副主席、中国作家協会主席を長期にわたって務めた。文芸界の中心的人物として活躍したが、文革中は批判され、党籍を剥奪された。しかし、一九八一年、党中央は、党籍を回復させることを決定する。

彭徳懐（ほう・とくかい）（Péng Déhuái）（一九〇〇～七四年）
湖南省の出身。一九二八年、中国共産党に入党。抗日戦争や朝鮮戦争では指導者として軍を指揮する。国防委員会副主席、国防部長などを歴任。一九五九年、廬山会議において、毛沢東に大躍進政策に関する率直な意見を伝えたために、黄克誠らとともに毛沢東から批判を受ける。「右傾日和見主義」のレッテルを貼られ、職を解任される（詳しくは、頻出語句註の「大躍進運動」を参照）。文革中に迫害に遭い、死去。

毛遠新（もう・えんしん）（Máo Yuǎnxīn）（一九四一年～）
湖南省湘潭《しょうたん》県の出身。毛沢東の実弟である毛沢民の息子。毛沢民は一九四三年、新疆において当時新疆を支配していた盛世才に殺害される。母の再婚後、毛遠新は毛沢東に養育された。一九六五年、人民解放軍部隊に入隊。文革が始まると、黒竜江省紅色造反革命委員会を組織。一九六八年、遼寧省革命委員会副主任、瀋陽《しんよう》軍区政治部副主任・政治委員。一九七三年、中共遼寧省委員会書記。江青らと密接に結びつき、東北地方で大きな権勢を握り、多くの冤罪事件を捏造した。一九七五年、毛沢東弁公室主任となり、毛沢東の連絡員となる。以後、中央指導者は毛遠新を通して毛沢東と連絡することになったが、毛遠新の恣意的な介入により事実が歪曲されて毛沢東へ伝えられたりするなど、弊害は大きかった。四人組失脚後、毛遠新も隔離審査を受け、一九七七年に逮捕された。一九八六年、瀋陽中級人民法院は、毛遠新を江青反革命グループの構成メンバーとし、懲役一七年、政治的権利剥奪四年を言い渡した。

毛沢東（もう・たくとう）（Máo ZéDōng）（一八九三〜一九七六年）

湖南省湘潭県の出身。湖南省第一師範学校を卒業後、北京大学の図書館で働き、その時期にマルクス主義に触れる。一九二一年七月、中国共産党の創立大会に参加し、労働運動を指導。一九二三年六月の中共第三回党大会において党中央執行委員、中央局委員に選出される。その後、党中央の指導部やソ連のコミンテルンと対立を繰り返しながらも、農民による武装闘争の重視という独自の主張を貫き、党の指導権を握っていった。一九三五年、党中央軍事委員会主席。一九四三年、党中央政治局主席に就任。抗日戦争、国共内戦の勝利、さらに一九四九年の新中国建国、その後の土地改革を経て、毛沢東の権威はカリスマ的なものへと高められた。その後、一九五七年からの反右派闘争、一九五八年からの大躍進運動といった大規模な政治的運動を展開したが、多くの人的・経済的損失を生んだ。大躍進運動による経済の混乱は、一九六二年以降、劉少奇の主導で立て直され、生産力も回復に成功した。しかし、こうした経済重視の政策に対して警戒する毛沢東は、一九六五年頃から積極的に活動を開始し、一九六六年には文化大革命を発動した。文化大革命は、一九七六年九月に毛沢東が死去し、毛沢東の後ろ盾を失った四人組が翌月に逮捕されるまで継続した。

毛沢東が発動した文化大革命では多くの人々が犠牲となり、社会に大きな混乱を招いた。しかし、中国人民にとっては、民衆を率い、新中国建国を達成したという毛沢東の偉大な功績は、彼の失敗を差し引いてもなお余りあるものとして認識されている。一九八一年六月に発出された「建国以来の党の若干の歴史問題に関する決議」には、毛沢東の評価について「功績第一、誤り第二」と記されている。

姚依林（よう・いりん）（Yáo Yīlín）（一九一七〜九四年）

安徽省貴池《きち》県の出身。清華大学出身。一九三五年、中国共産党に入党。その後、中共天津市委員会宣伝部長、

中共天津市委員会書記などを務め、学生運動や抗日活動を指導。建国後は、長期にわたって国家財政貿易部門に従事した。

葉群（よう・ぐん）（Yè Qún）（一九一七〜七一年）
福建省閩侯《びんこう》県の出身。林彪の妻。一九三五年、一二・九学生運動に参加し、その後延安に行き、中国共産党に入党。一九四二年に林彪と結婚。建国後は、林彪弁公室主任を務める。文革中の一九六七年、全軍文革小組副組長、党中央軍事委員会弁事組成員などを務め、林彪と共に積極的に活動。一九六九年には、党中央政治局委員に就任する。しかし、毛沢東と林彪とのあいだの確執が次第に表面化してゆく情勢のなかで、林彪や息子の林立果とともにクーデターを企てたとされる（詳しくは、頻出語句註の「林彪事件」を参照）。一九七一年九月一三日、林彪、林立果らと共に飛行機で逃亡するが、モンゴルで墜落死する。

葉剣英（よう・けんえい）（Yè Jiànyīng）（一八九七〜一九八六年）
広東省梅《ばい》県の出身。原名は葉宜偉《ようぎい》。一九二七年、中国共産党に入党。建国以前は、中共軍の指導者として、抗日戦、国共内戦を指揮する。建国後、党中央華南局第一書記、広東省人民政府主席兼広州市長のほか、国防委員会副主席、軍事科学院長、党中央書記処書記、党中央軍事委員会副主席兼秘書長、国防部長などを歴任。文革期には林彪や四人組からの攻撃によって一時表舞台から退くが、林彪事件以後復帰し、一九七五年には国防部長に就任する。四人組逮捕に際しては大きな役割を果たした。

楊献珍（よう・けんちん）（Yáng Xiànzhēn）（一八九六〜一九九二年）
湖北省鄖《うん》県の出身。一九二六年に中国共産党に入党。延安時代からマルクス主義理論の専門家として活動し、中共中央マルクス・レーニン学院副院長、同院長などを歴任。一九五九年、大躍進運動においてその成果を誇張する風潮を批判したため、中共内部で批判を受けた。一九六四年には、「二が合して一となる」という弁証法哲学をめぐる学問的観点を提起。「二が合して一となる」という反動哲学を広め、毛沢東の「一が分かれて二となる」という主張に反対したとされ、中共内部においてだけでなく、公然と厳しい批判を浴びることになった。文化大革命中は、批判闘争にかけられ、一九六七年九月から八年間ものあいだ獄中で過ごすことになった。一九八〇年になって名誉回復が行われた。

楊潤身（よう・じゅんしん）（Yáng Rùnshēn）

著名な作家で、現在の天津市作家協会副主席。文革中、批判される。

姚臻（よう・しん）（Yáo Zhēn）（一九二一～六六年）

文革当時、党中央宣伝部副部長を務めていた。一九六六年、「当面の学術討論に関する文化革命五人小組の報告要綱」（「二月提綱」）の起草に参加したが、党中央宣伝部を批判する大字報が貼り出され、厳しく批判を受けた。批判の最中に自殺する。一九八四年に、名誉回復が行われた。

楊振寧（よう・しんねい）（Yáng Zhènníng）（一九二二年～）

安徽省合肥《ごうひ》市の出身。一九五七年にノーベル物理学賞を受賞した、中国系アメリカ人。一九四五年に渡米。一九四八年、シカゴ大学で物理学博士を取得する。一九五五年からプリンストン高等研究所研究員、同研究所教授を歴任。文革が開始された一九六六年からは、ニューヨーク州立大学アルバート・アインシュタイン物理学教授、及び同大学理論学研究所理事を務めた。

姚文元（よう・ぶんげん）（Yáo Wényuán）（一九三一～二〇〇五年）
浙江省諸曁《しょうき》県の出身。一九四八年に中国共産党に入党。文革前は、上海作家協会理事を務める。一九六五年、江青が呉晗への批判を画策したことで、呉晗の『海瑞の免官』に対する批判論文を書くことになる。同年一一月に『文匯報』に署名論文「新編歴史劇『海瑞の免官』を評す」が発表され、文化大革命の発端となった。その後も、文革派（文革を積極的に推進するグループ）の論文を多く発表する。一九六六年、中央文革小組の一員となり、一九六九年には、中共九全大会で中央政治局委員に選出される。一九七六年一〇月、四人組の一人として逮捕。一九八一年、懲役二〇年、政治権利剥奪五年の刑が下される。

余秋里（よ・しゅうり）（Yú Qiūlǐ）（一九一四～九九年）
江西省吉安《きつあん》県の出身。一九三一年、中国共産党に入党。建国後、一九五八年に石油工業部部長に就任し、大慶油田開発を指導した。一九六五年には国家計画委員会副主任、一九七二年には同主任となる。石油工業部系幹部のトップとして、経済分野で大きな影響力を持った。文革中は、経済政策が正常に実施されるよう尽力し、生産現場で文革のために労働がないがしろにされることがないよう働きかけた。こうした態度のため陳伯達や張春橋らと衝突し、批判闘争に遭った。一九七五年以降、国務院副総理、国務委員、党中央軍事委員会副秘書長、人民解放軍総政治部主任、党中央書記処書記などを歴任。

李啓厚（り・けいこう）（Lǐ Qǐhòu）
文革中、天津文芸界の人物として江青らから批判を受ける。

李鴻安（り・こうあん）（Lǐ Hóng'ān）
新中国成立以前は、天津地下党工運（労働運動）部門に所属していた。建国初期には労働組合部門で仕事をし、その後河北大学哲学系で教鞭を執った。一九六〇年代、党中央華北局が成立すると、華北局政治研究室に異動。一九六七年、天津に戻り、民衆からの手紙の処理を助ける仕事に従事する。後に、書類執筆のグループ（写作班子）に加わった。一九六七年、市革命委員会が成立した際、市革命委員会弁事組の政研組副組長に着任。一九七三年、中共天津市委員会が政研室を立ち上げると、主任を務めた。政研室は解学恭のブレーン集団であり、解学恭の自己批判書の執筆にもあたった。

李樹夫（り・じゅふ）（Lǐ Shùfū）
元天津市委員会工業部副部長。古参の領導幹部。一九五七年の反右派闘争の際には、国営工業部内での右派のレッテル貼りを抑制した。文革中、陳伯達に重用された悪人として周恩来に名指しされ、批判された。

李大釗（り・たいしょう）（Lǐ Dàzhāo）（一八八九〜一九二七年）
河北省楽亭《らくてい》県の出身。一九一三年、日本に留学し、反袁世凱運動や二一ヶ条反対運動などを組織した。一九一八年、北京大学教授に就任し、マルクス主義を紹介する論文を発表すると共に、マルクス学説研究会を結成する。中共創立において中心的な役割を果たした。中共第二回党大会以後、中央執行委員となる。張作霖軍に逮捕され、処刑された。

李超（り・ちょう）（Lǐ Chāo）
元中共天津市委員会組織部幹部処処長で、その後、市委員会政法部副部長を務めた。文革中、天津文芸界への批判が行われた際に、文芸界とは関わりが無いにも関わらず、陳伯達から名指しされ、批判を受けた。

李定（り・てい）（Lǐ Dìng）
　文革開始当時、中共天津市委員会秘書長を務めていたが、「万張集団」の一員と見なされ失脚する。一九六七年に監獄に送られたが、一九七〇年に釈放。一九七一年に中共天津市委員会に復職し、政治部秘書組副組長に任ぜられた。一九七三年、天津市委員会が統一戦線部を回復したときには副部長、後に部長を務めた。

李天佑（り・てんゆう）（Lǐ Tiānyòu）（一九一四〜七〇年）
　広西省臨桂《りんけい》県の出身。一九二九年、中国共産党に入党。建国後、広西省軍区司令員、人民解放軍総参謀長、党中央軍事委員会委員などを歴任。

李桐（り・とう）（Lǐ Tóng）
　新中国建国以前、天津での地下党活動を指揮した幹部の一人。文革中、天津地下党組織の元メンバーに対する批判が行われた際には、叛徒、特務（スパイ）とのレッテルを貼られ、批判を受けた。

李徳生（り・とくせい）（Lǐ Déshēng）（一九一六〜二〇一一年）
　河南省新《しん》県の出身。一九三二年、中国共産党に入党。一九五五年、少将。一九六〇年に南京軍区軍長。文革開始後は文革を支持。一九六八年、南京軍区副司令員。一九六九年には、南京でのポストを保持したまま国務院業務組及び党中央軍事委員会弁事組の成員となる。一九七〇年、人民解放軍総政治部主任。一九七一年には、北京軍区司令員を兼務。一九七三年、党副主席兼党中央政治局常務委員となる。一九八四年、文革中自らが押し進めた三支両軍について、自己批判を行った。

李葆華（り・ほうか）（Lǐ Bǎohuá）（一九〇九～二〇〇五年）
河北省楽亭《らくてい》県の出身。共産党初期の指導者である李大釗の息子。一九三一年、中国共産党に入党。建国後、水利電力部副部長・党組初期、党中央華東局第三初期、中共安徽省委員会第一書記などを歴任。文革中、迫害を受けて打倒された。林彪事件の後に解放され、一九七三年八月、第一〇期党中央委員に選出された。

劉慶棠（りゅう・けいどう）（Liú Qìngtáng）（一九三二年～）
遼寧省蓋《がい》県の出身。中央歌劇舞劇院バレエ劇団ダンサー隊副隊長。江青の演劇革命に積極的に追随したことで、江青の庇護を受け、文革期には急激な昇進を果たした。一九六八年、劇団の指導成員に加わり、冤罪事件を捏造し、多くの者を迫害した。一九六九年、第九回党大会の代表に選ばれる。その後、国務院文化部副部長にまで昇りつめた。一九七六年に四人組が失脚すると、江青グループの一員として逮捕された。一九八三年一一月、北京市中級人民法院において、懲役一七年、政治権利剥奪四年の刑を宣告された。

劉結挺（りゅう・けつてい）（Liú Jiétǐng）（一九一九～九三年）
山東省平邑《へいゆう》県の出身。一九六二年、四川省政府の宜賓地区で冤罪事件を捏造したかどで、一九六五年、党から除名され、職務も解任された。文革が始まると、妻の張西挺と共に文革に積極的な態度を示すことで、中央文革小組の支持を得て、四川省造反派の中心的人物に成り上がった。一九六七年、党中央は名誉を回復することを宣言した。その後、四川省革命委員会準備小組の副組長を担当したが、四川省の造反派は、劉結挺を支持する派と支持しない派に分かれ、武闘が激化。一九六七年九月から一九六八年後半のあいだに、造反派を動員して大規模な流血事件を起こし、多くの死亡者を出した。一九六八年五月、四川省革命委員会の副主任。一九六九年四月、党中央委員。しかし、一九六九年末から、四川の武闘激化の問題について自己批判を迫られ、審査を受けた。その後、党中央によって一切の職務を取り消された。一九七八年、逮捕。一九八二年、四川省高級人民法院は、懲役二〇年、政治権利剥奪五年の刑を下した。

劉建勲（りゅう・けんくん）（Liú Jiànxūn）（一九一三～八三年）
河北省滄《そう》県の出身。文革が始まって間もなくの頃、改組された中共北京市委員会において書記処書記を務め、一九六七年には呉徳とともに革命幹部として三結合に参加した。一九六八年、河南省革命委員会主任となり、一九七一年には、新たに成立した中共河南省委員会第一書記に就任。第九・一〇・一一期党中央委員、第五期全人代代表に選出された。四人組失脚後も、河南省政治協商会議主席などを務めたが、一九八〇年一一月、文革中に重大な誤りを犯したとして、第五期全人代代表の資格罷免、さらに河南省の指導的職務から解任された。

劉胡蘭（りゅう・こらん）（Liú Húlán）（女）（一九三二～四七年）
山西省文水《ぶんすい》県の出身。一九四六年、中国共産党に入党。民衆を率いて、土地改革と前線支援に積極的に参加する。一九四七年一月、国民党政府軍の攻撃を受けたが、投降を拒否し、壮絶な死を遂げる。同年、毛沢東は「生の偉大、死の栄光」という言葉を贈った。

劉仁（りゅう・じん）（Liú Rén）（一九〇九～七三年）
四川省酉陽《ゆうよう》県の出身。一九二七年、中国共産党に入党。建国後、党中央華北局書記処書記、中共北京市委員会第二書記、第八期党中央候補委員を歴任。文革が開始されると、彭真とともに、『海瑞の免官』批判、「三家村」批判に抵抗した。北京市委員会が改組されると、審査を受けた。その後、江青や陳伯達から名指しで批判され、隔離監禁された。一九六八年には、康生が「大叛徒劉仁事件」を捏造。反革命敵特分子として投獄され、手錠をかけられたまま残酷な取り調べを長年に渡って受けた。一九七三年、獄中で死亡。一九七九年に名誉回復がなされた。

劉冰（りゅう・ひょう）（Liú Bīng）（一九二一年〜）

河南省伊川《いせん》県の出身。一九五三年六月、新民主主義青年団中央委員に就任。一九六四年八月には、清華大学党委員会副書記を務めるが、文革開始後、批判を受ける。一九七五年、清華大学党委員会副書記に就任。一九七五年八月及び一〇月の二回、劉冰はほかの者と連名で毛沢東に手紙を出し、清華大学書記である遅群の仕事のやり方や思想的態度を批判した。手紙は、鄧小平を経由して、毛沢東へ届けられた。これに対し毛沢東は、「手紙の動機が不純」であり、「矛先は私に向けられている」、「（鄧）小平は劉冰の肩を持ちすぎている」と言った。劉冰は吊るし上げられ、「鄧小平を批判し右からの巻き返しの風に反撃する」運動が展開された。四人組失脚後の一九七七年、劉冰の名誉は回復され、清華大学党委員会第一書記に復職。その後、蘭州大学党員会書記や甘粛省の要職を務めた。

劉文（りゅう・ぶん）（Liú Wén）

一九三九年に中国共産党の地下工作に身を投じる。抗日戦争期、天津に設置された最初の党支部で書記を務めた。文革中、天津地下党組織の元メンバーに対する批判が行われた際には、叛徒、特務（スパイ）とのレッテルを貼られ、批判を受けた。

劉万禄（りゅう・まんろく）（Liú Wànlù）

文革中、天津鉄路分局天津站党委員会書記を務めた。江青によって天津站が一つのモデルとされると、積極的に活動した。

劉瀾濤（りゅう・らんとう）（Liú Lántāo）（一九一〇年〜一九九七年）

陝西省米脂《べいし》県の出身。一九二八年、中国共産党に入党。天津市委員会副書記、党中央華北局第三書記などを務める。一九三一年、国民党により逮捕されたが、一九三六年、劉少奇ら党中央の承認の下で転向声明を出し、釈放された。建国後は、党中央西北局第一書記、蘭州部隊第一政治委員などを務める。文革初期、西北地区における学生の造反活動を抑圧したことで、江青らから攻撃を受ける。さらに、過去の転向声明が問題とされ、薄一波や安子文らと共に叛徒のレッテルを貼られ、迫害された。これは江青や康生らが、劉少奇批判を目的として捏造した冤罪事件であった。その後、長期に渡って監禁されたが、四人組失脚後、名誉回復が果たされた。一九七九年九月、第一一期党中央委員に補充される。

林啓予（りん・けいよ）（Lin Qiyu）（一九三六年〜）

抗日戦争での名将、吉鴻昌の母方の甥である。一九六五年、天津大学動力系を卒業後、市発電検修大隊に配属され、実習技術員となる。文革開始後、工場内で戦闘隊を組織し、一九六七年二月には造反活動に参加した。市革命委員会準備委員会が成立すると、労働者代表に選出される。その後、中央の指示に基づいて、「五代会」の形式で大連合が組織されると、「工代会」の中核的指導者となった。一九六七年一二月、市革命委員会が成立すると、常務委員に就任。一九六九年一一月、自ら「六九八五」工場（即ち、準備・建設中の天津渉県の製鉄所）で働くことを希望。四年間勤務し、一定の成果を出した。その後、一九七三年に入党。第四期全国人民代表大会代表に選出され、後にまた天津へ派遣されて戻り、市総工会を準備した。総工会の成立後、今度は天津地震局の組織建設に取り組み、党の核心小組組長、局長を担当。唐山大地震の対応に際しても、成果を出した。しかし、解学恭が第一書記を務める天津市委員会が崩壊すると、一九七八年一〇月二日、隔離審査を受け、九日に逮捕される。一九七九年の年末、天津市中級人民法院は林啓予に対し、「殴打・破壊・略奪の罪」で一〇年の懲役刑を言い渡した。

林彪（りん・ぴょう）（Lín Biāo）（一九〇六～七一年）
湖北省黄岡《こうこう》県の出身。一九二五年、中国共産党に入党。抗日戦争期は中央紅軍第一軍団軍団長などを務め、またその後の国民党との戦いでは第四野戦軍司令員などを務め、功績を挙げた。建国後、一九五一年から中央軍事委員会副主席。一九五四年に国務院副総理に昇進し、一九五八年には党副主席兼党中央政治局常務委員となる。一九五九年九月に彭徳懐が失脚し、国防部長を解任されると、彭に代わって就任した。大躍進政策の失敗が明白になっても、林彪は毛主席を熱烈に支持し、毛沢東思想を称揚した。一九六四年五月、毛主席語録を出版する。文化大革命が開始されると、活発に活動して多くの高級幹部を打倒し、また軍において大きな指導権を発揮した。一九六九年四月には、唯一の党副主席となり、党規約には「毛沢東同士の親密な戦友で後継者」と明記された。しかし、その後毛沢東との関係に溝が生じ、林彪事件（詳しくは、頻出語句註の「林彪事件」を参照）が発生。モンゴルで墜死した。

林楓（りん・ぷう）（Lín Fēng）（一九〇六～七七年）
黒竜江省望奎《ぼうけい》県の出身。一九二七年、中国共産党に入党。河北反帝大同盟党団書記、中共北平市委員会書記、中共天津市委員会書記、中共山西省委員会副書記、党中央北方局組織部長などを務める。建国後、党中央副秘書長、東北行政委員会副書記、国務院第二弁公室主任、党中央高級党校の党委員会書記及び校長などを歴任。文革が開始されると、康生による迫害を受けた。厳しい尋問にかけられ、批判闘争会においても暴行を加えられ、重傷を負い、その後、何年もの間投獄された。こうした迫害が原因となって一九七七年、この世を去った。

林默涵（りん・もくかん）（Lín Mòhán）（一九一三～二〇〇八年）
福建省武平《ぶへい》県の出身。日本留学中の一九三五年、一二・九学生運動が起きると帰国し、文筆活動を開始する。一九三八年、延安に行き、中国共産党に入党。抗日戦争期とその後の解放戦争（中国国民党との内戦）期には、

『解放日報』、重慶『新華日報』、香港週刊誌『群衆』などの編集に関わる。建国後、中国文学芸術界聯合会（文聯）全国委員、政務院文教委員会弁公庁副主任、中国作家協会理事、党中央宣伝部文芸処長、文化部副部長などを歴任。文革が開始されると、一九六六年一二月に反党グループと批判され、その後九年間監禁される。一九七六年に復権し、一九七七年に文化部副部長に就任。その後も一貫して文化・芸術方面の仕事に携わった。

監修者解説

毛沢東の中国共産党が発動した「プロレタリア文化大革命」（以下、文化大革命、または文革）は、一九六六年からまるまる一〇年間にわたって、中国全土で荒れ狂い、数千万人ともいわれる人命を犠牲にし、すべての中国の人びとを巻き込んで、人生を狂わせた。その運動は、規模の大きさ、激しさ、ほかに類例のない出来事であることから、社会科学にとって、大きな興味関心の対象である。

にもかかわらず、これまで文化大革命の本格的な研究は、中国国内でも国外でも、まだまだ数少ない。その理由は、第一に、重要な資料や証言の大部分が埋もれたままであり、正確で客観的な分析を進めることが困難であるため。第二に、文化大革命はまだ「政治的に敏感な問題」であって、自由な議論や研究ができないため。第三に、文化大革命という現象が、類例のない特殊な出来事であって、それをどのように考察・分析すべきかについての、有用で標準的な考察の枠組みが存在しないため。第四に、文化大革命を理解することは現代中国を理解することであり、すなわち、現代世界を理解することであるという知識界や一般読者の認識が不十分であるため、などである。

そんななか、本書『文化大革命の真実　天津大動乱』が日本で刊行されることになったのは、画期的なことである。読者とともに、本書の登場を喜びたい。

本書の特長

本書は、天津社会科学院の元院長・王輝《おう・き》（ワンフイ、Wang Hui）氏が中国語で書き下ろしたものである。原題を、『天津文革親歴紀事』という。原稿が完成したのは、二〇〇六年。日本で翻訳出版できないかと、王輝氏は原稿を、旧知の私（橋爪）に託した。版元をさがし、訳者に翻訳を依頼し、仕上がった原稿をチェックし、不明の点を訳者が王輝氏に問い合わせたりしているうちに、思いのほか時間がかかってしまった。

本書は、文化大革命をその内側から描いた書物が存在しなかった、これまでの欠落を補うものである。文化大革命について、読者にもっともなじみがあるのはおそらく『ワイルド・スワン』であろう。同書は、文化大革命の実態と極限的な状況で懸命に生きる人びとの姿を赤裸々に描き出し、人びとに深い感銘と感動を与えた。読者は、その場に居合わせたかのように文化大革命の姿にふれることができた。けれども『ワイルド・スワン』は、いくつかの点で制約と限界があった。第一に、著者は社会科学の専門家ではなく、実体験を回想のかたちで叙述的に描いたものだった。第二に、著者は学生（紅衛兵の年代）で若く、共産党の内情や出来事の背景について知る立場になかった。第三に、舞台は四川省に限定され、文化大革命の全国的な広がりを俯瞰する視点がなかった。要するに、同書はある個人の視点から描かれた体験記であり、すばらしく書けてはいるが、客観性を追求する学術的性質のものではなかった。

『ワイルド・スワン』のほかにも、実体験記や観察をまとめた書物が、これまでに少なからず出版されている。それらは貴重な証言や情報を含むが、断片的であり、同じ種類の制約と限界がある。文化大革命を本格的に考察した書物とは言えない。

本書『文化大革命の真実　天津大動乱』はこうした欠落を埋める、本格的で体系的な書物である。

本書の特長は、つぎの点にある。

第一に、共産党の責任ある立場の幹部が著者であって、文化大革命に関わる行政文書など一次資料に接しながら、文化大革命のプロセスを共産党の内部で経験し、証言していること。著者はメモや文書の写しなどデータにもとづいて出来事を再現しており、単に記憶にもとづく印象記ではない。これまでの証言のなかでは、もっとも地位が高い共産党の幹部に属する。

第二に、著者が、文化大革命の始めから終わりまで、つねに天津市の共産党委員会の責任ある立場にいて、その全過程について報告していること。これは稀有のことである。本書を読めばわかるが、文化大革命の初期にそれまでの幹部は大部分が打倒されて、新しい幹部に置き換えられた。また、文革の途中でも、何回も政変があって、そのたびに幹部が交代した。文化大革命の終息期にも、幹部の検査と交代があった。打倒された幹部は、労働改造所や閑職に追いやられ、あるいは死亡し、その後の証言ができなくなる。党中央でも、文革の期間のあいだ終始その地位を保ったのは、毛沢東や周恩来など、ごく少数の指導者であった。王輝氏は、天津市党委員会のなかで比較的若く、トップの指導者の下で仕事をする秘書的な役割であり、実務にも長けていたので、何回もの危機を乗り越え、打倒されずに職務を続けることができた。奇跡的と言ってもいいキャリアである。

第三に、著者が、訓練を積んだ社会科学者であること。著者は八〇年代に、自ら志して南開大学で社会学を学び、そのあと官界を辞して、学術界に転じた。天津社会科学院の院長を長くつとめている。著者の文化大革命に対する考察は、社会科学者としてのすぐれた洞察に満ちており、出来事の背景説明や分析が行き届いている。

第四に、著者が、熟達した随筆家でもあること。著者はここしばらく、老人社会学をテーマとし、天津の日刊紙のコラムで、ユーモアあふれる観察を文章にまとめている。研究書のほか、随筆集も多く出版している。その練られた文体が、過酷な文化大革命を記述するのに、人間的なゆとりを加え、読者に希望を抱かせるものとなっている。

第五に、直轄市である天津市の事例に、考察の焦点を絞っていること。文化大革命は、党中央が発動し、党中央の権力闘争と直結した。けれども、その主たる舞台は、全国津々浦々の地方都市であり、農村であり、そうした社会の末端の場所での運動の実際が、人びとの経験した文化大革命である。天津市は北京に近く、党中央の意向をじかにうかがう環境にあるいっぽう、党中央の指示に従って、右往左往せざるをえない地方のひとつでもあった。この点で、天津の事例を掘り下げている本書は、文化大革命を推進する中央とその指示を受ける地方との関係、ならびに、従来あまり明らかにならなかった基層レベルの文化大革命の実際について、豊かな知見を与えるものだ。

第六に、大勢の地方幹部の人間像が、実名や経歴はもちろん、具体的な出来事や会議、運動、意思決定、検査、自己批判などのありかたとして、ありありと描かれていること。著者はこれら大勢の幹部らと、一緒に仕事をし、苦楽を共にし、あるときは手を携え、あるときは陣営を分かちながら、その一人ひとりの人柄について温かい目を注いでいる。彼ら幹部は誰もが、進んで革命に志願し、懸命に努力し、さまざまな犠牲を払い、人民の幸福を願って、活動してきた。そういう人びとが、気がつけば打倒の対象となり、同志を批判したり検査したりしなければならない。なぜそんなことが、起こらなければならないのか。文化大革命がいかに酷いものであったか、その真実が余すところなく描かれており、とても冷静にページを繰ることはできない。

これらすべての特長がひとつに融合した本書は、文化大革命について理解するための第一級の資料であり、同時に、その出来事の本質を分析した第一級の研究書である。同書が翻訳され、日本語で読めるようになったことを、感謝したい。

著者・王輝氏について

ここで著者・王輝氏について、簡単に紹介しておこう。

王輝氏は一九三〇年生まれ。解放前、中学生（日本の高校生にあたる）のときに天津市で共産党の地下活動に参加した。当時は国民党の支配下にあったから、危険をともなったことは言うまでもない。中国では、いつ革命に参加し、共産党に入党したかが重視される。一九四九年の解放前に参加した経歴は幹部として高く評価される条件だった。そのあとの王輝氏の経歴は、本書に詳しい。天津市政府で行政のさまざまな仕事を担当するようになり、やがて市政府の幹部のもとで、秘書的な業務を行なうようになった。中国のシステムでは、天津市政府と天津市党委員会とは実質的に同じものであり、前者は市長、後者は書記がそのトップをつとめる。そして党が、市政府を指導することになっている。王輝氏はおおむね、その下の「弁公室」のような部署で、彼ら指導者を補佐する仕事をした。さまざまな行政文書を起草したり、重大案件を調査したり、政策の原案を作成したりするのが仕事であった。幹部は何回も交替したものの、王輝氏は文化大革命の全期間を通じ、おおむねその職にあった。

一九七九年に改革開放が始まると、社会学が復活した。社会学は、一九五五年のソ連式大学改革のときに、廃止されていたのだ。レーニンが、「社会学はブルジョワの学問だ」とのべたためである。急いで復活させるため、南開大学（天津市にある由緒のある総合大学）に速成クラスがもうけられ、社会学者になるように指示された人びと数十人が、海外から招かれた学者たちの授業を受けた。わが国からは富永健一氏が招かれて、講義をしている。王輝氏はこのとき、彼らと共に授業を受けて、初めて社会学に触れた。これがきっかけとなって、学術界に転じる決心をした。一九八六年には天津市政府を辞して、天津社会科学院に転出、院長を一九九八年まで勤めた。社会科学院は、社会主義国に独特の組織で、いくつもの研究所を束ね、同時にその地区にある大学を傘下に収める。天津社会科学院は、天津市政府に属し、シンクタンクのような働きもする。王輝氏はその院長として、日常の業務を処理しつつ、社会学者としても活動した。

王輝氏は、一九八九年の天安門事件の際に、重要な働きをした。八九年春には、天安門の学生たちの運動が全国各都市に波及し、職場や大学や社会科学院から大勢が赤旗を掲げて街頭デモに繰り出す騒ぎとなった。天津社会科学院でも学生を支持する動きがあった。六月四日のあと弾圧が始まると、全国の社会科学院は、あらかた活動を停止し、犯人さがしが始まった。天津社会科学院は、王輝院長が研究者をかばい、このときひとりの犠牲者も出さず、研究活動を停止しないで続けることができたという。王輝氏は、改革開放をいっそう進める立場から、全十冊の社会科学叢書を編集し、ちょうど一九八九年三月に出版したところだった。中国の現状や問題点を批判的に指摘する、当時としてはじつに大胆な内容の叢書で、もしも編集がもう数ヶ月遅れていたら、出版はむずかしかったろう。その叢書の一冊が、王輝氏の『中国的「官場病」(中国の官僚病)』である。これは一九九四年、翻訳されて、岩波書店から『中国官僚天国』として出版されている。

一九九〇年代の初め、私が初めて天津を訪れた際、社会学者の王輝院長を紹介してもらえることになった。張静華が調べるとなんと、彼女の実家(河西区馬場道の市幹部職員アパート)のひとつ上の階に住んでおられた。こうして親しくお話しできるようになり、以来、交流が続いている。

王輝氏は、一九九八年に院長職を退き、現在は、河西区内のマンションに移って、家族とともに静かに暮らしている。水泳やテニスなど運動を欠かさず、論文やエッセイを雑誌や新聞に定期的に発表するなど、執筆意欲は旺盛だ。本書は、院長職を退いてから書き上げた、最初の大著である。

文化大革命の特異性

文化大革命は、半世紀も前に起こった出来事で、歴史の教科書にも載っているので、それが起こるのが当たり前だったように感じてしまうかもしれない。けれどもこれは、起こるはずのない、奇妙で特異な出来事だった。このことがよくよく腑に落ちることが、文化大革命を理解する第一歩である。

中国共産党は、ロシア革命ののち一九二一年、国際共産党（コミュニスト・インターナショナル、コミンテルン）の中国支部として発足した。中国革命をめざす、マルクス・レーニン主義の前衛党である。はじめは都市を中心に、ロシア革命型の革命をめざしていたが、やがて農村を基盤とする戦略にかわり、毛沢東が指導するようになった。

マルクス・レーニン主義とは、どういうものか。共産党の指導のもと、資本主義社会を打倒するために、暴力革命によって国家権力を奪取する。そして、プロレタリア（無産階級）の独裁によって、社会主義・共産主義の建設を進める。ロシア革命によってまずソ連が成立し、第二次世界大戦後は、東欧諸国や中華人民共和国などが、マルクス・レーニン主義の社会主義国家として成立した。

共産党は、革命の全プロセスを指導する指令塔であるから、不可謬である。不可謬でなければ、革命を指導することができない。共産党は、階層的に構成されている。下部は上部に従い、末端は中央に従う。下部や末端は、あやまちを犯す場合があるが、それは、上部や中央が正す。共産党の方針は、党大会（全国代表大会）が決める。党大会は、中央委員を選出して中央委員会を組織し、中央委員会は政治局委員、政治局常務委員を選出し、……などとなっている。党大会は、五年に一度しか開かれないし、実質的な議論ができる場でもないので、いきおい実質的な権力は、政治局常務委員会、ないし党中央に集中する。党中央は、指令塔である共産党のなかの指令塔であり、不可謬のなかの不可謬である。

中国共産党も、共産党であるので、このマルクス・レーニン主義の原則に従う。

具体的には、どうやって指導するか。すべての組織には、原則として、党委員会と書記が置かれる。工場にも、病院にも、学校にも、商店にも、市政府にも、村にも、人民公社にも。工場長と書記では、書記のほうが偉く、工場長を指導する。病院や学校や商店も同じ。天津市政府にも、党委員会が置かれていて、市長と天津市党委員会書記では、書記のほうが偉く、市長を指導する。指導する、とは、上司である、という意味である。ただ書記がふつうの上司と違うのは、どの書記もみな各級の上部機関に属していて、党上部の指示に従うことである。

一般の組織に書記がいるのに対し、軍（人民解放軍）には政治委員（政委）がいる。司令官（軍団長、師団長、連隊長、……）と政治委員とは必ずペアになっていて、政治委員の副署がなければ、司令官は命令を発することができない。この仕組みは、ソ連の赤軍や国民党の軍隊でも同じであり、党と軍が一体となり、軍が党に背いて反革命を起こさないために役立っている。政府と党中央にはそれぞれ軍事委員会があり、党中央の軍事委員会が全軍を指揮する。党中央軍事委員会主席は、軍のトップであり、軍事指揮権（戦前日本のいい方では統帥権）を握る。毛沢東は最期まで、党中央軍事委員会主席のポストを手放さなかった。

このように、すべてが党の指導に従うのがマルクス・レーニン主義の原則である。それなのに、共産党が人民大衆に攻撃され、幹部は打倒され、党委員会は機能を停止し、革命委員会に取って替わられた。不可謬のはずの共産党が、人民大衆の批判にさらされた点が、文化大革命のもっとも特異な点なのである。

なぜこのようなことが起こったのか。また可能だったのか。まったく常識を越えた出来事である。

ふつうこれを、毛沢東のカリスマで説明する。たしかに毛沢東は中国共産党の指導者として、カリスマ的な権威を持っていた。けれども、共産党の指導者がカリスマ的な権威をそなえているのは、ソ連でも東欧でもキューバでも北朝鮮でもベトナムでも共通なのに、文化大革命が起こったのは中国だけだ。それに、毛沢東の指示にもとづく大衆反乱、という文化大革命のイメージは、その実態をとらえ損なっている。実際には党中央は文化大革命の最中も機能し続け、文革の闘争は共産党の内部で、上部の指示にもとづいて行なわれた。王輝氏はこの実態を本書で、つぶさに具体的に証言し、詳しく分析・考察している。この結果、文化大革命の謎は、中国共産党がなぜ毛沢東の指導のもと、党内でこうした政治闘争を進めなければならなかったか、という疑問に深められる。

毛沢東と文化大革命

毛沢東がなぜ、文化大革命を発動したのか、よくわからない部分が多い。

共産党の一党支配（独裁）であるから、文化大革命のような出来事が可能であった。けれども、毛沢東の文化大革命は、ソ連のスターリン主義の場合とは、まったく異なった形態の政治闘争であった。この点にまず、注意しよう。

ハンナ・アレントの『全体主義の起源』は、ナチス・ドイツとソ連のスターリン主義の両方を分析する、古典的な業績である。同書によれば、ソ連共産党の党中央の絶対的な権力は、秘密警察によって支えられていた。軍ではない。軍にも秘密警察の情報網が張りめぐらされ、どんな将軍や司令官や高級将校も、たちまち粛清の対象となった。秘密警察は犠牲者を、秘密裏に処刑することかでき、シベリアの収容所に送り込むこともできた。そして秘密警察は複数あって、互いに監視し、あるときは秘密警察Aが秘密警察Bを、あるときはBがCを、あるときはCがAを、随意に逮捕・粛清することができた。それら秘密警察はすべて、党中央に別々に直属し、すべてを報告をしていたのである。ソ連の政治闘争・路線闘争はすべて、秘密警察による粛清というかたちで決着した。このメカニズムが機能している限り、文化大革命のような大衆反乱は、必要ないばかりか、むしろ危険でさえある。

中国にも、もちろん秘密警察（公安）は存在する。しかし、政治闘争の主役ではない。文化大革命でも重要な役割を演じていない。むしろ、文化大革命で決定的な役割を演じたのは、軍だった。この点でも、毛沢東の権力と中国共産党のあり方が、スターリン主義の場合と大きく異なっているのは確かである。

ロシア革命は、都市型の叛乱で始まり、ツァーの軍隊が革命側に寝返って赤軍となる経過をたどった。ロシア共産党は、赤軍に対して、抜きがたい不信感があった。軍はつねに監視と粛清の対象だった。いっぽう中国革命は、農村を根拠地とする武装農民軍が、都市を包囲し解放するという順序をたどった。中国革命の指導者は、軍人でもあり、中国共産党と紅軍（人民解放軍）はもともと一体のものだった。毛沢東は軍を信頼し、掌握し、軍を背景に党内の政治闘争をたたかおうとした。これが、文化大革命の基本構図である。

毛沢東の著作には、「人民内部の矛盾」という考え方がある。ささいな矛盾のほかに、階級闘争に通じる敵対的な矛盾もありうるとする。新中国が成立し、中国共産党の一党支配が実現したあとでも、農業が集団化し企業や商店が国有化したあとでも、人民のあいだの階級対立はなくなっていない。政治意識を高め、つねに階級闘争を行なわないと、中国革命は前進しない。これは「永続革命」になる。毛沢東はこういう、革命のダイナミズムに熱中する傾向があった。

本書は、反右派闘争や四清運動を、文化大革命の先駆形態であるとする。いずれの場合も党内の政治闘争で、党幹部が公然と批判された。批判された幹部は、自己批判書を書いた。批判された側が自己批判する（間違っていたと認める）なら、批判した側が正しかったことになる。文化大革命でも何回も繰り返されるのは、このプロセスである。秘密の粛清とは違った、公然の自己批判。文化大革命は、スターリニズムと異なった社会技術にもとづく運動だ。

毛沢東の創意は、党幹部を批判するきっかけとして、学生・労働者大衆を利用するという思いつきだ。抗日戦争と中国革命を戦い抜いた毛沢東にとって、学生・労働者大衆などオモチャのようなものである。彼らは、現実の利害をもたず、新中国で毛沢東思想の教育を受け、毛沢東とは異なる路線を考えている党幹部を打倒し自己批判を迫るのに、恰好の道具であった。毛沢東ははじめから、紅衛兵をまとまった組織にするつもりも、革命の主役にするつもりもなかった。ゆえに、紅衛兵組織は乱立し、流血の抗争を繰り返し、用済みになって都市戸籍を奪われ、農山村や辺地に追いやられることになった。これを「上山《シャンシャン》下郷《シアシアン》」という。（日本では誤って「下放」というが、これは党幹部の場合に用いる言葉で、紅衛兵の場合には用いない。）

毛沢東は、文化大革命が軍の内部に波及するのを禁止した。ゆえに、軍幹部は大部分が批判も打倒もされなかった。文化大革命の混乱を収拾するために、都市に入って、革命委員会の重要な構成員となった。この点からみると、革命委員会は戒厳政府の性格ももっていたと言える。（「戒厳」とは、一定の時期や地域を限って、中央または地方の政府の権限の一部または全部を、軍に委ねることをいう。）

毛沢東は、このような手段を用いても、自らの路線に反対する共産党幹部を打倒する必要があると考えた。結果的に文化大革命は、あたかも一場の夢のように消え去って、毛沢東の意図したのとは反対の、鄧小平の改革開放路線をうみ出した。だが、よく考えてみると文化大革命には、中国の近代化に必要な人びとのエートスの根本的な変化をうみ出したという、プラスの側面もあったと言える。

共産党の革命は、経済に重点を置くはずである。ところが毛沢東は過剰に、政治や思想に重点を置いた。この点で毛沢東は、ほかの中国共産党の指導者に比べても、際立っていた。人びとは困ったことだと思いながら、このやり方に魅惑されてもいたのである。

毛沢東が行なわせた大事なことのひとつは、紅衛兵に「親を批判」させたことである。これは、伝統中国の儒教道徳の、根幹に関わる大事件である。儒教は、忠（政治的リーダーに対する服従）と孝（親に対する服従）をどちらも大事だとし、しかも、忠よりも孝のほうがもっと大事だとした。親は選べず無条件の服従だが、政治的リーダーに対する服従は条件つきなのである。この意味で中国の君主は、「絶対的」支配者ではなかった。毛沢東が紅衛兵に、親を批判させることができたのは、毛沢東が親以上の親である、と子どもたちを教育しておいたからである。教室には毛沢東の肖像が掲げられ、子どもたちは「毛沢東的好孩子（毛沢東のよい子たち）」とされた。毛沢東こそが「本当の親」なら、自分の親を批判できる。スターリンやカストロは、いくらカリスマがあって個人崇拝されても「親」ではなかった。毛沢東は「親」になることで、中国の人びとのエートスの変更を迫ったのだ。

もうひとつ毛沢東の文化大革命の大事な点は、労働者・農民・一般大衆を、政治運動の主役としたことである。伝統中国では、政治は官僚たちの専権事項で、一般の民衆はそもそも政治に参加することを禁じられていた。民衆が政治に参加するときは、王朝末期の宗教反乱で、いよいよ政府が消滅する瞬間だった。毛沢東は、これを覆し、共産党の幹部でない一般の人びとが、立ち上がり運動してよいとお墨付きを与えた。共産党が間違っており幹部が誤っているとしたら、誰をあてにすればよいのか。自分たちが立ち上がって、革命を守らなくてどうする。自分たちがこの国の主役であるという広範な意識をうみ出した点で、文化大革命は大きなプラスの遺産を残した。

中国の社会体制

中国社会のあり方は、日本と大変異なっているので、日本の類推で中国を理解しないほうがよい。

まず、国家体制のなかでの、中国共産党の位置が特異である。中国共産党は政党だけれども、日本の政党のような任意団体ではなくて、国家機関の一種のような特権的な位置を占めている。中国にも憲法があり、憲法にもとづいて国を運営しているが、中国は厳密な意味での立憲政体とは言えない。

立憲政体では、すべての国家機関は、憲法によって設立される。憲法によって設立されない組織が、国家機関をコントロールするようなことがあってはならない。しかし、中華人民共和国の憲法は（何回か改正されたが）中国共産党が政府を指導すると定めている。そして、中国共産党は、憲法が設立した団体ではない（中華人民共和国の成立前から存在した）。中国共産党は、超憲法的な存在（憲法に服さない存在）なのである。

似たようなことは、よその国でも発生する。イラン・イスラム共和国には宗教評議会があって、憲法に存在が定められているが、宗教評議会はイスラム法の解釈権をもっていて、国政選挙の立候補者の資格審査をしたりする。宗教評議会が憲法内的な存在か、憲法を超えた存在か、議論の種になっている。戦前の大日本帝国憲法でも、天皇の定めがあった。この意味で天皇は国家機関に決まっているのだが（天皇機関説）、天皇は憲法を超えた存在だという有力な反対意見があった（天皇親政説）。

中国共産党の権力が、憲法に由来しないのだとすれば、それは何に由来するのか。少なくとも言えることは、すべての権力が憲法に由来するのが「法の支配」なのだから、中国共産党の一党支配の体制は、法の支配ではありえない、ということだ。それならば、人の支配であったりする。

中国共産党が法に支配されないとすれば、中国共産党をコントロールするのは、中国共産党自身であるしかない。それは実質的には、党中央（ごくわずかな人間の集まり）である。この意味で、中国は「寡頭支配」だとも言える。そこで、その党中央が恣意的に、国家機関を攻撃するように命じることも、やろうと思えばできる。だから、文化大革命が起こった。現在の中国は、文化大革命が起こっていないだけで、制度の骨格は当時と変わっていないのである。

ソ連共産党は、おそらくロシア正教の教会を、意識的にせよ無意識的にせよかたどったもので、組織の機能合理性を保っている。これに対して、中国共産党は、伝統的な「幇」（擬似血縁的な結社）をかたどったもので、運命共同体という色彩がある。このため中国共産党は、ソ連共産党と違った、いろいろな現象をうみだす。たとえば「太子党」。幹部の子どもたちが、権力を継承し、ふたたび共産党の幹部になる現象だ。中国では、徒党は警戒されるが、血縁ならむげに禁圧するわけにもいかない。これは、伝統中国の官僚制のあり方を反映していると同時に、つぎにのべる単位の制度とも、密接な関係がある。

単位・档案・戸籍

マクロな面から目を転じて、中国社会のミクロな面をみてみよう。

中国社会の基礎にあるのが、単位制度である。

「単位」(workingunit) は、工場や病院や学校や商店などの、職場のこと。都市の勤労者は原則としてどこかの単位に所属する。小説家のような個人営業の職種も、文芸家協会のような団体をつくって、その単位に所属するというかたちをとる。単位は、都市部における人びとの生産と消費の基本単位で、人びとが人生をそこに委ねる生存の場である。

単位制度の源は、共産党が農村でゲリラ活動をしていた当時にさかのぼるという。常時臨戦体制にあり、必要物資が現物給付されていた。軍事的な理由で、人びとの互いにできるだけ自立性を高め、一ヶ所が打撃を受けてもほかが生存できるように、が基本である。解放後、共産党は都市に入って、工場や商店を接収し、それらを単位とした。住宅を職場に隣接して建設し、託児所や自動車・トラック、食糧や生活必需品の配給、医療など、何から何まで単位が供給した。身分保証や外食切符、旅行許可も、単位が与えていた。人びとは単位で職と住居を提供され、退職後は年金を受け取り、死ぬまで単位で暮らしたのである。単位には共産党委員会があって、上部と連絡している。ソ連東欧の共産主義が倒れても、中国の共産党が健在である理由のひとつは、単位制度にある。

共産党そのものも、事業単位のひとつであるから、幹部の家族はまとまって住む。いきおい、互いに顔見知りになり、友人になり、結婚し、共同体のようになっていく。太子党がうまれる背景も、単位制度である。単位や幹部には級別(ランク)があり、現物給付の水準(たとえばアパートの床面積や公用車の有無)、アクセスできる内部資料などが細かく決まっている。

档案制度も、文化大革命に関係が深い。「档案」（個人档案）は、日本でいう履歴書のようなもので、各人の個人情報が最大もらさず記載されているが、ただし本人は見ることができず、上司が閲覧し記入する。都市の、あるランク以上の人間は全員、档案が単位によって保管されている。大学に入学すると、各人の档案がつくられる。成績や素行、特記事項などが書き込まれる。就職すると、档案は大学から就職先の人事課に送られ、内容が次第に増えていく。転職すれば、档案も移動する。退職したあとも、档案は保管され、档案館に収められる。

档案はもともと、清朝の制度であった。共産党は、国共内戦の時代に、スパイや反革命を警戒する必要から、個人情報を統一的にファイリングする档案のシステムを始めた。親が資本家だとか、兄が国民党だとか、書き留めるためである。文化大革命の際には、档案の内容が意図的にもれ出し、紅衛兵に渡った。彼らが幹部の住宅に押しかけ、過去の罪状を暴き出すことができたのは、こうした仕組みによる。

档案をもとに、個人情報が共産党に集中する仕組みなので、共産党は組織をまたがった抜擢人事ができる。国営企業の責任者→党書記、地方幹部→党中央、のように。現在の党中央の幹部の履歴をみると、抜擢人事によるキャリアパスを歩んでいることがわかる。こうした人事を所管する重要部署が、党中央の組織部である。文化大革命で打倒された幹部の「復権」を審査するのも、組織部である。

もうひとつ、中国の人びとの運命に大きな関わりがあるのは、戸籍制度だ。戸籍（中国語で戸口《フーコウ》）は、やはり清朝以来の制度で、個々人を家族単位で登録する。日本にも戸籍があるが、中国の場合には農村戸籍／都市戸籍が分かれていて、居住地に制限があり、農村戸籍の人間は原則として都市に居住できない。都市戸籍の男性と農村戸籍の女性が結婚した場合は妻は都市に住めるが、逆に、農村戸籍の男性と都市戸籍の女性が結婚した場合は都市に住めない、など厳格に運用されている。実際問題として、農村戸籍の人間も都市に職場を求めてやってくるわけだが、住宅や医療、（子どもができた場合に）子どもの学校、などの面で大きな格差がある。彼らはいずれ農村に帰ることが前提の、流動人口なのである。

文化大革命の当時、「経験」を交流するとの名目で、鉄道が無料になり、大勢の学生が地方に出かけ、大勢の農村の若者か都会にやってきた。こういう熱狂的な移動は、そもそも移動の自由がなかったことを背景としないと、わからない。

計画経済

文化大革命の当時は、改革開放の前なので、中国は計画経済を実施していた。

天津のような都会では、市政府が、消費物資の価格や供給計画を立てる。市民生活に責任をもつのが、市政府の役割である。原則として失業はなく、物質的には貧しくとも、競争もなくのんびりしていた。あのころは良かったと、なつかしむ声もある。

人びとは、学校を卒業すると、政府の指令で企業に配属された。労働市場や就職の自由は存在しなかった。配属された先の単位で、一生を送ることが多かった。

職場で把握できない人びと（無職のひとや老人など）は、居民委員会（居委）が把握した。日本の町内会のようなものだが、機能も権限ももっと大きい。たとえば、計画出産の運動にも責任をもっている。

農村では、人民公社が一般的だった。農地は国有化され、生産大隊が単位となって、集団で農作業をする。作業に出ると、労働点数がもらえ、それに応じて食糧や生活物資が配分された。自分勝手に作物を植えたり、自留地に植えつけた作物を市場で販売したりすることはできなかった。当然、農民の意欲はそがれ、農業生産は伸びなかった。改革開放のあと、農産物を自由市場に出すことが認められたので、技術革新や投資もなしで、農業生産は四割ほども伸びたと言われている。

天津の特質

本書の舞台となった、天津についても、説明しておこう。

天津は、北京に向かう物流の要衝として、古くから栄えた。渤海湾に面した港湾都市・塘沽《タンクー》から、海河という河川が天津までのびており、そこで物資を積み替えて陸路北京に向かう。北京を抑える戦略的拠点である。西欧列強が参入すると、天津は発展を早め、数々の戦争や条約調印の舞台ともなった。その戦略的重要性から、上海と同様に租界が置かれ、イギリス租界、フランス租界、イタリア租界、日本租界など、市の中心部には当時の欧風建物が多く残っている。商業に加えて、工業も発達しており、多くの国営工場があった。北京にはほとんど工場がなく政治都市であるのと、対照的である。北京までおよそ一五〇キロメートルの距離だが、天津の地元の人びとの言葉は訛りが強くて、早口でまくしたてられると、聞き取れない。人びとの性格は、穏やかで人なつこく、北京や上海のようなギスギスしたところがない。最近は緑化も進んで、中国でもっとも美しい町のひとつと評判になっている。

市の中心部は和平区といい、かつて市政府など中枢機関があった。イギリス租界の一帯にあたる。そこから南西の方向にむかって馬場道という道路が伸び、その終点に競馬場と倶楽部があった。解放後は、競馬場は庭園と迎賓館に改装され、倶楽部は幹部倶楽部として要人のための施設となった。党中央の要人も、たびたびここに宿泊している。現在はこの地域の再開発にともない、天津市政府の建物は、庭園の南側の道路を挟んだ場所に移っている。

天津は、その戦略的重要性から、直轄市となっている。詳しい経緯は、本書をみてほしいが、直轄市は、省と同等の地位をもつ地方行政単位で、全国に北京市、上海市、天津市の三つしかなかった。のちに重慶市が、四川省から分かれて四番目の直轄市となった。したがって、天津市といっても、一般の市（省の下のレベル）とは異なり、その上の省レベルのランクであることに注意しなければならない。天津市政府や党委員会の幹部は、地方幹部といっても、党中央からみれば、それに次ぐランクなのである。

天津は昔から、北京に対して対抗意識のようなものをもっている。そのため、すぐ北京に右へならえという体質ではない。文化大革命の際にも、この体質と、温和な気質があいまって、激烈な武闘にはならなかった。天津の人びとにはさいわいなことであったが、中国全土が天津のようだったわけではない。

本書が世に出るまで

天津の文化大革命は、ほかの地域に比べて穏やかだったとは言え、それでも激烈なものがあった。王輝氏も、いくたびも検査する側にまわり、また検査される側に回った。

王輝氏は温和で慎重な性格なので、仕事に間違いがないよう、必ず記録やメモをとっていた。これは、正確に仕事を進める業務上の必要からだが、同時に、本書にも示唆されているように、いつ責任を追及され報告書をつくるように言われるかわからないので、自分の身を守るためである。そのほかの写真や資料も丁寧に注意深く、王輝氏は保存しておいた。これが今回、本書をまとめるにあたって役に立った。一次資料に立脚した記述と考察は、本書の価値を高めている。

反面、これは危険なことでもあった。個人情報のひとかけらがもれても、幹部は政治生命が奪われてしまうことがある。記録をきちんと保存してあることが明るみに出ると、いつどんな嫌疑をかけられるかわからない。やがて将来あることを期しての、覚悟の行動だった。

本書を通じて、読者が受け取るのは、著者・王輝氏の魂の叫びである。人間の社会に、こんな理不尽なことがあってよいのか。誰もが善意で始めたはずの革命が、なぜこんな無残な経過をたどらなければならなかったのか。社会学を職業に選んだ王輝氏が、畢生の仕事と見定めたのが、自ら経験した文化大革命の真実を後世にのこすことであった。その思いは、見事に結実していると思う。

本書を読めばわかるように、半世紀前の出来事とは言え、関係者はまだ存命である。打倒された幹部の家族や子どもたち、傷ついた思い出を抱える大勢の党員や元紅衛兵たちがやっとの思いで生きている。文化大革命を研究するとは、そうした傷口に塩を塗り込むような作業である。

もうひとつ、重大なことは、文化大革命はやはりまだ、自由に議論できる話題ではないことだ。なによりそれは、中国共産党の、毛沢東の、過ちであり、現在の政治体制の根幹を揺るがしかねない問題をはらんでいる。著者にそういう意図がまったくなかったとしても、そういう不測の展開を恐れる人びとは必ずいるのだ。

だから著者・王輝氏は、まず日本で翻訳を出版することを期待したのだと思う。日本で出版すれば、関係者を傷つけるかもしれないという懸念、政治的に敏感な問題に触れるという懸念を、いくらかでも緩和できる。そして、日本で出版されたならば、いつの日か必ず中国でも出版できる。そして中国の読者の目にふれ、多くの痛ましい事件や経験が、無駄にならずに後世に伝えられ、人びとの幸せのために役立つ。社会学の研究のかたちで、文化大革命の正確な知識を、世界に届けることができる。そうした思いを、私は受け取った。

だからいま、本書が印刷されて、読者の手にわたるのが、嬉しくてたまらない。そして一刻も早く、本書を天津の、王輝氏のもとに届けたいと思う。

二〇一三年一月

橋爪大三郎

（注記）

本書を読んで、文化大革命に興味をもった読者のために、比較的入手しやすい書物を、掲げておこう。

・定番の研究書としては、

加々美光行『歴史のなかの中国文化大革命』（岩波書店、二〇〇一年）

厳家祺・高皋『文化大革命十年史　上・中・下』（辻康吾訳、岩波書店、二〇〇二年）

国文良成編『中国文化大革命再論』（慶應義塾大学出版会、二〇〇三年）

・最近の研究書としては、

楊麗君『文化大革命と中国の社会構造——公民権の配分と集団的暴力行為』（お茶の水書房、二〇〇三年）

金野純『中国社会と大衆動員——毛沢東の時代の政治権力と民衆』（お茶の水書房、二〇〇八年）

谷川真一『中国文化大革命のダイナミクス』（お茶の水書房、二〇一一年）

・各論的な研究としては、

ウーヴェ・リヒター『北京大学の文化大革命』（渡部貞昭訳、岩波書店、一九九三年）

董国強編『文革　南京大学14人の証言』（関智英・金野純・大澤肇編訳／解説、築地書館、二〇〇九年）

楊海英『墓標なき草原——内モンゴルにおける文化大革命・虐殺の記録　上・下』（岩波書店、二〇〇九年）

ツェリン・オーセル著、ツェリン・ドルジュ写真『殺劫　チベットの文化大革命』（藤野彰・劉燕子訳、集広舎、二〇〇九年）

・海外の研究書としては、

席宣・金春明『「文化大革命」簡史』（岸田五郎他訳、中央公論社、一九九八年）

ロデリック・マクファーカー『毛沢東　最後の革命　上・下』（朝倉和子訳、青灯社、二〇一〇年）

訳者あとがき

本書は、文化大革命が勃発した当時、中国共産党天津市委員会（以下、天津市委員会とする）の弁公庁主任を務めていた王輝氏が記した『天津文革親歴紀事』の日本語訳である。『天津文革親歴紀事』は中国大陸だけでなく香港、台湾などでも未刊行のため、公に発表されるのは日本語訳の本書が初めてである。本書は、王輝氏が執筆し様々な形式で発表されたいくつかの論文を含んでいるが、全体として一つの長編手記として成り立っている。首都北京から非常に近い距離にある、天津市という直轄市（河北省管轄であった時期もあるが）において、文化大革命がどのように進行していったか、その内幕が記された回顧録である。

本書の特徴をここで改めて書く必要もないだろうが、訳者なりに感じたこの書物の特徴、重要性として、橋爪大三郎氏が解説で触れている点以外に、以下の二点を挙げておきたい。一つ目は、本書がこれまでに書かれた多くの文革に関する回顧録とは異なる視点で書かれている点、二つ目は、文革の「静」の側面を我々に教えてくれているという点である。順に説明しよう。

一つ目は、本書が既存の文革に関する回顧録とは異なる視点から執筆された、新しい回顧録であるということだ。

本書は、王輝氏が自らの体験に基づいて、文革における出来事を事細かに記した回顧録である。これまで、文革に関する回顧録といえば、文革期に党中央や省・直轄市級の指導者（領導幹部）であった者が書いたものか、あるいは元紅衛兵が書いたものがほとんどであった。しかし、本書の著者である王輝氏は、文革当時、天津市の指導者だった訳ではなく、ましてや、党中央の指導者だったのでもない。彼は、天津市の指導者達の手となり足となり働き、事務方を統括する一人の役人であった。王輝氏は、仕事上指導者達と直接接する機会が多くあり、党中央と下級機関との板挟みになり追いつめられる天津市の指導者達の考えをよく理解していた。そして、文革中も彼らのために仕事をした。またその一方で、下級の党員や民衆とも直に接する立場にあり、彼ら基層の者達が置かれた立場や彼らの心情をもよく理解できる立場にあった。こうした意味で、本書は、これまでの回顧録とは異なった、新しい視点から文革を捉えたものであると言える。そしてそれは、単に新しいというだけでなく、以下に述べる近年の文革研究の潮流を踏まえれば、非常に意義のある特徴であることがわかる。

これまでの文革に関する研究や回顧録においては、いわば「二つの文革観」とも言うべき、立場の異なる文革観が存在した。

一つは、文革を国家や党中央、党の指導者達の視点から文革を捉える立場である。この立場には、文革を指導者達の権力闘争、あるいは、毛沢東による個人独裁のプロセスとして位置づける研究などが含まれる。文革期に高級の幹部であった者が書いた回顧録の場合、文革は党中央の指導者達の権力闘争として描かれることが多いため、この類いに分類される。言わば、「上からの視点」による文革観である。もう一つは、文革期における紅衛兵や労働者達の造反運動、あるいは思想に注目し、文革を一定程度の自発性を持って行動する民衆（学生や労働者）による運動として捉える立場である。元紅衛兵や造反した労働者が書いた回顧録の場合、こうした立場をとることが多い。こちらは「下からの視点」による文革観である。このように、文革に関する研究及び回顧録は、「上」からの視点に立ったものと「下」からの視点に立ったものとに分かれていたのである。文革のどの側面に注目するかによって、また、書き手が当時置かれていた立場の違いによって、異なる文革観が生まれるのは至極当然であり、どちらも文革の一つの側面を明らかにするものであることには変わりはない。しかし、それらはあくまでも一つの側面であり、どちらか一つだけでは文革の本当の理解としては不十分である。

近年の文革研究においては、上からの視点と下からの視点のどちらかに偏るのではなく、文革における党上層部の動きと、基層社会で起きた実際の現象とを結びつけ、一つの連関のなかで文革の諸現象を理解することが重要であるという認識が共有され始めている。またそうした視点にたった個別の優れた研究も出てきている。例えば、金野純『中国社会と大衆動員』（御茶の水書房、二〇〇八年）、谷川真一『中国文化大革命のダイナミクス』（御茶の水書房、二〇一一年）などである。

こうした近年の文革研究の流れを踏まえると、本書の回顧録の特徴である、「上」、つまり国の指導者でもなく、「下」、つまり紅衛兵などの一般民衆でもない視点から書かれた回顧録というものの有効性が再確認できるだろう。王輝氏は本書のなかで、文革は党中央によって発動されたものであり、決して紅衛兵ら民衆が自発的に始めた運動ではないことを強調している。しかし、だからと言って、文革を純粋な指導者達の権力闘争としては見なしてはいない。そのことは、王輝氏が本書において、紅衛兵や労働者、また社会の一般民衆の考え方や行動についても自らの経験をもとに細かく記述し、そしてそれを指導者達の動向と結びつけて分析していることから明らかである。本書は、従来の文革の一面的理解を超えて、文革の全面的で包括的な理解を指向している回顧録と言うことができるのである。

二つ目に、本書が文革の「静」の一面を浮き彫りにしている点である。

通常、文革で注目されるのは、指導者達の政治的駆け引きや食うか食われるかの熾烈な権力争いであり、紅衛兵や労働者達の熱狂や暴力行為、内ゲバである。こうした文革の「動」的な部分は、我々にとって非常に興味を引かれる対象であり、また、文革を構成する重要な要素である。しかし、こうした人々に鮮烈な印象を与える文革の「動」的一面も、やはりそれは文革の一面に過ぎない。文革には、もう一つの

「静」の一面があり、本書はそのことを我々に教えてくれている。文革の「静」の一面とは、激しい動乱のなかでも、中国共産党が、そして中国という一つの国家が崩壊してしまうことが無いよう、懸命に日々の実務をこなし続けた人々の存在である。彼らは「動」＝大乱のためではなく、「静」＝体制維持のために、懸命に働き力を尽くした。

　王輝氏は、文革以前から天津市委員会弁公庁で主任を務めており、日頃から天津市委員会の書記らと接することが多かった。彼は、書記らのために文書を起草し、日常の業務が滞り無くすすめられるよう事務方をまとめていた。王輝氏は、天津市委員会が天津市という組織をうまく運営するための仕事を熟知していたし、書記らの考えだけでなく性格をも良く理解していた。文革が始まり、奪権によって新しい臨時権力機関である天津市革命委員会が成立したが、その中核を構成した者達にとっても、王輝氏のような人物は必要な人材であった。そのために、王輝氏は一時造反派からの取り調べや攻撃を受けるものの、失脚は免れ、天津市革命委員会の弁公庁主任を務めたのである。後に、天津市委員会が新たに成立すると、天津市委員会弁公庁主任を務めた。結局、王輝氏は文革の始まりから終わりまで、天津市委員会あるいは天津市革命委員会という天津市における権力機関の内側にいて、動乱の過程を自ら体験した。そして、一貫して市の運営が正常に行われるよう尽力したのであった。

　本書に記されている、多くの困難に圧倒されながらも、天津市という一つの組織をどうにか維持しようと奔走する王輝氏の姿が浮き彫りにするのは、まさに大動乱であった文革期、中国を必死で支え続けた、必ずしも有名ではない実務家達の存在である。こうした人々の存在があったからこそ、中国は崩壊せずになんとか文革を乗り越えることができたのである。この事実こそ、文革の真実であると言えるのではないだろうか。

　文化大革命は、遠い過去の出来事ではない。

王輝氏も本書の中で述べているように、文化大革命は、中国の改革開放を可能にした一つの重要な要素である。文化大革命は経済発展の道を進もうという中国国民の気運を高めるよう作用した。現在、中国は経済大国への道を猛烈な勢いで進み、国際社会での影響力を日増しに高めている。そうした現在の中国を形成した重要な一要因としての文化大革命を、我々は学ばねばならない。

また、現在の中国のリーダー達の多くは、家族や自身が文化大革命中に何らかからの痛手を負った経験を持つ。二〇一三年三月に国家主席に就任した習近平もその一人である。彼は、父の習仲勲《しゅう・ちゅうくん》（当時、党中央政治局委員）が文革期に批判を受け失脚し、自身も陝西省の農村で長期間労働に従事した。また、二〇一二年二月に重慶市公安局局長の王立軍《おう・りつぐん》が米総領事館に駆け込んだことで表沙汰となった政治スキャンダルは、日本のメディアでも大きく取り上げられたが、このスキャンダルで失脚した元重慶市党委員会書記の薄熙来《はく・きらい》も、文革中激動の生活を送った一人だ。父である薄一波《はく・いっぱ》（当時、国務院副総理）が文革期に「叛徒」というレッテルを貼られたことで、自身も一定期間自由を奪われ、実の母は、文革中に迫害を受け亡くなっている。政治の世界だけではない。世界的に著名な映画監督、陳凱歌《ちん・がいか》や陳芸謀《ちん・げいぼう》も、文革期は紅衛兵として活動し、その後農村へ送られた。さらに、二〇〇〇年に華人としてノーベル文学賞を受賞した高行建（国籍はフランス）も、紅衛兵運動に参加し、その後農村で教師をしていたという経歴を持つ。様々な分野における中国のリーダー達にとって、文化大革命期の経験、それを通して得た教訓は消えることなく生きており、現在の中国の舵取りや世論形成に影響を与えているのである。

もちろん、文化大革命という出来事に我々が目を向けるべき理由は、現在の中国との向き合い方に多くの示唆を与えてくれるからだけではない。文化大革命という社会現象は、ほかでもなく人間によって引き起こされたものである。荒唐無稽でおよそ信じがたいような事象から構成される文化大革命は、我々人間の可能性の一つの発露である。だからこそ、我々は文化大革命の真実と向き合わねばならないのである。

本書を執筆した王輝氏は、訳者の東京工業大学における指導教員であった橋爪大三郎氏と旧知の間柄である。その縁で、今回翻訳を担当することとなった。橋爪氏自身、以前、王輝氏の著作『中国官僚天国』（原題：『中国的「官場病」』）を翻訳しており、同書は一九九四年に岩波書店から出版されている。訳者の力不足のために、翻訳にかなり長い時間がかかり、様々な方面にご迷惑をおかけしたが、多くの方の力をお借りしてなんとか責務を果たすことができた。以下に、数名の方のお名前を挙げて謝辞を述べることをお許し頂きたい。

まず、橋爪大三郎氏は、翻訳上の具体的な問題解決に有益な助言をくださっただけでなく、訳者の遅々として進まない翻訳作業を暖かく見守ってくださり、様々な配慮をしてくださった。橋爪大三郎氏の夫人である張静華博士には、数ヶ月という長い期間、頻繁にお時間をとって頂き、読み合わせをしながら、指導をして頂いた。張静華博士のお父様は、やはり文化大革命当時天津市委員会に勤務されていた方であり、王輝氏と張静華博士のご家族の家は同じ建物内にあった。張静華博士は、まだ非常に若かったものの文革の経験者であり、また文革当時の天津社会、天津の人々や著者である王輝氏の心情を良く知る人物である。そのような方に直接指導して頂けたことは、この上なく有益なことであった。張静華博士の指導によって、具体的な翻訳上の問題を解決できただけでなく、文革当時の天津社会の姿がだんだんと訳者の頭のなかではっきりとした像を結んでいった。それは、翻訳にも生かされたと思っている。張静華博士による指導がなかったら、この翻訳は完成しなかったかもしれない。また、著者である王輝氏には、辛抱強く私の翻訳作業を待って頂いただけでなく、具体的な疑問点などについてその都度丁寧に教えて頂いた。

最後になってしまうが、ミネルヴァ書房の水野安奈氏は、初めての翻訳作業で手間取る訳者に励ましの言葉をかけて下さり、また、草稿の段階から細かく目を通して、様々な有益なアドヴァイスを下さった。これらの方々には、心より感謝の意を表したい。また、ここには一つひとつ挙げられないが、様々な中国研究者による研究が、多くの示唆を与えてくれた。皆様にお礼を申し上げたい。もちろん、もし本書に翻訳上の何らかの問題があるとすれば、全ての責任は私に帰するべきものであることは言うまでもない。

二〇一三年四月

中路陽子

人名索引

（原註か主要人名註に解説がある場合は、その掲載頁を太字とした）

あ　行

か　行

た　行

な　行

は　行

ま　行

や　行

ら　行

わ・を・ん行

事項索引

（頻出語句註に解説がある場合は、その掲載頁を太字とした）

あ 行

か 行

さ 行

た　行

な　行

は　行

ま　行

や　行

ら　行

わ　行

文化大革命期年表

本書著者作成の天津市年譜をもとに、訳者が作成した。天津市における出来事を中心とし、中央及び全国における出来事の記述はそれを補足する程度とした。中央及び全国におけるより詳細な年譜は、例えば、陳東林・苗棣・李丹慧主編、加々美光行監修、徳澄雅彦監訳、西紀昭・山本恒人・園田茂人ほか訳『中国文化大革命事典』(中国書店、1997年)を参照されたい。作成にあたっては、同書のほか、厳家祺・高皋著、辻康吾監訳『文化大革命十年史　(上)・(中)・(下)』(岩波書店、2002年)、中国人民解放軍国防大学党史党建政工教研室編『「文化大革命」研究資料』(上册・中册・下册、出版社不明、1988年)、馬斉彬ほか編『中国共産党執政四十年　1949〜1989』(北京、中共党史資料出版社、1989年)などを参考にした。

	中央及び全国の動向	天津市の動向
1965年		
11月	**10日**『文匯報』が姚文元の論文「新編歴史劇『海瑞の免官(海瑞罷官)』を評す」を発表。『海瑞の免官』の著者である呉晗を名指し批判する。**18日**林彪、1966年の全軍政治工作について、政治を突出させる五原則を提案。**29日**『解放軍報』、『北京日報』が姚文元の「新編歴史劇『海瑞の免官』を評す」を転載。**30日**『人民日報』が姚文元の「新編歴史劇『海瑞の免官』を評す」を転載。	**29日**天津市は河北省と合同で報告会を開催。大寨大隊党支部書記の陳永貴が経験を紹介する。
12月	**30日**人民解放軍総政治部が全軍政治工作会議において、林彪提案の政治を突出させる(政治を一番の大事とする)五原則の貫徹を強調。	**1日**『天津日報』は姚文元の論文「新編歴史劇『海瑞の免官』を評す」を転載。

1966年		
1月	**1日**『解放軍報』が元旦の社説で、「毛沢東思想の偉大な紅旗を高く掲げ、引き続き政治を突出させ断固として五原則を実行するために闘争しよう」を発表。	**5日**天津市党委員が「政治突出の問題についての大討論を展開することに関する決定」を発表。
2月	**12日**党中央の同意の下、「二月提綱」を全党に公布。	**5日**『天津日報』は『海瑞の免官』について「海瑞は貧苦農民の階級敵」、「『海瑞は皇帝を罵った』のか？　それとも海瑞は皇帝を愛していたのか？」などと題する評論記事を掲載。**7日**河北省貧農・下層中農代表大会が天津で開幕し（～15日）、河北省貧農下層中農協会が正式に成立。**10日**中共天津市委員会は通知を発表。焦裕禄を学習し、思想革命化を促進して、革命化を指導すること、焦裕禄の学習と政治突出の大討論を結びつけることを指示。
3月	**28日**毛沢東は康生らと何度も会談し、「二月提綱」を非難（～30日）。	**25日**中共天津市委員会は「毛主席の著作を学習する新たな高波をより一層巻き起こすことに関する決定」を発表。
4月	**2日**『人民日報』と『光明日報』は戚本禹の論文「『海瑞、皇帝を罵る』と『海瑞の免官（海瑞罷官）』の反動的実質」を発表。**9日**党中央書記処が会議を開催（～12日）。「二月提綱」を取り消し、かつ批判することを決定する。**16日**『北京日報』が『燕山夜話』、『三家村札記』を批判する記事を掲載。	**11日**、**24日**『天津日報』は『人民日報』が4月2日に発表した呉晗の政治思想及び学術的立場に関する言論の摘録、さらに、翦伯賛の歴史観に関する記事を転載。

5月	**4日**党中央政治局拡大会議が開会（～26日）。**16日**党中央政治局拡大会議は「中国共産党中央委員会通知」（「五・一六」通知）を採択。**29日**清華大学付属中学に最初の紅衛兵組織が誕生。	**11日**『天津日報』が、姚文元の論文「『三家村』を評す――『燕山夜話』、『三家村札記』の反動的本質」を転載。**22日**党中央華北局工作会議が北京で開催され、天津市からは53人が参加。「五・一六」通知などを学習。
6月	**1日**『人民日報』が、社説「一切の牛鬼蛇神を一掃しよう」を発表。	**2日**『天津日報』が、人民日報の「一切の牛鬼蛇神を一掃しよう」を転載。
7月	**16日**毛沢東は、武漢で長江を遊泳。**25日**毛沢東は、党中央書記及び中央文革小組の成員を接見し、工作組を批判。	**23日**天津市党委員会が、市・区の機関及び宣伝文教部門における文化大革命の全面的実施を決定。**31日**天津市党委員会工作会議が開会（～8月26日）。会議では、中央から下達された「五・一六」通知の学習や、華北局工作会議の主旨などの伝達が行われ、天津の文化大革命の問題が検討された。
8月	**1日**毛沢東は、清華大学付属中学紅衛兵への返信で「熱烈な支持」を表明し、「造反有理」を呼びかける。**5日**毛沢東、「司令部を砲撃せよ――わたしの大字報」を書き、劉少奇、鄧小平を批判。**8月7日**党中央委員会全体会議に配布。**8日**党中央委員会全体会議は「中国共産党中央委員会のプロレタリア文化大革命に関する決定」（「一六条」）を可決。翌日、公式発表。**18日**天安門広場で100万人集会が開催される。毛沢東は、第一回目の紅衛兵接見を行う。**23日**『人民日報』が、8月20日以来首都紅	**6日**天津市党委員会は、万人大会を開催。第一書記の万曉塘が検査を行う。**9日**『天津日報』が「一六条」の全文を掲載。**23日**天津市の各学校の紅衛兵が、街に出てビラを配布する、大字報を貼り出す、演説を行うなどの行為を開始。「四旧」打破の運動が全市に波及。**24日**「四旧」打破の活動に伴い、抄家が始まる。また、批判闘争会、暴力行為、他人に高帽子を被せて街を引き回すなどの行為が増加、死者も出る。**26日**北京紅旗中学の一部の紅衛兵と天津市労働局第二半工半読技術工業学校の一部の学

	衛兵が「四つの旧事物」への攻撃を開始したとの新華社ニュースを報じ、社説では、こうした紅衛兵の行為を讃えた。	生ら計200人余りが、市委員会庁舎を攻撃（「八・二六」事件）。**29日**天津市三輪運輸二社において、一部の労働者が同社党支部書記・陳良謀らを捕え拷問にかけ、書類や印章を奪った（９月１日、陳良謀が死亡（三輪二社事件））。
９月	**７日**『人民日報』は社説「革命に力を入れ、生産を促そう」を発表。**14日**党中央は、「革命に力を入れ生産を促すことについての通知」を発表。	**18日**天津市一中、一八中、女六中、労働局第二半工半読技術工業学校など一六の学校が民園体育場において「市委員会を公然と批判する」大会（「九・一八」大会）を開催。**19日**党中央委員で、天津市党委員会第一書記の万暁塘が死去。享年50歳。**22日**第一工人文化宮で追悼大会が開かれる。**25日**天津市中等学校、半工半読学校の紅衛兵及び青少年ら計７万人余りが中心広場において、文化大革命を祝賀する集会を開催。集会後、デモ行進を行う。
10月	**９日**党中央工作会議開催（～28日）。**23日**劉少奇や鄧小平らが自己批判を行う。**24日、25日**毛沢東が二度にわたって講話を行い、劉・鄧を批判したが、彼らが誤りを改めるのを許すべきであると主張。**28日**党中央工作会議の終了に際し、周恩来が統括の講話を行う。	**17日**天津市党委員会と市人民委員会は、河北省委員会と省人民委員会の次のような至急電報を転送発表。「国務院より緊急に通知する。各地から北京へ串聯《チュアンリエン》でやってきている教師・学生らは既に100万人を超えており、受け入れは既に限界であり、食事・宿泊場所・交通・衛生医療などの面で大きな問題が発生している。各地の教師・学生らには、しばらく北京へ向かうことを延期し、現在北京にいる教師・学生らが北京を離れた後に、

		再度、中央及び国務院の新たな通知に従って、計画的に串聯を行うよう、切に望む」。**22日**各地から天津へ串聯でやって来た教師・学生が計３万6000人余りに達する。天津で列車を乗り換える教師・学生らは毎日１万人以上おり、食事・宿泊場所・交通などの問題が深刻となる。
11月	**１日**『紅旗』は、社説「毛主席に代表されるプロレタリア革命路線の偉大な勝利」を発表。	**４日**天津市党委員会が工作会議を開催（～22日）。党中央工作会議の主旨を伝達する。**29日**天津市党委員会が通知を発出。自己批判書を下達。
1967年		
１月	**６日**張春橋、王洪文ら上海の造反派が上海市党委員会・政府の奪権を宣言。以後、全国に奪権の嵐が巻き起こる。**23日**党中央、国務院、中央軍事委員会、中央文革小組は連名で、「人民解放軍は革命左派民衆を断固として支持することに関する決定」を発出。**30日**『紅旗』は、社説「プロレタリア革命派の奪権闘争について」を発表。三結合による臨時権力機構の設立を呼びかける。**31日**黒竜江省は革命委員会を設立。	**２日**天津市が中央直轄市に改められる。解学恭が天津市党委員会第一書記、閻達開が第二書記に就任。**７日以降**天津日報社、天津広播電台、天津電視台、電信局、公安局などが造反派によって次々と奪権され、党・政府の機関は麻痺状態に陥る。**13日**天津市党委員会が各部委員会文革弁公室責任者会議を開催。崩壊前最後の会議となる。**18日**天津市党委員会・政府が造反派によって完全に奪権され、中国人解放軍天津市重要目標軍事完成委員会が成立。倉庫、電視台、監獄、重要工場など58の重要地点が軍事管制下に置かれる。**23日**人民解放軍天津駐屯軍は「支左」の命令を受け、天津市の文化大革命への介入を正式に開始する。**29日**

		人民解放軍天津駐屯軍が天津日報社を軍事接収管理。
2月	**5日**上海市人民公社が成立。**13日**貴州省革命委員会が成立。**24日**上海人民公社は、名称に関して毛沢東の同意を得ることができず、上海市革命委員会と改称。張春橋が主任に就任。	**4日**支左機構の正式名が「中国人民解放軍天津駐屯軍革命左派断固支持連絡站」(以下、天津市駐屯軍支左連絡站)と決定。**14日**人民解放軍天津警備区司令部は天津市公安局を接収管理し、天津市公安局軍事管制委員会を設立。また、市公安局の各級機構に対して軍事代表を派遣し、軍事管制を実施。**26日**天津市の各造反組織は民園体育場で「万曉塘、張淮三批判闘争集団大会」を開催。5万人が参加した。
3月	**19日**党中央は「全国大串聯の停止に関する通知」を発表。中央軍事委員会は「力を結集して左派支持、農民支持、労働者支持、軍事管制、軍事訓練の任務を実行することに関する決定」を発表。	**3日**天津市「三結合」奪権準備工作領導小組が成立。解学恭が組長、肖思明が副組長に就任(6月19日、天津市革命委員会準備小組と改名)。**15日**天津市奪権準備工作領導小組は、天津市労働者、農民、大学紅衛兵、中学紅衛兵、幹部の五つの代表会議準備小組が成立し、天津市の「五代会」が誕生したことを宣言。**27日**天津代表団が北京を訪問。天津市革命委員会成立準備の工作情況について中央へ報告。
4月	**6日**中南海造反派が劉少奇に対して最初の吊るし上げを行う。**10日**清華大学は30万人大会を開催。王光美らを批判闘争にかける。	**7日**中央指導者が天津市代表団全体代表と第一回目の接見。江青が講話。**9日**中央指導者が天津市代表団全体代表と第二回目の接見。**10日**中央指導者が天津市代表団全体代表と第三回目の接見。陳伯達、康生、周恩来が講話。**24日**20余り

		の組織から計3000人余りが参加し、天津市駐屯軍支左連絡站を攻撃。**27日**天津大学、南開大学、天津体育学院、河北大学などの学生組織が南開大学で、大規模な武闘事件を起こす。
5月	**17日**「五・一六」通知が公開発表される。**29日**「林彪同志が江青同志に委託して開いた部隊文芸工作座談会の摘要」が公開発表される。	**5日**石油部の六四一工場の造反組織「大連合」に所属する約2000人が天津市駐屯軍支左連絡站を攻撃。**21日**天津警備区司令部が、石油部六四一工場及び所属単位に対する軍事管制の実行を命令し、軍事管制委員会が成立。**22日**天津市現代劇団が人民劇場で現代劇『新時代の狂人』を試演。
6月	**6日**党中央、国務院、中央軍事委員会、中央文革小組が「六・六通令」を発令。「最近出現した殴打・破壊・略奪・抄家・拘束といった不健全な動向を是正する」よう要求。	**27日**天津市革命委員会準備小組、天津駐屯軍支左連絡站、中共天津警備区委員会が聯合して「重要通知」を発出。元天津市委員会第一書記の万曉塘及び書記処書記の張淮三に対する批判を公に呼びかけ、彼らは「党内最大の資本主義の道を歩む実権派の天津における忠実な代理人であり、天津党内の最大の資本主義の道を歩む実権派」、「反革命修正主義集団」であると宣言した。
7月	**17日**中央軍事委員会監理小組が成立。**20日**武漢で王力が拘束される事件が発生（七・二〇事件）。	**16日**「天津市プロレタリア階級革命派大連合準備委員会」(「大連準」)が成立（同年11月22日、解散)。**24日**複数の民衆組織が天津日報社を占拠。『天津日報』刊行停止（9月17日、発行を再開)。天津市青年動員上山下郷弁公室が成立。

8月	**1日**『紅旗』は社説「プロレタリア階級は必ず堅く鉄砲を握りしめなければならない」を発表。「軍内の一つまみを引きずり出せ」と呼びかける。**5日**中央は、天安門広場で「毛主席の『司令部を砲撃せよ』指示一周年を記念し、劉少奇を批判する会」を開催。**9日**「五・一六兵団」が、周恩来批判のビラを貼り出す。**10日、11日**中央文革小組は、大学・中学校紅衛兵座談会を開催。「軍内の一つまみを引きずり出せ」というスローガンと「五・一六兵団」を批判。	**9日**天津政治師範学校で大規模な武闘が発生。「大連準」が校舎に火を放つ。**10日**軍事工場六〇九工場で大規模な武闘が発生。天津市革命委員会準備小組と市支左連絡站は、全市に向けて、「即時武闘を制止することに関する緊急呼びかけ」を発出（翌日、対立する双方が武闘を中止)。**15日**中央指導者が北京で天津「五代会」と「大連準」の代表が参加する天津市訪京報告代表団と第一回目の接見。「武闘を停止し、五代会を拡大強化し、革命準備小組を拡大強化する」ことに関する合意を結ばなければならないと指摘。**16日**第二回目の接見。**18日**第三回目の接見。**19日**第四回目の接見。天津市訪京報告代表団の双方の民衆組織は、「天津市訪京報告代表団双方の武闘の即時の、断固とした、徹底した制止に関する合意」を結ぶ。**24日**第五回目の接見。天津市訪京報告代表団の双方の民衆組織は、「天津市訪京報告代表団双方の『革命強化生産促進』に関する合意」を結ぶ。天津市武闘制止合意執行監督小組が成立。
9月	**5日**党中央、国務院、中央軍事委員会、中央文革小組が「解放軍の武器、装備、物資の略奪を禁止する命令」を通達。	**8日**第六回目の接見。**14日**第七回目の接見。**26日**第八回目の接見。
10月	**12日**『人民日報』が社説「全国で毛沢東思想学習班を実施しよう」を発表。**17日**党中央、国務院、中	**10日**第九回目の接見。**12日**天津において、学習班実施の気運がわき起こる。

	央軍事委員会、中央文革小組は、「各系統ごとに革命の大連合を実行することに関する通知」を発出。	
11月		**13日**、**14日**、**27日**、**28日**「万張反革命修正主義集団テレビ大会」を開催。**14日**天津市革命委員会準備小組と天津市公安局軍事管制委員会は連名で「上山下郷知識青年及び内地・辺境建設支援の労働者はすみやかに生産部署に戻り、革命を行い生産を促進することに関する緊急通告」を発出。**22日**第一〇回目の接見。中央指導者らは大連準を非難。
12月	**7日**中央文革小組は、『毛主席の教育革命論』を編集・出版。**9日**党中央、国務院、中央軍事委員会、中央文革小組は、「公安機関の軍事管制実施に関する決定」を作成。	**2日**第一一回目の接見。天津市革命委員会成立の報告を中央が批准したことを伝達。**6日**天津市革命委員会が成立。解学恭が主任に、肖思明、鄭三生、江楓が副主任に就任。**15日**天津市革命委員会工業生産指揮部が領導小組を設立。胡昭衡が組長に就任。**18日**南開大学で武闘が発生。周恩来は、武闘をすぐに止め、双方で意見の対立がある場合は市革命委員会と相談するよう指示。**19日**天津市革命委員会は「天津市武闘制止合意執行監督小組の機構改変に関する通知」を発出。
1968年		
1月		**22日**天津市毛沢東思想学習班経験交流大会が開幕（～27日）。
		21日周恩来ら中央指導者は、北京

2月		を訪れた天津市革命委員会委員及び民衆代表と接見。その会上で、江青、姚文元、陳伯達が講話（「二・二一」講話）を行い、文芸界の「二つの黒」を非難し、「公検法徹底改造」のスローガンを提起した（「二・二一」事件）。
3月	**22日**党中央、国務院、中央軍事委員会、中央文革小組が命令を発令。楊成武・余立金・博崇碧の職務を停止する。	**2日**市革命委員会と天津駐屯軍支左連絡站はそれぞれ、天津市文化部門、公検法部門の大会を開催。「二・二一」講話を伝達し、「文芸黒線を破壊しよう」、「公検法を徹底的に改造しよう」と呼びかけた。**9日、26日**市革命委員会は「反革命文芸黒い会を徹底的に破壊するテレビ批判闘争大会」及び「反革命黒い劇（『新時代の「狂人」』を指す）テレビ批判闘争大会」を開催。
4月		**6日、21日、25日、5月31日**天津市革命委員会は「万張反革命修正主義集団を徹底的に葬り去るテレビ大会」を開催。
7月	**3日**党中央、国務院、中央軍事委員会、中央文革小組は連名で「布告」を発出。武闘の即時停止を呼びかけた。**24日**党中央、国務院、中央軍事委員会、中央文革小組は連名で「布告」を発出。陝西省に対して武闘停止を呼びかける。	
	5日毛沢東が外国の賓客から贈られたマンゴーを、北京工農毛沢東思想宣伝隊に贈る。**25日**『人民日報』は姚文元の論文「労働者階級	**8日**市革命委員会が常務委員会拡大会議を開催。毛沢東主席がマンゴーを贈ったことに関する『人民日報』の報道を学習し、天津市の

8月	は全てを指導しなければならない」を掲載。	工農毛沢東思想宣伝隊について討論。**14日**天津市工農毛沢東思想宣伝隊が成立。**28日**天津市革命委員会は「毛沢東思想学習班」を開催(～9月28日)。各区・局・大工場企業、大・中学、文芸団体、市級委員といった単位の領導幹部、民衆組織代表、解放軍支左人員ら計425人が参加。
10月	**5日**『人民日報』は「柳河『五・七』幹部学校は機関の革命化のために新たな経験をもたらす」という記事を掲載。そのなかで、広範な幹部は下放労働をするべきだという毛沢東の指示を発表。**13日**中共八期一二中全会拡大会議が開幕(～31日)。会議期間中の**18日**、「叛徒、敵の回し者、労働貴族である劉少奇の犯罪行為に関する審査報告」を採択し、「党籍から永久に除名し、党内外の一切の職務取り消し」を決議。	**8日**天津市「一〇・四幹部学校」が成立(11月22日までに、市、区、局以上の機関の元幹部が計6870人下放され、市各局所属の基層単位に所属していた計2万5827人が下放された)。
11月		**2日**市革命委員会は、中共八期一二中全会広報及び劉少奇の「党籍から永久に除名し、党内外の一切の職務取り消し」の決定を学習し、貫徹することを決定。
12月	**22日**『人民日報』は、毛沢東の「知識青年は農村へ行き、貧農下層中農から再教育を受けることが必要だ」という指示を発表。	**22日**天津市革命委員会は、毛沢東からの指示を受けて、「知識青年は農村へ行こう」という気運を高めることを即座に決定する(24日までに、全市の4万余りの高・初中学校卒業生及び1万余りの大学卒業生が農村に戸籍を移して定住)。

1969年		
1月	**1日**『人民日報』、『紅旗』、『解放軍報』が元旦の社説で「毛沢東思想で全を統帥しよう」を発表。毛沢東の「階級隊伍の純潔化は、一つにはしっかりと把握しなければならず、二つには政策に注意しなければならない」といった最新指示を伝えた。	**2日**天津市革命委員会は全体委員会議を召集し、毛沢東の指示の主旨を学習。**11日**天津市革命委員会上山下郷領導小組が成立。王元和が組長に就任。**14日**天津市革命委員会は、「すみやかに上山下郷の高波を巻き起こそう」というテレビ大会を開催。
4月	**1日**中共第九回全国代表大会が開催（～24日）。採択された新党規約には、「林彪同志は毛沢東同志の親密な戦友であり後継者」と記される。	
7月		**20日**文革開始以来、農村へ送られた人は4万1571人に達した。そのうち、文化大革命初期に紅衛兵によって農村へ送られた人は2万5913人、1968年5月以降に送られたのは1万5658人、農村へ送られた者に同行した家族子女は2万5883人であった。
9月	**23日**中国は初の地下核実験に成功。**29日**中国は新たな水爆実験を実施。	**23日**毛沢東が天津を訪問し、天津市革命委員会核心小組全体成員及び天津駐屯陸・海・空軍の一部の責任者と接見。
1970年		
2月		**10日**天津市革命委員会核心小組は、天津市清査「五・一六」分子領導小組の設置を決定。成員は劉政ら七人。
	11日林彪は、国家主席を設け、毛	**1日**天津市革命委員会核心小組は

4月	沢東が就任することを提案。	以下の内容の通知を発出。中共天津市革命委員会核心小組は解学恭、劉政、王一、池必卿、王元和、費国柱、王曼恬、趙武成、毛平の九名から構成し、解学恭を組長、劉政、池必卿を副組長とする。**25日**天津市革命委員会は以下の内容の通知を発出。劉政、王一、池必卿、趙武成、王曼恬らを市革命委員会副主任に増補する。
6月		**1日**天津市は「革命的模範劇普及の高波をわき起そう」という運動を開始。
8月	**23日**中共九期二中全会が廬山で開会（～9月6日）。**31日**毛沢東が一遍の短文「私のわずかな意見」を書き、陳伯達を痛烈に批判。	
11月	**16日**党中央は「陳伯達反党問題を伝達することについての指示」を発出。「批陳整風」運動が展開される。	**4日**から12日間開かれた「天津市農業大寨に学ぶ会議」が閉会。
1971年		
1月		**28日**天津市革命委員会核心小組は河北会議の主旨を貫徹し、「批陳整風」を開始。
2月		**9日**市革命委員会は、天津市「五・七」幹部学校本校の設立を決定（4月3日、第一期は労働者部訓練班が開校。学習に参加したのは計368人、10月初めに終業）。
		7日天津市革命委員会核心小組は、陳伯達によって迫害を受けた幹部

5月		を調べて明らかにし、名誉回復を行うことを決定。**9日**全市で開校された「五・七」幹部学校が18ヶ所に達し、入学した幹部、その他の人員は1万人余りとなった。**22日**中国共産党天津市第三回代表大会が開幕（～26日）。解学恭が天津市革命委員会核心小組を代表して行った報告「毛沢東思想の偉大な紅旗を高く掲げ、「九大」に沿って団結し勝利の路線を勇気を奮い起こして前進しよう」を採択した（「九大」とは中共第九回全国代表大会のこと）。
7月	**9日**キッシンジャー米大統領補佐官が訪中（11日帰国）。周恩来首相と会談。	
9月	**13日**林彪事件（九・一三事件）が発生。林彪、葉群、林立果らが乗っていたとされる飛行機がモンゴルに墜落。全員死亡。	**2日**天津市は「一打三反」・清査「五・一六」工作会議を開催（～4日）。
10月	**6日**党中央は林彪グループの罪状に関する通知を下達。**13日**党中央は、中央専案組を設置し、林彪・陳伯達グループの問題を審査する旨の通知を下達。これより「批林整風」運動が全国で展開された。	**11日**北京軍区党委員会は以下の内容の通知を発出。天津駐屯軍支左連絡站党委員会を撤廃し、天津駐屯軍三支両軍領導小組を設立する。劉政を組長とし、天津市党委員会と四六八八部隊党委員会の二重指導を受ける。
1972年		
1月	**6日**陳毅。北京で病死。**10日**陳毅の追悼会が開催される。	**25日**天津市上山下郷人員、家長代表会議が開幕（～28日）。3年余りのあいだに、天津市の24万人の知識青年、1万人余りの医療工作

		人員及びその家族、16万人の住民及びその他の人員が農村や辺境地域へ戸籍を移して定住。
2月	**21日**ニクソン大統領が訪中。米中共同声明を発表（27日帰国）。	**4日**「天津市農業は大寨に学ぶ会議」が開幕（〜11日）。72年の農業生産主要指標が出される。
5月	**20日**党中央は6月下旬にかけて、北京で「批陳整風」報告会を開催。	**15日**天津市党委員会は党中央に対して、元天津市委員会書記張淮三の審査報告に関して報告し、彼を「叛徒、特務（スパイ）、死んでも悔い改めない走資派」と断定した。
7月	**2日**党中央は、中央専案組の「国民党反共分子、トロツキスト、叛徒、特務（スパイ）、修正主義分子陳伯達の反革命歴史的犯罪行為の審査報告」を批准・発表。	**18日**天津市党委員会は全体委員会拡大会議を開催(〜8月9日)。会議では、中央の「批陳整風」報告会の主旨が伝達される。
8月	**21日**党中央は「三支両軍の若干の問題に関する決定（草案）」を下達。「三支両軍」の撤廃を通達。	**27日**天津市党委員会は党中央に、元天津市委員会第一書記の万曉塘に関する審査報告を伝え、彼を「死んでも悔い改めない走資派、反革命修正主義分子、万張反革命修正主義分子の頭目、劉少奇ブルジョア階級司令部の忠実な代理人」と断定した。
12月	**10日**毛沢東が「深く穴を掘り、広く食糧を蓄え、覇権を唱えない」との指示を出す。	
1973年		
	1日『人民日報』は「新年祝辞」を掲載。批林整風の重点は極右批判であると強調する。	**13日**天津市党委員会は、市委員会政法部、市公安局、市高級人民法院、中級人民法院、市民政局の設立、市革命委員会人民保衛部（治

1月		安、公安、検察、司法等を管轄）及び「一打三反」弁公室の撤廃を決定。**27日**天津市党委員会は、人民解放軍天津駐屯軍支左連絡站を撤廃し、名称のみを残したうえで、関連事項については市委員会政治部が管理することを決定した。
2月		**15日**天津市党委員会は「批林整風」小国会議を開催(～3月11日)。毛沢東の「私のわずかな意見」、「毛主席の外地巡視期間中における道中の各地責任者同志との談話紀要」などの資料を学習。各区・局及び若干の基層単位の報告を聞き、「批林整風」運動の手配について検討する。「批林整風運動を深く掘り下げて展開することに関するいくつかの問題」という資料を印刷・発行。
3月	**10日**党中央は、鄧小平の党組織活動及び国務院副総理の職務を回復することを決定。	**5日**天津市党委員会は常務委員会会議を開催し、討論を経て「反党分子陳伯達による天津小站地区での四清中の幹部及び民衆への攻撃と迫害に関する犯罪行為調査報告」を採択。
4月	**20日**党中央は工作会議を開催（～31日）。	**2日**天津市党委員会弁公庁は鄧小平の職務回復に関する党中央決定の通知を伝達。
6月		**22日**天津市党委員会全体委員会拡大会議は中共第一〇回全国代表大会に天津市から出席する周恩来ら29人を選挙で選出。
	20日党中央は中央専案組作成の「林	**14日**天津市は知識青年上山下郷工

8月	彪反党集団の反革命犯罪行為についての審査報告」を批准。林彪、陳伯達、葉群、黄永勝、呉法憲、李作鵬、邱会作、李雪峰の党籍を剥奪。**24日**中共第一〇回全国代表大会が開幕（～28日）。	作会議を開催（～25日）。毛沢東が李慶霖へ宛てた返信を学習し、上山下郷知識青年の問題に関して中央が提起した六つの解決方法について、逐一検討を行った。また天津市の実際の情況と考え合わせ、長期計画と実施方法を制定した。
9月	**4日**『北京日報』は、北京大学・清華大学大批判組（梁効）の論文「儒家と儒家の反動思想」を掲載。**28日**『人民日報』は、施丁の論文「『焚書坑儒』辨」を掲載（『遼寧日報』からの転載）。施丁は「焚書坑儒」は評価すべきだとする論を展開した。	**6日**天津市党委員会は全体委員会拡大会議を開催。中共第一〇回全国代表大会の主旨を伝達・学習し、その実施貫徹について検討。**16日**天津市革命委員会は全体委員会拡大会議を開催（～17日）。第四期全人代召集開催準備に関する中央の指示の主旨、及びその代表の調整、選挙に関する決定を伝達。天津市から第四期全人代に出席する代表の調整、選挙の問題について検討。また、天津市から出席する第四期全人代代表として周恩来を選出し、111人の代表選挙立候補者を第四期全人代代表として採択。
10月	**1日**『紅旗』は、石侖の論文「尊儒反法を論ず」を掲載。**26日**元北京市委員会第二書記の劉仁が迫害され死亡。	**9日**天津市党委員会は市委員会弁公庁、市委員会政策研究室、市委員会組織部、市委員会宣伝部、市革命委員会外事弁公室の設置を決定。各部門設置後、元市委員会弁公室、市革命委員会弁事組、市委員会及び市革命委員会政治部、市革命委員会弁事組外事組は即時撤廃された。なお、新設の各部門の印章は10月15日から使用を開始。
		24日天津市知識青年上山下郷帯隊幹部学習班（知識青年を率いて農

11月		村へ行き、彼らの農村定住が適切に進められるよう指導する帯幹幹部に対して、上山下郷政策に関連する教育を行う学習班）の活動が終了。天津市党委員会と市革命委員会は大会を開催し、第一陣の帯隊幹部300人余りを歓送した。また彼らは知識青年を率いて農村の人民公社生産隊に入隊し、戸籍を移して定住した。
12月	**12日**毛沢東が、党中央政治局会議で講話を行う。周恩来と葉剣英を批判する。	**5日**「天津市農業は大寨に学ぶ経験交流大会」が開幕。党中央政治局委員兼大寨大隊党支部書記の陳永貴が報告を行う（18日、閉幕式と表彰式を実施）。**6日**天津市内各区のその年の初級中学の卒業生4000人近くが、それぞれ郊区（農村の区）の九つの農場や林場に戸籍を移して定住を開始。また、天津市の四つの郊区及び漢沽区のその年の初級中学卒業生計2100人余りも、それぞれの区の農村人民公社の生産隊に定住を開始。
1974年		
1月	**1日**『人民日報』、『紅旗』、『解放軍報』は元旦の社説で、孔子批判を継続するよう呼びかける。**18日**党中央は北京大学・清華大学大批判組（梁効）執筆の『林彪と孔孟の道』を毛沢東同意の下で発表。以後、「批林批孔」運動が始まる。	**8日**天津市は、「黒い市」（個人取引市場）取り締まり活動の大検査を展開。**17日**天津市は都市民兵宣誓大会を開催。十数万の武装労働者民兵が大会に参加し、大会後に武装デモ行進を行う。**25日**天津市党委員会は常務委員会議を開催。党中央（1974）一号文献（『林彪と孔孟の道』を指す）、及び江青が中央軍事委員会責任者へ宛てた

		手紙を学習。**31日**天津市党委員会は「批林批孔」動員大会を開催。
2月	**1日**『紅旗』は「批林批孔の闘争の展開を広範に深めよう」という記事を掲載。	**7日**天津市党委員会は「批林批孔」を掘り下げる動員大会を開催。3万人余りが参加。
4月	**1日**『紅旗』が、梁効の論文「孔丘という人」を掲載。	**27日**天津市革命委員会副主任の趙武成を団長とし、副秘書長の李士曾を副団長とする天津市友好訪問団が、日本の兵庫県神戸市を訪問（5月14日に帰国）。
6月	**14日**江青は、人民大会堂で講話を行う。周恩来を「現代の大儒」とあてこする。	**17日**江青、天津訪問（1970年代の八度に渡る天津訪問の第一回目）。**19日**天津市党委員会は「儒法闘争史」報告会を開催。党中央政治局委員の江青、紀登奎、于会泳らが参加し、講話を行う。**21日**『天津日報』は宝坻県小靳荘大隊の政治夜間学校開校に関する宝坻県党委員会の調査報告を発表。江青と紀登奎は、解学恭に伴われ、宝坻県の県城（県人民政府が置かれる町）に行き、林亭口（人民）公社小靳荘大隊を視察。**22日**江青は宝坻県小靳荘大隊で批林批孔座談会に参加。
7月	**17日**毛沢東は、党中央政治局会議で、江青、張春橋・姚文元ら上海グループに対して、「彼女（江青を指す）は上海グループに入っているな。君らは注意しなければならない、四人の小セクトを作ってはならない」と厳しく批判。	
8月		**15日**江青、天津訪問（第二回目）。

9月		**23日**江青、天津訪問（第三回目）。フィリピンのイメルダ・マルコス大統領夫人を小靳庄へ案内。
12月	**24日**毛沢東は「セクト活動をしてはならない」と「四人組」を批判。	**4日**江青、天津訪問（第四回目）。**26日**党中央の批准を経て、孫健、王淑珍、邢燕子、徐信、王珍堂、蔡淑梅、張副恒が市革命委員会副主任に就任。
1975年		
1月	**5日**党中央は、「鄧小平同志の着任の通知」を発出。鄧小平を中央軍事委員会副主席兼解放軍総参謀長とし、張春橋を解放軍総政治部主任とすることを決定。**8日**中共一〇期二中全会が開催（～10日）。鄧小平を党副主席・政治局常務委員に選出。	**15日**天津市で初となる農民業余大学である漢沽区茶淀公社農民業余大学が正式に開校。政治理論、農業技術、「紅医」（はだしの医者）の三つの専門班が設置された。
2月	**5日**党中央は通知を下達。軍事委員会弁公会議を廃し、軍事委員会常務委員会を設置することを伝える。	**20日**「天津市工業は大慶に学ぶ経験交流大会」を第一工人文化宮で開幕（～3月1日）。**22日**江青、天津訪問（第五回目）。『天津日報』は『人民日報』、『紅旗』が2月22日発表した張春橋の組織・編纂による「マルクス・エンゲルス・レーニンプロレタリア階級独裁」を転載。
3月	**1日**張春橋は、全軍各政治部主任会議で講話を行い、反経験主義を提起する。『紅旗』は、姚文元の論文「林彪反党集団の社会的基礎を論ず」を発表。論文は「経験主義が当面の主要な危険」と強調し、実質的な周恩来・鄧小平批判を展開。	**12日**江青、天津訪問（第六回目）。

4月	**23日**毛沢東、反経験主義という提起の仕方を批判。	
5月	**3日**毛沢東が政治局委員を召集。「反験験主義」という提起の仕方を再び批判し、四人組の「分派活動」をしてはならないと強く注意する。	**12日**天津市はプロレタリア階級独裁理論を学習する経験交流会を開催。宝坻県小靳荘大隊党支部や天津鉄路分局天津站党委員会などの単位の代表が大会上で発言を行った。
8月	**14日**毛沢東は、北京大学教員の蘆荻と会談し、『水滸伝』を論評。**28日**『紅旗』は、「『水滸伝』についての評論を重視しよう」という記事を掲載。	**11日**江青、天津訪問（第七回目）。日本の神戸市経済貿易友好代表団の一行11人が、天津を訪問（～17日）。
9月	**4日**『人民日報』は毛沢東の『水滸伝』についての評論を公布し、さらに「『水滸伝』についての評論を展開しよう」という社説を発表。以後、全国で「『水滸伝』を論評し、投降派に反対する」運動が展開。**15日**第一回農業は大寨に学ぶ全国会議が開催。	**5日**『天津日報』は9月4日の『人民日報』の社説を転載。その後、「『水滸伝』を論評し、投降派に反対する」運動がわき起こる。
10月	**21日**『人民日報』は、社説「大寨県を広めよう」を発表。	**29日**天津市は「全党を動員し、農業に大いに力を入れ、大寨県を広めるために奮闘しよう」という動員大会を開催。計2万人が参加。
11月	**2日（或いは10月下旬）**毛沢東は、清華大学党委員会副書記兼清華大学革命委員会副主任の劉冰からの8月13日付と10月13日付の手紙2通について、「動機が不純」、「矛先は私に向けられている」と語る。毛遠新に対し、指定した数名で話し合い、鄧小平を批判するよう指	

	示。**3日**清華大学党委員会は常務委員会拡大会議を開催。毛沢東の劉冰の手紙に対するコメントを伝達。**18日**、全校大会を開催。これ以後、「教育革命大弁論」が他校においても実施され、また「鄧小平を批判し右からの巻き返しの風に反撃する」運動が展開される。	
12月	**1日**『紅旗』は、北京大学・清華大学大批判組（梁効）の論文「教育革命はその進路を遮られてはならない」を発表。**14日**党中央は、「清華大学の教育革命大弁論に関する情況報告」を転送発表。**16日**党中央副主席兼全人代常務委員会副委員長の康生が死去。享年77歳。	**5日**全国人民代表大会代表、天津大学革命委員会副主任の張国藩が死去。
1976年		
1月	**8日**党中央副主席、国務院総理、全国協商会議主席の周恩来が北京で死去。享年78歳。**15日**周恩来の追悼会を北京で開催。	**8日**天津市の広範な民衆は、当局の制止も顧みず、周恩来追悼活動を自発的に行う。**31日**『天津日報』は、『人民日報』が1月15日に掲載した北京大学・清華大学大批判組（梁効）の論文「科学技術界の右からの巻き返しの風に反撃しよう」を転載。
2月	**6日**『人民日報』は、「プロレタリア階級文化大革命の継続と深化」を発表。	**13日**天津市党委員会は5000人余りが参加する幹部大会を開催し、「鄧小平を批判し右からの巻き返しの風に反撃する」運動を展開。**25日、28日、3月6日**天津市科学技術界、教育界、文芸界は「右からの巻き返しの風に反撃する」大会を開催。

4月	**4日から5日**にかけて、第一次天安門事件が発生。4日の清明節に際し、多くの民衆が天安門広場に集まり、人民英雄記念碑に花輪などを捧げる。四日晩の党中央政治局会議において、今回の事件を反革命事件と断定。**5日**民衆と治安当局が衝突。**7日**毛沢東は、鄧小平の全ての職務取り消し、党籍保留のまま様子を見ることや華国鋒を党中央第一副主席に任命することを提案。党中央政治局が会議を開催し、「華国鋒同志の中共中央第一副主席・国務院総理就任に関する決議」、「鄧小平の党内外の全ての職務の解任に関する決議」を可決。1時間後に全国に正式発表。	**4日**清明節前後、天津の広範な民衆は北京や天津市内で、周恩来総理追悼の活動を行う。**8日**天津市は10万人大会を開催。市革命委員会主任の解学恭は大会上、7日に党中央政治局会議で可決された二つの決議を読み上げげた。**26日**「天津市工業は大慶に学ぶ経験交流会」が開幕（～30日）。
5月		**15日**天津市党委員会、市革命委員会は党中央一九六六年五月一六日「通知」記念及び文化大革命一〇周年大会を開催。5万人余りが参加。
7月	**28日**党中央は、震災当日に被災地の民衆に対し慰問電報を送る。**30日**中央慰問団が天津訪問。	**28日**午前3時42分、河北省唐山、豊南地区でマグニチュード7.8級の強い地震が発生。天津市内にも大きな被害が及び、死者2万4345人、重傷者2万1497人を出す。人民解放軍天津駐屯某部は四つの医療小組を派遣し、八方面に分かれ、天津で被災者を救護。天津市は3万人余りの民兵を出動させ、道路の応急修理などの救援活動や治安維持にあたらせた。**30日**中央慰問団責任者の郭玉峰が、解学恭に伴

		われ、和平区勝利路（現在の南京路）の交差点で大会を開催。大会後、被災情況が比較的深刻な小白楼街唐山道崇仁里居民区を訪れ、被災情況を視察。その後、慰問団は、軍糧城発電工場、新河船工場、天津港などの単位を詳しく視察した（8月13日に北京へ戻る）。
8月	**4日**中央慰問団総団長の華国鋒が天津訪問。**23日**江青らは、鄧小平が工作を主宰していた1975年に作成された「全党全国における各工作の総綱を論じる」、「科学技術工作に関するいくつかの問題」、「工業発展を早めることに関する若干の問題」を印刷・発行し、「鄧小平の差し金で打ち上げた」「三株の大毒草」だと批判。以後、「三株の大毒草」批判が全国で展開。『人民日報』は「肝心なことをしっかりとつかみ、鄧小平批判を深めよう」と題する社説を発表。全国で三つの資料に対する「民衆性大批判を展開」するよう呼びかけた。	**4日**中央慰問団総団長の華国鋒が天津を訪問し、軍糧城発電工場や和平区崇仁里、新河船工場などの被災情況を視察。**7日**天津市党委員会は、常務委員会拡大会議を開催し、抗震救災工作を手配した。市委員会第一書記の解学恭及び中央慰問団の郭玉峰、張宗遜が講話を行う。**13日**市内電話の三分局の通話が復旧。**21日**電話二分局が通話を回復。**20日**天津市公共バス路線が全線開通。電車の六つの路線のうち、四路線が全線開通、二路線は部分開通。**26日**『天津日報』は「三株の大毒草を批判し、鄧小平批判の新たな高波をまき起こそう」と題する社説を発表。**28日**江青、天津訪問（第八回目）。宝坻県の小靳庄を訪問。
9月	**9日**党中央主席、中央軍事委員会主席、全国政治協商会議名誉主席の毛沢東が北京で逝去。享年82歳。**18日**毛沢東主席追悼大会が天安門広場で開催される。	**2日**天津市は、抗震救済先進的単位及び模範的人物代表会議を開催。2500人余りの代表及び5000人余りの労働者・農民・兵士、民衆、機関幹部、学生らが会議に出席した。**11日**天津市は弔問の儀式を挙行。**18日**天津市民50万人余りが中心広

		場で毛沢東主席追悼大会を挙行。天津市党委員会第一書記、市革命委員会主任の解学恭が弔辞。
10月	**6日**四人組を逮捕し、隔離審査を実施。**7日**党中央政治局が、華国鋒を党中央委員会主席、中央軍事委員会主席とする決議を出す。**24日**天安門広場において、華国鋒の党中央委員会主席・党中央軍事委員会主席就任、及び「四人組」逮捕を祝賀する100万人祝賀大会を開催。	**21日**天津市民150万人余りが盛大な祝賀デモ行進を実施。6日の王洪文、張春橋、江青、姚文元に対する隔離審査実行を断固として支持し、「四人組」粉砕の偉大な勝利を熱烈に祝った。**22日**天津市党委員会は、第二〇回全体拡大会議を開催（～24日）。会議では、「四人組」反党集団に対する党中央がとった措置に対して支持を表明し、江青の数度に渡る天津訪問での言行を公然と指摘（掲発）。**30日**天津市は「四人組」犯罪行為を公然と批判する大会を開催。計2万5000人余りが参加した。
11月		**3日**天津市は、天津大学、南開大学、天津政治師範学院、天津紡織工学院、天津体育学院のその年の卒業生、計35名をチベット及び農村地域へ歓送する大会を開催。卒業生らは送られた土地で定住を開始した。**15日**21時52分、天津市寧河県でマグニチュード6.9級の地震が発生し、天津市区（天津の人口密集地域）に波及。全市で者者53名、重傷者377名を出す。
12月	**10日**党中央は「王洪文、張春橋、江青、姚文元反党集団の罪証（その一）」を下達。「第二回全国農業は大寨に学ぶ会議」が北京で開催（～27日）。**28日**『人民日報』は社	**24日**『天津日報』は天津日報編集部の文章「江青の八度の天津訪問における甚だ大きな犯罪行為を徹底的に清算しよう」を発表。

	説「『四人組』を徹底的に公然と批判しよう」を発表。	

1978	48	**6月**天津市党委員会の主な指導者が免職となったため、指導的職務を一時停止する。天津市党委員会研究室で、勤務を続ける。
1980	50	南開大学社会学専業班に参加、修了する（～1981年）。
1982	52	天津市人民政府弁公庁で主任を務め、天津市政府法律顧問委員会主任も兼務する（～1986年）。
1986	56	天津社会科学院長に就任。
1988	58	天津社会科学院研究員（教授相当職）に就任（～1998年）。

《原著者紹介》

王輝（おう・き）（Wáng Huī）

1930年天津市生まれ。解放前、高校生で共産党の地下活動に参加。解放後、天津市党委員会弁公室などで、行政を担当。文化大革命のあいだも、文革後も、職務を継続する。南開大学社会学専業班を経て、天津社会科学院院長、同院教授に就任。1998年に退職。主な著書に、『社会学浅談』、『生活方式』、『中国的「官場病」』（橋爪大三郎・張静華他訳『中国官僚天国』岩波書店、1994年）、『王老漢文集』（全五巻）など。

西暦	齢	関連事項
1930	0	天津に生まれる。
1943	13	天津市第一中学に入学。
1945	15	中国共産党が指導する秘密組織「民主青年連合会」に参加する。
1947	17	中国共産党の地下活動に参加する。天津市第一中学党支部委員、書記を務める。
1948	18	**11月**天津解放に向け、中共中央華北局（河北省泊鎮）において学習する。
1949	19	**1月**中国共産党軍の天津入城に参加。天津市10区人民政府で接収管理に従事。天津市10区党委員会に務め、東アジア毛織物工業工作組に派遣される。天津市店員工人会（店員労働組合）に派遣され、秘書を務める。
1950	20	天津市11区党委員会（のち7区党委員会、のち南開区党委員会に改称）で秘書、弁公室副主任、同主任を務める（～1954年）。
1955	25	天津市党委員会弁公庁に勤務し、秘書、秘書処副処長、弁公室副主任を歴任（～1965年）。
1966	36	文革が始まり、天津市党委員会文革弁公室の副主任を務める。
1967	37	**1月18日**天津市党委員会が崩壊し、民衆造反組織から審査を受ける。 **12月6日**天津市革命委員会が成立し、弁事組の秘書組組長を務める。
1973	43	天津市党委員会及び天津市革命委員会が弁公庁を新たに設置したのに伴い、弁公庁副主任、同主任を務める。
1976	46	**10月**四人組打倒後も、弁公庁主任を引き続き務め、市党委員会清査弁公室主任も兼務する。

《監修者紹介》

橋爪大三郎（はしづめ・だいさぶろう）

1948年　神奈川県生まれ。
1972年　東京大学文学部社会学科卒業。
1977年　東京大学大学院社会学研究科博士課程単位取得退学。
現　在　東京工業大学名誉教授。
　　　　社会学者。
著　書　『隣のチャイナ』夏目書房、2005年。
　　　　『橋爪大三郎の社会学講義』ちくま学芸文庫、2008年。
　　　　『橋爪大三郎の政治・経済学講義』ちくま学芸文庫、2008年。
　　　　『裁判員の教科書』ミネルヴァ書房、2009年。
　　　　『おどろきの中国』（共著）、講談社現代新書、2013年ほか多数。

張静華（ちょう・せいか）（Zhāng Jìnghuá）

1955年　天津市生まれ。東京大学大学院医学系研究科博士課程修了。
現　在　解剖学者。博士（医学）。

《訳者紹介》

中路陽子（なかじ・ようこ）

1981年　神奈川県生まれ。
2008年　東京工業大学大学院社会理工学研究科価値システム専攻修士課程修了。
2009年　清華大学公共管理学院碩士（修士）課程修了。
現　在　東京工業大学大学院社会理工学研究科価値システム専攻博士課程在学。

文化大革命の真実　天津大動乱

2013年5月30日　初版第1刷発行　〈検印省略〉

定価はカバーに
表示しています

監修者　橋爪大三郎
　　　　張　静華
訳　者　中路陽子
発行者　杉田啓三
印刷者　藤森英夫

発行所　株式会社　ミネルヴァ書房
607-8494　京都市山科区日ノ岡堤谷町1
電話代表（075）581-5191
振替口座　01020-0-8076

亜細亜印刷

ISBN978-4-623-06507-3
Printed in Japan